震旦博雅书系之三

追跡三代

孙庆伟 著
北京大学震旦古代文明研究中心 编

上海古籍出版社

本书是教育部人文社会科学重点研究基地重大项目阶段性成果
（项目批准号14JJD780004）

目 录

前言……1

壹 个性、时势和境遇——顾颉刚如何走上"古史辨"道路……1
  一、个性……4
  二、时势……9
  三、境遇……14
  四、余论
  ——"最富于为学问而学问的趣味者"……34

贰 问禹为何物——顾颉刚的夏史研究……41
  一、序言
  ——徐旭生与顾颉刚的"君子交绝,不出恶声"……43
  二、"古史辨"运动初期顾颉刚对夏代史的认识……48
  三、从两部上古史讲义到《秦汉的方士与儒生》……53
  四、《夏史三论》与《鲧禹的传说》……60
  五、历史地理研究中的夏代史考证……65
  六、考古学:建设真实夏代史的唯一途径……72

叁 有心还是无意——李济汾河流域调查与夏文化探索……77
  一、相关诸说……79
  二、过程复原……82

三、夏文化探索的"史语所传统"......94

肆 考古学的春天——1977年"河南登封告成遗址发掘现场会"的学术史解读......103
  一、发起人安金槐......105
  二、特邀报告人赵芝荃......121
  三、"搅局者"邹衡......132
  四、"裁判与舵手"夏鼐......148

伍 交锋——邹衡的夏商文化论争......153
  一、引言：还是要向邹衡学习......155
  二、"同室操戈"：邹衡与郑光（石加）的郑亳之争......157
  三、西亳还是桐宫：偃师商城引发的争端......168
  四、最后的声音：关于早期夏文化之争......192
  五、回音：呼唤邹衡精神......202

陆 商从哪里来——先商文化探索历程......205
  一、引言：从张光直与邹衡打赌说起......207
  二、追寻殷商文化的源头：史语所同仁的集体行动......209
  三、从辉县到二里头：商文化年代序列的确立......219
  四、二里岗与二里头：早商文化与夏文化的纠结......225
  五、"南关外期"与"南关外型"：一字之差的背后......235
  六、先商文化探索的新高潮：豫东鲁西考古......247
  七、先商文化探索的新征程：豫北冀南考古......262

柒 什么可以成为夏商分界的证据——夏商分界研究综述......271
  一、缘起：韩维周的直觉与陈嘉祥的判断......273
  二、纷争初起：二里头遗址与夏商分界......285

三、高潮：偃师商城与夏商分界……312

四、白热化：偃师商城小城与夏商分界……331

五、遭遇尴尬：郑州商城与夏商分界……365

六、症结：什么可以成为夏商分界的证据……384

捌 著史与分期——李济与邹衡的殷墟文化研究比较……391

一、李济的主旨：建筑"殷商新史"与"新中国上古史"……394

二、李济的途径：科学主义至上……409

三、从郑州到安阳：邹衡对殷商文化的初步分期……441

四、范式的确立：邹衡对殷墟文化的再分期……456

玖 有心栽花与无心插柳——先周文化探索的早期阶段……469

一、徐旭生的陕西古迹调查……471

二、苏秉琦的斗鸡台发掘与瓦鬲研究……475

三、石璋如的关中考古调查与周都考察……483

四、"有心栽花"与"无心插柳"的反思……492

拾 联裆鬲还是袋足鬲——先周文化探索的困境……501

一、丰镐考古的新时代与先周文化的初识……503

二、1979：先周文化探索的里程碑……508

三、1984：先周文化探索的大转折……519

四、邹衡的先周文化再研究……527

五、新生代的崛起

——以刘军社、张天恩和雷兴山为例……538

后记……573

前　言

这是一本关于夏商周考古学史的书。

夏商周考古与中国考古学共同起步,是中国考古学的重要组成部分。近一个世纪以来,夏商周考古取得了丰硕的成果,为重建中国古史奠定了坚实基础。但与此同时,在一些重大问题上学术界依然分歧重重,远未达成共识。因此,正确认识夏商周考古已有的成就,深入了解当前面临的问题,明确学科未来的发展方向,不仅是一件非常有意义的事情,同时也是一项十分紧迫的工作。

围绕重大学术问题,对夏商周考古学史的若干方面进行梳理是本书的主要目的。这里的十篇文章所涉及的是夏商周考古最核心,同时也是争论最多的几个问题。从内容上讲,可以分为四组。

第一组包括前三篇,是比较纯粹的学术史研究。

众所周知,中国科学考古学的兴起是与"古史辨"运动密切相关的。顾颉刚是"古史辨"运动的主将,而他的疑古思想又是从怀疑大禹是否为人王开始的。本书第壹篇《个性、时势和境遇——顾颉刚如何走上"古史辨"道路》是以顾先生《古史辨》第一册自序为线索,结合最新出版的《顾颉刚全集》中的有关内容,全面分析顾颉刚如何走上"古史辨"道路,从而为正确理解他的史学主张提供必要的背景知识。

第贰篇《问禹为何物——顾颉刚的夏史研究》着眼于顾颉刚的夏代史研究,企图厘清顾先生一生在此问题上的前后变化,由此来辨明"古史辨派"学者对夏代史究竟持何种意见。分析表明,虽然顾颉刚在"古史辨"运动初期曾经相信"禹或是九鼎上铸的一种动物",但他很快就放弃了这一观点,转而关注禹是否具有神性以及他是如何与尧、舜发生联系的。到了20世纪20年代末、30年代初,顾颉刚在中山大学和燕京大学先后讲授"中国上古史"课程,为编写授课讲义,他才真正开始系统研究夏代史,并与童书业合作撰写了《夏史考》。与此同时,为配合上古史研究,顾先生又新开"古代地理研究"课程,从而不可避免地涉及《禹贡》等地理著作,并必须对"九州"和"四岳"等问题作出回答,从而激发他从崭新的角度来研究夏代史。终顾颉刚一生而言,他是"疑禹"而不"疑夏",即始终怀疑大禹是否为真实的人王,但从未怀疑夏代的存在为真正的史实。所以,顾先生积极倡导建设真实的夏代史,并认为其唯一的途径在于考古学,且始终关注考古学在此领域的新进展。

第叁篇《有心还是无意——李济汾河流域调查与夏文化探索》企图纠正一个流行甚广的观点,即认为由中国学者自己主持的第一次考古活动——1926年李济在汾河流域的调查以及西阴村遗址的发掘是为了探索夏文化。该文通过细审李济当年的调查和发掘报告,详细梳理他与袁复礼的调查行程,同时结合当时的社会与学术背景,力图证明李济的晋南之行绝非为了夏文化,他的目的只能是为了探索"中国文化的原始问题",并以科学发掘所得的考古材料来回应安特生的"中国文化西来说"。

第二组包括第肆、伍、陆、柒四篇文章,均是围绕夏与早商文化展开的讨论。

寻找夏文化是夏商周考古乃至整个中国考古学最核心的使命。从考古学上探索夏文化的肇始是1959年徐旭生的豫西调查,此后数十年间学者们前赴后继,孜孜以求。大体而言,以1977年登封告成遗址现场会为标志,夏文化探索历程可分为前后两个时期。告成会议之前,学术界普遍信奉二里头遗址西亳说;告成会议上,邹衡石破天惊般地提出了郑亳说,不仅打破了西亳说的统治地位,同时也开启了夏文化探索的新时代。《考古学的春天——1977年"河南登封告成遗址发掘现场会"的学术史解读》一文着重分析了告成会议之前的夏文化探索历程,特别是从学术背景上分析了安金槐、赵芝荃、邹衡以及夏鼐四位关键学者各自的学术主张及其必然性，是对 1977 年之前的夏文化探索工作的一次总检讨。

自邹衡在告成会议上提出了郑亳说之后，夏文化的论争才真正开始。特别是 1983 年偃师商城发现之后，在二里头遗址西亳说（旧西亳说）、郑亳说之外又有了偃师商城西亳说（新西亳说），论争进入到白热化状态。本书第伍篇《交锋——邹衡的夏商文化论争》就是以邹衡的学术主张为主线，将告成会议之后各家观点串联起来，通过对论争过程及论争焦点的分析，讲述了郑亳说与新、旧西亳说的主要学术主张，分析了各派代表性学者观点转变的理由及其动机，从而客观地看待各家观点的优势与劣势，并希望由此作为继续推进夏商文化研究的重要基础。

夏文化、先商文化与早商文化是三位一体、密不可分的。要从考古学上确定夏文化，其基础就是要首先辨析出先商文化和早商文化。本书第陆篇《商从哪里来——先商文化探索历程》即以先商文化为对象，完整地回顾近一个世纪以来考古学者对商文化年代序列的构建过程，着重分析张光直与邹衡两位学者在商民族起源这一重大学术问题上产生分歧的原因；同时通过对比豫东鲁西南与豫北冀南两地区的考古新成果，指明商人源自东方这一传统说法不容忽视。而目前学术界在漳河型文化、南关外期遗存以及岳石文化等考古学文化族属上的纷争，表明探索先商文化不仅需要新材料，更亟需理论指导。

如果把夏商文化研究聚焦于一点的话，那必然是夏商分界问题。解决了夏商分界，自然就分辨出夏文化、早商文化、先商文化乃至其他一些同时期的族属文化。因此，夏商分界问题堪称夏商周考古，乃至中国考古学的"哥德巴赫猜想"。本书第柒篇《什么可以成为夏商分界的证据——夏商分界研究综述》的出发点不是要解决这个具体问题，而是全面回顾与总结数十年来学术界在此问题上的得失。分析表明，虽然目前郑亳说与新西亳说在观点上已经十分接近，但这种趋近的背后其实存在着巨大的隐忧——一方面，两派学者在偃师商城是否为亳都这一关键问题上存在截然不同的看法；但另一方面，他们却"各取所需"地将最早的商文化确定在二里头四期后半段或四期之末,从而将曾经占统治地位的二里头文化二、三期分界说迅速地置于几乎无人问津的境地。但正如郑亳说与旧西亳说学者所指出的,新西亳说在证据上既不充分,在论证方法上也存在瑕疵。因此,在新西亳说学者更充分地论证偃师商城是成汤灭夏之后在夏王朝腹地所新建的亳都之前,旧西亳说、郑亳说乃至夏商都邑"有条件的不可知论"等观点依然有存在的理由,都应引起研究者的重视。换句话说,新西亳说与郑亳说目前达成的"共识"并不能视为夏商分界问题的有效解决,现有的夏商文化体系还需进一步验证。

第三组仅《著史与分期——李济与邹衡的殷墟文化研究比较》一篇文章。

殷墟是中国考古学的圣地,以殷墟为中心构建的殷商信史则是中国考古学在20世纪取得的最瞩目成就。毋庸置疑,李济和邹衡堪称是殷商考古史上最重要的两位学者,他们的研究成果分别奠定了1949年前后殷墟考古的总基调。但李济与邹衡二人治学取向与研究目标迥然有别,具体到殷墟,可以一言以蔽之:李为著史,邹为分期。1928年,当李济第一次赶赴殷墟,就是为了寻找新史料,建设"殷商末年小小的新史"而来。1949年之后,李济虽身处台湾,但依然致力于建筑可靠的殷商新史,这一宗旨也直接影响到他对殷墟考古材料的整理方法,他的系列论著也都围绕著史而展开。反观邹衡,自接触殷商考古材料伊始,他就专注于商文化年代序列的构建。20世纪50年代,为了确定郑州新发现的殷商文化遗存的年代,邹衡第一次对殷墟陶器进行分期;60年代,以殷墟陶器分期为基础,邹衡进而综合殷墟铜器、墓葬、卜辞和建筑遗存,完成了对殷墟文化的完整分期。邹衡的分期成果为重写殷商新史搭建了可靠的年代框架,但他自己却未在此问题上更进一步。事实是,殷墟分期不仅确立了新中国考古学文化分期的新范式,并在相当长的时间内让分期成为新中国考古学研究的主要内容,而与古史重建的初衷渐行渐远。如何处理著史与分期的关系,是中国考古学界需要思考的重大理论问题。

第四组包括第玖和第拾两篇文章，着眼点都是先周文化。

《有心栽花与无心插柳——先周文化探索的早期阶段》一文以徐旭生、苏秉琦和石璋如三位学者为中心，回顾了1949年以前学术界在先周文化探索领域所取得的成绩。徐旭生开陕西考古的风气之先，虽然囿于客观条件，参与的具体工作有限，但其开创之功不可磨灭。苏秉琦作为新生力量，初次参加考古工作，即受命整理宝鸡斗鸡台发掘材料，他不预设任何前提，却通过对瓦鬲的研究，找到了探索先周文化的重要线索。而石璋如秉持殷墟发掘的良好训练，带着明确学术目的前往关中调查，致力于构建殷墟之外的另一个考古学标尺，最终却舍瓦鬲而以彩陶为周人的文化遗存，其结果也着实令人唏嘘。分析苏、石二位学者当年的思路与工作过程，可以看出考古学方法在考古研究中的决定性作用，这一点至今仍具启发意义，值得考古学同行借鉴与深思。

《联裆鬲还是袋足鬲——先周文化探索的困境》一文则概述了1949年之后的先周文化探索成果，特别是分析了以邹衡、徐锡台、胡谦盈、张长寿、尹盛平为代表的老一辈学者以及以刘军社、张天恩、雷兴山为代表的年轻一代学者在此问题上的贡献得失、学术观点的异同及其原因。通过梳理可以看出，就考古学层面而言，目前学术界对先周文化的研究可谓臻于极致，再加上传世文献和出土文字材料的佐证，先周文化探索应该说已经具备了种种有利条件。但结果依然差强人意，学者们仍然纠结于联裆鬲和袋足鬲与姬周、姜戎民族的对应关系，对周原、周公庙等大型都邑遗址的性质也未敢遽定。学术史研究表明，先周文化探索所面临的困境，与其说是材料的，毋宁说是理论与方法的。先周文化探索有可能成为考古学文化与族属研究的典范，为中国考古学在这一研究领域取得理论突破。

以上就是本书的大致内容。应该说，夏商周考古最核心的三个问题，即夏、商、周三族的来源与发展问题都已经涉及。作者深知自己学力有限，对这些问题的研究史既缺乏足够的宏观把握，对学者们的具体学术观点也可能存在"误读"，因此书中的舛误一定不少，恳请读者多加批评指正。另外,部分章节的初稿曾经作为单篇论文发表,收入本书时在文字甚至观点上都作了修改,请读者在参考时以本书为准。

最后对本书的书名略作一点解释。《史记·孔子世家》载:"孔子之时,周室微而礼乐废,诗书缺。追迹三代之礼,序书传,上纪唐虞之际,下至秦缪,编次其事。"孔子追迹三代史事靠的是文献,考古学则主要依据实物资料来复原历史,二者殊途而同归。一部夏商周考古学史其实就是考古学者追寻三代史迹的历史,故以"追迹三代"名之。

壹　个性、时势和境遇
——顾颉刚如何走上"古史辨"道路

- 一、个性
- 二、时势
- 三、境遇
- 四、余论——"最富于为学问而学问的趣味者"

顾颉刚先生是20世纪最重要、最具影响力的史学家之一，由他发起的"古史辨"运动更是中国近代史学上的一场革命，由"疑古"而引发的古史重建则成为20世纪中国史学的主旋律。① 顾先生一生笔耕不辍，著作等身，而令人欣喜的是，总计八集五十九卷六十二册的《顾颉刚全集》于2010年由中华书局整理出版，为我们全面完整地了解顾先生的学术成就和人生轨迹提供了最可宝贵的第一手资料。② 其中《顾颉刚古史论文集》十二卷十三册、《顾颉刚日记》十一卷十二册和《顾颉刚书信集》五卷五册是《顾颉刚全集》的核心部分，通过这些新材料可以比较深入完整地了解顾颉刚是如何走上"古史辨"道路的，而这一点正是我们打开顾颉刚和其他"古史辨派"学者史学宝库的钥匙。③

要了解顾颉刚走上"疑古"道路的前因后果，1926年4月20日完

---

① 田旭东：《二十世纪中国古史研究主要思潮概论》，中华书局，2003年，第1—2页；杜正胜：《从疑古到重建——傅斯年的史学革命及其与胡适、顾颉刚的关系》，《中国文化》第12期，1995年。

② 中华书局先是于2010年12月出版了套装六十二册的《顾颉刚全集》，次年则将全集分为《顾颉刚古史论文集》、《顾颉刚民俗论文集》、《顾颉刚读书笔记》、《顾颉刚书信集》、《顾颉刚日记》、《宝树园文存》、《清代著述考》和《顾颉刚文库古籍书目》八集单独发行，本书所引均据后者。

③ 王汎森曾谓对"古史辨"运动的研究应至少包括三个层面，而第一个层面的问题即是："思想家原来的想法到底是什么？这些想法与他生活于其间的思想传统有什么样的关系？"这也就是主张对"古史辨"运动兴起的原因进行审视。参看王汎森《古史辨运动的兴起》自序，允晨文化实业有限公司，1987年。

稿的《古史辨》第一册自序是必读材料。① 因为在顾颉刚看来,这一篇自序是他"有生以来最长最畅的文",他实际上是"借了这一册的自序,约略做成一部分的自传",目的是"好使读者了解我,不致惊诧我的主张的断面",所以,我们正可以依据这"一部分的自传"来考察顾先生"研究古史的方法"以及他"所以有这种主张的原因"。②

在自序中顾先生强调,"一件事实是不会孤立的,要明了各方面的关系不得不牵涉到无数事实上去"。对于他自身的学术研究道路,他解释道,"老实说,我所以有这种主张之故,原是由于我的时势,我的个性,我的境遇的凑合而来。我的大胆的破坏,在报纸上的发表固然是近数年的事,但伏流是与生命俱来的,想象与假设的构造是一点一滴地积起来的"。

因此,在这里我们就从顾颉刚自己所说的个性、时势和境遇三方面来分析他是如何走上"古史辨"道路的。

一、个　　性

顾颉刚在自序中反复强调他是一个个性极强的人,比如他说:

> 我的生性是非常桀骜不驯的。虽是受了很严厉的家庭教育和私塾教育的压抑,把我的外貌变得十分柔和卑下,但终不能摧折我的内心的分毫。

---

① 1926年6月朴社出版的《古史辨》第一册自序末注明"十五年一月二十日始草,四月二十日草毕"。查顾先生1926年4月20日当天日记,记有"修改增作自序十余页,毕",但随后几天的日记中尚有标点自序若干页的记载,如21日"标点自序五十一页",22日"标点自序四十九页",一直到4月25日才记"标点自序三十八页,毕";但随后又有新修改,如4月30日记,"修改自序十八页,即发印",可见在4月20日初稿完成后又经过十天的修改才完成这篇长序。另据顾先生的日记,在自序的校样出来后,他又进行了多次修改,如5月7日"校《古史辨》自序前十三页初校",此后几乎每天都有看校样的记录,一直到6月5日"校《古史辨》自序清样毕,作勘误表",而此时距离6月11日《古史辨》第一册出版仅数日了。从顾先生对自序如此反复修改,直至付印的最后时刻,也可以看出他对这篇序言的重视程度。相关记载可参见《顾颉刚日记》卷一,第737—756页。

② 顾颉刚:《古史辨》第一册自序,《顾颉刚古史论文集》卷一,第1—90页。按,本文从该自序频繁征引,为减少不必要的注释,尽量在行文中注明引文源自这篇自序,而本文中凡未加注释的直接引文也均出自该序。

又说：

> 我记得我的幼年，因顽强而为长者所斥责，他们常说："你现在的脾气这等不好，将来大了，看你如何可以吃人家的饭！"

顾颉刚的这个脾气也确实给他日后的工作生活造成不少困惑，如1928年他在中山大学与老同学傅斯年闹翻，胡适来信试图调解他们二人关系，顾颉刚在回信中分析他与傅斯年"实在不能在同一机关作事"的第一条理由就是，"自信力太强，各人有各人的主张而又不肯放弃"；而针对胡适来信中劝他"不要骄傲"，顾颉刚则在回信中说，"我自己觉得傲则有之，骄则未也"。① 即便是到了20世纪60年代，顾先生依然认为当年与傅氏闹翻的原因乃是"我不能受气，故傅斯年欲压迫我，我即离'中央研究院'而至燕大"，并说"予性急躁、鲠直，不能受人压迫"，而傅斯年"想作霸王，务使天下英雄尽向我低头，然而英雄决不低头，低头者乃小人"，可见其性格特征确是刚烈。②

在厦大和中大相继与鲁迅及傅斯年闹翻后，顾颉刚强烈的个性引发了诸多师友的微词。顾颉刚在1929年12月3日的日记中就有这样的记载：

> 玄同先生告我，幼渔（引者按，指马裕藻）对他说："你如何与顾颉刚往还，他这样的性情，同鲁迅闹翻了，同林玉堂（引者按，指林语堂）闹翻了，同傅孟真也闹翻了！"予闻之悚然，别人和我闹也是我的错处。鲁迅处心积虑，要打倒我，我没有还手。玉堂与孟真则因地位在我之上，要支配我（玉堂要我帮他和林文庆翻脸，孟真要我帮他和戴季陶翻脸），而我不肯（为要保全厦大之国学研究院，中大之语言历史学研究所），所以把我骂了，于是亦成了我的罪状了。在现在

---

① 顾颉刚1928年8月20日致胡适的信，《顾颉刚书信集》卷一，第454—460页。
② 顾颉刚1962年3月31日日记，《顾颉刚日记》卷九，第439页。此日记记当天与辛树帜谈与傅斯年闹翻之事甚详，尤其是对罗常培挑拨二人关系更为鄙视，从日记中看，顾恨罗常培更甚于傅斯年。

的世间,我很明白,做事是要结党的,党员要听党魁的话的。但我的良心上过意不去的时候,我总不能灭没了自己的良心而做党魁的机械,所以我便应受了许多攻击了。……我自誓于此:如果燕大不辞掉我,我决不再进国立的机关做事了,我宁可受"洋奴"的恶名。我还是图百年以后的胜利吧!①

到了中年,顾颉刚的个性依然如故,如他在听说"胡适之先生批评我为人太傲,徐旭生先生批评我太好大喜功"之后的反应竟然是:

我看到这两个批评,真是高兴,觉得他们深知我。我自己知道,我是一个外和内傲的人,我决不能向人屈服,我有独立自由的精神,愿用十分的努力作独立自由的发展,我决不想占人一分光,决不想不劳而获,这便是傲的原因。傲和骄不同,骄是自己满足,看不起人家;傲是仗着自己的力量而工作,不依傍人家,不在痛苦时向人家乞怜。至于好大喜功,乃是生命力充足的表现,天下的大事业那一件不是由好大喜功的人担当起来而获致的成功。没有秦皇、汉武的好大喜功,那有现在我们讬庇的中国。没有孙中山的好大喜功,那有现在的中华民国。我胸中有不少的大计划,只苦于没有钱,没有势,久久不克实现。如果让我实现,在我后面的万代子孙不晓得怎样歌我功,颂我德呢。②

即便在政治高压下,顾颉刚依然保持他的个性,如1952年他参加上海学院的思想改造和"三反"、"五反"运动,虽然自谓"刺激太甚",但他在致友人的信中依然说:

本年三反、五反、思想改造三运动,刚无不参与,而皆未真有所会悟。所以然者,每一运动皆过于紧张迫促,无从容思考之余地。刚以前作《古史辨自序》,是任北大助教六年,慢慢

---

① 《顾颉刚日记》卷二,第349页。
② 顾颉刚先生1948年9月24日致夫人张静秋的信,《顾颉刚书信集》卷五,第269页。

读、慢慢想而得到的。因为有些内容,所以发生了廿余年的影响。今马列主义之精深博大,超过我《古史辨》工作何限,而工作同志要人一下就搞通,以刚之愚,实不知其可。……若不经渐悟之阶段而要人顿悟,所谓"放下屠刀立地成佛",此实欺人之语耳。刚自信决无成见,亦真愿以唯物史观为我主导思想,特不愿随波逐流,作虚伪之顿悟耳。①

甚至到了晚年,顾颉刚强烈的个性也未有丝毫的变化,如他于1973年7月31日为1926年12月26日的日记写了一条长跋,内中详细讲述了他在厦门大学和中山大学期间与鲁迅交恶的原委和过程。他在跋中写道:

> 今日鲁迅已为文化界之圣人,其著作普及全世界,研究之者日益多,对于彼我之纠纷必将成为研究者之一问题。倘我不在此册空页上揭露,后人必将无从探索,故勉强于垂尽之年略作系统之叙述,知我罪我,听之于人,予惟自誓不说一谎话而已。②

明知鲁迅已经被神话为"文化界之圣人",但顾颉刚依然要对其过往历史加以"揭露",这正是他的强烈个性使然。跋文中对鲁迅在厦大、中大兴风作浪颇有记载,对鲁迅在结识许广平之前的"准鳏夫"心理分析入木三分,这些内容在1973年绝对属于大逆不道的狂语,而顾颉刚则能保证"自誓不说一谎话",确是他个性的真实写照。

在这种个性的支配下,顾颉刚早在"幼年读书就不肯盲从前人之说",所以"翻出幼时所读的四书,经文和注文上就有许多批抹";十二岁初读《纲鉴易知录》,③他"便自立义法,加上许多圈点和批评"。而这种个性的持续发展,导致从小学到大学,他对自己所遇到

---

① 顾颉刚1952年10月22日致祝瑞开信,《顾颉刚书信集》卷三,第370—371页。
② 《顾颉刚日记》卷一,第836页。
③ 顾颉刚先生出生于1893年5月8日,逝世于1980年12月25日。按现在惯常算法,享年八十七岁,但因顾潮所编的《顾颉刚年谱》均按虚岁记事,故本文从之。顾潮:《顾颉刚年谱》(增订本),中华书局,2011年。

的教员都极不信任,自称"我从蒙学到大学,一向是把教师瞧不上眼的",以至于"上了一二百个教师的课,总没有一个能够完全摄住我的心神",甚至说"十余年来在新式学校中过的上课生涯,使得我一想着就要叫屈",认为老师们"在那里杀青年真可恨",而"青年们甘心给他们杀也可鄙"!这样的结果就是"心目中没有一个偶像,由得我用了活泼的理性作公平的裁断,……我固然有许多佩服的人,……并不是愿把我的灵魂送给他们,随他们去摆布。对今人如此,对古人亦然"。

如果仅仅是个性强烈,那并不足以促使他走上日后的道路,更难得的是,顾颉刚自幼就是一个极具好奇心和历史趣味的人,以至于小时候他祖母就常常因为他"打碎乌盆问到底"而禁止他发言。所以在自序中他说,"我又是一个历史兴味极浓重的人,欢喜把一件事情考证得明明白白,看出它的来踪和去迹。我又是一个好奇心极发达的人,会得随处生出了问题而要求解答,在不曾得到解答的时候只觉得胸中烦闷的不可耐"。

当他十七岁那一年,"偶然翻览《先正事略》,从阎若璩的传状里知道他已把古文尚书辨得很明白,是魏、晋间人伪造的,……我又感到汉人《尚书》注的不通,都想由我辨去",可见他的辨伪之心发端甚早;十八岁时,顾颉刚参加了江苏存古学堂的招生考试,他回忆考试"出的题目是《尧典》上的,现在已记不起了",而"只记得我的文字中把郑玄的注痛驳了一回",这样的结果自然是没有考中,但考卷批语上的"斥郑说,谬"四个大字既令他记忆犹新,也颇不能令他信服。

除了超强的个性和极具好奇心,顾颉刚还是一个最有毅力和恒心的人,对于他所认定的事情,必然倾全力而为之。这也正如他自己所言,他的桀骜性格"是仗着自己的力量而工作";别人评价他"好大喜功",他自己却认为"乃是生命力充足的表现"。他的这一性格很早就展露无遗,1905年他十三岁时曾作一册自述,题为《恨不能》,主题有三,分别是——"恨不能战死沙场,马革裹尸","恨不能游尽天下名山大川"以及"恨不能读尽天下图书"。当他在中学时,受徐锡麟、熊成基和温生才等革命党人的影响,曾经一度加入了社会党,醉心于建设"无政府、无家庭、无金钱"的所谓最高境界之社会,自谓"在这一年半之中,我是一个最热心的党员,往往为了办理公务,到深夜不眠",甚至当他祖母责问他"既然没有家庭,把我放在哪里"时,顾颉刚的回答居然是"请你住在养老院",可见其当时忘我之程度。① 除了这些他所认定的事业,即便是平常旅行,他的习惯也是"无论到什么地方总要尽了我的脚力走。别人厌倦思归了,我还是精神奋发,痛骂他们阻住了我的兴致"。

顾颉刚的这种恒心和毅力并不是与生俱来的,比如在自序中他就写道,"我的幼年,最没有恒心。十余岁时即想记日记,但每次写不到五六天就丢了。笔记亦然,总没有一册笔记簿是写完的"。但1913年入北京大学预科学习堪称转折点,他因为"看戏成了癖好",而开始"作《论剧记》",并且"居然有始有终地写了好几册",于是又想到在《论剧记》之外撰写《读书记》,从此开始系统写读书笔记。据统计,顾颉刚的读书笔记"从1914年起至1980年逝世,从未间断。六十余年积累了近二百册笔记,约六百万字";而同样,他的日记"始于1913年10月,自1921年起至1980年12月17日(去世前八天),基本不间断",②由此两端可以看出进入青年时代以后的顾先生所具有的过人毅力和恒心。

超强的个性、强烈的求知欲望、浓烈的历史兴趣以及过人的恒心毅力集于顾颉刚一人之身,造就了一位史学大家的"物质"基础。

二、时　势

顾颉刚所说的"时势",主要是指当时学术风气的转变,并将其概括为三个方面:

---

① 顾潮:《历劫终教志不灰——我的父亲顾颉刚》,华东师范大学出版社,1997年,第26页。顾先生不止一次地说他一生中最敬爱的人就是他祖母,此时居然打算让祖母将来住养老院,这固然有少年人的幼稚,但更多的是由于他当时充满了建设理想社会的热情。

② 中华书局编辑部:《顾颉刚全集出版说明》,《顾颉刚古史论文集》卷一,第4—5页。

一是清代学风有别于前代，具体来说就是，"以前必要把学问归结于政治的应用，而清代学者则敢于脱离应用的束缚"，"以前总好规定尊奉的一尊，而清代学者为要恢复古代的各种家派，无意中把一尊的束缚也解除了"。

二是西洋科学传入中国，"中国学者受到它的影响，对于治学的方法有了根本的觉悟，要把中国古今的学术整理清楚"，形成了"整理国故"的风潮。这种"呼声倡始于太炎先生，而上轨道的进行则发轫于适之先生的具体的计划"，他本人则是"生当其顷，亲炙他们的言论，又从学校的科学教育中略略认识科学的面目，又因性喜博览而对古今学术有些知晓，所以能够自觉地承受"。

三是深受康有为和胡适的影响，其中"长素先生受了西洋历史学家考定的上古史的影响，知道中国古史的不可信，就揭出了战国诸子和新代经师的作伪的原因"，而"适之先生带了西洋的史学方法回来，把传说中的古代制度和小说中的故事举了几个演变的例，使人读了不但要去辨伪，要去研究伪史的背景，而且要去寻出他的渐渐演变的线索，就从演变的线索上去研究，这比了长素先生的方法又深进了一层了"。

顾颉刚对于清代学者的了解和推崇，颇得益于他着手编撰《清代著述考》一书。据他在自序中介绍，编辑该书的缘起是因为他历来"很不满意前人目录书的分类"，所以很早就有"用了学术史的分类来定书籍的分类"的想法。1915年，他因病从北大休学回家，但并不愿意完全赋闲，于是"用时代分目录的计划到这时很想把它实现"。他从材料最丰富的清代做起，以《书目答问》的《国朝著述诸家姓名略》为底本，增补若干家，"依学术的派别分作者，在作者的名下列著述，按著述的版本见存佚，并集录作者的自序及他人的批评，名为《清代著述考》"，结果是"弄了几个月，粗粗成了二十册"。经过这番功夫，顾颉刚自认为"对于清代的学术得有深入的领会"，并由衷地爱好清代学者"治学方法的精密"、"搜寻证据的勤苦"以及"实事求是而不想致用的精神"。更重要的是，他"到这时才明白知道，学问必须在繁乱中求得的简单才是真实的纲领;若没有许多繁乱的材料作基本,所定的简单的纲领便终是靠不住的东西"。所以概括来讲,顾颉刚编辑《清代著述考》有两大收获,一是对清代学术的深入领会,二是掌握了治学著述的基本方法。数年之后,当胡适在读到该书稿本后就甚为赞赏,发出了"这三百年来的学术研究的中心思想被你抓到了"的考语,而该稿本也长期存放在胡适家中,供他参考使用。① 《清代著述考》的小试牛刀也让顾颉刚备受鼓舞,于是他的"野心中又发一宏愿:要编写《国学志》,把《著述考》列为志的一种"。

顾颉刚对于章太炎的态度则几经周折。1913 年冬,在同学毛子水的邀请下,顾颉刚参加了章太炎在北京化石桥共和党本部开设的国学会,他本是个"一向是把教师瞧不上眼的"人,但在听了章太炎的课后,"觉得他的话既是渊博,又有系统,又有宗旨和批评",是从来没有遇见过的教师,所以"佩服极了"。

然而不到一个月章太炎就被袁世凯下狱了,但这短短的听课经历带给顾颉刚诸多的启发。他认为在章太炎课堂上的最大收获并不是具体的知识,而是激发他随后用了数年的时间(1913 年—1916 年)去思考这样几个问题——1. 何者为学? 2. 何以当有学? 3. 何以有今日之学? 4. 今日之学当如何? 而其中最为关键的是,以康有为为代表的今文学家"通经致用"的做法屡遭章太炎的诟病和攻击,②于是在听了章太炎的讲授后,顾颉刚自然形成了这样的觉悟,即——"在学问上则只当问真不真,不当问用不用。学问固然可以应用,但应用只是学问的自然的结果,而不是着手做学问时的目的",于是"从此以后,我敢于大胆作无用的研究,不为一班人的势利观念所笼罩了"。顾颉刚甚至认为,"这一个觉悟,真是我的生命中最可纪念的;我将来如能在学问上有所建树,这一个觉悟决是成功的根源"。

1919 年,顾颉刚在给夫人殷履安的信中依然说他"前几年用一些

---

① 顾颉刚:《我是怎样编写古史辨的?》,《顾颉刚古史论文集》卷一,第 152 页。
② 有关章太炎对以康有为为代表的清末今文学家的攻击可参看王汎森《章太炎的思想》第三章"与清末今古文之争",上海人民出版社,2012 年。

功",而收获则是对于"'学问之为何物?''治学问的方法如何'两个问题,颇能晓得一些",至于"有人说我学问好,真羞的无地自容了",因为他对自己的考语是"只能说是'知道学问'",而"不能说是'有了学问'"。① 一如顾颉刚自己所言,在外人面前他向来是"竭力的'藏锋敛锷'",而对于殷履安则是"总要'倾怀一吐'"的,②所以他当时的这些认识都是由衷之言,由此看出章太炎授课对他启发之大。

当顾颉刚笃信章太炎,甚至"愿意在经学上做一个古文家"时,他好学博览、不盲从权威的个性又发生作用了。为了了解今文学家的真实面目,他先后找来了康有为的《新学伪经考》和《孔子改制考》,阅读之下"对于长素先生这般的敏锐的观察力,不禁表示十分的敬意",并且意识到"古文家的诋毁今文家大都不过为了党见",于是决定"在我没有能力去判断他们的是非之前,最好对于任何一方面也不要帮助"。

又过了数年,顾颉刚对于"太炎先生的爱敬之心更低落了",原因是章太炎在学术上的诸多表现,如"一笔抹杀殷墟甲骨文字,说全是刘鹗假造的","都可证明他的信古之情比较求是的信念强烈得多",这说明"他看家派重于真理,看书本重于实物"。在顾颉刚看来,这样的章太炎"只是一个从经师改装的学者",而章氏原本强调的"薄致用而重求是"则是顾颉刚所愿意"始终信守"的,所以多年之后,顾先生依然说"学问而不离政治,必不能求真,此义我笃信之"。③

1916年7月,顾颉刚在上海参加北京大学新生入学考试,名列第五被录取。顾颉刚能入北大求学完全得益于他的父亲,顾父初以教馆为生,后曾考入京师大学堂,但因家贫而辍学,遂发愿"吾虽不能在大学堂毕业,定要吾子在此毕业"。④ 所以尽管顾颉刚成年后与家中关系紧张,但对于他父亲始终心存感激,如他在给新婚夫人殷履安的信中就说,"父亲自然是笃爱我的。照现在社会的风气,以及我家的

---

① 顾颉刚1919年7月19日致殷履安的信,《顾颉刚书信集》卷四,第37页。
② 顾颉刚1919年7月25日致殷履安的信,《顾颉刚书信集》卷四,第45—46页。
③ 顾颉刚1930年3月25日日记,《顾颉刚日记》卷二,第387页。
④ 顾潮:《顾颉刚年谱》(增订本),第17页。

景况,换了别人家,我早不会在北京大学读书";①又说,"在这种旧社会旧家庭里,居然有让我接触'真学问'的机会,吾真不能不感激父亲。……父亲独能'力排众议',教我爬上了最高的学校,我怎能不感激呢!所以无论父亲待我有些不合的地方,我总不敢计较了"。②

1916年秋季,顾颉刚入读北大中国哲学门,主要课程包括陈汉章的"中国哲学史"、崔适的"春秋公羊学"等,但他早受了崔述、章太炎和康有为的影响,因此对于"课业的必修而憎恨到了极点,一心想打破它",而很快顾颉刚就得到了这样的机会。

1917年1月4日,蔡元培出长北京大学,就任伊始就"努力破除学校中的陈腐空气",并邀《新青年》主编陈独秀为北大的文科学长。顾颉刚由此开始接触《新青年》杂志,并发现自己"一向隐藏着的傲慢的见解屡屡得到不期而遇的同调",这样的结果便是他"胆壮了不少","更敢作大胆的批评了",他甚至为陈独秀起草了呈蔡元培校长的长文要求停止陈汉章"中国哲学史"课。③

这一年的9月,胡适自美留学归来被聘为北大教授,10月即接手陈汉章的"中国哲学史"课程。在课堂上,胡适丢开三皇五帝从周宣王讲起,当时"许多同学都不以为然",但顾颉刚在听了几次后认为胡适"虽没有伯弢先生(引者按,指陈汉章)读书多,但在裁断上是足以自立的",并拉着室友傅斯年去旁听,结果傅"也是满意"。这样一来,不但"从此以后我们对于适之先生非常信服",更重要的是,顾颉刚已有的关于"上古史靠不住的观念在读了《改制考》之后又经过这样地一温"变得更加强烈了,但他也承认,究竟"如何可以推翻靠不住的上古史,这个问题在当时绝对没有想到"。至于傅斯年,也被顾颉刚"引进了胡适的路子上去","后来竟办起《新潮》来,成为《新青年》的得力助手",④而顾颉刚则因为能写白话文,也被邀请加入了新潮社。

清代学者的求是精神,清末以来的西学东渐,章太炎和康有为的

---

① 顾颉刚1919年11月25日致殷履安的信,《顾颉刚书信集》卷四,第143页。
② 顾颉刚1919年12月3日致殷履安的信,《顾颉刚书信集》卷四,第148页。
③ 顾潮:《顾颉刚年谱》(增订本),第41页。
④ 顾颉刚:《我是怎样编写古史辨的?》,《顾颉刚古史论文集》卷一,第151页。

经今古文学的再次交锋以及以陈独秀和胡适为代表的"五四"新文化运动的兴起,这一切风云际会,顾颉刚或受其影响,或身在其中,这就是他所面临的时势。

三、境　　遇

从自序中看,顾颉刚所说的境遇其实也就是他的成长经历,他罗列有如下数项:

1. 生在科举未废的时代,所以自幼就开始读经书;
2. 小时候祖父经常给他讲故事,刺激了他对历史的兴趣;
3. 少年年代进入新式学校,接受了基本的科学观念;
4. 自幼爱读书,且长在书香氛围浓重的苏州,打下了必要的旧学基础;
5. 在北大预科阶段沉迷于戏剧,对民间传说的形成有了大致的了解;
6. 青少年时代在文学、哲学和政治活动上的挫折让他意识到自己的长处在于考证;
7. 毛子水、章太炎等师友给了他自觉治学的启发;
8. 胡适和傅斯年的鼓励给予他打破传统学说的勇气;
9. 为北京大学征集歌谣,熟悉了风俗材料的形成和演变;
10. 读康有为书,进一步确立了"对于古史的不信任的观念";
11. 听胡适的课,了解了他的研究方法,并意识到自身最擅长的是史学;
12. 受胡适、钱玄同的鼓励而编集辨伪材料,加速了他古史研究的步伐。

上述这些际遇固然都是促使顾颉刚走上"古史辨"道路的推手,

但归纳起来，无非是三个方面的原因：第一，幼承庭训打下的旧学基础；第二，因看戏和征集歌谣而悟出各类故事都有一个变迁过程；第三，胡适的影响。以下分别加以说明。

(一) 顾颉刚的旧学基础①

1893年5月8日顾颉刚出生在苏州悬桥巷的顾家花园。顾氏是江南大姓，文风昌盛，康熙南巡时曾誉顾家为"江南第一读书人家"。但到了顾颉刚的祖、父时，家道已经衰落，祖父彶之公弃文学医，并与人集资开了一个药店；父亲子虬公是秀才出身，年轻时以教馆为生，后虽考入京师大学堂但又因贫辍学，回乡任常州中学教员，辛亥革命后到杭州仁和场盐运署任科长直至终老。

顾颉刚八岁时母亲即病逝，所以自幼由祖母张氏抚养。祖母不仅对顾颉刚的饮食起居照顾得体贴入微，对他在学业和品行的培养上更是用心与严厉，从小就告诫顾颉刚"读书要好好用功"，因为"家里从来没有一个白衣的人，你总不要坍了祖宗的台才好"。顾颉刚幼时家境困难，祖母一切节省，但只有在孙子购书这一点上极为慷慨，所以顾颉刚从小就怀着做一个藏书家的梦，自11岁后就每天出入书肆，一年即可购书五六百册之多。对于祖母的养育之恩，顾颉刚终生难忘，他曾经深情地自承，"我的一生，发生关系最密切的是我的祖母。简直可以说，我之所以为我，是我的祖母手自雕铸的一具艺术品"。

由于生长在一个书香人家，顾颉刚尚在襁褓之中他的本生祖父就教他认字，尚未学会走路时就能认出街面上许多店铺的招牌，令路人称异。稍长，母亲教他《三字经》、《千字文》等童蒙教材，所以六七岁时即能自己读些唱本小说和简明的古书。

顾颉刚六岁入私塾，前后长达八年。期间读了四书、《诗经》、《左传》、《礼记》等书，此外又最喜欢在家中书房翻看各类书籍，并从中获得无限的乐趣。1906年，十四岁的顾颉刚以第一名的成绩考入苏州

---

① 此节内容多据顾潮《历劫终教志不灰——我的父亲顾颉刚》第一章"故乡的熏陶"以及顾潮所编的《顾颉刚年谱》(增订本)。

第一所高等小学——长元吴公立高等小学校,但因患病休学,英文、数学比其他同学落后很多,难以追上,所以就更加致力于国学。此时顾颉刚接触到《国粹学报》,开始接受章太炎"整理国故"的思想,为日后的研究道路埋下了伏笔。

1908年,顾颉刚考入苏州公立第一中学堂,由于经常看书,逐渐对书目产生了兴趣,对《四库总目》、《汇刻书目》和《书目答问》等书极为熟悉,并开始大量购书读书。随后,在他本生祖父的指导下继续在家读五经,期间接触到阎若璩和姚际恒的辨伪思想,受到极大的震动,认为"这两次给与我的刺激注定了我毕生的治学的命运"。

不难看出,就顾颉刚的早期教育来看,他几乎是他那个时代所有有机会接受正规教育儿童的缩影,换言之,顾颉刚的旧学基础并不足以驱使他日后走上"疑古"之路。

(二) 戏剧和歌谣对于顾颉刚的启发

据顾颉刚在《古史辨》第一册自序中说,他之所以爱看戏,最初是受了叶圣陶的影响。叶圣陶"是一个富于文艺天长的人,诗词篆刻无一不能",而顾、叶二人"从私塾到小学和中学都是同学",1912年又同时加入了中国社会党,关系极为亲密。当顾颉刚还在苏州时,"常听得北京戏剧的美妙",而"酷好文艺的圣陶又常向我称道戏剧的功用",以至于"偶然凑得了几天旅费,到上海去看了几次戏,回来后便要作上几个月的咬嚼"。

1913年4月,顾颉刚考入北京大学预科,从而"得居戏剧渊海的北京",自然是"如何忍得住不大看而特看"。但顾颉刚看戏也非常地具有个性,那就是"别人看戏必有所主,我固然也有几个极爱看的伶人,但戒不掉的好博的毛病,无论哪一种腔调,哪一个班子,都要去听上几次",特别是在1914年因病休学的半年中,"戏园子成了他的正式课堂,除非生病,没有一日不到"的,① 这样的结果是"全北京的伶人"大约都给他看到了。

---

① 顾潮:《历劫终教志不灰——我的父亲顾颉刚》,第33页。

而当时顾颉刚正在读刘知幾的《史通》，戏看多了，就想到了要写一部《戏通》，把古今戏剧的演进历史，地方戏剧的特殊风格，各种角色的名目及其任务，各种切末的意义及其使用，以及各种戏本和各种小说的关系共计五十题一一加以考证，并开始编制"戏剧表"，同时撰写"论剧记"记录每天看戏的心得。虽然顾颉刚后来并没有完成《戏通》，但几十年后他的遗稿中还存有《檀痕日载》三册记录当时的看戏观感，长达数万言①。

这样的看戏方式大概是亘古未有的，顾颉刚自述其结果是：一方面"在这戏迷的生活中二年有余，我个人的荒唐和学校的课业的成绩的恶劣自不消说"；而另一方面，"万想不到我竟会在这荒唐的生活中得到一注学问上的收获"，那就是对各种戏剧中同一故事的矛盾"替它深思"，而"忽然认识了故事的格局，知道故事是会得变迁的，……我看了两年多的戏，唯一的成绩便是认识了这些故事的性质和格局，知道虽是无稽之谈原也有它的无稽的法则"，于是"当时很想搜集材料，做一部《戏剧本事录》，把各出戏的根据加以考证，并评骘其异同之点"。所以后来顾颉刚坦承，这样看戏的结果就是"从此以后，我对于古史的主要观点，不在它的真相而在它的变化"。②

1918年6月，因妻子吴徵兰病危，他自己也患了极度的神经衰弱，顾颉刚只好暂时从北大休学回家。8月1日吴徵兰病逝，顾颉刚的心境更坏，每天"坐候着一天一天的昼夜的推移"。百无聊赖之际，适逢刘半农主持搜集歌谣，每天发表在《北京大学日刊》上，于是想到"现在既不能读书，何妨弄弄这些玩意儿，聊以遣日"，于是就从家中的小孩开始，逐渐推进到他人，收集了大量苏州当地的歌谣。

1920年9月，从北大毕业的顾颉刚就职于北大图书馆任编目工作。工作之余，将早先收集的苏州歌谣加以整理，拟成《吴歈集录》，并陆续在《晨报》上发表，引起了时人的注意，一时被誉为"研究歌谣

---

① 顾潮：《历劫终教志不灰——我的父亲顾颉刚》，第31、33页。另据《顾颉刚日记》前言，《檀痕日载》第二册不知何时遗失，第一、三册则收入《顾颉刚日记》卷一。
② 顾颉刚：《答李玄伯先生》，原载《现代评论》第1卷第10期，1925年2月14日；又载《古史辨》第一册；收入《顾颉刚古史论文集》卷一，第311—315页。

的专家"。1924年,因北大国学门研究所《歌谣》周刊的编辑常惠生病,顾颉刚代为编辑并充当主要撰稿人;同年,顾颉刚所编的《吴歌甲集》作为北大歌谣研究会《歌谣丛书》的第一种刊印。经过这些具体的搜集、整理和编辑工作,顾颉刚意识到"歌谣和小说戏剧中的故事一样,会得随时随地变化"。

顾颉刚本是在病中无聊之际开始研究歌谣的,但他的个性就是一动手就要把摊子铺得极大的,他说,"我为要搜集歌谣,并明了它的意义,自然地把范围扩张得很大:方言、谚语、谜语、唱本、风俗、宗教各种材料都着手搜集起来",并相信"这种搜集和研究,差不多全是开创的事业,无论哪条路都是新路,使我在寂寞独征之中更激起拓地万里的雄心"。但另一方面,顾颉刚对于"歌谣专家"这种"不期之誉",表示"很不愿承受",因为"搜集歌谣的动机是由于养病的消遣",而"其后作了些研究是为了读《诗经》的比较",他的最终想法则是"只想把歌谣作我的历史的研究的辅助",为此他"希望大家能够了解,不要敦促我做非分的工作"。

如果说沉溺于戏剧是青年顾颉刚的荒唐,整理歌谣是他病中消遣的方式,但顾颉刚却又偏偏从这两者之中悟出治学的道理,看似偶然,实则必然,这种必然性就在于顾颉刚始终拥有强烈的求是精神,始终有"打碎乌盆问到底"的求知欲望,这是一位有大成就学问家的基本素养。

(三) 胡适对顾颉刚的影响

余英时曾经指出,顾颉刚与胡适的关系,乃是"决定他一生命运的最大关键"。① 检视20世纪20年代的胡、顾关系,可知此言不虚。具体来说,胡适对于当时的顾颉刚而言,不仅是学业和精神上的导师,也是生活上的后盾与"倚傍"。

顾颉刚初识胡适风采是在1917年10月北大的"中国哲学史"课堂上,据他在《古史辨》第一册自序中的描述,他对胡适的佩服不在于

---

① 余英时:《未尽的才情——从〈顾颉刚日记〉看顾颉刚的内心世界》,联经出版社,2007年,第24页。

具体知识的多少,而在于胡适"有眼光,有胆量,有断制,确是一个有能力的历史家。他的议论处处合于我的理性,都是我想说而不知怎样说才好的"。这并非顾颉刚的客套话,而是发自肺腑的真心话,因为顾颉刚在给他夫人殷履安的信中曾经这样写道:

> 我看着适之先生,对他真羡慕,对我真惭愧! 他思想既清楚,又很深锐;虽是出洋学生,而对于中国学问,比老师宿儒还有把握;很杂乱的一堆材料,却能给他找出纲领来;他又胆大,敢作敢为。我只羡慕他这些,不羡慕他的有名。想想他只大得我三岁,为什么我不能及他? 不觉得自己一阵阵的伤感。①

即便是在距初识胡适三十年之后的 1947 年,已然功成名就,自己也成了学界大佬的顾颉刚依然对胡适驾驭材料的能力自叹弗如,他在这一年 10 月 6 日的日记中写道:

> 适之先生《中国哲学史大纲》上卷,予尚系三十年前所读。比来因病得闲,而静秋室中适有是书,居然在六日内读讫。觉其澈骨聪明,依然追攀不上。想不到古代哲学材料,二千年来未能建一系统,乃贯穿于一二十七八岁之青年,非天才乎?②

课堂之外,这一时期顾颉刚和胡适发生关系的另一场所是新潮社。在北大上学期间顾颉刚与傅斯年等人相友善,1918 年 11 月傅斯年和罗家伦等人发起成立了新潮社,顾颉刚是第一批入社的成员,而胡适是该社的顾问。但从顾颉刚北大毕业要托罗家伦请胡适出面替他谋职业来看,他们二人的关系在当时并不十分密切,以至于顾要写信给胡,但"因为不晓得先生住在何处,所以没有写"。③ 当时顾颉刚极欲摆脱旧家庭的束缚而想留在北京学习生活,所以在 1920 年 5 月

---

① 顾颉刚 1921 年 1 月 3 日致殷履安的信,《顾颉刚书信集》卷四,第 329 页。
② 《顾颉刚日记》卷六,第 138 页。
③ 顾颉刚 1920 年 8 月 11 日致胡适的信,《顾颉刚书信集》卷一,第 278 页。

5、7、8 三天里连给罗家伦三信谈自己求职的要求和治学计划,而罗家伦在充分了解了顾颉刚的志向后,①也特别向胡适推荐,称"颉刚的旧学根柢,和他的忍耐心与人格,都是孟真和我平素极佩服的。所以使他有个做书的机会,其结果决不只完成他个人求学的志愿,而且可以为中国的旧学找出一部分条理来"。②

胡适最初打算推荐顾颉刚任北大预科的教员,因为这样每月可得报酬七八十元,可敷顾氏在京日常开支及苏州的家用,但顾颉刚担心自己一无口才,二来几年来生病休学耽误了学业,所以不敢应承,主动提出到薪金更少的图书馆工作。③ 由于当时在北大图书馆担任编目工作每月薪金只有五十元,所以胡适又主动提出他自己每月贴补顾颉刚三十元,请顾颉刚在图书馆工作的同时助他编书。顾颉刚对胡适的这一盛情自然大为感谢,他给胡适的信中说,"我的职事,承先生安排,使我求学与奉职融合为一,感不可言",而"薪金一事,承志希(引者按,指罗家伦)说及先生的厚意,更是感激",但顾颉刚同时也强调,"这三十元,借是必要的,送是必不要的",并且已经想好了还款计划,那就是"听说助教薪水,每年可加,倘使我能如此,则加到八十元时,我便可不借;多出八十元时,我便可按月拨还",并"务请先生答应我这句话"。④

俗话说"一分钱难倒英雄汉",这三十元对于当时的顾颉刚来讲具有至关重要的意义。因为当时他的家人催他离京返苏州谋差事,而他"所以敢'力反众议'的缘故,便是有胡先生肯供给我钱,有一个有力的倚傍之故"。⑤ 所以当 1920 年 11 月胡适因过于劳累而病倒时,顾颉刚十分焦急,再三劝胡适到僻静处静养,而且十分担心胡适"有什么'三长两短'","因为我没有他卅元一月的津贴,我便不能在

---

① 《顾颉刚书信集》卷一,第 237—244 页。
② 罗家伦 1920 年 5 月 31 日致胡适的信,转引自顾潮《历劫终教志不灰——我的父亲顾颉刚》,第 60 页。
③ 相关情况可参看 1920 年 5 月 30 日顾颉刚致妻子殷履安的信,收入《顾颉刚书信集》卷四,第 253 页。
④ 顾颉刚 1920 年 8 月 11 日致胡适的信,《顾颉刚书信集》卷一,第 278 页。
⑤ 顾颉刚 1920 年 11 月 8 日致殷履安的信,《顾颉刚书信集》卷四,第 306 页。

京立脚,我的学问,我的希望,都消散了"。这并非顾颉刚危言耸听,事实上他当时的经济状况确实很糟糕,如他1920年11月5日给胡适的信中就说,他"原来定的借款期三年,借款数六百,还款期六年",但因为家中给他很大的压力,重新核算后借款数和还款期"恐怕要加上一倍"。但顾颉刚在信中又说,"我前一个数目,先生要送给我,我已经受不起,何况后一个数目!我借了先生的钱,不要出利钱,已经是无边的德惠了;怎能说只取了不还!所以我今天再写这封信,务请先生允我的'借贷'"。①

除了这每月固定的三十元资助,顾颉刚日常生活遇到困难也请胡适帮助解决,如这年过完暑假,顾颉刚于9月9日从苏州回到北京,11日首到北大图书馆上班,而16日即向胡适借钱了,原因是"我在家里带出来的钱,现在不过存余二十元了",而第一次的房租及添置家具"至少须八十元",所以"拟向先生处先借六十元",并"请先生在几天内给我一个回信"。②

因为生活甚是窘迫,所以顾颉刚在工作之外想通过编书来赚些钱贴补家用,当时手头正在编辑的书有两种,一是《吴歈集录》,另一种是《中国目录书目》。而这两书的出版也要仰仗胡适,比如他就对夫人殷履安说,"书局印行的事情,有胡先生替我接洽,有他的介绍,书铺里也肯应承得多",他甚至于设想"将来拿著书来做主要职业了,拿版权来做主要收入了",而北大图书馆的本职工作,"不过请我来读书,而又送我些读书钱"。③ 为了有专门的时间编书,顾颉刚就想请人暂时替代他在北大的工作,于是在1920年12月26日致信胡适,称"我编出两种书,想来三四个月的薪水之数,总能收回",但一旦请假编书,这几个月的生活费就没有了着落,所以问胡适"对于这三四个月的薪水(二百元内),可不可以暂时移借,等卖出以后再缴还"?④

此类记载在20年代顾颉刚致胡适的书信中并不罕见,足证顾颉

---

① 《顾颉刚书信集》卷一,第286页。
② 顾颉刚1920年9月16日致胡适的信,《顾颉刚书信集》卷一,第278页。
③ 顾颉刚1920年11月22日致殷履安的信,《顾颉刚书信集》卷四,第311页。
④ 《顾颉刚书信集》卷一,第298页。

刚就业之初在经济上是颇为仰仗胡适资助的,甚至晚在1926年7月顾颉刚即将赴厦门大学任教授之前,尚需向胡适借二百元以置办秋衣,可见他当时生活之窘迫。① 而顾颉刚之所以会屡屡开口向胡适借钱,当如他自己所言,"我承先生的见厚,所以敢率情而言"。② 一直到1928年7月,时在中山大学任教的顾颉刚托傅斯年带信函及大洋三十五元给胡适,信中说"我欠先生的钱至此还清",③此时距离1920年9月顾颉刚毕业留北大图书馆工作几近整整八年了。至于顾颉刚后来在《我是怎样编写古史辨的?》一文中称"一九二〇年夏,我毕业北大后,代理校长蒋梦麟聘我任本校助教,担任图书馆编目工作",于胡适的鼎力推荐和大力资助不着一语,实在是有难言之苦衷。

有了胡适在经济上的资助,顾颉刚可以在北京安下身来从事学术研究工作,而两人之间的关系也日渐密切,顾颉刚由最初"不晓得先生住在何处",到后来经常"到适之先生处谈话"或被胡适"留饭",至于信件的往来就更频繁了。随着与胡适交往的增多,顾对胡的钦佩之感也与日俱增,他在日记中常常拿自己和胡适作比较并时时感到惭愧,如1921年3月21日记,"到适之先生处谈话,令我时时惭愧。我为什么不能像他的聪明";同年5月8日则记,"适之先生书来,告在津馆看《楝亭全集》所得,比我所得有条理,使我惭愧之至"。④ 从这些记录中不难看出,这个时期的顾颉刚对胡适最为佩服的依然是胡适发现问题、分析问题和驾驭材料的能力而非具体问题上的细枝末节。

当然,受了胡适恩惠的顾颉刚也常常在想"何以为报",⑤而他当时所能做的就是竭尽所能地帮助胡适搜集他研究所需的资料,特别是当时胡适正在写作《红楼梦考证》,初稿完成后请顾颉刚代为校读,

---

① 顾颉刚1926年7月10日记:"适之先生见借二百元,秋衣有着矣。"《顾颉刚日记》卷一,第766页。
② 《顾颉刚书信集》卷一,第298页。
③ 顾颉刚1928年7月15日致胡适的信,《顾颉刚书信集》卷一,第451页。
④ 《顾颉刚日记》卷一,第107、121页。
⑤ 如1926年7月10日顾颉刚记:"先生待我如此挚厚,将何以为报耶?"《顾颉刚日记》卷一,第766页。

并特别要求"如有遗漏的材料,请你为我笺出"①,于是顾颉刚到各个图书馆搜集补充材料,而他的好友俞平伯也受感染,开始精心研读《红楼梦》,这一时期胡、顾、俞三人有多封信件往来讨论相关问题,时间长达半年多,结果是直接成就了胡适的《红楼梦考证改定稿》和俞平伯的《红楼梦辨》。②又如胡适当时做研究需要查寻郑珍的《巢经巢诗钞》而不得,而顾颉刚在苏州的家中正好有此书,就写信给妻子殷履安说"胡先生待我很好,我想拿这部书送给他",③并说胡适在收到书后"是很快活的",④对胡适的感恩回报之情跃然纸上。

这一时期,胡适不仅是顾颉刚生活上的"倚傍",也是顾颉刚学术研究上的导师。这不仅让顾颉刚成为"胡适门徒",更直接决定了他最终走上"古史辨"的道路。关于这一点可以分为三个阶段来说:

1. 顾颉刚在北大图书馆工作期间(1920年9月—1922年3月)

前面已经提到,顾颉刚在中学阶段就已读过姚际恒的《古今伪书考》,并自称这是他二十岁之前"所受的学术上的洪大的"两次震荡之一。⑤ 1920年9月他任职于北大图书馆后,将自己早先所编的《清代著述考》稿本呈给胡适作参考之用,11月胡适即"来信询问姚际恒的著述",为此顾颉刚"就在图书馆翻检了几部书,前后写了两封回信"。未料胡适对姚氏的著作很感兴趣,遂命顾颉刚点校姚际恒的《古今伪书考》,并把自己所藏的知不足斋本见借,而顾颉刚则深知胡适此举"一来是顺从我的兴趣,二来也是知道我的生计不宽裕,希望我标点书籍出版,得到一点酬报"。

《古今伪书考》这一本薄册子,到了顾颉刚的手里,觉得仅仅是点

---

① 胡适1921年4月2日致顾颉刚的信,《顾颉刚书信集》卷一,第312页。
② 顾潮:《顾颉刚年谱》(增订本),第63—64页。至于顾颉刚因协助胡适收集《红楼梦考证》所需资料而与鲁迅交恶,则实在意料之外。1921年冬鲁迅名著《阿Q正传》出版,书中称"阿Q"之名究竟为"桂"还是"贵",只有待于"胡适之先生之门人们"的考定,这显然是指顾颉刚、俞平伯等人了;到了中山大学,鲁迅更是宣称"顾颉刚是胡适的书记"。可参详《顾颉刚日记》卷一,第836页。
③ 顾颉刚1920年10月28日致殷履安的信,《顾颉刚书信集》卷四,第298页。
④ 顾颉刚1920年11月8日致殷履安的信,《顾颉刚书信集》卷四,第305页。
⑤ 顾颉刚:《古今伪书考序》,原载《辨伪丛刊·古今伪书考》书首,朴社,1930年;今据《顾颉刚古史论文集》卷七,第6页。

校"未免太草率了",认为"总该替它加上注解才是",所以"一本薄极的书便牵引到无数书上",不但他自己的藏书不够用,"连北京大学图书馆的书也不够用",于是顾颉刚"天天上京师图书馆去"。结果是"做了一二个月,注解依然没有做成",但意外的收获是"古今来造伪和辨伪的人物事迹倒弄得很清楚了"。正是有了这段机缘,到了这年十二月,顾颉刚就决定把《诸子辨》、《四部正讹》和《古今伪书考》编为《辨伪三种》,并计划写一篇《伪书考》的跋文,内中列五个表,分别是:伪书所托的时代、造伪书的时代、宣扬伪书者、辨伪书者以及根据伪书而造成的历史事实。① 在获知顾颉刚的这一意图后,胡适敏锐地向他指出"第五项尤其重要",并建议"此一项当占全跋之大半"。② 而围绕此问题,一个月间胡、顾两人信件往返六通,胡适对顾颉刚这一计划的重视程度及指导之功一览无余,所以后来顾颉刚把这些信件都收入到《古史辨》第一册中。为了写作这篇跋文,顾颉刚让殷履安从苏州老家往北京邮寄了大量参考书,并自信"这一篇如能做得好,便是在中国史上起一个大革命——拿五千年的史,跌倒两千年的史;自周之前,都拿他的根据揭破了,都不是'信史'"。③

顾颉刚后来说,因为点校《古今伪书考》之故,"我便想把前人的辨伪成绩算一个总账。我不愿意单独注释《伪书考》了,我发起编辑《辨伪丛刊》"。在与胡适、钱玄同商议后,拟以他所编的《辨伪三种》为《辨伪丛刊》的第一集。而在拟定了《辨伪丛刊》的总目之后,顾颉刚也第一时间寄给胡适审阅,④随后又多次就《辨伪丛刊》的体例和刊印问题致信胡适以寻求指导,这些信件后来也都收集在《古史辨》第一册中。

由点校《古今伪书考》到发起编辑《辨伪丛刊》,顾颉刚最大的收获是由"伪书引渡到伪史",并将其划分为三个不同的类别:一是"以

---

① 顾颉刚1920年12月15日致胡适的信,《顾颉刚书信集》卷一,第291页。此信后以《告拟作〈伪书考〉跋文书》为题收于《古史辨》第一册。
② 胡适于当月18日的回信,后以《告拟作〈伪书考〉长序书》为题收于《古史辨》第一册。
③ 顾颉刚1920年12月24日致殷履安的信,《顾颉刚书信集》卷一,第324页。
④ 顾颉刚1921年3月8日致胡适的信,《顾颉刚书信集》卷一,第308—311页。

伪书作基础的伪史",如《帝王世纪》、《通鉴外纪》、《路史》、《绎史》;二是"以伪史作基础的伪书",如《伪古文尚书》、《古三坟书》、《今本竹书纪年》;三是"真书中的伪史"。

更重要的是,顾颉刚认为,"自从读了《孔子改制考》的第一篇之后,经过五六年的酝酿,到这时始有推翻古史的明了的意识和清楚的计划",并定下了"伪史考"的总题,且拟分作三步走:第一是要考定伪史中的事实是从哪里起来的,又经过怎样的变迁,拟作"伪史源";第二是要考定比勘伪史中同一事实的不同说法,拟作"伪史对鞫";第三是要厘清作伪的义例,拟作"伪史例"。

可以这样说,自青少年时代即已蛰伏在顾颉刚心中的疑古辨伪的种子,经过胡适这一年多来的精心浇灌终于要破土而出了。

2. 顾颉刚为商务印书馆服务期间(1922年3月—1923年4月)

1922年3月,因祖母病重,顾颉刚向北大请长假返家侍奉。而早在前一年的九月,胡适就已经为他准备好了"到商务馆函,编历史(引者按,指《现代中学本国史教科书》)月支五十元,每千字四元",以便顾颉刚在苏州期间仍有生活来源。① 而一如顾颉刚自己所言,"我的根性是不能为他人做事的,所以就是编纂教科书也要使得他成为一家著述",于是"想了许多法子,要把这部教科书做成一部活的历史"。在准备材料的过程中,因为"三皇五帝"的系统早被胡适的《中国哲学史大纲》所打破,而"考古学上的中国上古史,现在刚才动头,远不能得到一个简单的结论",就想到"把《诗》、《书》和《论语》中的上古史传说整理出来,草成一篇《最早的上古史的传说》为宜",于是"便把这三部书中的古书观念比较看着,忽然发见了一个大疑窦,——尧舜禹的地位的问题"。在详细梳理文献之后,顾颉刚得以"建立了一个假设",这就是:

> 古史是层累地造成的,发生的次序和排列的系统恰是

---

① 《顾颉刚日记》卷一,第157页。按,当时商务印书馆编辑所所长王云五是胡适当年在中国公学上学时的老师,史地部主任朱经农则是胡适在中国公学的同学,故而胡适能代顾颉刚在该馆谋职。

一个反背。

顾颉刚的祖母于这年七月中旬病逝,而此时商务印书馆的历史教科书尚未正式开编。在料理完丧事后顾颉刚准备返北大供职,却遭到他父亲的坚决反对,只好暂留苏州并继续编书。为避开父亲和继母的怨怼,顾颉刚于这年十二月再应商务印书馆之邀到上海任该馆编译所史地部编辑,与同学兼好友王伯祥共同编写历史教科书。编书之余,得有闲暇继续思考《尚书》和《诗经》等文献中的古史及其演变。

也是机缘巧合,1923 年 2 月,"已经一年不相通问"的钱玄同忽然来了"一封痛快淋漓的长信"谈《诗经》和群经的辨伪,这一下不啻火上浇油,让原本就打算作系统辨伪研究的顾颉刚找到了宣泄之处,于是"就抽出一个星期日的整天工夫,写了一通复书"。在这封回信中,顾颉刚"除讲《诗经》的工作之外,又把一年来所积的古史见解写出了一个大概"。

顾颉刚在日记中对此事有不少记载,其中 1923 年 2 月 13 日记,"得钱玄同先生来信,论辨伪及京校状况。他表面上虽突梯滑稽,内心是真肯读书的人,异乎一般好出风头的";2 月 25 日则记,"写寄玄同先生书,论《诗经》论文及疑古各意见,共五千余言";26 日和 27 日分别又记"钞寄玄同先生信稿"和"钞寄玄同先生信毕,……寄玄同先生一信,今日才得发出"。① 顾颉刚愿意与钱玄同论古史,当然不是偶然的。首先,在顾颉刚眼中,钱玄同"内心是真肯读书的人",而只有这样的同道中人才可能认真讨论问题;其次,钱玄同早先在日本随章太炎问学,深受古文家的影响,回国后又接受了今文学家崔适的思想,但对今、古文家都不满意,认为"这两派对于整理古籍不实事求是,都犯了从主观成见出发的错误",② 所以他历来"以为尧、舜二人一定是'无是公'、'乌有先生'",而这一看法与顾颉刚正好声气相通。③

---

① 《顾颉刚日记》卷一,第 324、328、329 页。
② 顾颉刚:《我是怎样编写古史辨的?》,《顾颉刚古史论文集》卷一,第 159—161 页。
③ 钱玄同:《答顾颉刚先生书》,原载《读书杂志》第 10 期,1923 年 6 月 10 日;又载《古史辨》第一册;今据《顾颉刚古史论文集》卷一,第 187 页。

此外，在北京时顾、钱二人就因编辑《辨伪丛刊》而有往来，此时钱玄同的来信中又正好谈到群经的辨伪问题，所以顾颉刚把"疑古各意见"向他尽情倾诉。

如果顾颉刚这封长达"五千余言"的论古史书仅仅是他和钱玄同之间的私信，那么或许就不会有此后轰轰烈烈的"古史辨"运动。也许是冥冥中自有天意，事情的发展又与胡适发生了联系。

据顾颉刚日记，他给钱玄同的这封信是 1923 年 2 月 27 日寄出的。① 信发出后，自然希望听到反馈意见，但钱玄同却毫无动静。这年 4 月 24 日，胡适从北京来上海割痔疮，他当时在北京办有《努力周刊》，每月又附增刊《读书杂志》，随《努力周刊》发行。《读书杂志》需要稿件，胡适这时顾不过来，就托付给顾颉刚处理。顾颉刚想到"答玄同先生的信已经寄了两个月，还没有得到回音，不知道他对于我的意见究竟作何批评，很想借此逼上一逼"，于是就把信中有关讨论古史的一部分刊在 1923 年 5 月 6 日出版的《读书杂志》第 9 期上，这就是著名的《与钱玄同先生论古史书》。②

一封学者间讨论学问的私信，一经公开，居然引来了一场史学革命，这是任谁也不曾预料到的，但却真的发生了。

3.《与钱玄同先生论古史书》发表和《古史辨》第一册出版之后（1923 年 4 月—1926 年 9 月）

用顾颉刚自己的话说，《与钱玄同先生论古史书》一经刊载，"竟成了轰炸中国古史的一个原子弹"，③引来了各种非议，他或被视为"神经病"，④或被讥作"妄人"。⑤ 在各方的质疑声中，最具代表性和攻击性的是刘掞藜与胡堇人两位正式发表的论著，随后顾、钱、刘、胡四

---

① 《顾颉刚日记》卷一，第 329 页。
② 顾颉刚于 1923 年 4 月 28 日记，"将《与玄同先生信》钞毕，即寄出"。参看《顾颉刚日记》卷一，第 353 页。
③ 顾颉刚：《我是怎样编写古史辨的？》，《顾颉刚古史论文集》卷一，第 164 页。
④ 顾颉刚 1931 年 3 月 2 日记齐思和来告："谓张孟劬先生在讲堂上说，'现在的人用了神经病的眼光，研究上古史，说尧舜没有，正如说张尔田没有一样可笑'。"《顾颉刚日记》卷二，第 502 页。
⑤ 顾颉刚 1931 年 2 月 27 日记赵肖甫来告，"他以《古史辨》与夏震武先生看，夏先生说：'想不到世界上竟有如此妄人！'"《顾颉刚日记》卷二，第 500 页。

人在《读书杂志》上展开了长达九个月的古史讨论,各方讨论文字达数万言。

1924年2月22日,胡适在《读书杂志》第18期发表了《古史讨论的读后感》一文,终于从幕后走上了台前。① 该文虽名为"读后感",但实际上是胡适直接上阵替顾颉刚反驳质疑者。由于胡堇人是胡适的族叔,②而且胡堇人驳顾颉刚一文还是由胡适自己交给顾颉刚的,③自然不便攻击,因此他的读后感就专门针对刘掞藜了。

胡适首先表示这一次"已做了八万字,经过了九个月"的古史讨论"可算是中国学术界的一件极可喜的事",所以乘着"现在双方的讨论都暂时休战"之际,才"忍不住要说几句旁观的话"。

胡适之所以在这个时候挺身而出,是因为刘掞藜对于顾颉刚的驳难已经不仅仅局限于学术层面,而是指责顾颉刚的疑古是"很有影响于我国的人心和史界"的。正因为如此,所以胡适一上来就指出"开宗明义的要点"就是由顾颉刚所发起的古史讨论究竟有没有"所谓'影响人心'的问题"。胡适说,"否认古史某部分的真实,可以影响于史界,那是自然的事,但这事决不会在人心上发生恶影响",并说,"我们不信盘古氏和天皇、地皇、人皇氏,人心并不会因此变化"。他还表示,"这几个月来,北京很有几位老先生深怪顾先生'忍心害理'",所以"我不能不替他伸辨一句",话语间充满了对顾颉刚的保护。

胡适强调的第二点是,"顾先生的'层累地造成的古史'的见解真是今日史学界的一大贡献",所以"我们应该虚心地仔细研究他,虚心地试验他",而"不应该叫我们的成见阻碍这个重要观念的承受"。胡适并把顾颉刚对于禹的故事演变的研究与他自己关于井田制度的研究相提并论,称"其实古史上的故事没有一件不曾经过这样的演进,

---

① 胡适:《古史讨论的读后感》,《古史辨》第一册,上海古籍出版社,1982年,第189—198页。

② 据胡适自己介绍,胡堇人虽为叔辈,但实际上只比胡适大几岁,两人自小就是"最要好的朋友"。参看胡适《四十自述》之"九年的家乡教育",欧阳哲生编《胡适文集》第一卷,北京大学出版社,1998年,第51页。

③ 顾颉刚1923年6月18日记,"适之先生转寄族叔胡堇人先生驳予古史说一分,甚快"。见《顾颉刚日记》卷一,第369页。

也没有一件不可用这个历史演进的方法去研究"。

文章的第三部分则对刘掞藜对待古史的三种态度——"参之以情,验之以理,断之以情"——进行了逐条批驳。并在结尾中坦然承认他的这篇读后感"内中颇有偏袒顾先生的嫌疑",并表示对于这一点"不用讳饰"。反之,对于刘掞藜,胡适一方面客套地表示"对于刘掞藜先生搜求材料的勤苦,是十分佩服的",但又希望刘掞藜对于他"行文时说话偶有不检点之处"能够"不至于见怪",调侃之意是很明显的。

胡适挺身而出为顾颉刚辩护固然是因为他是顾的师长,但更主要的还在于顾颉刚"是用历史演进的见解来观察历史上的传说"。而顾颉刚的这个"历史演进"的根本方法其实是胡适首创的,是胡适在此前研究《水浒传》等小说时所使用的方法,因此否定顾颉刚其实就是否定胡适,这就由不得胡适不站出来加以反驳了。① 众所周知,胡适一生最倡导"方法",他自己最愿挥动方法这把"开山斧",而让弟子们舞动"绣花针"去作具体的研究,顾颉刚"层累地造成的中国古史"观点的提出堪称胡适金针度与他人的成功典范。②

1926年6月11日,顾颉刚把过去数年间他自己及师友、论敌讨论古史的文章集为一编出版,这就是在中国史学界影响极为深远的《古史辨》第一册。③ 数天之后的6月19日,胡适在北大学术研究会演讲时即公开表示,《古史辨》出版为他"有生以来未有之快乐",并承诺"将为一书评,登《现代评论》"上。④ 事实上,胡适在这年七月的欧洲旅途中完成了《介绍几部新出的史学书》一文,随后刊载于9月4日出版的《现代评论》第91、92期上,文中对《古史辨》和顾颉刚本人大力

---

① 有意思的是,顾颉刚在燕京大学的同事洪业曾向他分析很多人反对他的三条原因,其第一点就是顾"为胡适之弟子,反胡者即反顾"。《顾颉刚日记》卷二,第507页。

② 当然胡适自己后来也实现了由"开山斧"向"绣花针"的转向,但陷入考据癖的胡适却再也写不出《中国哲学史大纲》那样"开风气"而又"多纰漏"的著作了。相关研究可参详陈平原《中国现代学术之建立——以章太炎、胡适之为中心》,北京大学出版社,1998年,第179页。

③ 当日顾颉刚在日记中记,"《古史辨》第一册于此日出版"。见《顾颉刚日记》卷一,第756页。

④ 《顾颉刚日记》卷一,第758页。

褒奖。①

　　在书评中，胡适劈头第一句话就对《古史辨》给出了准确的历史定位，指出"这是中国史学界的一部革命的书"，认为它虽然"是一部讨论史学方法的书"，但却可以"解放人的思想"、"可以指示做学问的途径"、"可以提倡那'深澈猛烈的真实'的精神"。在介绍了顾颉刚走上辨伪道路的前因后果，称赞顾颉刚"一方面是虚心好学，一方面是刻意求精"之后，胡适承认有关古史的讨论"至今未完"，但更指出，"我们可以说颉刚的'层累地造成的中国古史'一个中心学说已替中国史学界开了一个新纪元了"。胡适还特别强调，"无论是谁，都不可不读顾先生的自序"，因为这篇六万多字的自传"是中国文学史上从来不曾有过的自传"，并引当时在北京的美国国会图书馆中文部主任恒慕义之语，评价它"虽是一个人三十年中的历史，却又是中国近三十年中思潮变迁的最好的记载"。事实证明，胡适对《古史辨》第一册，特别是对这篇长序的推崇至为合理，后来凡读此书者无不被这篇序文所打动，即便是政治人物如毛泽东②和戴季陶③也概莫能外。

　　《古史辨》第一册的出版，胡适竟然感到"有生以来未有之快乐"，并在书评中对顾颉刚给予大力的褒奖，原因何在？余英时对此曾有一段精彩的解释，他说，"在《古史辨》阶段，胡、顾两人是相得益彰的；没有胡的'典范'的指引，《古史辨》大概不易形成震动一时的学术运动；相反的，没有七巨册《古史辨》，胡的'典范'也难免落空，更不能发生那么深远的影响了"。④

　　从1917年在北京大学"中国哲学史"课堂上初识胡适，到1926年《古史辨》第一册出版得到胡适的极高赞誉，这是顾颉刚一生中与胡适关系最为密切也最为亲近的时期。从上面的分析可以看出，在这

---

　　①　胡适：《介绍几部新出的史学书》，《古史辨》第二册，第331—343页。
　　②　顾颉刚1958年6月20日记，"谷城此来，系毛主席所召。日前已谈过一次，主席论及予，谓在卅余年前敢推翻禹，实是不易，并谓予之学问由看戏来，知《古史辨》自序为其所熟览。参见《顾颉刚日记》卷八，第447页。
　　③　顾颉刚1928年5月31日日记之后有一条写于1973年7月的附记，内中说戴季陶在《古史辨》出版后曾对傅斯年说，"此人笔力可以开风气"。参看《顾颉刚日记》卷二，第169页。
　　④　余英时：《未尽的才情——从〈顾颉刚日记〉看顾颉刚的内心世界》，第37页。

将近十年间顾颉刚无论在生活上还是在学术研究上都离不开胡适的帮助和扶持,而顾颉刚对于胡适的引领和提携更是铭记在心,常怀感恩之心。所以在1949年新中国建立之前,顾颉刚无论在何种场合下一律是以师礼待胡适,如在日记以及给他夫人的私信中凡提到胡适一律称"适之先生",给胡适的信函中更是一律自署"学生顾颉刚"①;而对于20世纪30年代之后两人关系的逐渐疏远,顾颉刚是十分伤感的。② 凡此种种,不仅反映了两位伟大学者之间的个人情怀,更展示出那个时代的特有风貌,正如有人所称的那样,民国的"先生"不仅是一种称谓,更是一种修为,他们的背影其实正是我们民族的正面。③

这里特别需要提到的是,在顾颉刚的晚年,也就是20世纪70年代,他却自称他当年"最敬佩的是王国维先生",甚至说"数十年来,大家都只知道我和胡适的来往密切,受胡适的影响很大,而不知我内心对王国维的钦敬和治学上所受的影响尤为深刻",并强调"我那时真正引为学术上的导师的是王国维,而不是胡适"。④ 顾颉刚的这层意思最早见于他1924年3月31日日记的跋语,⑤据日记的整理者言,该跋语的写作时间是在70年代,但具体时间不明,而这段话见诸发表则是1980年的《我是怎样编写古史辨的?》。不过,在此之前,顾颉刚已然萌生过类似想法,如1961年时就曾与童书业讨论,"我所受之影

---

① 从《顾颉刚书信集》保存的书信来看,顾颉刚只有在给蔡元培、胡适、沈兼士、马裕藻等四人的信中才自署"学生顾颉刚",致王国维的三信和致王云五的一信则署"后学顾颉刚",其他如李大钊、钱玄同等均署"颉刚"或"顾颉刚",其中蕴含的亲疏远近,颇可玩味。
② 相关分析可参看余英时《未尽的才情——从〈顾颉刚日记〉看顾颉刚的内心世界》第二部分"顾颉刚与胡适"。
③ 邓康延:《那些背影,一个民族的正面》,《先生》编写组编著的《先生》序言,中信出版社,2012年。
④ 顾颉刚:《我是怎样编写古史辨的?》,《顾颉刚古史论文集》卷一,第162页。
⑤ 顾先生在这一天的日记中写道,"予近年之梦,以祖母死与静安先生游最多。祖母死为我生平最悲痛的事情,静安先生则为我学问上最佩服之人也,今夜又梦与静安先生同座吃饭,因识于此"。在跋语中则写道:"看此段文字,知我那时引为学术上之导师的,是王国维,不是胡适,而数十年来,人多诋我为'胡适门徒',则以《胡适文存》销行之广,决非《观堂集林》可比也。胡适利用我能为彼搜集资料,以此捧我,又给我以生活费,使我甘心为他使用,与朱家骅之百般接近我,以金钱为饵,同为政治手段。此种手段,只能买我一时,不能买我永久。至于我之心仪王国维,则是我一生的不变看法。"参看《顾颉刚日记》卷一,第471页。

响孰为最：郑樵、朱熹、阎若璩、姚际恒、崔述、康有为、胡适"，童答是"康有为"，而顾颉刚"亦首肯"，认为"盖少年时代读夏曾佑书，青年时代上崔适课，壮年时代交钱玄同，三人皆宣传康学者也。至胡适，仅进化论之一点皮毛耳"。① 但是，对于顾颉刚的这一说法，早有许冠三②和余英时等学者论证是不能够成立的，这里略作补充，以证其非。

首先我们看《古史辨》第一册的编排，全书分上、中、下三编，而上编的前十九篇全是胡适和顾颉刚讨论辨伪的往来书信，全书开篇第一文就是胡适当日给他的一封四十八个字的短信，编入时加了标题"询姚际恒著述书"。而胡适也对他这四十八个字的神奇功效颇为自豪，他说："承顾先生的好意，把我的一封四十八字的短信作为他的《古史辨》的第一篇。我这四十八字居然能引出这三十万字的一部大书，居然把顾先生逼上了古史的终身事业的大路上去，这是我当日梦想不到的事。"③

胡适在这里用了个"逼"字，其实倒不如"引"字更为贴切。但不管是"逼"还是"引"，胡适的指导作用都是不可抹杀的。顾颉刚在《古史辨》第一册自序中就明确说，他刚进北大本科时，"虽是要做这种大而无当的整理国学的工作，但我的中心思想却不在此，我只想研究哲学。我所以有这种要求，发端乃在辛亥革命。那时的社会变动得太剧烈了，使我摸不着一个人生的头路，……我是一个热烈的人，不会向消极方面走而至于信佛求寂灭的，我总想以心理学和社会学为基础而解决人生问题，……因此，我进大学本科时就选定了哲学系"。④他后来之所以又改变了主意，走向古史研究道路，乃是因为"那数年中，适之先生发表的论文很多，在这些论文中他时常给我以研究历史的方法，我都能深挚地了解而承受；并使我发生一种自觉心，知道最适合我的性情的学问乃是史学"。⑤

---

① 顾颉刚 1961 年 12 月 24 日日记，《顾颉刚日记》卷九，第 372 页。
② 许冠三：《新史学九十年》，岳麓书社，2003 年，第 193—196 页。
③ 胡适：《介绍几部新出的史学书》，《古史辨》第二册，第 331—343 页。
④ 顾颉刚：《古史辨》第一册自序，《顾颉刚古史论文集》卷一，第 29 页。
⑤ 顾颉刚：《古史辨》第一册自序，《顾颉刚古史论文集》卷一，第 34 页。

所以即便在 1955 年 3 月 5 日中国科学院组织的、参加人数多达三百人的"胡适思想批判历史组会"上，顾颉刚被安排发言一小时，说了很多违心的话，如胡适"对古史实毫无贡献"之类，但他也不得不承认，"盖予在未遇胡适之前已走到怀疑古史的道路上，及受到他的影响，只有演变一点"。① 而正如学者所论，向来提倡"科学方法"的胡适在历史研究上最具价值的贡献和发明就在于他的"历史演进的方法"，②顾颉刚所学到"演变"这一点恰巧是胡适史学研究中的精髓。而顾颉刚也深知并承认此种方法的重要性，比如他在《古史辨》第三册自序中说，"我深知我所用的方法（历史演进的方法）必不足以解决全部的古史问题，但我亦深信我所用的方法自有其适当的领域，可以解决一部分的古史问题，这一部分的问题是不能用他种方法来解决的"。③ 所以余英时认为，早在顾颉刚听"中国哲学史"课时，"他自己关于古代'哲学材料'的知识已不在胡适之下，但是胡氏能在千头万绪的史料中整理出一个井然的系统、建立起一个历史的架构，则是他所望尘莫及的"；而这正是胡适《中国哲学史大纲》所起到的"典范"作用，因为顾颉刚"在不少个别考证问题上虽然可以后来居上，但是他三十年间的古史研究基本上是在这个新'典范'指引之下展开的"。④ 余英时甚至认为，"五四的前夕，中国学术思想界寻求新突破的酝酿已到了一触即发的境地，但是由于方向未定，所以表面上显得十分沉寂。胡适恰好在这个'关键性时刻'打开了一个重大的思想缺口，使许多人心中激荡已久的问题和情绪都得以宣泄而出"。⑤

因此顾颉刚晚年拟以王国维代替胡适作为他当年的学术指路人，这在事实上无论如何都是不能成立的，它或许可以看作是自 20 世纪 50 年代以来大规模、有组织批判胡适思想以及"文革"磨难的后遗症。

---

① 《顾颉刚日记》卷七，第 662—663 页。
② 许冠三：《新史学九十年》，第 163—164 页。
③ 顾颉刚：《古史辨》第三册自序，《顾颉刚古史论文集》卷三，第 97—105 页。
④ 余英时：《未尽的才情——从〈顾颉刚日记〉看顾颉刚的内心世界》，第 35—36 页。
⑤ 余英时：《中国近代思想史上的胡适》，载《重寻胡适历程——胡适生平与思想再认识》，广西师范大学出版社，2004 年，第 173 页。

四、余　　论
——"最富于为学问而学问的趣味者"

通过上面的分析,我们可以看到顾颉刚之所以走上"古史辨"这条道路,确实与他的个性、时势和境遇密不可分,这也正如他自己所再三强调的那样,"我能承受我的时势,我敢随顺我的个性,我不肯错过我的境遇:由于这三者的凑合,所以我会得建立这一种主张"。但在这里,我们还必须强调一点,顾颉刚在史学上的巨大贡献尤其离不开他对学问的挚爱和异乎寻常的努力,这是读顾先生著作最为直观的感受。

"读书"、"学问"几乎是顾颉刚的口头禅,比如他在给好友叶圣陶的信中说,"我的读书,完全是一种兴趣。暑假中在研究所读书,真是到了一所枯庙,毫不闻人声,我非常快慰。……大家看我刻苦,其实我是享乐";"我对于学问,固然远说不到好的一字,但我确已到了'乐之者'的地位";① 在给同学罗家伦的信中也说,"我自问我好学之心,实在比别人强,几乎没有一分钟不想到学问"。② 而最具代表性的表述则见于他 1924 年 1 月 29 日写给李石岑的信,顾颉刚说:

> 先生许我为"最富于为学问而学问的趣味者",实为知我之言,我决不谦让。别人颂扬我的,每说我学问好,那是我最怕听的话。这种话我听到一番就要羞愤一番。我自知我的学问实在浅薄幼稚得很,几乎说不上学问两字;但学问是我的嗜好,我愿意用全力去研究他,这是自居不疑的。

他在信中并用诗一般的语句写道,"我现在对于学问的眷恋,何啻襁褓之儿对于母亲的眷恋"。③ 正因为他是如此地钟情于学问,所

---

① 顾颉刚 1924 年 7 月 19 日致叶圣陶的信,《顾颉刚书信集》卷一,第 82—83 页。
② 顾颉刚 1920 年 5 月 5 日致罗家伦的信,《顾颉刚书信集》卷一,第 236 页。
③ 《顾颉刚书信集》卷二,第 91—92 页。

以常为种种琐事牵制不能专心治学而倍感痛苦；对于同学当中不肯用功之人，更觉得惋惜，如他说毛子水"虽是聪明，却不很努力用功，常常找同乡谈天过日子，我十分替他可惜"。① 反之，他对自己的评价是，"虽不见得很聪明，也不能算很笨"，只是"极肯用功"。② 而最有意思的是 1934 年他在病榻上的一番自我解剖：

> 予自己分析，觉得有长点三：湖南人的感情，广东人的魄力，江苏人的才智。有了这三项实在可做大事业，但不幸有缺点二：江苏人的身体，家庭教育和私塾教育下压迫成的态度。因此，我对于革命，对于恋爱，都有感情之火在燃烧，但为身体所制伏，只得悄悄地退了出来，因为我明知如果要做，只有一死，只有一个无益的死。只有学问或社会事业，能够容我从容发展自己的才具，我就只得走这两条路了。③

事实上，顾颉刚也并不认为学问是聪明人的专利，比如他早在 1928 年就说，"其实研究学问的事，原不必是天才才可干得，只要你有方法去做，有恒心去做，肯用了成年累月的功夫对准一个问题去想，去寻，去写，去分析比较，自然会有不断的新境界出来"。④ 正因为他自己"极肯用功"，所以对于学生辈中虚度光阴之人自然是丝毫不假以颜色，如他曾在信中向牟润孙明确表示过不满之意，称"年来颇对兄不满，所以然者，以兄天禀之高，根底之善，而因循玩忽，六年来未有一事成功"，并要求牟"亟宜挺起脊梁，力自振作，每日必读若干书，必写若干字，有精神固做，无精神亦做，勿肆意于酬应，勿费时于闲谈"，甚至要求他"从今日起，每日记日记，记笔记，每一星期送弟处览之"。⑤ 又如对于他所器重和着意栽培的学生谭其骧，在听说他"与俞

---

① 顾颉刚 1921 年 1 月 3 日致殷履安的信，《顾颉刚书信集》卷四，第 329—330 页。
② 顾颉刚 1921 年 1 月 3 日致殷履安的信，《顾颉刚书信集》卷四，第 329—330 页。
③ 顾颉刚 1934 年 7 月 31 日日记，《顾颉刚日记》卷三，第 218 页。
④ 顾颉刚：《中国上古史实习课旨趣书》，《顾颉刚古史论文集》卷三，第 67—72 页。
⑤ 顾颉刚 1935 年 7 月 17 日致牟润孙的信，《顾颉刚书信集》卷三，第 42 页。此信之后附有牟润孙的回信，表示"今承先生当头棒喝，迷梦顿觉，从此生当立定脚跟努力向上，以期勿负吾师期望"。

大纲等交,专事看戏饮酒,学问已无望"时,不禁"闻之伤叹"。① 但顾颉刚素以爱才著称,故以自身经历为例,苦口婆心地规劝谭氏:

> 你说我的笔快,……实告你,我的作文是拼了命的。我患失眠已十九年,夜间绝不能写字,而日间又事忙客多,无法写,然又不得不写,故偶然得到一些时间,便捉住不肯放过。人家看我的文章,似乎一气贯注,非常痛快,但我都是在鸡零狗碎的时间里凑成功的。一文之成,不知要搁多少回笔。因为时间不易得,故得到一点就要赶紧使用。为了赶紧,逼成了许多病,……所以常对我妻说:"别人只知道顾颉刚以作文成名,解决了生计问题;谁知顾颉刚的奋斗生涯是这样艰苦的!"②

正因为顾颉刚是一个视学问如生命,"极肯用功"的人,所以他说自己"生平最可悲的事情是时间的浪费和社会上对于我的不了解的责望"。自北大毕业之后,"我总以为可以由我自己支配时间了","哪知道又不然",原因是"现在中国的做事的人不知道为什么会这样少,在社会上跳动的老是这几个人;这几个人似乎是万能的,样样事情都须他们经手";在小有名气之后,各界又不断约他参加各类团体,"写出一看,竟然有二十余个",不禁担心"要是我永久这样的做下去,我的将来的能力至多不过象现在一样罢了,我的一生也就完了"。虽然百般推卸,但他的"肩膀上永远担负着许多不情愿的工作",所以顾颉刚只好采取折中的办法,那就是"只能取一点巧,凡是和我有关的事情总使它和自己愿意研究的学问发生些联络"。

顾颉刚为了求学问,视名利如粪土。1930 年初,傅斯年想安排他离开燕京大学而到清华任教,同时兼任中研院的研究员,"清华与中

---

① 顾颉刚 1933 年 2 月 28 日日记,《顾颉刚日记》卷三,第 19 页。顾、谭之间的师生关系也可参详王学典、孙延杰著《顾颉刚和他的弟子们》的第四章"弟子不必不如师——顾颉刚与谭其骧",山东画报出版社,2000 年;葛剑雄著"开风气者"与"为师者",《往事和近事》,生活·读书·新知三联书店,2007 年,第 228—247 页。

② 顾颉刚 1935 年 3 月 28 日致谭其骧的信,《顾颉刚书信集》卷二,第 559—560 页。

央各出二百元",而且保证"如一处塌台,则其不塌台之一处独出四百元",这自然是很丰厚的待遇了,但顾颉刚拒绝了。他承认"予岂不要钱",但"只得却之"的原因是"予现在的生活,从城中一班学阀看来,是'屏诸四夷,不与同中国',从燕大的当权者看来,却又是'屏诸中国,不与同四夷',这真是超然的生活,研究学问的理想境界了",①所以他当时是"每日埋头写作,不进城了,每天可以写三千字左右,一年总计写了七十多万字"。② 一年之后,胡适和傅斯年又力邀顾颉刚回北大担任专任教授,月薪高达四百五十元,顾颉刚此时因准备迎父母来北京生活,燕京大学每月二百四十元的薪水顿感局促,③因此颇有些心动,但条件依然是"必与燕大过同样生活,然后可就",至于胡、傅要他担任史学系主任,顾颉刚则更是"力辞之"。④ 后因燕京大学,特别是洪业的大力挽留,顾颉刚留在了燕京大学。事实证明这是一个正确的抉择,因为在燕京的数年间堪称顾颉刚学术生涯最为高产的阶段,如他在1933年5月31日的日记中对自己来燕京四年的工作有一总结,兹录如下:⑤

> 第一年——编《上古史讲义》三百余页。
> 作《五德终始下的政治和历史》十二万言。
> 作《周易卦爻辞中的故事》。
> 出《辨伪丛刊》三种(《诗疑》、《四部正讹》、《伪书考》)。
> 出《古史辨》第二册。
> 第二年——生了半年心脏病,未作工,但整理书籍。
> 到山东、河南、河北、陕西旅行,归作报告。
> 第三年——编《尧典》讲义两册。
> 作《从吕氏春秋中推测老子的成书年代》。
> 出《古史辨》第三册。草《三皇考》。

---

① 顾颉刚1930年2月17日日记,《顾颉刚日记》卷二,第376页。
② 顾颉刚:《我是怎样编写古史辨的?》,《顾颉刚古史论文集》卷一,第149—174页。
③ 顾颉刚:《我是怎样编写古史辨的?》,《顾颉刚古史论文集》卷一,第149—174页。
④ 顾颉刚1930年1月31日日记,《顾颉刚日记》卷二,第490页。
⑤ 《顾颉刚日记》卷三,第52页。

> 点读《淮南子》及《吕氏春秋》。
> 第四年——编《禹贡》讲义三册。
> 编《汉代史讲义》一册。
> 编刻《尚书学材料集》。
> 作《古史辨》第四册序。
> 调查正定大佛寺及大同云冈石窟。

可以看出，顾颉刚的若干重要著述如《中国上古史研究讲义》、《五德终始说下的政治和历史》、《秦汉的方士与儒生》（按，即《汉代史讲义》）和《尚书研究讲义》都完成于这一时期，此外他在燕京和北大两校讲授"中国地理沿革史"以及创办"禹贡"学会，则开创了历史地理学的这一新学科。①

顾颉刚求学过猛，常常为此伤了身体。他在《古史辨》第一册自序中说，"十二年春夏间是我的身体最坏的时候"，原因是"久居北方，受不住上海的潮湿的空气，生了一身的湿疮，痛痒交作，脓血沾濡。兼以服务的地方即在工厂里面，邻近也都是工厂，这充满烟煤的空气使得我精神疲倦，食粮减少，又患咳嗽，几乎成了肺病"，所以向商务印书馆请了长假回苏州养病。而此时也正是他搜集材料，提出"层累地造成的中国古史"观点，并大量阅读史料使自己古史体系更加系统化的关键时候。正是在这几乎无日不病的四个多月里，"我在家读书，轻易不出门"，而"别人知道我有病，也不来勉强我做什么事"，这样的结果是"我安闲地读了好些书，写了好些笔记"。查这一时期的日记，可以读到如下记载：②

1923年6月11日，"归来至十三日而一足月。总计成绩如下：（1）编《国语教科》三万言。（2）记笔记一册。（3）作《杨惠之塑像记》一篇。（4）作《金钱记叙录》一篇。（5）第一次整理《东壁遗书》完功。（6）粗读《左传》半部。（7）作《与适之先生论古史书》。（8）写信五十

---

① 详情可参看顾潮著《历劫终教志不灰——我的父亲顾颉刚》之第五章"壮年的情怀"。
② 《顾颉刚日记》卷一，第371—372页。

六通,见客三十人。(9)……"①

6月22日"作《元曲选叙录》一则(《鸳鸯被》),约四千言";

6月23日"读《史记》……今日一天而记约半册";

6月24日"续作《辨论古史书》三千余言";

6月25日"以昨夜失眠,甚不好过。作《尧舜禹的关系》及《后稷的实在》二千余言";

6月26日"作《后稷的实在如何》一千五百字,……修改《讨论古史书》";

6月27日"修改《讨论古史书》,加入二千五百字";

6月28日"抄录《讨论古史书》三千余字,并增作一千字";

6月29日"抄录《讨论古史书》约七千字,细读一遍"。

这里之所以要不厌其烦地摘录其日记,正是想说明当日之顾颉刚是何等地致力于学问。这样勉力治学的结果一方面固然是学问的精进,但同时也是对身体的极大伤害。如6月8日因"履安见予有白发三茎"而感慨"予真早衰耶",并说"早衰,可也",但"早衰而无成绩以自慰,则难为情矣"。② 未料仅仅过了十天,到6月17日,殷履安就看到顾颉刚"头上有无数白发",而不禁"悲愤之至"。③ "层累地造成的中国古史"这一发聋振聩观点的酝酿令年仅三十一岁的顾颉刚迅速地白了头。

过度勤奋对顾颉刚身体的摧残也令旁人感到痛惜并尊重。1934年顾颉刚曾到绥远考察,《绥远民国日报》随后刊出一篇题为"顾颉刚先生和他的呆气"的报道,作者在文章开首即说,"我们仅只见了一面,匆匆的一面,我只觉得他太衰老了,他不过三十多岁的人罢,但,头发已经苍白了,牙齿有的脱掉了,一个埋头于书案的学者,成天价在绞脑汁,'未老先衰'自是必有的现象。……使我有许多感慨,同时却深深地对我们的前辈发生无限的敬爱"。④

---

① 《顾颉刚日记》卷一,第367页。
② 《顾颉刚日记》卷一,第366页。
③ 《顾颉刚日记》卷一,第369页。
④ 《顾颉刚日记》卷三,第279—280页。

到了晚年,顾颉刚依然笔耕不止,并因身体衰老而更有紧迫感,这在他晚年日记中经常流露。晚年的顾颉刚说,"余不畏死而畏病,以病则不能工作,白吃饭也"。① 工作重于生命,这就是顾颉刚一生的真实写照。

顾颉刚在《古史辨》第一册自序中自负地宣称,"我自己觉得,我有这一点粗略的科学观念,有这一点坚定的志愿和不畏难的勇气,我的眼下有许多新问题,我的胸中没有一个偶像,在现在轻忽学问的中国社会上,我已是一个很难得的人,我所负的责任是很重的",因此"我将用尽我的力量于挣扎奋斗之中,为后来人开出一条大道"!

纵观顾颉刚先生的一生,他一直忠实地践行着自己的诺言。当我们感慨于他的个性、时势和境遇时,尤其不能忘记顾先生对于学问的钟情和付出。

---

① 顾颉刚1960年4月1日日记,《顾颉刚日记》卷九,第58页。

贰　问禹为何物
——顾颉刚的夏史研究

- 一、序言——徐旭生与顾颉刚的"君子交绝，不出恶声"
- 二、"古史辨"运动初期顾颉刚对夏代史的认识
- 三、从两部上古史讲义到《秦汉的方士与儒生》
- 四、《夏史三论》与《鲧禹的传说》
- 五、历史地理研究中的夏代史考证
- 六、考古学：建设真实夏代史的唯一途径

一、序　　言
——徐旭生与顾颉刚的"君子交绝，不出恶声"

夏文化探索是中国考古学的一个重要课题。一般认为，1959年夏徐旭生先生对豫西"夏墟"的考察开启了真正意义上的夏文化考古，①而这次考古调查不仅仅是徐旭生个人的学术活动，它实际上也是新中国考古学界的集体行为。②但如果追溯起来，徐旭生对夏文化发生兴趣与20世纪20年代兴起的"古史辨"运动有直接关系，他说：

> 1923年前后顾颉刚、刘掞藜二先生，对于禹是否天神，是否有实在的人格的讨论哄动一时，我对此问题虽也深感兴趣，但是因为没有工夫搜集资料，所以未能参加讨论。当时史学界的普通意见似有利于顾氏，可是我个人虽对他的

---

① 徐旭生：《1959年夏豫西调查"夏墟"的初步报告》，《考古》1959年第11期。
② 这一点从夏鼐先生对徐氏此行的重视程度上即可看出。《夏鼐日记》1959年3月26日记，"上午赴所，徐旭生先生谈关于调查豫西颍水流域及晋西南部，以探索夏墟的工作计划"；同年6月8日记，"徐旭生先生由河南调查夏代遗址归来，谈调查经过"；9月7日则记，"上午参加所中队长会议，赵芝荃、徐旭生二同志报告洛阳发掘及夏代遗址探寻调查"。另据徐旭生执笔的《1959年夏豫西调查"夏墟"的初步报告》，当时参加调查的除徐先生及其助手周振华外，考古所洛阳队的方酉生、丁振海、郭柳圻、段守义四人也参加了调查，由此可以看出，徐旭生的豫西调查是纳入到中国科学院考古所的工作计划的，而考古所几乎是当时中国考古学界唯一的科研机构。参见《夏鼐日记》卷六，华东师范大学出版社，2011年，第19、32、47页。另据东下冯遗址的发掘者张彦煌先生回忆，在徐旭生先生调查夏墟之前，中国科学院考古研究所的发展规划中就已经列有"夏文化的探索和商文化的起源"这一课题。参看张立东、任飞编《手铲释天书——与夏文化探索者的对话》，大象出版社，2001年，第68页。

工作有较高的评价,却绝以为他走得太远,又复失真,所以颇不以他的结论为是。①

其实,徐旭生这里所说的"颇不以他的结论为是"尚属客气之词,在私底下,徐对顾的评价是"好大喜功",②两人的关系也因治学与处事的取向不同而一度紧张。③但"君子交绝,不出恶声",尽管顾、徐二位学术观点大异其趣,20世纪40年代之后更无实质性合作,但他们之间却无相互诋毁之辞。④

正因为对以顾颉刚为代表的"古史辨派"学术观点持保留意见,所以早在1924年徐旭生就开始了对《尧典》所载天象的研究,目的是"我们如果能用现代天文学的精确知识证明《尧典》上所载的天文现象实在非四千年不能有,那岂不是可以证明这种传说虽是登简策的时期相当晚,它自身却是很古老和可靠的传说么",这一意图显然是与"古史辨派"针锋相对了。但徐旭生有关《尧典》天象的算稿尚未发表,就看到了竺可桢在1926年发表的《论以岁差定〈尚书·尧典〉四仲中星之年代》一文,研读之下发现两人的结论"居然还没有大差",不禁"欢喜赞叹",认为"必须这样才能配得上说是以科学的方法整理国故","因为这样的研究根据于最精确的科学知识,是有决定性的",而"不像对于古史其他的推断的可东可西"。虽然没有直接点名,但徐旭生这里所说的"可东可西"的"古史的其他的推断"无疑是指以顾颉刚为代表的"古史辨派",言语间的不以为然是十分明显的。到了1938年,徐先生"遂立意拿我国古史上的传说材料予以通盘的整理",

---

① 徐旭生:《中国古史的传说时代》序言,广西师范大学出版社,2003年。
② 1948年9月24日顾先生在致夫人张静秋的信中说:"昨天接井成泉信,告我赵肖甫在北平,逢人就说我,其中有一段,说胡适之先生批评我为人太傲,徐旭生先生批评我太好大喜功。"见《顾颉刚书信集》卷五,中华书局,2011年,第269页。
③ 傅斯年1941年6月18日在致朱家骅的信中说:"凡与颉刚共事,最后总是弄到焦头烂额,如徐旭生,天下之君子也,今言及慨然。"见王汎森等主编《傅斯年遗札》第二卷,中研院史语所,2011年,第1173页。此条文献承张敏同学见告。
④ 顾颉刚在1941年4月2日的日记中记:"在泰华寺见徐旭生信,辞通俗社副社长职,函谓'非有他故,实以与顾君已到不能合作之地步,君子交绝,不出恶声,只有学鲁迅先生你来我去的一法'。噫,为我介绍鸿庵至华西,竟使其一气至此乎!"见《顾颉刚日记》卷四,第515页。

数年之后完成了名著《中国古史的传说时代》。①

徐氏该书凡六章,而首章就是"我们怎样来治传说时代的历史",矛头直指以顾颉刚为代表的"疑古派",指出,"近三十余年(大约自 1917 年蔡元培长北京大学时起至 1949 年全国解放时止),疑古学派几乎笼罩了全中国的历史界,可是它的大本营却在《古史辨》及其周围"。在承认"古史辨派"学者"工作的勤奋是很可敬的,成绩也是很大的"同时,徐旭生更强调了"他们所用的治学方法却很有问题",并归纳为以下四条:

第一,太无限度地使用默证。"因某书或今存某时代之书无某史事之称述,遂断定某时代无此观念"。

第二,武断地对待反证。"看见了不合他们意见的论证,并不能常常地审慎处理,有不少次悍然决然宣布反对论证的伪造,可是他们的理由是脆弱的、不能成立的"。

第三,过度强调古籍中的不同记载而忽视其共同点。"在春秋和战国的各学派中间所称述的古史,固然有不少歧异、矛盾,可是相同的地方实在更多,……可疑古学派的极端派却夸张它们的歧异、矛盾,对于很多没有争论的点却熟视无睹、不屑注意"。

第四,混淆神话与传说。"对于掺杂神话的传说和纯粹神话的界限似乎不能分辨,或者是不愿意去分辨。在古帝的传说中间,除帝颛顼因为有特别原因之外,炎帝、黄帝、蚩尤、尧、舜、禹的传说里面所掺杂的神话并不算太多,可是极端的疑古派都漫无别择,一股脑儿把它们送到神话的保险柜中封锁起来,不许历史的工作人再去染指"。

在徐旭生看来,这样的结果是,"极端的疑古派学者对于夏启以前的历史一笔勾销,更进一步对于夏朝不多几件的历史,也想出来可

---

① 徐旭生:《中国古史的传说时代》序言。据该书序言,徐旭生于 1941 年完成初稿,但迟至 1943 年才印刷出版。另外,1941 年 3 月徐旭生造访刚在四川李庄安顿下来的中研院史语所,并应邀在该所"国民月会"上发表演讲,徐氏当时演讲的题目即是"中国古史的传说时代",指出"以考古学资料和历史文献资料对这些传说进行鉴定,重新构建中国上古史是中国近代史学家的责任,也是其区别中国传统金石学家考据学家的标志";徐旭生同时还指出,夏代文化的中心应当有两处:一个是晋南,一个是河洛,夏都可能在晋南和豫西一带,但也承认自己的观点目前尚没有地下考古资料的确切证明。参看郭胜强《董作宾传》,江苏文艺出版社,2010 年,第 161—162 页。

以把它们说作东汉人伪造的说法,而殷墟以前漫长的时代几乎变成白地"。这些观点对于中国固有的史学传统冲击极大,但所幸的是"历史界还不完全受他们的限制,还对此时代作了些工作"。徐旭生认为,当务之急是要对传说时代的历史整理出一个能被广泛接受的结果出来,而其首要任务是要把"所使用的方法自身作为研究对象,明白提出来,公开研究,以期获得一个能够为共同承认的方法"。为此,他列出了三点基本方法:

第一,我民族初入历史的时候,也同其他古代民族初入历史的时候一样,为复杂的,非单纯的。

第二,综合材料比未经系统化的材料价值低。前者以《尚书》头三篇《尧典》、《皋陶谟》和《禹贡》为代表,后者则以《左传》和《国语》二书最为典型。

第三,需注意此期史料原始性的等级性。其中金文和《诗经》、《左传》和《国语》等先秦文献可视为第一等,《尚书》前三篇(《尧典》、《皋陶谟》和《禹贡》)属于第二等级,而汉代的新综合材料如《世经》则归为第三等。使用这些文献时应遵循这样的原则:如果没有特别可靠的理由,不能拿应作参考的资料非议第二三等的资料;如果没有特别可靠的理由,绝不能用第二三等的资料非议第一等的资料。

很显然,徐旭生的这本《中国古史的传说时代》就是在"疑古学派几乎笼罩了全中国的历史界"的情况下,那些"还不完全受他们的限制"的学者,"还对此时代作了些工作"的一个具体表现。① 也就是说,《中国古史的传说时代》是从方法论和具体史实考证这两方面与"疑

---

① 应该说,"古史辨"运动固然所向披靡,但学术界也有不少学者反对疑古过勇,并进而寻找更加有效的研究方法。如 1978 年美国汉代研究访华团首次造访中国大陆,余英时任团长,他记录了 10 月 20 日在故宫博物院与唐兰先生会面时的有关情况,其中说:"在学术方面,唐与其他一些资深学者(如后来的徐炳昶)一样,反对'疑古'运动。……面对疑古的挑战,像唐、徐这样的学者将早期中国文献材料的分析提高到一个新高度,对文献材料的分析更为圆熟,因此也显示了所可能涉及的材料的巨大复杂性та。"余英时:《十字路口的中国史学》,上海古籍出版社,2004 年,第 33—34 页。又如赵光贤先生也曾说,"自顾先生揭疑古大旗,风靡一世,学者往往误入歧途,即往往疑其所不当疑,信其所不当信"(《评童书业著〈春秋左传研究〉》,《史学史研究》1982 年第 1 期)。故赵先生在《中国历史研究法》(中国青年出版社,1987 年)中特辟专章"论考证",专门谈古文献的使用和辨伪问题。

古学派"所展开的最为系统的论辩,徐旭生1959年到豫西考察夏墟其实只是这场论辩的另一种延伸,所以他在豫西调查报告中开宗明义地说:

> 据古代传说,商代以前有一个夏代。近几十年来虽说一部分的疑古派学者对于夏禹个人的人格问题发出若干疑问,可是对于夏代的存在问题并没有人怀疑过。但是在考古研究方面,夏代还是一个空白点,这岂是应该有的现象?

但无论如何,以顾颉刚为代表的"古史辨派"在当时确实有发聋振聩之功效,事实上,治中国考古学史者无不把中国考古学的发生与"古史辨"运动的兴起联系在一起,因为当时"史学界的'考古派'或者'掘地派'大多是疑古派,或者是与疑古派有密切关系的人物",①所以"在历史学领域开展的古史辨运动,无疑为中国考古学的发生和发展准备了条件",②或者说,"正是由于古史辨派及其所代表的疑古思潮对传统的古代观进行了一次大扫荡,又大刀阔斧地破除了古史的系统,从而为建立新的古史观开辟了道路。这也正是现代考古学之所以能在二十世纪二十年代疑古思潮最汹涌澎湃之时进入中国,并为中国人所接受的根本原因"。③

顾颉刚的疑古是从"尧舜禹的地位的问题"开始的,由此而形成了"古史是层累地造成的,发生的次序和排列的系统恰是一个反背"这样一个大胆的假设。④ 因此,现在重新检索和系统梳理顾颉刚对于夏代史的研究历程,不仅有助于了解顾先生的疑古之路,也当有益于当前的夏代考古。

---

① 陈洪波:《中国科学考古学的兴起——1928—1949年历史语言研究所考古史》,广西师范大学出版社,2011年,第61页。
② 陈星灿:《中国史前考古学史研究(1895—1949)》,生活·读书·新知三联书店,1997年,第77页。
③ 田旭东:《二十世纪中国古史研究主要思潮概论》,中华书局,2003年,第171页。
④ 顾颉刚:《古史辨》第一册自序,《顾颉刚古史论文集》卷一,中华书局,2011年,第1—90页。

二、"古史辨"运动初期顾颉刚对夏代史的认识

虽然顾颉刚"幼年读书就不肯盲从前人之说",儿童时代所读的四书"经文和注文上就有许多批抹",但他最初并未对尧舜禹产生疑问。相反,他在少年时代"偶然见到一部别宗的谱牒,以西汉封顾余侯的定为始祖;又列一世系表,起于禹、启、少康,中经无余、勾践,讫于东海王摇和他的儿子顾余侯期视,约有三十余代",于是认定"我家的谱牒可以自禹讫身写成一个清楚整齐的系统来了",并对同学夸口要刻一方"大禹子孙"的图章以示荣耀。①

20世纪最初十年在北大预科和哲学门求学阶段是顾颉刚走上疑古道路的关键时期,在先后接受到康有为和胡适等人的学术思想之后,顾颉刚萌生并坚定了上古史靠不住的观念。1920年,顾颉刚受胡适的嘱托,开始点校姚际恒《古今伪书考》并继而发起编辑《辨伪丛刊》,使得他的疑古由"伪书引渡到伪史",立志"要把中国的史重新整理一下",②并自信"这一篇如能做得好,便是在中国史上起一个大革命——拿五千年的史,跌倒两千年的史;自周之前,都拿他的根据揭破了,都不是'信史'"。③

1922年,胡适推荐顾颉刚为商务印书馆编《现代中学本国史教科书》,这是顾颉刚第一次有机会系统地整理他有关中国上古史的观点。他说,"我的根性是不能为他人做事的,所以就是编纂教科书也要使得他成为一家著述",于是"想了许多法子,要把这部教科书做成一部活的历史"。这年三月,他起草了《中学校本国史教科书编纂法的商榷》寄给了商务印书馆《教育杂志》主编李石岑,系统地阐述了他的编纂思想,文中特别强调,"在剪裁上,我们的宗旨,总是:宁可使历史系统不完备,却不可使择取的材料不真确、不扼要",并认为"自盘

---

① 顾颉刚:《古史辨》第一册自序,《顾颉刚古史论文集》卷一,第10页。
② 顾颉刚:《致王伯祥:自述整理中国历史意见书》,《顾颉刚古史论文集》卷一,第175—177页。
③ 顾颉刚1920年12月24日致殷履安的信,《顾颉刚书信集》卷一,第324页。

古以至周公、孔子,都应该大删特删",而"自商代以后,始有可以征信的史料","至于自太古以至夏代的传说,亦可择录在'附文'中间,使学生知道相传的史书,曾经有过如此这般的记载"。①

按照这样的思路,顾颉刚开始了材料收集。特别是上古史部分,由于"三皇五帝"的系统早被胡适的《中国哲学史大纲》所打破,而"考古学上的中国上古史,现在刚才动头,远不能得到一个简单的结论",就想到"把《诗》、《书》和《论语》中的上古史传说整理出来,草成一篇《最早的上古史的传说》为宜"。②

这年七月,因身体和家庭原因,顾颉刚无法独立完成编纂任务,遂邀请好友王伯祥共同承担,该书于1923年6月至1924年2月由商务印书馆分三册陆续出版。③ 由于是合作编书,而且多数工作由王伯祥承担,所以该书不能完全反映顾颉刚固有的想法,但在对于上古史的问题上,则在一定程度上体现了顾颉刚的观点。④ 如该书第二编为"上古—秦之前"就这样写道:

> 尧舜的传说,为后世所崇信;我们看惯了,遂以为古代真有一个圣明的尧、舜时代了。其实尧、舜的故事,一部分属于神话,一部分出于周末学者"托古改制"的捏造;他们"言必称尧舜",你造一段,他又造一段,越造就越像真有其人其事了。

至于大禹,书中则称,"据古史的传说,……(舜)既公布了鲧的罪状把他去掉,又特用他的儿子禹来专治洪水"。这种既不把禹完全抹

---

① 顾颉刚:《中学校本国史教科书编纂法的商榷》,《教育杂志》第14卷第4号,1922年4月20日。此据顾潮所编《顾颉刚年谱》(增订本),中华书局,2011年,第73—74页。
② 顾颉刚:《古史辨》第一册自序,《顾颉刚古史论文集》卷一,第51页。
③ 顾颉刚、王伯祥编,胡适校订《现代初中教科书·本国史》,《顾颉刚古史论文集》卷十二,第1—221页。
④ 顾颉刚1922年11月30日致胡适的信中说,"历史教科书交伯祥接编,他用的课目是他在集美师范中定的纲领,内容仍偏于政治方面。……惟他到底不能牺牲了神农黄帝的见解,我的心不即他的心,且商务馆又主于守常循故(我的目录经经农先生提出讨论后,许多人不以为然,把'才子与山人'、'残余的宗教'等都圈去了;连'五四运动'也不许有),就随他罢",对该书的不满之意是很明显的。参看《顾颉刚书信集》卷一,第386页。

杀,但又把相关说法归结于"古史的传说",这大概是顾颉刚与王伯祥及商务印书馆相互妥协的结果。①

虽然顾颉刚的"把《诗》、《书》和《论语》中的上古史传说整理出来,草成一篇《最早的上古史的传说》"的愿望未能体现在所编的中学历史教科书中,但他对于古史的思考并没有停止,而且有了新的突破口。

1923年2月,"已经一年不相通问"的钱玄同忽然来了"一封痛快淋漓的长信"谈《诗经》和群经的辨伪,于是顾颉刚"就抽出一个星期日的整天工夫,写了一通复书","除讲《诗经》的工作之外,又把一年来所积的古史见解写出了一个大概",随后把其中有关讨论古史的部分刊在1923年5月6日出版的《读书杂志》第9期上,这就是著名的《与钱玄同先生论古史书》。②

在该文中,顾颉刚首次系统地阐述了他对于禹的认识,核心问题有二:

其一,禹的神性。顾颉刚认为,《诗经·商颂·长发》中所谓的"洪水芒芒,禹敷下土方。……帝立子生商"是"禹的见于载籍以此为最古",而此条文献可理解为"上帝叫禹下来布土,而后建商国",由此得出结论——"禹是上帝派下来的神,不是人"。他同时又引王国维的考订,认为《商颂》是西周中期宋国人所作,所以"这时对于禹的观念是一个神"。但到了《鲁颂·閟宫》,也即"到鲁僖公时,禹确是人了"。两相对比,"商族认禹是下凡的天神,周族认禹是最古的人王",而"禹与夏并没有发生什么关系"。

其二,禹与夏是如何发生联系的。顾颉刚指出,禹和夏发生联系"是从九鼎上来的",《说文》释禹为虫,所以推测"禹或是九鼎上铸的

---

① 即便此书未能完全按照顾颉刚最初的设想来编写,但在出版后依然掀起了一场风波。1927年山东参议员王鸿一等人提出议案弹劾该书"非圣无法",要求查禁。因为该书已发行二十五万册,故有人提出对商务印书馆课以重罚,商务总经理张元济请国民党元老吴稚晖出面说情,才免于罚款,但国民政府教育部依然下令禁止发行。详见顾潮《历劫终教志不灰——我的父亲顾颉刚》,华东师范大学出版社,1997年,第79页。

② 原载《读书杂志》第9期,1923年5月6日;又载《古史辨》第一册;此据《顾颉刚古史论文集》卷一,第180—186页。

一种动物";又因为古人相信九鼎是夏代所铸的,并随夏商周王朝更替而转移,所以后来人"追溯禹出于夏鼎,就以为禹是最古的人,应做夏的始祖了"。

此文发表后,先后有刘掞藜、胡堇人两位著文反驳顾说,而顾颉刚在《读书杂志》上先后发表《答刘胡二先生》①和《讨论古史答刘胡二先生》②两文作答。在后一文中,顾颉刚又进一步阐述了这样几个与禹密切相关的问题:1. 禹是否有天神性?2. 禹与夏有没有关系?3. 禹的来源在何处?4. 尧舜禹的关系是如何来的?

对于上述问题,他的看法是:

1. 西周中期,禹为山川之神;后来有了社祭,又演变为社神。又因当时神、人的界限不甚分清,禹又与周族的祖先并称,故禹的传说渐渐向"人王"过渡而与神话脱离。

2. 禹与夏的关系,在《诗经》、《尚书》和《论语》等书中都没有提到,到《左传》、《墨子》和《孟子》中才有"夏禹"的记载,而这些文献都是战国时代成书的,所以禹与夏发生关系应是战国中期以后的事。

3. 对于禹的来源,他承认"禹为动物,出于九鼎"仅是一种假定,但又提出"禹是南方民族的神话中的人物"这一新假设;同时指出,有关禹的传说源自商周时期南方民族"平水土的需要",流传的中心区域是在越地,经越传至群舒,再传至楚,最后由楚传入中原。③

4. 禹的传说起于西周中期,尧、舜则起于春秋后期,他们之间之所以会发生关系则是缘于战国时期的禅让观念。

相比《与钱玄同先生论古史书》,此时的顾颉刚对于禹的认识发

---

① 原载《读书杂志》第 11 期,1923 年 7 月 1 日;又载《古史辨》第一册;此据《顾颉刚古史论文集》卷一,第 200—204 页。
② 原载《读书杂志》第 12、14—16 期,1923 年 8 月 5 日—12 月 2 日;又载《古史辨》第一册;此据《顾颉刚古史论文集》卷一,第 217—256 页。
③ 若干年后,童书业把顾颉刚论禹为南方民族传说中人物的主要理由归纳为七点:第一,《楚辞·天问》对于鲧、禹有很丰富的神话;第二,越国自认为夏后,奉守禹祀;第三,传说中禹有会于涂山娶于涂山的故事,涂山在今安徽;第四,禹致群神于会稽,禅于会稽,道死葬于会稽,会稽山在今浙江,春秋时为越都;第五,会稽有大禹陵;第六,古代夏族看南方人为虫类,禹名从"虫",恐亦此例;第七,东南方为水源所归,人民有平定水土的需要,因之产生禹的神话。参看《九州之戎与戎禹》童书业跋语,《顾颉刚古史论文集》卷五,第 140—142 页。

生了这样几点重要变化：一是放弃"禹为动物，出于九鼎"的假设，二是提出禹来自南方民族神话这一新假设，三是把禹故事的演变原因归结为禅让学说。上述观点的形成是与这一时期顾颉刚深受胡适"历史演进"法影响密切相关的，如他在《答李玄伯先生》一文中就表示，他"对于古史的主要观点，不在它的真相而在它的变化"，并以禹为例来加以说明，认为禹"起初是一个天神，后来变为人王，后来又变为夏后，最后作了舜的臣子而受禅让"。①

刘掞藜、胡堇人之外，对顾颉刚质疑最甚的当推东南大学的柳诒徵（翼谋）。针对顾颉刚引用《说文》论禹为动物，柳氏发表了《论以说文证史必先知说文之谊例》一文，其中对顾颉刚颇多讥讽，称"比有某君谓古无夏禹其人，诸书所言之禹皆属子虚乌有。叩其所据，则以《说文》释禹为虫而不指为夏代先王，因疑禹为九鼎所图之怪物，初非圆颅方趾之人"。② 对此，顾颉刚又于1925年11月作《答柳翼谋先生》再次申辩，文中说，"我引《说文》的说禹为虫，正与我引《鲁语》和《吕览》而说夔为兽类，引《左传》和《楚辞》而说鲧为水族一样。我只希望在这些材料之中能够漏出一点神话时代的古史模样的暗示，借了这一点暗示去建立几个假设，由了这几个假设再去搜集材料作确实的证明。如果没有确实的证明，假设终究是个假设"；他同时还坦承，在接到钱玄同的回信后，"知道《说文》中的'禹'字的解释并不足以代表古义，也便将这个假设丢掉了"。③

虽然顾颉刚放弃了大禹为虫的假设，但对于禹是否具有神性以及尧舜禹发生次第等问题，他的看法并未改变。1925年12月，顾颉刚在读王国维《古史新证》第一、二章之后颇有感悟，曾写有一跋语，

---

① 顾颉刚：《答李玄伯先生》，原载《现代评论》第1卷第10期，1925年2月14日；后收入《古史辨》第一册；此据《顾颉刚古史论文集》卷一，第311—315页。
② 原载东南大学《史地学报》第3卷第1、2合期，1924年4月1日；后收入《古史辨》第一册；此据《顾颉刚古史论文集》卷一，第325—330页。
③ 顾颉刚：《答柳翼谋先生》，原载《北京大学研究所国学门周刊》第15、16合期，1926年1月27日；又载《古史辨》第一册；此据《顾颉刚古史论文集》卷一，第318—325页。按，柳翼谋《论以说文证史必先治说文之谊例》，原载东南大学《史地学报》第3卷第1、2合期；收入《古史辨》第一册。

其中说:"读此,知道春秋史秦齐二国的器铭中都说到禹,……他们都不言尧舜,仿佛不知道有尧舜似的。……我前在《与钱玄同先生论古史书》中说,'那时(春秋)并没有黄帝尧舜,那时最古的人王只有禹'。我很快乐,我这个假设又从王静安先生的著作里得到了两个有力的证据!"①

1926年4月完稿的《古史辨》第一册自序可以视为顾颉刚对他本人过往数年中古史辨伪的一个总结,在其中他也写道,"禹之是否实有其人,我们已无从知道。就现存的最早的材料看,禹确是一个富于神性的人,他的故事也因各地的崇奉而传布得很远"。这一表述应该可以视为"古史辨"运动初期顾颉刚对禹较为成熟的看法。

纵观顾颉刚在"古史辨"运动初期的相关著述,他并没有计划要进行专门的夏代史研究,但为什么他的疑古活动又恰恰是从禹的真实性开始的呢?在《答柳翼谋先生》一文中,顾颉刚自己解释道,"我对于古史的最早怀疑,是由《尧典》中的古史事实与《诗经》中的古史观念相冲突而来。在这个冲突中,中枢的人物是禹,所以使我对于禹在传说中的地位特别注意"。但顾颉刚并未止步于禹的问题,而是以此为突破口,"从此旁及他种传说,以及西周、东周、战国、秦、汉各时代人的历史观念,不期然而然在我意想中理出了一个古史成立的系统"。因此可以说,对于大禹传说的考察堪称是顾颉刚创立"层累地造成的中国古史"观的切入点。

三、从两部上古史讲义到《秦汉的方士与儒生》

著名的《与钱玄同先生论古史书》发表之后,顾颉刚声名鹊起,但此后数年间,由于种种原因,他并没有能够开始系统的古史辨伪工作,所以他说,"前数年,我曾研究了这方面的几个问题,又把若干篇讨论文字合成一册《古史辨》。因此,社会上以为我是专研究古史的,

---

① 顾颉刚:《〈王国维〉古史新证第一、二章附跋》,原载《古史辨》第一册;此据《顾颉刚古史论文集》卷一,第331页。

就有几个学校邀我去任中国上古史的课；我只有逊谢。这因担任学校的功课必须具有系统的知识，而我仅作了些零碎的研究"。①

1927年10月，应傅斯年之邀，顾颉刚赴中山大学任史学系教授兼主任，并自该月下旬起开始讲授"中国上古史"、"书经研究"和"书目指南"等课程。为配合讲课需要，顾颉刚着手编撰《中国上古史》讲义。但由于他抵校时已开学，没有充足的时间编写一份详尽的讲义，所以顾颉刚只好退而求其次，改为专印材料，把许多零碎文字钞出来并加按语，以组成一个大致的系统。②

值得注意的是，顾颉刚所编的那些看似"凌乱殊甚"的资料其实蕴含了他对于古史整理的内在逻辑，这从他所列文献的分类上即可看出，这些文献共五类，分别是：

> 甲种（上古史之旧系统，以《史记》秦以前之《本纪》、《世家》为代表）
>
> 乙种（初意专以《史记·本纪》、《世家》所根据之材料入之，后乃并录真实之古史材料）
>
> 丙种（虚伪之古史材料及古代之神话传说与宗教活动之记载）
>
> 丁种（古史材料评论）
>
> 戊种（预备建立上古史新系统之研究文字）③

对上述五类文献的系统梳理，事实上是顾颉刚"一部书一部书地"考辨古史的具体实践，而这是他很早就有的想法，如他在《与钱玄同先生论古史书》的"前记"中就说：

> 我很想做一篇《层累地造成的中国古史》，把传说中的古史的经历详细一说，……我想分了三个题目做去：一是战国以前的古史观，二是战国时的古史观，三是战国以后的古

---

① 顾颉刚：《中国上古史研究讲义》自序一，《顾颉刚古史论文集》卷三，第79页。
② 顾潮：《顾颉刚年谱》（增订本），第162页。
③ 顾颉刚：《中国上古史讲义》，《顾颉刚古史论文集》卷三，第1—46页。

史观。后来又觉得这些题目的范围也广,所以想一部书一部书地做去,如《诗经》中的古史,《周书》中的古史,《论语》中的古史。

所以顾颉刚后来说,在中山大学编写的这部上古史讲义,"始把上古史的材料作系统的收集"。① 在此基础上,顾颉刚又撰写了"中国上古史实习课旨趣书",对该课的目的及研究途径作了更为清晰的表述:②

第一类是对于某种专书的整理,可分为四组:甲组——年代总表;乙组——人名索引及世系表;丙组——地名索引及地图;丁组——材料考订。

第二类是对于某一事件的研究,也分为四组:甲组——人的传说的演变;乙组——制度的传说的演变;丙组——古史系统的传说的演变;丁组——书籍与学说的演变。

而最为重要的是,在这部《中国上古史讲义》中,顾颉刚不仅很明确地把战国时期视为古史演变的关键期,而且明确指出墨家的尚贤和尚同观念是导致古史演变的内在原因。如他在讲义的《墨子·尚贤上篇》按语中就写道:

> 战国之世有两种强有力之运动,使世主学者百虑而一致,尽其热诚以赴之者,则平等运动与统一运动是也。……征诸古籍,则《墨子》之《尚贤》,前一运动也;其《尚同》,后一运动也。《尚书》之《皋陶谟》,前一运动也;其《禹贡》,后一运动也;而《尧典》者,汇合此两事而作成之最完美之乌托邦也。

由此可见,虽然顾颉刚在中山大学为时甚短,③但却是他完善自

---

① 顾颉刚:《中国上古史研究讲义》自序二,《顾颉刚古史论文集》卷三,第89页。
② 顾颉刚:《中国上古史实习课旨趣书》,《顾颉刚古史论文集》卷三,第67—72页。
③ 顾颉刚1927年10月到任中山大学史学系教授兼主任,1929年2月14日"与校长信,因事请假回北平",同月24日"与家人离广州",在中大任教实不足一年半。参看顾潮编《顾颉刚年谱》(增订本),第161、192页。

身古史体系的一个关键时期。

1929年9月,顾颉刚应燕京大学之邀,任该校国学研究所研究员兼历史学系教授,并开"中国上古史研究"课,为此着手编撰《中国上古史研究讲义》。① 这部讲义和此前他在中山大学所用的讲义在性质上大同小异,但目的更明确,体例更规范,内容也更丰富。对于这部讲义的意义,顾颉刚在自序中说得非常明确:

> 我编辑这份讲义的宗旨,期于一反前人的成法,不说哪一个是,哪一个非,而只就它们的发生时代先后寻出它们的承前启后的痕迹来,又就它们的发生时代背景求出它们的异军突起的原因来。我不想取什么,丢什么,我只想看一看这一方面的史说在这二三千年之中曾经起过什么样的变动。

不难看出,这部讲义是对"层累地造成的中国古史"观的具体论证。讲义对三十四种文献材料进行了分析讲述,并将这些文献分为七组,分别是:1. 儒家以前的记载;2. 汉以前的儒家记载;3. 战国秦汉间的非儒家的记载;4. 西汉时的儒家记载;5. 刘歆的历史系统;6. 谶纬的历史系统;7. 受刘歆和谶纬影响而形成的各家学者意见。显然,这七类文献恰好涵盖了他在《与钱玄同先生论古史书》中所提出的三种古史观,即——战国以前的古史观、战国时的古史观以及战国以后的古史观。

讲义的编写过程其实也是顾颉刚古史辨伪逐渐系统和深入的过程,所以他的编写计划始终处在不断的调整之中,并最终提出"古史四考"的构想,即:

一、辨古代帝王系统及年历、事迹,称之为《帝系考》;

二、辨三代文物制度的由来与其异同,称之为《王制考》;

三、辨帝王的心传及圣贤的学派,称之为《道统考》;

四、辨经书的构成及经学的演变,称之为《经学考》。

"古史四考"堪称顾颉刚毕生的事业追求,但在燕京大学所编的

---

① 顾颉刚:《中国上古史研究讲义》,《顾颉刚古史论文集》卷三,第73—442页。

这部《中国上古史研究讲义》实际上"只成了《帝系考》的一部分"。①

既然这部上古史讲义的主要目的是要考辨古代帝王的系统,禹及其他夏代国君就必然包含在内。在对儒家文献进行分析后,顾颉刚认为:

> 我们从《诗经》里,知道商、周两族都以禹为古人,比他们自己种族还古的人;禹又是一个极伟大的人,作成许多大工程,使得他们可以安定地居住在这世上。……我们在《诗经》里,只见他们讴歌最多,赞叹最热烈的,惟有禹一个人,可以晓得禹是他们那时的古史中的惟一主要人物。……
>
> 《论语》中讲的古史,禹以外多出了尧、舜,尧、舜的时期在禹之前,尧、舜的地位在禹之上。……截至《论语》的时代,古史系统还不甚久远。在三代以前,他们只说起尧、舜、禹,而且这三个人是同时代的。……
>
> 战国之前,禹在古史中虽甚占地位,但他的世系和代号都没有说明白。……到了战国时,才说明白了。

这是从儒家经典中归纳出来的禹的演变轨迹。顾颉刚又指出,非儒家的记载则以《天问》最具代表,而根据《天问》则可以看出以下线索:

> 《天问》中所说的禹还是一个上天下地,移山倒海的人,所说的鲧还是一个给上帝压禁在山里的人。……这还保存得古代民众传说的真相。……在作《天问》的时候,尧、舜在传说中的势力还不及禹大,也没有与禹发生关系。……
>
> 足见在禹的故事中,他的治水的方法原是讲壅塞的,并不像《孟子》及《国语》中所说的疏导。……只因鲧的得罪上帝由于'窃'而不在于'堙',故禹得了上帝的命令之后就堙填成功了。……

---

① 顾颉刚:《古史辨》第四册自序,《顾颉刚古史论文集》卷一,第 106—126 页。关于《中国上古史研究讲义》的意义可参看王煦华为该书所写的前言。

《天问》这一篇是古史传说中很重要的一篇。……自《天问》以上是神话的，由《天问》以下乃人化了。

　　这一时期，顾颉刚的研究目标极为清晰，就是要探寻战国秦汉时期人的古史观，这也就是他一直所强调的他对于古史"演变"的关注更甚于古史的"真相"。顾颉刚对于外人的误解甚是无奈，如他在1930年8月10日所作的《古史辨》第二册自序中写道，"最使我惆怅的，是有许多人只记得我的'禹为动物，出于九鼎'的话，……其实，这个假设，我早已自己放弃"。由于他坚信战国秦汉是把握古史"演变"的关键时期，所以自述其理想是，"只是作成一个战国秦汉史家，……要在这一时期的人们的思想和学术中寻出他们的上古史观念及其所造作的历史来"。① 顾颉刚所编的这两部上古史讲义，可以视作他向着这个目标所作的初步努力，汇总和条理资料正是通向"古史四考"的必要基础。

　　而事实上，这种资料整理的效果很快就显现出来。20世纪30年代，顾颉刚在上述两种讲义的基础上，陆续写成了《五德终始说下的政治和历史》②和《三皇考》③两篇宏文巨著，详细论证战国、秦、汉间三皇五帝演化的历史，从而真正完成了"古史四考"之中的"帝系考"的关键部分。而1935年出版的《秦汉的方士与儒生》一书则以通俗的体裁，深入浅出地把上述两文的核心意思展现出来，令普通读者也能够了解在秦汉政治与学术环境下三皇五帝思想的演变，由此成为顾颉刚最重要的史学著作。④

　　从表面上看，《秦汉的方士与儒生》的写作较为偶然，但实际上则颇有深意。1929年顾颉刚到燕京大学历史系任教之初是讲授"中国

---

　　① 《顾颉刚古史论文集》卷一，第91—96页。
　　② 原载《清华学报》第6卷第1期，1930年6月；后收入《古史辨》第五册；此据《顾颉刚古史论文集》卷二，第249—446页。
　　③ 原载《燕京学报》专号之八，哈佛燕京学社，1936年1月；后收入《古史辨》第七册；此据《顾颉刚古史论文集》卷二，第1—248页。
　　④ 该书原题为《汉代学术史略》，上海亚细亚书局，1935年8月；后改题为《秦汉的方士与儒生》由上海群联出版社于1955年3月出版；此据《顾颉刚古史论文集》卷二，第464—621页。

上古史研究"一课,但1933年同系的邓之诚教授患病,请假半年并请顾颉刚替他讲授"秦汉史"一课,于是顾颉刚就编写了这部原题为《汉代学术史略》的讲义。但上文提到,顾颉刚早就有了"作成一个战国秦汉史家"的企图,希望"要在这一时期的人们的思想和学术中寻出他们的上古史观念及其所造作的历史来",所以他正可以借着编写讲义的机会来初步实现他的这一理想。

顾颉刚在该书序言中指出,"汉代学者是第一批整理中国历史资料的人,凡是研究中国古代历史和先秦各家学说的人们一定要先从汉人的基础上着手,然后可以沿源数流,得着一个比较恰当的解释,所以汉代学术享有极崇高的地位",这也应该就是他愿意成为"一个战国秦汉史家"的原因所在。因为他早有"要在这一时期的人们的思想和学术中寻出他们的上古史观念及其所造作的历史来"的愿望,所以这本讲义的重点不满足于"辨清了今、古文家的原来面目",而是"希望向前推进一步",要探讨"为什么有今文家,为什么有古文家"?换言之,是要了解"他们出现的社会背景和历史条件是什么"。由此顾颉刚想到只有从"秦、汉时代统治阶级的需要上来看今、古文两派的变化"才能真正地洞察历史真相,而研究的结果则是他明白了"儒生和方士的结合是造成两汉经学的主因"。具体来说,这一过程是:

> 方士的兴起本在战国时代的燕、齐地方,由于海上交通的发达,使得人们对于自然界发生了种种幻想,以为人类可以靠了修炼而得长生,离开了社会而独立永存,取得和上帝同等的地位;同时同地有邹衍一派的阴阳家,他们提倡"天人感应"的学说,要人们一切行为不违背自然界的规律。秦始皇统一六国,巡行到东方,为了方士和阴阳家们会吹会拍,他立刻接受了海滨文化。儒生们看清楚了这个方向,知道要靠近中央政权便非创造一套神秘的东西不可,所以从秦到汉,经学里就出了《洪范五行传》一类的"天书"做今文家议论的骨干,一般儒生论到政治制度也常用邹衍的五德终始说的方式来迎合皇帝的意图,使得皇帝和上帝作起紧

密的连系。……到了西汉之末,刘歆整理皇家的图书,发现许多古代史料,他想表章它们,本是史学上的一件盛举;但学术性的东西是皇帝所不需要的,一定要插入对皇帝有利的东西方能借得政治的力量,所以他唯有在《左传》里加进新五德终始说的证据,又要做出一部《世经》来证明王莽的正统。在这种空气里,光武帝就必须用《赤伏符》受命,而谶纬一类妖妄怪诞的东西就大量产生了。因此,我觉得两汉经学的骨干是"统治集团的宗教"——统治者装饰自己身份的宗教——创造的,无论最高的主宰是上帝还是五行,每个皇帝都有方法证明他自己是一个"真命天子";每个儒生和官吏也就都是帮助皇帝代天行道的孔子的徒孙。……至于今文家和古文家,只是经书的版本不同或是经书上的解释不同,不是思想的根本有异。

从1923年《与钱玄同先生论古史书》提出"层累地造成的中国古史"观,经两部上古史讲义的编撰积累和梳理资料,进而完成《五德终始说下的政治和历史》、《三皇考》以厘清了上古帝王的世系演变过程,再到1935年《秦汉的方士与儒生》深入分析这一古史体系形成的社会背景,顾颉刚以十余年的时间终于完整构建并论证了"层累地造成的中国古史"观。在该体系中,对禹及夏代历史的认识堪称枢纽,但非全部。

四、《夏史三论》[①]与《鲧禹的传说》[②]

1929年,燕京大学国文学会所编辑的《睿湖期刊》向顾颉刚索稿,顾答应写一篇有关"启和太康"的文章给该刊。但此时的他正忙于编

[①] 原载《史学年报》第2卷第3期,1936年11月;后收入《古史辨》第七册;此据《顾颉刚古史论文集》卷一,第553—611页。

[②] 原载《说文月刊》第1卷第2—4期,1939年3—6月;后收入《古史辨》第七册;此据《顾颉刚古史论文集》卷一,第499—552页。

写《中国上古史研究讲义》,所以"这文写了数千字,别的事忙,搁了下来;哪知一搁便是五个年头"。1935年,顾颉刚把这篇未完稿拿给童书业看,并希望他能够将其续写完毕。未料童书业"一动笔就是数万言",顾颉刚于是决定"不如索性做一部《夏史考》吧",并亲自拟定了十章目录,分别是:

首、夏史演变表
一、绪言
二、夏民族的实际的推测(夏与杞、鄫、越的关系附考)
三、桀的故事(相、杼、孔甲等附考)
四、鲧禹的传说
五、启和五观与三康
六、羿的故事
七、少康中兴辨
八、《伪古文尚书》里的夏史
九、《路史》里的夏史
十、《今本竹书纪年》里的夏史
附录一、夏都邑考
附录二、夏时考(夏年附考)
附录三、韶乐考
附录四、《史记·吴世家》疏证

目录拟定后,顾、童二人即着手撰写。但遗憾的是,顾颉刚和童书业只合作完成了其中的四章,先是将第五、六、七章以《夏史三论》为题发表于1936年11月出版的《史学年报》第2卷第3期,然后又将第四章刊于1939年出版的《说文月刊》第1卷第2—4期,其余部分则未能写出。

在《夏史三论》发表时,顾颉刚特意写了一段前记,其中写道,"这数年来,人家还只记得我在第一篇文字中所说的禹为虫,我屡次声明,这是我早已放弃了的假设;至于所以放弃的理由,乃为材料的不足,我们不该用了战国以下的记载来决定商、周以前的史实"。顾颉刚又申明,他之所以要重写夏代史,是要"用了战国以下的记载来决定战国以下的某种传说的演变"。所以从这层意义上讲,顾颉刚所写的夏代史,不是讲述"真实的"夏代史事,而是要还原出战国时代以降逐渐演变出的"夏代史"。为此他在《夏史三论》中就这样说,"自从禹、鲧同夏先后发生了关系,夏代史的首页已然粲然可稽了,但是光有了脑袋和尾巴而缺着中间一段,这一部夏史仍旧是写不成的;于是用于作伪的战国、秦、汉间的历史家就继起了他们的工作",而《夏史三论》就是要考证出"从战国到西汉末年出来的重要的夏代史说"。

《夏史三论》涉及的多是夏初史事,顾颉刚的主要结论有:

1. 关于启和五观

既然"启会乘龙上天,自然是个神性的人物;他的传说特别与音乐有关,或许原来是个乐神"。

"五子"和"五观"应是启的五子,也即太康兄弟五人;太康、仲康不见于先秦文献,而少康见于《楚辞·离骚》,将太康、仲康与启联系起来是西汉初年才出现的。

2. 关于羿

顾颉刚将先秦到西汉中期所传述的羿的故事分作三组,其中"第一组是神话家所传说的,第二组是诗歌家所传说的,第三组是儒、墨等学派所传说的"。

被顾颉刚归入神话家的文献主要有《山海经》和《淮南子》,他并据《淮南子·氾论训》的有关记载考证羿是"宗布神";顾颉刚归入诗歌家的文献主要是《天问》和《离骚》,属于儒、墨家的文献则有《论语》、《左传》、《孟子》、《庄子》等多种。

在比较分析上述文献之后,顾颉刚指出:在西汉中期以前,羿的时代还没有确定,有的书说他是尧时人,有的书说他是夏时人,还有的书说他是周幽、厉时人;同时羿的品格也没有固定,有的书说他是有功的好人,有的书说他是开罪的坏人,又有的书把他当作世职的名称看;有关羿的各种传说,最通行的是关于他的善射,到了西汉初年以后,才有羿为夏帝的说法;西汉末年以后,楚辞一派的传说占得胜利,羿才被固定为夏时淫游佚畋的君主了;到了东汉初年,羿才被看作一个篡位之君。

3. 关于少康中兴

顾颉刚主要分析了《左传》襄公四年和哀公元年中的有关记载,并与《国语·晋语七》、《史记·吴太伯世家》以及《伍子胥列传》进行了对比研究,得出了的结论是,"我们敢假定今本《左传》里关于少康中兴故事的记载是光武以后的人影射光武的中兴故事而杜造的"。

随后发表的《鲧禹的传说》则着重分析两个问题:其一是鲧、禹与夏代如何发生关系;其二,鲧和禹又是如何由神演变为人的。

文章首先指出西周和春秋时人只知道有个国祚很长的夏代,对于夏代的君主只知道一个夏桀,"至于桀之前的君主是谁,实际的事迹又是怎样,周代人似乎全不知道"。《国语·郑语》所说的"夏禹能单平水土,以品处庶类者也"是最早把夏和禹联系在一起的记载,在此之前"禹是禹,夏是夏,两者间毫无交涉"。由于《国语》是战国时代才成书的文献,所以禹与夏发生关系是在战国。

顾颉刚进而指出,虽然在《国语》和《左传》中鲧与夏已然发生关系,但"夏鲧"一名则最早见于《吕氏春秋·君守篇》的"夏鲧作城",由此鲧与夏的关系得以明确。他并认为,只有"鲧、禹与夏代发生了关系,夏代史的首页方才写得成"。

文章最后得出了五点主要结论,分别是:

1. 鲧、禹颇有从天神变成伟人的可能;
2. 禹是神职是主领山川的社神;
3. 鲧、禹治水传说的本相是填塞洪水,布放土地,造成山川;到战国时演变为筑堤、疏导和随山刊木等;
4. 鲧、禹传说来源地是西方九州之戎的区域;
5. 鲧、禹本来是独立的人物,因墨家的尚贤说和禅让说的媒介,才与尧、舜等人物发生了关系。

正如顾颉刚自己所言,上述结论,"除第四条外,仍与《古史辨》第一册颉刚所著各文的结论大致相合"。他并强调,之所以坚持旧有观点,"这并不是故意护前,始终是在现存的材料之下,用考证的方法去整理,不能不得到这样的结果"。

虽然上述结论几乎是顾颉刚关于夏代史的最后定论,但他从未停止过研究的脚步,一旦有新材料或新线索,即作进一步的申论。如20世纪50年代受陇海铁路关中段屡屡塌方一事的启发,顾颉刚又专门写作了《息壤考》一文,根据鲧、禹用息壤治水故事的演变来考察鲧和禹是如何发生关系的。① 文章认为,鲧、禹用息壤治水这一神话的原型见于《山海经》、《楚辞》、《启筮》和《淮南子》等书,其间的关键差异是——鲧从上帝那里窃取息壤治水,所以被惩罚(如《天问》中所谓的"顺欲成功,帝何刑焉"),而禹则是"顺的上帝的御旨,为了父子的性情有刚柔的差别,所以会有鲧殛而禹兴的结果"。

顾颉刚还发现,到了战国末年,故事发生了改变。以《吕氏春秋·行论》为例,鲧被殛的原因是由于他与舜争做三公而不是因为治水失败,下令殛鲧的也由上帝变成了帝尧;而最重要的变化则是强调了鲧和禹在治水方法上的不同,"鲧的治水继承共工的方法,只是筑了堤岸来壅防,禹的治水方法则是随了地形而疏导,使水都能归海,和先前神话里说的他们父子都用息壤来填塞洪水渊薮,面目截然不同。先前的上帝,到此也变为帝尧了。所不变的,只賸得'殛之于羽山'这一点"。顾颉刚分析鲧禹治水的故事之所以会发生这样的演变,原因有二:一是"战国之世强国对立,统治者各筑堤防,使大水来时冲到别国,……为了这等害人,战国时人已相引为戒,《孟子》记载齐桓公和诸侯们的盟书是'毋曲防'(告子下),《春秋公羊传》作'无障谷'(僖三年),《谷梁传》作'毋壅泉'(僖九年)";二是战国时列国贪图河道里"填淤肥美"的小利,"先去垦田,再来筑宅,更造堤防,河槽越来越窄,大水一到就完全漂没了。这是热爱劳动群众的人们所不忍见的,所以他们要把这个责任更向上推,直推到共工和鲧的身上,说是他们想出的坏主意,于是他俩就成了被诅咒的对象。他们坏了,谁

---

① 原载《文史哲》第10期,1957年10月;此据《顾颉刚古史论文集》卷一,第613—625页。

是好的？当然是禹"。

抛开《夏史三论》和《鲧禹的传说》的具体观点不论，它们都对有关史料进行了系统而有效的收集与整理，因此具有重要的学术意义，可惜顾颉刚和童书业未能完成计划中的《夏史考》。顾、童之后，特别是在考古学成为夏史重建的主要手段之后，还没有学者从文献史学的角度出发，撰写一部类似的、完整的《夏史考》。但毋庸置疑，沿着顾颉刚的脚步，对文献中的夏代史作通盘梳理仍有重要的学术意义。

五、历史地理研究中的夏代史考证

1928年下半年，为弥补"中国上古史"一课完全没有涉及古代地理的缺陷，顾颉刚又为中山大学史学系的学生开设了"古代地理研究"这门课，希望借此"从故籍里看中国人对于古代的疆域观念和实际上汉以前的各时代的疆域我们所能够知道的"。[①] 由于他"任课既多，……还有许多推不掉的事务"，所以他承认自己"对于本门功课真不能加以细密的研究了"，而"只得依了我两年前的见解整理出若干材料"作为讲义分发给学生。

这份讲义虽然简略，但从中不难看出顾颉刚关注的重点有二：一是依据《禹贡》、《职方》、《王会》、《山海经》以及《淮南子·地形训》等文献来考察古人对于"分野"、"分州"、"四至"、"五岳"、"四裔"和"五服"的理解；二是依据各时代的材料看当时的地理知识，如从甲骨文看商代地域，从金文、《诗经》和《尚书》看西周地域，从《春秋》、《国语》、《左传》看东周地域等。因此，与禹密切相关的《禹贡》及"九州"自然成为顾颉刚古代地理研究中的重点。

这一时期，顾颉刚对于《禹贡》的认识是：

> 自《禹贡》之作，古代地理之伪系统获得一强固之基础。据是为中心而上推之于炎、黄，下推之于殷、周。于是九州

[①] 顾颉刚：《古代地理研究课旨趣书》，《顾颉刚古史论文集》卷五，第1—3页。

> 五服之说遂确实支配周以前之地理,成为邈古之定制,自汉以来未有疑之者;不但不敢疑,亦不思疑也。然《禹贡》之出,其实甚晚。……墨家以禹之形劳天下自处,奉禹为理想中之模范人物,使《禹贡》真为禹所作而载于六经者,彼辈宜如何抱守而表章之,乃默不道一言,若不知有此一书然,何其数典忘祖至此乎?又岂《墨子》如此,六经异传,百家杂语,盖未有道及《禹贡》一字者。直至西汉景、武帝时,《尚书》二十八篇出,《禹贡》乃突占一重要地位,为地理家不祧之祖。是则《禹贡》之编入《尚书》实在汉初,其著作时代必不能甚早可知。

顾颉刚对于《禹贡》著作及编入《尚书》年代的上述判断并非是突发奇想,因为在编写这部讲义之前,他就有计划要"辨《禹贡》是战国时的著作",只"因职务的牵制,问题的繁多",所以"六年前写的纲要还是一个纲要",但他乐观地相信,"只要我们有追迹作始人的脚步的勇气,有彻底解决一个问题的耐性,将来的成就决不会使我们失望"。借着开设"古代地理研究"的契机,顾颉刚旧题重谈,把自己的研究重心逐步转移到古代地理研究上来,并取得了令人瞩目的成就。

1929 年 2 月顾颉刚离开中山大学,同年 5 月受聘于燕京大学,同时为燕京大学和北京大学两校学生讲授"中国上古史研究"课。1932 年 9 月新学年开学后,顾颉刚改任"中国古代地理沿革史"课程,开始专门讲授《禹贡》。① 到了 1934 年初,他更是与谭其骧等人一同发起编辑出版古代地理研究专刊——《禹贡半月刊》。在该刊第 1 卷第 1 期的编后语中,顾颉刚这样坦露心声:

> 颉刚七年以来,在各大学任"中国上古史"课,总觉得自己的知识太不够,尤其是地理方面,原为研究历史者迫急的需要,但不幸最没有办法。……我常常感觉,非有一班人对于古人传下的原料作深切的钻研,就无法抽出一点常识作

---

① 顾潮:《顾颉刚年谱》(增订本),第 227 页。

治史学或地学的基础。因此我就在燕京和北大两校中改任"中国古代地理沿革史"的功课,借了教书来逼自己读书。预计这几年中,只作食桑的蚕,努力搜集材料,随时提出问题:希望过几年后,可以吐出丝来,成就一部比较可靠的中国古代地理沿革史讲义(我只敢说讲义,不敢说真正的沿革史,因为要做一部像样的史是数十年后的成就),请愿意得到常识的人有地方去取资。①

虽然顾颉刚在燕京和北大开设的课程是"中国古代地理沿革史",但由于他的宗旨是服务于古史研究,特别是上古和秦汉史研究,所以他对于古代地理的最大关注点依然是《禹贡》及其相关问题,如"九州"和"四岳"等。1933年,顾颉刚将部分研究成果整理成《州与岳的演变》一文,指出"九州与十二州,四岳与五岳,都是中国地理史上的极重大又极繁复的问题",清晰地显示了他对古代地理的关注重点。② 对于这些重大问题,顾颉刚的基本看法是:

> 我敢说:当西周时尚没有九州的观念,更不必说殷和夏。自西周之末到春秋时,在今河南省的西部和陕西省的东南部,有个姜姓民族的居住地,唤做九州。大约在春秋中叶,把这小区域的九州放大为禹迹的九州,奄盖当时的天下,但没有确定这九个州名及其疆畍。到战国时,因吞并的结果,小国之数日减,仅存几个强国(如秦、楚)或古国(如周、卫)约略与九州相当,遂使九州之说益臻具体化,而有《禹贡》等分州之书出现。……后来又因地域的扩张和九州名目的不一致,放大为十二州。……岳呢?我以为最先有姜戎的先祖"四岳",而后有《尧典》的大官"四岳"及天子巡狩的"四岳"。有《禹贡》的不指名的"九山",而后有《有始

---

① 顾颉刚:《禹贡半月刊第一卷第一期编后》,原载《禹贡半月刊》第1卷第1期,1934年3月1日;此据《顾颉刚古史论文集》卷五,第368—370页。
② 原载《史学年报》第1卷第5期,1933年8月;此据《顾颉刚古史论文集》卷五,第43—74页。

览》的指名的"九山",而后有《职方》的分州的"九山镇"。有"四岳"和"九山镇"两个观念相配,加之以五行的思想,于是有"四岳"的放大和"九山镇"的缩小,而发生了"五岳"的制度。这制度是创立于武帝而成于宣帝的,所以象《周官·大宗伯》所谓"以血祭祭社稷五祀五岳"等话,都不足信。

他的上述观点在这一时期的其他论著如《古史中地域的扩张》[①]以及《汉代以前中国人的世界观念与域外交通的故事》[②]中也都有论及,代表了他对古代地理的基本认识。随后,顾颉刚又写了《九州之戎与戎禹》这一长文,专门讨论禹与九州的关系,指出"禹与九州,自来即有不可分离之关系",并申明该文的写作目的就是要探讨"禹与九州何以发生关系"。[③] 他从《左传》中的"九州之戎"这一名称出发,试图考索"九州之戎,其名何自来乎?何以称之为'九州'乎?"然后从《左传》昭公四年司马侯论"九州之险"出发,旁征博引,得出了这样的判断:

> (九州)其地盖始自今陕西之极西部,或今甘肃之东南部,北由陇山(四岳),南抵秦岭(中南);及逾潼关,则北暨崤函(荆山),南及熊耳之东(三涂),以迄于今河南中部之嵩山(阳城、太室),包有渭、雒、伊、汝水之流域。

顾颉刚主张上述区域是"九州"的原始范围,但由于戎族的迁徙,"九州"的概念发生了变化,成为"天下"的代称。他说:

> 由戎居九州,演化而为天下之代称之九州,更演化而为尧之十二州。由戎之先人所居之四岳,演化而为平分四方之四岳,更演化为汉武帝之五岳。由戎之宗布神禹,演化而为全土共戴之神禹,更演化而为三代之首君。州与岳随民

---

① 原载《禹贡半月刊》第1卷第2期;此据《顾颉刚古史论文集》卷五,第75—81页。
② 与童书业合作,原载《禹贡半月刊》第5卷第3、4期合刊;此据《顾颉刚古史论文集》卷五,第82—117页。
③ 原载《禹贡半月刊》第7卷第6、7期合刊;后收入《古史辨》第七册;此据《顾颉刚古史论文集》卷五,第118—139页。

族之疆域之扩大而扩大,"禹迹"又随州与岳之扩大而扩大:此皆向所视为纯粹之华文化者,而一经探讨,乃胥出于戎文化。

《州与岳的演变》和《九州之戎与戎禹》两文的发表,代表了顾颉刚对于禹的来源问题又一次的观点改变——即从早先主张禹为南方民族传说中的人物改为相信禹为西方戎族的宗布神。因此,在《九州之戎与戎禹》发表之后,童书业即写了一长跋来补充并申论顾颉刚的这一转变,强调"禹起南方之说似不如禹起西方之说为可能",而"顾师此文从九州四岳之原在地,推测禹传说之起源,立论确而阐发精,禹与西方民族有关,自有此文,盖为定论矣"。①

1950年,受新政权冷落的顾颉刚寄居在上海。② 借着这难得的闲暇,顾颉刚完成了《昆仑传说和姜戎文化》的长文,对中国西部的戎文化再次进行了系统研究。该文长达十五万字,论证繁复,但其主要论点在"引言"中有明确的表述:

> （我)当时曾在《禹贡半月刊》中发表《九州之戎与戎禹》一文,讨论禹和西方民族的关系,把我在《古史辨》第一册中的禹为南方民族传说中的人物的说法自行打破。我觉得,中国正统文化中很多是接受戎文化的,所谓华夏之族也不少是由戎族分出,不过其中进握中原政权的已自居为华夏,不肯老实说出他们自己的前面一段历史,而停留在原来地方的则仍称为戎,又苦于文化较低,没有写作的方便。……九州和四岳都是《尚书》、《王制》、《周礼》等书里的问题,是十足的中国正统文化,但一经仔细研究,实在都从羌、戎区域里发源,及至传进了中原然后大大扩展的。羌、戎的宗教性向来强烈,昆仑是他们的宗教中心,四岳也是他们的宗教

---

① 《九州之戎与戎禹》童书业跋,《顾颉刚古史论文集》卷五,第140—142页。
② 有关顾颉刚在1949年新中国成立之后至1954年他入京就任历史研究所研究员期间的心境,可参看余英时《未尽的才情——从〈顾颉刚日记〉看顾颉刚的内心世界》第四部分"一九四九年以后的顾颉刚",联经出版社,2007年。

中心。这些宗教的仪式传进了中原,于是有"封禅"的大典礼;这些宗教的故事传进了中原,于是有整整齐齐的一大套中国古史。二十余年前,我们研究古史,已知道古史人物即由神话人物转变而来;但这些神话人物从哪里来,终苦于摸索不到边际。现在我们明白了,这是东方人接受西方文化,也就是西方的宗教变成了东方的历史。

可以说,顾颉刚的夏代史研究始终是围绕着大禹而展开的,因此《禹贡》自然就成了他的核心研究对象。1958年,顾颉刚完成了《禹贡注释》,该书代表了他关于夏代史的最终认识。① 在该书中,我们依然可以读到他对早年观点的坚持,如对于禹的神性问题,他说:

> 禹的治水,本是古代一个极盛行的传说,在这传说里,极富于神话的成分,……但《禹贡》的作者删去其神话性的成分,专就人类所可能做到的平治水土方面来讲。

对于《禹贡》的成书年代和作者,顾颉刚认为:

> 既不是虞、夏时书,也不是公元前四世纪秦灭蜀以前的书,……它是公元前第三世纪前期的作品,较秦始皇统一的时代约早六十年,……《禹贡》作者的籍贯同《山海经》作者一样,可能是秦国人,因为他对于陕西、甘肃、四川间地理最明白,其次是山西、河北、河南。

可以说,顾颉刚终其一生都主张禹是古代神话传说中的人物,而非真实的历史人物,这一观点影响深远,在"古史辨派"学者当中更被奉为圭臬。如继承顾颉刚遗志整理《尚书》的刘起釪,在对《禹贡》进行注释时同样坚持"禹最早是我国古代神话传说中由上帝派下来在茫茫洪水中敷土的神","春秋时已认为他是较古的一位人王,到战国时明确认为他是有夏氏的君主,称'夏后',最后演变成为历史上治水

---

① 原载《中国古代地理名著选读》第一辑,科学出版社,1959年;此据《顾颉刚古史论文集》卷九,第107—196页。

有功受舜禅位建立夏王朝的第一代夏王"等观点。①

但需要强调的是,尽管顾颉刚认为禹是西方戎族的神话人物,但并不代表他对夏代持虚无的态度,如他对杨宽和陈梦家等人完全否定夏代的存在即有不同看法,认为"吾人虽无确据以证夏代之必有,似亦未易断言其必无也"。② 稍后,他在与史念海合著的《中国疆域沿革史》中不仅肯定夏代的存在,还研究了夏的疆域沿革。③ 该书是顾颉刚应商务印书馆"中国文化史丛书"之邀所作,但因事务繁忙只拟定了全书主旨、体例和大纲,而交由史念海具体撰写,其中第三章即为"夏民族之历史传说及其活动范围",并分三节加以叙述,分别是"大禹治水分州之传说","从夷夏交争与少康中兴等传说中观察夏代中世之疆域"以及"晚夏之疆域范围"。从章节的设置上看,明显体现了顾颉刚的学术观点,而具体结论也反映了他的认识,如:

> 夏代历史亦仅凭后世之记载,然由种种方面证明,则知在殷商以前确有此一朝代也。夏之始祖相传为禹,但禹究竟与夏人是否有血统上之关系,又属疑问。战国以前书中之禹,不称夏禹,或者禹之传说乃为中国之《创世记》耳。……
>
> 我国古代文明滥觞于黄河流域,夏民族又播迁流转于此地,黄河自古即多泛滥之灾,或即误以部分之灾为普遍之大害,遂产生治水分州等传说邪?……随治水而来之传说,则为分划九州之事。"九州"一名辞,虽已见于春秋铜器齐侯镈钟及《诗·商颂》(作"九有""九围"等),但整个九州每州之名称及疆域之分划,则恐为战国以后所安排。……今

---

① 顾颉刚、刘起钎:《尚书校释译论》,中华书局,2005年,第523页。据该书序言,此书虽然是顾颉刚和刘起钎合署为著者,但实际由刘起钎先生完成,部分篇章则经过顾先生审阅。
② 顾颉刚:《〈杨宽〉中国上古史导论第十篇说夏附函按》,原载《禹贡半月刊》第7卷第6、7期合刊,1937年6月20日;此据《顾颉刚古史论文集》卷一,第612页。
③ 顾颉刚、史念海:《中国疆域沿革史》,商务印书馆,1938年;此据《顾颉刚古史论文集》卷六,第1—192页。

> 日所见之《禹贡》为记禹时九州贡赋及治水刊山之书,虽非禹时实录,然足代表战国时代人之古代地理观念。……
>
> 禹之传说乃属一种神话性质,不足知夏代政治范围之所在。中夏以先,夏之政治中心似在今山东省,其势力及于河北、河南,晚夏则移居河东及伊、洛流域,然东方仍有其孑遗也。

在这里,顾颉刚不仅相信夏代的存在是可信的史实,而且还勾勒出了夏王朝版图的演变。顾颉刚直到晚年也未改变他对夏代疆域的这些认识,如1972年11月9日他在给学生李民的信中仍称,"河、洛之间为夏代政治中心自无疑义",而"所恨者,夏代史迹无文字可证明耳"。①

六、考古学:建设真实夏代史的唯一途径

顾颉刚很早就对考古学产生了兴趣,如他自述20世纪20年代初在北大研究所国学门当助教时就对罗王之学充满了憧憬:

> 最得益处的是罗叔蕴先生(振玉)和王静安先生(国维)的著述,……我始知道他们对于古史已在实物上作过种种的研究,……我知道要建设真实的古史,只有从实物上着手的一条路是大路,我的现在的研究仅仅在破坏伪古史的系统上面致力罢了。我很愿意向这一方面做些工作,使得破坏之后得有新建设,同时也可以用了建设的材料做破坏的工具。……只恨我的学问的根底打得太差了,考古学的素养也太缺乏了,我怎能把他们的研究的结果都亲切地承受了呢!从此以后,我的心头永远顿着一笔债,觉得在考古学方面必须好好读几部书。②

---

① 《顾颉刚书信集》卷三,第499—500页。
② 顾颉刚:《古史辨》第一册自序,《顾颉刚古史论文集》卷一,第44页。

稍后,在《答李玄伯先生》一文中,①他又写道:

> 读到李玄伯先生的"古史问题的唯一解决方法",非常快乐。李先生所说的"用载记来证古史,只能得其大概;……要想解决古史,唯一的方法就是考古学;我们若想解决这些问题,还要努力向发掘方面走",确是极正当的方法。我们现在研究古史,所有的考古学上的材料只有彝器文字较为完备,其余真是缺得太多。发掘的事,我们应当极端的注重,应当要求国家筹出款项,并鼓吹富人捐出款项,委托学者团体尽力去做。

1924年,顾颉刚拟了一份《我的研究古史的计划》,内中所列的"第四学程"就是要"研究古器物学"。② 但同时他又深知学术有分工,自己不可能穷尽知识而倍感无奈和痛苦,所以在《古史辨》第一册自序中说:

> 现在既深感研究学问的困难,又甚悲人生寿命的短促,知道自己在研究古史上原有专门的一小部分工作——辨伪史——可做,不该把范围屡屡放宽,以致一无所成。至于许多实物,自当有人作全力的研究,我只希望从他们的研究的结果里得到些常识而已。

又说:

> 我是一个极富于好奇心的人,一方面固是要振作意志,勉力把范围缩小,作深入的研究,一方面又禁不住新材料的眩惑,总想去瞧它一瞧,……不去瞧则实为难熬,一去瞧又苦无办法。这真是使我最感痛苦的一件事。

尽管顾颉刚知道自己不能成为一个考古学家,但他确实是把考

---

① 原载《现代评论》第1卷第10期,1925年2月14日;又载《古史辨》第一册;收入《顾颉刚古史论文集》卷一,第311—315页。
② 《顾颉刚古史论文集》卷一,第291—296页。

古学摆放到建设真实古史极为关键的位置上的。如他1928年在中山大学所编《中国上古史讲义》中所谓"预备建立上古史新系统之研究文字"就包含如下几种与考古学相关的文献：抗父的《最近二十年间中国旧学之进步》，翁文灏的《近十年来中国史前时代之新发现》，王国维的《殷周制度论》、《古史新证》以及安特生的《中华远古之文化》等。他并认为"商以前的历史，有安特生德日进们的发掘和研究，也几成一系统。这些新系统，比较了《史记》上的本纪世家的系统好得多了，正确得多了"，而"安特生先生近年在北平地质调查所中工作甚多，对于我国古史有关系者，为在奉天河南甘肃等省发现石器时代之遗址若干处，使考古学及古史学开一新局面，且明示吾人以努力之方向而导之入于研究古史之正轨，厥功甚伟"。据此，顾颉刚把安特生的有关著作如《奉天锦西县沙锅屯洞穴层》、《中华远古之文化》、《甘肃考古记》列为"皆为我辈所必读"之书。

顾颉刚不仅自己重视考古学成绩，同时也向学生灌输这一思想。如中山大学《中国上古史讲义》"平时成绩题目"中就列有这样一题：

> 研究上古史，自应从事于实地之考古，发掘地下之积藏。但此种学问因前人太不注意之故，一时尚未得为系统的工作。今可先为设计，从史书中钩稽古代重要之地，若者为都邑，若者为战场，若者为交通之大道，若者为畜牧之原野，若者为祈望之山川，预测某地方可有某种物品之获得，以备将来著手工作时之参考。（如嫌范围太广，不妨专选某一个区域或某一个时代为之。）

到了燕京大学，顾颉刚依然密切注意考古学的新发展，因此在《中国上古史研究讲义》中常常可以读到这样的叙述，如"我们的古史，……简直渺茫极了。……我们真要知道那时的情形，只有从事于考古学，努力向地下发掘遗物，象英国人考求埃及古史一样"；又如，他描述当北京人头盖骨发现后，"我们得到这消息，快乐得跳起来，叫道：'中国历史的第一页找到了！'"

1933年9月新学年开学后，顾颉刚同时在燕京大学和北京大学史学系讲授"春秋战国史"课程,并着手编辑《春秋战国史讲义第一编》。① 值得注意的是,该讲义并没有直接切入春秋战国历史,而是首先综述民族与疆域,其中单列有"茫昧的夏民族"一章,一方面承认了夏代的存在,但同时也强调夏代历史的茫昧不可靠:

> 夏的存在是无可疑的,而夏的历史从来就少给人谈起。铜器出了许多,谁是夏的东西呢?古文字发现得不少,哪一件是夏人写的呢?没有铜器,是不是他们尚在新石器时代?没见夏的文字,是不是那时尚未有文字?还是这些东西尚没有给我们发现?

顾颉刚虽未明说,但暗含的意味很清楚,夏代的信史需要依靠考古实物。所以在《夏史三论》的前记中,顾颉刚呼吁:"好在夏代都邑在传说中不在少数,奉劝诸君,还是到这些遗址中做发掘的工作,检出真实的证据给我们罢!"在这一点上,顾颉刚的疑古导师胡适也持相同的看法,胡适在殷墟发掘之后曾说,"中国考古学前途希望很大","夏朝一代自为实在史实,而非虚构",并建议"似应从古地理入手,择定几处为夏代城邑之可能者,加以发掘",如此"或可对此问题加以解决"。②

最值得注意的是,顾颉刚当时颇受徐中舒《再论小屯与仰韶》一文的影响,③有意采信仰韶文化为夏文化的观点。在《春秋战国史讲义第一编》,顾颉刚就这样写道:

> 我们该问:仰韶文化既在石器时代的末期,又确在商代以前,又和中国有史时期这样的密切,那么,它究竟是什么时候的呢?说到这儿,自然叫人联想到夏代上面。我们在上面讲起,夏以河南为中心,它的势力范围及于山东、山西、河北,现在这几省都已发现了仰韶期的文化了。夏后皋的

---

① 《顾颉刚古史论文集》卷四,第95—133页。
② 夏鼐:《夏鼐日记》卷四,华东师范大学出版社,2011年,第89页。
③ 徐中舒:《再论小屯与仰韶》,中研院史语所编《安阳发掘报告》第3期,1931年。

坟墓在渑池，其同姓的莘国在陕县，仰韶村又正在那边。夏的铜器没有发现过，而仰韶期正无铜器。夏的文字没有发现过，而仰韶期正无文字。靡逃奔的是有鬲氏，传说中又说"昆吾作陶""桀作瓦屋"，而仰韶期的文化正以陶器为最盛。然则这十余年来新石器时代末期的遗物大批发现，或者就是给我们看一部夏的历史吧？——我们希望这样"踌躇满志"的话，不久再有新发现会给我们证明！

以考古学的手段来建设真实的夏代史是顾颉刚毕生的希冀。1972年，八十高龄的顾颉刚致信李民，称：

> 欣悉你在任课之外参观河南各地发掘，此事对我国古史之研究大有关系，因为你省是古代文化的摇篮地，虞、夏、商、周均建国在那里，……偃师一地之新发掘，据北大友人言，龙山文化之下层为仰韶文化，有规模颇伟之建筑遗址，说不定是夏代物。……将来你省发掘情况，乞以重要部分见告为荷。

此时的顾颉刚，一如他信中所描述的，"先发见严重的糖尿病，继出现剧烈之心绞痛，天气一寒则气管炎即发作，自去年起又害了手颤，妨碍了我写字，工作大感困难"，[1]但却依然钟情于与夏代有关的考古工作。所幸的是，他所关注的"偃师一地之新发掘"，经考古工作者的不懈努力，已经逐步揭开了"最早的中国"的神秘面纱。[2] 考古工作的大发展，已经可以告慰以顾颉刚、徐旭生先生为代表的夏代史研究的先驱们。

---

[1] 《顾颉刚书信集》卷三，第499—500页。
[2] 参看许宏《最早的中国》，科学出版社，2009年。

叁 有心还是无意
——李济汾河流域调查与夏文化探索

- 一、相关诸说
- 二、过程复原
- 三、夏文化探索的"史语所传统"

一、相 关 诸 说

1923年,从哈佛大学获得博士学位的李济返国任教于南开大学,在这里他结识了地质学家丁文江——一个改变他学术命运的人。① 这年8月,新郑李家楼郑公大墓发现,大量铜器外流。② 10月2日—24日,时任中国考古学会秘书长的丁文江邀请并资助李济和中国地质调查所的勘探专家谭锡畴前往新郑对该遗址做进一步的研究,"目的主要是寻找该地区内是否有任何新石器时代的遗存"。③ 虽然这项工作因当地土匪作乱而草草收场,④但却促成了李济在学术界的声名,并直接导致了美国弗利尔美术馆主动寻求与他合作从事田野考古工作。在征询了丁文江的意见之后,李济接受了弗利尔美术馆的

---

① 关于丁文江对于史前考古的兴趣和贡献可参看陈星灿《丁文江的古史观——跋丁文江和安特生的两封通信》,原载《南京博物院集刊》第10期,文物出版社,2008年;此据陈星灿所著《20世纪中国考古学史研究论丛》,文物出版社,2009年,第232—241页。

② 有关新郑李家楼大墓发现的意义可参看徐坚《新郑李家楼:从盗宝私藏到学术公器》,《暗流:1949年之前安阳之外的中国考古学传统》,科学出版社,2012年,第239—273页;查晓英《冲突与竞争:保护"学问的原料"》,《中国现代考古学的思想谱系》,四川大学出版社,2014年,第81—96页。

③ 李济:《新郑的骨》,原文为英文,载 Transsaction of the Science Society of China. Vol. 3, 1926;今据《李济文集》卷一,上海人民出版社,2006年,第24—32页。

④ 据李济在《新郑的骨》中描述,他与谭锡畴于1923年10月11日到达新郑,在距离新郑大墓"原挖掘地点30米处挖了少量几个试验坑",但很快就"传来土匪即将到达该地的消息",于是"工作就中断了"。24日,李、谭二人"撤离新郑"。

合作邀请。①

1925年夏,李济回到母校清华,受聘为清华国学研究院讲师。12月下旬,弗利尔美术馆专员毕士博(Carl Bishop)提出由该馆提供经费资助李济做野外工作,这才有了次年2月李济的汾河流域调查。在后来的《山西南部汾河流域考古调查》(以下简称《调查报告》)一文中,②李济写道:

> 当时我就有一个想法:在动手发掘之前,需要先作个初步调查。因此,我们商定,由我到山西南部沿着汾河流域去作一番考察,以确定有无进行考古发掘的可能性。

正当李济准备前往山西开展考古调查时,中国地质调查所恰好也要派袁复礼到同一地区进行地质学的田野调查。袁复礼早年在美国布朗大学学过考古学,1921年回国后又曾与安特生在甘肃做过两年考察,③"对史前考古学极感兴趣",于是李、袁二人决定结伴同行。1926年2月5日,李济和袁复礼从北京出发,沿途调查,到3月26日,"袁先生去完成专门的地质考察任务",而李济本人则"在这一天径直朝北行进,返回北京",结束了此次汾河流域考古调查。

这次为时月余的考古调查以及当年冬季李济在夏县西阴村遗址的发掘,是中国学者自己主持的第一次科学考古工作,早已载入中国考古学史,④甚至被誉为"西阴奠基,泽滋百世"。⑤但在《调查报告》中,李济对于为何选择汾河流域开展考古调查却未着一词,不过后来

---

① 李济:《我与中国考古工作》,原载台北《新时代》杂志创刊号,1961年;今据《李济文集》卷一,第1—5页。李济在其中写道:"有一天,我忽然接到毕士博先生的一封信;他邀请我参加他们的团体,与他们一起从事田野考古工作。当我读完了毕士博的邀请信时,觉得这件事发生得很突然,于是便跑去与丁文江先生商量,问他可不可以参加。……当时,丁文江先生答复我说,一个从事科学工作的人,如果有机会亲自采集第一手的资料,切不可轻易放弃这种机会。……我回去之后,便根据丁先生的意见,给毕士博正式回了一封信。"由此可见在李济考古生涯的起步阶段,丁文江发挥了关键性的影响作用。
② 李济:《山西南部汾河流域考古调查》,原文为英文,载美国《史密森研究院各科论文集刊》第78卷第7期,1927年;此据《李济文集》卷二,第158—168页。
③ 杨光荣:《袁复礼教授生平》,《第四纪研究》1993年第4期。
④ 夏鼐:《中国大百科全书·考古卷》"中国考古学简史"条(王世民执笔),中国大百科全书出版社,1986年,第689—695页。
⑤ 张忠培:《西阴奠基 泽滋百世——李济先生发掘西阴遗址70周年纪念》,杨富斗主编《三晋考古》第二辑,山西人民出版社,1996年,第3—4页。在该文中,张忠培(转下页)

的研究者大多认为这与文献记载尧舜禹的都邑在晋南有关,如李济之子李光谟就推测:

> 第一次考古发掘的地址究竟是如何选定的,现在比较一致的说法大体是:一者因史籍中载有尧都在平阳、舜都在蒲坂、禹都在安邑,全都在山西的西南部,而考古工作并不能完全脱离纸上的史料载籍。①

李济的学生杜正胜也说:

> 中国考古学萌芽伊始所表现的浓厚史学倾向,早在李济与傅斯年合作之前,他发掘西阴村的动机就很明显了。……西阴村的史前遗址是在寻访夏代陵墓的途中发现的,他所以决定发掘,部分是这位置正处在传说夏王朝——中国历史开创时期——的王都地区的中心。②

而专治中国考古学史的陈洪波则说得更加明确:

> 之所以选择山西下手,李济有一个直接的考虑,就是因为《史记》上讲道,"尧都平阳,舜都蒲坂,禹都安邑",这些地方都在山西南部。……他的考古观,就是为历史研究服务。所以,中国考古第一锹落在山西,实在并非偶然。③

他并说:

> 考古队于1927年(引者按,当为1926年)10月10日到达西阴村。据李济的说明,之所以选择西阴村而不是交头

(接上页)先生将李济西阴村发掘的特点与意义归纳为四点:"洋溢着满腔的民族主义和爱国主义精神"、"拥有坦荡无私的胸襟"、"全面采用高科技手段"和"怀有高远的目标"。该文后改题为《国人考古发掘工作的开端》收入《中国考古学——走近历史真实之道》(科学出版社,1999年),文字有所变动,此据原文征引。

① 李光谟:《从清华园到史语所——李济治学生涯琐记》,清华大学出版社,2004年,第88页。
② 杜正胜:《新史学与中国考古学的发展》,《文物季刊》1998年第1期。
③ 陈洪波:《中国科学考古学的兴起——1929—1949年历史语言研究所考古史》,广西师范大学出版社,2011年,第77—78页。

河发掘,除了这个遗址面积较大之外,最主要的是因为西阴村所在的夏县是传说中夏朝王都的中心。李济看来想碰一下运气,看是否能够在这里找到夏的踪迹,而这恐怕也正是令北京学术界兴奋不已、翘首以待的原因。

此外,一些专门从事夏商文化研究的学者也有类似的说法,如张立东就认为:"西阴村的发掘不仅是'中国学者第一次自行主持的考古发掘',而且是首次以探索夏文化为目的的田野工作。西阴村的发掘在夏文化探索历程中具有开创性的意义。"① 杜金鹏的看法则相对谨慎,他认为"明确以探索夏文化为学术发掘目标的田野工作,始于著名前辈学者、中国科学院考古研究所研究员徐旭生的豫西考古调查",但"在田野考古调查中,结合古文献中有关史料去探寻夏代遗迹,最早大约是李济、袁复礼1926年在山西夏县对'夏后氏陵'的调查"。② 陈星灿的看法也类似,他说,"李济代表清华大学与美国弗利尔美术馆的第一次合作,选在山西夏县的西阴村,虽然……没有明说是寻找中国历史上的某一个民族的文化,但把调查和发掘地点选在夏文化传说最盛行的晋南地区,不能不说有他特殊的历史方面的考虑"。③

二、过程复原

把李济的晋南调查与夏文化探索联系起来最直接的证据是李济本人于1927年1月写给弗利尔美术馆的一份报告——《西阴村史前遗址的发掘》(以下简称《英文发掘报告》)。该报告原文为英文,1994年李光谟把它译成了中文,其中写道:

西阴村的史前遗址,是1926年3月24日我和地质调查

---

① 张立东:《李济与西阴村和夏文化》,《华夏考古》2003年第1期。
② 中国社会科学院考古研究所:《中国考古学·夏商卷》,中国社会科学出版社,2003年,第30页。
③ 陈星灿:《中国新石器时代考古的早期研究》,原载严文明主编《中国考古学研究的世纪回顾·新石器时代考古卷》,科学出版社,2008年;此据《20世纪中国考古学史研究论丛》,第1—15页。

所的袁复礼先生在寻访夏代帝王陵墓的途中发现的。……选择西阴村这个史前遗址,主要是因为覆盖的面积比交头河遗址为大;部分地也是由于它的位置正处在传说中夏王朝——中国历史的开创时期——的王都地区的中心。①

但是,在西阴村遗址的正式发掘报告——也即作为清华学校研究院丛书第三种、于1927年出版的《西阴村史前的遗存》(以下简称《正式发掘报告》)中,②李济却没有提到西阴村遗址与夏王朝或夏代都邑有任何联系。实际上,在这篇更为严谨、翔实的发掘报告中,李济甚至没有引用任何一条文献材料,更不必说关于夏或夏代帝王陵的考证了。倒是《正式发掘报告》所附的、由袁复礼执笔的《山西西南部的地形》中提到禹王城,称:

> 禹王城,在西阴村西南三十五里,是一个封闭的盆地,沙沉极深,地下水平线极低,地面带碱;相传这地是禹王的都城。要是这传说不是完全无根据的,这左近的水道在先前必定又是一样。

既然在《正式发掘报告》中我们找不到李济1926年的汾河流域调查是为了探索夏文化的证据。那么,要了解他到晋南调查的真实动机,只有回归到他当年所写的《调查报告》,从这份报告的行程中来探究李济此行的缘由。

大概是因为写给弗利尔美术馆的缘故,《调查报告》很简略,但还是可以看出考察的行程大致如下:

2月5日,李、袁二人离开北京。

2月7日,到达太原。

2月8日,"进行各种拜会和购置用具",主要是要征得山西省政府的调查批准。

2月9日,离开太原,三天后到达介休,考察太原以南地

---

① 李济:《西阴村史前遗址的发掘》,《李济文集》卷二,第185—199页。
② 李济:《西阴村史前的遗存》,《李济文集》卷二,第169—184页。

区多见的"窑房"建筑,并从当地读书人那里获知"样式是从古代的洞穴演变来的"。

在这里的主要工作是"观光了介休城,并对当地居民作了一些人体测量",并怀疑他们"是一群异种系的人"。

2月15日,"去这个县区西南部绵山的首次旅行"。"在那里看到了一些古代的庙宇,我特别对其中的两个作了一些详细研究",主要是对建筑、佛像进行观察。

2月23日离开介休前往霍州,这一段"汾河两岸山势陡峭,山上有许多石洞。我勘察了其中的几个,但发现只有晚近住过人的痕迹",当夜宿霍州。

2月25日到达临汾县,"这是一个勾引起人们的历史遐想的城市——尧帝的古都",但"他究竟建造过一个雏形的城市没有","事实上就连关于他的都城的精确位置的传说都没有听到"。

2月26日在临汾县休息一天,27日前往城西的姑射山进行考察,"这座山上的寺院都是佛教的",而"我个人考察这个地方的意图,是要探寻一下石灰岩洞穴,袁先生的目的则是还要往迤西的地带调查煤田"。李济"怀着发掘一些旧石器时代遗迹的希望,探查了其中的五个洞,但是毫无所获"。

2月28日,二人"沿着另一条路线离开这座山,并在山脚下作了进一步的考察,结果是再次落空"。

连续多日调查的"毫无所获"与"再次落空"迫使李济重新审视他的调查计划,他写道:

(2月28日)晚上,我跟袁先生就我们应该走的确切路线进行了长时间的讨论,最后得出这样的结论:就我个人的工作而言,我应当部分地以历史遗址、部分地以可能的史前定居点作为我前进的路标。

至此我们可以知道,李济原本设计的调查重点,甚至说他实施此次调查的唯一目的,是要在晋南的汾河流域寻找史前遗址,而非其他时期的遗存,如此才可以解释为什么李济所到之处最关注当地的石洞或相关遗存——比如他对从太原到介休沿线"从古代的洞穴演变来的"的所谓"窑房"饶有兴趣;在霍山地区陡峭的汾河河谷调查石洞,并因为其中"只有晚近住过人的痕迹"而感到遗憾;同时"怀着发掘一些旧石器时代遗迹的希望"对姑射山进行连续两天的考察。也正因为他关注的是史前遗存,所以当李济到达临汾县时,他明明知道"这是一个勾引起人们的历史遐想的城市——尧帝的古都",但并未开展任何具体的调查工作,反而在思考尧帝"究竟建造过一个雏形的城市没有"。

由此可以断言,1926年2月28日的晚上是李济汾河流域调查的转折点。这一夜,在与袁复礼深入交换意见之后,他意识到随后的调查应该兼顾史前与历史时期的遗址,这才有了后续的行为——"在3月2日上午10时,我们便动身前去尧陵"了。可以想象,按照李济原有的设想,他是不会造访诸如"尧陵"这类遗迹的。

李济与袁复礼到达尧陵时天色已晚,当晚两人就住在陵园中的孤庙里;次日早上,他们二人在尧陵前"工作了近两小时"。但此时的李济依然心存狐疑,因为在他看来,尧"这样一个人物是否确曾有过还属疑问",而这座所谓的"尧陵"是否真是一座陵墓也当存疑,只有依靠"考古学家的铲子"才能"把它彻底弄清楚"。李济还熟知历史上关于尧陵究竟是在山东还是山西的争议,但以他的学术背景来审视,自然认为它们"不过是同一神话的两种说法而已"。凡此种种,均表明李济原先所设定的汾河流域调查决不会是冲着文献所记的"尧都平阳、舜都蒲坂、禹都安邑"而来的。

尧陵调查之后的行程是:①

---

① 有意思的是,在西阴村发掘结束之后,清华国学研究院召开过一次茶话会,梁启超、王国维乃至清华校长梅贻琦均出席了。在观摩了西阴村的出土遗物之后,王国维说:"我主张找一个有历史根据的地方发掘,一层层掘下去,看它的文化堆积好吗?"次日,王国维又明确对学生戴家祥说把夏县看作禹都,"那是搞错的",并主张禹都在河济之间。王国维的上述意见也可折射出李济此行不可能以寻找禹都为目标。参看戴家祥1989年2月27日致李光谟的信,收入李光谟编《李济与清华》,清华大学出版社,1994年,第169—174页。

3月4日在浮山县响水河附近"采集到第一片古朴风格的红色陶片"。

3月5日早上"从响水河启程后不久,我开始看到有周代和汉代的灰陶碎片",并在"突然间","认出枯萎的湿草中有一块带黑色花纹的红色陶片",随后"这类陶片就一块接一块地映入眼帘"了。这就是交头河遗址,也是李济"在山西南部找到的第一个仰韶期遗址",因此"这一天剩下的旅程是很令人快慰的"。

3月6日—17日是在翼城、曲沃、绛州(今新绛)等地度过的,主要收获是考察了绛州的古董铺子,但无所得;随后调查这一地区汾河河谷的黄土堆积,意识到"要完全了解山西南部的考古学问题,关于黄土层构造的某些知识是必需具备的"。这期间最后的四天是"在中条山往复穿行"的,原因是"关于舜帝和夏代的一些古老传说都集中在这座山脉四周"。《调查报告》没有举出考察过的具体地点,只是说在"发现这里没有什么开展考古活动的前景时","就立即转向北边的安邑县和运城"了。

3月17日傍晚抵达运城,18日进入县城,19日"开始寻访传说的舜帝陵墓,途中又在运城的一些庙宇作了逗留"。舜陵的具体地望,历史上同样有争议,而在李济看来,"这个问题跟有关尧陵的问题相像,因此也要按同样方式来寻求答案"。

3月20日,参观安邑县陈县长收藏的佛像和石碑。

3月21日离开运城,22日到达夏县——"传说中的夏朝王都"。因为"据传大禹庙以及禹王后裔和许多著名大臣的陵墓都在这里",所以李济"都去寻访了"。但他寻访的结果是,"从外表上判断,我根本无法肯定这些是或者不是真正的陵墓。它们看起来都像是普通的坟冢,只是稍大一些"而已。而真正令李济兴奋不已的是 3 月 24 日，①"当我们穿过西阴村时，突然间一大块到处都是史前陶片的场所出现在眼前"。

3 月 25 日和 26 日，李济和袁复礼调查了三处佛教遗址（具体地点未说明），而原因是因为他们在离开安邑县时，喜爱收藏的陈县长给他们"开了一份关于分散在他所辖各村里的各种各样碑碣的名称和位置的单子"，"于是我们再次朝北走的时候，决定停下来看看其中的几个"，所以这两天的行程安排完全是临时动议，与李济本人的计划无涉。

3 月 26 日，李、袁二人分手——袁复礼"去完成专门的地质考察任务"，而李济则"启程去稷山县看一看小宁村的所谓唐代壁画"，原因是"这些画中有一些新近卖给了古董商人，已被送往北京出售"。经过实地考察，他发现这座兴化寺"后殿北墙上标明的作画年代是元代的戊戌年"，并在院里发现"寺院始建时雕刻成的一块许愿的造像碑"，正是带着"这个小小的发现"，李济"圆满地结束了"晋南考察之旅，"在这一天径直朝北行进，返回北京"了。

以上就是李济在山西南部汾河流域调查的全过程，通过对行程的详细梳理，完全可以断定李济前往晋南调查的目的是要寻找一处适合发掘的史前遗址，而不可能是为了探索夏文化。《调查报告》显示，对历史时期遗存的考察原本就没有列入他的调查计划，只是在经历了多日的挫折之后，才于 1926 年 2 月 28 日的晚上临时调整计划，决定"应当部分地以历史遗址、部分地以可能的史前定居点作为我前进的路标"，这也正可以解释为什么李济后来说"在途中，我们拟定了考察的路线"，②这还可以用来解释为什么这次调查在夏文化探索上并无建树，只是在响水河、交头河以及西阴村等遗址发现了仰韶彩

---

① 《调查报告》本身未载明具体哪一天发现了西阴村遗址，但在《正式发掘报告》中明确说明是 3 月 24 日。
② 李济：《安阳》，《李济文集》卷二，第 355 页。

陶，李济即认为调查活动可以"圆满地结束了"。

除了李济当年所写的调查和发掘报告之外，李济在他最后一部专著《安阳》中对于汾河流域调查和西阴村发掘的若干回忆也有助于我们了解他当年的动机，他说：

> 1925年冬，弗利尔艺术馆和清华研究院共同派遣我搞些田野发掘，并给我任意选择发掘地点的权力。清华大学的高年资教授梁启超是个非常热心于田野考古的人，他主动把我推荐给山西模范省长阎锡山，那里的政治管理最为著名，治安长期稳定。我和熟悉中国现行政治和社会状况的朋友认真商量后，选择了山西省为我的第一个考古发掘地点。①

在这里李济一语道破天机，他当时之所以选择山西作为第一个考古发掘地点，在很大程度上——如果不是完全的话，是出于地方政府对待考古发掘的态度以及当地社会治安方面的考虑，而这两点都与他平生第一次考古之旅——考察新郑李家楼大墓的经历是分不开的。据他在《新郑的骨》中描述，先是"与靳云鹗将军磋商数次"才得以开展试掘工作，然而发掘还不到半个月，就因土匪骚扰而匆忙结束。李济承认，这次失败的考古之旅"没能真正把我吸引到考古科学上去，但它却给了我一个教训：做这种工作一定要非常注意现实的政治和社会状况"。②

据《调查报告》的介绍，为了李济的这次调查，不但是梁启超，清华校长曹云祥也专门给阎锡山写了信，但即便如此，调查工作也不是一帆风顺。《英文发掘报告》即指出，由于"清华研究院写给山西省长的要求准予进行考古发掘的公文一直没有得到省长的回音"，李济和袁复礼只好手持两位前内阁总理熊希龄和颜惠庆给阎锡山的信，到太原去"碰碰运气"，但阎锡山始终没有与他们见面，所幸的是山西省

---

① 李济：《安阳》，《李济文集》卷二，第355页。
② 李济：《安阳》，《李济文集》卷二，第354页。

"内务署"的负责人"最后为我们的诚意所感动",于是"他代表省长批准了我们的考古发掘"。饶是如此,李济后来在《正式发掘报告》中还是对阎锡山表达了谢意,因为"阎百川先生——在他的治下,我们安安静静地工作了几个月——不但允许了我们实验这科学的考古一个机会,并且给了这团体许多旅行上的方便。这都是我们应该鸣谢的"。

治安之外,李济还有其他的考虑。在《安阳》中,李济还这样写道:

> 拿到必要的官方证件和介绍信后,我和袁一致同意选择西阴村遗址为第一个具体发掘点。西阴村位于夏县,是我们考察时发现有彩陶的三个史前遗址之一。我们这样抉择有以下几个原因:(1)史前遗址不含任何金属品,可以避免挖宝的怀疑。(2)发掘的是过去不知名的埋葬,所以很少引人注目,可以减少公众反对挖墓的意见。(3)仰韶文化的发现已排除了对史前文化重要性的怀疑。①

在这里,李济列举选择西阴村发掘的三条理由中居然有两条都是为了避免考古发掘引起当地民众的反感,而学术理由只能退居其次。客观上看,在20世纪20年代的中国,在考古学尚未被国人所认识、在整个国家尚处在军阀混战的时候,李济在发掘地点的选择上确实没有很大的余地——如果没有当地政府的理解与支持,没有必要的社会治安状况,纵有再好的学术目的也只能是望洋兴叹。

1926年10月15日,李济与袁复礼二人再次来到西阴村,挖下了中国学者自己主持的科学考古的第一锹。② 发掘工作一直持续到12月初,并取得丰硕成果。李济在《正式发掘报告》中所写的一段话,清晰无误地表明了此次发掘的学术目标:

> 近几年来,瑞典人安特生考古的工作已经证明中国北部无疑的经过了一种新石器时代晚期的文化。西自甘肃东

---

① 李济:《安阳》,《李济文集》卷二,第356页。
② 关于袁复礼在西阴村发掘的贡献可参看安志敏《袁复礼在中国史前考古学上的贡献》一文,《考古》1998年第7期。

> 至奉天,他发现了很多这一类或类似这一类文化的遗址。因为种种发现,他们对于研究中国历史上的兴趣就增加了许多。这个问题的性质是极复杂的,也包括着很广的范围。我们若要得一个关于这文化明瞭的观念,还须多数的细密的研究。这文化的来源以及它与历史期间中国文化的关系是我们所最要知道的。安特生在他的各种报告中对于这两点已有相当的讨论。他所设的解释,好多还没有切实的证据。这种证据的需要,他自己也认得很清楚。所以若是要得关于这两点肯定的答案,我们只有把中国境内史前的遗址完全考察一次。不作这种功夫,这问题是解决不了的。

这才应该是李济汾河调查与西阴村发掘的真正目标,他完全是针对安特生仰韶文化研究而来的。在 20 世纪 20 年代,安特生的史前文化研究无疑是当时考古学领域的最前沿课题,人类学家出身并正在向考古学家转换的李济对此给予关注再自然不过了。事实上,李济也是当时真正具有相应学术能力与安特生、步达生等西方学者就相关问题进行讨论的极少数中国学者之一——如果不是唯一的话。①因为在汾河流域调查之前,李济就已经翻译了步达生的《甘肃史前人种说略》以及《奉天沙锅屯与河南仰韶村古代人骨及近代华北人骨之比较》两文,在当时的中国学者中,他无疑是最能深刻领会安特生等西方学者的仰韶文化研究成果的。②

在《正式发掘报告》中,李济指出对于仰韶文化的研究关键有二:一是"这文化的来源",二是"它与历史期间中国文化的关系"。他同时也知道"安特生在他的各种报告中对于这两点已有相当的讨论",只不过在李济看来,安特生"所设的解释,好多还没有切实的证据"。

---

① 据研究,新文化运动的主将胡适也对安特生的研究颇为关注,并与安氏有过交往,但胡适对于考古学的专业知识毕竟有限,他对安特生工作的关心是从文化层面,而非具体的考古实践。可参看陈星灿、马思中《胡适与安特生——兼谈胡适对 20 世纪前半叶中国考古学的看法》,《考古》2005 年第 1 期;收入《20 世纪中国考古学史研究论丛》,第 146—163 页。

② 两文均收入《李济文集》卷一,第 7—9、10—23 页。

所以，只有先了解安特生对于这两个问题"所设的解释"，我们才能真正了解李济汾河流域调查与西阴村遗址发掘的意义。

有关安特生对这两个问题的认识，陈星灿早已有过很好的概括。其中安特生对于仰韶文化来源的看法是：

> 中国文化西来说在早先曾风靡一时，但由于全部的证据都集中在语言或神话传说的臆测方面，所以在二十世纪二十年代以前颇沉寂过一段。但是，仰韶文化的发现重又给这种学说带来了复苏的机会。安特生虽然不是中国文化西来说的唯一支持者，但由于他是仰韶文化的发现者，所以他的意见对学术界影响很大。……
>
> 安特生发表在1923年的《中华远古之文化》，其主体部分写成于1922年1月，是发掘仰韶遗址之后，……在主体部分，安特生比较了仰韶彩陶与安诺和特里波列的彩陶纹饰，只是说："仰韶陶器中，尚有一部分或与西方文化具有关系者，近与俄属土耳其斯坦相通，远或与欧洲相关。施彩色而磨光之陶器即其要证。"……尽管安特生提出更新世时代亚洲鸵鸟可以自由地由山东半岛迁徙到黑海地区，而且历史时代的中国人与西方的土耳其人和斯基泰人不断有交往，但是由于没有太多的证据，安氏只提出仰韶彩陶与安诺彩陶可能是同出一源的，至于是由西向东或是自东向西传播，安氏尽管脑子里已有自西向东传播的猜想，但却没有做出片言的论断。
>
> 在补充部分，安特生吸收了郝伯森和施密特的意见。……认为"因仰韶遗址之发现使中国文化西来说又复有希望以事实证明之"。……为了验证彩陶西来的假说，安特生用了两年的时间调查了甘青地区的史前遗存。……华北地区新石器时代晚期以前遗址的空缺，甘青地区精美的彩陶，使安特生相信了李希霍芬的中国文化起源于新疆的假说。他认为中国文化在新疆成长起来，并从

西方受到了影响。①

安特生对于仰韶文化与"历史期间中国文化的关系"的认识则是：

> 由于缺乏同时期的对比资料，安特生对仰韶文化性质的确定主要采取了人类学的方法。即将仰韶文化的遗物及所表现出来的风俗与现代汉族、蒙古族及中国历史时期华夏族（汉族前身）的同类现象相类比，……仰韶文化发现在中国北方，而北方的现代民族除了汉族主要是蒙古族，所以安特生的任务便是区别仰韶文化是汉族抑或是蒙古族的文化。安氏的对比集中在以下两个方面：（一）风俗方面，（二）遗物方面。……通过上述的对比，安氏认为可以有两种假设，第一，"如以鬲足可代表时代为周，则仰韶石器当为周时杂处夷狄之遗迹"，第二，"即仰韶石器为周代以前汉族之器物，其形状至周时仍沿袭不变"。虽然安氏采取谨慎的态度，认为仰韶文化的人种问题最后取决于布达生对人骨的鉴定，但他个人基于上述的原因，仍然认为仰韶遗存是汉族的史前文化。

以上就是李济汾河流域调查之前所面对的学术背景，为上述两个问题寻找"切实的证据"就是他此行最重要的学术目的，甚至成为"李济一生的追求"。② 如果说李济的这一动机"也不能完全排除带有民族主义的成分"，那自在情理之中。③ 而只有作此理解，我们才能够对李济调查行程中的种种举措与反应抱有"了解之同情"——在介休城进行人体测量，这不仅仅是因为他是一个人类学家，更因为被测量的这些人"很像是一群异种系的人"，而人种问题无疑是解决仰韶文化性质的关键性证据；又如他每到一处总是尽力地调查洞穴遗址，期

---

① 陈星灿：《中国史前考古学史研究（1895—1949）》，生活·读书·新知三联书店，1997年，第113—122页。
② 陈星灿、马思中：《李济与安特生——从高本汉致李济的三封信谈起》，《考古》2007年第2期；收入《20世纪中国考古学史研究论丛》，第109—127页。
③ 杜正胜：《新史学与中国考古学的发展》，《文物季刊》1998年第1期。

待发现史前居民的居住痕迹,并与同行的袁复礼打赌在何处能够找到史前遗址;①即便在调查中途他调整了调查计划,开始关注历史时期的遗迹,但李济对尧陵、禹王陵等古迹始终持怀疑态度,缺乏足够的热情,而交头河与西阴村的仰韶陶片则令让他激动不已。这甚至也可以用来解释为什么李济在 1923 年 10 月前往新郑李家楼并不是冲着郑公大墓去的,而是"寻找该地区内是否有任何新石器时代的遗存"。相比李家楼炫目的青铜器,质朴的史前陶片对他而言更具吸引力,也更具学术意义——因为李济的企图正是想在史前与历史时期的文化之间寻找某种联系。

因此,在《正式发掘报告》的"结论"部分,李济针对这两个问题作出了自己的回答。其一是:

> 考较现在我们所有的材料,我们还没得着十分可靠的证据,使我们断定在中国所找的带彩陶器确发源于西方。……比较西阴村与地质调查所陈列的甘肃的仰韶期出品,那西阴村的出品又细致得多。……那带彩的陶器的原始,及移动的方向,我们不能确定。

其二是:

> 安特生说,陶鬲是中国文化的特产;洛佛尔说,带槽的石碓的家在太平洋北岸;至于燧岩的箭头是否中国文化区域内所有的也是一个疑问。西阴村的遗存,既具有那中国文化中必不有或不必有的两种出品,反没有那中国文化的特产,是否因此代表一种不同的文化?据我看,现在我们只能把这问题当一个悬案看待。

虽然囿于材料,李济在当时对仰韶文化的来源以及它与中国历

---

① 据戴家祥回忆,西阴村发掘结束后,在清华国学院举行的茶话会上,袁复礼曾说:"我同李先生从某地寻找到某地,我敢于同他赌咒;如果能在这里找到新石器文化遗址的话,我决不相信。后来到了西阴村,真的找到了,我就认输。"参看前引戴家祥 1989 年 2 月 27 日致李光谟的信,收入李光谟编《李济与清华》,第 169—174 页。

史文化有何种联系还不能得出明确的答复,也还无法完全颠覆安特生的观点,但这却是中国考古学者第一次以科学的手段,秉持科学的精神对安特生作出了科学的回应,其意义可谓重大而深远。张忠培曾经很敏锐地指出,"安特生于《中华远古之文化》和《甘肃考古记》两书中公布的资料、提出的见解以及由此带出来的问题,还成为尔后中外学人长期从正、反两方面思考中国考古学,尤其是其中的史前考古学的元素,影响着乃至制约着中国考古学,特别是其中的史前考古学走向前方的思路"。① 李济的汾河流域调查与西阴村遗址发掘正是在此背景下的第一次具体而有效的实践,这也是它载入史册的关键原因。

三、夏文化探索的"史语所传统"

通过对西阴村遗址的发掘,李济完成了从人类学家向考古学家的转化。两年后,李济即将迎来他一生事业的转折点——受邀担任新成立的中研院史语所考古组主任并主持殷墟的发掘,李济从此把毕生的主要精力投入到历史时期考古——"甚至集中在殷墟考古上"。②

担任史语所考古组主任、执中国考古学之牛耳的李济并没有因为地位的改变而转变他对考古学科的定位,在他看来,"田野考古工作,本只是史学之一科","田野考古者的责任是用自然科学的手段,搜集人类历史材料,整理出来,供史学家采用",而对于"有些所谓具现代组织的国家,却把这门学问强分为两科,考古与历史互不相关"的做法很不以为然。③ 李济认为,考古学的发达并不会导致"中国的史乘完全消失了它们的价值",而且"由这几年古史辩论的趋向看,中

---

① 张忠培:《再谈梁思永先生与中国考古学——"纪念梁思永先生发掘昂昂溪遗址80周年暨昂昂溪文化学术研讨会"上的发言》,《文物》2013年第7期。
② 张光直:《对李济之先生考古学研究的一些看法》,《李济文集》卷一,第3页。
③ 李济:《〈田野考古报告〉编辑大旨》,原载《田野考古报告》第1册,1936年;此据《李济文集》卷一,第332—333页。

国史籍所载的若干史实,因考古的发现,反更加证实了"。李济甚至认为,"整理田野考古发掘所得的资料,一个最迫切的问题,就是如何把地下发掘的资料,与传下来的记录资料连缀起来"。① 他并指出,利用考古材料来研究历史当经过三个阶段,即"(1)如何把这些材料本身联起来;(2)如何把它们与传统的中国史实联起来;(3)如何把它们与整个人类史联起来"。② 作为他这一学术思想的具体践行,自20世纪50年代以后李济大力提倡中国上古史的重建工作。③

但耐人寻味的是,极力主张重建中国上古史的李济不但没有对夏文化作任何系统的论述,甚至没有把任何"地下发掘的资料"与夏代的"记录资料"连缀起来。比如在《中国文明的开始》一书中,李济一方面认为"讨论早期的中国历史应自新石器时代开始,因为只有从这时期开始,我们才有信而有征的资料",并且明确地列出"彩陶文化最早,其次是黑陶文化,再其次,最晚的是历史时期的商文化",但这部书的具体论述却是从殷墟晚商文化开始的,而弃夏代于不顾。④ 无独有偶,他在台湾大学给学生讲授"中国上古史"这门课时,虽然"从北京猿人讲起","但新石器时代以后就讲安阳发掘的殷商史,'夏'、'夏史'、'夏文化'等概念不曾在课堂上出现过"。⑤

难道李济是极端的"疑古派",否认夏代是真正的史实? 答案显然是否定的,因为李济曾经说:

> 至于大禹治水的传说,更有实质的背景。黄河下游的泛滥成灾应为农业社会必然防备的事件,史学家可以继续地对于大禹这位人物的真相予以不断的努力求证;这类人

---

① 李济:《再谈中国上古史的重建问题》,原载《中研院史语所集刊》第33本,1962年;此据《李济文集》卷一,第406—416页。
② 李济:《中国考古学之过去与将来》,原载《东方杂志》第31卷第7号,1934年;此据《李济文集》卷一,第325—331页。
③ 李济:《中国上古史之重建工作及其问题》,原载台北《民主评论》第5卷第4期,1954年;此据《李济文集》卷一,第353—360页。
④ 李济:《中国文明的开始》,原书于1957年由美国华盛顿大学用英文出版,中文版于1970年由台北商务印书馆出版;此据《李济文集》卷一,第361—400页。
⑤ 张立东、任飞:《手铲释天书——与夏文化探索者的对话》之杜正胜访谈,大象出版社,2001年,第469页。

物存在的可能性,显然是很大的。①

那么,对此现象的唯一解释就是,李济认为现有的考古资料尚不足以论定何者为夏文化,这一点在他1944年发表的《小屯地面下的先殷文化层》一文中即有清楚的显现。② 这篇文章首先对小屯殷商文化层下所叠压的三组"黑陶坑"中的包含物进行了分类统计,从地层和文化面貌上"断定黑陶在小屯实代表一种先殷的文化层"。在比较了小屯殷商文化层与三组"黑陶坑"的陶器特征后,李济得出的结论是,"就陶业讲,殷商文化虽受了黑陶的若干影响,但它的基本成素,却另有所自",由此判断早于盘庚的殷商文化"不是黑陶文化所能代表的"。

最可注意的是,李济行文至此,却又笔锋一转,对徐中舒提出的风靡一时的"仰韶文化为夏文化"的观点进行了评论,他说:

> 有些史学家把彩陶文化认作夏文化的遗存;所说的一个重要理由是彩陶遗址多为传说中的夏民族居住址地。这虽说是富于建设性的一个假设,却尚缺乏考古学上的最后证据。若用同样的理由,黑陶文化似乎也可认为是殷文化——不过就我们现在所知的事实说,这是不可能的。黑陶文化在传说的历史中,是否有一个相当的位置,要等将来考古的发现来证明。现在我们所能确定的说的,就是这文化在若干区域,尤其是豫北一带,在殷墟文化发展以前,操有很广大的影响,以后就为殷人取代了。……夏文化的实质,就考古学上说,尚是一个谜。

在李济看来,虽然黑陶文化在分布范围地域与殷商民族活动区

---

① 李济:《踏入文明的历程——中国史前文化鸟瞰》(待定稿),原载中研院史语所《中国上古史(待定稿)·第一本·史前部分》;今据《李济文集》卷一,第454—455页。按,此书特别注明为"待定稿",并非是学术观点"待定",而是因为书中引用了大量大陆出土的考古资料,但根据当时台湾当局的有关规定,类似引用资料必须冠以"伪"字,李济先生为了保持学术的纯洁性,不愿在学术著作中涉及政治词汇,只得将此书变通为"待定稿",并不公开发售。参看邓淑苹《忆济之师》,《书城》2009年10月号。

② 李济:《小屯地面下的先殷文化层》,原载《"中央研究院"学术汇刊》第1卷第2期;此据《李济文集》卷二,第293—306页。

域有重合的部分,而且黑陶文化与小屯殷商文化之间也有若干相似的因素,但他并不认为这就足够得出黑陶文化是早期商文化或先商文化的结论。同理,徐中舒仅仅依据"彩陶遗址多为传说中的夏民族居住址地",①从而把彩陶文化视为夏文化,这在李济看来最多只能算是"富于建设性的一个假设"而已。多年之后,李济的得意门生张光直也回忆李济当年在课堂上确实没有具体谈到夏代的问题,并认为原因就在于"他的观念是如果没有考古材料,他便不提"。不仅李济个人如此,"史语所到了台湾以后,这群安阳的工作者里并没有人专门从事夏代的研究",原因也是因为"当时没有新的材料"。②

但需要说明的是,徐中舒自己也深知"仅得依据中国史上虞、夏民族分布的区域"来"断定仰韶为虞、夏民族的遗迹","这本不是健全的方法"。③但他之所以还要写作《再论小屯与仰韶》一文来论证仰韶文化是夏文化,根本原因还是为了要回应安特生关于中华远古之文化的若干认识,因此他在文章开首即说:

> 民国十二年及十四年安特生继续发表他的彩陶文化的研究,《中华远古之文化》和《甘肃考古记》等,他从种种方面推断仰韶的文化遗址,远在安阳(即小屯)以前。……现在我们进一步要问:仰韶文化究竟前于小屯若干年,这两遗址的关系如何?……安氏以为小屯与仰韶为一脉相承的文化,这实在是一个很可研究的问题。虽然安氏也曾精心的

---

① 有关徐中舒先生夏文化与夏史研究的成就与特色,可参看陈力《徐中舒先生与夏文化研究》一文,载杜正胜、王汎森主编《新学术之路——"中央研究院"历史语言研究所七十周年纪念文集》上册,中研院史语所,1998年,第319—330页。此外还需提及的是,徐中舒先生能够提出仰韶文化是夏文化这一观点,也与他的学术背景和兴趣密不可分。徐中舒1925年9月入清华研究院,受王国维"二重证据法"影响至深,同时也是李济指导的两名学生之一(另一为吴金鼎)。1929年入史语所后,虽然身在历史组,"却经常参加考古组的活动",且"当年考古组的合影,徐先生一般都参与其中",还"多次前往殷墟考古发掘工地",因此他对考古资料的熟悉与敏锐自在情理之中。详见徐亮工《徐中舒先生的新史学之路》,《四川大学学报》(哲学社会科学版)2009年第4期。
② 张立东、任飞:《手铲释天书——与夏文化探索者的对话》之张光直访谈,第116页。
③ 徐中舒:《再论小屯与仰韶》,原载《安阳发掘报告》第3期,1931年;此据《徐中舒历史论文选辑》,中华书局,1998年,第145—181页。

> 检查仰韶遗址中有东方式的陶鬲、陶鼎、粟鉴、豕骨等，好像仰韶人完全是过着东方式的生活。……不过我想（也许是一点偏见）这样的文化遗迹，关于中国文化的特殊点，如束发的笄，跪坐的习惯，以及商周以来沿用的器物花纹，一点也寻不出。这就能代表中华远古之文化吗？

徐中舒提出上述见解的背景其实是中国古史起源的多元论，诚如有学者所指出的那样，在20世纪20年代和30年代，包括徐中舒、傅斯年、蒙文通和徐旭生在内的多位学者从不同的研究角度出发，却得到了一个共同的认识，即中国古史起源不是单一线条的，夏商周三代文化的变迁当与其种族的不同密切相关。① 因此，徐中舒论证仰韶文化为夏文化遗迹的根本目的在于强调中国上古文化中的"汉化"与"胡化"传统，"春秋以前中国文化分布的区域只不过以齐鲁为中心，而延及宋、卫、晋、郑、二周而已"，"那时还有许多异文化的民族，杂居中国境内，这些民族在南方的，他们的文化无可称述，而东西北三垂，大致都支配在一种大相仿佛的异文化之下"，而这两类文化的对峙"就是中国史上汉、胡文化的分限"。很显然，徐中舒先生这一理解与傅斯年的"夷夏东西说"颇有相通之处。②

尽管李济没有对夏文化进行专门的探索，但他始终关注此一问题。在读到徐旭生1959年豫西调查报告之后，他说：

> 1959年，有一位河南的老考古学者发表了他调查所谓"夏墟"遗址的简略报告。……这一简略的报告，虽不能证实彩陶文化代表夏文化之假说，但却可以加强这一假说可

---

① 王汎森：《傅斯年：中国近代历史与政治中的个体生命》，生活·读书·新知三联书店，2012年，第115—128页。
② 事实上，在安特生发掘仰韶、提出中国文化西来说之后，中国学术界的第一重大问题必然是中国文化的来源问题。如1937年安特生来南京史语所参观发掘的史前标本，梁思永先生主持史语所前学者与安特生座谈，"主要是根据在河南、甘肃等地新近发现的仰韶、龙山和齐家等文化遗存相对年代的新证据，证明安氏对齐家与仰韶文化年代之谬误。还讨论了中国彩陶的渊源问题"，可见彩陶来源是当时学者普遍关注的问题，后来安特生把这场座谈称作"鸡鸣寺下的一场争论"。参看石兴邦《夏鼐先生行传》，载杜正胜、王汎森主编《新学术之路——"中央研究院"历史语言研究所七十周年纪念文集》下册，第710—736页。

能性的力量。①

虽然这次豫西调查的收获颇丰,但徐旭生却清楚地知道夏文化探索的道路还十分漫长,以至于他建议自己的研究生刘一曼不要选夏代考古方面的题目,原因是"他认为关于夏代的文献考证他已做的差不多了",而"短时间内考古发掘也很难有大的突破"。② 李济的上述认识,也堪称他本人对于夏文化最大胆的估计了,体现了他审慎的治学态度与良好的考古学素养。1928 年傅斯年创办历史语言研究所时,即手订宗旨数条,其中之一便是:

> 我们反对疏通,我们只是要把材料整理好,则事实自然显明了。一分材料出一分货,十分材料出十分货,没有材料便不出货。两件事实之间,隔着一大段,把他们联络起来的一切涉想,自然有些也是或多或少可以容许的,但推论是危险的事,以假设可能为当然是不诚信的事。所以我们存而不补,这是我们对于材料的态度;我们证而不疏,这是我们处置材料的手段。材料之内使他发见无遗,材料之外我们一点也不越过去说。③

纵观李济对于夏文化的态度,堪称秉持史语所这一宗旨的极佳典范。而最有意思的是,傅、李二人着意栽培的门生夏鼐,在对待夏文化的问题上,也继承了史语所惯有的谨慎传统。④ 一方面,早在 20 世纪 50 年代他就把"夏文化探索"作为重大课题列入中国科学院考古研究所《十二年科学发展远景规划(1956—1967)》中,并且在考古所山西队建立之初,他"交付山西队承担的主要学术任务就是探索夏文

---

① 李济:《踏入文明的历程——中国史前文化鸟瞰》(待定稿),原载中研院史语所《中国上古史(待定稿)·第一本·史前部分》;今据《李济文集》卷一,第 454—455 页。
② 刘一曼、岳洪彬、严志斌:《契刻陶铜 辩释殷商:刘一曼先生访谈录》,《南方文物》2012 年第 2 期。
③ 傅斯年:《历史语言研究所工作之旨趣》,《中研院史语所集刊》第 1 本第 1 分,1928 年。
④ 有关夏鼐与傅斯年、李济的师承关系与交往,可参看王世民《夏鼐与史语所——以〈夏鼐日记〉有关记载述评》,载《古今论衡》第 23 期,2011 年 12 月。

化",而山西队"建队以后所规划的第一阶段工作,便是在晋西南进行普遍调查,目的是了解这一区域的古代文化面貌,并寻找探索夏文化的遗迹"。① 但另一方面,夏鼐从未认为夏文化问题已经在考古学上得到了彻底的解决,如他主持编写的《新中国的考古收获》"奴隶社会"部分仅包括"商殷"和"西周春秋"两节,这与李济的《中国上古史》如出一辙。② 在"商殷"一节的开首,他对夏文化和夏王朝问题作了如下表述:

> 我国历史上的奴隶制大约是从夏代开始的,到商代,奴隶制度无疑已经确立了。由于殷墟的发掘,商殷考古的资料,在解放前就有一定积累。但是商殷文化的渊源以及和它有着密切关连的夏文化的探索问题,却是到解放以后才提出的。……自从安阳殷墟发掘以来,商殷的历史不但为考古发现所证实,而且得到了很大的丰富,从而使人们相信夏代的历史也完全有可能通过考古工作取得同样的成果。……从考古学上讲,虽然在目前我们还不能确切指明哪一种文化是属于夏代的,但是也并不是完全没有线索的。……(河南龙山文化和洛达庙类型的文化遗存)在探索夏文化中值得注意。③

1977 年 11 月 22 日在登封告成遗址发掘现场会闭幕式上的讲话则堪称是夏鼐对夏文化问题最为明确的表述。以往研究者多关注他对于"夏文化"的定义,但实际上这篇讲话中的另一层意思也很重要。夏鼐说:

---

① 张立东、任飞:《手铲释天书——与夏文化探索者的对话》之高炜访谈,第 325 页。
② 读夏鼐先生 1960 年和 1961 年的日记,可知他为此书的编写注入大量精力,故在 1960 年当年日记总结中写道,"业务工作方面,今年做得很少,主要是参加所中集体写作'十年考古'的讨论和审阅";1961 年底该书出版后,夏先生在当年日记总结中又写道,"所中编写'十年考古'《新中国的考古收获》,总算是编好出版了",字里行间透露出如释重负之感。参看《夏鼐日记》卷六,华东师范大学出版社,2011 年,第 142、227 页。
③ 中国科学院考古研究所:《新中国的考古收获》,文物出版社,1961 年,第 43—44 页。

夏文化问题：首先应假定：(1)我们探讨的夏王朝是历史上存在过的。不像有些疑古派认为可能没有夏王朝。(2)这个夏文化有它一定的特点。……我认为现有的材料还不足以说明哪一个是夏文化，条件还不太够。四种意见都有说不通的地方。①

既承认夏王朝的存在，又认为现有的考古材料不足征，其态度与李济完全一致。另据殷玮璋回忆，虽然夏鼐对告成遗址的发掘工作给予高度评价，但对会场悬挂"夏代遗址现场会"的会标颇有微词，认为这"岂不是要我们默认王城岗龙山小城是夏代遗址吗"？②由此不难理解夏鼐在现场会闭幕式上发表上述意见了。

夏鼐对夏文化的这些看法几乎终生未变，在他的最后一本著作——《中国文明的起源》中，夏鼐依然说：

至于二里头文化与中国历史上的夏朝和商朝的关系，我们可以说，二里头文化的晚期是相当于历史传说中的夏末商初。但是夏朝是属于传说中的一个比商朝为早的朝代。这是属于历史（狭义）的范畴。在考古学的范畴内，我们还没有发现有确切证据把这里的遗迹遗物和传说中的夏朝、夏民族或夏文化联系起来。我们知道，中国姓夏的人相传都是夏朝皇族的子孙。我虽然姓夏，也很关心夏文化问题，但是作为一个保守的考古工作者，我认为夏文化的探索，仍是一个尚未解决的问题。③

他又指出，

1983年5月间，中国考古学会第四次年会在郑州开会

---

① 夏鼐：《试探探讨夏文化的几个问题——在登封告成遗址发掘现场会闭幕式上的讲话》，《河南文博通讯》1978年第1期。

② 张立东、任飞：《手铲释天书——与夏文化探索者的对话》之殷玮璋访谈，第211页。

③ 夏鼐：《中国文明的起源》，文物出版社，1985年；此据夏鼐《考古学论文集》下册，第676—677页，河北教育出版社，2001年。

之际,我们参观了王城岗的发掘现场。通过参加大会者的讨论,多数人认为这个问题暂缓下结论为宜。关于夏王朝的时代及夏文化的确定这一重要课题,要有待于今后更多、更明确的新的证据的发现和深入的研究。

那么我们不禁要问,对于夏鼐这位"保守的考古工作者"而言,什么才是探索夏文化"更明确的新的证据"呢?对于这一点,夏鼐并未形诸文字,但他在私下谈话中曾经指出——"夏文化最终只有在取得物证(如文字)后才能解决"。[1] 就这层意义上讲,尽管二里头文化是夏文化几乎已成为学界共识,历年来在二里头遗址也有诸多重要发现,但却依然缺乏夏先生所强调的证据——文字。长期主持二里头遗址发掘工作的许宏即说,"尽管有层出不穷的重要考古发现,尽管耗费了学者们的诸多心力,但剥开夏商文化问题热闹非凡的表层外壳,它的'基岩'部分,也即夏鼐1962年及其后对二里头文化与夏文化关系的确切表述,却没有被撼动或突破"。[2] 我们不妨设想,倘若李济和夏鼐先生仍在世,面对现有的考古成果,他们或许还会说,"夏文化的实质,就考古学上说,尚是一个谜"。夏文化探索的"史语所传统"依然值得现今的考古工作者借鉴与深思。

---

[1] 张立东、任飞:《手铲释天书——与夏文化探索者的对话》之殷玮璋访谈,第211页。
[2] 许宏:《高度与情结——夏鼐关于夏商文化问题的思想轨迹》,《南方文物》2010年第2期。

肆　考古学的春天
——1977年"河南登封告成遗址发掘现场会"的学术史解读

- 一、发起人安金槐
- 二、特邀报告人赵芝荃
- 三、"搅局者"邹衡
- 四、"裁判与舵手"夏鼐

1977年11月18日—22日在河南省登封县召开的"河南登封告成遗址发掘现场会"(以下简称"告成会议")被认为是夏文化探索史上的一个里程碑。这是一次神奇的会议——它原本由河南省博物馆文物工作队动议,最后却由国家文物局组织召开;它原计划是二十人左右的小范围会议,但却引来了国内三十二家单位的一百一十位专家学者出席;它自始至终没有出版会议论文集,但会议上各家观点却被反复征引。①

　　三十余年过去了,当初会议上的各种争论今天仍在继续,其中的一些甚至变得更为胶着。现在回头审视,对告成会议进行学术史解读,不仅是为了了解当初纷争之所在,更可以对当前及今后的夏文化探索研究给予启示。对这次会议的解读,我们是从几个关键的与会人物着手的——他们是会议发起人安金槐、特邀报告人赵芝荃、让告成会议载入史册的"搅局者"邹衡以及当时中国考古学科的掌门人夏鼐。他们四人身份各异,观点也大相径庭,他们不仅主导了告成会议的基调,更对此后三十多年间的夏文化探索产生了决定性影响。

一、发起人安金槐

　　1977年,告成遗址的第一篇发掘简报发表,安金槐在其中这样写道:

---

① 余波(杨育彬):《国家文物局在登封召开告成遗址发掘现场会》,《河南文博通讯》1978年第1期。有关会议组织的具体情况还可参看张立东、任飞主编的《手铲释天书——与夏文化探索者的对话》中对安金槐的专访,大象出版社,2003年,第13—14页。

在英明领袖华主席抓纲治国战略决策的指引下，根据上级指示，为了探索夏文化，我馆派出文物工作人员二十人，中国历史博物馆派出二人，从1977年4月1日至7月8日在登封告成遗址进行了重点调查和发掘工作。①

这段话政治色彩浓厚，时代特征显著，但依然清楚表述出告成遗址的发掘是"为了探索夏文化"。那么，作为发掘负责人和会议组织者，安金槐为什么会走上探索夏文化之路，为什么会选择告成遗址作为探索夏文化的主要对象，又为什么要召开这次现场会？这显然不是"抓纲治国战略决策"和"上级指示"所能解释的。要了解告成会议，首先要了解安金槐其人。②

安金槐是土生土长的河南登封人。1948年，当他从河南大学历史系毕业后，进入河南密县一中教书，这堪称那个时代文史专业大学毕业生的标准职业。然而，新中国的建立改变了安金槐一生的道路——1950年2月他被选送到河南大学师资班学习，当年9月结业后他却没有回到中学，而是被调至河南省人民政府文物管理委员会从事文物考古工作。

随后的两年间，他在河南各地的考古工地上奔波，既调查过偃师的汉墓，也复查了郑州二里岗的商代遗址，还到渑池的仰韶村进行调查，甚至还要协助河南省公安厅检查与鉴定外国人出境携带文物情况。工作固然庞杂，但却缺乏专业系统的训练，这也是当时全国各地文物考古单位面临的共同困境。1952年10月，文化部文物局、中国科学院考古研究所和北京大学联合举办了"第一届全国考古人员训练班"，安金槐被选派来学习，从而迎来了自己最为正规的考古专业训练，而训练班的发掘地点就在郑州二里岗。

1953年春，结束训练回到郑州市文物工作组的安金槐开始主持

---

① 河南省博物馆登封工作站：《一九七七年上半年告成遗址的调查发掘》，《河南文博通讯》1977年第2期。

② 本文关于安金槐先生生平的描述如未注明均据《安金槐编年事辑》，载《安金槐考古文集》，中州古籍出版社，1999年，第364—375页。

对郑州商代遗址的发掘，先后完成多篇发掘简报①和《郑州二里冈》②这部重要的田野发掘报告。郑州商代遗址成为安金槐这一时期的研究重点，具体来讲，有两项工作是必须要完成的：一是要确定郑州商代遗址的分期与年代，二是要判断郑州商城的性质。安金槐正是通过对这两个根本性问题的研究，提出了自己的看法，奠定了他一生夏商文化研究的基础。

首先是郑州商代遗址的分期与年代。该遗址最初是韩维周于1950年秋天发现的，③次年春，夏鼐率中国科学院考古研究所安志敏、王仲殊和马得志等人前往豫西调查时，顺道考察了郑州附近的古代遗址，并初步判断郑州南关外是一处殷商时代的遗址。④ 随后，1952年和1953年两届考古人员培训班都把发掘地点选择在郑州，同时郑州市文物工作组也开始在当地开展工作，安金槐先是培训班学员，后来则是郑州市文物工作队的骨干，全程参与了这一时期郑州商代遗址的发掘，因此对材料极为熟悉。他先是通过对"二里岗及人民公园两处的出土物和层位关系比较"，认为这里包含有"殷商时代的三个不同时期的堆积"，即"二里岗与人民公园的下层为早期，二里岗的上层与人民公园的中层为中期，人民公园的上层为晚期"；同时又根据出土器物的特征，将郑州与安阳殷墟的商文化联系在一起，指出"人民公园的上层（晚期）……和安阳小屯殷墟的出土物比较接近，也可能是时间相距不远，而人民公园下层（中期和早期）又相当于二里岗文化层，所以二里岗殷商文化层也可能早于安阳小屯殷墟文化层"，并由此乐观地估计郑州商代遗址的发掘"把我国可靠史料向前推展数百年"。⑤

当时之所以能在郑州辨认出早于殷墟的商代文化遗存在很大程

---

① 重要者包括《郑州市殷商遗址地层关系介绍》，《文物参考资料》1954年第12期；《郑州商代遗址的发掘》，《考古学报》1957年第1期。
② 河南省文化局文物工作队：《郑州二里冈》，科学出版社，1959年。
③ 赵全嘏：《河南几个新石器时代遗址报导》，《新史学通讯》1951年第1期。
④ 考古所河南调查团：《河南成皋广武区考古纪略》，《科学通报》1951年第7期。
⑤ 郑州市文物工作组：《郑州市殷商遗址地层关系介绍》，《文物参考资料》1954年第12期。

度上是与1950年秋的辉县发掘相关的。在辉县琉璃阁遗址,夏鼐率石兴邦、安志敏等人清理了四座殷代灰坑,通过和殷墟出土器物比较,发现"其中有些遗物如瓦鬲、卜骨等在形态或制作方面都较安阳殷墟发现的为原始",进而判断"也许这四个灰坑的时代比较它早些",但又觉得"也不会太早",原因是"在京都附近与相距数百里以外的这些乡村小邑相比,在地域和一般物质文化生活方面也可能有质与量的区分"。①

郑州商城则是1955年秋季发现的,安金槐当时判断它为商代城址的理由有四点:1."商代墓葬压在夯土城墙的上面",2."商代房基压在夯土城墙上面",3."商代的窖穴挖破了夯土城墙",4."商代文化层叠压在夯土城墙的上面",因此夯土城墙"自然就不会晚于商代"。再考虑到"在夯土层中包含有商代文化遗址的灰土和商代的遗物","那么夯土城墙的时代,就绝不会早于商代",也就是说"夯土城墙的相对年代是属于商代的一个时期无疑"。②

那么,郑州商城究竟是属于商代的哪一个阶段,究竟是一座何种性质的城址,给这座商城一个恰当的"定位"和"定性",这是包括安金槐在内的每一位考古工作者都要追问的。按照此前他对郑州商代遗址的分期,以"二里岗与人民公园的下层"所代表的早期和以"二里岗的上层与人民公园的中层"为代表的中期在年代上都要早于殷墟商文化,但考古学遗存本身只能解决相对年代,而解决不了究竟早多少年的问题,所以迟至1954年安金槐还只能笼统地说郑州商代遗址的发掘"把我国可靠史料向前推展数百年"。要判断郑州二里岗上、下层遗存的绝对年代,方法只有一个,就是要确定郑州商城的性质。

此时两方面的因素决定了安金槐研究的取向与结论。

一是文献记载,或者说是安金槐的历史学背景。作为一名学历史出身的考古工作者,安金槐对传世文献给予了极大的重视,把文献记载作为考古工作的重要指引,如他说:

---

① 中国科学院考古研究所:《辉县发掘报告》,科学出版社,1956年,第15页。
② 安金槐:《试论郑州商代城址——隞都》,《文物》1961年第4、5期。

一些文献记载和传说中关于夏族与商族的活动区域和都城所在地望,就在河南境内。……我们认为这些文献记载与前人考证的夏、商两族活动区域和建国后的都城所在地望,多数应该是可信的或值得重视的。①

正是由于上述理念,所以早在解放初期,安金槐就根据《括地志》中的有关记载,"在古荥阳镇西南一带的广阔范围内,曾进行过周密的考古调查",目的是要寻找商王仲丁的隞都。但是这些周密的调查"并没有发现商代的城市遗址,甚至连较大规模的商代文化遗址也没有发现",然而"在郑州的旧城内、外发现了一处面积约有25平方公里的商代文化遗址",特别是"1955年秋,又在遗址的中心区,发现了商代城垣遗迹"。② 对安金槐来说,把郑州商城定为仲丁的隞都几乎是下意识的反应,但他尚不能遽断,还需要证明郑州商城的年代与商王仲丁的年代大致吻合。此时在郑州洛达庙和董砦遗址的发掘正好提供了这方面的依据,对这两处遗址的发掘与认识是安金槐对郑州商城性质作出判断的决定性因素。

洛达庙遗址位于郑州市西,1956年5月—12月,为配合基建,安金槐所在单位——河南省文化局文物工作队第一队的同事陈嘉祥等人对该遗址进行了发掘,"除发现和郑州二里岗商代相同的遗址外,最值得重视的是T14、T17、T18、T26四个探方内商代文化层次的发现,它为研究郑州商代遗存层次问题增添了新的内容"。③ 发掘者认为,"这四个探方的遗物比较单纯,同属一层文化","由于部分器形不同于郑州其他商代文化,所以暂叫它为郑州洛达庙商代文化层"。发掘者还指出,"根据出土陶器与郑州商代文化所分二里岗下层、上层

---

① 安金槐:《对河南境内夏商城址的初步探讨》,原载《华夏文明》第一集,北京大学出版社,1987年;收入《安金槐考古文集》,第16—22页。
② 安金槐:《试论郑州商代城址——隞都》,《文物》1961年第4、5期。
③ 1953年3月郑州市文物工作组成立,安金槐任组长;1954年7月郑州市文物工作组改为河南省文化局文物工作队第一队,队长由郑州市文化局副局长兼任,安金槐和尹焕章(南京博物院考古部主任)任副队长,可见当时郑州市文物工作的实际负责人是安金槐。参看《河南省文物研究所四十年发展历程的回顾》,原载《华夏考古》1992年第3期;收入《安金槐考古文集》,第330—363页。

和人民公园三个层次比较,认为洛达庙商代文化层,有其独立的特征,是一个新发现的商代文化层",“虽然在这个地区内没有找出与郑州商代二里岗期的叠压关系,但通过最近董砦的发掘,初步判定洛达庙商代文化早于郑州二里岗商代文化下层是没有多大问题的"。① 需要强调的是,早在 1953 年韩维周等人就在登封县玉村遗址发现过类似的遗存,通过与安阳殷墟以及郑州二里岗等地出土陶器的比较,曾经敏锐地指出"玉村与二里冈遗址似属于两个文化系统",但并没有讨论它们之间的相对年代关系。② 不过很显然,韩维周的意见并没有引起洛达庙遗址发掘者的足够重视,他们将洛达庙和二里岗视为同一文化系统——商文化,并且依据董砦遗址的地层关系判断洛达庙商文化层要早于二里岗期商文化。

鉴于洛达庙类遗存的重要性,河南省文化局文物工作队第一队随即组织力量,于 1957 年和 1958 年对该遗址又进行了两次发掘。安金槐本人没有参与洛达庙的发掘,1957 年发表的发掘简报也是由陈嘉祥执笔的,但从 1954 年起安金槐就担任河南省文化局文物工作队第一队负责业务工作的副队长,又是郑州商代遗址发掘的主持人,所以这篇简报中有关洛达庙类遗存的认识在很大程度上应当代表了他的看法。三十多年后,安金槐在综述河南夏商考古时还特别强调了洛达庙遗址的意义,他说:

> 1956 年,在郑州又发现了洛达庙遗址,从其出土的陶器种类、形制和器表纹饰等特征来看,明显的比郑州商代二里岗期下层的陶器稍早些。这两处遗址的文化内涵既具有紧密相接的特征,又有着一脉相承的发展关系。不久,我们在洛达庙附近董砦遗址的发掘中,找到了商代二里岗下层直接叠压着商代洛达庙文化遗存的地层关系。这就为洛达庙商代遗存早于二里岗期下层提供了可靠证据。为了使两者

---

① 河南省文化局文物工作第一队:《郑州洛达庙商代遗址试掘简报》,《文物参考资料》1957 年第 10 期。
② 韩维周等:《河南省登封县玉村古文化遗址概况》,《文物参考资料》1954 年第 6 期。

有所区分,当时洛达庙遗存暂定名为"商代洛达庙期文化",并指出它的相对年代可能属于商代早期。①

洛达庙遗址的发掘及上述认识直接促成了安金槐等人对郑州地区商文化序列的重新认识,这就是:

> 根据郑州商代文化遗址的发掘材料证明郑州的商代文化遗址,不论从文化层上下的叠压关系和出土遗物的发展演变,都清楚的可以分为早、中、晚三期。早期遗址以郑州洛达庙商代遗址为代表。……商代晚期遗址以郑州人民公园为代表,但也不算大,主要分布于郑州商代城址西墙外约800米处的人民公园内。从出土的遗物看,与安阳殷墟的出土遗物比较接近。商代中期遗址,以郑州二里岗商代遗址为代表,……把二里岗商代文化遗址定为商代中期是比较恰当的。商代中期遗址在郑州分布范围极为广泛,在郑州商代城址上面所发现的墓葬、房基、窖穴、狗坑和文化层,以及在夯土城墙内所包含的商代遗物都是属于商代中期的。②

可以说,如果没有洛达庙遗址的发掘,郑州商城的年代上限是无法确定的;反之,只有在洛达庙遗址发现了更早的商文化遗存后,安金槐才有了把二里岗期商文化和郑州商城定为商代中期遗存的关键性依据,才可以同时从文献和考古材料两个方面来论证郑州商城是仲丁的隞都。他说:

> 就"成汤居亳"到"盘庚迁殷"的五次迁都中,如果也按商代早、中、晚三期去划分的话,"汤居亳"应属于商代早期,"盘庚迁殷"应属商代晚期,而"仲丁迁隞","河亶甲迁相"和"祖乙迁耿",都应该是属于商代中期。结合郑州商代城址的试掘材料,城垣遗迹也是属于商代中期,因而文献记载和考古发掘的材料是正好吻合的。同时就"仲丁迁隞"起到

---

① 安金槐:《河南夏商考古综述》,《华夏考古》1987年第1期。
② 安金槐:《试论郑州商代城址——隞都》,《文物》1961年第4、5期。

"河亶甲迁相"中间,也是有着相当长的一段时间,这和郑州商代文化遗址的文化堆积情况,以及商代中期的前后两期的遗物发展演变来看,也是比较吻合的。又文献记载中"隞都"就在郑州附近。因之说郑州商代城市遗址,很可能就是商代的"隞都"。①

至此,也即20世纪50年代后期,②通过在荥阳地区对隞都的探寻,到郑州商代遗址的发现,再到洛达庙遗址的发掘,安金槐构建起了他的商文化研究体系,而支撑这一体系的支点有两个:一是早商的洛达庙类遗存,二是作为仲丁隞都的郑州商城,两者紧密相连,互为支撑。在这一阶段,就体系之完整、掌握材料之丰富,夏商考古界尚无人能出其右,这也为安金槐最终成为"新中国河南考古第一人"奠定了坚实基础。③

1962年,夏鼐把见于郑州洛达庙和偃师二里头遗址的这类遗存统一命名为"二里头类型",④随后这一名称被学术界广泛接受,逐渐取代了"洛达庙类型"的叫法。但名称上的变更并没有改变安金槐对洛达庙遗址及其遗存的重视,1989年,洛达庙遗址20世纪50年代三次发掘的正式报告发表,领衔执笔的正是安金槐本人——尽管他本人并未直接参加当年的发掘工作。⑤ 在报告的结语部分,安金槐系统地分析了洛达庙早中晚三期遗存的年代,即:

洛达庙一期:约与偃师二里头遗址二期大体相同;
洛达庙二期:与二里头遗址三期相近;

---

① 安金槐:《试论郑州商代城址——隞都》,《文物》1961年第4、5期。
② 虽然《试论郑州商代城址——隞都》一文发表在1961年,但据《安金槐编年事辑》,安金槐早在1957年即已开始写作此文,并准备收入《郑州二里冈》发掘报告,只是由于单位内部对郑州商城"争议颇多,一时无法统一",所以他只好将其改为论文,以个人名义发表。在《郑州二里冈》中,对郑州商代遗址性质的描述是,"郑州在商代当不是一般的小村落,很可能是一个人口密集的大城邑"。参看河南省文化局文物工作队《郑州二里冈》,第43页。
③ 1999年安金槐先生从事考古工作五十周年之际,北京大学考古文博院在贺词中赞誉他是"新中国河南考古第一人"。就安先生一生的事业来讲,对于这一荣誉,他当之无愧。参看方燕明《新中国河南考古第一人——记考古学家安金槐先生》,《考古》2002年第2期。
④ 夏鼐:《新中国的考古学》,《红旗》1962年第17期;又载《考古》1962年第9期。
⑤ 河南省文物研究所:《郑州洛达庙遗址发掘报告》,《华夏考古》1989年第4期。

> 洛达庙三期：与偃师二里头四期相当或稍晚。

报告还对洛达庙遗址一、二、三期的文化属性作出了判断，其中洛达庙三期：

> 时代与郑州商代二里岗下层相接近，且略早于二里岗下层，两者有前后承袭关系，商代二里岗下层的时代，一般认为是属于商代中期，因此略早于商代二里岗下层的洛达庙三期应属于商代中期偏早或商代早期阶段。

对于洛达庙二期，他认为：

> 洛达庙二期和洛达庙三期是前后相衔接的两期，文化特征比较接近，因而洛达庙二期的时代，应属于商代早期阶段。

至于洛达庙一期，他的看法则是：

> 虽然它和洛达庙二期之间在不少陶器特征上表现出前后承袭的关系，但有些器形与洛达庙二期的差别较大，并且，器表除饰绳纹外，还有少量的篮纹。这些变化和差异可能与时代的变革有关，所以我们认为洛达庙一期的年代，可能属于夏代文化的晚期阶段。

上述认识实际上就是把洛达庙遗址的一、二、三期遗存分为夏、商两种文化，第一期为夏代晚期，第二、三期为商代早期。再参照洛达庙和二里头遗址的对应关系，安金槐对二里头遗址的认识自然是二里头的三、四期为商代早期文化，第二期则属夏代晚期。

显然，这不会是安金槐 1989 年才形成的看法，而应是他到 1989 年依然坚持的看法。洛达庙遗址的发掘，不仅让安金槐初步形成了他的夏商文化认知体系，更促使他着手进行夏文化探索。有学者对此过程曾有追记：

> 1958 年在安金槐的主持下，河南省文物工作队根据有关文献资料记载和前人研究的成果，在河南省境内进行了

一次夏文化遗存的田野考古调查,包括所谓的"禹都阳城"的登封告成镇一带,所谓"太康都斟寻"的巩县稍柴村一带,所谓"少康都原"的济源原上村一带和传说与夏人活动有关的偃师二里头一带等。①

这些调查和试掘工作主要是由河南省文物局文物工作队当时新组建的"刘胡兰小队"开展的,②虽然队员们考古基础薄弱,但在专业人员的带领下,工作收获颇大——"在偃师二里头遗址和巩县稍柴村遗址的试掘中,均试掘出有类似郑州洛达庙遗址的遗存,在济源原上村遗址试掘中和登封告成八方遗址的调查中,均发现有相当于龙山文化中晚期的遗址"。安金槐本人则"对各遗址的调查与试掘材料,都进行过认真的检验",结果是使他"对于郑州洛达庙遗址一期和豫西龙山文化中晚期,有可能是属于夏文化的范畴更树立了信心"。③

但接踵而来的政治运动打乱了他的计划,安金槐不得不暂时停下了探索夏文化的脚步。1972年初,在"文革"中屡遭批斗而"靠边站"的安金槐恢复了河南省博物馆文物工作队的领导职务,④此时他的首要任务是重启郑州商城的发掘工作,同时着手编写郑州商代遗址的发掘报告,一时还顾不上夏文化。1975年,郑州商代遗址的发掘报告甫一完稿,安金槐随即踏上了夏文化探索之路,而指引他开展工作的依旧是文献记载。他反复强调"在探索夏代物质文化遗存的工作中,必须要依靠有关夏代的文献记载",⑤原因是:

> 根据我国古代的文献记载和历史传说,商代之前有一个夏代,这是可信的。……目前探索夏代文化工作的重点,应当放在夏王朝奴隶制国家统治的核心区域,特别是应当

---

① 郭胜强:《安金槐对考古事业的贡献》,《殷都学刊》2003年第2期。
② 关于河南省文物工作队"刘胡兰小队"组建及工作状况可参看许顺湛先生回忆录《脚印》中"刘胡兰、黄继光考古小队的故事"一节,海燕出版社,2012年,第60—66页。
③ 张立东、任飞:《手铲释天书——与夏文化探索者的对话》,第5页。
④ 1958年河南省文物一队和二队合并组成河南省文化局文物工作队,1970年该队并入河南省博物馆,改名为"河南省博物馆文物工作队"。
⑤ 安金槐:《对探讨夏文化的一些体会》,原载《夏史论丛》,齐鲁书社,1985年;收入《安金槐考古文集》,第68—71页。

首先放在文献记载和传说指出的夏王朝都邑所在地以及夏人的重要活动区域。……否则漫无边际地去寻找夏代文化,即使发现有早于商代而相当于夏代的文化遗物,也会因为没有文献资料的佐证,而难于确定其为夏代文化。……就河南西部一带来说,在以嵩山为中心的颍水、伊水、洛水等流域和黄河北岸的济水流域,有着不少关于夏王朝的都邑所在地点和夏人重要活动区域的文献记载与传说。……这些有关夏代都邑所在地点的记载,多出于春秋战国和汉代的史籍中,它和后来的文献记载相比,其可信度还是比较大的。有些夏代的遗迹,甚至在春秋战国时期还可能是存在的。所以我们对于这些有关夏代的文献记载,虽然不能全信,但也不能不加重视。为了证实这些地点可靠与否,需要我们在这些地点进行考古调查与发掘。①

接下来的事情就顺理成章了。安金槐首先把"禹都阳城"作为探索夏文化的切入点,并将登封告成遗址作为发掘的第一站。安金槐解释其原因有二:一是"登封告成镇一带多认为是夏代阳城所在地",二是此前的调查已经知道"这一带的八方遗址又是一处埋藏丰富的龙山文化遗址"。据此安金槐认定"在河南豫西一带探索夏代文化遗存,应以登封县告成镇一带为重点",并于1975年秋在告成镇西的八方村东地进行了试掘。②

毋庸置疑,安金槐对洛达庙遗存的认识决定了他为什么会选择龙山时代的遗址作为探索夏文化的对象。他说:

> 当时我们认为洛达庙遗址晚期是属于商代早期,因商代之前是夏代,所以洛达庙遗址早期的时代,当时我们认为有可能是属于夏代的文化范畴。由于洛达庙遗址早期的陶器特征和河南豫西一带的龙山文化陶器有些接近,所以我

① 安金槐:《豫西夏代文化初探》,《河南文博通讯》1978年第2期。
② 张立东、任飞:《手铲释天书——与夏文化探索者的对话》,第7页。

们当时即认为河南豫西一带的龙山文化晚期或至中期,都有可能是属于夏代文化的范畴。依此,在我思想上认为河南豫西一带的所谓龙山文化,至少说该地区的龙山文化中、晚期,就是探索夏文化和夏文化遗存的重要对象。①

在当时的条件下,这一研究思路几乎是无懈可击的,但安金槐还是做了两手准备:

一种准备是,通过在告成镇一带的考古发掘,能够找到一个相当于夏代早期的龙山文化中、晚期或二里头文化一、二期夯土城垣遗址。这个城址也有可能就是我们所要寻找的夏代"阳城"遗址。那就可以证明有关文献资料记载和历史传说的夏代阳城地望和通过考古发掘所发现的夏代城址是吻合的。从而也就会证明有关夏代文献记载的可信性。这也是我们在登封告成镇一带开展探索夏文化工作所要达到的唯一目的。

另一种准备是,通过在告成镇附近一带的考古钻探调查与发掘工作,没有发现相当于夏代早期的城址,……我认为这也是取得了很大的收获。因为它证明过去有关文献记载和历史传说中的所谓夏代阳城的地望在登封告成镇附近一带是错误的,今后的文物考古工作者不要再来告成镇一带寻找夏代城址了。②

后来证明安金槐的担心并不是多余的,因为他们在八方村东的钻探与发掘,"不仅没有发现什么相当于夏代的重要遗迹,更不用说发现夏代的城垣遗址了",发掘所得"多是属于商代二里岗期文化类型的遗迹和遗物,而相当于二里头文化类型的遗迹与遗物也不多"。这样的结果不免令发掘队的同事们有些心灰意冷,但安金槐并不气馁。

---

① 张立东、任飞:《手铲释天书——与夏文化探索者的对话》,第4页。
② 张立东、任飞:《手铲释天书——与夏文化探索者的对话》,第8—9页。

1977年春,在当地村民的指引下,安金槐抽调力量到八方村东北的王城岗进行钻探,结果是"在刚刚钻探的几个孔眼中"就辨认出"有类似夯土的迹象"。安金槐敏锐地意识到这一发现的重要性,立即安排在"已钻探出有夯土迹象的地方,向下开挖了4个3×3作'田'字形排列的小探方(编号为WT16、17、18、19)进行考古发掘"。未曾想,初次发掘就有了重要发现,安金槐在后来的发掘简报中归纳为三项,即:"1.发现一段夯土墙;……2.发现了一处尺型建筑基址的东北角;……3.发现了商代二里岗期遗址和二里头文化类型遗址以及'河南龙山文化'晚期遗址的地层上下叠压关系"。①

首战告捷之后,安金槐又组织力量于1977年下半年对王城岗遗址再次进行发掘,目的是"为了进一步了解已发现的这段夯土墙的南北延伸情况"。他们采取的方法是"在这段夯土墙的南北两方,分别间隔十米或三十米的距离,相应地又发掘了一些探沟"。这一次发掘的结果更加鼓舞人心:

> 证明这是一条南北相连的夯土墙。残存的夯土墙长度为94.8米。值得注意的是,在这条南北向夯土墙的南端,发现了夯土墙又向东面拐去。……这条东西向夯土墙的长度约为97.6米。而且在这条东西向夯土墙的东端,发现夯土墙又有向北拐去的迹象。说明这些互相接连着的夯土墙建筑遗迹,很可能是一座小城堡的遗存。其中南北向的夯土墙应是小城堡的西墙,东西向的夯土墙为小城堡的南墙,至于北城墙和东城墙的保存情况如何?还有待在今后进一步的发掘中去了解。②

在王城岗不但发现了城堡,而且还有可以判断城址年代的重要地层关系及包含物:

---

① 河南省博物馆登封工作站:《一九七七年上半年告成遗址的调查发掘》,《河南文博通讯》1977年第2期。

② 河南省博物馆登封工作站:《一九七七年下半年告成遗址的调查发掘》,《河南文博通讯》1978年第1期。

就夯土墙上普遍叠压着"河南龙山文化"晚期的遗存来看,小城堡的时代不会晚于"河南龙山文化"晚期;再者从夯土墙内包含的遗物得知,又多是属于"河南龙山文化"中期稍晚时期的。总之这座小城堡的时代,有可能是属"河南龙山文化"中晚期的。

前面提到,安金槐来告成发掘的目的就是希望"能够找到一个相当于夏代早期的龙山文化中、晚期或二里头文化一、二期夯土城垣遗址"。现在不但发现了城堡,时代又正好属于他所希望的河南龙山文化中晚期,而且在告成遗址战国铸铁作坊区出土的几件陶量上还发现有"阳城"二字的戳记,所有的这些因素似乎都指向了禹都阳城。但安金槐依然很谨慎,在发掘简报中他只是说:

总之,通过一九七七年下半年的发掘,进一步证实了春秋、战国和汉代的阳城地址,就是在现今的登封县告成镇的东北一带。春秋、战国阳城的确定,为我们在登封告成一带找寻夏代的所谓"禹都阳城"或"禹居阳城",也提供了重要旁证。同时,我们在告成镇西的"王城岗"上,已经发掘出了一座"河南龙山文化"中期稍晚的小城堡。无疑这座小城堡的发现,为我们在告成镇一带探索夏文化提供了重要线索。

虽然安金槐在发掘简报中持非常审慎的态度,但在内心他"认为这应是一项重大考古发现"。尽管这座边长约 100 米的城堡规模很小,[①]但安金槐还是觉得"它有可能是我们所正要寻找的夏代'阳城'遗址",于是决定:

向省文物局和国家文物局进行汇报,并拟申请在登封告成考古发掘现场召开一次人数在 20 人左右的研讨会。据此,我除向省博物馆和省文化局汇报了情况并征得同意后,接着

---

① 此时仅发现了王城岗城址的"西城"部分,"东城"的发现是在 1978 年上半年。参看河南省博物馆登封工作站《一九七八年上半年告成遗址的调查发掘》,《河南文博通讯》1978 年第 3 期。

我又去北京向国家文物局和中国社科院考古研究所夏鼐所长作了汇报。他们除同意我提出的对王城岗龙山文化遗址的发掘方法外,也都同意在登封告成发掘现场召开一次有关夏文化讨论会,但都希望会议的规模要稍扩大一些。①

安金槐是1977年7月19日到北京向夏鼐等人汇报王城岗遗址发掘收获的,前后逗留多日,有过多次专门谈论和座谈。《夏鼐日记》对安金槐这几天的行程有比较详细的记载:

(7月19日)上午赴所,河南安金槐同志等二人来,即住所内,在牛所长处谈河南考古工作及运动情况。

(7月22日)上午与河南安金槐同志及山西队东下冯分队同志谈夏代文化探索问题。下午在历史博物馆开"考古发掘展览"座谈会,关于妇好墓的年代问题,……邹衡、裘锡圭同志主张年代较晚,李学勤、胡厚宣同志主张武丁时代。

(7月25日)下午在历史博物馆开"考古发掘展览"第二次座谈会,谈夏文化探索问题,我因为学部传达三中全会的文件,没有去。闻参加者颇多,由安金槐、徐殿魁、黄石林、赵芝荃各同志作报告,然后讨论,发言者有李锡经等同志,时间不够,决定明天再开。

(7月26日)下午参加历史博物馆的座谈会,讨论夏文化问题。发言者有佟柱臣、安金槐、史树青、王玉哲、李学勤等,最后我发言。②

由《夏鼐日记》来看,安金槐此次来京的主要任务是参加中国历史博物馆"考古发掘展览"座谈会的,但夏文化探索问题很自然就成了这个座谈会的焦点。不难想见,一方面是有这么多历史和考古界的人士对夏文化问题感兴趣,另一方面是安金槐及其同事刚刚在告成王城岗发现了疑似"禹都阳城"的城址,在这种情形下,告成遗址发

---

① 张立东、任飞:《手铲释天书——与夏文化探索者的对话》,第13页。
② 夏鼐:《夏鼐日记》卷八,华东师范大学出版社,2011年,第107—108页。

掘现场会的规模不得不"要稍扩大一些"了。

带着国家文物局和夏鼐所长的嘱托,安金槐返回河南着手准备会议,具体细节不得而知,但其中最重要的一项工作是"在告成镇省文物队工作站内,布置了一个登封王城岗龙山文化中、晚期城址和东周阳城遗址出土文物陈列室",以便与会专家学者观摩。

1977年11月18日,"登封告成遗址发掘现场座谈会"在河南登封县城召开。在去北京征求意见之前,安金槐原本只打算邀请20人左右参会,在国家文物局和夏鼐所长要求"规模要稍扩大一些"之后,"会议通知的参加人员"也只有30多人,但实际上,这一天"与会的人员,竟达32个单位的110人"。① 这个规模连夏鼐也没有估计到,所以他在这一天的日记中写下了"会议正式开幕,……报到者最后达109人。今天县委中,连人民武装部的委员都来参加"的内容,惊讶之意溢于笔端。②

夏鼐在日记中对第一天的会议日程有详细记录:

> 大会由陈滋德同志(引者按,时任国家文物局文物处处长)主持,先致开幕辞,然后由省文化局杜希唐局长、县委第二书记张元喜致欢迎辞。由我与历史博物馆李石英同志、山东省博物馆金松源副主任,分别发言。最后陈滋德同志谈会议目的及精神。……下午继续开会,由我主持,由安金槐同志作告成发掘的报告。任际奉同志宣布明、后两天的日程,然后散会。

很显然,安金槐是大会第一天的主角。夏鼐在日记所说的安金槐作"告成发掘的报告",正式名称是"登封王城岗龙山文化中、晚期夯土城垣遗址和告成北地东周阳城遗址的调查与发掘"。安金槐在介绍完发掘情况后,又进一步阐明了他"对王城岗龙山文化中、晚期夯土城垣遗址的看法",提出了该城址"有可能是相当于夏代的城址,

---

① 张立东、任飞:《手铲释天书——与夏文化探索者的对话》,第13页。
② 《夏鼐日记》卷八,第147页。另据夏先生16日的日记,"安阳队杨宝成同志来谈安阳工作,想参加登封会议,我劝之返安阳",由此可见告成会议对于学术界吸引力之强。

或有可能就是夏代早期'阳城'遗址的观点"。①

从 1956 年发现并辨认出"洛达庙商文化层"到 1958 年组织力量调查二里头、稍柴和原上村等遗址，从 1975 年告成八方村探寻夏文化的失利，再到 1977 年王城岗发掘的柳暗花明。安金槐二十多年的漫漫夏文化探索之路，借由这一次会议、一场为时半天的专题汇报得到了最大的肯定并载入学术史。但安金槐没有想到的是，原本充满希冀的会议竟彻底引爆了有关夏文化探索的种种争议，引发了至今仍在继续的各种观点的激烈交锋。

二、特邀报告人赵芝荃

2008 年，《赵芝荃考古文集》出版，年届八旬的赵芝荃老人在自序中深情地称偃师是他的"第二故乡"；同一年，中共偃师市委、偃师市人民政府"为表彰其在弘扬当地文化乃至中国古代文明上的业绩，决定授予其'偃师市荣誉市民'称号"。从 1959 年担任偃师二里头工作队队长，到 1988 年卸任偃师商城工作队队长，赵芝荃把一生最美好的时光都献给了偃师，献给了夏商文化研究。② 这一条漫长艰辛的求索之路，是赵芝荃自己选择的。③

1949 年夏，二十一岁的赵芝荃从北京的山东中学毕业，同时考取了辅仁大学和河北师范学院。他保留了河北师院的学籍，先入了辅仁大学，校长陈垣的"中国历史名著"和名教授赵光贤的"史前史"两课对他影响至深。一年后，因为辅仁大学的学费过高，赵芝荃只好又一次保留学籍转到不收学费的河北师范学院就读，师从明史专家李光璧教授，并结下了深厚的师生情谊。1951 年，赵芝荃再一次考取了

---

① 张立东、任飞：《手铲释天书——与夏文化探索者的对话》，第 14 页。
② 许宏：《赵芝荃先生主要学术活动年表》，载《赵芝荃考古文集》，科学出版社，2008 年，第 358—359 页。
③ 本节有关赵芝荃先生学术生涯的描述多据北京大学考古文博学院编《记忆：北大考古口述史（一）》之中赵芝荃先生的口述，北京大学出版社，2012 年，第 163—206 页。此外《赵芝荃考古文集》自序中也有简要的介绍。

清华大学历史系,做了二年级的插班生,先后听了孙毓棠、雷海宗和邵循正等名师的课程。1952年高校院系大调整,清华的文科并入北大,赵芝荃遂又成了北大历史系的学生。

青少年时代的赵芝荃就对历史和地理大有兴趣,在辅仁上赵光贤先生的"史前史"课程时接触到考古资料,从此对考古学愈发钟情。随后在河北师院,也学习了一些考古学课程。所以到北大历史系填报专业时,他坚决地选择了考古,理由很简单:

> 当年我是喜欢跑,喜欢到外面看一看,我知道考古学跟地质学差不多,也要到外面走一走。考古需要室内文献研究和野外发掘工作同时并举,……我喜欢地理学,考古在这一点上和地理挺接近的。我对这个有兴趣,如果专门研究历史学完全是靠文献资料了,不太接触实际,所以我就选择了考古专业。

赵芝荃不但钟爱考古,而且崇尚"古不考三代以下",认为在考古学中"夏商周还是重点,除此之外就是新石器时代的晚期也是重点"。1955年当他即将从北大历史系考古专业毕业时,因为各方面表现突出,学校想让他随向达先生攻读隋唐考古方向的研究生,但这与他献身三代考古的志向相差甚远,于是婉拒,选择毕业到中国科学院考古研究所工作。

1955年夏,二十七岁的赵芝荃进入中国科学院考古研究所第二研究室,入所伊始,鉴于"夏代的考古是一个缺门",于是在研究方向上就填写了"夏代考古"。同年,他就来到了考古所洛阳发掘队,参加洛阳东周城址的发掘工作,未料从此真正踏上了夏代考古之路。

1956年末,在洛阳东干沟村北清理东周城西墙北段的赵芝荃和同事们"于56LGST202探方的战国文化层下面,发现二座小墓,墓葬打破仰韶层","人架好像是蹲坐的形式,比较特殊",其中"墓1出陶盆、罐、豆、'觚'等6件陶器,……墓2出陶斝、陶盆各1件","从这些器物的型式来看,既近于龙山文化器物的作风,又近于商代的遗物"。这一发现引起了他们的重视,第二年春季在东干沟村前又清理了一座包含有同类遗存的大灰坑,这更引起了发掘队的极大兴趣。到了1958年,已经担任洛阳发掘队队长的赵芝荃决定对东干沟遗址进行一次较大规模的发掘以确定这类遗存的性质,发掘后把"东干沟的与郑州的商代遗存比较",发现"这些器物显然与洛达庙所出的较为接近",而且"从地层关系上看,这一层压在龙山灰坑的上面,两者间在文化联系上亦有不少线索可寻",①于是又在1959年的春、秋两季分别进行了发掘。

赵芝荃后来把东干沟遗址三次发掘的成果归纳为三点:

> 第一点,就是东干沟这个文化层下面有龙山文化晚期的遗址,上下叠压,这就确定了两个地层年代的关系,就是说东干沟遗址的主体遗存晚于河南龙山文化;第二点,东干沟文化内容很丰富,我们把它分了三期,这在当时来讲是很了不起的;第三个就是在东干沟遗址里面发现有青铜小刀子,这可以确定了,这种文化是属于青铜时代。②

此时郑州洛达庙遗址的发掘材料已经公布,③赵芝荃意识到洛达庙和东干沟的这类遗存十分重要,认为需要深入探讨它与河南龙山文化之间的关系。但遗憾的是东干沟遗址大部分被压在村子下面,可发掘的范围有限,所以赵芝荃特别"希望找到一个较大的类似的遗址"来"进一步进行考古发掘做研究"。

说来也巧,1959年夏徐旭生到豫西进行"夏墟"调查,按照考古所的统一安排,洛阳发掘队的方酉生、丁振海、郭柳圻、段守义四人也参加了调查。④ 徐旭生调查结束回到洛阳后给洛阳发掘队的全体人员"做了这次调查的学术报告",并且"把登封、禹县和二里头遗址

---

① 考古研究所洛阳发掘队:《1958年洛阳东干沟遗址发掘简报》,《考古》1959年第10期。
② 北京大学考古文博学院:《记忆:北大考古口述史(一)》,第178页。
③ 河南省文化局文物工作第一队:《郑州洛达庙商代遗址试掘简报》,《文物参考资料》1957年第10期。
④ 徐旭生:《1959年夏豫西调查"夏墟"的初步报告》,《考古》1959年第11期。另据赵芝荃先生所述,这篇调查报告"文献那部分是徐老本人写的,考古资料是方酉生写的",参看《记忆:北大考古口述史(一)》,第184页。

所采集到的标本全部放在洛阳考古站里面了"。作为洛阳发掘队的负责人，赵芝荃翻看了所有标本，"看了以后发现其中就数二里头的文化面貌最突出，最有代表性。……认为二里头遗址是最为丰富的，内容最为新颖，而且听徐老说二里头遗址也最完整"。于是赵芝荃决定马上开展两项工作：一是由方酉生等人到豫西的洛宁、宜阳、嵩县、伊川、汝阳和临汝六县开展调查，"目的是为进一步了解这个地区新石器时代和商代早期的文化性质及其分布情况"；①另一项工作则是他本人和队友高天麟出发去偃师二里头遗址进行复查。

很显然，洛阳发掘队1959年豫西六县调查其实就是徐旭生夏墟调查的后续行动，所以当他们在洛宁坡头等遗址发现类似洛达庙和东干沟类型的同类遗存后，很自然地就认为"此种文化具有从龙山文化向商文化过渡的性质，对研究商文化与龙山文化之间的关系以及探明我国历史上的夏文化有着重要的意义"。我们甚至可以设想，如果洛阳发掘队沿着豫西六县调查的结果继续往前开展工作，那么夏文化探索的历史或许就要改写。但事实却是，赵芝荃和高天麟对二里头遗址的复查决定了夏文化研究的方向。赵芝荃回忆，当他们二人到达二里头村，在村南的大鱼池边上发现满是陶片的文化层时，"两人都惊呆了"，看到二里头遗址"比东干沟强百倍，心中有说不出的喜悦与高兴"。回到洛阳后赵芝荃马上给考古所领导和徐旭生先生写报告，申请发掘二里头遗址，并很快就得到了批准。②

1959年秋，中国科学院考古研究所洛阳工作队开始对二里头遗址进行发掘，而此时河南省文物工作队队长许顺湛受徐旭生夏墟调查的影响，也派出"刘胡兰小队"到二里头遗址试掘了两条探沟，③但

---

① 中国科学院考古研究所洛阳发掘队：《1959年豫西六县调查简报》，《考古》1961年第1期。
② 《手铲释天书——与夏文化探索者的对话》和《记忆：北大考古口述史（一）》两书中赵芝荃先生的访谈均提到当年洛阳发掘队选择二里头遗址发掘的前因后果，内容相当接近。
③ 许顺湛：《脚印》之"夏文化的诱惑"，第69—76页。

不久就转移到偃师灰咀遗址。① 二里头遗址的发掘虽然开始了,但作为队长的赵芝荃却被抽调去参加"反右倾"学习以及劳动锻炼,直到1962年才重新回到二里头遗址主持发掘工作。②

二里头遗址的发掘揭开了夏文化探索的新篇章。据赵芝荃统计,从1959年至1977年秋季前后"共发掘了17次,揭露面积约18 000平方米","找到了二里头文化第一期、第二期、第三期和第四期的重叠层,得到了相当数量的文化遗存,特别是在第三期的文化层中发现有多块大面积夯土,出土了一批重要的实物资料"。因此告成会议主办方要求他在会议上"把二里头考古队的工作简单介绍一下",以便"给告成遗址提供个比较的材料"。③

为方便讨论,我们先把告成会议之前二里头遗址发掘的有关情况作一简要概括:

序号	发掘时间	发掘对象	相关认识
1	1959年秋冬季的试掘	圪垱头一带的居址和墓葬	确认遗址的第3层为"商代文化层",并且认为"这层文化的性质与郑州洛达庙、陕县七里铺以及洛阳东干沟的晚期基本相同";第4层"也是商代层";第5层"应属于河南龙山文化晚期"。发掘者认为"这次发掘的主要收获是:找到了从龙山晚期至商代早期连续发展的三层文化堆积。根据遗物可分为早中晚期。早期当属河南龙山文化晚期,但与常见的河南龙山文化还不能衔接,尚有缺环;中期虽仅留有若干龙山文化因素,但基本上接近商文化;晚期则是洛达庙类型商文化。通过这一发现,对商文化与河南龙山文化的关系有了进一步的认识,可以进一步肯定河南龙山文化与商文化有承继关系"④

---

① 为劝退"刘胡兰小队",赵芝荃专门委托郑振香到郑州去说服安金槐,劝其退出二里头遗址的发掘。参看《记忆:北大考古口述史(一)》,第197页。
② 张立东、任飞:《手铲释天书——与夏文化探索者的对话》,第99页。
③ 赵芝荃:《二里头考古队探索夏文化的回顾与展望——在登封告成遗址发掘现场会上的发言》,《河南文博通讯》1978年第3期。
④ 中国科学院考古研究所洛阳发掘队(高天麟执笔):《1959年河南偃师二里头试掘简报》,《考古》1961年第2期。

续 表

序号	发掘时间	发掘对象	相 关 认 识
2	1960年—1964年春季的八次发掘	一号宫殿基址的东南部及48座墓葬	确认"二里头类型应该是在继承中原的河南龙山文化的基础上,吸取了山东龙山文化的一些因素而发展而成的";认为"二里头遗址是商汤都城西亳的可能性是很大的",理由是"(1)遗址的范围广大,在遗址的中部有宫殿。(2)遗址的位置与文献上的记载是相符合的。(3)遗址的文化性质与该段历史是相符合的";同时指出,"遗址有早、中、晚三期之分,其早期的堆积,推测当早于商汤的建都时期"①
3	1972年—1973年的三次发掘	一号宫殿基址的西半部	"宫殿台基上面有二里头遗址四期的灰坑和墓葬,下面有二里头遗址二期的灰坑,上下地层关系清楚,这座宫殿建筑是二里头遗址三期的。……二里头遗址三期的绝对年代,经我所实验室放射性碳素测定年代为距今3210±90年(公元前1245±90年),树轮校正年代范围是公元前1590年—公元前1300年,相当于商代早期"。而"这一期的文化面貌,也完全是商代的特征",特别是新发现的二里头遗址四期的文化"一方面把二里头遗址三期与二里岗期紧紧地连接起来,同时也找到了三期早于二里岗期的地层根据,因此我们确定这座宫殿基址是商代早期的"。而在"遗址中部的夯土台基是一座商代早期的宫殿建筑"得以确认后,"为汤都西亳说提供了有力的实物证据","从而二里头遗址的性质问题也就清楚了"②
4	1973年春、秋季	遗址的三区和八区	出土一件铜爵,是当时"发掘出土的最早的一件青铜容器",发掘两座被盗过的玉器墓,这些材料"更进一步说明,二里头遗址绝不是一个普通的聚落",为"关于这个遗址就是汤都西亳的推断增加了新的论据"③

---

① 中国科学院考古研究所洛阳发掘队(方酉生执笔):《河南偃师二里头遗址发掘简报》,《考古》1965年第5期。
② 中国科学院考古研究所二里头工作队(赵芝荃、高天麟执笔):《河南偃师二里头早商宫殿基址发掘简报》,《考古》1974年第4期。
③ 中国科学院考古研究所二里头工作队(赵芝荃、高天麟执笔):《河南偃师二里头遗址三、八区发掘简报》,《考古》1975年第5期。

续 表

序号	发掘时间	发掘对象	相 关 认 识
5	1975年秋	一号宫殿基址附近的K3、K4和K5	在二里头三期的K3内发现铜爵、铜戈、铜戚、圆泡形铜器、石磬、玉铲、玉钺、玉戈、陶盉、绿松石饰、贝等器物，因为"未发现人骨及葬具痕"，所以推测"它可能是奴隶主的墓坑"①

  二里头遗址发掘的最主要收获就是形成了该遗址是汤都西亳的认识，而这一认识的形成过程是循序渐进，有其自身逻辑的。大体来讲，包括以下几个关键点：先是徐旭生豫西调查报告提出该遗址是汤都西亳的可能性，然后在第一篇发掘简报中高天麟证明了二里头遗址的中、晚期属于商文化，再到方酉生在第二篇简报中依据一号宫殿基址的发掘，形成了"二里头遗址是商汤都城西亳的可能性是很大的"判断，然后是赵芝荃根据二里头四期遗存的发现，"把二里头遗址三期与二里岗期紧紧地连接起来"，"从而二里头遗址的性质问题也就清楚了"。

  分析上述几篇发掘简报，可以看出当时得出这一结论的原因有三：一是接受了安金槐等人提出的洛达庙类型是商代早期遗存的观点，进而把东干沟和二里头遗址的同类遗存也定为商代早期；二是笃信徐旭生的文献学研究结果，认为汤都西亳"是汉人的旧说，未敢抹杀"，对在当地找到西亳充满信心；三是遗址规模及历次发掘所见确实表明二里头遗址非同寻常，应该是一处都邑性质的遗址。在上述三点共同形成的强大"证据链"面前，把二里头遗址推断为成汤的西亳是非常自然的结果，即便有人心中存疑，但疑惑的念头也只是一闪而过，以至完全忽视了安志敏②、石兴邦③在1959年同时提出洛达庙和东干沟类遗存有可能是夏文化遗存的观点，对许顺湛在1960年提

---

① 中国科学院考古研究所二里头工作队（赵芝荃等执笔）：《偃师二里头遗址新发现的铜器和玉器》，《考古》1976年第4期。
② 安志敏：《试论黄河流域新石器时代文化》，《考古》1959年第10期。
③ 石兴邦：《黄河流域原始社会考古研究上的若干问题》，《考古》1959年第10期。

出的二里头遗址下层文化有可能是夏文化的观点也未予以重视。①考古所洛阳发掘队主力队员方酉生的想法就很具代表性,他曾经这样回忆当时的思想斗争:

> 1958年当我在洛阳看到东干沟遗址挖出的陶器等遗物时,觉得很新鲜,它与河南龙山文化以及郑州二里岗遗址的陶器作风都不一样,联系到洛阳的位置处在夏代的中心部位,因此,心里曾思考着这些东西会不会是夏代的遗物。但因为当时学术界将东干沟遗址一类的遗物看作是早商时期的。同时,在文献上又有偃师是汤都西亳的记载。特别是在偃师二里头遗址的中期(即以后分为四期的第三期)发现有两座宫殿建筑基址以后,更认为这是汤都西亳时的实物见证。②

也正是在此背景之下,二里头遗址三、四期为汤都西亳的观点就成了学术界的共识。但作为二里头工作队的队长,赵芝荃心里并不十分踏实,原因是"二里头遗址三期文化与二期文化相近,与一期文化差别明显",因此,如果要把二里头文化一分为二的话,也当在"差别明显"的一、二两期之间断开,而不宜断在"文化相近"的二、三期之间。但因为第一期蚌片的测年结果"较三期早300多年",所以赵芝荃认为这其中"反映了其间或许有重大变化",而不再过多顾及文化面貌的相似与差异。③

赵芝荃这里没有明说的"重大变化",无疑就是指夏商王朝更替。但他始终是心存疑虑的,如他说:

> 二里头遗址三、四期文化与郑州二里岗商文化有相似之处,遂把二里头三、四期文化定为商,一、二期文化与二里岗商文化差别较大,遂定为夏。我后来考虑,把一个完整的

---

① 许顺湛:《关于中原新石器时代文化的几个问题》,《文物》1960年第5期。
② 张立东、任飞:《手铲释天书——与夏文化探索者的对话》,第166页。
③ 中国科学院考古研究所二里头工作队(赵芝荃、高天麟执笔):《河南偃师二里头早商宫殿基址发掘简报》,《考古》1974年第4期。

考古学文化从腰部一刀分为两段,早者为夏,晚者为商,实为不妥。①

在这种情况下,赵芝荃连续采取行动,试图进一步夯实二里头遗址前后两段分属夏商两种文化的观点。他先是于1975年组织人员在豫西开展了多次调查,并试掘了临汝煤山遗址;随后又在1976年—1977年间与商丘地区文管会合作,在传说汤都南亳的地域内调查发掘了龙山到殷商时代的遗址。

1975年洛阳工作队的豫西调查,是"根据徐旭生同志当年调查的路线,再次调查了登封的石羊关、禹县的阎砦、谷水河遗址",除"新发现有登封的北庄和禹县的崔庄遗址"之外,"还调查了临汝的柏树圪垯和平顶山市的寺岗遗址"。② 这次豫西调查的目的很清楚,就是要探索夏文化,特别是要确定二里头文化与河南龙山文化之间的关系。而获得的主要结论则是:这次调查所见的"河南龙山文化和二里头类型文化早期的遗址","它的时代应相当于夏代"。言外之意,二里头类型文化的晚期(即三、四期)自然就应归入商文化。

该队发掘临汝煤山遗址也是"为了探讨河南龙山文化和二里头文化的关系问题"。在1984年发表的发掘报告中,赵芝荃得出的结论是:"煤山遗址(一、二期)河南龙山文化的时代,属于龙山文化的晚期",这类遗存可以命名为河南龙山文化的"煤山类型";"二里头文化是直接从煤山类型一、二期文化发展而来的,这三期之间没有质的变化。相反,二里头三期和二里头一期文化之间存在着较大的差异,前者与商代二里岗文化相似"。煤山遗址的发掘不仅令赵芝荃更加坚定了二里头遗址二、三期之间文化性质发生巨变的认识,而且使他意识到需要从理论高度来解决二里头文化前后两段分属夏商两族文化的问题,于是他呼吁"在探讨夏文化的过程中,应当打破人为的考古

---

① 张立东、任飞:《手铲释天书——与夏文化探索者的对话》,第102页。
② 中国科学院考古研究所洛阳工作队:《1975年豫西考古调查》,《考古》1978年第1期。

资料命名的界限,认真地进行分析研究,以寻求夏文化的正确答案"。①

1976年—1977年,赵芝荃等人在豫东商丘等八县进行考古调查和发掘工作,堪称是远见卓识之举。如赵芝荃所言,这次工作目的是要通过"考查商文化的渊源"来"识别夏代的物质文化",从而"进一步研究二里头遗址的性质"。② 在赵芝荃看来,如果把二里头遗址的三、四期定为早商,遗址定性为汤都西亳,就"必须到豫东考察南亳,看看那里的文化特点"。赵芝荃相信,只要把豫东调查所见"与二里头遗址相比较一下,就会有个答案"。③

在豫东,他们共"发现龙山文化遗址17处、殷商遗址15处",④并试掘了永城王油坊、黑堌堆、柘城孟庄(心闷寺)和商丘坞墙等遗址⑤。调查的结果是"仅在坞墙遗址发现少量二里头文化遗存",鉴于"自此向西、向南,在开封和周口地区已经发现多处二里头文化遗址",赵芝荃得出了"商丘地区是二里头文化分布区的边缘地带,自此向东未见二里头文化遗存"的判断。这一成绩固然重要,但赵芝荃来豫东地区工作的目的是要找商代早期甚至是先商时期的文化,并以此来和二里头文化进行比对,从而鉴别出何者为夏文化,但没有想到"这次调查的十五处殷商文化遗址,属于二里岗期的不多,只有柘城孟庄(心闷寺)和民权的吴岗两处",而"其它均属小屯期"。⑥ 从这层意义上讲,豫东的调查和试掘工作并未达到预期目标,无法帮助赵芝荃进一步鉴别二里头文化早(一、二期)晚期(三、四期)究竟是否属于夏商两

---

① 中国社会科学院考古研究所河南二队(赵芝荃、郑光执笔):《河南临汝煤山遗址发掘报告》,《考古学报》1982年第4期。
② 赵芝荃:《二里头考古队探索夏文化的回顾与展望——在登封告成遗址发掘现场会上的发言》,《河南文博通讯》1978年第3期。
③ 张立东、任飞:《手铲释天书——与夏文化探索者的对话》,第102页。
④ 中国社会科学院考古研究所河南二队等:《1977年豫东考古纪要》,《考古》1981年第5期。
⑤ 中国社会科学院考古研究所河南二队等:《河南永城王油坊遗址发掘报告》,《考古学集刊》第5集;《河南柘城孟庄商代遗址》,《考古学报》1982年第1期;《河南商丘县坞墙遗址试掘简报》,《考古》1983年第2期。
⑥ 中国社会科学院考古研究所河南二队等:《1977年豫东考古纪要》,《考古》1981年第5期。

种文化。

就是在这种情况下,作为二里头工作队队长的赵芝荃受邀出席告成会议,并应主办方的要求,"把二里头考古队的工作简单地介绍一下"。在会上,赵芝荃把该队历年来的主要工作归纳为四点:

> 第一,在偃师二里头找到一处距今三千五六百年的都邑遗址。……第二,考查清楚了二里头遗址包含有四个时期的二里头文化层堆积,……第三,通过临汝煤山遗址的发掘证实二里头文化是从河南龙山文化发展而来的。……第四,在商丘地区作了一些调查试掘,目的是探讨商文化的渊源问题,帮助研究二里头遗址的性质问题。①

赵芝荃向来谨慎,会后刊载的发言稿更是措辞谨严,他一改此前在发掘简报中的做法,不再把二里头遗址与西亳联系起来,甚至通篇文稿中根本不见"西亳"二字。② 但即便如此,字里行间依然透露出把二里头文化一分为二的看法,如他说:

> 根据以上四期文化的特征,一方面反映出四期文化是一脉相承的,二里头文化经历了一个持续发展的不同阶段;另一方面又反映出二、三期文化之间存在着较多的差异,其间似乎是包涵较大的变革原因。

他又说,要想加快探索夏文化的步伐,需"抓住三个环节",即:

> 研究河南龙山文化的分期问题、河南龙山文化向二里头文化的转化问题、二里头文化二期发展到三期文化的问题。分析这三个环节变化前后的文化特征、经济生活和社会性质等问题,弄清这些变化是文化的分期问题,还是朝代

---

① 赵芝荃:《二里头考古队探索夏文化的回顾与展望——在登封告成遗址发掘现场会上的发言》,《河南文博通讯》1978 年第 3 期。

② 由于发言稿是 1978 年才发表,赵芝荃先生在会上对二里头遗址性质的具体表述究竟如何,现在还不能确知。他后来说,"我们开始也认为是殷汤所都。后来邹衡提出来这是夏都。我比较迟钝一点,搞偃师商城以前,一直认为它是殷汤所都,到偃师商城以后才慢慢承认了二里头遗址是夏都"。参看《记忆:北大考古口述史(一)》,第 191 页。

的更迭问题,还是社会性质的变革问题。把这三个环节变化的原因搞清楚了,夏王朝的兴亡时间就会自然而然地明确起来了。

很显然,赵芝荃在这里强调要弄清是否有"朝代的更迭"原因,潜台词其实就是指这是导致二里头文化二、三期发生巨变的原因。这也表明在告成会议上,他依然持二里头文化分属夏、商两种文化的观点,尽管他没有明说。

从学生时代崇尚"古不考三代以下",到1955年进入中国科学院考古研究所立志从事"夏代考古",直至1977年以二里头工作队队长身份出席告成会议,二十多年间赵芝荃以长时段、大范围的密集田野工作履行着自己的诺言。在此期间,以赵芝荃为代表的考古所洛阳工作队(先后又称二里头工作队、河南二队等)的考古学家为探索夏文化开展了最为系统、最为卓越的工作,用赵芝荃的话来讲,就是同时在"线上、面上、点上"都下了巨大的功夫。所谓"线上",是指确立了二里头文化是由河南龙山文化发展而来的;所谓"面上",是指同时在豫西和豫东地区开展考古调查,确定了豫西是二里头文化分布的主要区域;而所谓的"点上"是指以二里头遗址为代表的都邑性遗址的发掘与研究。这几方面的工作是夏文化探索的基石,是一切相关研究的基础,但赵芝荃及其同事却没有想到,他们出色的工作却引来了邹衡在告成会议上的沉重一击。

三、"搅局者"邹衡

1977年11月21日,告成会议进入到第四天,而且第二天就要闭幕了。但令与会代表没有想到的是,会议其实才刚刚进入高潮。夏鼐在当天的日记中写下了这样的文字:

> 上午大会,陈滋德同志主持,由徐殿魁、赵芝荃同志分别介绍东下冯、二里头的工作情况。……下午继续开会,由傅月华同志主持,发言者有黄石林、佟柱臣、张彦煌和邹衡

四位同志。邹衡同志于晚间继续发言,至8时半始毕。邹同志以为王城岗并非属于夏文化,许多人对此有意见,散会后议论纷纷。……①

对于在会议上的"搅局",邹衡自己是这样回忆的:

> 在会议以前,我早已将我对夏文化的观点同夏鼐先生商谈过。夏先生未明确表态,……我发言(共两次,约6小时)之后,曾引起全会的震动,因为与会的先生们大都没有这样的思想准备,是大出他们意料之外的。听说当时考古所的先生们在会下说要组织反攻,可是继续发言的先生似乎并没有驳倒我的论点。②

从下午讲到晚上,邹衡在长达六小时的发言中究竟说了些什么,居然让与会者"议论纷纷",甚至"引起全会的震动"。这显然不仅仅是"邹同志以为王城岗并非属于夏文化"那么简单。作为当事人,邹衡自己说得更为直白:

> 会议开始以后,发言的先生们果然公开表明二里头西亳之说,把二里头文化都当成夏商两种文化,即一部分(早期)是夏文化,另一部分(晚期)是商文化。几乎无人把二里头文化当成一种文化。我的发言在会议进行的中后段,我只有一个目的,就是说,二里头文化不能从中割开,二里头文化只能是一种文化,或全是夏文化,或全是商文化,决不是夏商两种文化。我明确提出二里头文化一至四期都是夏文化。③

在后来发表的会议纪要中,则有这样一段话可以作为佐证:

> 有同志认为,夏文化相当于河南龙山文化晚期和二里

---

① 《夏鼐日记》卷八,第149页。
② 张立东、任飞:《手铲释天书——与夏文化探索者的对话》,第52—53页。
③ 张立东、任飞:《手铲释天书——与夏文化探索者的对话》,第52页。

头文化一、二期；第二种意见认为相当于二里头文化一、二期，两者同时认为偃师二里头文化三、四期的宫殿遗址属于商代早期，即商汤所都的西亳；第三种意见认为夏文化相当于从龙山文化晚期到二里头四期；第四种意见认为相当于二里头文化一至四期。持有后两种意见的同志，实际上认为在偃师二里头文化三、四期的宫殿遗址（学术界一般认为是商汤所都的西亳），也属于夏文化范围了。①

很显然，令大家"议论纷纷"的是邹衡在会上主张二里头文化一至四期都是夏文化，而在当时，无论安金槐还是赵芝荃都是主张二里头文化一、二期属夏，三、四期属商的，邹衡提出的新观点事实上是颠覆了此前二十多年来所建立的夏商文化认知体系。对夏文化的不同认识必然会影响到对早商文化的理解，所以邹衡在会上还隐约透露出郑州商城可能是汤都的想法，这一观点向前威胁到二里头遗址西亳说，往后又动摇了郑州商城隞都说，这就难怪要"引起全会的震动"了。②

那么，告成会议上的邹衡究竟是哪来的底气敢于提出"郑亳说"与二里头遗址"西亳说"、郑州商城"隞都说"分庭抗礼呢？这同样需要从邹衡的成长经历和学术道路来审视。③

1947年，二十岁的湖南青年邹衡考入北京大学法律系。除了学习法律系的课程之外，邹衡还大量地旁听其他各系的课程，结果是对法律的兴趣越来越淡，对文史哲的兴趣则与日俱增。1949年北平和平解放后，考虑到国民党的法律已经不合时宜，邹衡有意改学历史，这一想法得到同乡、北大史学系教授向达先生的支持，并向史学系作

---

① 余波：《国家文物局在登封召开告成遗址发掘现场会》，《河南文博通讯》1978年第1期。

② 邹衡先生关于"郑亳说"的具体论述最早见于《郑州商城即汤都亳说》一文，载《文物》1978年第2期，完整论述则见于《论汤都亳及其前后的迁徙》，载《夏商周考古学论文集》，文物出版社，1980年，第183—218页。但他说，参加登封告成遗址现场会时，"《夏商周考古学论文集》正在排印，在登封会议上，我还不打算全部公布，只是隐约透露一些观点"，在会后他很快就写出并发表《郑州商城即汤都亳说》一文，以免别人猜疑。参看《手铲释天书——与夏文化探索者的对话》，第53页。

③ 下文有关邹衡先生早年经历多据李维明《考古学家邹衡》一书，科学出版社，2010年。

了推荐,于是邹衡就在这年9月转入了北大史学系。在这里,他先后听了张政烺、郭宝钧和夏鼐等学者的课程,这是他第一次接触到考古学。

真正引导邹衡选择考古之路的是向达先生。1952年,北大历史系在全国高校中率先设置考古专业,向达知道邹衡酷爱古代史,就极力劝导他将来学习考古学,并向系主任郑天挺推荐邹衡为考古专业的第一个研究生。这一看似偶然的选择,邹衡却为之奋斗了终生。在他的晚年,他曾经这样形容自己的考古之路:

> 在念大学以前,我根本不知道考古学为何物,经过长时期的磨炼,居然同考古学结成了终身伴侣,注下了深厚的情谊。我热爱考古学,执著于考古学,迷恋于考古学,要献身的也是考古学,甚至不可须臾离开考古学。可以说,考古学就是我的人生观。①

1952年9月,邹衡开始了他的研究生学习,主要导师是中国科学院考古研究所的郭宝钧先生,他的研究生生涯的第一站就是郑州。这年10月,全国第一届考古工作人员培训班的学员们由郭宝钧先生领队,分赴郑州和洛阳进行田野发掘实习,邹衡先到郑州,后去洛阳,这是他生平第一次接触到田野考古。与同在培训班但有些实际工作经验的安金槐相比,邹衡的田野考古知识更为薄弱。

1953年9月—12月,第二届考古工作人员培训班再次前往郑州和洛阳发掘,邹衡则以辅导教员的身份先后参加了洛阳烧沟汉墓和郑州二里岗的发掘。随后两年间,邹衡多次到郑州整理二里岗的发掘材料,为撰写硕士论文作准备。

20世纪50年代初在郑州的田野工作奠定了邹衡一生事业的基础。首先,在郑州的发掘与整理,让他这个毫无考古经验的青年学生脱胎换骨,摸索和掌握了一套行之有效的考古发掘与整理材料的方法。在此后的数十年间,邹衡不但自己反复地灵活运用这套方法构

---

① 邹衡:《我与夏商周考古学》,《中国历史文物》2009年第2期。

建了自身学术体系,更把此种方法运用到教学当中,借由广大学生的传播与使用,使之深深扎根于中国考古学的沃土之中。① 邹衡十分看重这套方法,给予了极高的评价,他说:

> 五十年前,……我参加了河南省文物工作队第一队在郑州二里岗的发掘,我的考古生涯就是在郑州开始的,前后在郑州工作了三年之久,我的研究生生活,差不多就是在郑州度过的。……当时来往于郑州的专家很多,但大多不是专攻田野考古的,他们也只是各说一套而已,不能解决田野考古中的实际问题。所以郑州的考古工作只能靠自己从头摸起。……我们就是在考古实践中共同商量,逐步共同创造出一整套田野发掘和室内整理的方法。这套田野考古方法,在当时全国考古界还是极难见到的。例如在田野中如何分区,如何理解地层的划分,如何做到平面与剖面的结合,如何把田野发掘和室内整理相结合,如何选定典型地层和典型器物,如何进行陶片分类统计,如何对合陶片,如何排队以及如何编写发掘报告等等,我们都摸索出一套可行的办法。……我们不可轻视这套方法。这套方法实际上是继承并发展了殷墟发掘的传统,可以说,这就是具有中国特色的中国考古学田野方法。对我个人来说,正因为我在郑州学习并具体实践了这套方法,给我以后在北京大学考古专业的考古教学与考古研究创造了良好的条件,我把这套方法传给了学生,以致传到全国各地,使之不断地更进一步发展和完善起来。②

---

① 刘绪先生曾把这一研究方法的要点概括为:"用统计表来说明各型式器物在早晚单位的存在规律;用图表来说明不同期别各类器物的演变等,这是对类型学的精辟运用。"参看《邹衡先生商文化研究历程述略》一文,载《北京平谷与华夏文明国际学术研讨会论文集》,社会科学文献出版社,2006年,第334—338页。

② 邹衡:《河南省文物考古研究所成立50周年有感》,载《华夏文明的形成与发展——河南省文物考古研究所建所五十周年庆祝会暨华夏文明的形成与发展学术研讨会论文集》,大象出版社,2003年,第17—18页。

邹衡在郑州的另一项收获是对郑州商代文化的认识与研究。诚如他自己所述,学生时代研读郭沫若的著作,发现在上古史研究领域有三大难题是郭氏所没有解决的,即:殷商前期、先周文化和夏文化问题,因此选择攻读殷周考古研究生。① 此时在郑州商代遗址的发掘,正给了他一展身手的好机会,决定以郑州新发现的殷商文化遗存作为自己研究生毕业论文的研究对象。

20世纪50年代初期郑州是全国考古工作的中心,各路力量汇集于此,但在当时情况下,发掘多而整理少,系统研究成果更少,最重要的材料是安志敏和安金槐发表的两份简报。安志敏根据1953年—1954年郑州市文物工作组的发掘及他本人配合该组发掘及室内整理的观察,把郑州商代文化遗存分为四期,其中"郑州Ⅰ期相当于辉县Ⅰ期(琉璃阁北、中区墓地),郑州Ⅲ、Ⅳ两期则相当于或晚于安阳小屯期及辉县Ⅱ期(南区墓地)",而"二里岗殷代遗址,属于郑州Ⅰ期,它的年代也可能早于安阳的小屯期",但强调"这还需要进一步的研究"②;安金槐《郑州市殷商遗址地层关系介绍》一文也只是概述了郑州殷商文化的分期情况,即"二里岗与人民公园的下层为早期,二里岗的上层与人民公园的中层为中期,人民公园的上层为晚期",同时认为"人民公园的上层(晚期)……和安阳小屯殷墟的出土物比较接近,也可能是时间相距不远,而人民公园下层(中期和早期)又相当于二里岗文化层,所以二里岗殷商文化层也可能早于安阳小屯殷墟文化层"。③ 这些认识无疑非常重要,但均未展开论述。邹衡此时的目标很清楚,就是要对上述问题进行更详细、更科学的论证。

1955年,邹衡完成了他的研究生毕业论文《试论郑州新发现的殷商文化遗址》,并于次年发表在《考古学报》上。④ 文章的主体部分有

---

① 邹衡:《我和夏商周考古学》,原载《学林春秋》第二编下册,朝华出版社,1999年;收入《夏商周考古学论文集·再续集》,科学出版社,2011年,第260—270页。
② 安志敏:《一九五二年秋季郑州二里冈发掘记》,《考古学报》1954年第2期。
③ 郑州市文物工作组:《郑州市殷商遗址地层关系介绍》,《文物参考资料》1954年第12期。
④ 邹衡:《试论郑州新发现的殷商文化遗址》,原载《考古学报》1956年第3期;收入《夏商周考古学论文集》,文物出版社,1980年,第1—29页。

二：先论"郑州遗址的文化分期",再论"郑州与小屯"。前者专注于郑州新发现的殷商文化分期问题,后一部分则关注郑州与安阳两地商文化的早晚关系。关于前者,他的结论是：

> 总起来说,我们所论到的郑州古代文化遗址有它自己发展的顺序;它可以分为前后继续的4个文化时期,这即是龙山文化期,殷商文化早、中、晚期。这4个文化时期之间的关系是：殷商文化的早、中两期是紧密相连的,而殷商早期与龙山文化、殷商文化的晚期与殷商文化的中期之间似乎有着中断的现象,而还不能直接相衔。

关于郑州和小屯两地殷商文化的关系,他的结论是：

> 小屯的殷商文化可以与郑州的殷商文化的早、中两期大体上衔接;也就是说,郑州殷商文化的早、中两期比起小屯的殷商文化甚至它的早期来还要早一些。如果说郑州的晚期与郑州的中期之间是一个"中断",那末,小屯的早期是可以把它们两者联接起来的,即：

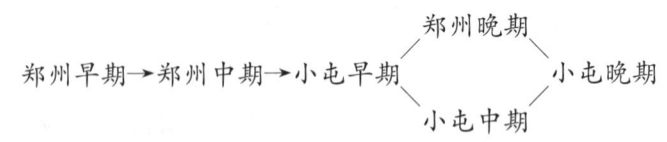

```
                      郑州晚期
郑州早期→郑州中期→小屯早期         小屯晚期
                      小屯中期
```

就具体结论而言,邹衡与安金槐的观点是很接近的。但正如邹衡自己所强调,该文的意义在于：

> 在当时,曾经有人提出来郑州的商文化早于殷墟文化,但这只是笼统而言的,并未作出具体的论证。要论证这个问题,首先必须要对殷墟文化进行分期。殷墟是1949年以前发掘的。当时参加殷墟发掘者有不少著名学者,如李济、梁思永等人,但他们都未能对殷墟文化进行过分期。这个问题对我来说,自然是相当困难的。殷墟的发掘资料都已运往台湾,我无法看到,我只能根据从书本上看到的极少量资料进行研究。经过一年多的艰苦搜集和反复排比,我发

现有地层证明殷墟的陶鬲和陶簋都能排列出早、中、晚的系列,当时辅导我的苏秉琦先生得知后特别高兴,并鼓励我继续研究下去。我终于把殷墟文化主要从陶器上划出了期别,并把郑州同殷墟的早晚关系基本上弄清楚了,证明了郑州二里岗文化早于殷墟文化的早期,而郑州商文化的晚期则相当于殷墟文化的中期。①

因此,如果说郑州商文化的分期是集体智慧的结晶,那么对殷墟文化的分期则完全是邹衡个人的创见。借由郑州和殷墟商文化的分期结果,完整的商文化分期体系第一次得到了确立,这在当时堪称创举。

而此时邹衡也面临着与安金槐同样的困惑——虽然确定了郑州和殷墟商文化的序列,但郑州商文化究竟比殷墟早多少,或者说,它是商王朝哪个时期的文化,则依然是一个有待于解决的问题。在1952年郑州二里岗发掘结束后,安志敏就曾经指出"郑州殷代遗址的范围广大,延续的时代也比较长久,当是殷代的一个重要的城邑",但他承认对于"郑州是否确属隞地,还不可遽加肯定"。② 但安金槐似乎更为自信,不久即发表专文论定郑州商文化是商代中期的遗存,郑州商城就是仲丁的隞都。③ 邹衡采取的做法比较谨慎,他在论文结语部分引述了多条与隞都相关的文献,倾向性是极其明显,但却没有点明郑州商城是隞都。他后来解释采取这种处理方法的原因是:

> 从1955年以来,我……一直把二里岗遗址叫做"商代前期"或"早商"期,把二里头文化(包括早、中、晚三期)或者叫做"先商文化"。我从未把二里岗期当成"商代中期"(我认为即使仲丁迁隞在郑州,也只能占用二里岗期中的一小部分),也从未把二里头三、四期"作为商代早期"(即使是西

---

① 邹衡:《我和夏商周考古学》,载《夏商周考古学论文集·再续集》,第260—270页。
② 安志敏:《一九五二年秋季郑州二里冈发掘记》,《考古学报》1954年第2期。
③ 安金槐:《试论郑州商代城址——隞都》,《文物》1961年第4、5期。

亳，也是指二里头上层即二里冈期而言的）。①

应当说，在这一时期，安金槐和邹衡这两位在郑州二里岗共同奋斗过并结下深厚友情的年轻人已经成为新一代的殷商考古专家，他们在商文化分期体系研究中都发挥了关键性作用。但伴随着邹衡研究生学习结束离开郑州，他们两人不但在空间上有了距离，在学术观点上也渐渐有了各自的考虑，而这一切在很大程度上是缘于他们二人不同的工作境遇。

如果说洛达庙遗址的发掘和认识是安金槐构建自己商文化体系的重要支点，那么，1957年在邯郸的发掘则是邹衡学术道路的分水岭。这年秋天，北大历史系考古专业教员宿白和邹衡带领1953级学生来邯郸进行生产实习，这是北大考古专业第一次自主举办实习，在北大考古学科发展史上具有重要意义。② 对于邹衡而言，并未料到这次在涧沟和龟台寺遗址发掘所见的商文化遗存会成为他重新理解夏商文化体系的重要契机。

由于邹衡此时已经对郑州和安阳的商文化进行过详细分期，因此他对邯郸发掘所得的殷商文化遗存并不陌生，所以他在发掘简报中就指出：

> （涧沟）商文化可以分为早晚两期：早期大体与郑州二里岗下层的商代文化层相当，或者稍早。晚期约与安阳小屯殷墟文化的早期近似。
>
> （龟台寺）两期有显著的不同。第一期……鬲、甗、爵等的型式与郑州二里岗下层出的相同，时代应差不多。第二期……鬲、甗、罍、豆的型式都与郑州二里岗上层的相同，时代也应相当。③

---

① 邹衡：《再论"郑亳说"——兼答石加先生》，《考古》1981年第3期。
② 关于北大考古专业1957年邯郸实习的前因后果及重要意义可参看王彦玉《北京大学考古专业课程建设研究(1952—1966)》第四章第三节"独立指导下的田野考古"，北京大学考古文博学院硕士学位论文，2013年。
③ 北京大学、河北省文化局邯郸考古发掘队：《1957年邯郸发掘简报》，《考古》1957年第10期。

在这里，邹衡遇到了和安金槐同样的问题——安金槐需要对洛达庙类型的年代和属性作出回答，而邹衡则需要探究涧沟和龟台寺这些与二里岗下层时代"相当"甚至"稍早"的遗存究竟属于何种性质的遗存，但他一时间还不能给出肯定的回答。

转眼到了1959年。这年的上半年他在学校编写《邯郸发掘报告》，并亲自执笔涧沟部分。① 当年9月，他又带领北大学生来到洛阳进行田野考古实习，在这里他们受到赵芝荃的欢迎。后者先是热心地安排母校师生发掘东干沟遗址，后又慷慨地邀请邹衡率学生加入二里头遗址的发掘。② 但邹衡考虑到二里头遗址已经有考古所与河南省文物工作队的"刘胡兰小队"两支发掘队伍，于是婉拒了，并选择到洛阳远郊谷水镇的王湾遗址继续进行发掘。③ 未料在这个原本不被看好的王湾遗址，邹衡却作出了惊人的成绩，那就是"把王湾和伊洛地区的新石器时代到早商（引者按，指以郑州二里岗为代表的早商文化）以前的诸文化遗址分成了四大期和11小段"，具体来说，第一期是仰韶期，第二期是从仰韶文化向龙山文化过渡期，第三期是龙山期，第四期则是二里头期。④ 对于王湾遗址分期的意义，邹衡自己是这样描述的：

> 南王湾（引者按，即指王湾遗址）考古分期的学术意义是非常重大的。当时的考古界对于中原地区的仰韶文化和龙山文化都还没有明确的分期，到底有没有仰韶、龙山混合文化，一下子还作不出结论。新发现的大汶口文化究竟是什么年代和什么文化性质，一时也还说不清楚。至于仰韶文化早期，究竟是半坡早，还是庙底沟早，一直争论不休。

---

① 李维明：《邹衡主要学术事迹编年》，载《考古学家邹衡》，第105—143页。
② 赵芝荃后来回忆说："我挖东干沟，邹衡带着人去东干沟实习。我挖二里头遗址，李伯谦带着人去实习，我跟你也坦白讲，因为那是我的母校的人，我不拒绝，别人带队我不让去。……因为那是我的母校，我没说的，也愿意给母校尽点心，所以叫他们去。"参看《记忆：北大考古口述史（一）》，第196页。
③ 张立东、任飞：《手铲释天书——与夏文化探索者的对话》，第46—47页。
④ 邹衡：《试论夏文化》，《夏商周考古学论文集》，第97—99页。

总之，当时考古界对新石器时代的认识还有一些模糊。通过南王湾的分期，这些问题都可迎刃而解了。……夏鼐先生知道后，曾寄给我一封长信，高度评价了南王湾分期的重要意义，对我表示热烈的祝贺，并推荐给当时在中国访问的苏联著名考古学家吉谢列夫，要他到洛阳看看。……苏秉琦先生更是再三肯定了南王湾分期的成果，说这是一项破天荒的工作。①

王湾遗址分期结果对于史前考古的重要意义是不言而喻的，而对于邹衡本人所从事的夏商文化研究来讲，这更是一个转折点。他说：

> 1959 年我完成南王湾新石器时代分期后，即开始考虑夏文化的问题。我觉得研究夏文化，必先研究先商文化，因为不排除先商文化的可能性，要论证二里头文化为夏文化是不可能的。②

在当时，安金槐和赵芝荃等人已经共同构建了一个比较完整的夏商文化体系，即：殷墟为晚商，郑州二里岗上下层为商代中期，郑州商城为隞都，洛达庙中晚期和二里头遗址三、四期为早商，洛达庙一期和二里头遗址一、二期为夏文化。至于先商，上文提到，赵芝荃曾经到豫东去寻找，但没有收获。

长期以来，除了安志敏③和刘启益④等极少数学者对郑州商城的年代与性质提出过疑问之外，上述体系被广泛接受，邹衡最初也是接受这一体系的，如他在《论郑州》一文中引用多条与隞都相关的文献，暗示他至少是有保留地接受郑州商城隞都说的；他对二里头文化性质的判断则更为纠结，几经反复，"在编写北京大学考古专业 1960 年《商周—青铜时代》讲义时，曾命名为先商文化；1972 年《商周考古》讲

---

① 张立东、任飞：《手铲释天书——与夏文化探索者的对话》，第 48 页。
② 张立东、任飞：《手铲释天书——与夏文化探索者的对话》，第 49—50 页。
③ 安志敏：《关于郑州"商城"的几个问题》，《考古》1961 年第 8 期。
④ 刘启益：《"隞都"质疑》，《文物》1961 年第 10 期。

义又改名为二里头类型商文化;1975年湖北纪南城文物考古训练班《商周考古》讲义又改为二里头类型文化。1976年春,作者重新修改《商周考古》一书时,乃以二里头文化命名"。① 对于这一过程,他自己后来解释:

> 早年我不敢以夏文化来命名二里头文化,是考虑到夏朝的有无还没有最后的定论,学术界特别是考古学界大多主张龙山文化是夏文化,而我又没有任何论文发表。在此我不敢独树一帜,过早地提出全新的见解。我之所以命名为"先商文化",是因为当时我曾考虑过"二里头西亳说"和"郑州商城隞都说",尽管我对此二说并不坚信,但也提不出完全否定的坚实证据。我认为要彻底解决这个问题,有一系列研究工作要做。②

邹衡所说的"一系列研究工作"的核心是对商文化分期体系的再研究,同时着手对夏商两族都邑变迁进行详尽的文献学研究。③ 在对商文化进行分期研究的过程中,他遇到一个大麻烦,这就是:

> 在商文化分期中,我遇到最大的麻烦就是冀西南、豫北的早期商文化问题。这种商文化同二里岗的商文化,在年代上是相接的,可是在文化面貌上却有较大的差异。如何解决这种差异,我一直考虑了五六年之久。④

上面提到,早在1955年之前邹衡已经对郑州和安阳两地商文化进行了系统研究,比较全面地掌握了商文化的基本特征,因此当他1957年发掘邯郸涧沟和龟台寺遗址时,很快就分辨出这两处遗址中有比郑州二里岗更早的商文化遗存。按照当时流行的观点,郑州二里岗是商代中期的文化,那么在涧沟和龟台寺发现的这些商文化遗

---

① 邹衡:《试论夏文化》,《夏商周考古学论文集》,第104页。
② 张立东、任飞:《手铲释天书——与夏文化探索者的对话》,第49页。
③ 邹衡:《论汤都郑亳及其前后的迁徙》,《夏商周考古学论文集》,第183—218页;《夏文化分布区域内有关夏人传说的地望考》,《夏商周考古学论文集》,第219—251页。
④ 张立东、任飞:《手铲释天书——与夏文化探索者的对话》,第50页。

存自然就应该是早商文化了。如果是其他人在此时遇到这个问题，或许就这样解决了，但偏偏他是邹衡，偏偏他在发掘了涧沟和龟台寺之后又紧接着去洛阳发掘了东干沟和王湾，这两处遗址都有二里头类型的遗存，而且安金槐和赵芝荃刚刚给它定了性——属于早商文化。所以这就令1960年前后的邹衡十分纠结，不知该如何面对这两种"早商"文化——在年代上，它们都早于郑州二里岗；在文化面貌上，它们都与二里岗商文化既有共性，又有差异。

很显然，它们当中只可能有一个是早商文化，那么如何判定呢？此时的邹衡只有一条出路，那就是再找到一个类似于殷墟那样的定点，通过这个定点来确定商代前期文化，而最佳定点自然是成汤的亳都。在邹衡看来，"在讨论商文化时，首先要解决的是关于成汤居亳的地望问题"，因为"只有确定了成汤建国的所在，才有可能进一步探索先商文化、早商文化"，"从而最后确定何者为夏文化"。①

当时学术界其实已经树立了两个这样的定点，这就是"二里头遗址西亳说"和"郑州商城隞都说"，但问题是邹衡在对考古材料和相关文献记载全盘梳理之后，对这两个定点都不满意。在他看来，二里头遗址西亳说无论在文献记载还是考古材料上均有说不通的地方。文献方面的障碍是：

> 其一，西亳不与葛为邻。……其二，偃师之亳，不见于东汉以前的文献。班固所指的尸乡，从东周至西汉皆称"尸"或"尸氏"，而无称"亳"者。……其三，西亳与"韦—顾—昆吾—夏桀"的作战顺序不合。②

二里头遗址西亳说在考古材料上的障碍则是：

> 二里头文化晚期（即所谓"早商文化"）是直接来源于二里头文化早期，两者实属一种文化。……因此，若定二里头文化晚期是早商文化，则二里头文化早期必然是先商文化，

---

① 邹衡：《试论夏文化》，《夏商周考古学论文集》，第105页。
② 邹衡：《论汤都郑亳及其前后的迁徙》，《夏商周考古学论文集》，第191页。

又怎能定之为夏文化呢?①

所以邹衡认为,二里头遗址"若是夏,则各期统统是夏,若是商,则统统是商,决无先为夏而后为商的可能"。②

邹衡对于郑州商城隞都说的不满在于:首先,从文献上看,"敖仓城与郑州商城迥然是两地","敖仓城是秦汉城,非商隞都";其次,在考古学上,"郑州商城的年代与隞都不合",具体来说就是:

> 如果郑州商城是隞都,则其所居王应为仲丁至河亶甲,中间只隔仲丁之弟外壬一王;外壬之弟"河亶甲整即位,自嚣迁于相"。可见居隞者仅仲丁、外壬两王,不到一代,时间一定很短。可是郑州商城连续作为王都使用的时间却很长,尤其是其始建城的绝对年代经碳14测定为公元前1620年(树轮校正年代),与仲丁迁嚣的年代不合。且修筑如此大规模的城垣,在当时的条件下需要较长的时间才能完成,如果不到一代就搬走,未免太不合于情理。因此,郑州商城决不可能是仲丁所迁的隞(嚣)都。③

在对西亳说和隞都说质疑之后,邹衡提出了他判断成汤亳都的标准:

> 判断汤亳的考古实际的具体标准究竟又是什么呢? 我认为结合着商朝历史实际主要有两个:其一,遗址的年代一定是商代前期偏早,而且延续的时间要较长;其二,遗址的规模和内涵可以用已知的殷墟、郑州商城作为比较的样板。④

依据这样的判断标准,再结合他自身的考古实践,邹衡提出了全新见解——郑亳说,主张郑州商城是成汤的亳都。相应地,他对原有的夏商文化体系也进行了重组,那就是:殷墟是晚商文化,郑州二里岗是商前期文化,令他困惑多年的冀西南、豫北的商文化是先商文

---

① 邹衡:《试论夏文化》,《夏商周考古学论文集》,第181页。
② 邹衡:《论汤都郑亳及其前后的迁徙》,《夏商周考古学论文集》,第192页。
③ 邹衡:《论汤都郑亳及其前后的迁徙》,《夏商周考古学论文集》,第194—195页。
④ 邹衡:《再论"郑亳说"——兼答石加先生》,《考古》1981年第3期。

化,而二里头文化一至四期则均属夏文化。郑亳说的形成与提出,让邹衡解开了所有的死结,所以他说:

> 直到郑州商城的最后确定,我才豁然开朗,因为我一直在研究郑州商城亳都的问题。郑州亳都说自然联系到二里岗文化的年代问题,它只可能为早商文化。那么,早于二里岗的冀西南、豫北的早期商文化自然就是先商文化了。先商文化与早商文化的文化面貌有些差异,是可以理解的,这主要就是因为二里岗早商文化靠近豫西,大量吸取了二里头文化的先进因素的必然结果。①

大约在1972年邹衡的上述观点即已成形,至晚到1975年他的郑亳说及夏商文化体系就已经完全确定下来,但他一直秘而不宣,甚至在北大的课堂上也未透露丝毫信息。② 1977年11月告成会议召开时,他的《夏商周考古学论文集》已经在出版社排印,所以他不再有顾虑,把二十年多来的研究成果一吐为快,整整说了六个多小时。

这就是邹衡在告成会议上"搅局"的前因后果。对邹衡而言,他是有备而来,而对于其他与会代表来说,这一切都来得有点太突然,于是大家都有点懵,难免要"议论纷纷"。特别是安金槐和赵芝荃二人,他们可能更有些异样的感受。就安金槐来说,他发起这次现场会的初衷并不是要讨论何者为夏文化,而是要证明1977年夏他在"登封王城岗试掘的探方WT16—19和探沟WT22内"所发现的"相当于龙山文化中、晚期的夯土基础槽遗存",有可能是"夏代'阳城'遗址"。③ 同样,赵芝荃来告成是介绍二里头工作队探索夏文化的工作情况,至于何者为夏文化,对他而言也不是一个需要讨论的问题。

除了来得过于突然,令大家"议论纷纷"的另一个理由恐怕还在

---

① 张立东、任飞:《手铲释天书——与夏文化探索者的对话》,第50页。
② 如北大考古文博学院刘绪先生就告诉笔者在告成会议之前他从未在课堂上听邹衡先生讲述过郑亳说的有关内容。关于郑亳说的形成过程也可参看李维明《邹衡先生与"郑亳说"创建历程》一文,载《南方文物》2010年第1期。
③ 张立东、任飞:《手铲释天书——与夏文化探索者的对话》,第13页。

于郑亳说在很大程度上是对河南省文物工作队和科学院考古所洛阳队同行工作的重新解读，有点"以子之矛陷子之盾"的意味。西亳说的主力、同时也是邹衡同门师弟的郑光就这样评价郑亳说：

> "郑亳说"之由来，我们认为并不在于考古和文献史料有什么新的发现，而在于《亳说》（引者按，指邹衡《郑州商城即汤都亳说》一文）作者对夏商文化分期理论有新的变化，为保障那种变化的确立而产生此说。所以该文从头至尾再三强调确立"郑亳说"之重要，认为它将为研究早商文化，先商文化，进一步论证二里头文化是夏文化打下了坚实的基础，等等。①

客观地讲，郑亳说确实不是建立在新材料，甚至也不是完全建立在新方法之上的。② 但同时也应该看到，西亳说和隞都说本身所存在的"瑕疵"也是促使邹衡对相关考古及文献材料进行更为全面系统研究的原因，这也许才是他能够提出郑亳说的最关键所在。

因为会议在第二天就要结束了，持西亳说和隞都说的学者所能做的也只有"议论纷纷"，来不及作更多的回应了。对于邹衡来说，虽然在会上一吐为快，但他心里其实也不十分踏实，还要做许多工作来进一步巩固他的郑亳说，特别是要彻底厘清冀西南和豫北地区的先商文化特征，同时也要弄清豫东和鲁西南地区夏商之际的文化面貌。③ 所以，告

---

① 石加（郑光）：《"郑亳说"商榷》，《考古》1980年第3期。
② 不过，即便是西亳说的学者也对邹衡先生在夏商文化研究中的创新之处深表钦佩，如郑光先生就说，"他对考古学上的某些问题观察深入独到，见解高明（如在商代鬲形态的演变上，提出独到、准确的看法，是许多人未注意到或在迷惘中的，这是我很佩服的）。在田野考古技术中，亦有不少创新"。见郑光《邹衡先生仙逝三周年的思念》，《中国历史文物》2009年第2期。
③ 由于涉及问题过多，非一人之力所能胜任，所以这一时期邹衡先生的很多工作是通过指导研究生论文来完成的，如刘绪《论卫怀地区的夏商文化》（1983年）、王迅《试论安徽江淮地区的考古学文化》（1985年）和《试论夏商时期东方地区的考古学文化》（1988年，与宿白先生合作指导）、徐天进《试论关中地区商文化》（1985年）、宋豫秦《论鲁西南地区的商文化》（1986年）、沈勇《论保北地区的先商文化》（1988年，与李伯谦先生合作指导）、李维明《试论曲梁、岔河夏商文化遗址的分期》（1989年）以及张立东《试论宋窑辉卫型先商文化遗址的分期与年代》（1990年）等。可参看《邹衡先生指导学士、硕士研究生和博士研究生论文目录》，载北京大学中国考古学研究中心编《夏商周考古学论文集·再续集》，科学出版社，2011年，第317—319页。

成会议最多只是郑亳说对西亳说和斟䩸都说的宣战,双方的鏖战则是此后二十年间的事情,并缔造出中国考古学上一道亮丽的风景线。①俞伟超先生一直密切关注,曾经这样动情地评价夏文化探索历程:

> 这是近数十年内我国考古学研究中大家最关心的课目,……有那么多的当面争论,背后议论;又有那么多人因新的发现而情绪激动,长久不能平静;也有那么多的事件,引起过相互之间关系的变化。总之,至少在我国,没有另外一项考古学研究,曾经在那么长的时间内牵动着那么多人的心,一次又一次地引发出新的理论概念的思考。……真理愈辩愈明,……任何人不可能不犯错误。夏文化的探索过程,反反复复地证明这两句老话的确是全人类奋斗过程中经验教训的结晶。②

夏文化的探索,经过邹衡的这一番"搅局",从此进入到一个新时代。

四、"裁判与舵手"夏鼐

11月22日是告成会议的最后一天,夏鼐在当天下午的闭幕式上作了总结发言。告成会议结束之后,夏鼐的这篇讲话就成了夏文化探索的纲领,论战的各方反复引用他给"夏文化"所下的定义——"应该是指夏王朝时期夏民族的文化"。③但如果细读这篇发言,其中的内涵远远不止对"夏文化"的定义。

夏商考古虽不是夏鼐的专长,但作为新中国考古工作的组织者和领军人物,夏鼐早在建国之初就已经开始关注夏文化探索了。从

---

① 1997年11月夏商周断代工程办公室在河南偃师组织"夏、商前期年代学讨论会",与会专家一致认为二里头文化一至四期为夏文化,标志着夏文化探索取得了初步共识,此时距离1977年11月告成会议邹衡先生提出郑亳说恰好二十年。

② 见张立东、任飞主编《手铲释天书——与夏文化探索者的对话》之俞伟超序。

③ 夏鼐:《谈谈探讨夏文化的几个问题——在登封告成遗址发掘现场会闭幕式上的讲话》,《河南文博通讯》1978年第1期。

20世纪50年代初期把"夏文化探索"作为重大课题列入中国科学院考古研究所《十二年科学发展远景规划(1956—1967)》,到1959年组建考古所山西队,并"交付山西队承担的主要学术任务就是探索夏文化",①从组织力量配合徐旭生豫西调查夏墟到调拨人员大规模发掘二里头遗址,从1977年7月中国历史博物馆的座谈会到同年11月登封告成遗址现场会的召开,夏文化探索的幕后其实总有夏鼐的身影。他没有具体参与到夏文化的论争当中,但这不意味着他没有自己独到的见解,仔细品味他在会议闭幕式上的发言以及其他相关论述,当如许宏所言,夏鼐对于夏商文化的认识既有情结,更具高度。②

夏鼐在会议闭幕式谈了四个问题,即"夯土城墙问题"、"地层文化问题"、"夏文化问题"和"夏都问题"。从观点上讲,则是对安金槐和邹衡"各打五十大板"。比如他谈到夏都问题时就说:

> 如果夏到不了河南龙山文化晚期,那么告成王城岗的城墙为夏都城之说便难以成立了。所以,这里首先要解决的是夏文化问题。如果这遗址属于夏文化,也仍有这是否是都城的问题。……关于禹都阳城说的时代还是比较晚。孟子上距夏禹将近两千年了。而且还有禹都安邑等说法。纵使禹都阳城,是否即战国时阳城,也可能是另一个地点,虽然很可能是指战国时代的阳城的附近地带。

这段话显然是针对安金槐的"禹都阳城"而来的,代表了夏鼐处理文献记载的基本态度,比如是否可以根据战国时代的文献来研究夏代的史事,对于禹都的不同记载又该如何取舍。凡此种种,安金槐在研究中确实未曾加以论证,而只是简单地把考古材料与最有利于己说的文献对应起来,这事实上也是考古学界通行的做法。

夏鼐又说:

---

① 张立东、任飞:《手铲释天书——与夏文化探索者的对话》,第325页。
② 许宏:《高度与情结——夏鼐关于夏商文化问题的思想轨迹》,《南方文物》2010年第2期。

>有同志说郑州是汤都,二里岗下层便是商朝最早的文化,可郑州还有早于二里岗的商文化遗存。有共同点,又有差别,这里很复杂。可以继续研究。

这也等于质疑了邹衡的郑亳说。由于涉及洛达庙遗存的属性,确实"很复杂",不是短时间内可以有结论的,所以他主张"继续研究"。

不仅如此,针对会议上提出的四种关于夏文化的认识,夏鼐也发表了自己的看法:

>我认为现有的材料还不足以说明哪一个是夏文化,条件还不太够。四种意见都有说不通的地方。

这其实才是夏鼐对于夏文化问题最重要的判断。但很遗憾,往后的研究者只引用他对夏文化的定义,而有意无意地淡化他的这一看法。缘何会如此呢?道理很简单,因为无论是西亳说还是郑亳说学者,都认为夏文化问题已经解决了,至少是部分解决了,不可能承认"现有的材料还不足以说明哪一个是夏文化"。

那么在夏鼐眼中,究竟什么样的条件才够得上来探讨夏文化呢?他在发言中这样指出:

>如果某一遗址由各方面的强有力的证据可以确定是夏都,那也可以由此找到一个标准,根据它去搞清楚夏文化的面貌。

先找夏代都邑,再据此确定夏文化,此种"都城界定法"是夏商文化研究中普遍使用的方法。[1] 但如果追问,借以确定某处遗址是夏都的"强有力的证据"又是什么?夏鼐没有在正式著述中谈及此问题,但据殷玮璋的回忆,他在私下谈话中曾说,"夏文化最终只有在取得物证(如文字)后才能解决"。[2] 但遗憾的是,夏鼐终其一生也未见到这样的证据,所以在他最后一本著作——《中国文明的起源》中依然

---

[1] 杜金鹏:《夏商分界研究中"都城界定法"的理论与实践》,原载《三代考古(二)》,科学出版社,2006年;收入《夏商周考古学研究》,科学出版社,2007年,第262—299页。
[2] 张立东、任飞:《手铲释天书——与夏文化探索者的对话》,第211页。

说,"我认为夏文化的探索,仍是一个尚未解决的问题"。①

夏鼐对待夏文化的态度,体现的是李济以降的"史语所传统"。②它背后涉及的其实是考古学理论问题,即如何把考古学文化与古代的族属文化联系起来,或者说,如何从考古学研究上升到古史研究。如今的二里头工作队队长许宏是这样评价夏文化探索历程的:

> 概言之,在考古材料还相当不充分的情况下,考古学界将主要注意力集中在对这些发现的历史学解释上,集中于大型聚落与文献记载中的具体城邑,以及考古学文化与具体族属、王朝发展阶段的比附对应上。同时,在没有决定性证据出现的情况下,学者们随着新的考古发现与测年数据的不断推出而校正甚或改变观点,展开新的论战。其参与人数和发表学说之多,历时日之长,讨论之热烈,都远超过其他学术课题,构成了20世纪下半叶直至今日中国学术史上罕见的景观。

但许宏的观点与夏鼐的主张颇为接近,强调了文字证据在夏商文化研究中的关键性作用。他认为"没有甲骨文这样的直接证据,商王朝是无法被证明的",主张"这一环节也应是确认夏文化、夏王朝以及夏商分界的不可或缺的关键性要素",③所以他的结论是:

> 尽管有层出不穷的重要考古发现,尽管耗费了学者们的诸多心力,但剥开夏商文化问题热闹非凡的表层外壳,它的'基岩'部分,也即夏鼐1962年及其后对二里头文化与夏文化关系的确切表述,却没有被撼动或突破。④

距离1977年告成会议已经过去三十多年了,就夏文化探索而言,

---

① 夏鼐:《中国文明的起源》,文物出版社,1985年。
② 参看本书第叁篇的有关论述。
③ 许宏:《方法论视角下的夏商分界研究》,中国社会科学院考古研究所夏商周考古研究室编《三代考古(三)》,科学出版社,2009年,第68—80页。
④ 许宏:《高度与情结——夏鼐关于夏商文化问题的思想轨迹》,《南方文物》2010年第2期。

我们依然生活在告成会议的时代。当年会议上的四位主角,只有赵芝荃先生硕果仅存。尽管观点不同,但在学术研究上你中有我,我中有你,并没有输赢之分,他们的贡献都已载入了学术史,他们孜孜以求的精神赢得了各界充分的尊重——安金槐是"新中国河南考古第一人",赵芝荃是"偃师市荣誉市民",邹衡是"商周考古第一人",而夏鼐则是当之无愧的新中国考古总设计师。

1977年的冬天,距离"科学的春天"已经很近了。[①] 登封告成现场会是"文革"之后考古学界举行的第一次大规模学术会议,它不仅让夏文化探索的春天提前来临,也让中国考古学率先步入了科学的春天。

---

① 1978年3月18日至3月31日,全国科学大会在北京举行。这是"文革"结束后中国科学工作者的盛会,邓小平在会上作了重要讲话,指出中国科学事业的发展方向。大会闭幕时,八十六岁高龄的中国科学院院长郭沫若发表了书面讲话《科学的春天》,并由著名播音员虹云当场朗读。"科学的春天"吹响了中国科学工作者向科学进军的号角。参看周继坚《胡平:为郭沫若起草〈科学的春天〉》,《今日科苑》2008年第9期。

伍 交锋
——邹衡的夏商文化论争

- 一、引言：还是要向邹衡学习
- 二、"同室操戈"：邹衡与郑光（石加）的郑亳之争
- 三、西亳还是桐宫：偃师商城引发的争端
- 四、最后的声音：关于早期夏文化之争
- 五、回音：呼唤邹衡精神

一、引言：还是要向邹衡学习

2005年12月27日晚八时许，躺在北京大学第三医院重症监护室的考古学家邹衡陷入了深度昏迷，在他弥留之际，中国考古学会理事长张忠培赶到医院，望着这位半个多世纪的挚友就要离去，张忠培不禁思绪万千：

邹衡自1952年攻读考古研究生，至今已近54年。他在这半个多世纪的考古人生中，跑田野，钻地层与遗迹单位，摩挲陶片，坐书房，审度爬梳资料，上讲堂，传道授业，从1958年以来大学毕业凡从事商周考古专业的中外学者，无不出自他的门下，得到过他的教益，考古科研与教学成了他的第一生命。邹衡以半个多世纪的人生专治夏商周三代，除《天马—曲村》这一巨大考古报告外，论著百余万言，探讨的基本问题，不是他亲自从田野中发掘出来的，就是自己从资料的爬梳中找到的，均具有原创性。邹衡的百余万言的论著，以《试论郑州新发现的殷商文化遗址》《试论殷墟文化分期》和《试论夏文化》这三论为基干，形成了以论商文化为核心的崭新的夏、商、周三代考古学体系。邹衡经历的这半个多世纪的考古人生中，夏、商、周三代考古学资料急遽积累，信息爆炸，是这时代造就了邹衡，同时也是邹衡创造了这三代考古的新时代，这真是"天人合一"和合共生。邹衡创立的这崭新的三代考古学体系,刷新了纪录,超越了前人,在同代人中处于领先地位,邹衡身后的人,不能和邹衡踵接,仍存在相当的距离。后来居上是规律,一定会出现的,而要居上,也得从邹衡的三代考古学体系始。①

所以,张忠培的结论是,"还是要向邹衡学习"。

正如张忠培所指出,自20世纪50年代初期以来,邹衡以商文化为切入点,以探索夏文化为鹄的,经过二十多年的不懈努力,终于构建了完整的三代考古学体系,其标志就是1980年出版的《夏商周考古学论文集》。但邹衡的工作并未就此止步,为了使这一体系能够得到学术界的广泛接受,能够经受新的考古材料验证,他又几乎用了同样长的时间来维护与完善这一体系,他在晚年曾经这样说:

> 我所研究的夏商周考古的几大问题中,差不多都是重大的难题,而我提出的论点又都是出于前人所未发,要很快得到普遍认同几乎是不可能的。因此,每一个问题都经过了共同的讨论,而且延续的时间都长达20年之久。在长时期的讨论中,我也深深体会到:研讨任何学术问题,都一定要坚持真理,随时准备修正错误。……如果发现自己有错误,就应该勇敢地承认,很快改正,决不能抱残守缺,一误再误。讨论本来就是相互切磋的,要以人之长补己之短,通过讨论,达到共同提高的目的。②

因此,当1998年他的第二本论文集——《夏商周考古学论文集·续集》出版时,邹衡在前言中这样写道:

> 这是我自1977年以来陆续撰写的57篇论文合集;1977年以前写的7篇论文已在1980年文物出版社出版的《夏商周考古学论文集》上发表。这20年,我在学术上几乎完全处

---

① 张忠培:《还是要向邹衡学习》,《中国文物报》2011年1月14日。
② 邹衡:《我和夏商周考古学》,原载《学林春秋》第二编下册,朝华出版社,1999年;收入《夏商周考古学论文集·再续集》,科学出版社,2011年,第260—270页。

于论战的状况,新问题研究不多。①

此前我们曾对邹衡提出郑亳说、构建夏商文化研究体系的过程作过分析,②现在则来考察他学术生涯后半的论争状况,以期获得对邹衡学术历程的完整了解。

二、"同室操戈":邹衡与郑光(石加)的郑亳之争

2005年的最后一天,在邹衡先生的遗体告别仪式上,他的同门师弟、时年六十五岁的中国社会科学院考古研究所研究员郑光为邹衡三叩首送别,令观者无不动容。三年之后,郑光这样解释当时的三叩首行为:

> 邹先生在世时,我随着年龄的增长,越是成熟,越是理解他、尊重他。他的去世,让我悲痛,如同失重、失去平衡。在八宝山,在邹先生的告别仪式上,我为邹先生三叩首送别。此举有三个理由:一为恩师(怀念恩师);二为师兄(与师兄痛别,感谢师兄的关爱);三为师门(望师门后学能继承前辈优秀的人格和学问,继续努力、不断创新,为中国考古学作出有价值的贡献)。这三叩首也是邹先生对我的感动、影响所产生的激情所致。③

邹衡和郑光都是郭宝钧的研究生,但两人年龄悬殊,④郑光1963年考入中国科学院考古研究所随郭宝钧先生攻读研究生时,邹衡早

---

① 邹衡:《夏商周考古学论文集·续集》前言,科学出版社,1998年。
② 参看本书第肆篇《考古学的春天——1977年"河南登封告成遗址发掘现场会"的学术史解读》。
③ 郑光:《邹衡先生仙逝三周年的思念》,《中国历史文物》2009年第2期。刘绪先生曾向笔者详细讲述过此事前因后果:在邹衡先生去世后,他专门致电郑光先生通报相关仪式安排,电话中郑光先生异常悲痛,片刻之后他又回电刘绪,告知在邹衡先生遗体告别仪式上他"要给邹先生准备一份大礼"。遗体告别仪式当天,郑光先生特意排在告别队伍的最后,此时众人已经离去,仅有邹衡先生家人和诸弟子在场,郑先生为邹衡先生行三叩首大礼。
④ 邹衡先生1927年出生,郑光先生1940年出生。

已在北京大学历史系考古专业任教,并且凭借对郑州商代遗存的研究在学术界声名鹊起。① 郑光 1966 年毕业后即留在考古所工作,1972 年到二里头工作队参加田野工作,1980 年担任了二里头工作队的队长,也很快就成长为夏商考古专家。②

1977 年 11 月在"河南登封告成遗址发掘现场会"上,邹衡石破天惊般地提出了"郑亳说",直接挑战学术界长期以来流行的二里头遗址"西亳说"和郑州商城"隞都说"。③ 随后邹衡发表《郑州商城即汤都亳说(摘要)》一文,④扼要地阐述了郑亳说的主要论点,其要有四:

1. 文献所见郑地之亳:《左氏春秋经》襄公十一年记鲁襄公与晋侯、宋公等诸侯"同盟于亳城北",杜预注称:"亳城,郑地。"邹衡据此提出郑地有亳。

2. 郑州商城出土陶文证明东周时期郑州商城名亳:1956 年在郑州商城北部和东北部的金水河和白家庄一带发现几批东周时期的陶文,其中有九个"亳"字。邹衡认为"因其出土数量甚多,说明带'亳'字的陶器不是从外地运来,应该是在当地烧造","这样就直接证明了郑州商城的北部和东北部一带东周时期本名亳","郑州商城在东周时仍名亳,就此成了铁案"。

3. 汤都亳的邻国及其地望与郑州商城相合:据邹衡的考证,韦即"鄩","其地在郑州商城附近",而"顾在怀庆府原武县境","昆吾应在新密、密县一带","夏桀之居'无远天室(嵩山)'",概言之,"韦、顾在郑州及其附近,昆吾在郑州以南不甚远,为入夏的门户,夏桀在郑州之西","由此可见,汤都郑亳,正合于韦—顾—昆吾—夏桀的作战路线"。

4. 商文化遗址发现的情况与成汤都郑亳相合:邹衡把郑州商文化

---

① 邹衡:《试论郑州新发现的殷商文化遗址》,原载《考古学报》1956 年第 3 期;收入《夏商周考古学论文集》,文物出版社,1980 年,第 1—29 页。
② 可参看张立东、任飞主编《手铲释天书——与夏文化探索者的对话》之郑光简历,大象出版社,2003 年,第 428 页。
③ 有关该观点的酝酿经过及其意义可参看本书第肆篇《考古学的春天——1977 年"河南登封告成遗址发掘现场会"的学术史解读》。
④ 邹衡:《郑州商城即汤都亳说(摘要)》,《文物》1978 年第 2 期。

遗址分为先商期、早商期和晚商期,"其中早商期遗址分布最为广泛,内涵最丰富,是最繁盛的时期,商城的修筑与使用也正是这一时期","此期又可分为两段四至五组,若每组平均四五十年,则共占一百五十年至二百年左右",而"从成汤都亳到仲丁离开亳,共历五世十王,若每世平均三十年,则共约一百五十年左右",因此邹衡认为"两者的年代是可以大体相应的"。此外,"从文化遗迹的分布来看,郑州商城内的宫殿遗址面积已初步探出共约六万平方米,约为殷墟宫殿的两倍左右。郑州早商遗址分布的总面积共约二十五平方公里,约稍大于殷墟",所以"郑州商城作为商代前期最主要的王都也是相称的"。

邹衡心里明白,以郑亳说为核心所涉及的"这些问题都是夏商周时期极其重要的","提出的诸论点又都是出于前人所未发","所以讨论或者说是论战就是必要的了"。[①] 不出意料,在邹衡的郑亳说提出不久,方酉生[②]和杨育彬[③]等持西亳说和隞都说的学者就相继发表文章反对郑亳说,而邹衡也针锋相对地给予答复。[④] 虽然论战在邹衡意料之中,但令他没有想到的是,最犀利、最具杀伤力的文章居然是郑光的"同室操戈"——这就是《考古》杂志1980年第3期发表的题为《"郑亳说"商榷》的文章,作者署名为"石加"。

文章先是肯定"邹衡同志《郑州商城即汤都亳说》一文,在他多年研究的基础上,从根本上推翻了一切关于汤都亳的旧说,提出了自己新的见解",认为该文"对推动夏商文化的探讨、研究是大有裨益的",但旋即指出邹衡"所提出的种种证据还不足以证明汤都之亳就在今天的郑州",随后对郑亳说的四项依据逐一质疑:

1. 关于郑亳的文献证据问题:文章指出,邹衡郑亳说的"文献证据是《春秋》襄公十一年'秋七月',同盟于亳城北"以及"同年《左传》'秋七

---

① 邹衡:《夏商周考古学论文集·续集》前言。
② 方酉生:《论汤都西亳——兼论探索夏文化的问题》,《河南文博通讯》1979年第1期;《谈夏文化探索中的几个问题》,《河南文博通讯》1980年第1期。
③ 杨育彬:《谈谈夏代文化的问题——兼对〈郑州商城即汤都亳说〉一文的商榷》,《河南文博通讯》1980年第4期。
④ 邹衡:《关于探讨夏文化的方法问题——答方酉生同志质疑》,《河南文博通讯》1980年第2期。

月,同盟于亳'一条,以及杜预注'亳城,郑地'",但石加认为这条史料"并不能为'郑亳说'作证",理由是:其一,"《左传》中亳及薄(同亳)不止一处,何以见得汤都之亳必郑地之亳?我们统计了一下,《春秋》提亳的地方两处,提薄一处,《左传》提亳十处,提薄三处"。综合经传各家的注释,这些亳和薄的地望或在河南偃师,或在山东曲阜,或在陕西,或者无考,因此并不能遽断郑地之亳就是成汤的亳都。其二,按照杜预的注例,他知道确切地望者一定注明为当时何地,既然杜预只是注"亳城"为"郑地",那就说明杜预也不知道这个亳城的具体位置,更不会指明是在今郑州一带。其三,现在的郑州在《左传》里叫管,不叫亳城。管之名起于何时,不得而如,但至少在殷末周初便有此名。

据此,石加反问邹衡:

> 如果说,汤都之亳确在郑州,为什么如此重要的地方,没有任何文献提到它,也没有任何传说流传下来。古来学者们在考证古亳的地望时根本连考虑都没有考虑到它,岂不是怪事?

石加的结论是:《春秋》襄公十一年"同盟于亳城北"中的"亳城"当如清代以来诸多学者所考证的那样,实际上是"京城"之误,邹衡以此作为郑亳的证据自然不可信。

2. 关于陶文的问题:郑州出土的"亳"字陶文是邹衡郑亳说立论的主要依据,但石加却认为"这未免有些牵强"。理由是:其一,在郑州出土的这些陶文中,"亳"字常常与"會"字或其他字同时戳印在一件器物上,这说明"亳"未必是地名,更不会是都邑名;其二,郑州之外,山东等省也出土过更似"亳"字的陶文,这也说明"亳"字与古亳都并无必然联系;其三,从写法上看,郑州这批所谓的"亳"字更可能是"亭"字,是战国汉代管理工商业的官署名。

3. 关于汤亳的邻国及其地望问题:邹衡认为夏人的属国韦的都城当在郑州附近,而在石加看来,"作为一个敌国都城韦,也不可能深入商的势力范围内,更不能在汤亳的附近",况且《吕氏春秋·具备》中"汤尝约于郼薄"之郼,"是否就是韦,实在大有问题"。

4. 郑亳说与商文化的分期问题：石加指出，

  "郑亳说"之由来，我们认为并不在于考古和文献史料有什么新的发现，而在于《亳说》（引者按，指邹衡《郑州商城即汤都亳说》一文）作者对夏商文化分期理论有新的变化，为保障那种变化的确立而产生此说，……这种变化主要在：将原来以偃师二里头三、四期作为商代早期改为以郑州二里岗期作为商代早期。……郑州二里岗期既由商代中期改为商代早期或前期，那么郑州商城就必须由商代第二个都城改为第一个都城亳了。否则就不能跟分期的变化相适应。就这样旧说被推翻了，证据也找出来了。

这段话实在是太尖锐了，意指邹衡提出郑亳说有"悬问题以觅材料"的嫌疑，是考古学上的"六经注我"。在石加看来，邹衡把郑州二里岗期定为商代早期导致了"不少难以解决的矛盾"，关键有两点：一、年数不够；二、与考古及历史实际均不相符。石加指出，按照邹衡的估算，郑州二里岗期大约延续一百五十年到两百年左右，加上殷墟阶段的二百七十三年，则"商文化早晚两期年数之和只有四百二十年到四百七十年左右"，但"商代总年数按通常的说法为六百年左右"，所以邹衡的分期结果"与商年总数差一百三十到一百八十年左右"。石加又指出，邹衡主张二里岗期大体与成汤至仲丁迁隞前这段历史对应，这样二里岗期就必然跟安阳小屯期之间差了仲丁至武丁前这段时间，而这段时长"按旧说有二百三十余年"，但从考古材料上，"安阳小屯早期直接由二里岗期发展来的，也就是说商文化早晚两期直接相衔接"，中间并不存在缺环，如此就形成了"考古相衔接，历史大脱节"的矛盾现象。

石加最后表示：

  要将二里岗期作为商文化早期，从而将郑州商城作为汤都之亳是很困难的。它从反面证明：郑州二里岗期只能是商文化中期。……前人关于"三亳"的说法，仍是我们寻找古亳的线索。寻找南亳和北亳的工作目前作得还很不够,也有些困难。如果就仅作的那点工作来排除它们存在的可能性,是不严肃的。至于成汤灭夏后所居之西亳,目前发现了些可供参考的线索。我们相信,随着考古事业的发展,以上那些问题会逐步得到解决。

毫无疑问,这是一篇高质量的论文。此文一出,令西亳说学者们大有扬眉吐气之感,一扫自 1977 年 11 月告成会议以来的憋屈之气。在邹衡提出郑亳说之前,学术界几乎是郑州商城隞都说与二里头遗址西亳说一统天下,即便是邹衡本人,在他的硕士论文《试论郑州新发现的殷商文化遗址》中也引用多条与隞都相关的文献,暗示他同意——至少是倾向于郑州商城隞都说。[①] 在当时,尽管也有安志敏[②]和刘启益[③]等极少数学者对郑州商城的年代与性质提出过质疑,但都没有引起学术界的足够重视。在邹衡提出郑亳说之后,他不仅以一人之力将此前的夏商文化研究体系撕开了一个口子,而且还赢得了夏商文化研究领域多位主流学者的支持,一时间郑杰祥[④]、许顺湛[⑤]和陈旭[⑥]等人相继发表文章附议郑亳说,西亳说和隞都说顿时有了崩盘的危险。

前面提到,在郑亳说出台之后,方酉生和杨育彬等西亳说者很快就著文反驳,但他们的论述多取守势,难以抵挡郑亳说的攻势。石加此文则不同,他以攻为守,在给郑亳说沉重一击的同时,自然为西亳说稳住了阵脚,所以这篇文章真可谓是力挽狂澜,石加也顿时成了西亳说的功臣。而邹衡此时也显然是感觉到了压力,他不得不承认"石文对'郑亳说'所举出的反证,乍看起来,似乎有点道理"。[⑦] 但无论是论战的参与者还是旁观者,此时最大的关注点似乎不是孰对孰错,而

[①] 邹衡:《试论郑州新发现的殷商文化遗址》,《考古学报》1956 年第 3 期。
[②] 安志敏:《关于郑州"商城"的几个问题》,《考古》1961 年第 8 期。
[③] 刘启益:《"隞都"质疑》,《文物》1961 年第 10 期。
[④] 郑杰祥:《二里头文化商榷》,《河南文博通讯》1978 年第 4 期。
[⑤] 许顺湛:《夏代文化的再探索》,《河南文博通讯》1979 年第 3 期。
[⑥] 陈旭:《关于夏文化的一点认识》,《郑州大学学报》1980 年第 3 期。
[⑦] 邹衡:《再论"郑亳说"——兼答石加先生》,《考古》1981 年第 3 期。

是都在纷纷打听这个"石加"究竟是何许人物,并有过种种离奇的猜测。① 当大家获悉"石加"居然是邹衡的同门师弟郑光之后,这场争论似乎变得更加有趣,更具看点了。

当然,邹衡的当务之急不是猜测"石加"是何方神圣,而是要回答他的质疑,并很快就写出了《再论"郑亳说"——兼答石加先生》一文,从"问题的提出"、"关于郑州商文化遗址的年代与分期"、"郑亳说的文献依据"以及"关于陶文亳字"四个方面作出回复,坚持认为"郑亳说在目前还有存在的某些理由,早商文化和古亳暂时还不必'另找对象'"。但郑光也未就此住手,又发表了《"郑亳说"再商榷》继续论战。② 但这第二轮的讨论并未超出原有框架,邹、郑二人主要是就此前所论作进一步的细化。

郑光能够写出如此高质量的论文不是偶然的。1963年,甫入考古所随郭宝钧先生攻读研究生时,郑光把自己的专攻方向确定为殷墟文化,但他从小就有"贪多鹜广,为学冗杂"的"陋习",所以尽管所学以殷周考古为主,但对"夏代及其以前的考古和文献资料"都很关注。在治学思想上,他特别崇尚陈寅恪提倡的"独立之精神,自由之思想";而在具体方法上,则又始终秉持导师郭宝钧所要求的"将考古与文献相结合",并"力求走出一条新路来"。在文献方面,他"中学时代对古典文学和历史(包括考古)有兴趣",大学念的是历史专业,"对于先秦史情有独钟","古汉语成绩是班上比较好的",并"自学汉语语法、训诂学、古文字学、版本目录学等",通过"阅读先秦文献,广泛吸收前人特别是清人的研究成果,思路为之大开",并由此"开始走自己钻研、思索的道路"。他大学的毕业论文是《左传所见古史资料综述》,"将《左传》中春秋以前的古史资料梳理出来,广泛吸取前人的研究成果予以考释综述",所以对于古史资料相当熟稔。在考古上,由于来到中国科学院考古研究所这样"一个高层次的地方学习",并"得

---

① 如有说石加是五个五十岁以上的人,也有猜测是考古所十个人组成的写作小组。据郑光先生自己解释,"石加"这一笔名取意自《荀子·劝学篇》"驽马十驾,功在不舍"。参看《手铲释天书——与夏文化探索者的对话》中对郑光的专访,第434—435页。

② 石加:《"郑亳说"再商榷》,《考古》1982年第2期。

到诸位老前辈的指导和影响",他自己也感到"确实进步不小"。特别是1972年到二里头工作队后,长期扎根田野,"由于有了二里头遗址多年的田野实践的经验、体会和对大量资料的掌握,以此为基础,去掌握和理解全国夏商及其以前的考古资料,就跟以前大不一样了。对所谓传说时代资料的理解好像进入了一个新天地"。①

经过长期的摸索研究,郑光悟出了至关重要的两点,并由此决定了他的一系列学术观点。

其一是"夏商文化一元论"。郑光指出,"据传统的史学观念,夏商的主体民族、主体文化是同一的,一脉相承的",但自"古史辨"运动以来,"中国古史系统遭到彻底的破坏,夏商的主体民族由原来的同一民族变成了两个民族,主体文化变成了两种文化",这种二元古史观遂成了"先秦历史和考古的核心观念之一,成为考古学文化属性判断的出发点和前提"。然而郑光认为新中国考古实践已经表明,"自仰韶,经龙山,至小屯文化应无东西界域,应是分布在极广地区内同一文化的直接延续,无中断、更替痕,上下一脉相传,形成了一个整体",因此"就应当承认传统记载如《史记》所记的古史系统的正确性,夏商文化应是一体,而不是对立的两种文化"。② 特别是1980年他担任二里头工作队队长以后,花大力气弄清了二里头遗址一、二号宫殿基址之上叠压有二里头五期的遗存,郑光认为"至此,从龙山晚期到殷墟间,文化连续发展的链条(即二里头一期到五期)在二里头遗址上完整地体现出来",③这令他更加坚信夏商文化同源,相信"夏与商的统治者同属古华夏族,文化是同一的","朝代或政权的更迭,王

---

① 此段描述多据《手铲释天书——与夏文化探索者的对话》中对郑光先生的访谈。
② 郑光:《夏商文化是二元还是一元——探索夏文化的关键之二》,《考古与文物》2000年第3期。
③ 郑光:《二里头陶器分期初论》,中国社会科学院考古研究所编《中国商文化国际学术讨论会论文集》,中国大百科全书出版社,1998年,第11—40页。按,郑光关于二里头遗址五期遗存的最早认识见于他和赵芝荃联合执笔的《河南偃师二里头二号宫殿遗址》(载《考古》1983年第3期),而完整的表述则见于《试论二里头商代早期文化》一文(载中国考古学会编《中国考古学会第四次年会论文集》,文物出版社,1985年,第18—24页),明确提出"二里头一期属夏文化,二、三期属早商文化,四期(相当二里岗期下层)及新分出的五期(相当二里岗期上层)属中商文化"。

都的迁徙，不可能引起文化，特别是陶器种类、形制特征的巨大变化"，①并由此竭力呼吁"超越疑古，走出迷茫，走出二元论"。② 这里需要强调的是，很多二里头遗址西亳说学者主张夏商文化分界在二里头文化二、三期之间，认为二里头文化一、二期为夏文化，三、四期为早商文化，继而发展为二里岗期商文化，这种将一个考古学文化一分为二的做法在某种意义上其实也是把夏商文化看成是同源的，③但只有郑光大张旗鼓地宣传走出二元论。

其二是正确处理"器"（器物、遗迹）与"道"（哲学层次的理）的关系问题。郑光认为，陶器在文化整体中一般处于低层次，"但它却是我们全部工作的基础，这不能不使我们付出极大精力去研究，去认识它"；但另一方面，"如果仅局限于盆盆罐罐的本身，甚至局限于某一器物，或以某些观念和办法从技的角度进行分析处理它们，则离真正的'道'有一定距离，甚至会陷入某种误区"。④ 在他看来，如果"研究夏商文化只强调一般处于低层次的陶器而不注意处于高层次的铜器、玉器、文字、礼制等上（只有后者才是判断一个考古学文化的民族属性和发展水平的最主要的依据），从局部联系法牵强地证成己说"，那么"由此得出的结论可能离事实很远，以致越走越远"。⑤ 因此他呼吁学术界要警惕"陶器误区"，避免陷入把"不同特征的陶器，被当作不同考古学文化和古代民族文化的标志物"的误区，更反对把陶器文化"与中国历史上某民族、某事件、某个大的历史时代相联系"的做法。⑥ 应该说，在这一认识上郑光并不孤单，张光直也曾指出，在对商人和商文化起源进行研究时，除了要注意代表"下层阶级文化"的石

---

① 郑光：《试论二里头商代早期文化》，中国考古学会编《中国考古学会第四次年会论文集》，第18—24页。
② 郑光：《夏商文化是二元还是一元——探索夏文化的关键之二》，《考古与文物》2000年第3期。
③ 殷玮璋：《二里头文化探讨》，《考古》1978年第1期；李经汉：《郑州二里冈期商文化的来源及相关问题的讨论》，《中原文物》1983年第3期。
④ 张立东、任飞：《手铲释天书——与夏文化探索者的对话》，第440—441页。
⑤ 郑光：《夏商文化是二元还是一元——探索夏文化的关键之二》，《考古与文物》2000年第3期。
⑥ 张立东、任飞：《手铲释天书——与夏文化探索者的对话》，第443页。

器和日用陶器外,还要关注城邑、阶级分化及其在宫殿和墓葬等方面的表现、文字、宗教礼仪类遗存以及工艺美术类作品。①

所以,郑光的两篇商榷文章之所以能够对郑亳说形成了有力的挑战,不仅是因为他对相关文献和考古材料的全面掌握,更是因为他的学术观点自成体系。具体来讲就是:

> 偃师商城(约始建于二里头五期即二里岗期上层的晚段)下与安阳殷墟相连接,其应为中商后期都城即盘庚之亳殷或后期西亳;郑州商城始建年代(二里岗期下层即二里头四期)早于偃师商城一期半(二里头四期和二里头五期早段),时间约一百五六十年,这与仲丁迁隞至盘庚迁殷之间的旧说年代大体相当,可证郑州商城应为中商前期都城隞都。二里头遗址从繁盛期(二期)开始至郑州商城经历二、三两期,时间约二百年,这又与成汤都亳至仲丁迁隞间的旧说年代相当。可证其应当为早商都城、成汤之西亳。……既然商代的几个都城从文献、年代、考古等方面的相对位置确定了,那么夏文化问题的解决就有了坚实的基础。也就是说更可以确定二里头遗址作为汤都之西亳以前的一定阶段的文化作为夏文化,即二里头一期文化和龙山文化晚期是夏文化。②

郑光深知他的上述观点与当前主流观点差距甚大,但他并不打算放弃,而是表示愿意"做一个保守主义者,或异端而存在"。他宣称,"在没有令我信服的事实出现前,还是暂时保持我的观点,在可能时发表我的一些看法"。③ 郑光的上述态度,正是他所推崇的"独立之精神,自由之思想"的具体表现。

现在回头审视,这场争论的亮点有二,一是学术观点的针锋相

---

① 张光直:《商城与商王朝的起源及其早期文化》,《中国青铜时代》,生活·读书·新知三联书店,1999年,第123—137页。
② 郑光:《试论偃师商城即盘庚之亳殷》,《故宫学术季刊》第8卷第4期,1991年。
③ 张立东、任飞:《手铲释天书——与夏文化探索者的对话》,第447—448页。

对,二是良好学术品德和同门情谊的完美展现。就前者而言,郑光曾经一言以蔽之,那就是在《"郑亳说"商榷》一文发表之后,"至少使一部分人知道'郑亳说'仅是一说,它有许多疑点"。① 如今三十多年过去了,郑亳说和西亳说依然对峙,这也从一个侧面证明它们确实"仅是一说"。而对于这场"同门相争"所折射出的深刻内涵,郑光是这样感受的:

> 我与邹先生也有学术观点不一致的地方,我发表过与邹先生商讨"郑亳说"的文章,这引起许多人的不理解,好像这是对大师兄的不敬。我虽在观点上"不思悔改",但感情上还是有些不安,对大师兄不好意思面对。正因为如此,我才对邹先生的高贵品质、宽敞胸怀深有感触,深为感动。他这样一个大权威,竟让自己的师弟扫了面子,对于一般人来说这是不可接受的。而他,不但不因此生我的气,或者报复于我,还不断通过我所同事转达对我好的评价。……我自己感觉,我在学术道路上受惠于邹先生实在匪浅,尤其是在相互讨论中所得到的启示。在此层面讲,没有邹先生,就没有我的今天。……邹先生为师门争了光,我也不甘落后。我们都有个共同的心愿,为了师门,更为了国家民族的复兴而努力奋斗。②

毫无疑问,邹衡和郑光所体现出来的上述情怀甚至比问题本身更具意义,因为在学术研究中,新问题和新争论始终是层出不穷的,而这种既不以私情害真理,又不因追求真理而害私情的良好风尚则永远值得推崇。

然而,正所谓一波未平一波又起,邹衡与郑光的"同室操戈"还没有分出胜负,一个新的重大考古发现出来了,它让原本已经十分胶着的论争变得白热化。

---

① 张立东、任飞:《手铲释天书——与夏文化探索者的对话》,第435页。
② 郑光:《邹衡先生仙逝三周年的思念》,《中国历史文物》2009年第2期。

三、西亳还是桐宫：偃师商城引发的争端

从它的发现开始，偃师商城就充满了神秘色彩。杜金鹏，这位后来的偃师商城工作队的队长就这样回忆当时的情形：

> 1983年，偃师商城被发现时，我正在偃师二里头遗址参加考古发掘。那一年，中国社会科学院考古研究所的两支考古队同时在古都偃师的土地上开展考古工作，一支是我所在的二里头队，另一支是汉魏洛阳故城队。虽然同属一个研究所，但两支队伍之间很少来往，各忙各的工作，彼此不知道对方的工作情况。忽然有一天，我们得到消息说，汉魏洛阳故城队正在偃师县城的西面进行发掘，挖出的土堆得很高。由此，才知道了一条惊人的信息：汉魏洛阳故城队在为配合洛阳首阳山电厂选址而进行的考古勘探中，发现一座掩埋于地下的古代城址！①

同属一个单位、专攻夏商考古且发掘地点近在咫尺的杜金鹏对于偃师商城的发现尚且如此惊讶，这就难怪邹衡事后略带揶揄地说：

> 偃师商城发现之后，考古学界呈现出一种神秘的气氛。听说全国四届考古学会在郑州召开，会后大家去参观了二里头遗址（引者按，当为王城岗遗址），路经偃师商城，也没能去参观。过了不到一年，忽然大见于报纸：《北京晚报》、《光明日报》、《人民日报》连续登出了报导、论文四五篇之多。《参考消息》甚至报导说中国的克里特岛发现了，日本《读卖新闻》头版头条特号字刊出成汤西亳的新闻。②

不过，偃师商城工作队第一任队长赵芝荃对城址发现的描述则要轻描淡写得多，他说：

---

① 杜金鹏：《偃师商城初探》自序"我与偃师商城"，中国社会科学出版社，2003年。
② 张立东、任飞：《手铲释天书——与夏文化探索者的对话》，第59页。

偃师商城是这样的,1983年那儿要建首阳山电场。电场准备要搁在偃师县的西边。要建设它就要先钻探,钻探找谁呢?就找到汉魏故城考古队了,因为他离汉魏故城考古队最近了,所以段鹏琦、杜玉生他们就去了。他们到那一钻探呢,就发现偃师商城了。偃师商城因为是商的,所以他们就不挖,就给了二室(引者按,指考古所夏商周考古研究室)了。二室就派我去了,我就当队长主持了发掘工作。①

事情当然不会这样简单。城址的发现者、时任考古所洛阳汉魏故城考古队队长段鹏琦对整个过程有详细的追记:

首阳山电厂筹备处拟选厂址的主厂区,处于杏园、赫田寨、大槐树三村之间,……占地面积1 200多亩。……此时已是(1983年)3月上旬,要确保在4月底以前完成偌大范围厂址的考古勘察,实非易事。……1983年3月15日,大规模铲探正式开始。针对此次铲探所具有的特殊性质和国家文物局提出的要求,我们决定采取有别于一般配合基建铲探的方法:第一,布孔要科学但密度稍小,以保证重要现象不漏为度。第二,先集中打普探而不卡探,将有"问题"的探孔记录在案;待普探完毕,经过对此类探孔进行综合分析,再选择重点实施卡探。……在普探基础上选择的卡探对象,……其中的重点又是古道路和古夯土建筑遗迹两项。……铲探发现的古夯土建筑遗迹,位于首阳山电厂拟选厂址东界以西100多米处,压在汉代层下,宽20米左右,……当卡探其长度时,在0至150米的范围内,我们发现一个值得注意的苗头,探孔夹带出的细碎陶片皆早于汉代。……由于注意了出土陶片,所以当城墙长度卡探出200—300米时,我们开始预感到,它可能是一座早期城址的一部分;待将西城墙北端卡死

---

① 北京大学考古文博学院:《记忆:北大考古口述史(一)》,北京大学出版社,2012年,第194页。

并发现其有向东转折的迹象后,这种认识已经变得异常鲜明而肯定。……时为1983年3月21日。①

汉魏故城考古队随即编制了钻探报告,连带钻探采集到的陶片标本,上报考古所和国家文物局。4月中旬,国家文物局和考古所联合发文,"要求进一步扩大勘察区域,查明该城的全部范围、形制、时代和性质"。"后一阶段勘察工作于4月22日正式开始实施","至5月11日已经探明了除南城墙以外的东、西、北三面城墙,从而弄清了它的整体形制和范围",确认城址"南北长1700余米,东西宽740(南部)—1215米(北部),全城面积约190万平方米",并且"在城内发现大面积夯土建筑基址四处,有三处坐落在城区南部,其中位置居中的一号基址面积尤大,可达200×185平方米,当为宫殿遗址"。与此同时,段鹏琦还对城址进行了试掘,"在西、北两面城墙上各开探沟一条","两探沟的发掘分别于5月15日前后结束","在二十多天的发掘中,既查明了城墙顶部及两侧的地层叠压关系,又对残存城墙本身作了解剖,为判断城墙的年代及建造方法提供了有力证据"。通过上述工作,段鹏琦及其同事们形成了如下认识:

> 该城始建年代的最后确定虽然有待于南部城区的全面考察和发掘,但我们有理由断定,商文化的二里岗期当是该城历史上的兴盛时期之一;在与二里岗上层相当的某段时间里,城墙曾作过"修补";该城废弃的年代,大约相当于二里岗上层晚期或者更迟一些的时期。因此,可以说它是商代前期的城址。综合铲探、发掘两方面的资料,我们认为,该城绝非商代的一般聚落,也非当时的方国小城,而应是一代王都,并且不排除它是汤都西亳的可能性。

而在次年正式发表的勘探和发掘简报中,段鹏琦及其同事重申了上述意见:

---

① 段鹏琦:《偃师商城发现追记》,原载《河南文史资料》1998年第2辑;收入杜金鹏、王学荣主编《偃师商城遗址研究》,科学出版社,2003年,第625—629页。

汤都西亳是否存在，以及偃师是否即西亳之所在？是目前考古界关于夏商文化讨论的争论焦点之一。对于这个问题，学者们持有完全相反的意见。我们初步认为，所谓"亳"字意当为京。鉴于偃师商城的规模、形制及城内建筑布局情况，说它是商代前期诸亳之一，大概不会有什么问题。如果考虑到它的地理位置，甚至可以径直称其为西亳。至于它是否为汤所都之西亳，现在尚无明确判断的足够依据，但这并不是说该城没有是汤都西亳的可能性。①

鉴于偃师商城的重要性，社科院考古所于1983年秋专门组建了河南第二工作队来负责商城的发掘工作，夏鼐所长亲自指派赵芝荃为队长，同时抽调徐殿魁、钟少林、黄石林和刘忠伏等精兵强将到该队工作。次年春天，河南二队就对偃师商城的年代、性质及其意义有了更加明确的判断：

> 从考古地层学判断，城址的年代早于二里岗下层，应该是商代早期营建的。……这座商代早期城址，就是商汤灭夏之后所都的西亳。……它是我国目前考古发现的商汤建国后的第一个王都，具有真正规模的古代城市。……二里岗文化属于商代前期文化，那末，早于二里岗文化的商代城址，就应该是商代早期城址。这就为夏、商文化找到了一个新标志。……因此，偃师商城的发现，不仅可以填补商代早期（夏、商文化之间）文化的一个重要缺环，也将可以缩短对夏文化的认识距离。②

毫无疑问，偃师商城的发现在商代考古研究中具有里程碑意义，它在很大程度上改变甚至是决定了学术界对夏商文化的认知。对于邹衡及其郑亳说而言，偃师商城不啻迎头一击。事实上，在偃师商城

---

① 中国社会科学院考古研究所洛阳汉魏故城工作队（段鹏琦等执笔）：《偃师商城的初步勘探和发掘》，《考古》1984年第6期。
② 黄石林、赵芝荃：《偃师商城的发现及其意义》，《光明日报》1984年4月4日。

发现之后,几乎所有的学者都倾向于西亳说,比如张政烺先生就对夏鼐说,"持二里头文化为夏文化的一方得一分,持汤都西亳的一方得一分,这场学术讨论犹如足球场上的比赛,一比一,平局";①苏秉琦也托人带话给邹衡,说他"对了一半(指夏文化),也错了一半(指郑亳说)",但执拗的邹衡对此并不认同,认为"这是不可能的。如果说错,我只能全错,不可能只错一半"。②

1984年10月7日—13日,全国商史学术讨论会在安阳召开,而偃师商城试掘的材料在这年6月已经公布,它自然就成了会议的焦点。有了偃师商城的新发现,会议几乎成了郑亳说的批斗会,凡论及偃师商城的文章无不支持西亳说而否定郑亳说,③这其中又以赵芝荃和徐殿魁的意见最具代表性,他们指出:

> 关于偃师商城的性质问题,我们认为就是商汤灭夏之后的都城西亳。……偃师商城为西亳,二里头遗址与其关系如何?这个问题很大程度要取决于偃师商城的始建年代。……根据西城门内墓葬叠压路土的地层关系,偃师商城应建于商代二里岗期下层之前,有可能属于二里头文化

---

① 赵芝荃:《评述郑州商城与偃师商城几个有争议的问题》,《考古》2003年第9期。按,张政烺先生对于从考古学上探索夏商都邑始终十分关心,从他的有关论述来看,他一度相信郑州商城隞都说,如他1959年在北京大学讲授"先秦史"这门课时即说,"汤灭夏后都亳,在河南省偃师县。从仲丁以后到盘庚,曾经迁都五次,关于这些迁都的事,《尚书》序里本来都有记载,可惜已经残缺,汉代司马迁根据这种残缺不全的材料作《史记·殷本纪》,把商代后期的都城所在都说错了。现在参考《竹书纪年》和考古发掘的知识,将这五次迁都的地点简单说明如下:仲丁迁嚣(《殷本纪》作隞,河南省郑州市)、河亶甲居相(河南省内黄县)、祖乙圯于耿(山西省河津县。《殷本纪》作'迁于邢',河北省邢台县。《竹书纪年》作'居庇',不知何地)、南庚迁于奄(仅见《竹书纪年》,山东省曲阜县)、盘庚迁于殷(河南省安阳市)"。而到了1963年,张先生的看法有些转变,他说,"郑州商城比安阳殷墟早,比郑州商城更早的是什么样子还不知道。仰韶—龙山—小屯,这个讲法太简单,实际要复杂得多。偃师二里头,有许多文化,有夯土台子,一个建筑台子有一万多平方米,是商?是夏?搞不清"。上述两种意见分别参看《先秦史讲义(1959年讲授)》,《张政烺文集·古史讲义》,中华书局,2012年,第198—199页;《在湖南省博物馆的学术报告》,《张政烺文集·苑峰杂著》,中华书局,2012年,第115—122页。

② 张立东、任飞:《手铲释天书——与夏文化探索者的对话》,第59页。

③ 如田昌五《谈偃师商城的一些问题》、李民《南亳、北亳与西亳的纠葛》、赵芝荃和徐殿魁《河南偃师商城西亳说》以及彭金璋、晓田《试论河南偃师商城》等文均持西亳说,参看胡厚宣主编《全国商史学术讨论会论文集》,《殷都学刊》增刊,1985年。

三期,也有可能属于二里头文化四期。……偃师商城若建于二里头文化三期,到西城门附近埋葬二里岗期下层的墓葬,其间包括两期考古文化的年代,与文献所载商有十王居西亳的年代接近,偃师商城若建于二里头文化三期,则它和二里头三、四期遗址同属于商代早期。两地相距不远,应同属于西亳的范围,只是建筑形制和使用目的不同而已。……偃师商城如若建于二里头文化四期,那么就应当把夏、商文化之分界放在二里头文化三、四期之间。偃师商城属于商代早期,二里头三期遗址则属于夏代末期,一兴一废,取而代之。①

可以看出,此时赵、徐两位学者对偃师商城的始建年代并不确定,该城与二里头遗址的关系也处于待定之中,但却都坚信它就是成汤灭夏所建的都城西亳。类似地,田昌五也说:

> 偃师商城的年代大约相当于二里岗期而略早,而二里岗下层则大约相当于二里头文化四期而略晚,这岂不可以说明:二里头三期以上属于夏代,夏商之交在其三、四期之间吗?……二里头三期宫殿的废弃和四期文化的衰落是一种明显的社会变动现象,偃师商城继二里头文化三期后兴建也是一种社会变动的现象。这一兴一废,不正可以说明夏、商之间的改朝换代吗?②

但与赵芝荃和徐殿魁不同的是,田昌五同时还强调"郑州商城始建年代相当早,可能比偃师商城还早一些",加之"其规模宏大,面积较偃师商城大约三分之一",所以判断它"应为商代前期的一座都城"。他进而追问到,"如果说郑州二里岗上层商城是仲丁所都之宫城",那么"在此之前又有谁曾都于此呢"? 他自己给出的解释是:

---

① 赵芝荃、徐殿魁:《河南偃师商城西亳说》,胡厚宣主编《全国商史学术讨论会论文集》,第403—410页。
② 田昌五:《谈偃师商城的一些问题》,胡厚宣主编《全国商史学术讨论会论文集》,第380—388页。

> 汤始居之亳当在今河南商丘之北,……商汤从这个地区起家,向西进军,征讨不服,灭葛和韦、顾等方国,抵达今之郑州附近。这地方应是昆吾的势力范围,"昆吾为夏伯",实力相当强。它很可能与夏桀联袂,筑城于郑州一带以御商汤。……郑州地区在夏商之际既属昆吾的势力范围,又是夏桀的东方门户。正由于此,商汤在灭昆吾后,夺取了这个地区,它也就成了商汤进攻夏桀的前哨基地。由此判断,郑州二里岗文化期商城为当时商汤灭韦、顾、昆吾后所建。

把郑州商城看成是夏人属国昆吾的势力范围,商汤灭昆吾之后,此地遂发展成为商人灭夏的前哨基地,这是一种新见解。而在此之前,邹衡也提出过"郑州在成汤未伐韦以前,本名韦,成汤占据韦以后,筑了今郑州商城,加以'邑',或叫鄣,但同时又改称'亳'了"的类似观点。① 虽然两说在具体指认上有所不同,但实质上颇为接近,都是主张在成汤到达之前,郑州地区已经有了一处较大的聚落或城邑,成汤在此基础上建造了郑州商城。

在前引赵芝荃和徐殿魁共同撰写的文章中,他们提出了偃师商城有始建于二里头文化三期和四期的两种可能性,而稍后,负责偃师商城西城门发掘工作的徐殿魁则进一步强调了始建于二里头三期的看法。徐殿魁说:

> 《偃师商城的初步勘探和发掘》和《1983年秋季河南偃师商城发掘简报》……对商城年代的看法,是略有出入的。《勘探》认为二里岗期是该城历史上的兴盛时期之一;而《商城简报》则认为商城早于二里岗下层,是商代早期营建的。……城墙外侧的路土(L2)在第五层之下又叠压在城墙附属堆积之上。路土内出土可复原的细绳纹陶鬲和褐色残陶豆盘各一件,……从上述路土L2出土的陶鬲和豆盘,

---

① 邹衡:《夏文化分布区域内有关夏人传说的地望考》,《夏商周考古学论文集》,第250页。

M18(引者按,该墓为X2城门内侧十三座打破路土L2的墓葬之一)的罩、瓮和两件盆以及M7的陶鬲,与郑州二里岗下层的H9、南关外中层的H62甚至和二里头四期出土的同类器相接近的情况来看,这些墓葬和路土的时代当不会晚于二里岗下层H9等单位,而二里岗下层偏早的一些单位,一般亦都认为它与二里头四期大致是平行或属同期的。邹衡先生就认为以H9等单位为代表的先商文化第一段第Ⅱ组与二里头四期大致是平行的。那么,相当于二里头四期的路土叠压城墙的附属堆积,接近二里头四期的墓葬打破城门内侧路土等现象,表明商城始建年代至少相当于二里头四期,甚至可能早到二里头三期。①

他并说:

> 如若偃师商城的始建年代相当于二里头四期,也即是该城最兴盛的时期,那么,以偃师商城为中心,在相当广袤的范围内,理应有较多的同时期的遗存,但是,从调查发掘的材料看,偃师周围地区的二里头文化四期的遗址远不如二里头三期遗址那样普遍。在郑州地区也有类同情况,……此外,二里头三期的遗存还分布于渭水下游、晋西南、汉水流域和冀南;尤其是豫东淮河支流双洎河和贾鲁河中游有较广泛的分布。而这地区在夏代末年已不是夏人的主要活动范围,这就表明这个地区内的二里头文化三期遗存很可能不是夏文化而是早商文化。

很明显,在西亳说学者看来,因为有了偃师商城这个新发现,邹衡连"错了一半"的几率都很小,他很可能就是"全错"——因为一方面偃师商城为汤都西亳是无可置疑的了,同时,无论偃师商城的始建是在二里头文化三期还是四期,都表明邹衡此前所持二里头文化一

---

① 愚勤(徐殿魁):《关于偃师尸乡沟商城的年代和性质》,《考古》1986年第3期。

至四期为夏文化的观点也是错误的。因此,赵芝荃在偃师商城发现后就反复强调,"偃师商城若建于二里头文化三期,则它和二里头三、四期遗址同属于商代早期。……偃师商城如若建于二里头文化四期,那么就应当把夏、商文化之分界放在二里头文化三、四期之间";①"二里头遗址一号宫殿气势宏伟,可视为王权之象征。这座宫殿使用于二里头三期,毁于三、四期之间,一期之隔如无重大变革似无可能。偃师商城始建于二里头四期,一废一兴,取而代之"。② 这也就是说,在很多西亳说学者看来,有了偃师商城的这一重大发现,二里头文化一至四期全部为夏文化的论断可以休矣,邹衡的郑亳说更可以休矣,学术界甚至有了"邹衡参观偃师商城后都哭了"的流言。

邹衡当然没有哭,但他确确实实遇到了前所未有的压力——如果说郑光的商榷尚可以看作是一家之言,那么偃师商城偌大的一座早商城址则是无论如何都不能回避的。正当大家(也包括西亳说学者)都在为邹衡着急时,他本人却已成竹在胸,因为他的论文"《偃师商城即太甲桐宫说》这时已经校对完毕",很快就要发表。而邹衡之所以在这么短的时间内即能作出反应,是因为他早年"曾研究过桐宫的所在地","可是长期以来未在此做考古工作,当地也没有什么重要发现",所以从未就此问题发表意见。"今既发现偃师商城,其地理位置又正合太甲所放之处,所以当偃师商城的消息公布不久",很快"就提出了此说"。③ 邹衡该文的主要观点很明确,那就是:

> 最近在河南省偃师县城关镇西侧尸乡沟一带发现了一座商代早期都城遗址,即"偃师商城",论者皆以为汤都西亳。我却不以为然,该遗址实为太甲所放处桐宫,乃早商时期商王之离宫所在。④

---

① 赵芝荃、徐殿魁:《河南偃师商城西亳说》,胡厚宣主编《全国商史学术讨论会论文集》,第403—410页。
② 赵芝荃:《关于汤都西亳的争议》,《中原文物》1991年第1期。
③ 张立东、任飞:《手铲释天书——与夏文化探索者的对话》,第59页。
④ 邹衡:《偃师商城即太甲桐宫说》,《北京大学学报》(哲学社会科学版)1984年第4期。

邹衡首先发表的只是论文摘要,以便用最快的速度来回应偃师商城西亳说——由此也可以看出偃师商城带给邹衡的巨大压力。详细论证则见于《西亳与桐宫考辨》这一数万字的长文,①从文末所署时间来看,该文四易其稿,历时三年有余,堪称邹衡学术生涯后半的第一宏文。邹衡如此重视偃师商城的原因很简单,因为无论此前各家的观点如何,而"高庄与新寨村之间的偃师尸乡沟商城却是实实在在的","颇值得考究",而"考究"的结果直接关系到他的学术体系能否成立,邹衡又岂能大意?

文章首先讨论"西亳在今何处"这一关键问题,在遍检历代学者观点和出土墓志材料后,邹衡认为:

> 历代学者考证古亳地,大凡具体言明里数者,总会有地面上的古迹标志可寻,或直接作实地勘察,或间接引用他人之说。……西亳地望诸说之中,至今犹能确指其地点者,可以归纳为三说:一为高庄与新寨村之间的偃师尸乡沟商城;二为老城镇以西10公里的南蔡庄一带和故城村;三为北魏洛阳城。……第三说因是汉魏故城所在,显属误会,姑且勿论。偃师尸乡沟商城本属早商时代,论者自可据以立说。南蔡庄及其附近并无大范围的早商遗址,可以勿论;故城村之古城虽为隋唐遗迹,与西亳无关,但据故城村不远却有二里头文化二里头遗址,论者尚可据以立说。

他接着再论"桐宫在今何处",在罗列相关文献后指出,"各书记载不尽相同,然太甲曾被伊尹放逐于亳都之外的桐或桐宫、桐邑,大体是可信的",而"关于桐或桐宫、桐邑的地望往往又同汤冢相联系",但"自汉以来,注说各异",于是邹衡对历代关于桐宫的五种说法一一加以辨证,然后指出:

> 上述有关汤冢桐宫五说之中,前四说(引者按,指邺西

---

① 邹衡:《西亳与桐宫考辨》,北京大学考古系编《纪念北京大学考古专业三十周年论文集》,文物出版社,1990年,第108—149页。

南说、扶风说、宝鼎说和梁国说)所言汤冢显然都是附会,不必深究;偃师说的汤冢也未必真实,同样不必拘泥。然而,高庄与新寨村之间的偃师尸乡沟商城却是实实在在的,颇值得深究。既然此城的方位和里数同《括地志》和《史记正义》关于桐或桐宫、桐邑所在地的记载相符;《晋太康地记》所记亳坂即《水经注》所言亳殷和《史记·田儋列传》所记尸乡的方位里数皆合;且城址的时代又恰当商代早期,合于太甲之时,这些当然就不是偶然的巧合了。因此,可以肯定地说,偃师尸乡沟商城必然就是西晋《晋太康地记》所言亳坂东之城,即太甲所放处桐或桐宫、桐邑。

文章最后论"西亳与桐宫的关系",他梳理文献的结果是:

西汉董仲舒说到成汤曾作宫邑于下洛之阳,指的就是新发现的偃师尸乡沟商城,当时并未名亳城,仅作为别邑别宫(即离宫)而居焉。东汉班固大约据此而称汤都尸乡,郑玄则称汤亭。西晋皇甫谧误记汤都西亳地望为首阳亭,即今南蔡庄一带。《晋太康地记》所记亳坂东之城,即尸乡沟商城,为太甲所放处,亦即成汤所作宫邑。薛瓒、皇甫谧和郦道元等人则把尸乡沟商城误认为帝喾所都亳城和盘庚所迁亳殷。唐人才把尸乡沟商城当作帝喾、汤和盘庚之都西亳;但张守节仍然知道尸乡沟商城为太甲所放处。自宋迄清,大体沿袭晋唐西亳旧说,但也有不少学者(如罗苹、顾祖禹、孙星衍等)仍然注意到《史记正义》所引《晋太康地记》关于太甲所放处桐或桐宫、桐邑的记载。然而,自秦汉以来,直至清代,从无一条文献记载今二里头为帝喾、汤及盘庚所都,因此,二里头遗址肯定与商代王都无关。

至此,邹衡得出的结论是:

所谓成汤都西亳说,并不是全无缘由的,大概是因为偃师尸乡确实有成汤所作的宫邑,即新近发现的偃师尸乡沟商城,乃早商别邑离宫,亦即太甲所放处的桐或桐宫、桐邑,年代经久,讹传为成汤所都西亳。

"成汤都西亳说既然不能成立",那么"成汤之亳都何在"以及"什么是夏文化"这两大问题自然就"值得学术界重新认真研究了"。在邹衡看来,西亳说学者把二里头遗址西亳说换成偃师商城西亳说之后,"将会产生一个难题",即"偃师尸乡沟商城和郑州商城属同文化同时期,要说偃师尸乡沟商城是成汤所都,那郑州商城也应该是成汤所都",但这样一来,"如今两个成汤亳都,怎么开交"?邹衡给出的解决方案是——"把两者进行比较",特别是比较这两座城址的年代。论战的双方都知道始建年代是决定何者为亳都的关键性因素,因此都最大限度地"提早"自己"亳都"的年代,都竭尽全力地证明自己的"亳都"要早于对方的"亳都"。

先是偃师商城的年代不断"攀升"。前面提到,在考古所汉魏故城队对偃师商城进行勘探和试掘后,段鹏琦等人对该城的认识是——"偃师商城是商代前期的城址","说它是商代前期诸亳之一,大概不会有什么问题";1983年秋,河南二队接手偃师商城并进行发掘之后,"从考古地层学判断,城址的年代早于二里岗下层,应该是商代早期营建的",并且第一次明确指出"这座商代早期城址,就是商汤灭夏之后所都的西亳";再后来,赵芝荃和徐殿魁两人又"根据西城门内墓葬叠压路土的地层关系",得出了"偃师商城应建于商代二里岗期下层之前,有可能属于二里头文化三期,也有可能属于二里头文化四期"的结论;然后是徐殿魁独自根据偃师商城西二城门的地层关系以及二里头文化三、四期遗址的分布状况,提出偃师商城"始建年代至少相当于二里头四期","甚至可能早到二里头三期"的观点;而黄石林则说得更为明确,认为"该城不会晚于二里头四期,……根据以上地层叠压和打破关系,表明这座城址的筑造年代应相当于二里头三期"。[①]

---

① 黄石林:《关于偃师商城的几个问题》,《中原文物》1985年第3期。

这一切邹衡自然都看在眼里，他当然明白郑州商城始建年代在此时所具有的特殊意义，他更清楚此时他已经处于下风，因为之前在与郑光的论战中，他曾经对郑州商城的年代和使用过程有非常具体的表述，即：

> 从以上考古分期和郑州商遗址的分布可以看出：郑州商文化最繁盛的时期是第Ⅲ至Ⅴ组。……如果硬要具体地说，那就是：第Ⅱ组，还没有筑起商城；第Ⅳ组，商城可能仍然作为王都使用，但也可能已经不是作为王都使用了；第Ⅶ组，可能仍然使用商城，但已不可能作为王都了；第Ⅷ组及其以后，恐怕根本不使用商城了（遗址的分布都在商城以外）。①

在邹衡的商文化划分体系中，第Ⅲ组商文化是以郑州二里岗C1H17和C1H2等单位为代表的，也即一般所谓的二里岗下层偏晚阶段。现在偃师商城的发掘者不仅不满足把该城的始建年代确定为二里岗下层，甚至已经在论证可以早到二里头四期乃至二里头三期的可能性了。面对这种局面，邹衡自然不能坐视不管，他必须对自己的观点进行必要的调整。

要讨论始建年代自然是从地层开始的。此前郑州商城的发掘者曾开了横截商城四面城墙的探沟二十二条，所以层位关系十分清楚，邹衡将其总结为：

> 在多数探沟中都发现有二里冈期下层的文化层或灰坑、房子和墓葬直接叠压或破坏城墙；也有少数探沟中发现城墙压着龙山文化、洛达庙期文化或南关外期文化的文化层、灰坑或灰沟；只有西墙一条探沟内城墙压着二里冈下层一小沟。同时，这些探沟内城墙夯土的土质、结构和包含物基本相同，其陶片大部分属于洛达庙期，也有少量属于二里

---

① 邹衡：《再论"郑亳说"——兼答石加先生》，《考古》1981年第3期。

冈期下层者。

根据上述地层关系，发掘者得出了"夯土城墙晚于洛达庙期和南关外期，更晚于龙山文化，其上限不会早于商代二里冈期下层，下限也不会晚于商代二里冈期下层"的结论。① 具体来讲就是，"郑州夯土城墙属于商代是确凿无疑，它建造于商代二里冈期下层，其使用时间从商代二里岗期下层开始，一直延用到二里冈期上层"。②

上述观点是被学术界普遍接受的，但也还有不同意见，比如长期参加郑州商城发掘工作的陈旭就认为，"根据发掘之地层资料及夯土层内包含之文化遗物，确定这座城墙主体建筑是商代前期的建筑，应无疑问"，但是发掘报告"说它建造于商代二里岗期下层，其使用时间从商代二里岗期下层开始，一直延用到二里岗期上层"，则"不甚合理"。③ 陈旭的理由是：

（1）据发掘资料，商代夯土层普遍被二里岗下层文化堆积叠压，同时，也普遍发现二里岗期下层之房基、窖穴、墓葬等遗迹，直接或间接的压着商代夯土层，这就充分表明，商代城墙建成的时间早于二里岗下层文化时期。（2）在商代夯土墙上，发现有二里岗期下层之墓葬、房基、窖穴打破夯土层，这种现象，也明显地表示出二里岗下层文化时期商代夯土城墙已开始遭受破坏。根据上述二点，如果说城墙的建筑始于二里岗下层文化时期，那么就不可避免地出现城墙本身一方面正在建筑，一方面又任凭人们去挖破城墙的矛盾，……我们认为这种矛盾，并不是当时的客观存在。造成这种矛盾的产生，根本的问题是在于我们今天对考古发掘中出现的地层现象，未作细致的、科学的分析。

随后陈旭分析了郑州商城六组重要地层关系，指出：

---

① 河南省博物馆、郑州市博物馆：《郑州商代城址试掘简报》，《文物》1977年第1期。
② 河南省博物馆、郑州市博物馆：《郑州商代城遗址发掘报告》，《文物资料丛刊（一）》，文物出版社，1977年，第1—47页。
③ 陈旭：《郑州商文化的发现与研究》，《中原文物》1983年第3期。

上述六条重要现象，第(1)条说明城墙有可能是最早见于洛达庙期，第(2)条则说明有可能始建于南关外期，而洛达庙期和南关外期的时代相当。其余4条都说明早在二里岗下层文化时期，商代夯土墙已经建成。……在《报告》(引者按，指《郑州商代城遗址发掘报告》)中未见到建筑城墙时破坏二里岗下层文化层或同期遗迹的现象这一重要迹象，也显示出商代夯土墙的建筑是从南关外期开始，……因为发掘资料表明，二里岗下层文化层在城墙内外分布密集，同期的遗迹、遗存也很多，那么多的二里岗下层文化层及同期遗迹的存在，在当时建筑城墙时而未遭到任何破坏，就难以理解，这显然是城墙建筑之时，二里岗下层文化层还未在此形成，而是在城墙建成之后，由于人们在城内生活栖息时才形成起来的。如上所述，我们认为郑州商代城墙的始建时间，当先于二里岗下层文化时期，决非同时，应确定在南关外期。

在论证了郑州商城的始建应在南关外期之后，她进而又对发掘者"证明郑州商代城墙建于二里岗下层的两个问题"作了分析：

(1)《报告》说，在城墙的西墙发掘，发现"商代二里岗期下层的一个小沟，被压在商代夯土城墙(五层)和商代二里岗期下层文化层(四层)的下面，……沟内填红褐色土和淤土，包含有洛达庙期和二里岗期下层的盆、大口尊、罐等陶片和一些涂朱陶片，……"这个问题如何解释呢？对此，我们查阅了《报告》中的地层图，发现这条小沟被夯土所"压"约占宽度的三分之一面积，而小沟上面还堆积一层很厚的二里岗下层文化层，这层文化层又压着夯土墙，小沟旁边又有二里岗下层灰坑亦被同期灰层所压，这样错综复杂的关系，还难以说明二里岗下层文化小沟为商代夯土墙所压。这种复杂的关系，似乎还可以把它解释为小沟、灰坑、文化层都是同期遗存，商代城墙夯土被二里岗下层文化层所压,并被同期小沟所挖破。因此这一现象能不能用来证明城墙的建筑始于二里岗下层文化时期的有力证据,值得存疑。

(2)《报告》说,在商城东、西、北三墙的发掘,在夯土层内还包含有少量的二里岗下层陶片,……我们认为,固然城墙本身的包含物是确定城墙建造年代的重要证据之一,但问题在于这些包含物要有明确的层位座标,包含物本身的文化年代也要断定确切。规模宏大的商代城墙,决非一个时期连续作业所建成,而且也可能还有增修。据发掘资料可以看出,在城墙的剖面上,很明显地有中墙和内外墙之分(《报告》称"主城墙"和护城坡),……这就很明显地表示出,城墙的整体至少是分两次建成。……既然城墙建筑有先后的关系,规模又如此宏大,其所包含的少量二里岗下层陶片,出土的层位、座标也不明确,这样,它到底是城墙始建时的包含物,还是后期的掺入物,就值得存疑。

稍后,郑杰祥著文支持陈旭的观点,也认为"由于郑州商城下面没有发现确定的二里岗下层的遗物、遗迹","因此可知在郑州商城始建时期这里尚不存在二里岗期下层文化居民","那么郑州商城只能开始创建于南关外文化类型时期"。①

应该说,陈旭的上述分析自有其合理性,结论也可能是对的,但却存在致命的瑕疵——她的上述论证是建立在对原始资料可靠性和地层学基本原理的质疑之上的。比如她看到二里岗下层文化小沟仅有"约占宽度的三分之一面积"被郑州商城城墙所叠压,即提出这种叠压关系"还难以说明(该小沟)为商代夯土墙所压",甚至得出"这种复杂的关系,似乎还可以把它解释为小沟、灰坑、文化层都是同期遗存,商代城墙夯土被二里岗下层文化层所压,并被同期小沟所挖破"

---

① 郑杰祥:《关于偃师商城的年代和性质问题》,《中原文物》1984年第4期。

的推测。再如,她一方面坚持"判断一个遗迹单位的年代,一般总是以该遗迹单位所包含的年代最晚的遗物为依据的"原理,[①]但具体到郑州商城,她又以城墙夯土内陶片缺乏明确坐标为理由,认为它们有可能是"后期的掺入物",并据此主张不能把这些陶片的年代作为城墙始建年代的上限。

邹衡此时则采纳了陈旭对于郑州商城始建年代的判断,只不过他论证的方式更为恰当,他说:

> 上述不同意见(引者按,指郑州商城始建究竟是在二里岗下层还是南关外期),并没有根本矛盾,可能是由于对"二里岗下层文化"的不同理解。笔者曾把原"二里岗下层文化"重新划分为两组:第Ⅱ组以C1H9为代表,可合并为南关外期,即相当于二里头文化第四期;第Ⅲ组以C1H17为代表。前面提到的商城西城下压的二里岗期下层一小沟,应属第Ⅱ组,实际上就是南关外期。这样,郑州商城的年代应该不会早于南关外期(第Ⅱ组),但也不会晚于二里岗期下层(第Ⅲ组)。

他并说:

> 1972—1973年,笔者曾经两次目验其(引者按,指郑州商城西墙下压的小沟)出土陶片,均似C1H9者,以往皆称之为二里岗期下层,实即南关外期。关于二里岗期下层之早期合并为南关外期这一点,近来二里头和尸乡沟商城的发掘者似无异议。至于郑州商城夯土内包含少量二里岗期下层陶片,也有可能属于第Ⅱ组。然而这种情况是比较复杂的。正如陈、郑二位先生在上文所解释的那样:郑州商城并不是在一个短时间内修筑的,其中应包括了"续建"和"修补"在内。由于报告作者并未注明这些陶片的确切地层,因

[①] 陈旭:《郑州商城宫殿基址的年代及其相关问题》,《中原文物》1985年第2期。

此,即使这些陶片中有属于第Ⅲ组的也并不奇怪,但不能据以断定城墙的始建期。①

在这里邹衡不是去质疑"刚性"的地层关系,而是从更具"弹性"的类型学出发,证明郑州商城西城墙下压小沟出土陶片"均似C1H9",而城墙夯土所包含的陶片"也有可能属于第Ⅱ组",从而巧妙地化解了郑州商城始建能否早到南关外期的这一难题。当然,对于城墙内那些确属第Ⅲ组的陶片,邹衡也采取了与陈旭相同的处理方法,即把这些陶片归为"续建"或"修补"所致。至此,邹衡可以有充分理由来修正原先的观点:

> 笔者以前根据郑州商城的初步发掘报告资料,曾认为南关外期,即"第Ⅱ组还没有筑起商城",甚至以为当时还没有筑城。现在看来,这种观点需要有所修正,根据新公布的城内宫殿遗址有关材料和陈旭、郑杰祥两位先生的意见,对郑州商城的始建年代可以重新加以说明,那就是:"南关外期(即第Ⅱ组)已开始筑城,而且可能已初具规模,不过还没有达到郑州商城遗址的最繁盛期。"《史记·殷本纪》记载:"伊尹去汤适夏。既丑有夏,复归于亳。入自北门,……"(《书序》作"伊尹去亳适夏")。有"北门"自然有城,可见汤灭桀之前(即先商时期),亳都已有城,正与考古资料相印证。②

邹衡把促使自己修正郑州商城始建年代的原因归纳为两点:一是"新公布的城内宫殿遗址有关材料",二是"陈旭、郑杰祥两位先生的意见"。关于上述第二点我们在上文中已有详细分析,这里再来看看前一个原因。

邹衡这里所说的"新公布的城内宫殿遗址有关材料",是指 1973

---

① 邹衡:《西亳与桐宫考辨》注 107,北京大学考古系编《纪念北京大学考古专业三十周年论文集》。

② 邹衡:《西亳与桐宫考辨》注 110,北京大学考古系编《纪念北京大学考古专业三十周年论文集》。

年—1978年在郑州商城东北部所发现的数十处夯土台基,发掘者根据三个典型探方的叠压打破关系,认为"这些夯土基址的建筑年代分别属于二里岗期下层或上层"。① 但后来陈旭根据发掘简报,"将地层关系明确者,按建筑时间的早晚,归纳为三组",其中最关键的是第一组,原发掘简报指出"在这组夯土基址单位的夯层内,包含有二里岗下层和洛达庙期的碎陶片",陈旭承认,"倘若根据这一情况来判断,则这组夯土基址的建筑年代,当在二里岗下层,因为判断一个遗迹单位的年代,一般总是以该遗迹单位所包含的年代最晚的遗物为依据的",但她又强调,"对郑州商代宫殿遗址这一规模较大,关系又相当复杂的建筑基址,要比较合理地确定它的建筑年代,就不能简单地只根据上述原则,而应当从多方面的情况作具体的分析"。② 她进而从两方面加以分析:

> 二里岗下层陶器和洛达庙晚期陶器,除典型器物有区别外,其余器物往往区别不大,因此《报告》(引者按,指《郑州商代城内宫殿遗址区第一次发掘报告》)所说的夯土内所包含的二里岗下层碎陶片,是否分辨得清清楚楚,准确无误,似乎还很难说。……再者,这组夯土层内包含的二里岗下层陶片,即使年代确切,但数量不多,对这一少量的属二里岗下层的遗物,也可以视为洛达庙晚期存在的文化因素。因为在郑州商文化遗址里,有的就存在二里岗下层文化遗存和早于二里岗下层文化遗物共存的情况,如南关外遗址就是如此。发掘者将南关外遗址的文化堆积,划分为下、中、上三层。下层早于二里岗下层定为南关外期,中、上层分别属于二里岗下层和上层。但是,邹衡先生……认为"原定的中、下层两层应该合并成一层",并把与该层器物接近的二里岗下层偏早的C1H9、H10、H12、H14、C9H118等单

---

① 河南省文物研究所:《郑州商代城内宫殿遗址区第一次发掘报告》,《文物》1983年第4期。
② 陈旭:《郑州商城宫殿基址的年代及其相关问题》,《中原文物》1985年第2期。

位归入到南关外期。这种意见是合理的。由此可见二里岗下层的某些文化因素南关外期已经出现。据此,我们认为第一组宫殿基址的夯土层内,包含少量的二里岗期下层陶片亦可以视为南关外期文化中出现的二里岗下层文化因素。……从商城第一组宫殿基址的情况看,他们建筑在洛达庙期文化层或生土上,没有破坏二里岗下层文化层或同期遗迹的现象,而是被二里岗下层文化层所叠压或被二里岗下层的灰坑和墓葬所打破。……因此,我们有理由认为最早的C8G9及第一组其他宫殿基址的始建年代当在南关外期。

从以上论述可以看出,陈旭论证的依据其实是邹衡自己的观点,即重新界定"南关外期"的内涵——先是把南关外中下两层合并,再是把以C1H9等一般所谓"二里岗下层偏早"的若干单位并入,所以此"南关外期"与该遗址发掘者所主张的以南关外大壕沟下层为代表的"南关外期"名同而实异。原报告明确指出"南关外下层商代文化应早于郑州商代二里岗期下层",南关外中层"最晚应和郑州商代二里岗期下层属于同时或稍早",而上层"应属于郑州商代二里岗期上层"。①

由于邹衡对南关外期的内涵作了重新界定,所以他对郑州商城新发现的夯土基址年代的判断就有别于发掘者,如他说:

值得注意的是,C8T62中的夯土基址(已残破不全)上面发现的完整陶器(原报告9页图一五、一六;本文图二中一部分),同C1H9的很相似,基本可归入第Ⅱ组,即南关外期。这些陶器应该是住在该基址上的人们所遗留的,从而可以决定该夯土基址的年代不能晚于陶器的年代,即不能晚于南关外期(第Ⅱ组),而应该是同时的。②

---

① 河南省博物馆:《郑州南关外商代遗址的发掘》,《考古学报》1973年第1期。
② 邹衡:《西亳与桐宫考辨》,北京大学考古系编《纪念北京大学考古专业三十周年论文集》,第130—131页。

所以实际上,邹衡、陈旭和郑杰祥只是把原先所界定的"南关外期"的年代拉长,使一部分二里岗下层偏早阶段的单位归入到此期。虽然这是邹衡早在20世纪70年代就已经坚持的观点,①但没想到现在却成了"提早"郑州商城始建时代的有效工具——这些早期夯土内所包含的陶片现在都可以归入到他们所认定的"南关外期"内,至于它们究竟属于郑州商城发掘者所理解的"南关外下层"还是相当于"C1H9",因为这属于类型学研究范畴,大有可游移的空间。因此,邹衡的唯一改变是——他原先主张"第Ⅱ组(引者按,也即邹衡所界定的南关外期)还没有筑起商城,甚至以为当时还没有筑城",而偃师商城发现之后,他采信了陈旭的观点,也主张"南关外期(即第Ⅱ组)已开始筑城,而且可能已初具规模",或者说:

> 在南关外类型文化时期,郑州商城内的宫殿区已经存在夯土基址;如果当时还没有开始筑城是不可想象的。据此,我们有理由推断:郑州商城遗址的兴起,既不能早于南关外期,也不能晚于南关外期,因而可以直接追溯到南关外期,亦即相当于二里头文化第四期。②

如此一来,就产生了一个新的问题,那就是郑州商城的始建实际上是在先商时期了,那么如何理解商城的始建与汤都亳之间的关系?邹衡给出的解释是:

> 关于南关外期,以往我曾估计其绝对年代约当灭夏以前的先商时期,故称之为"先商文化"晚期。现在,我这个看法未变。但有人以为郑州商城既为汤都亳,南关外期又属先商,似乎是个矛盾。殊不知我们划分历史阶段应以政权的变换为标准,而不能以某某历史人物的存在与否为标准。成汤在其灭夏以前,仍置身于夏代,即先商时期;在其灭夏

---

① 邹衡:《试论夏文化》,《夏商周考古学论文集》,第107页。
② 邹衡:《西亳与桐宫考辨》,北京大学考古系编《纪念北京大学考古专业三十周年论文集》,第131页。

建立了商王朝,才称之为早商时期。所以成汤之时,可以是先商(灭夏前),也可以是早商(灭夏后),并不矛盾。①

至此,邹衡成功地把郑州商城的始建年代由早商提前到先商的南关外期,这就与二里头文化四期的某一阶段大体相当。当然,邹衡此时必然不会忘记"打压"偃师商城的年代,双管齐下,效果才更佳。

在当时,论证偃师商城始建年代的地层依据相对简单、明确,主要有:城墙的附属堆积、墙体内的包含物、西二城门 M18 等地层单位以及东二城门门道路土及其下压的石壁排水沟等。根据这些地层关系以及出土陶器的分析,邹衡的结论是:

> 偃师尸乡沟商城的始建期不会早于二里岗期下层,但也不会晚于二里岗期下层,应该就是二里岗下层时期建造的;参照有关陶器来看,其具体年代大体不出笔者所订的"早商文化第Ⅲ组"。

至此,邹衡对两座商城的年代早晚关系有了非常明确的判断,这就是:

> 两者的繁盛期几乎是完全相同的,即都在二里岗期下层和上层。两者的始建期也很接近:郑州商城的始建期不能早于南关外期(相当于二里头四期),也不能晚于二里岗期下层(第Ⅲ组),大体是南关外时期(先商文化第Ⅱ组)偏晚阶段开始兴建的。偃师尸乡沟商城应该是二里岗下层时期(早商期第Ⅲ组)建造的。由此可见,这两座商城的年代基本同时,而郑州商城的始建年代约稍早于偃师尸乡沟商城。

至此,邹衡的观点可以一言以蔽之,郑州商城的始建比偃师尸乡沟商城早了"半期"。这就"说明郑州商城决不可能是从偃师尸乡沟

---

① 邹衡:《西亳与桐宫考辨》注 110,北京大学考古系编《纪念北京大学考古专业三十周年论文集》。

商城迁去,因而决不可能是仲丁所迁隞都",而偃师尸乡沟商城既然"是当郑州商城开始兴起后才建立起来的","因而也决不会是成汤的亳都"。

尽管邹衡否定偃师商城是成汤的亳都,但他并没有忽视其始建年代可以早到早商期第Ⅲ组的事实,也没有忽视偃师商城的规模和特定的具体位置,所以邹衡也承认:

> 我认为太甲所放处就在偃师商城,但并不认为偃师商城仅仅是太甲所放处。偃师商城应为商汤时所建,但商汤并未以此为首都,而是以郑州商城为首都。在早商时代,偃师商城可能一直是商朝的别都(即陪都或离宫),如同西周初年以镐京为首都,以洛邑为别都(即陪都或离宫)一样。偃师商城建置规模比较宏伟,这同它作为陪都是很相称的。①

这几乎是邹衡关于偃师商城性质的最终判断,而其他一些郑亳说学者也有类似的看法,如郑杰祥就指出:

> (偃师商城)位于灭亡了夏王朝的政治中心,且与二里头宫殿隔河相望,其性质显而易见,它应是商人灭夏后在这里建立的一座重镇,用以巩固商初西部边防并镇压夏人的复辟,他可以称之为商朝之别都,而类似于周人在灭商以后营造的东都洛邑。②

而上述认识的进一步发展就是许顺湛、张国硕等人所提出的两京制,③郑亳说与西亳说在此时的僵持实际上只剩下肯不肯在偃师商城前面冠以"亳"字,双方论争了十几年,结果依然是各持己见。

进入20世纪90年代,随着杜金鹏接手偃师商城的发掘工作以及

---

① 邹衡:《桐宫再考辨——与王立新、林沄两位先生商谈》,《考古与文物》1998年第2期。
② 郑杰祥:《关于偃师商城的年代和性质问题》,《中原文物》1984年第4期。
③ 许顺湛:《中国最早的"两京制"——郑亳与西亳》,《中原文物》1996年第2期;张国硕:《郑州商城与偃师商城并为亳都说》,《考古与文物》1996年第1期。

夏商周断代工程的实施,偃师商城获得一系列重要发现,并对邹衡的观点形成一波又一波的冲击。① 而此时邹衡已经进入学术和自然生涯的晚年,他再也无力奋笔疾书,更无力奔走于田野之间,对于西亳说的回应只能由他的学生们来代为完成——疾病与自然规律让郑亳说和西亳说的对峙过早地进入到"后邹衡时代"。② 但邹衡始终密切关注新发现和新观点,只要身体条件允许,就会发出自己的声音。

2004年——在他去世的前一年,邹衡两度重申了他对于两座商城性质的看法。他说:

> 在豫西,现在发现了两处广大的商文化遗址:其一为郑州商城;其二为偃师商城。这两处商城大体同时,或稍有前后,郑州商城或稍早,应该都是商朝早期的都城。究竟哪一处是成汤首都亳城?则还需要认真比较和仔细研究。……通过以上简单的对比,明显地看出,作为首都亳城,郑州商城比偃师商城具有更优越的条件,郑州商城无疑是早商时期成汤的亳都,而偃师商城只能是当时的别都,即西都或陪都。③

他又说:

> 以年代而论,郑州之中城,始建于南关外期,偃师之大城,始建于二里岗下层偏晚,略晚于郑州之中城;偃师之小城,始建于二里头文化四期偏晚,约与郑州之中城同时,或稍有前后,郑州之中城或稍早。④

而2005年4月,邹衡在读到杜金鹏质疑郑亳说的文章之后,⑤再

---

① 这一阶段偃师商城的重要发现及相关认识可参看杜金鹏《偃师商城初探》自序,中国社会科学出版社,2003年。
② 参看本书第柒篇《什么可以成为夏商分界的证据——夏商分界研究综述》。
③ 邹衡:《郑州商城是现在可以确定的我国最早的首都——成汤亳城》,《江汉论坛》2004年第8期。
④ 邹衡:《郑州商城是商汤灭夏前后的亳都》,原载《郑州商都3600年学术论文集》,中州古籍出版社,2004年;此据《夏商周考古学论文集·再续集》,第73—74页。
⑤ 杜金鹏:《"郑亳说"立论前提辨析》,《考古》2005年第4期。

一次提起笔来捍卫自己的学术观点,在这里我们可以读到他对于偃师商城性质的最后判断:

> 从我开始论证偃师商城时就已清楚地说明:"该遗址实为太甲所放处桐宫,乃早商时期商王之离宫所在。"我这种观点至今未变。此后诸篇论文有时因文义关系又把离宫引申为别邑、别宫、别都、陪都甚至王宫、王都,等等。试问杜先生:这些别称与离宫究竟有什么质的不同?我承认,只有一点我是始终不能改变的,那就是偃师商城绝对不是商汤的首都,即不能称为亳都。称西亳乃后起,最早只到西晋。①

如果人们事先知道这竟然会是邹衡关于偃师商城发表的最后意见,我们相信,无论是赞同者还是反对者,都一定会格外重视、格外珍惜。

四、最后的声音:关于早期夏文化之争

在关于夏商文化的长期论争中有一个有趣的现象,那就是论争的各方都几乎倾全力于夏文化的结束,反复论证成汤亳都何在、夏商分界何在,而对于夏文化或夏代的开始,甚少有人专注,更没有成为争论的焦点。

要确定夏代的始年,首先需要确认早期夏文化。长期以来,确定或否定某种考古学文化是不是早期夏文化的惯常做法是对其进行碳十四测年,再将测年结果与根据文献记载所推定的夏代积年和夏代始年作对比,然后据此作出判断。比如安金槐就指出:

> 根据文献记载的夏代的纪年,约从公元前二十一世纪至公元前十七世纪,而相对于河南龙山文化中晚期的洛阳王湾三期的碳14测定年代,为公元前2000±95年;相当于

---

① 邹衡:《"郑亳说"立论前提辨析之再辨析》,《考古与文物》2007年第1期。

河南龙山文化晚期的煤山一期的碳14测定年代，为公元前1920±115年；二里头早期（一期）的碳14测定年代，为公元前1620±95年或公元前1605±95年；相当于二里头早期的洛阳矬李遗址四期的碳14测定年代，为公元前1695±130年，基本上都在夏代的纪年之内或者比较接近，这就进一步证明河南龙山文化中晚期、煤山一期和二里头早期，有可能就是属于夏代时期。①

他后来在"禹都阳城"的研究中沿用了这种方法，进一步明确了早期夏文化，他说：

> 根据《史记·夏本纪》引《竹书纪年》：夏代"有王与无王，用岁四百七十一年"。《三统历》说夏432年。商灭夏大约在公元前一千五六百年前。依此上推，夏代纪年约从公元前22或前21世纪至公元前17世纪，共500年左右。……豫西龙山文化类型中晚期城址（王城岗二期）的碳十四测定年代为距今4000±65年，约当公元前2050年，正是在夏代早期的纪年之内。因此王城岗城址也应是夏代早期城址。②

除安金槐之外，学术界还有两位学者对早期夏文化提出过有影响力的看法，他们分别是赵芝荃和李伯谦。

赵芝荃是西亳说的主将，长期担任二里头和偃师商城工作队的队长，对河南地区龙山至商代的文化遗存极为熟悉。他认为：

> 河南龙山文化经^{14}C测定年代，最早为庙底沟二期，约为公元前2800年，最晚为煤山类型，约为公元前2000年，历时800余年。据《^{14}C测定年代与中国史前考古学》一文推测，河南龙山文化中期为公元前2500—前2300年，河南龙

---

① 安金槐：《豫西夏代文化初探》，《中国历史博物馆馆刊》1979年第1期。
② 安金槐：《试论登封王城岗龙山文化古城与夏代阳城》，《中国考古学会第四次年论文集》，第1—6页。

山文化晚期为公元前2200—前2000年。夏王朝自禹至桀共传十四世,十七王,《竹书纪年》载为471年,有夏一代共约500年,一般推测为公元前21—前16世纪。《晋书·束皙传》载:"《纪年》经传大异者六事,首言夏年多殷。"《汉书·律历志》言:商"自伐桀至武王伐纣,六百二十九岁,故传曰殷载祀六百",则夏年必多于殷的629年。据此,夏纪年为公元前22—前16世纪。河南龙山文化晚期^{14}C所测定的年代为公元前2200—前2000年,均在上述两者的范围之内,河南龙山文化晚期为夏代早期文化。①

赵芝荃在研究中还发现,"二里头一期文化虽然包含有明显的河南龙山文化的因素","但若与河南龙山文化的晚期相比较,则差别较大",所以他相信"其间还有一定的距离"。1979年赵芝荃主持发掘了河南密县新砦遗址,"发现那里的二里头一期文化包含有相当数量的河南龙山文化的因素,与现在确认的二里头一期文化有所不同";他还注意到同类遗存在豫西地区"分布相当广泛",因此主张"应该将这种文化遗存分别出来,另立一期",并称之为"新砦期二里头文化"。他并指出,总体而言新砦期二里头文化"似乎更接近于二里头文化一期",因此"新砦期文化与河南龙山文化晚期和二里头文化一期一样,都是探索夏代文化最有希望的目标"。②

李伯谦则是邹衡在北京大学的学生与同事。早在1963年秋,李伯谦就曾带领北大考古专业的学生到二里头遗址进行考古发掘,从而开始了夏文化探索之路。李伯谦曾经"赞同二里头遗址为西亳",在邹衡提出郑亳说之后,李伯谦"接受了二里头文化是夏文化的观点",但他对于"二里头文化一期遗存是否为最早的夏文化仍存有疑虑",理由是:

---

① 赵芝荃:《论夏文化起、止年代的问题》,中国先秦史学会、洛阳市第二文物工作队编《夏文化研究论集》,中华书局,1996年,第277—283页。

② 赵芝荃:《略论新砦期二里头文化》,《中国考古学会第四次年会论文集》,第13—17页。

第一，碳14测定的二里头文化一期年代在公元前1900年左右，与据文献记载推定的夏王朝始年最晚一说公元前21世纪要晚约百年；碳14测定的二里头文化一、二、三、四期的总年数约为300年左右，与文献记载的夏积年最少一说431年要少100多年。两个数据都与文献记载相差很多。

第二，二里头文化和河南龙山文化（王湾类型）分布地域基本重合，时间上紧相衔接，但文化面貌却明显有别。根据文献记载，夏王朝的建立不是异族入侵所致，而是部落联盟的首长禹破坏禅让制度传位于自己的儿子启实现的，是在本族内发生的事情，是社会自然发展的结果。夏王朝的建立不应在物质文化上引发如此大的变化。[①]

李伯谦带着这些问题"反复琢磨、反复思考"，在他"苦闷彷徨、百思不得其解的时候"，"先秦文献中'太康失国'、'后羿代夏'、'少康中兴'等记载和《考古》1965年第5期《河南偃师二里头遗址发掘简报》中'二里头类型应该是在继承中原的河南龙山文化的基础上，吸取了山东龙山文化的一些因素而发展成的'论断"令他顿悟。1986年，李伯谦发表了《二里头类型的文化性质与族属问题》一文，在肯定二里头文化是夏文化的基础上，进而提出"二里头类型究竟是夏代晚期文化，还是从夏族建国直至夏桀灭亡整个夏代的文化"这一新的疑问，并由此形成了二里头类型"既不是夏代晚期的文化，也不是整个夏代的文化，而很可能是'太康失国'、'后羿代夏'以后的夏代文化"的新论点。基于上述认识，李伯谦进一步指出：

二里头类型是"后羿代夏"以后的夏文化的推断如能成立，则夏代初期文化应包括在王湾三期文化之内。据碳十四测定，王湾三期文化的年代范围约在公元前2005±120年—前2450±130年之间，其上限已超出夏代，下限与据文献记载推算的夏代初期相当。……大体说来，以临汝煤山

---

① 张立东、任飞：《手铲释天书——与夏文化探索者的对话》，第245—248页。

二期为代表的由王湾三期文化到二里头文化的过渡类型遗存,论时间当已跨入夏代,很可能就是夏代初期的文化。①

而邹衡在论证夏文化的过程中也把夏代积年作为重要的考量对象,比如他在否定河南龙山文化晚期为夏文化时首先就强调了年代问题,然后才是从文化面貌上考虑。他说:

> 我们认为,河南龙山文化并不是夏文化,至少不是历史上夏王朝所属的夏文化。其理由是:(1)河南龙山文化晚期的绝对年代(见前碳十四测定年代)已超出夏年的范围,其早、中期将会更早。而早、中、晚三期又是不能割裂的,如果晚期属夏文化,早、中期也应该是夏文化,那么夏文化延续的时间就未免过长了。(2)河南龙山文化晚期(包括临汝煤山期)并未过渡为二里头文化,两者的文化特征还有较大的差别。②

这也是邹衡长期坚持的研究方法,他的鸿篇巨制《试论夏文化》一文在否定仰韶文化、河南龙山文化、河北龙山文化等考古学文化是夏文化时,其中最重要的理由之一就是这些考古学文化的碳十四测年均超出了一般所认为的夏年范围。

但与安金槐、赵芝荃等学者不同的是,尽管邹衡也看重文献记载的夏代积年以及碳十四测年结果,但他却是有保留地看待这些数据。在邹衡看来,"夏王朝的绝对年代问题是非常复杂而目前几乎是无法解决的",原因是"夏年不仅包括了夏朝总积年,而且还牵涉到商朝总积年和西周共和以前的积年",而"后两者同样是难以确知的",因此"要根据文献材料(包括金文)精确地推算出夏、商的绝对年代,至少在目前是很难办到的,而只能提出比较合理的参考年代"。而对于碳十四测年,邹衡列举了多种不利因素,认为"将此法用于有历史记录的夏、商、周时期,其实际效用就显得很不理想",所以"碳十四测定的

---

① 李伯谦:《二里头类型的文化性质与族属问题》,《文物》1986年第6期。
② 邹衡:《关于探讨夏文化的几个问题》,《文物》1979年第3期。

年代也只能作为旁证或参考",而"即使测出的年代完全可靠,也还难以确定其为夏年还是商年"。因此,邹衡认为"要在考古学上区分夏年与商年,最关键的问题就是要确定成汤亳都的地望所在",他相信"如果能找到成汤的亳都,则可利用地层的原理和考古学分期的方法确定夏年了"。

出于上述考虑,邹衡对河南龙山文化晚期的定性十分谨慎,他说:

> 至于龙山文化,尤其是河南龙山文化的晚期是否也是夏文化,当然应该继续讨论。不过,笔者总觉得,目前探讨夏文化问题的关键和首要任务是要确定夏文化的下限,即把夏文化同早商文化区别开来。至于夏文化的上限,牵扯问题太多,短期内都不容易解决。例如前面讨论到的夏王朝总积年是多少?甚至夏王朝究竟从何王开始,禹、启,或其他夏王?目前都难以定论。又如河南龙山文化晚期和二里头文化第一期的历史年代,不像夏、商交界可以用亳都的地层关系大体确定,目前也还只能用碳十四测定,因之其局限性是显而易见的。再如河南龙山文化如何过渡为二里头文化,目前仍然不很清楚。所以,笔者现在的意见仍然是:龙山文化,特别是伊洛地区的河南龙山文化应该是夏文化的来源,还不能称它为大家公认的严格意义上的夏文化。若要笼统称它为"先夏文化",笔者也并不反对,但还要进行更加具体、更加深入的研究。①

邹衡的上述意见足以帮助我们理解他为何对成汤亳都如此地情有独钟,也有助于我们理解为什么邹衡不对最早的夏文化发表明确意见——这是因为郑州商城的发现让亳都的确认和夏商文化的区分成为可能;同理,在禹都阳城等夏代早期都邑有确凿的考古学证据之前,夏代的始年是不可能得出准确答案的。

---

① 邹衡:《关于探讨夏文化的条件问题》,田昌五主编《华夏文明》第一集,北京大学出版社,1987年,第162—179页。

也正因为邹衡认为"夏文化的上限,牵扯问题太多,短期内都不容易解决",所以他对安金槐、赵芝荃和李伯谦等学者提出的不同意见都没有进行积极的回应,各派观点在很长时间内和谐并存,但这一状况随着夏商周断代工程的实施而改变。

1996年5月16日,时任国务委员宋健在中南海以一篇题为《超越疑古,走出迷茫》的长篇报告宣告夏商周断代工程正式启动。工程的目标很明确,就是要"制定有科学依据的夏商周时期年代学年表",具体到夏代,则是要"提出基本的年代框架"。①

虽然断代工程只是要求提出夏代的"基本的年代框架",但再简单的框架,其首尾两端都是不可忽略的两个定点。夏代的结束,也就是夏商的分界,此前的争论已经十分激烈;而夏代的始年,也终于因为断代工程的实施而迅速发展成为夏商文化研究中的又一个焦点问题。

邹衡是夏商周断代工程的专家组成员,同时也是工程"夏代年代学的研究"课题的负责人。对于历来相信"夏文化的上限"在"短期内都不容易解决"的邹衡来说,现在不仅要确定夏文化的上限,还要确定夏代的始年,其内心的矛盾可想而知。而更令邹衡无法接受的是,工程专家组认为"对夏文化探讨的主要对象"是"河南龙山文化晚期以及二里头文化",并强调,"有学者认为二里头文化的延续时间和文献记载的夏代积年之间尚有差距,二里头文化可能只是夏代中晚期的夏文化,而早期夏文化则要在河南龙山文化晚期中寻找",这显然与邹衡一贯的观点差距甚远。在对河南龙山文化晚期的王城岗遗址出土样品进行测年后,工程专家组认为"在河南龙山文化晚期和二里头遗址一期之间,从文化传承关系和 ^{14}C 测年结果分析,仍存在缺环",而工程采取的解决方案是,"1999年开始对新砦遗址的再次发掘,证实新砦二期上接河南龙山文化晚期(新砦一期),下连二里头一期,正填补了其间的空白"。由此工程得出了这样的结论:"以公元前1600年为商代始年上推471年,则夏代始年为公元前2071年,基本

---

① 夏商周断代工程专家组:《夏商周断代工程1996—2000年阶段成果报告·简本》,世界图书出版公司,2000年,第1—2页。

落在河南龙山文化晚期第二段（公元前 2132 年—前 2030 年）范围之内"，因此"现暂以公元前 2070 年作为夏的始年"。①

这是一个令邹衡无法接受的结果：它不但在数年之内解决了邹衡认为"短期内都不容易解决"的夏文化上限问题，而且解决方案中既采用了安金槐的观点，也吸收了赵芝荃和李伯谦的意见，却唯独忽略了邹衡的主张。

于是邹衡爆发了。1999 年，邹衡发表了《关于夏文化的上限问题——与李伯谦先生商讨》一文，②矛头直指断代工程负责考古学科的首席科学家李伯谦。毫无疑问，这是一篇充满火药味的文章，尤其在外人看来，邹衡这次明确提出与李伯谦商榷纯属"师生反目"，比起当年和郑光之间的"同室操戈"来得更为劲爆，更具看点，以至发表该文刊物的负责人颇为踌躇，不知究竟是该发还是不该发。

邹衡首先肯定李伯谦"对于二里头文化 1—4 期是夏文化的观点是赞同的"，认为他把二里头类型看作是"'后羿代夏'以后的夏文化"是"比较新颖的见解"。但对于李伯谦得出这一结论"所举出的材料是否都很可靠"，"推演的方法是否都很合适"，邹衡表示"有点困惑"。在对李文进行一番剖析之后，邹衡认为李伯谦的问题在于，"他虽然同意了二里头文化 1—4 期是夏文化，但总觉得不够历史上夏朝的年代，于是把河南龙山文化拉下一期来凑数，并找到了'后羿代夏'的证据"。

笔者理解，邹衡在这里之所以要特意指明是和"李伯谦先生商讨"，并非一般人所想象的"师生反目"，而是要借此表明一种态度和一种主张——李伯谦是负责考古的首席科学家，他与"李伯谦先生商讨"，实际上就是旗帜鲜明地表示了个人学术坚持——夏商周断代工程专家组所公布的夏代始年是集体意志的体现，而非他个人秉持的学术观点，尽管他是夏代年代学课题组负责人。

但值得注意的是，在这篇文章里邹衡也前所未有地明确表述了

---

① 夏商周断代工程专家组：《夏商周断代工程 1996—2000 年阶段成果报告·简本》，第 74—82 页。
② 邹衡：《关于夏文化的上限问题——与李伯谦先生商讨》，《考古与文物》1999 年第 5 期。

他对夏文化上限的看法：

> 时至今日，我们只有用碳十四测定二里头文化一期的年代，测出来多少年，就是多少年，这也就是夏文化的上限。以往我虽没有明确提出夏文化的上限，实际上早就暗示夏文化的上限就是二里头文化一期。

李伯谦没有对邹衡的商讨进行正面回应，但这一质疑促使他对早期夏文化问题进行更深的思考。他意识到：

> 要解决早期夏文化问题，除了重新对上述几处关键遗址进行新的发掘，积累更加丰富的资料，并对碳样品系列测定，还需要从理论上探讨政治事件与考古学文化的关系问题，即什么样的政治事件会在很短时间内促使考古学文化面貌发生急剧的重大的改变？在什么情况下，政治事件只能促使考古学文化缓慢变化而不会产生"中断"？夏王朝的建立无疑是重大的政治事件。夏王朝建立的过程是怎样的，夏王朝建立后的夏文化与其渊源的"先夏文化"是一种什么样的关系，夏文化与"先夏文化"能否从总体面貌上明显分开？如果通过讨论，能对这些问题从理论上予以澄清，将理论与实际相结合，对具体考古材料进行认真分析研究，并参照碳十四测定结果加以整合，什么是"早期夏文化"是可能在学术界形成共识的。①

带着对这些问题的思考，李伯谦在此后数年间发表了一系列文章，②着重探讨早期夏文化问题，并主持召开了"早期夏文化学术研讨会"，③极大地促进了这一重大学术问题的深入研究。

---

① 张立东、任飞：《手铲释天书——与夏文化探索者的对话》，第253页。
② 如《关于早期夏文化——从夏商周王朝更迭与考古学文化变迁的关系谈起》、《关于夏王朝始年的一些思考》、《"禹都阳城"的新证据》、《新砦遗址发掘与夏文化三个发展阶段的提出》等，均收入李伯谦：《文明探源与三代考古论集》，文物出版社，2011年。
③ 北京大学震旦古代文明研究中心等：《早期夏文化与先商文化研究论文集》，科学出版社，2012年。

而邹衡也在不同的场合反复重申自己的观点,比如他说:

> 近年来,不少的学者主张龙山文化时期是中国国家形成的时期,就是说,中国最早的文明是龙山文化时期形成的。现在学术界公认,二里头文化是从豫西的龙山文化脱胎而来,二里头文化中的有些因素已在龙山文化中开始滋生。不过,更应该注意到一个重要的事实,即从龙山文化到二里头文化已经发生了质变,那就是上面说到的二里头文化时期已形成文化的中心,出现了成组的大型宫殿基址,青铜器中已出现礼乐兵器,文字已经产生,这些文明因素都是商周文明所共有的。龙山文化中没有这些文明因素,可见当时尚未跨入中国古代文明的门槛;二里头文化有了这些文明因素,说明已同商周文明直接挂钩,从而产生了国家——夏王朝。①

2005年8月23日,距离他离世仅四个月,邹衡依然说,"至于早期夏都和夏都斟寻","当然还有待于进一步证实了",而"夏商周时期的年代","碳十四的测定,目前最多只能是当作参考",而"决不能作为准确的年代"。②

2005年10月18日—20日,由中国社会科学院考古研究所等单位主办的"中国二里头遗址与二里头文化国际学术研讨会"在河南偃师举行,邹衡受邀参加并在会上作了"二里头文化的首和尾"的发言,他先说:

> 考古界一般都认为二里头文化是独立存在于河南龙山文化与二里岗商文化之间的一种文化。时至今日,这种情况并无什么变化,可是学术界却呈现出一种紊乱的局面,主要原因就在于新提出了一种所谓"新砦期"或"新砦期

---

① 邹衡:《中国文明的开始》,载任继愈主编《国家图书馆经典讲座——文津演讲录(之四)》,北京图书馆出版社,2003年。
② 参看张国硕《文明起源与夏商周文明研究》邹衡序言,线装书局,2006年。

文化"。①

然后评论道：

"新砦期文化"是在豫西新密地区,除了河南龙山文化和二里头文化之外,又划出另一种新文化。这无论从其年代或文化特征而言,都是难以成立的。因为在豫西,河南龙山文化与二里头文化之间,并不存在什么新的文化。若是存在"新砦期",问题倒是简单了一些,那就是属于河南龙山文化中的一个文化期,或者属于二里头文化的一个文化期。从已发表的考古材料来看,属于后者的可能性似乎要大一些。具体地说,它应该归于二里头文化第一期中的一个组。至于它同河南龙山文化的关系,则其区别较大,决不可能归属为龙山文化的一个期。

所以,邹衡再一次重申,"二里头文化的第一期已是二里头文化之首"。也就是说,在邹衡眼里,二里头文化一期就是最早的夏文化。

五、回音：呼唤邹衡精神

2005 年 10 月 21 日,在偃师参加完"中国二里头遗址与二里头文化国际学术研讨会"之后,邹衡来到郑州,出席"纪念郑州商城发现 50 周年座谈会"。有学者清楚记得：

在纪念会上,他作了首席发言,娓娓动听地给大家讲述了郑州商城发现的故事,讲到 1950 年小学教师韩维周发现了二里岗遗址,1952 年先生在二里岗遗址发掘时发现了郑州商城的外城墙,1955 年河南省文物队的张建中先生在白家庄遗址发掘中发现了郑州商城的内城墙。郑州商城在学术界肯定下来的功劳主要应归安金槐和裴明相先生,这一

---

① 邹衡：《二里头文化的首和尾》,《中国历史文物》2006 年第 2 期。

发言使与会学者对郑州商城的学术史更加明白了。①

但没有人会想到这是邹衡最后一次学术活动。邹衡的学术生命从郑州开始,也在郑州结束——这也许就是冥冥之中自有天意。

11月5日,邹衡感到"身体不适","此后,反复去医院检查"。②

11月25日,因右下肢缺血,"住进北京大学校医院"。

12月5日,转往北京大学第三附属医院血管外科治疗。

12月15日,因诊断肠梗阻转普通外科。

12月18日,邹衡乐观地向学生刘绪表示,"根据检查情况看,我的病两三年内不会有大问题"。③

然而,12月20日中午12时30分,在做完截肠手术后邹衡即昏迷不醒。

12月27日20时30分,邹衡先生逝世。

邹衡先生过早地离开了他钟爱的考古事业,人们再也听不到他关于夏商文化研究的真知灼见,再也见不到他为了学术拍案而起的执着。邹衡先生的离世,不仅让郑亳说失去了旗手,也令西亳说学者倍感痛惜。在邹衡先生离世之际,西亳说主将杜金鹏曾经写下情感淋漓的诗篇《面前的山》痛悼邹先生,仰视邹先生"是一座山",同时也自誓"愿奋力登攀"。④

而随着时间的推移,杜金鹏的这种痛惜感愈发强烈。数年之后,杜金鹏依然这样评价和缅怀邹衡先生:

> 自从邹衡先生离世,中国夏商考古的发动机似乎丧失了大部分动力,也缺失了凝聚力,散漫,低效,目标不清,似乎要从冲劲十足变的一团和气,真正是"和谐社会"了。很

---

① 陈旭:《邹衡先生最后的学术活动》,《中原文物》2006年第2期。
② 此处多据李维明《考古学家邹衡》,科学出版社,2010年,第140—141页。
③ 刘绪:《悼念吾师邹衡先生》,《中国文物报》2006年2月15日。
④ 杜金鹏:《面前的山——痛悼邹衡先生》,《中国文物报》2006年1月6日;又收入王宇信等主编《北京平谷与华夏文明国际学术研讨会论文集》,社会科学文献出版社,2006年,第332—333页。

危险,很可惜,也很无奈……

我希望,再有邹衡式学者,敢于挑战权威,敢于探索,敢于颠覆,敢于置身风口浪尖,从田野入手,扎扎实实做研究。一句话,要提倡"邹衡精神"!尽管我并不完全同意邹衡观点,但我绝对赞赏邹衡精神!正是邹衡精神刮起了夏商考古的春风,唤来了中国考古学的春天!邹衡先生引领中国夏商考古三十年,是个范例,是个奇迹!

夏商考古也正因此成为中国考古学最具魅力的组成部分。①

一个人赢得自己拥护者的尊重不难,难的是赢得对手的尊重。邹衡他做到了。

---

① 杜金鹏先生 2013 年 6 月 25 日致笔者的电子邮件。

陆　商从哪里来
——先商文化探索历程

- 一、引言：从张光直与邹衡打赌说起
- 二、追寻殷商文化的源头：史语所同仁的集体行动
- 三、从辉县到二里头：商文化年代序列的确立
- 四、二里岗与二里头：早商文化与夏文化的纠结
- 五、"南关外期"与"南关外型"：一字之差的背后
- 六、先商文化探索的新高潮：豫东鲁西考古
- 七、先商文化探索的新征程：豫北冀南考古

一、引言：从张光直与邹衡打赌说起

张光直与邹衡堪称 20 世纪夏商周考古的双璧，一是李济的门生，一是郭宝钧的高足；一位有《中国青铜时代》和《商文明》传世，另一位则以《夏商周考古学论文集》与《商周考古》奠定学科基础。他们远隔重洋，虽未谋面但神交已久。1978 年中美正式建交之后，张光直遂在第一时间邀请邹衡访美，计划两人合作编写"商周考古"和"夏代考古"，却因种种原因而未果。虽然张、邹二人惺惺相惜，但君子和而不同，他们在一个重大学术问题上存在严重分歧，对此邹衡曾经这样回忆：

> 我回国之后（引者按，指 1983 年 1—8 月应张光直之邀访问哈佛大学之后），张先生曾多次来中国。有一次在我家逗留了一整天。我俩谈论了许多学术问题，其中也有观点相左之处。譬如张先生很相信商汤的亳都在今河南省商丘市一带，我则认为在今郑州市。两人甚至争执起来。他要同我打赌，我开玩笑地说："我没有美元；如果我有，恐怕你有多少就输多少！"为了证实他这一想法，他同中国社会科学院考古研究所合作，在商丘地区作了几年的发掘，找到了龙山文化遗址和东周遗址。他良好的愿望没有实现，成了他终身的遗憾。①

---

① 邹衡：《永恒的友谊——忆我和张光直先生的交往》，载《四海为家——追念考古学家张光直》，生活·读书·新知三联书店，2002 年，第 11—14 页。

张光直后来在商丘的发掘当然不是因为他们二人打赌而引发的。对于张光直而言,能够到中国大陆进行考古发掘,"在中国考古上做些事",是他学术生涯后半的"最大希望"。因此在中美关系正常化之后,张光直立即向中国考古学的掌门人夏鼐提出"考古合作计划",但被夏鼐以"有许多困难"为由而婉拒。张光直在自承"的确是很失望",且"颇有些茫然若失"的同时,只好退而求其次,以央求的口气向夏鼐提出,"如果田野工作一定不行,美方可以专搞室内工作"的新建议,但依然未能得到夏鼐的首肯。① 无奈之下,张光直转而打算与四川大学的童恩正合作,但却又一次被夏鼐所阻拦。② 最后,为了能够实现中国大陆的发掘梦,张光直甚至向夏鼐和宿白表

---

① 参看张光直1979年2月23日致夏鼐的信,收入李卉、陈星灿编《传薪有斯人——李济、凌纯声、高去寻、夏鼐与张光直通信集》,生活·读书·新知三联书店,2005年,第256—259页。

② 在提出与考古所合作发掘遭拒绝后,1982年张光直又与四川大学童恩正教授商议在四川进行合作项目,并已得到中国教育部的批准,但夏鼐先生此时正好访问哈佛,获悉此事后,在张家的餐桌上就要求童恩正终止与美方的合作,并且回国后直接找到教育部质问,所以此次合作计划也告吹。张光直回忆,夏先生曾经在哈佛"很情绪性地"告诉他"中国人不能和外国人考古合作至少有两个原因","第一,外国人的考古技术发达,中国人很难赶过,如在中国境内一起考古,中国人的成绩一定不如外国人。第二,外国人不能相信。一个例子:梁思永和Creel(引者按,指芝加哥大学教授顾立雅)说好的,合写一本书,讲安阳殷墟。结果,书出来之后(书名 The Birth of China),全是Creel。由这两个例子,我在考古所任上一日,外国人就不能碰中国的古物"。参看张光直《哭童恩正先生》,收入氏著《考古人类学随笔》,生活·读书·新知三联书店,1999年,第176—180页。从相关材料来看,夏先生以上述两条理由拒绝与外国考古学者合作可能并不是"情绪性的",而是发自内心的真实感受。先说第一点,据《夏鼐日记》(卷二,华东师范大学出版社,2011年,第142页)1937年12月30日所记,这一天是他抵达伦敦大学在埃及卢克索考古工作站参加发掘工作的第一天,当天"晚餐后,坐在餐室中闲谈。迈尔斯先生(引者按,指 Mr. Myers)大骂埃及人民,说恨不得将 Aswan(阿斯旺)堤溃决,将其人民悉行溺毙。谓其人民贪而懒,欧化之结果,为采取欧俗之皮毛,放弃本国固有之美德,而保存其坏份,如小费之类。……我听过后,未免为埃及人民难过,转想到吾国的情形,幸得没有开放外国人进来挖古,否则一定免不得遭骂;传教士与商人的侮骂我国,已是够受,希望不要再添上外国考古学家"。所以,夏先生不愿外国考古学家来华,不仅担心国内考古工作者输给外国同行,更担心国内的落后状况遭人诟病。再说第二点,顾立雅当年的做法不只是夏鼐反感,事实上是遭到史语所全体同仁的一致反对,如顾立雅在芝加哥大学的学生许倬云就这样回忆,"顾立雅非常聪明,他也弄商代历史,曾到北京和董彦老他们几个讨论安阳挖掘的事情,跟着梁思永住在安阳。在那里看了一阵子之后,中文报告还没有出来,他英文简报就已经出来了。他写的这本书 The Birth of China,一炮打红,写得实在是好。这是第一本介绍中国新考古学的西洋书,肯定中国殷墟的成就。……但李济老对顾立雅却有意见,他说:'我们还没有发掘报告,他已经写了一本书了。'"参看陈永发等《家事、国事、天下事——许倬云先生一生回顾》,南京大学出版社,2013年,第100页。

示愿意到社科院考古所或北大考古系来工作,当然他的这一愿望依然落空。①

1988年5月,徐苹芳出任中国社会科学院考古研究所所长。同年10月,张光直应邀来访,"两人就双方的学术交流和考古发掘交换了意见,签订了会议备忘录"。1989年4月,张光直代表哈佛大学皮博迪博物馆提出与中国社会科学院考古研究所合作在商丘地区调查发掘早商或先商文化遗址的申请书。1990年3月,双方签订了原则协议,确认共同组织考古发掘队,以徐苹芳和张光直分别为中、美方领队,随即张光直开始了在豫东商丘、永城、柘城和夏邑等地的考察。1994年,中美联合考古队发掘了商丘潘庙、虞城马庄等遗址,1995年发掘柘城山台寺遗址,1996年勘察商丘宋城遗址。②

张光直终于圆了他在中国大陆的考古发掘梦。但不幸的是,此时他的身体状况已无法让他坚守在考古发掘工地,事实上,在中美双方在商丘联合开展工作的十年间(1990年—1999年),张光直只去过发掘现场两次。然而中美联合考古队在商丘地区的考古工作一直占据着他的心,在他去世前数月,躺在波士顿一家医院病床上的张光直还对助手说,他最高兴的事情是"主持的河南商丘遗址的挖掘",而他"现在最想去的是商丘遗址发掘的现场"。③

商丘,为何如此地让张光直梦萦牵绕?

二、追寻殷商文化的源头:
史语所同仁的集体行动

作为中研院史语所诸多名师共同栽培出来的高徒,张光直的商

---

① 此事可分别参看李零《我心中的张光直先生》和李水城《张光直先生与北大》两文,均载《四海为家——追念考古学家张光直》,第73—87页,第89—108页。
② 张长寿:《张光直和中美在商丘的合作发掘》,载《四海为家——追念考古学家张光直》,第41—48页。
③ 黄伟嘉:《和张光直先生一起工作的最后日子》,载《四海为家——追念考古学家张光直》,第285—291页。

丘情结其实是继承了史语所诸位前辈的余绪。①

1930年,由于史语所与河南省教育厅的矛盾激化,②加之这年五月中原大战爆发,"河南忽然变成内战的中心地点",史语所的"殷墟发掘因此中断",被迫转战到山东城子崖遗址继续进行考古发掘。③这一年的11月6日,李济在山东大学召开城子崖遗址发掘新闻发布会,介绍"发掘龙山城子崖的理由与成绩",把一项原本出于无奈的工作赋予了极其重大的学术意义,他说:

> 现代中国新史学最大的公案就是中国文化的原始问题。要研究这个问题,我们当然择一个若明若昧的时期作一个起发点;这个时期,大部分的学者都承认在秦汉以前的夏商周三个朝代。因为我们中国文化的基础是在这"三代"打定的。要能把这将近两千年长的文化找出一个原委,中国文化的原始问题,大部就可解决。……据我们在殷墟的发现,商朝晚期铜器作业已推到很高的境界。……至于商朝的早期,我们就差不多完全不知道。……要是我们能够如此一步一步的追寻出来,中国早期文化递嬗的痕迹,当然也就可以看出来了。④

很显然,殷墟的发掘为中国上古史确定了一个明确的支点,借由这个支点进一步往前追溯"中国文化的原始问题"可谓是史语所同仁的下意识反应。所以李济说,"殷墟发掘的经验启示于我们的就是:中国古史的构成,是一个极复杂的问题",而"以殷墟出土物为基本材料而研究中国上古史的人至少有两件必须作的初步工作",一是"以

---

① 有关史语所诸位前辈李济、凌纯声、高去寻、石璋如等对张光直的影响可参看罗泰《追忆张光直》,载《四海为家——追念考古学家张光直》,第237—271页;李卉、陈星灿编《传薪有斯人——李济、凌纯声、高去寻、夏鼐与张光直通信集》的相关通信及陈星灿所写的前言。

② 可参看傅斯年《本所发掘安阳殷墟之经过》,《安阳发掘报告》第2期,1930年。

③ 李济:《城子崖发掘报告》序,原载《东方杂志》第32卷第1号,1934年;此据张光直主编《李济文集》卷二,上海人民出版社,2006年,第206—210页。

④ 李济:《发掘龙山城子崖的理由及成绩》,原载《山东省立图书馆季刊》第1集第1期,1931年;此据张光直主编《李济文集》卷二,第203—205页。

文字材料比古文传说,藉定古传说之真伪",二是"分析无文字之实物,寻其原始及沿革,探求中国古史家向不十分注意的那时的生活状态"。上述工作,尤其是第二项工作即要由考古学家来承担,因此李济指出,"处置殷墟出土品之必然的下文,为寻求可与殷墟相比之实物",并断言"在这类材料实现之前,殷墟出土物之意义,就不能十分明了",这也正是"史言所发掘殷墟以来即从事于类似之搜求"原因所在。①

史语所同仁的这一诉求在当时蕴含着深远的意义,这是因为:

> 近数年来,中国考古界对于中国石器时代文化的研究,已有很重要的贡献。……这类的研究,不但替中国史学界开了一个新纪元,并且已得到世界考古学者的充分注意。……但由这类材料的发现,再回顾到中国文化的原始问题,虽说添了好些光明,同时也把它弄得更复杂了。因为这几年在奉天、山西、河南、甘肃一带所发现的石器时代的遗址,大部分都包含着一种特殊的陶器:陶器上有彩画的装饰。这种带彩的陶器,与中亚、小亚细亚以及东欧所出的均有若干相似处。这就是外国考古学家注意中国这种发现的基本原因。由这种材料的比较,就有好多学者指它们为中国文化原始于中亚的证据。所以近数年来,那沉默了三十年的"中国文化原始于西方"的学说,差不多又复活起来。②

史语所同仁当然不能坐视"中国文化原始于西方"学说的再次抬头,而李济及其同事们都注意到,"这种带彩陶器所占据的地方,只在中国西部与北部。东北部的大平原,如河北省的东南、河南的东部以及山东一带,尚没有发现这类的陶器",于是他们很自然地要追问"中国内地东北大平原是否也有个石器时代",而如果"要有的话,是否也

---

① 李济:《城子崖发掘报告》序,《李济文集》卷二,第206—210页。
② 李济:《发掘龙山城子崖的理由及成绩》,《李济文集》卷二,第203—205页。

有带彩的陶器"?

城子崖遗址约一个月的发掘就上述疑问给出了清晰的回答,这就是:

> 这遗址埋没了两层文化,在上层的已经到了用铜器的时期,并且周围筑了城墙。那版筑的城基尚在,陶器都很粗,以豆为大宗,同时尚有鬲、玉及与殷墟出土相类的卜骨。……这上层的文化代表我们所知的商末周初的文化,发现的铜镞与殷墟出土的极相似。
>
> 完全石器的文化,在这一层下;出土的陶器,有很贵重的黑色陶器,同时也有少数红色及白色的。……若与殷墟同类的实物比起来,有好多相似的地方。所以我们看定这次在城子崖所发现的石器时代文化,十有六七是构成中国早期的正统文化一个重要成分,与中国西部的石器文化比却有好多不同的地方。……后来的有文字的正统文化把东西方的遗传都承袭了些;若单就陶器说,近于东方为多。

这是城子崖遗址发掘伊始李济所获得的一些基本认识。很显然,尽管自殷墟发掘以来,李济即一直有"寻求可与殷墟相比之实物"的念头,但此时他关注的并非殷商文化来源这一具体学术问题,而是着眼于更宏观、更根本的"中国文化的原始问题"。通过城子崖遗址的发掘所获,李济得出了中国原始文化东、西二元对峙的论点,而这也是当时颇多中国学者的共同主张,并以此与安特生的中国文化西来说相抗衡。[①]

数年之后,李济在为《城子崖》发掘报告所作的序言中对城子崖

[①] 如王汎森即指出,在20世纪20年代和30年代,包括徐中舒、傅斯年、蒙文通和徐旭生在内的多位学者从不同的研究角度出发,却得到了一个共同的认识,即中国古史起源不是单一线条的,夏商周三代文化的变迁当与其种族的不同密切相关。参看《傅斯年:中国近代历史与政治中的个体生命》,生活·读书·新知三联书店,2012年,第115—128页。陈星灿也对此问题作过详细的剖析,参看《中国史前考古学史研究(1895—1949)》中的"二元对立——中国史前文化研究的新阶段"一节,生活·读书·新知三联书店,1997年,第205—226页。

和殷墟两遗址相互关系的认识又更加具体，认为城子崖遗址的发掘"替殷墟一部分文化的来源找到一个老家"，具体来讲就是：

> 城子崖中最可注意之实物为卜骨。由此，城子崖文化与殷墟文化得一最密切之联络。下层兼用牛、鹿肩胛骨，上层只用牛肩胛骨；故上下两文化层虽属两个时期，实为一个系统。这组文化包含的意义，与仰韶、殷墟及殷墟附近之后岗遗物比而更显明。构成殷墟文化最紧要之成分——骨卜，遂得一正当之归宿。……因此我们至少可以说那殷商文化最重要的一个成分，原始在山东境内。这是一个很重要的线索：这关系认清楚以后，我们在殷墟殷商文化层下又找出了一层较老的文化层，完全像城子崖的黑陶文化。事实上证明殷商的文化就建筑在城子崖式的黑陶文化上。在殷墟附近的后岗我们已找到同样的证据。故城子崖下层之黑陶文化实代表中国上古文化史的一个重要的阶段。

李济还说：

> 殷墟文化是多元的。……小屯时代的殷民族，能采南国之金，制西方之矛，捕东海之鲸，游猎于大河南北，俨然为一方之雄，而从事于征伐、文字、礼乐诸事，全东亚没有敢与它抗衡的，不是一件偶然的事。……但殷商文化并不是单纯的由黑陶文化或仰韶文化演变出来的。它除了承袭这两笔产业外，还有别的重要成分，如文字、艺术、礼器、乐器等，均有另外一个根基。这几种成分的来源，是研究中国上古史的同志，现在最急于要追寻出来的。①

李济在短短几年间就能作出上述重要判断是有深刻学术背景的，其中最关键的就是1931年冬梁思永在殷墟第五次发掘中确定了"后冈三叠层"，同时对龙山文化和小屯文化的关系进行了分析。根

---

① 李济：《安阳最近发掘报告及六次工作之总估计》，原载《安阳发掘报告》第4期，1933年；此据张光直主编《李济文集》卷二，第280—292页。

据这一重要发现,梁思永认为:

> 龙山文化和小屯文化不是衔接的,小屯文化的一部分是由龙山文化承继得来,其余不是从龙山文化承继来的那部分大概代表了一种在黄河下游比龙山晚的文化。这文化在它没有出现于小屯之前必定有一段很长的历史。要想解决殷代青铜,文字,兽形装饰的问题,还有待于这(小屯文化前身的)文化的遗存的发现。①

虽然李济和梁思永上述认识的着眼点是中国文化的原始问题,而非追寻商族的具体来源,但他们所获相关结论对于先商文化研究依然具有重要意义,因为他们对探寻殷商文化种种成分的来源已经跃跃欲试。

相比李济和梁思永,史语所的缔造者傅斯年在殷商民族来源问题上的态度则更为明确,他的名篇《夷夏东西说》开宗明义地指出"殷代之祖先起自东北方",具体来讲就是,"相土的东都,既在泰山下,则其西部或及于济水之西岸。又曾勘定海外,当是以渤海为宇的",而"汤时建国在蒙亳,其广野即是所谓空桑,其大渚即是孟诸,盖已取东夷之国,少昊之故域,而为邦畿,而且北向对韦,西向对夏,南向对淮水流域,均拓土不少",所以"商代发迹于东北渤海",而"古兖州是其建业之地"。②

《夷夏东西说》一文发表时,傅斯年又专门写了一段题记,指出该文是他在"九·一八"事件之前所作《民族与古代中国史》一书中的前三章。如果说在当时,"民族危机促使傅斯年写一本简短的《东北史纲》,以便向李顿为首的国联调查团委员会证明东北地区自古以来就是中国不可分割的一部分",因此《夷夏东西说》一文的某些观点难免有为了民族大义而不惜牺牲科学性的嫌疑。③ 那么,当《城子崖》报告

---

① 梁思永:《小屯龙山与仰韶》,载中国科学院考古研究所编《梁思永考古论文集》,科学出版社,1959年,第91—98页。
② 傅斯年:《夷夏东西说》,《"国立中央研究院"历史语言研究所集刊·外编第一种·庆祝蔡元培先生六十五岁论文集》,1933年。
③ 王汎森:《傅斯年:中国近代历史与政治中的个体生命》,第166页。该书对傅斯年在写作《东北史纲》一书时所面临的民族大义与科学性两难选择上有详细分析。

出版之际,傅斯年则完全回归到一个严肃学者应秉持的境界,特别强调在将考古实物与古史研究进行对应时要格外牢记"过犹不及"的教训,他说:

> 把设定当作证明,把设想当作设定,把远若无干的事变作近若有关,把事实惟允许决定的事付之聚讼,都不足以增进新知识,即不足以促成所关学科之进展。即如本书所论遗址之为谭国故墟,就文籍遗传来看,十成中有九成可信了,若从此时一般作史学的风气,就要直名之为"谭墟"了。然而本书作者知道只是经籍遗传之说,所发掘者,并无一物确证其为谭邑,与殷墟之为殷墟有多量实物证明者不同,并且见到此地之地层有上下,不便混为一名,所以作者"多闻阙疑,慎言其余",集合此类文集中材料为附录,本文中转不涉及。此虽是一个节目,然也是表显全部风气的。①

很显然,傅斯年是完全赞成《城子崖》报告所采取的这种"多闻阙疑,慎言其余"之风气的。这也有助于我们理解为什么1933年傅斯年发表《夷夏东西说》时,尽管已经能够从城子崖遗址发掘材料中得到支持他观点的证据,但他却一点也不增补,以"几全是当年的原文"而面世——因为这正体现了他为史语所设定的宗旨:

> 我们反对疏通,我们只是把材料整理好,则事实自然显明了。一分材料出一分货,十分材料出十分货,没有材料便不出货。两件事实之间,隔着一大段,把他们联络起来的一切涉想,自然有些也是多多少少可以容许的,但推论是危险的事,以假设可能为当然是不诚信的事。所以我们存而不补,这是我们对于材料的态度;我们证而不疏,这是我们处置材料的手段。材料之内使他发现无遗,材料之外我们一点也不越过去说。果然我们同人中也有些在别处发挥历史

---

① 傅斯年:《〈城子崖〉序》,傅斯年等《城子崖——山东历城县龙山镇之黑陶文化遗址》,中研院史语所,1934年。

哲学或语言泛想,这些都仅可以当作私人的事,不是研究所的工作。①

据此我们可以推测,在傅斯年眼中,城子崖的黑陶文化与小屯殷墟文化尽管有着某种关系,但因为这"两件事实之间,隔着一大段",所以他并不利用城子崖的考古材料来充实他的"商代发迹于东北渤海"、"古兖州是其建业之地"之论点,否则就是"以假设可能为当然"的"不诚信"行为。

在史语所同仁当中,在商人源自东方这一点上,比傅斯年更为坚决的是徐中舒。徐氏1929年入史语所后,虽然身在历史组,"却经常参加考古组的活动",甚至"多次前往殷墟考古发掘工地"。② 根据小屯和仰韶遗址的发现,同时结合相关文献记载,徐中舒笃信殷商文化源于东方。他说:

《史记·殷本纪》载殷人迁都之事前八后五,就此传说看,殷民族颇有由今山东向河南发展的趋势。小屯遗物有咸水贝与鲸鱼骨,即殷人与东方海滨一带交通之证。秦汉以前齐鲁为中国文化最高区域,必有文化上的凭借。……我以为小屯文化的来源当从这方面去探求,环渤海湾一带,或者就是孕育中国文化的摇篮。③

在中国文化西来说的大背景下,徐中舒上述认识的重要意义自然是不言而喻的。但如果就学术本身而言,它在相当程度上背离了傅斯年为史语所设定的"反对疏通"、"存而不补"等宗旨,这也就难怪李济后来会说徐氏的相关推论是有待考古学验证的假设:

有些史学家把彩陶文化认作夏文化的遗存;所说的一

---

① 傅斯年:《历史语言研究所工作之旨趣》,《中研院史语所集刊》第1本第1分,1928年。
② 徐亮工:《徐中舒先生的新史学之路》,《四川大学学报》(哲学社会科学版)2009年第4期。
③ 徐中舒:《再论小屯与仰韶》,原载《安阳发掘报告》第3期,1931年;此据《徐中舒历史论文选辑》,中华书局,1998年,第145—181页。

个重要理由是彩陶遗址多为传说中的夏民族居住址地。这虽说是富于建设性的一个假设,却尚缺乏考古学上的最后证据。若用同样的理由,黑陶文化似乎也可认为是殷文化——不过就我们现在所知的事实说,这是不可能的。黑陶文化在传说的历史中,是否有一个相当的位置,要等将来考古的发现来证明。①

由此可见,通过殷墟和城子崖的发掘,史语所的主要研究人员早在 20 世纪 30 年代初期均已开始思考殷商文化的来源问题。梁思永所谓的小屯文化前身的文化和李济所说的殷墟文化的根基其实就包括了我们现在所说的"早商文化"和"先商文化"。他们不仅已经指出了问题的所在,并意识到这是"研究中国上古史的同志,现在最急于要追寻出来的"。

也正是在此背景下,史语所李景聃等人于 1936 年冬前往河南商丘地区进行考古调查和发掘。对于这次考古工作的前因后果,李景聃有清楚的说明:

> 十几次的殷墟发掘揭开了殷墟文化的宝藏,……但是甲骨文字上的证明,这都是盘庚迁殷以后的产品。这种登峰造极的地步,绝对不是一蹴可及的;这里面却包含着很丰富的遗传,一段很悠久的历史,这种文化究竟是在哪里萌芽然后发育成长的?哪里是它的前身?这是研究中国上古史的人所急于要寻找出来的。殷墟文化是多元的,除一部分是承袭仰韶、龙山两种文化的产业,还有其他重要成分的来源也是我们急于要知道的。
>
> 在河南东部与江苏、山东接界的地方有一县名商丘,单就这个名词说,就已经够吸引人们的注意。这里靠黄河,很可能就是商代发祥之地。……傅、李、梁、董、郭诸先生在决

---

① 李济:《小屯地面下的先殷文化层》,原载《"中央研究院"学术汇刊》第 1 卷第 2 期;此据《李济文集》卷二,第 293—306 页。

定河南古迹研究会25年下半季工作的时候，就指定豫东商丘一带的调查。①

从这段记载来看，李景聃的豫东调查不仅出于傅斯年、李济和梁思永等史语所领导层的直接筹划，调查报告中的某些遣词造句如"殷墟文化是多元的"、这种文化的前身"是研究中国上古史的人所急于要寻找出来的"等甚至就是李济和梁思永相关论述中的原话，因此李景聃的这次调查活动实际上代表了史语所的集体意志。

1936年10月11日—11月4日，李景聃与史语所外围组织——河南古迹研究会的韩维周、工友孟常禄等人在豫东商丘和永城一带进行了为期二十五天的调查，发现秦汉之前的遗址三处，即商丘的青岗寺、永城的造律台和曹桥。② 11月底至12月间，李景聃、韩维周以及赵青芳等人又先后在造律台、黑孤堆和曹桥等三处遗址进行了小规模的发掘。

发掘结果显示，"把造律台黑孤堆两处所得的遗物，与其他龙山期的遗址比较，看不出有多大不同的地方，陶、石、骨、蚌等器都表出了龙山期文化的特征"，据此李景聃乐观地估计：

> 在豫东商丘一带河患淤没，沙田弥漫的地段里，找到这样的遗址，至少在龙山期文化分布的连锁上给寻出了一个重要的脱落了的一环。……在龙山期文化的传播上，淮河流域尤其河南的东南，安徽的西北，是一个很重要的联系，这一带必有更大的遗址可寻，说不定殷商文化前身的问题，可以得到相当的解决，这就有待于考古界的努力了。

但李景聃没有想到的是，在这次商丘调查之后，接踵而来的是八年抗战和三年国内战争，史语所同仁再也没有机会进一步探索殷商文化的前身了。

---

① 李景聃：《豫东商丘永城调查及造律台、黑孤堆、曹桥三处小发掘》，载中研院史语所编《中国考古学报》第二册，商务印书馆，1947年，第83—120页。

② 有关河南古迹研究会的成立及其与中研院的关系可参看陈洪波《中国科学考古学的兴起——1928—1949年历史语言研究所考古史》，广西师范大学出版社，2011年，第180—182页。

三、从辉县到二里头：商文化年代序列的确立

受苏联的影响，新中国成立伊始即在中国科学院设立考古研究所，专门"负责考察发掘研究和人才培养诸端"，因此相比迁台的史语所同行，留在大陆的考古工作者在 1949 年以后迎来了事业的高峰。①

1950 年秋，新中国考古第一站选择在河南辉县进行，前史语所骨干夏鼐和郭宝钧分别任发掘团的正、副团长。这次发掘的主要目的一方面是为了"寻找殷周期间史料"，但同时"也希望在工作中进行干部的培养与集体工作的学习"。② 在随后的一年多时间内（1950 年秋—1952 年春），辉县发掘团先后在琉璃阁和褚丘等地发现了殷代的居址和墓葬，特别是琉璃阁四个灰坑和殷代墓葬的发掘"提供了在安阳殷墟以外的殷代文化的物质史料"，由此"能够对殷代文化作更广泛的区域性的比较研究"。③

1952 年 7 月，为适应新中国文物事业大发展的需要，文化部文物局、中国科学院考古研究所和北京大学联合举办了第一届考古工作人员训练班。当年秋，训练班在郑州二里岗一带进行田野发掘实习，辉县发掘团的主力如郭宝钧和安志敏等人移师郑州，郑州随即成为新中国考古的中心，并彻底改变了商文化研究的面貌。

在 1952 年秋季郑州二里岗遗址第一次发掘结束之后，负责整理发掘材料的安志敏当时就获得若干重要认识，包括：

> 二里冈的殷代遗址，属于殷代文化的系统，和其他殷代

---

① 石兴邦：《走向辉县——新中国考古的开篇之作》，《中国文化遗产》2004 年第 1 期。据该文："考古研究所是由原北平研究院史学研究所现职人员和原'中央研究院'历史语言研究所留在大陆的学者及其北平图书史料整理处人员合并组成的，分考古组和史学组两部分。从事史学研究的人比考古的人多，考古的以中研院史语所的原有人员为主，北研院仅徐旭生、黄文弼、苏秉琦和白万玉。其制度还是按史语所考古组的一套制度和办法进行。考古所成立时，郑振铎先生担任所长，梁思永、夏鼐任副所长。当时，考古组的人数很少。研究人员老中青合起来才 8 人，连技术员、技工共 14 人。"

② 中国科学院考古研究所：《辉县发掘报告》，科学出版社，1956 年，第 1 页。

③ 中国科学院考古研究所：《辉县发掘报告》，第 15 页。

> 遗址具有共同性，但也有它的特殊的地方。陶器中如印纹陶、平底爵、高足甗和鼎等不见于安阳小屯；较接近于辉县琉璃阁，但辉县没有雷纹印陶及带同心圆的甗。……
>
> 二里冈的堆积可以分为 I、II 两期，……本文所述的二里冈殷代遗址，属于郑州 I 期，它的年代也可能早于安阳的小屯期。……
>
> 根据这次和过去所发掘龙山文化遗物，也可以看出它们和殷文化是不同的，……龙山陶器中鬲少鼎多（虽然这次没有发现鼎），而殷代陶器却是鼎少鬲多；殷代陶器的纹饰以绳纹为大宗，也不同于龙山文化。这些现象都说明了龙山和殷代的陶器之间，未必是直接承袭的关系。①

由此可见，二里冈遗址这次发掘的主要意义就在于不仅明确了"早于安阳的小屯期"的殷商文化遗存，而且进一步证明龙山文化和殷墟文化之间不是"直接承袭的关系"。

1953 年春，在郑州北郊的人民公园又发现了丰富的商文化遗存，并以确凿的地层关系证明二里冈期商文化要早于殷墟文化，据此安志敏再次指出：

> 人民公园殷代文化遗存的发现，对解决郑州附近殷代遗址的先后年代是具有重要意义的。当我们第一次发掘二里冈殷代遗址的时候，就根据了辉县的发掘经验，来判断它们是属于殷代早期的。不过在辉县的地下证据也只是片断的不够充分，这次的发现不仅解决了郑州殷代遗址的年代问题，也证实了我们对辉县殷代遗存的判断。②

稍后，安金槐综合郑州地区的发掘材料，把二里冈和人民公园的商文化遗存划分为三期，即：

> 就郑州市人民公园及二里冈殷商遗址的地下层位关系

---

① 安志敏：《一九五二年秋季郑州二里冈发掘记》，《考古学报》1954 年第 2 期。
② 安志敏：《郑州市人民公园附近的殷代遗存》，《文物参考资料》1954 年第 6 期。

及出土物的比较来看,显然是殷商时代的三个不同时期的堆积。人民公园的上层(晚期)新出土的厚胎矮足鬲,有钻、有凿、有灼的龟卜骨,及头上带复杂雕刻的兽形花纹骨簪等物,和安阳小屯殷墟的出土物比较接近,也可能是时间相距不远,而人民公园下层(中期和早期)又相当于二里岗文化层,所以二里岗殷商文化层也可能是早于安阳小屯殷墟文化层。①

安金槐并指出,通过郑州商代遗址的发掘,可以"把我国可靠史料向前推展数百年"。不过,这"数百年"究竟是几百年,或者说,二里岗期商文化究竟相当于商代哪个阶段的文化,这在当时还没有人能够回答。但很快,1955年郑州商城的发现以及1956年郑州洛达庙遗址的发掘为回答这一问题提供了重要契机,而在其中发挥关键作用的依然是安金槐。

据文献记载,郑州市西北部古荥阳镇一带是商王仲丁的隞都所在,所以早在解放初期,安金槐就在这一区域开展考古调查以期寻找隞都,但是"并没有发现商代的城市遗址,甚至连较大规模的商代文化遗址也没有发现"。相反,"在郑州的旧城内、外发现了一处面积约有25平方公里的商代文化遗址",特别是"1955年秋,又在遗址的中心区,发现了商代城垣遗迹"。② 这些新发现很自然地让安金槐把这座商代城址与隞都联系起来,但他需要证明郑州商城的年代与商王仲丁的年代大体相当。

上面提到,二里岗的发掘已经表明这里的商文化要早于殷墟,这也就是说,二里岗期商文化和郑州商城的年代下限已经确定,但还缺乏可以界定其上限的考古材料,而郑州洛达庙的发掘则带来了这种可能性。

1956年5月—12月,河南省文化局文物工作队第一队的陈嘉祥

---

① 安金槐:《郑州市殷商遗址地层关系介绍》,《文物参考资料》1954年第12期。
② 安金槐:《试论郑州商代城址——隞都》,《文物》1961年第4、5期。

等人对洛达庙遗址进行了发掘,确认了"郑州洛达庙商代文化层",并且根据"最近董砦的发掘,初步判定洛达庙商代文化是早于郑州二里岗商代文化下层是没有多大问题的"。①

确认了洛达庙遗存的文化性质及相对年代之后,安金槐获得了论证郑州商城是仲丁隞都的考古年代学依据,即:

> 关于郑州商代城址的相对年代和文献记载的"隞都"的年代是否相符的问题。根据郑州商代文化遗址的发掘材料证明郑州的商代文化遗址,不论从文化层上下的叠压关系和出土遗物的发展演变,都清楚的可以分为早、中、晚三期。早期遗址以郑州洛达庙商代遗址为代表。……商代晚期遗址以郑州人民公园为代表,……从出土的遗物看,与安阳殷墟的出土遗物比较接近。商代中期遗址,以郑州二里岗商代遗址为代表,……把二里岗商代文化遗址定为商代中期是比较恰当的。商代中期遗址在郑州分布范围极为广泛,在郑州商代城址上面所发现的墓葬、房基、窖穴、狗坑和文化层,以及在夯土城墙内所包含的商代遗物都是属于商代中期的。②

这就是把郑州地区商文化的年代序列确立为:洛达庙为商代早期,二里岗为商代中期,人民公园为商代晚期。这一判断在偃师二里头遗址调查与发掘之后变得更加深入人心。

1959年5月16日,在偃师县"文物干部高同志引导"下,正在豫西地区调查"夏墟"的徐旭生等人来到二里头遗址"寻找古亳遗址"。他们在"村南路旁断崖间见有不少的灰坑。……采集的有尊、罐、鼎、豆等器",其特征"与郑州洛达庙、洛阳东干沟的遗物性质相类似",据此徐旭生判断遗址年代"大约属于商代早期"。再联系到"偃师为商

---

① 河南省文化局文物工作第一队:《郑州洛达庙商代遗址试掘简报》,《文物参考资料》1957年第10期。有关洛达庙遗存的有关情况也可参看本书第肆篇《考古学的春天——1977年"河南登封告成遗址发掘现场会"的学术史解读》。

② 安金槐:《试论郑州商代城址——隞都》,《文物》1961年第4、5期。

汤都城的说法",徐旭生遂得出了二里头遗址"在当时实为一大都会,为商汤都城的可能性很不小"的结论。①

当年秋天,中国科学院考古研究所赵芝荃等人即开始对二里头遗址进行发掘,在对二里头遗址进行分期的同时,也进一步明确了洛达庙类型商文化为商代早期的遗存,具体来讲就是:

> 根据遗物可分为早中晚期。早期当属河南龙山文化晚期,但与常见的河南龙山文化还不能衔接,尚有缺环;中期虽仅留有若干龙山文化因素,但基本上接近商文化;晚期则是洛达庙类型商文化。通过这一发现,对商文化与河南龙山文化的关系有了进一步的认识,可以进一步肯定河南龙山文化与商文化有承继关系。②

随着二里头遗址一号宫殿基址的发现与发掘,发掘者对于早商文化的界定也就更加清晰了,明确指出"二里头遗址是商汤都城西亳的可能性是很大的。遗址有早、中、晚三期之分,其早期的堆积,推测当早于商汤的建都时期"。③ 稍后,二里头四期遗存得到确认,原先的早、中、晚期被重新确定为二里头类型的一、二、三期,其中第三期的碳十四测年经树轮校正后为公元前1590年—前1300年,发掘者认为正"相当于商代早期"。④

这样,经过郑州二里岗遗址的发掘、洛达庙类型的确定、郑州商城隞都说的论证、二里头遗址为成汤西亳的假说及论定,逐渐构建起了二里头遗址三、四期为早商、郑州二里岗为中商、安阳小屯殷墟为晚商的商文化序列,并成为当时学术界最具影响力的主流观点。

但学术界对此并非没有疑义,比如新中国考古的领军人物夏鼐,

---

① 徐旭生:《1959年夏豫西调查"夏墟"的初步报告》,《考古》1959年第11期。
② 中国科学院考古研究所洛阳发掘队:《1959年河南偃师二里头试掘简报》,《考古》1961年第2期。
③ 中国科学院考古研究所洛阳发掘队:《河南偃师二里头遗址发掘简报》,《考古》1965年第5期。
④ 中国科学院考古研究所二里头工作队:《河南偃师二里头早商宫殿基址发掘简报》,《考古》1974年第4期。

他对二里头类型的看法就颇可玩味。在洛达庙和二里头遗址发掘伊始,夏鼐的态度是:

> 1952 年在郑州二里岗发现了比安阳小屯为早的殷商遗存,后来在郑州洛达庙和偃师二里头等地,又发现了比二里岗更早的文化遗存。这个时期已有了小件的青铜器,陶器中有后来殷代晚期墓葬中所常见的觚、爵的祖型。二里头类型的文化遗存是属于夏文化,还是属于商代先公先王的商文化,目前学术界还没有取得一致的认识。①

在这里,夏鼐的逻辑很清晰——那就是比二里岗期商文化更早的遗存既可能是夏文化,也有可能是商人先公先王时期的文化。但随着二里头遗址发掘规模的扩大,特别是宫殿基址的发现,夏鼐的看法发生了微妙的变化,他说:

> 1956 年起,最近几年连续在河南偃师二里头遗址做了一些工作,证明这里的遗存比较洛达庙不仅时代上开始较早,并且遗物也更为丰富,更具有典型性。这里的主要堆积可分为三层:早期当属"河南龙山文化"晚期,中期保留有若干龙山文化因素,但基本上接近商文化。……晚期与洛达庙出土的接近,可以说是一种商文化。……1962—1964 年继续清理这里的夯土。这些建筑遗存都是属于这里的晚期,显然是统治阶级的宫殿遗存。……根据文献上记载下来的传说,二里头可能为商灭夏后第一个帝王成汤的都城西亳。如果晚期是商汤时代的遗存,那么较早的中期(或包括早期)便应属于商代先公先王时代的商文化,因为三者文化性质是连续发展、前后相承的。如果事实上夏、商二文化并不像文献上所表示的那样属于两种不同的文化,那么这里中期和早期便有属于夏文化的可能了。这还有待于今后

---

① 夏鼐:《新中国的考古学》,《红旗》1962 年第 17 期;又见《考古》1962 年第 9 期。

继续的工作。①

很显然,由于二里头遗址一号宫殿基址的确认,夏鼐基本上接受了二里头遗址晚期(也即后来的第三期)可能是成汤西亳的观点,但对于二里头类型的早、中期究竟是属于夏文化还是商代先公先王时代的文化依然游移不定。从考古材料上讲,他注意到二里头遗址早中晚三期文化在面貌上是"连续发展、前后相承"的,如果第三期遗存属于西亳,那么对第一、二期最合理的解释就应该是先公先王时期的先商文化了;但另一方面,豫西毕竟是传统认识中的"夏墟",文献证据十分强大,所以夏鼐又不愿完全排除二里头早中期为夏文化的可能性,所以推测"事实上夏、商二文化并不像文献上所表示的那样属于两种不同的文化",并希望据此来解释二里头早中晚期文化虽一脉相承但却有可能分属夏、商两族的特殊现象。

夏鼐的犹豫固然源自他谨慎的学风和缜密的思考,但同时也折射出当时学术界在此问题上其实缺乏一锤定音的证据。然而,一些奋斗在夏商考古第一线的工作者对夏鼐的观点似乎并不完全认同,他们表现出更多的自信。这其中又以三位学者的观点最为关键,他们日后的工作在很大程度上决定了先商文化探索的方向,这三位学者是:赵芝荃、张光直和邹衡。

四、二里岗与二里头:早商文化与夏文化的纠结

赵芝荃长期负责中国科学院考古研究所在二里头遗址的发掘工作,当二里头遗址三、四期遗存被确认为早商文化,二里头遗址被看作是成汤西亳之后,赵芝荃及其同事们却开展了一项出人意料的举措——到豫东的商丘地区开展考古调查。②

赵芝荃是这样解释豫东考古的缘由的,"商丘地处豫东平

---

① 夏鼐:《我国近五年来的考古新收获》,《考古》1964年第10期。
② 具体过程可参看本书第肆篇《考古学的春天——1977年"河南登封告成遗址发掘现场会"的学术史解读》。

原,……史籍记载,'陶唐氏之火正阏伯居商丘,相土因之','汤始居亳'。有人认为我国第二个奴隶制的国家——商王朝即发轫于此",但是"历史上商丘一带屡遭河害,黄水多次浸漫,不少地方堆积着很厚的淤沙,长期以来,人们对于商丘地区的古代文化面貌了解很少"。"为了解豫东原始社会末期和商代早期文化的有关问题",中国社会科学院考古研究所河南二队会同河南省商丘地区文物管理委员会"于1976年底到1977年末,先后三次在商丘地区各县调查古代文化遗址"。①

赵芝荃明明在豫西的二里头遗址发掘,并已经初步确认了该遗址就是商汤的西亳,却要放下手头的工作跑到豫东搞调查,这一看似矛盾的行为其实反映的是一个被张光直称作"殷商文明起源研究上的一个关键问题"。1976年,张光直发表了以此为题的论文,开始了自己的先商文化探索之旅。张光直所说的这个"关键问题"就是:

> 以河南北部安阳殷墟和殷墟以南的郑州的商城为代表的殷商时代中晚期的文明,如将它的历史向上追溯,是应该追溯到河南的西部,还是应该追溯到河南的东部以及山东境内?②

张光直之所以有此疑问,乃是因为他意识到"偃师二里头、郑州商城和安阳殷墟三个考古遗址所代表的'早商'、'中商'和'晚商'"的商文化序列与传统认识之间的矛盾,具体来说就是:

> 由考古学上来看,一方面殷商文明可以在很基本的一些现象上去追溯到晋南豫西的早商时期(二里头类型),甚至更进一步追溯到河南龙山文化。另一方面殷商文明中很重要的一些成分(绝大部分是与统治阶级的宗教、仪式、生活和艺术有关的)很清楚地起源于东方。后面这一件事实

---

① 中国社会科学院考古研究所河南二队等:《1977年豫东考古纪要》,《考古》1981年第5期。
② 张光直:《殷商文明起源研究上的一个关键问题》,原载《沈刚伯先生八秩荣庆论文集》;此据《中国青铜时代》,生活·读书·新知三联书店,1999年,第98—122页。

又使我们对殷人起于东方及殷商都邑全在东方的旧说重新发生了兴趣。

对于当时学术界通行的解释,张光直感到仍有说不通的地方,他说:

> 把二里头类型文化拉长以早期为夏,后期为商,固然是照顾到各方面资料所得的一个取其中庸的推论,却面临一个相当大的难题,即如果二里头类型文化后期为商,那么这种文化的分布为什么仅限于夏境而不见于河南的较东部分?①

也正是这一现象促使张光直进一步追问:"到底殷商文明的起源是在东还是西?还是东西两个源头合流而成?"这在张光直看来,绝对是"殷商文明起源研究现阶段的一个关键问题"。

长期在二里头遗址发掘的赵芝荃与迟至1975年才有机会重返中国大陆的张光直在探索殷商文化来源时不约而同地把眼光放到了豫东,这自然不会是偶然的。其中的原因,用张光直的话来说,是因为商人源于东方的说法在"传统文献资料的分量十分沉重的缘故"。这其实也是促使赵芝荃到豫东调查的真正原因,赵芝荃的逻辑也很清晰——既然豫东在传统上被认为是商人故地,那么就有可能在此地区"考察商文化的渊源",借此"识别夏代的物质文化",从而为"进一步研究二里头遗址的性质"奠定基础。② 在当时,赵芝荃对于二里头文化性质的判断并无十足的把握,二里头文化究竟是夏文化还是商文化,抑或一分为二——前半段为夏、后半段为商,都是待定的问题。③ 要作出最终的判断,就必须与豫东地区同时期的文化进行比较——如果二里头文化大量分布于豫东,那它很可能就是商文化;如

---

① 张光直:《殷商文明起源研究上的一个关键问题》,《中国青铜时代》,第98—122页。
② 赵芝荃:《二里头考古队探索夏文化的回顾与展望——在登封告成遗址发掘现场会上的发言》,《河南文博通讯》1978年第3期。
③ 有关这一时期赵芝荃的观点可参看本书第肆篇《考古学的春天——1977年"河南登封告成遗址发掘现场会"的学术史解读》。

果不见于豫东,则更可能是夏文化。对于赵、张二人而言,在商人与豫东地区具有密切关系这一点上,是先于考古材料、无需论证的,他们都笃信在这一地区应该有丰富的早商甚至先商文化遗存。

在豫东,赵芝荃及其同事"发现龙山文化遗址 17 处、殷商遗址 15 处",①并试掘了永城王油坊、黑堌堆、柘城孟庄(心闷寺)和商丘坞墙等遗址,调查和试掘的结果是"仅在坞墙遗址发现少量二里头文化遗存",并由此得出了"商丘地区是二里头文化分布区的边缘地带,自此向东未见二里头文化遗存"的认识。② 很显然,这一现象不利于二里头文化是商文化这一判断的,但这似乎并未引起赵芝荃的足够重视。

但张光直却不然。虽然他承认"从考古学的材料上说,在目前这个阶段,我们还只能提出这个问题,而还不能回答",但同时也给出了非常有倾向性的意见,那就是:

> 专从目前已有的考古材料来看,我相信这个关键问题只有一个简单合理的解决方式,就是说二里头类型的文化基本上是夏代的文化,而自二里头类型的末期或郑州商城初期开始,才是目前考古资料中存在的殷商文化。真正的"早商"文化恐怕还埋在豫东与鲁西地区的地下,尚待将来的发现。……
>
> 商汤如果出于豫东,灭夏以后声势大振,文明广布,造成了郑州商城所代表的中商文化广布黄河中下游与长江中游的有利局势。如此看来,所谓"早商"文化也许实在是夏文化,而中商文化与晚商文化乃是早商与晚商。

他并大胆地预测:

> 如果大家公认以汤都的亳为商丘与曹县之间的旧说是

---

① 中国社会科学院考古研究所河南二队等:《1977 年豫东考古纪要》,《考古》1981 年第 5 期。
② 中国社会科学院考古研究所河南二队等:《河南永城王油坊遗址发掘报告》,《考古学集刊》第 5 集;《河南柘城孟庄商代遗址》,《考古学报》1982 年第 1 期;《河南商丘县坞墙遗址试掘简报》,《考古》1983 年第 2 期。

可靠的，我相信殷商文明里这一组新成分的来源，将来很可能要直接追溯到河南东部与山东运河以西这一片平原地区的一种新文化里去。这个区域是中国历史上的黄泛区的一部分，并且为黄河旧道所经，其远古遗物很可能深埋在多少世纪以来的沉积物的下面，所以华北的考古学，在开封以东、运河以西这一大片地区，是出土资料最少的区域。我相信在这个地区，将来如果能够发现真正的"早商"文化，它的面貌一定是一方面与二里头类型的夏文化有基本上的相似；在另一方面又构成花厅（大汶口）文化与龙山文化向较晚的殷商文明过渡的一个桥梁。①

与此同时，邹衡也在夏商文化研究的道路上默默前行。从1952年10月首次到郑州二里岗参加发掘，邹衡即与商文化结缘；1956年，他的硕士毕业论文《试论郑州新发现的殷商文化遗址》发表，在学术界第一次系统地论证了郑州商文化的分期与年代；②次年，他带领北京大学考古专业的学生到河北邯郸进行田野考古实习，在涧沟和龟台寺遗址都发现了与二里岗下层时代"相当"甚至"稍早"的商文化遗存；③1959年，邹衡又带领学生来到洛阳王湾遗址进行发掘，并把该遗址的遗存分为四期，其中第一期是仰韶期，第二期是从仰韶文化向龙山文化过渡期，第三期是龙山期，第四期为二里头期。④ 王湾遗址的发掘正在徐旭生豫西调查夏墟之后，夏文化探索是当时的学术热点问题，这对于专攻商周考古的邹衡来说更不可能置身其外，所以他说：

> 1959年我完成南王湾新石器时代分期后，即开始考虑夏文化的问题。我觉得研究夏文化，必先研究先商文化，因

---

① 张光直：《殷商文明起源研究上的一个关键问题》，《中国青铜时代》，第98—122页。
② 邹衡：《试论郑州新发现的殷商文化遗址》，原载《考古学报》1956年第3期；后收入《夏商周考古学论文集》，文物出版社，1980年，第1—29页。
③ 北京大学、河北省文化局邯郸考古发掘队：《1957年邯郸发掘简报》，《考古》1957年第10期。
④ 邹衡：《试论夏文化》，《夏商周考古学论文集》，第97—99页。

为不排除先商文化的可能性,要论证二里头文化为夏文化是不可能的。①

正是因为有上述思考,所以1960年邹衡在编写北大考古专业《中国考古学》讲义"商周"部分时,在学术界第一次提出了"先商文化"的概念,并把新发现的二里头类型遗存定性为商文化遗存:

> 自从发现早商遗址以来,考古工作者们根据党的指示,曾经从各方面探寻有关夏代的线索。目前已经探明:在黄河下游的南北两岸,如郑州、洛阳、偃师以及新乡、邯郸等地都曾发现一种早于早商文化、晚于龙山文化的文化;就其文化性质而言,它恰好是龙山文化与早商文化之间的一种过渡性的文化。这种新文化的发现,至少给夏文化的探讨提供了重要的途径。不过,在未正式确定以前,我们暂时称之为先商文化。②

他还解释了将此类遗存定名为"先商文化"的原因:

> 我们暂时称之为先商文化,是因为它与郑州二里冈典型的早商文化有着非常紧密的关系,特别是它的晚期已经同二里冈商文化下层直接衔接起来了;它们的文化特征也是非常相似的。譬如说,先商文化晚期的陶器,也是以绳纹为主,圜底器占了很大比例,再如石锛、石镰、骨镞等生产工具以及卜骨等,都与郑州二里冈商文化层出土的相同。但是它的早期,却具备了浓厚的河南龙山文化的作风。譬如说,篮纹陶器占了很大的比例,磨光红胎陶器仍然盛行,罐、盆、盉、器盖等器几乎无法与龙山文化晚期的区分。因此可以说这种文化是直接继承龙山文化来的,而又开辟了早商

---

① 张立东、任飞:《手铲释天书——与夏文化探索者的对话》,大象出版社,2003年,第49—50页。
② 北京大学历史系考古专业:《中国考古学·商周—青铜时代》,1960年铅印本,第7页。

文化的先河。

很明显，就其内涵来说，邹衡这里所说的"先商文化"与夏鼐所说的"商代先公先王时代的商文化"大抵相当。但与同时代的大多数学者一样，邹衡对于二里头文化性质的把握并不肯定，所以在此后十余年间他不仅放弃了"先商文化"的判断，而且观点几经反复，他自述其经过是：

> 在编写北京大学考古专业1960年《商周—青铜时代》讲义时，曾命名为先商文化；1972年《商周考古》讲义又改名为二里头类型商文化；1975年湖北纪南城文物考古训练班《商周考古》讲义又改为二里头类型文化。1976年春，作者重新修改《商周考古》一书时，乃以二里头文化命名。①

上述四次变化实际上可以1975年为界分为前后两大阶段：1975年之前邹衡对于以郑州洛达庙、偃师二里头等遗址为代表的一类遗存的总体看法是归为商文化系统，或为先商文化（1960年），或为早商文化（1972年）；②但从1975年以后则以"二里头类型文化"或"二里头文化"来命名，不再把它与商文化挂钩，虽然没有明确指明二里头文化是夏文化，但其倾向性是十分明显的。因此，在1976年修订完毕、1979年由文物出版社正式出版的《商周考古》一书中，第一章为"二里头文化"，第二章才是"商代"，此种编排体例自有深意在焉。况且邹衡在书中还指出，"二里头文化早晚两期的这些特征，已把河南龙山文化和郑州早商文化连接起来了。……这不仅为研究我国新石器时代如何过渡到青铜时代找到了典型的实例，而且为解决夏文化问题提供了可寻的线索"，③这显然是把二里头文化定性为夏文化了。

---

① 邹衡：《试论夏文化》，《夏商周考古学论文集》，第104页。
② 如1972年讲义即明确指出："二里头类型文化由河南龙山文化直接发展而来，又是二里冈期商文化的直接先驱，是商代早期文化。二里冈期商文化是商代中期文化。以安阳小屯为代表的商文化是商代晚期文化。"参看北京大学历史系考古教研室《中国考古学》讲义之三《商周考古》，1972年铅印本，第37页。
③ 北京大学历史系考古教研室商周组：《商周考古》，文物出版社，1979年，第17页。

如果说囿于教材的体例,邹衡在《商周考古》中不能充分表达自己的学术观点,那么,1977年11月18日—22日在河南省登封县召开的"河南登封告成遗址发掘现场会"上,邹衡终于迎来了尽情阐述自身观点的最佳时机。11月21日,他在会上作了长达六个小时的发言,而其核心意思就是:二里头文化不能从中割开,二里头文化只能是一种文化,或全是夏文化,或全是商文化,决不是夏商两种文化,并明确提出二里头文化一至四期都是夏文化。①

在1960年的商周考古讲义中,邹衡把以洛达庙、二里头遗址为代表的同类遗存看作是"黄河以南"的先商文化,而"黄河以北的先商文化,可以用邯郸涧沟的文化遗址作为代表"。而现在,当他把二里头文化论证为夏文化的同时,也再次重申了豫北和冀西南地区早于郑州二里岗商文化的这类遗存是先商文化的观点,并进一步将其细分为漳河型、辉卫型和南关外型等三个类型,这在学术界也是首次。②

对二里头文化的认识从先商文化转变为夏文化,这一改变无疑是具有颠覆性的,邹衡必须对此作出合理的解释。他说,"夏文化与商文化,乍一看,似乎没有什么区别,很容易混成一种文化",这应该就是1960年他把二者看成是同一种文化的原因所在。那么,十几年之后,他又是如何"发现二者泾渭分明","断然是两种不同的文化"呢?换句话说,邹衡要如何才能证明豫北和冀西南的"早期商文化"是先商文化,而二里头文化则是夏文化呢?

为达到上述目标,邹衡主要进行了两项工作:首先是证明豫北冀南的这支考古学文化与二里头文化在文化面貌上存在巨大差异;其次,是证明这类文化遗存的年代要早于商汤建国。

对于第一项工作,邹衡采取了比较的方法,即从年代、分布地域、文化特征、文化来源和社会发展阶段等方面来看两者之间的差别,以证明它们当属不同的文化系统。在对两者的比较中,又以文化特征

---

① 可参看本书第肆篇《考古学的春天——1977年"河南登封告成遗址发掘现场会"的学术史解读》。
② 邹衡:《试论夏文化》,《夏商周考古学论文集》,第95—182页。

的对比最为关键,邹衡从建筑遗迹等七个方面进行观察,他所得的结论可以归纳为下表:

文化特征\文化类型	夏文化二里头类型	先商文化漳河型
建筑遗迹	有宫殿基址	无宫殿基址
铜器	有礼器爵和戈、钺、凿等兵器和工具	只有小型铜刀和铜镞
石、骨、蚌器	流行梯形或矩形石刀,有石磬	流行小型石镰,无石磬,流行骨匕
饮食陶器和酒器	多盉,且有鬶,瓦足皿是其特色陶器;鬲极少,不到全部陶器的1%;甗也极少,且只见于晚期;不见橄榄状夹砂罐	不见盉与鬶,多鬲,占全部陶器的1/4以上;甗也普遍存在;橄榄状夹砂罐比较常见;不见瓦足皿
盛贮陶器	流行大口尊、研磨盆等圜底器;不见敛口蛋形瓮,少见细泥素面或旋纹盆	几乎没有圜底器和平底器,都是平底器;常见敛口蛋形瓮、细泥素面或旋纹盆
陶系与纹饰	有厚胎粗砂陶和极微量的白陶、硬陶和原始瓷片;流行箍状附加堆纹	无厚胎粗砂陶、白陶、硬陶和原始瓷片;缺乏标准的箍状附加堆纹
刻划符号与文字	发现各种形式的刻划符号,有的就是文字	也发现类似的符号,有的也像文字

据此,邹衡得出的结论是:

> 从以上的比较可以看出,先商文化漳河型与夏文化二里头型之间既有相同的因素,也有不同的因素。这些相同的因素,往往是在一种文化中是主要的,在他种文化中则是次要的。例如陶鬲、陶甗、细泥素面或旋纹盆等就是如此。而不同的因素中,往往都是各自最主要的。例如石刀、石镰、圜底器、箍状堆纹、楔形点纹、印纹等都是如此。总起来看,两者间的不同因素大大超过了其相同的因素,可见两者的文化面貌是不相同的,也就是说,它们是属于不同的文化

体系，其相同的因素大概是相互影响的结果。

即便上述差别是客观存在，也最多只能说它们属于两支不同的考古学文化，而不能据此判断它们一为先商文化，一是夏文化。所以，接下来邹衡还需要证明漳河型的年代属于商人建国之前的先商时期，为此邹衡提出了他学术体系的枢纽——郑亳说。

邹衡曾经这样阐述论证成汤亳都的重要意义：

> 由于殷墟卜辞的发现，晚商文化和晚商历史基本上确定了。……到目前为止，在早商文化中又还没有发现可以断定绝对年代的文字资料，例如早期甲骨文等。然而，这类问题是不是就完全无法解决了呢？不，我们认为是可以解决的，这就是要通过对成汤所居的地望考证。所以我们要从成汤居亳说起。不仅如此，成汤所居地望的确定，对于解决考古学上的夏文化问题也是非常重要的。①

邹衡的逻辑是——只要确定了成汤都邑所在，就等于找到了最早的商文化，据此就可以向前分头追溯先商文化和夏文化了。

于是问题的关键就转移为亳都的认证了，而邹衡又恰恰认为他已经找到了成汤的亳都，这就是早在 1955 年即已发现，但长期被认为是仲丁隞都的郑州商城。② 在论定郑州商城是商汤的亳都之后，邹衡自然就可以以此为基础来论述先商文化了，他的理由是，"以郑州亳城为代表的早商文化及其先型先商文化南关外型又来源于先商文化漳河型"，所以先商文化漳河型自然就是"目前我们知道最早的商文化"，"那末商人的发祥地必然就在今漳河地区了"。与此同时，邹衡又对相关文献进行梳理，发现"商人的远祖契、昭明、王亥、上甲微等都曾在这个文化区域内活动"，据此判定"这个名商的地区就是今漳河地区"，而"商人之所以称商，大概是因为商人远祖居住在漳水，而最早的漳水或者就叫做商水"。在完成上述工作之后，邹衡形成了对

---

① 邹衡：《论汤都郑亳及其前后的迁徙》，《夏商周考古学论文集》，第 183—218 页。
② 邹衡：《郑州商城即汤都亳说》（摘要），《文物》1978 年第 2 期。

先商文化的完整认识：

> 综上所述，可知成汤之前，商人活动的地区，最早大概不出先商文化漳河型的分布区，也就是在今天河北省西南部和河南省北部的一大片平原上，其中心地点应该就在滹沱河与漳河之间。稍后，则渐次向南扩展，直到成汤之时才渡过黄河，占领郑亳，全面展开向西征夏的斗争。这一结论，无论文献记载和考古发现，都是能够大体与之相符合的。①

由于夏文化、先商文化和早商文化三者是互为关联的，邹衡既论定了漳河型为先商文化，那么他就必然以二里岗期商文化为早商文化，二里头文化为夏文化，郑亳说则成为其学术体系的枢纽。至此，学术界形成了西亳说与郑亳说的对峙：西亳说者多以二里头文化三、四期为早商文化，二里岗为商代中期文化；而郑亳说者则以二里头文化一至四期为夏文化，二里岗为早商文化，豫北、冀西南的商文化遗存为先商文化。

五、"南关外期"与"南关外型"：一字之差的背后

1955年秋，河南省文物局文物工作队第一队在郑州旧城南关外发掘了一处面积不大、包含有战国和商代文化遗存的遗址。② 发掘者将这里的商代文化遗存分为三层，其中下层的文化特征是：

> 这层出土的陶器，如厚胎敛口鬲、敞口细腰胖袋足鬲、敞口细腰弧裆斝、有流无尾圜底或平底爵、敛口短颈鼓腹瓮和圆饼形器盖等，形制是比较特殊的。同时，陶器又以棕褐色的较多。这些特征，与郑州二里冈期和洛达庙期的同类器，都有着显著的不同。……同时，根据该层被叠压在中层

---

① 邹衡：《论汤都郑亳及其前后的迁徙》，《夏商周考古学论文集》，第183—218页。
② 河南省博物馆：《郑州南关外商代遗址的发掘》，《考古学报》1973年第1期。

之下，而中层的遗物形制基本上属于郑州商代二里冈期下层。为了便于区别起见，我们将这里的商代下层文化，暂定为郑州商代南关外期（简称南关外期）。其时代应为商代早期文化。

鉴于南关外下层独特的文化特征，特别是注意到它与二里冈期和洛达庙期文化的不同，所以安金槐在发掘报告的结语中专门强调：

> 郑州商代洛达庙期是早于郑州商代二里冈期的商代早期文化。现在这里的商代南关外期也是早于郑州商代二里冈期的商代早期文化。这二者究竟哪一期为早呢？尚待进一步研究。根据郑州商代二里冈期下层出土的遗物看，主要是承袭郑州洛达庙期发展而来的，但其中也有少量南关外期的因素。

从这段话可以看出，安金槐等发掘者对于南关外期遗存既有认识，也有疑惑。已知的认识主要是南关外期要早于二里冈期商文化；感到疑惑的则更多，如它与洛达庙期相比孰早孰晚，它的文化属性如何，以及它与二里冈期商文化的关系又是如何。

中国考古学界普遍遵守的一个惯例是——不要轻易质疑或更改发掘者对发掘材料的分期和认识。虽然安金槐对于南关外下层遗存的归属颇感困惑，但他对此类文化特征的感觉是十分切实而敏锐的。但有意思的是，不但有人，而且是有很多人对他的分期意见发表了不同看法。①

最早提出不同看法的就是邹衡，他说：

> 已公布的下层（即所谓"南关外期"）器物并不多，似乎不容易看出文化的全貌。值得注意的是，原属于中层的H62中，发现了不少属于下层的典型器物，例如侈缘厚胎鬲和细腰鬶等。其他探沟中也有类似的情况。由此可见，原

---

① 有关各家观点可参看王震中《商族起源与先商社会变迁》，中国社会科学出版社，2010年，第103—114页；李维明《南关外期（型）遗存平议》，《中原文物》2013年第2期。

中、下两层的内涵并没有严格的区别。有的陶器固然比较特殊，但由于它们又与原属二里冈下层的许多典型陶器共存，似乎不宜分化出来成为单独的期、组。根据以上的分析，我们认为原定的中、下两层应该合并成为一层，就是说，所谓"南关外期"都可以归入我们现在所分的第Ⅱ组（引者按，指先商文化第一段第Ⅱ组）。①

南关外中、下两层的究竟是分是合，看似事小，实则关系重大。安金槐的"分"，是因为他注意到下层陶器"与郑州二里冈期和洛达庙期的同类器，都有着显著的不同"，所以要把南关外下层独立出来称为"南关外期"；至于南关外中层，虽然这里出土的部分陶器与下层的"部分陶器的陶质、器形是接近的或相同的"，但"基本上和郑州商代二里冈下层是相同的"，所以中层的年代"最晚应和郑州商代二里冈期下层属于同时或稍早"。在这里，安金槐强调的是南关外中层和下层在文化特征上的显著差别。而相反，邹衡的"合"则缘于这两层中的相似部分，觉得"中下层的内涵并没有严格的差别"，所以可统称为"南关外型"。从"南关外期"到"南关外型"，这一字之差实际上是从根本上改变了发掘者确立"南关外期"的初衷。安金槐的"南关外期"强调了南关外下层与洛达庙类型、二里冈期商文化的差别，所以得出郑州商代二里冈期下层遗物"主要是承袭郑州洛达庙期发展而来的"，其中只有"少量南关外期的因素"的结论，换言之，二里冈期商文化的主要源头是洛达庙期，但受到南关外期的部分影响；而邹衡所界定的"南关外型"本来就包括了诸如H62这类公认为属于二里冈下层的遗迹单位，所以他很自然就会得出"早商文化二里冈型是从先商文化南关外型直接发展来的"认识。② 一句话，"南关外期"和"南关外型"的一字之差将商文化的来源指向了不同的方向，其作用非同小可。

但安金槐或许没有想到，在邹衡提出南关外中、下层可以合并之

---

① 邹衡：《试论夏文化》，《夏商周考古学论文集》，第107页。
② 邹衡：《关于探讨夏文化的几个问题》，《文物》1979年第3期。

后,居然相继有学者表示赞同。如赵芝荃在"通检了南关外期和洛达庙期陶器的质料、制法、火候、纹饰和器类等方面,所得结果几乎都是相同的,唯一的差别是南关外期陶器的质料是以砂质褐陶和泥质褐陶为主,约占总数量的80%以上,洛达庙期陶器的质料是以砂质灰陶和泥质灰陶为主,褐陶的数量不多",所以在他看来,"郑州南关外下层文化就是二里头四期文化";至于南关外中层,赵芝荃的意见则更为明确,因为"如果说南关外下层陶器在质料方面与二里头四期的还存在有一些区别的话",那么南关外中层陶器的"质料、制法、纹饰与二里头四期的更趋一致,已找不到什么明显的区别了",所以"南关外中层也是二里头四期文化"。① 这着实令人惊讶——因为在安金槐的眼中,南关外下层与洛达庙的同类器物"有着显著的不同",但到了赵芝荃这里,却成了"几乎都是相同的",安金槐作为发掘者的直观认识显然被完全忽视了。

接着郑光也表达了类似看法。他说,商代南关外期的"陶器很少,乍一看却给人一种有些异样、不明其来龙去脉的感觉",但实际上"南关外遗址中层跟下层从地层和文化遗物讲都无法划分开、各自成期",这一看法与邹衡是惊人地相似。但与邹衡不同的是,郑光认为"从全体看南外下层与二里冈期下层及二里头四期文化面貌没有什么差别",但"如果将它们与新乡潞王坟下层,辉县琉璃阁 H1 等处的文化遗物作通盘考察,可以看出它们之间也有许多相同或相似之处,具有相同的时代面貌"。由于"二里冈期下层属于商代中期",而"二里头四期、南外下层、新乡潞王坟下层等与之同时,则它们亦应属商代中期"。②

所以,南关外中、下层的分与合对探索商文化的来源至关重要。安金槐将二者分开,将二里岗期商文化的来源向前追溯至洛达庙期,从而把南关外期排除在先商文化之外;邹衡将它们合二为一,将南关

---

① 罗彬柯(赵芝荃):《小议郑州南关外期商文化——兼评"南关外型"先商文化说》,《中原文化》1982 年第 2 期。

② 仇祯(郑光):《关于郑州商代南关外期及其他》,《考古》1984 年第 2 期。

外下层与二里岗下层偏早的若干单位视为同类遗存，自然形成了南关外型为先商文化的结论；但同样是合，赵芝荃却又主张南关外中、下层以及洛达庙期都是二里头四期文化，甚至认为二里头文化"是包括夏、商在内居住在这里的先民共同创造出来的"，既如此，也就无所谓先商文化了。

鉴于这种现象，特别是"随着对郑州商代遗址的继续发掘"，"在郑州南关外和郑州商城的南城墙中部，又发现了一些商代南关外期的文化遗址"，安金槐再一次重申了他对南关外期遗存的认识。①

安金槐的"再认识"首先即针对邹、赵等人把南关外中、下层混为一谈的做法，他说：

> （南关外遗址）发掘时即在遗址上层的商代二里岗期上层遗存内出土有少量本应是属于中层的商代二里岗期下层的遗物，而在遗址中层的商代二里岗下层遗存内也出土有少量本应是属于遗址下层的商代南关外期的遗物。这种情况在上下重叠着三层文化遗存的堆积层中是常有的现象，也是可以理解的。问题是在整理和编写《南关外的发掘》报告时，为了全面介绍各层内所包含的遗物内容，没有把属于各层的遗物和混入该层内早的遗物区别开来。于是就出现了在上层内包含有少量中层的遗物，在中层内也包含有少量下层的遗物。

安金槐所说的是田野考古中的常识，所以这就等于是否定了把南关外中、下层合并的做法。随后，安金槐再度强调了他所定义的南关外期特征，即：

> 商代南关外期文化遗存，是郑州商代遗址中具有独特风格的一种商代文化遗存。……郑州商代南关外期的陶器特征是：陶质主要是砂质和泥质褐陶，占该期陶器总数的

---

① 安金槐：《对于郑州商代南关外期遗存的再认识》，《华夏考古》1989年第1期。

80%以上，只有极少量泥质灰陶。……陶器群的品种，目前已发现的以鬲、甗、斝、爵、瓮、豆和盆等七种陶器最有代表性，……从以上商代南关外期陶器群的品种、陶色、器表纹饰和形制来看，是有别于商代二里岗期的。

安金槐进而对南关外期与二里岗期的相互关系作出了判断：

> 虽然商代南关外期是直接被叠压在二里岗期下层的下面，但从二者的每种陶器之间的形制看，似没有直接的承袭关系。因之商代南关外期应是属稍早于商代二里岗期的另一种商代文化类型。

相比 20 世纪 70 年代他在发掘报告中的有关表述，安金槐在"再认识"中更加突显了南关外期的特点，并明确指出南关外期与二里岗期"没有直接的承袭关系"，它应是"另一种商代文化类型"。而实际上，"再认识"一文的最大进展就是对南关外期的属性与来源作出了比较明确的判断：

> 商代洛达庙期是从当地龙山文化晚期发展而来，并又直接延续发展成为商代二里岗期。这三者从龙山文化晚期→商代洛达庙期→商代二里岗期是前后一脉相承的发展关系。而商代南关外期则是在商代洛达庙期的晚期时，从外地迁到郑州南关外一带居住的人们遗留下来的文化遗存。因之这部分人使用的陶器则和商代洛达庙期有着明显的不同。所以商代南关外期应稍晚于商代洛达庙期。关于商代南关外期文化类型是从哪里来的问题。根据近年来在河南境内的考古调查材料来看，……可能是从淮河中游一带而来的。

相比当初的发掘报告，上面这段话包含了两点重要信息：首先，在发掘报告中，安金槐对于南关外期与洛达庙期的早晚关系是不清楚的，而此时则明确表示南关外期"应稍晚于商代洛达庙期"。其次，确认了南关外期是外来文化，并初步判断有可能从淮河中游一带而来，这是安金槐此次"再认识"中的一大亮点，也是对邹衡"南关外型"

先商文化说的一种积极回应。不过,尽管邹、安两人观点差别显著,但在一点上却是相同的,即"南关外期"或"南关外型"并非郑州地区固有的文化类型,而是一种外来文化因素。这一认识,除了他们二人之外,其他学者也有类似见解,但在具体解读上却又不同,兹举最具代表性的两种看法。

1. 南关外期是"原居豫东的商族到达郑州后的遗存"

1980年,北京大学考古专业三年级学生孙飞发表了《论南亳与西亳》一文,文章的主旨是不同意邹衡的郑亳说,主张"汤先居南亳、后徙都西亳"。① 在论述过程中,作者不可避免要涉及"郑州发掘的二里头文化、二里冈期商文化、南关外期文化遗存的关系问题",孙飞的意见是,"郑州的上街期、洛达庙期遗存属于二里头文化。同二里头遗址相比,上街期应属二里头二期偏晚,洛达庙期相当于二里头三、四期。上街期与洛达庙期有明显的先后继承关系","南关外期的遗存很特殊,它以占80%以上的棕褐色陶和陶器的特殊形制区别于上街、洛达庙和二里冈期文化","与郑州地区的河南龙山文化,与二里头一期文化很少有共同之处,看不出由它们发展而来的痕迹","这说明,对于郑州来说,南关外期是一种外来的文化类型"。

把南关外期视为郑州地区的外来文化并不令人惊讶,但作者随后给出的解释则颇具特色,他说:

> 我们这样推测:上街期遗存是郑州地区的夏末文化,南关外期和洛达庙期都是早商文化。但南关外期是灭夏战争的胜利者、原居豫东的商族到达郑州后的遗存;洛达庙期则是被征服者、仍居郑州的夏遗民丧国之后的遗存,它曾与南关外期并存并直接与二里冈下层文化相衔接。就是说,郑州的商文化与本地的夏文化一脉相承,它不是由先商文化发展而来的,也不是或主要不是由早商文化之一的南关外期发展而来的。

---

① 孙飞:《论南亳与西亳》,《文物》1980年第8期。

由于孙飞相信汤先居南亳,后迁西亳,所以他对先商文化的判断也与邹衡不同,他认为:

> (河南龙山文化晚期的)王油坊类型的富有特征的陶器说明它代表了一个独立的文化共同体。碳 14 测定表明,王油坊类型的年代在公元前二千年前,相当于夏初和商先公初期。它的分布地区,也正是商族起源和商先公活动的主要地区。所以我们认为,王油坊类型的遗存,尤其是商的起源地商丘造律台等地所出,就是汤以前"先王居"的先商文化遗存。

孙飞的文章激怒了邹衡——诸如南关外期与洛达庙期都是早商文化、郑州地区的商文化是由本地的夏文化发展而来的、王油坊类型是先商文化等观点显然是邹衡无法接受的。他顾不上自己与孙飞之间的师生关系,很快就回应了一篇措辞严厉的文章,从文献和考古材料两方面逐条对孙飞的观点进行批驳,奉劝这位听过自己讲授商周考古课程的学生不要"玩弄偷换的概念游戏",指出"要找到先商文化,并在考古学上证明汤都亳的所在,从而论证夏文化"的正确途径是——"还需要大家合作,扎扎实实地多作点田野考古工作(包括发掘与整理)"。①

2. 岳石文化是"以南关外下层为代表的早期商文化的直接来源"

岳石文化的概念是严文明在 1981 年提出的,但论者多关注的是它与山东龙山文化的关系。② 但到了 20 世纪 90 年代初期,山东大学的方辉③与栾丰实④相继著文,明确提出岳石文化是先商文化的观点,由此岳石文化与商文化的关系引起了学术界的重视。

---

① 邹衡:《〈论南亳与西亳〉一文中的材料解释问题》,《中原文物》1981 年第 3 期。
② 严文明:《龙山文化和龙山时代》,《文物》1981 年第 6 期。
③ 方辉:《"南关外期"先商文化的来龙去脉及其对夏商文化断限的启示》,《华夏文明》第三集,北京大学出版社,1992 年;收入《海岱地区青铜时代考古》,山东大学出版社,2007 年,第 207—220 页。
④ 栾丰实:《试论岳石文化与郑州地区早期商文化的关系——兼论商族起源问题》,《华夏考古》1994 年第 4 期。

方辉首先反对邹衡将南关外中下层合并的做法，认为"无论从地层划分还是从包含遗物来分析，'南关外期'的划分是成立的"，但又同意邹衡有关"'南关外期'所代表的是先商文化最晚期的文化"的判断。方辉追溯南关外期的源头，认为是在鲁西地区。理由是，鲁西地区的"考古学文化并不单一，可能与商族的迁徙、征伐有关。但其主要的文化成分，是以岳石文化为主，又具有豫北冀南地区文化的特征"，而"这种文化构成与'南关外期'十分接近，说这一地区为'南关外期'之来源地，当不会相去甚远"。针对学术界"颇具影响的"、主张"岳石文化为夏代时期东方夷人的文化，它与冀南豫北地区的先商文化面貌不同，因此，商族之来源，不能到山东、苏北及豫东岳石文化分布区去寻找"的说法，方辉表示自己也"一度信从"，但后来感到需要重新检讨。他说：

> 当时的主要想法，是基于岳石文化与已被公认为商文化的二里岗期文化差别明显，二者不可能存在继承、延续关系。现在看来，这种想法未免过于简单。因为我们现在据以划分考古学文化的主要依据是陶器，而王朝的更替是发生于上层建筑领域里的巨大变革，新政权替代旧王朝，并不一定立刻在陶器上引起大的变化。……从陶器上看，现阶段所认识的岳石文化同二里岗期商文化之间的相似程度远不如二里头文化与后者之间密切，但这并不能说明二里头文化各期到二里岗期文化的发展过程中没有经过政权的更替，也不能排除来自岳石文化的商部族将自身文化融合于二里头文化，进而发展成为二里岗期文化之可能。

这段话所蕴含的意思与前引孙飞所言其实有某些相似之处——即二里岗期商文化更多的是由夏文化，而非先商文化发展而来的，据此来解释先商文化与早商文化在文化面貌上的显著差异。

栾丰实也赞同安金槐的处理方式，认为南关外遗址的"原报告把在层位上早于二里岗下层，并具有显著的自身特征，而又与二里岗下层有一定渊源关系的南关外下层遗存，单独定为'南关外期'。这一

结论是符合考古实际的,因而也是适当的"。在此前提下,他仔细分析了岳石文化与南关外期商文化的关系,发现:

> 南关外期商文化的主要文化内涵,来自东方的岳石文化,而不是其它地区。同时,也较多地吸收了二里头文化的因素,这也可能是有人将其归为二里头文化四期的一个原因。

他又把岳石文化与二里岗前期进行比较,认为:

> 二里岗前期遗存中所包含的岳石文化因素,较之南关外下层时期显著减少,并且是风格与作风近似者多,形态完全相同者少,这应与时间的早晚和文化内涵的发展、变迁有关。

他还讨论了岳石文化与二里岗后期的关系,发现:

> 到二里岗上层时期,具有岳石文化作风的遗物,在郑州地区已经极为罕见。从地域上说,二里岗后期之时,商文化的分布范围已扩及山东中部地区,即蒙山、鲁山一线,即使在这一区域,具有岳石文化因素的遗物,在整体文化中已退居到极次要的位置,充其量只是遗风而已。郑州地区在二里岗后期见到的具有岳石文化风格的器物,主要有甗和中口罐两种。

综合以上分析,栾丰实总结出这样一种现象,即:

> 郑州地区的早期商文化遗址中,在时代最早的南关外下层时期,岳石文化或具有岳石文化因素的成分占据主导地位,东方气息极为浓厚。二里岗前期,二里头文化因素激增,而具有岳石文化特征的遗存仍然存在,但面貌已有所变化,比重大大下降,已经退居次要位置。到二里岗后期阶段,带有岳石文化遗风的遗物虽然也偶有所见,但实属凤毛麟角。要之,郑州地区早商遗址中,时代越早,岳石文化的

成分越多，东方色彩越浓厚。随着时间的推移，典型岳石文化的因素越来越少，并不断发生变化，以至到晚商时期全部消失。

那么，该如何解释"岳石文化与郑州地区早期商文化之间的这种关系"呢？栾丰实认为"应当将这一问题置于商族起源的大格局中加以考察分析"，而他的考察结果就是以"南关外下层为代表的早期商文化的直接来源，既不是龙山文化青堌堆类型，也不是所谓先商文化'漳河型'和'辉卫型'，而应是岳石文化中的一支，即分布于鲁豫皖一带的岳石文化"。

方辉与栾丰实不约而同地把岳石文化视为先商文化，无疑是从考古学上对张光直关于商文化渊源假说的强有力支持。

安金槐推测南关外期遗存来源于淮河中游地区，邹衡认为南关外型是由先商文化漳河型发展而来，而方辉、栾丰实则主张南关外期源自岳石文化。观点各不相同，但有一点却是一致的，那就是都认为南关外期或南关外型是夏商之际郑州地区的一种外来文化因素。但也有学者持不同意见，如李伯谦则认为南关外型是"夏之某一与国的文化遗存"，这实际上就是主张它是郑州地区不同于夏、商文化的另一种土著文化。

李伯谦是郑亳说的坚定支持者，在晚商文化和早商文化相继得到确认后，他开始考虑"商文化更早的来源即先商文化的探索问题"，并在1989年发表《先商文化探索》一文，这也是学术界第一篇明确以先商文化探索为主题的论文。作为郑亳说者，李伯谦认为"郑州商城是仲丁嚣（隞）都，尸乡沟商城或二里头遗址是汤都西亳，二里头文化二、三期之间或一、二期之间是夏商文化分界的看法是不能自圆其说，根本站不住脚的"。他相信"郑州商城是商灭夏前始建的都城"，"以郑州二里岗C1H17为代表的商文化是最早的商文化"，因此"可以将包括早晚两段在内的二里岗下层看作一个整体"，并以此作为探索先商文化的起点。

虽然同持郑亳说，但李伯谦与邹衡在对南关外型的认识上却大相径庭。李伯谦一方面承认"南关外下层确实较早,其作为早于二里岗下层早段的一期和一个新的类型是可以成立的",但又注意到,"以南关外型与二里岗下层早段的陶器比较,两者有着惊人的差异","从器物类型学的角度分析,很难看出两者之间存在直接因袭继承关系"。在这里李伯谦虽然用了邹衡的"南关外型"这一名称,但他却是主张把南关外下层与以 C1H9 为代表的二里岗下层早段分开的,所以他所理解的"南关外型"的实际内涵又等同于安金槐的"南关外期"。也正因为他主张把南关外下层独立出来,所以很自然就得出"南关外型不可能是二里岗下层早段先商文化的直接前驱"的结论,并进一步推测它"有可能就是夏之某一与国的文化遗存"。

在将南关外型排除出先商文化系统之后,李伯谦认为邹衡所划分的豫北冀南地区先商文化漳河与辉卫两个类型,"经过近十年考古实践的检验,已越发证明是符合实际的科学结论"。在此基础上,他指出,"总体来看,漳河型、辉卫型应属于一个文化系统,它们之间的差别只是同一个考古学文化内部的地域差别",并主张"依据考古学文化定名的原则",将"以下七垣遗址第 3、4 层为代表"的"漳河型、辉卫型一类遗存"称为下七垣文化。① 此后,下七垣文化这一名称被学术界广泛接受,对于这一名称变更,有学者认为,"下七垣文化概念的提出和确立,绝不仅仅是对先商文化的一种改称或是对考古学文化命名原则的单纯恢复,而应是对先商文化概念把握的深化和严密","下七垣文化命名的提出以及与先商文化概念的并用,标志着先商文化概念的研究进入成熟时期"。② 但邹衡对此则不认同,主张一个考古学文化"一经确证为某时代、某朝代或某族属之后,即可取消地点的命名,直接代之以时代、朝代或族属的命名",所以他认为用"下七垣文化"取代"先商文化","从以可靠的朝代或族属命名改为以未可

---

① 李伯谦:《先商文化探索》,原载《庆祝苏秉琦考古五十五年论文集》,文物出版社,1989 年;收入《中国青铜文化结构体系研究》,科学出版社,1998 年,第 78—90 页。
② 段宏振:《先商文化考古学探索的一些思考》,载北京大学震旦古代文明中心编《早期夏文化与先商文化研究论文集》,科学出版社,2012 年,第 262—271 页。

定论的发掘地点来命名,岂不是考古学研究上的大倒退"?①

究竟是以"先商文化"还是以"下七垣文化"来命名商代先公先王时期的文化并非问题的关键所在,但上述争论却表明,要彻底解决南关外期(型)的性质和来源问题,就必须要与豫东地区夏商之际的考古学文化联系起来考虑,豫东考古注定要迎来一个新高潮。

六、先商文化探索的新高潮:豫东鲁西考古

在有关汤都的传统诸说中,以南亳说和北亳说最为重要。②

南亳说最早由西晋皇甫谧提出,《史记·殷本纪·集解》引皇甫谧云,"梁国谷熟为南亳,即汤都也"。由于此说是迄今所见年代最早者,所以影响很大,后世学者多遵从之。如1936年李景聃在豫东调查时就说,"今(商丘)城东南四十五里有谷熟集,相传即汉谷熟旧城",这显然就是奔着南亳而去的。

北亳说则出于晋人臣瓒,《汉书·地理志》山阳郡薄县条颜师古注引臣瓒说,"汤所都"。后王国维作《说亳》一文,论定成汤亳都所在的汉山阳薄县就在今山东曹县境,在学术界影响极大。③

正是根据了上述文献记载,所以张光直才会说"真正的'早商'文化恐怕还埋在豫东与鲁西地区的地下",而继李景聃1936年和赵芝荃1976年的豫东调查之后,邹衡又于1984年率学生来到鲁西南的菏泽地区开展工作,由此揭开了豫东和鲁西地区考古的新高潮。豫东和鲁西成为任何一位早商和先商文化研究者都无法绕开的区域。

1984年春,邹衡率研究生王迅、宋豫秦来菏泽"选择实习地点",并于当年秋天联合山东省博物馆和菏泽地区文展馆发掘了位于菏泽

---

① 邹衡:《"下七垣文化"命名的商榷》,《中国历史博物馆馆刊》2000年第1期。
② 历代学者关于商代都邑的论述很多,最新的综合性著作可参看辛德勇《夏及商前期都城文献资料的初步研究》,收入《历史的空间与空间的历史——中国历史地理与地理学史研究》,北京师范大学出版社,2005年,第179—256页;王震中《商族起源与先商社会变迁》(商代史·卷三),中国社会科学出版社,2010年,第40—60页。
③ 王国维:《说亳》,《观堂集林》卷十二,中华书局,1959年,第518—523页。

市东南十二公里处的安邱堌堆遗址,最主要的收获是"发现了龙山文化、岳石文化、早商文化和晚商文化依次叠压的文化层"。①

长期以来一直在河南与河北地区从事夏商文化研究的邹衡突然间来到鲁西南"选择实习地点",显然是冲着北亳说而来的。对邹衡而言,虽然他早已提出了郑亳说,但如果不对豫东和鲁西地区夏商之际的文化面貌进行彻底的梳理,如果不能从考古学上对南亳说和北亳说加以否定,郑亳说就很难信服于人。故邹衡当年的研究生刘绪这样追述安邱堌堆遗址的选择和发掘:

> 众所周知,豫东和鲁西南地区一直为学界所关注。……先生也想在豫东做些工作,但因这里太敏感,加之中国社科院考古所刚在这里工作不久,故未付诸行动。于是,先生避开这一地区,把调查与发掘范围确定在鲁西南菏泽与曹州一带,这里与豫东商丘南北紧邻,推测两地区的考古学文化应该是相同的,而且这里又被不少学者确定为北亳所在地。就探讨学术问题而言,在这里做工作与在豫东作工作没有多大不同。1984年,先生安排两名研究生和部分本科生在菏泽安邱堌堆进行了发掘,在鲁西南地区第一次发掘到了岳石文化。②

如果说张光直来豫东是希望在这里找到先商文化的话,而邹衡来鲁西则是要证明这里没有先商文化。通过对安邱堌堆遗址的发掘,邹衡明确了"岳石文化的年代是介于山东(或河南)龙山文化和早商文化二里岗期之间,约相当于河南省和河北省境内的二里头文化和先商文化。那么,在二里头文化或先商文化时期的山东省境内占统治地位的考古学文化是岳石文化,而不是其他。这一考古现象的

---

① 北京大学考古系商周组等:《菏泽安邱堌堆遗址发掘简报》,《文物》1987年第11期;北京大学考古系商周组:《山东菏泽安邱堌堆遗址1984年发掘报告》,载北京大学考古文博学院编《考古学研究(八)》,科学出版社,2011年,第317—405页。

② 刘绪:《邹衡先生商文化研究历程述略》,载王宇信等主编《北京平谷与华夏文明国际学术研讨会论文集》,社会科学文献出版社,2006年,第334—338页。

被确认,对于研究夏商文化的重要意义是不言而喻的"。在二里头时期,鲁西地区占统治地位的考古学文化是岳石文化,这正是邹衡希望看到的结果。

随后,以安邱堌堆遗址的发掘为契机,邹衡发表了《论菏泽(曹州)地区的岳石文化》长文。① 该文是邹衡构建其夏商文化研究体系的重要组成部分,但以往学术界未予以足够的重视。如刘绪所言,自20世纪70年代末提出郑亳说以后,邹衡即"忙于应战,所写论文多属讨论性质",而"主动的按照自我意愿探讨新问题的论文不太多",该文则"是其中最重要的一篇"。②

文章在文化分期的基础上,首先进行"菏泽(曹州)地区的岳石文化与山东省东部地区的岳石文化的比较"研究,发现:

> 总起来看,由于岳石文化分布区域辽阔,各地的地理环境和历史条件不同,从而鲁中南、鲁北、胶东和鲁西南诸地区的岳石文化都或多或少地表现出一些地方特点。但是,我们也可清楚地看到,岳石文化的几种主要因素,例如工具中的扁平石铲,半月形双孔石刀,器体为素面的褐陶甗,斜腹、鼓腹和双腹盆,浅盘和碗形豆,樽口尊、罐或瓮以及帽顶式器盖却是各地区的岳石文化所共有的,尽管数量有多有少,细部特征各自也稍有区别。菏泽(曹州)地区的岳石文化同山东省东部地区的岳石文化既然同样具备这些文化因素,所以它们应该属于同一文化体系。

邹衡接着讨论"菏泽(曹州)地区的岳石文化同河南、河北地区的夏商文化的关系",认为:

> 菏泽(曹州)地区的岳石文化与河南省境内的二里头文化是属于性质完全不同的两种文化,两者共同的文化因素

---

① 邹衡:《论菏泽(曹州)地区的岳石文化》,载文物出版社编《文物与考古论集》,文物出版社,1986年,第114—136页。
② 刘绪:《邹衡先生商文化研究历程述略》,载王宇信等主编《北京平谷与华夏文明国际学术研讨会论文集》,第334—338页。

不多，并且在此种文化中是主要文化因素，而在彼种文化中却不是主要文化因素，因此两者的关系并不十分密切。菏泽（曹州）地区的岳石文化与河北省和河南省境内的商文化虽然也属于不同性质的两种文化，但从先商文化早期的漳河型到先商文化晚期的南关外型，以至早商文化的二里岗型，长期以来，两者间都存在比较密切的关系，文化交流频繁，相互影响都比较强烈。

综上，邹衡认为在文化面貌上，岳石文化是近于商文化而远于夏文化的。他并指出，菏泽（曹州）地区的岳石文化的发现，"在横向方面，填补了岳石文化在鲁西南地区的空白"，"在纵向方面，也基本填补了鲁西南地区龙山文化与商文化之间的空白"，因此"这无论对考古学还是对历史学都是有重要意义的"。

在厘清了岳石文化的特征以及它在鲁西南和豫东地区的分布状况之后，邹衡又着重分析了北亳说和南亳说成立的可能性。对于曹县北亳说，邹衡指出：

> 成汤都曹县，即所谓北亳说，文献根据也未可信从，笔者往年曾有所论及，此处无庸赘言。应该补充的是：1984年11月，北京大学考古系商周组菏泽地区考古队在曹县南约10公里阎店楼公社土（涂）山集，即王国维据《地理韵编》"今山东曹州府曹县南二十余里"的所谓"北亳"旧地作了专门调查，查知该处并无任何商代遗迹和商文化遗物，由此进一步证明了诸种有关北亳传说的不实。

至于谷熟南亳说，邹衡则认为：

> 唐初的谷熟县大约即今商丘市东南20公里的谷熟集或其附近，其西南17.5公里约在坞墙集一带，已邻近柘城县境，……坞墙遗址中虽然发现了包含二里头文化的因素，但其周围却又都分布有岳石文化遗存，因此，成汤始居之亳都断然不可能处于东夷系统文化的包围之中。再说在坞墙遗

址发现的二里头文化遗存,实际上只是几块二里头文化三期陶片,根本无法证明偃师的二里头文化是由此处传去的。……由此看来,南亳说与北亳说一样,文献根据既不可靠,考古根据又完全落空,因此要成立其说实在太困难了。

与此同时,在邹衡的指导下,参加安邱塂堆遗址发掘的两名研究生宋豫秦[①]和王迅[②]也先后以发掘材料为依托分别完成了硕士和博士论文,他们在秉持岳石文化为东夷文化的大前提下,对鲁西南地区的商文化和山东地区的岳石文化做了更为细致的研究。至此,邹衡师生合力构建了鲁西南考古的新局面。

如果说安邱塂堆是北京大学考古系商周组探索先商文化的一个重要据点,那么,如果在豫东地区始终缺少类似的基地,那就难称圆满,于是这就有了1988年李伯谦率研究生张翠莲、段宏振等人对夏邑清凉山遗址的发掘与整理。[③]

清凉山遗址的发掘是对邹衡上述认识的有力补充。在发掘简报中,张翠莲就指出,"清凉山遗址岳石文化遗存的发现当属本次发掘的重要收获","该遗址的岳石文化遗存与安邱塂堆、泗水尹家城等遗址的同类遗存相比,面貌基本一致,……但亦有其独特之处","据此,我们将这类遗存命名为岳石文化'清凉山类型'"。她并指出这次发掘的意义就在于,"从考古资料上证实,在夏代和商初,该地区为岳石文化分布区,而岳石文化与公认的早商文化即二里冈文化显然属于两个文化系统,二者之间不存在承继关系,因而商文化的起源地也就不可能在豫东"。

与此同时,段宏振和张翠莲还以夏邑清凉山遗址的材料为基础,对豫东地区夏商之际的考古学文化进行了全面的分析,指出在夏代

[①] 宋豫秦:《论鲁西南地区的商文化》,北京大学考古系硕士学位论文,1986年;又见《华夏考古》1988年第1期。
[②] 王迅:《试论夏商时期东方地区的考古学文化》,北京大学考古系博士学位论文,1988年;后扩展为专著《东夷文化与淮夷文化研究》,北京大学出版社,1994年。
[③] 北京大学考古学系、商丘地区文管会:《河南夏邑县清凉山遗址1988年发掘简报》,《考古》1997年第11期。

豫东地区成为岳石文化、二里头文化和先商文化三种考古学文化争夺的焦点,其中"豫东地区东半部即商邱地区、周口地区东半部、鲁西南地区、皖西北和苏北地区为岳石文化分布区","豫东地区的西部则为二里头文化分布区","太康、淮阳一线为岳石文化与二里头文化的模糊交界带",而先商文化仅在豫东地区如杞县鹿台岗等地零星发现。据此,段宏振和张翠莲断言,"岳石文化在豫东地区东部发现的同时也就宣告了商文化东来说的破产"。①

这一时期,对豫东考古作出重要贡献的是邹衡的研究生宋豫秦。1986年,宋豫秦从北大研究生毕业来到郑州大学考古系任教,他既有1984年秋在安邱堌堆的发掘基础,又于1985年冬在商丘地区柘城山台寺、旧北门、孟庄、王马寺、大毛等遗址进行过参观和调查,②豫东考古遂成为他这一时期的主攻方向。1989年,宋豫秦参加了夏邑清凉山遗址发掘材料的整理,同时开始对杞县段岗、鹿台岗、牛角岗和朱岗等遗址进行正式发掘或试掘。③借助于段岗遗址二里头文化和鹿台岗遗址先商文化漳河型遗存的发现,宋豫秦提出了夷夏商三种文化交汇地域的新概念④以及一系列新认识,主要有:

> 在夏代晚期,杞县境内曾存在过二里头文化、岳石文化、漳河型文化。……杞县夷、夏、商三种考古学文化的发现,其最大的意义就是进一步证实了先商文化的存在。……
>
> 杞县境内的先商文化,应是沿着鲁西南的岳石文化和豫北淇河——黄河之间的辉卫型文化这一交界地带的濮阳、浚县、滑县、长垣、杞县"通道"南下而来。……
>
> 关于郑州境内的夏代遗存,……可分为四类,即以洛达庙为代表的二里头文化,以南关外和电力学校为代表的南关外型文化,以二里冈H9为代表的二里冈下层文化早段文

---

① 段宏振、张翠莲:《豫东地区考古学文化初论》,《中原文物》1991年第2期。
② 宋豫秦:《现今南亳说与北亳说的考古学观察》,《中原文物》1991年第1期。
③ 郑州大学文博学院、开封市文物工作队:《豫东杞县发掘报告》,科学出版社,2000年。
④ 宋豫秦:《夷夏商三种考古学文化交汇地域浅谈》,《中原文物》1992年第1期。

化和以化工三厂为代表的这类遗存。除以中口长腹罐为主要炊器的第一类遗存属夏文化之外,其余三类皆属先商文化。……二里冈下层H9者,与冀南和杞县鹿台岗先商文化第一期的面貌接近,应属漳河型晚期,是先商文化的始基类型,即二里冈下层早商文化的主要来源。……

根据杞县鹿台岗新发现的先商文化,根据以鹿台岗H35为代表的漳河型一类先商文化晚期和以化工三厂为代表的一类遗存所展示的先商文化和岳石文化的融合,可以认为:郑州先商文化除直接来自冀南和豫东北地区外,地处豫东西部的杞县一带,也极可能是其直接来源地之一。①

基于上述认识,宋豫秦重新勾勒出夏商之际商人的拓展途径,这就是"(漳河型先商文化)先入豫东,继入郑州,直抵夏王朝统治区之东陲,并最终取代了二里头文化,谱写出商代历史的新篇章"。与此同时,宋豫秦还提出了"杞县的岳石文化,会否是以伊尹为首领的东夷文化"的设问。

如果说安邱堌堆和清凉山两个遗址的发掘材料让郑亳说学者给北亳说和南亳说"判了死刑"的话,那么宋豫秦在豫东的新发现则在一定程度上让此二说起死回生——因为郑州地区的先商文化是从豫东而非豫北冀南直接传入的,所以豫东"也极可能是其直接来源地之一"。这一观点与传统文献中的某些记载颇为契合,所以也得到历史学界的认同,比如中国社会科学院历史研究所商代史课题组诸位专家就这样理解夏商之际的商夷关系:

我们赞成南关外下层一类遗存是下七垣文化与岳石文化相融合的结果,……我们说在郑州南关外下层和化工三厂等遗存中,程度不等地包含有豫东鲁西岳石文化因素,但这并不表明先商文化就是来自豫东鲁西岳石文化,也不能

---

① 宋豫秦:《论杞县与郑州新发现的先商文化》,中国科学院考古研究所编《中国商文化国际学术讨论会论文集》,中国大百科全书出版社,1998年,第133—148页。

说明商族渊源于东夷族,结合河南杞县鹿台岗等遗址所表现出的下七垣文化的特色,这些现象只是告诉我们,商族虽不是发祥于东方,但夏末时的商族其活动的范围确实已达豫东地区,这也就是文献上所说的汤"会诸侯于景亳"的"景亳之会"。可见,南关外下层一类遗存中程度不等地所存在的那些岳石文化因素,并非先商文化,而是随着商的东夷盟军从东方来到郑州地区后出现的东西。①

所以问题的症结其实是:从文化面貌上讲,学者们都承认岳石文化与商文化关系密切。在方辉和栾丰实看来,两者之间的密切程度可以视为同一支文化的不同发展阶段,所以主张岳石文化就是先商文化;但在邹衡、张翠莲和宋豫秦的眼里,两者固然密切,但岳石是岳石,先商是先商,它们之间只是存在文化交流,而不能视为同一种考古学文化。因此,这实际上是一个需要深入讨论的理论问题——究竟需要多大的相似度才可以把两类遗存视为同一支考古学文化?

这无疑是一个难以取得共识的问题。也正因为如此,长期从事夏商文化研究的杜金鹏重新看到了南亳说和北亳说的新希望。他说,"既然豫东、鲁西南的岳石文化含有较多先商文化因素,郑州先商文化中含有令人注目的岳石文化因素和漳河类型文化成分,联系到古文献记载说商之先公先王曾往来迁徙于冀南豫北至鲁西南一带,又成汤灭夏得到了东夷的大力支持,显然便无法排除商人是途径鲁西南、豫东地区而西向灭夏的"。当然,杜金鹏也承认"欲确认南亳说、北亳说,也还有待于相关的考古新发现"。②

在所有期待豫东鲁西考古新发现的学者中,张光直无疑是最为迫切的一位,因为他清楚地知道,仅凭片段的文献记载是远远不够的,"把商定在商丘的最坚强的证据,仍在卜辞与考古发掘"。③ 张光

---

① 宋镇豪:《商代史论纲》(商代史·卷一),中国社会科学出版社,2011年,第45页。
② 杜金鹏:《关于南亳说与北亳说的前途问题》,中国科学院考古研究所编《中国商文化国际学术讨论会论文集》,第149—151页。
③ 张光直:《商城与商王朝的起源及其早期文化》,收入《中国青铜时代》,第121—137页。

直这里所说的卜辞证据就是帝辛十年到十一年征人方的相关记载，据董作宾《殷历谱》的排定，"这次征伐路线上所见地名有商也有亳，是把商代的商城定在商丘地区最有力的证据"；至于考古学上的证据，张光直认为，"郑州和安阳殷墟遗址所代表的殷商文明包含许多东海岸的成分，而商丘（或可说从山东西南角向南一直到安徽北部这一块地区）一带正好位于河南腹心地带与东海岸之间"，因此他相信"在商丘这一带有一个高度发达的文明与强有力的政权与西方的夏（二里头文化）分庭抗礼。但不幸的是，"这样一种文化在目前还埋在河南、山东、安徽，与江苏交界一带地区的土内。这个地区可能以商丘为中心，北到山东的曹县，南到安徽的亳州，也就是上面所说传统上就是商人立国的地区"。

所以，当1990年张光直终于获得了在中国大陆进行考古发掘的机会后，他毫不犹豫地选择了豫东，并将自己最后十年的生命奉献给了豫东考古。张光直的合作者、中美商丘发掘的中方领队张长寿曾经这样扼要地介绍张光直钟情于豫东的原因：

> 张光直选择商丘作为寻找商代早期都城遗址的目标是有他自己的学术思想考虑的。他认为历史上的朝代更替代表的是社会上层统治阶级的改变，这样的变化在物质文化上应该反映在与统治阶级有关的物质遗存，如大型的宫殿基址、城墙以及各种礼器，包括青铜器和玉器等。他设想的早商都城应当是有城墙的，城内应有夯土高台建筑，当然也应当有统治阶级使用的青铜器、玉器。他认为邹衡先生的先商起源于豫北说是基于陶器的研究，它们可能是商文化的一部分源头，甚至可能只代表平民的阶层，而属于贵族统治阶层的不一定会在陶器上反映出来。所以他觉得必须到别的地方去找。他认为《史记》和《左传》中还是有些比较可靠的历史材料。《史记》提到商丘，《左传》提到商的先人与参星即火星的关系，而商丘有阏伯台等，这就是张光直选择

在商丘进行工作的原因。①

1994年以后,中美联合考古队先后发掘了商丘潘庙、虞城马庄、柘城山台寺等遗址,并勘察发现了商丘宋城遗址。在潘庙遗址发掘之后,张光直更坚定了他的看法,他致信张长寿表示:

> 我们不能排除豫东岳石文化——广义上的岳石文化的一支,便是商王朝统治者的前身的可能性。这支文化如果是先商,那么,我们便可以假定,在豫东发迹的商人向西向北发展,征服了当地的土著,即邹衡兄所说的漳河流域的先商文化,造成上层来自东方下层来自本地的殷商社会。

在此,张光直作出了与邹衡完全相反的推测——即认为有可能是豫东的岳石文化向北发展形成了漳河型先商文化,岳石文化是豫北先商文化的主要源头,而当地的土著文化则是次要来源。

稍后,当获知联合考古队在山台寺遗址发现了龙山时期的木骨夯土墙、白灰面房址和埋牛的祭祀坑等遗迹后,张光直非常重视,再次致信张长寿,表示:

> 鲁苏豫皖四省交界区域的龙山文化在大部分地区演变成岳石文化,但在豫东一支的早期岳石文化特别发达,成为先商与早商文化。我们不一定要找大型的岳石文化遗址,但是要找表现政治权力的遗物,因为这是漳河流域所没有的。这次在山台寺发现牛祭坑给我很大的鼓励,这是我们头一次发现上面写着"商"的遗物。

好消息接踵而来。1996年4月,中美联合考古队在商丘勘探发现了东周宋城,②"张光直在北京接电话汇报,非常兴奋、激动";6月,他亲自执笔撰写了豫东考古的工作小结,在这篇重要的文章中,张光

---

① 张长寿:《张光直和中美在商丘的合作发掘》,载《四海为家——追念考古学家张光直》,第41—48页。
② 中国社会科学院考古研究所、美国哈佛大学皮保德博物馆中美联合考古队:《河南商丘县东周城址勘查简报》,《考古》1998年第12期。

直利用中美联合考古队的最新成果，对他所理解的先商文化再次进行了诠释：

> 从考古学的立场看来，从郑州二里冈以后的殷商文明，很可能有两个先商的源头：使用粗制灰色绳纹的日常烹饪陶器的被统治阶级可能来自冀南豫北的漳河流域，而使用夯土基址、城墙、铜器、文字等有财富和美术价值的宝贵物品的统治阶级，则可能来自东方的海岸地带。……
>
> 商丘地区至今没有发现先商文明遗址、遗物，可能有好几个原因。假如先商文化是在殷商文明二里冈期以前、龙山文化以后的一段文化，它应该是东与岳石文化、西与二里头文化同时的一支平行的文化。岳石文化一般相信就是历史上东夷的文化，而商出于夷是中国上古史的常识，所以先商文化也许就是岳石文化的一支。……
>
> 殷商考古的遗址里常有祭牛的遗迹，牛是大牢，（山台寺遗址）一个祭坑里有九条牛，表现祭祀重要与祭祀者的地位非同一般。龙山文化遗址里面这个发现是没有前例的，它或许说明龙山文化的一支，与其他地方的龙山文化向岳石文化的发展平行，在豫东发展出来由山台寺可以代表的一支特殊的晚期龙山或岳石文化，它就是殷商文明的前身。潘庙的岳石文化与山台寺的龙山文化显然不同。如果山台寺的龙山文化是一支特殊发展的岳石文化，潘庙的岳石文化只能说是它的一个穷亲戚。从上面种种看来，商丘地区的龙山文化和岳石文化要广泛和深入地研究，它们可能就是早商和先商，也可能是早商和先商的近祖。……
>
> 除了上面所说的发掘工作给了我们掌握先商和早商文化的线索之外，迄今为止还有一个比较重要的成绩是商丘县老南关村以西到距阏伯台不远的郑庄一带所发现的一个东周时代的城址，……据我们所知，东周时代这个地方唯一的城市就是宋的都城。……宋城一般认为建筑在商城之

上。宋城的发现使我们找商城的工作在地理范围上缩小了很多。①

张光直并对未来的工作充满了憧憬,他说:

> 下一步的工作一方面是从龙山文化向下走,走到殷商文明的巅峰,另一方面是从宋城往上推,一直推到岳石和龙山文化,在推的过程中也就将早商和先商给挤出来了。如果能找到商城,在商城里面找到商王朝的精美手工艺术品、青铜器、玉器、基址和祭祖的档案等重要文物的可能性是存在着的。

但病魔剥夺了张光直的希望。因为健康原因,从1997年10月25日张光直离开商丘考古工地后就再也没有机会重返豫东,而中美联合考古队的工作也随着张光直的逝世告一段落。

进入21世纪,郑州大学考古系再启豫东考古的高潮。2002年11月7日至12月6日,在陈旭的主持下,郑大师生"对以往该地区调查或试掘过,且面积较大有调查价值的24处新石器至夏商时期遗址进行了重点复查",并对民权县李岗遗址进行了小规模试掘。这次调查获得了两点重要认识:一是明确"岳石文化的分布已遍及商丘地区全境,最西已达开封地区东部的杞县鹿台岗,最南可抵周口地区东北部的鹿邑栾台",由此形成了"在有夏一代,商丘全境及开封东部、周口东北部地区均属岳石文化分布范围"的新认识;其二,"调查发现包含有漳河型先商文化遗物的5处遗址,均位于商丘地区西部的涡河上游惠济河流域","这一发现表明,涡河上游惠济河流域可能是漳河型先商文化在黄河以南的一个分布区","而商丘地区腹地却不见先商文化遗存"。②

根据调查和试掘结果,陈旭对先商文化和成汤亳都问题进行了

---

① 张长寿、张光直:《河南商丘地区殷商文明调查发掘初步报告》,《考古》1997年第4期。
② 郑州大学历史学院考古系:《豫东商丘地区考古调查简报》,《华夏考古》2005年第2期。

新的思考,她说:

> 其一,据此次调查试掘和以往考古发掘的资料看,商丘地区在夏代和早商早段主要为岳石文化分布区,先商文化遗址仅限于西部惠济河流域且数量少、规模小,文化内涵也不丰富,商丘市及谷熟一带则处于先商文化分布区外围,迄今并未发现先商文化遗存。因此就目前的情况而言,谷熟南亳说没有直接的考古学证据;其二,商丘地区民权牛牧岗、李岗、吴岗、睢县周龙岗、柘城史堌堆遗址所见先商文化遗存属漳河型,是先商文化年代较早的一个类型,它与汤都南亳的考古学年代并不符合;……其三,商丘地区所进行的历次考古调查与发掘并未发现早商早段的二里岗期文化遗存,而如前所言汤居亳地在考古学年代上应跨越先商和早商两个阶段,因此商丘地区缺乏与早商亳都相应的考古学文化遗存。①

据此陈旭断言"南亳说是没有前途可言的,所谓南亳并不存在","商汤亳都只有一处即郑州商城"。

但有意思的是,陈旭指导的研究生,同时也是此次调查工作的主要成员张家强则对调查材料有不同的看法,在他看来:

> 目前,豫东地区特别是商丘地区考古说明,夏商时期,该地区主要为岳石文化分布区。但是以前在鹿台岗遗址发现有漳河型先商文化遗存,近来在商丘地区考古调查与试掘中,在牛牧岗、李岗、周龙岗等遗址均发现有漳河型的典型陶器,这不可能将之简单地视为文化因素交流的结果,商丘地区有漳河型先商文化遗存毋庸置疑,其文化遗存可能有一个分布面。商先公在此活动过是不争的事实。因而我们倾向于这样一种观点:(1)商族起源地有一个中心区域,

---

① 陈旭等:《豫东商丘考古调查与南亳问题》,《华夏考古》2005年第2期。

该区域内先商文化遗址应该比较密集,文化遗存比较丰富。(2)商族屡迁,应该有一个比较广阔的活动区域,先商文化遗存在此区域内有广泛的分布。(3)豫东考古证明商丘地区发现有漳河型先商文化,因此商丘就在这个区域之内。但是,因目前考古材料相对较少,对商族起源问题的探讨尚需要对商丘地区作进一步的工作。①

张家强不仅认为商丘地区是先商文化的分布区,他甚至认为,"豫东地区发现有漳河型先商文化遗存,'商出于夷',商先公和夷人关系本来就十分密切,岳石文化分布区本就有存在先商文化的可能,这种现象与豫东地区夏商时期为岳石文化分布区并不矛盾"。张家强的这些认识已与张光直的主张相当接近,即相信漳河型与岳石文化是早商文化的共同来源。

继陈旭之后,"为了进一步搞清楚下七垣文化、岳石文化以及商文化在豫东地区的分布情况,探寻商文化的来源和研究夷、夏、商三族关系,全面了解豫东地区的古代文化发展序列和文化面貌",郑州大学考古系在张国硕的主持下,再一次来到豫东开展考古工作。这一次张国硕"将工作重点放在豫东商丘地区西部的民权、睢县一带,先后多次进行了调查、试掘和发掘",并于2007年9月—12月对民权牛牧岗遗址进行了重点发掘。发掘表明,牛牧岗遗址也有下七垣文化遗存,张国硕认为其特征"与鹿台岗遗址下七垣文化遗存的面貌相一致,可统称为下七垣文化'鹿台岗类型'"。张国硕还指出,综合牛牧岗等遗址的发掘材料,再一次证明"下七垣文化遗存主要分布在开封、商丘地区相邻的惠济河流域,包括商丘城区一带在内的商丘地区中东部尚不见该文化遗存",但"牛牧岗遗址下七垣文化遗存的发现,至少说明商族在灭夏前曾经在商丘地区西部活动过"。②

---

① 张家强:《论豫东考古与南亳》,郑州大学历史学院考古系硕士学位论文,2003年,第35页。
② 郑州大学历史学院考古系等:《河南民权县牛牧岗遗址发掘简报》,《考古》2012年第2期。

李伯谦对牛牧岗遗址的新发现表现出浓厚的兴趣,他认为:

> 学术界倾向认为的下七垣文化即先商文化在商丘地区西部的发现,表明商灭夏以前,商族的一支确曾到过豫东地区西部,某些文献所记和王国维等学者考证商族起源于豫东地区并非空穴来风,但大量考古材料证明,豫东地区尤其是商丘东部从新石器至夏商时期一直是东夷集团海岱文化分布区,属于中原系统文化的下七垣文化在豫东西部的出现,是灭夏战争过程中商、夷联盟的反映,并不能作为商族起源于豫东的证明。①

从1984年邹衡带领学生发掘菏泽安邱堌堆遗址开始,在此后的三十余年里,围绕先商文化探索,豫东鲁西地区考古进入一个大发展阶段。但三十多年的发掘与研究,学术界在这一问题上不仅没有形成共识,反而是形成了明显不同的三派意见,即:

豫北冀南漳河型文化为先商文化:此一派学者以邹衡、陈旭为代表,不但主张漳河型为先商文化,更以豫东地区为岳石文化分布区而彻底否定南亳说、北亳说的可能性;

鲁西豫东岳石文化为先商文化:此一派以张光直、方辉和栾丰实为代表,主张商出于夷,先商文化当为岳石文化的某一支;

折中派:主张漳河型是先商文化,但先商文化曾经南下到豫东,在这里结成商夷联盟,豫东是先商末期商人的重要活动区域。这是当前的主流观点,代表人物有李伯谦、宋豫秦、张翠莲、张国硕和杜金鹏等。

三派意见,争论激烈,但实际上依然是一个理论问题。以漳河型为先商文化,是强调漳河型与二里岗下层在陶器上的相似性;以岳石文化为先商文化,则注重牛牲等精神层面的因素。那么,由先商到早商,究竟是该注意陶器等物质遗存的继承,还是要更多关注祭祀等宗

---

① 郑州大学历史学院考古系:《民权牛牧岗与豫东考古》李伯谦序,科学出版社,2013年。

教活动的传承,这无疑是一个首先需要解决的考古学理论问题。而在此问题达成共识之前,就宣告对方观点破灭,自然是难以令对手信服的。

七、先商文化探索的新征程:豫北冀南考古

与豫东鲁西地区一样,1980年之后豫北冀南地区的考古工作也取得了长足进步,探索先商文化的考古材料急剧增加,各种学术观点纷陈。虽然相关研究都以邹衡当年的论述为基础,但又都在不同程度上寻求发展和突破,从而产生了种种新说。

此一阶段,邹衡依然是这一地区先商文化考古工作的主要推手。当邹衡1980年在《试论夏文化》一文中首次对先商文化进行系统研究时,他所依据的主要材料是1957年他在邯郸涧沟和龟台寺遗址的发掘所得,并佐之以磁县界段营、新乡潞王坟、辉县琉璃阁以及郑州南关外的有关资料。所以在邹衡所划分的先商文化三个类型中,"如果说'漳河型'具有较多的材料支持,只是发表较少而已,那么'辉卫型'和'南关外型'的材料确实不多"。① 邹衡对此当然有清醒的认识,增补辉卫型和南关外型的材料以巩固他的先商文化体系就成了他的当务之急。正是在这种情况下,邹衡于1981年秋冬季率领北京大学历史系考古专业七七和七八级部分学生在新乡地区试掘了修武李固、武陟赵庄和温县北平皋等三处遗址,并在这三个县以及邻近的沁阳、辉县、原阳等县进行了大范围的调查。② 在邹衡亲自执笔的调查报告中,他阐述了此次发掘和调查工作的重要意义:

> 二里头文化和先商文化仅各发现两处,但由此可以窥见其分布不同的地域:二里头文化基本上属于二里头型,都在

---

① 刘绪:《邹衡先生商文化研究历程述略》,载王宇信等主编《北京平谷与华夏文明国际学术研讨会论文集》,第334—338页。
② 北京大学考古专业商周组等:《晋豫鄂三省考古调查简报》,《文物》1982年第7期;还可参看刘绪《夏商周考古探研》(科学出版社,2014年)一书后记中对此次发掘缘起的描述。

沁河的西南，而先商文化分别属于漳河型和辉卫型，都在沁河的东北。李固与赵庄相距不过50公里，而两地发现的辉卫型和二里头型却是同时存在的不同文化。我们认为，这只能解释为沁河一带是二里头文化和先商文化的交接之处。

随后，在邹衡的指导下，刘绪以这批材料为基础完成了硕士论文《论卫怀地区的夏商文化》。① 在论文中，刘绪获得以下三点关键性认识：

（一）卫怀地区与二里头文化晚期年代相当的文化遗存，大体以沁水为界分为两类：沁西一类以北平皋—赵庄一期遗存为代表；沁东一类以李固—潞王坟二期遗存为代表。

（二）北平皋—赵庄一期遗存属二里头文化二里头类型。李固—潞王坟二期遗存可称为"李固—潞王坟类型"，它和漳河类型属同一文化，这种文化和二里头文化是中原地区同时并存的两种主要文化。

（三）李固—潞王坟类型、漳河类型和二里冈期文化是商系统的文化，分别属于先商文化和早商文化。二里头文化是夏文化。

从文化内涵上讲，刘绪所界定的李固—潞王坟类型也就是邹衡所说的先商文化辉卫型。借助于这次调查与发掘，邹衡丰富了黄河以北地区先商文化、特别是先商文化辉卫型的材料，进一步明确了二里头文化与辉卫型先商文化的地理分界线，从而巩固了先商文化来源于豫北地区的核心论点。

如果说刘绪对卫怀地区夏商文化的研究可以在一定程度上弥补辉卫型材料的不足，但其地域毕竟偏于西南，距离郑州商城太近，所以邹衡感到意犹未尽，心中尚不十分踏实。于是在1987年和1988年，邹衡、刘绪又带领研究生张立东等人在河南淇县宋窑遗址进行了

---

① 刘绪：《论卫怀地区的夏商文化》，载北京大学考古系编《纪念北京大学考古专业三十周年论文集》，文物出版社，1990年，第171—210页。

两次发掘,目标直指豫北核心区域的先商文化。① 据刘绪回忆,邹衡非常重视这次发掘,亲临条件十分艰苦的整理现场:

> 1988年暑假,先生亲自带我和张立东进行室内整理。当时淇县的工作条件很差,只找到一所破旧待拆的礼堂可以使用,住宿无法解决。没有办法,这所破礼堂便成了我们的整理室兼宿舍。我们将堆放在礼堂里的农具、木料和棺材等杂物移往四周,空出中间架设床铺和整理。时值7、8月份,白天酷热难耐,晚上又有蚊虫骚扰。……在这段艰苦的日子里,无论白天还是晚上,先生都和我们一起整理、思考和研讨。为了多复原些器物和充分利用时间,也为了细心观察和认识,先生单独居住后,每天晚上回住所时,都要带两件有可能复原的器物残片回去,以便晚上继续观察和拼对。过去曾听说过先生辨认陶片的功夫十分了得,通过这段时间的相处,方知这功夫与高度投入和勤奋钻研密不可分,是由无限辛劳换来的。②

辛勤的付出换来了丰硕的成果。1993年,张立东以宋窑遗址的发掘材料为基础完成了博士论文《论辉卫文化》。③ 张立东此文最显著的一个变化是将邹衡的漳河型、刘绪的李固—潞王坟型先商文化改称为辉卫文化。张立东解释此举的原因是原先"根据少量的材料所总结出的各文化的特征难免会出现误差",而"现在资料较为充实了,各文化的面貌比较清楚了,自然应当依据惯例将辉卫文化独立出来,立为一支独立的考古学文化"。在宋窑遗址发掘之后,材料丰富了固然是实情,但材料丰富并不一定会导致一个文化类型提升为一个独立的考古学文化。实际上,张立东是另有隐情,他说:

---

① 北京大学考古系商周组:《河南淇县宋窑遗址发掘报告》,中国社会科学院考古研究所编《考古学集刊》第10集,地质出版社,1996年,第89—160页。
② 刘绪:《邹衡先生商文化研究历程述略》,载王宇信等主编《北京平谷与华夏文明国际学术研讨会论文集》,第334—338页。
③ 北京大学考古系博士学位论文,1993年;又见《考古学集刊》第10集,第206—256页。

邹衡先生公布夏文化的系统观点，首次提出了与夏文化并行发展的先商文化。……只是因为资料尚少，才仅仅粗略地划分为夏文化和先商文化。实际上，夏代的中原地区并非只有夏商两族。正如苏秉琦先生曾经谈到的："河南虽然是夏和商两大国家角逐的场所，但这里还应有'诸夏'，或什么其它群体。"根据先秦文献，曾煊赫一时的陶唐氏、有虞氏当时仍然存在，而势力颇盛的祝融八姓诸国也值得我们格外注意，另外还有有鬲氏、有仍氏、葛等。这些族群创造和使用的文化与夏文化、先商文化应有或大或小的区别，其中与二者关系较近者，或可以包括在夏文化与先商文化之内，其中与二者区别较明显者，则可能与之分属不同的考古学文化或类型。虽然我们目前（或永远）无法将上述族群的文化一一辨识清楚，但随着资料的日益丰富，逐渐将其中的一部分从夏文化或先商文化中剥离出来也不是没有可能的。

这应该才是张立东改"辉卫型"为"辉卫文化"的主要原因，而实际上，他这篇论文一个最主要的结论就是，"辉卫文化即使不全是韦族的文化，其创造和使用者也应该是以韦族为主体的"。应该说，对夏时期考古学文化的族属认证上不仅仅在夏和商这两大族之间进行取舍是一个进步，但问题是，某一族属的文化是不是只能与独立的考古学文化对应，而不能与某一个文化类型对应？换言之，为什么非得是"辉卫文化"，而不是"辉卫型"才可以与韦族文化对应，这也是一个需要深入探讨的理论问题。

修武李固和淇县宋窑等遗址的发掘材料极大地充实了先商文化辉卫型的材料，基本廓清了先商文化向南扩张的状况，因此，邹衡又开始放眼于先商文化的北界。1988年邹衡和李伯谦共同指导研究生沈勇根据1986年以来文物普查所获新资料，对河北省保定北部地区的夏商文化进行研究，完成了硕士论文《论保北地区的先商文化》，从而将探索先商文化的范围进一步向北拓展。随后，沈勇在《保北地区夏时代两种青铜文化之探讨》一文中发表了其硕士论文的主要内容，指出在保北地区夏时期是先商文化与夏家店下层文化燕南型共存的局面，其中"保北先商文化与漳河型属同一文化系统殆无异议"，"但二者并不完全等同，文化因素仍存在有差别"，原因是这里的先商文化"曾与夏家店下层文化、光社文化发生过交往"，其结果是"在保北形成了一个以先商文化为主体、吸收融合其他文化因素的新文化类型"，也即他命名的"保北型"。沈勇并指出，夏家店下层文化"燕南型的分布地域往南似乎不会越过定兴县"，"而保北型遗址则集中发现于北易水之南"，所以保北型的发现既"扩充了先商文化的范围"，又"划清了商文化与夏家店下层文化燕南型的界限"，从而证明了"商文化的策源地是豫北至冀中一带"。①

至此，邹衡对先商文化的研究暂告一段落，他也将主要精力转入到对山西曲沃天马—曲村遗址西周晋文化的研究当中。1990年夏，当年参加夏邑清凉山遗址发掘的主力段宏振和张翠莲从北大考古系毕业回到河北工作，这对考古伉俪迅速成为河北地区先商文化探索的重要力量。

进入20世纪90年代，张翠莲在全面审视太行山东麓地区夏时期考古材料的基础上，发表多篇文章探索先商文化。②她首先对先商文化保北型提出了异议，认为保北型虽与漳河型有某些相似之处，但二者在文化特征上存在明显差别，应属于不同的考古学文化，并将其命名为"下岳各庄文化"。她并指出，下七垣文化与下岳各庄文化大致以滹沱河为界，前者是先商文化，而后者则很可能是有易氏的遗存。

在将保北型排除出先商文化之后，张翠莲又把眼光转向太行山西麓以太原盆地和忻定盆地为中心的晋中地区，分析了包括太原光社、太古白燕、忻州游邀、汾阳杏花村等遗址所见的夏时期遗存，发现

---

① 沈勇：《保北地区夏时代两种青铜文化之探讨》，《华夏考古》1991年第3期。
② 张翠莲(张渭莲)：《太行山东麓地区夏时期考古学文化浅析》，《三代文明研究(一)》，科学出版社，1999年；《尧方头遗址与下岳各庄文化》，《文物春秋》2000年第3期；《论冀中北部地区的下岳各庄文化》，《文博》2002年第3期；《再论下岳各庄文化》，《早期夏文化与先商文化研究论文集》，第283—290页。

它们"从文化特征上看与周边诸考古学文化如东下冯文化等区别较大,而与下七垣文化极为接近","因而可以将其视为下七垣文化的一个地方类型"。鉴于在"诸多遗址中以杏花村遗址最为丰富",她主张"可暂名之为杏花村类型"。张翠莲认为,先商文化杏花村类型的形成并非偶然,它当与商人始祖契所居的蕃有关。①

2008年,张翠莲出版了她的博士论文《商文明的形成》,完整地表述了她对商文化形成过程的理解。她以自己所界定的下七垣文化为基础,归纳出了下七垣文化(先商文化)与二里岗文化(早商文化)之间的密切联系,据此证明下七垣文化就是先商文化。她所罗列的相似点主要表现在四个方面,即:1. 以深窖穴为代表的建筑;2. 以石镰和石刀为代表的农业工具,以骨笄为代表的骨器;3. 以鬲、甗、罐为代表的陶器群;4. 用牛肩胛骨占卜的习俗。②

在有关先商文化的表述中,最值得注意的是她对郑亳说的反思。她说,"郑州作为亳都虽然在年代和规模以及文化内涵上与文献记载较为切合,但还是存在着一些难以解释之处";又说,"虽然郑亳说有众多的文献与考古资料的支持,但也并不是无懈可击"。因此她主张"换一个角度去考虑亳地所在",即"同意亳与商一样,是随商人所至而迁徙的","汤所居之亳当非一地",这样"困惑便会迎刃而解"。具体来说就是,"汤最初即位时,居于濮阳、内黄一带的亳地","在濮阳发现的下七垣文化的遗址即可证实这一点";汤"在景山与东方诸国会盟,亦即史载的'景亳之会'",汤即"将亳都迁至这一带,继而伺机灭掉葛","据杞县境内二里头文化、岳石文化和下七垣三种考古学文化共存的情况可以推知","也许在夏末之时商人势力曾深入豫东地区","之后商人挥师西北,灭韦、顾,接着南下郑州,以郑州之亳为根据地,灭掉昆吾,再挥戈西向,诛灭夏桀"。她最后认为,在商人"征战中留下的诸多亳地中",郑州"因其优越的地理位置而成为后来的都城",但"汤以不足七十里之小国灭掉大国夏,不能不对夏人的残余势

---

① 张渭莲(张翠莲):《商文明的形成》,文物出版社,2008年,第137—139页。
② 张渭莲(张翠莲):《商文明的形成》,第148、157—159页。

力有所防范","便在夏人腹地建成偃师商城,因地在诸亳之西,故而被称为'西亳'"。①

除了河北当地的考古工作者,这一时期对太行山两麓夏商文化研究致力最多的当推吉林大学边疆考古研究中心的师生们,其中如蒋刚②、井中伟③和段天璟④等人的研究均涉及先商文化,而胡保华和王立新则依据新材料对下七垣文化的类型和分期进行了全面的分析,代表了这一领域的最新成果。⑤

与之形成对比的是,北大考古系的师生们在进入新世纪之后鲜有涉足先商文化研究领域者,其中最主要的成绩有两项:一是王迅主持了河北临城补要遗址的发掘,并据此提出了先商文化的补要类型;⑥二是刘绪指导研究生常怀颖完成了博士论文《夏商时期古冀州之域的考古学研究》,堪称目前该领域最全面的论述。⑦

从 2004 年起,配合"南水北调"工程在豫北冀南地区开展的多项考古工作极大地促进了先商文化考古,特别是"鹤壁刘庄、磁县南城两处先商文化墓地更是前所未见,从而为新的研究准备了丰富的资料"。⑧其中刘庄墓地的资料已经刊布,⑨李伯谦给予了极大的重视和极高的评价,他说:

> 自 1979 年邹衡先生以邯郸涧沟、新乡潞王坟、郑州南关外等遗址为代表,首次从考古学上提出先商文化命名以来,

---

① 张渭莲(张翠莲):《商文明的形成》,第 168—173 页。
② 蒋刚:《太行山两翼北方青铜文化的演进及其与夏商西周文化的互动》,吉林大学博士学位论文,2006 年。
③ 井中伟:《蛋形瓮研究》,《考古学报》2006 年第 4 期。
④ 段天璟:《京、津、保地区夏时期考古学文化研究的讨论与思考》,《文物春秋》2008 年第 6 期。
⑤ 胡保华、王立新:《试论下七垣文化的类型与分期》,《早期夏文化与先商文化研究论文集》,第 296—322 页。
⑥ 王迅:《论先商文化补要类型》,《早期夏文化与先商文化研究论文集》,第 290—295 页。
⑦ 常怀颖:《夏商时期古冀州之域的考古学研究》,北京大学考古文博学院博士学位论文,2010 年。
⑧ 李伯谦:《先商文化考古的新征程——在"先商文化学术研讨会"开幕式上的致辞》,《早期夏文化与先商文化研究论文集》,第 259—261 页。
⑨ 河南省文物局:《鹤壁刘庄——下七垣文化墓地发掘报告》,科学出版社,2012 年。

迄今已有 30 多年的历史。30 多年来，除以上 3 处遗址之外，虽然还发掘了磁县下七垣、内丘南三歧、磁县界段营、安阳梅园庄、淇县宋窑、涞水渐村、易县下岳各庄、任丘哑叭庄、邢台葛庄、邢台粮库等遗址，但这些遗址范围都不大，发掘面积也很小，且内涵单纯，均为居住址，没有墓地。……（鹤壁刘庄先商文化墓地）一举发掘了 338 座先商时期的墓葬，其数量远远超过了二里头夏文化，成为先商文化发现以来最重要的发现，也是先商文化考古和研究的重大突破。[①]

于是李伯谦多方联络，积极筹划，终于在 2009 年 7 月由北京大学震旦古代文明研究中心联合河南省文物考古研究所、河北省文物考古研究所在鹤壁和石家庄召开了首届"先商文化研讨会"，借此开启"先商文化考古的新征程"。[②]

但一个不容忽视的现实是，当前豫北冀南地区先商文化研究都是在下七垣文化为先商文化这一前提下来开展的。而在过去的三十多年间，随着研究的深入，特别是在南关外型被排除出先商文化系统、下岳各庄文化替代了先商文化保北型、辉卫文化替代了辉卫型，而新提出的先商文化鹿台岗类型、杏花村类型和补要类型尚属一家之言的情况下，邹衡当初所确立的先商文化体系实际上呈逐步萎缩和瓦解之势，以至于形成了先商文化等于下七垣文化，而下七垣文化等于漳河型的局面。而与此同时，随着豫东地区先商文化遗存的陆续发现，越来越多的学者倾向于相信商人在灭夏之前曾经到达豫东，是从豫东由东向西，而非从豫北自北向南地征伐夏桀及其属国的，这实际上是说，南亳说或北亳说大有前途。

也正因为如此，段宏振对先商文化的研究现状给予了充分的反思，认为"先商文化的研究已经取得了很大的进展，但今后的研究方

[①] 李伯谦：《先商考古的重大突破——读〈鹤壁刘庄——下七垣文化墓地发掘报告〉有感》，《中国文物报》2012 年 7 月 27 日。
[②] 赵新平等：《首届"先商文化学术研讨会"纪要》，《早期夏文化与先商文化研究论文集》，第 432—438 页。

向还面临着不少的困难和挑战",其中最具代表性的问题是:

> 以目前的考古学分析,早商文化如果单从陶器谱系上观察,大致有三大来源:下七垣文化、二里头文化和岳石文化。三者之间的比重关系通过陶器成分计算可以得出一个大概的结果,但其中比重高者未必一定即是商人的本始文化。目前将下七垣文化视作先商文化,主要是基于追溯代表商文化基因的绳纹鬲发展谱系。但绳纹鬲的渊源,也不一定百分之百就是商人初始时期的物质文化载体。换言之,商人文化中所兴盛的绳纹鬲因素,很大可能即是从商人初始时一脉相承延续而来的,但也不排除可能是商人早期发展的某一阶段引进或介入的外来因素。……同时,通过追溯建筑、葬俗、技术、宗教等方面的文化因素渊源探索,来推定商人起源地的理论,也需要更为有说服力的全面证据,何况这些因素大多在二里头文化之中已经具备,从这个意义上讲,与其说商文明的主要因素源自东方,不如直接说源自二里头更符合实际一些。①

从这层意义上讲,张光直当年的设问——"到底殷商文明的起源是在东还是西?还是东西两个源头合流而成?"——在今天依然没有满意的回答,它依然是"殷商文明起源研究现阶段的一个关键问题"。②

---

① 段宏振:《先商文化考古学探索的一些思考》,《早期夏文化与先商文化研究论文集》,第262—271页。

② 关于商人的来源,除本文着重讨论的豫北冀南说、豫东和鲁西说之外,学术界还先后有西方说(分商洛说与杜亳说)、晋南说、辽西说(幽燕说)等较有影响力的说法。其中商洛说源自司马迁《史记·六国表序》,当代持此说的代表性学者是郑州大学的荆三林教授,主张商族发源于太华之阳的洛河和丹江上游地区,以后商人逐渐向豫中、豫东发展,至成汤时到达鲁西曹县一带;杜亳说经前代学者钱大昕考证之后,目前已无人信从;晋南说则由郑州大学李民教授首倡,主张商族发源于永济至华县之间,以后沿黄河北岸向东迁徙,昭明时达到沁水一带,相土时迁到豫北并兴旺发达起来;在山西垣曲商城发现之后,陈昌远即认为该城就是成汤始居之亳,也即其从先王契所居之蕃,以后商族向南扩张,成汤灭夏后迁到西亳,即今偃师。辽西说(幽燕说)发端于傅斯年,经金景芳、张博泉、干志耿等学者的发挥,影响力颇大,这些主张辽西和幽燕地区的红山文化、小河沿文化、夏家店下层文化属于不同阶段的先商文化。关于上述诸说的具体内容可参看叶文宪《商族起源诸说辨析》一文(《殷都学刊》1993年第3期)。由于上述说法的考古证据薄弱,故本文对其具体论证过程不作详细追溯。

柒　什么可以成为夏商分界的证据
——夏商分界研究综述

- 一、缘起：韩维周的直觉与陈嘉祥的判断
- 二、纷争初起：二里头遗址与夏商分界
- 三、高潮：偃师商城与夏商分界
- 四、白热化：偃师商城小城与夏商分界
- 五、遭遇尴尬：郑州商城与夏商分界
- 六、症结：什么可以成为夏商分界的证据

一、缘起：韩维周的直觉与陈嘉祥的判断

1951年，为响应毛泽东"一定要把淮河修好"的号召，河南省开始在淮河支流颍河修建白沙水库。① 1953年4月，为配合白沙水库建设，河南省人民政府文物事业管理局文物工作队的韩维周等人来到水库范围内的登封玉村遗址进行调查和发掘。清理小组在这里先后试掘了三个地点，分别称为一、二、三号坑，并将三个地点的遗存划归为上、下两层。其中"上层文化大约与成皋县点军台的上层文化相同"，"似应属于周代晚期"，下层文化则引起了韩维周的格外注意，原因是：

> 下层文化中所出之物，从型式与作风上看，都比较陌生，不惟与安阳小屯的出土物不同，即与郑州二里岗的遗物相比，亦大有区别。在二里岗遗址出土陶器中，占比例数较多且有特征的，计有(1)鬲罋类，都安有圆锥形高足，鬲的颈部有的印着单圆圈或重圆圈纹。(2)"将军盔"类，器形近似殷墟所出的"将军盔"，不过它的下边大多数都作成实心小圆饼形矮足，承托着底部。(3)尊类，其形似尊而特大，口为喇叭形。以上这些陶器，在玉村遗址中，都没有见到。玉村

---

① 中央水利部治淮通讯组：《把淮河千年的水患变成永远的水利》，《人民日报》1951年9月22日。

的篮纹陶鼎类器片,在二里岗遗址中,也没见过。两处虽都出有陶爵,然一个细而高,一个粗而矮,它很显著地是大不相同的。玉村没有卜骨,这也是与二里岗遗址不同的一点。从以上各方面来看,玉村与二里岗遗址,似属于两个文化系统,可是拿它的印纹陶片和白陶爵的成就来衡量,似可与二里岗遗址的文化相提并论。①

基于此,韩维周很慎重地指出,玉村遗址的下层文化"应列入我国历史上的哪一个阶段,颇值研究"。他并注意到,"在禹县和登封之间,这种遗址,为数甚多,玉村遗址的规模还不算大,恐怕还不是这个文化的重点",所以他乐观地估计,"将来发掘的多了,这个问题一定能明确的解决"。

韩维周的上述认识近似于一种直觉,而这种直觉的形成无疑与他 20 世纪 30 年代在河南古迹研究会的考古经历密切相关。② 也正因为他具有良好的考古学素养,韩维周于 1950 年秋发现了郑州二里岗遗址,并由此进入了新成立的河南省文化事业管理局的文物工作队,所以 1953 年才有机会调查与发掘登封玉村遗址。③

毫无疑问,在 50 年代初期,能够对玉村遗址的下层文化形成上述

---

① 韩维周等:《河南省登封县玉村古文化遗址概况》,《文物参考资料》1954 年第 6 期。
② 韩维周是河南巩县人,早年就读于开封的河南国学专修馆,后被河南古迹研究会录用。河南古迹研究会是中研院史语所的外围组织,所以韩维周得以参加当时最重要的一些考古活动,如 1936 年李景聃主持的豫东商丘地区的调查与发掘。这年 10 月 11 日—11 月 4 日,李景聃和韩维周等人在豫东商丘和永城一带进行了为期二十五天的调查,发现商丘青岗寺、永城造律台和曹桥等遗址;同年 11 月底至 12 月间,郭宝钧、李景聃、韩维周以及赵青芳等人又先后在造律台、黑孤堆和曹桥等三处遗址进行了小规模的发掘,李景聃和韩维周是全程参加此项工作的仅有二人。参看李景聃《豫东商丘永城调查及造律台、黑孤堆、曹桥三处小发掘》,中研院史语所编《中国考古学报》第二册,1947 年,第 83—120 页。另据中研院史语所的典藏计划,韩维周还作为临时工作人员参加了山彪镇和琉璃阁的发掘,参看网址 http://rrurl.cn/iClFo7。此条材料承台湾清华大学人类学研究所研究生李博同学见告,谨致谢意。
③ 赵全嘏:《河南几个新石器时代遗址报导》,《新史学通讯》1951 年第 1 期;赵全嘏:《郑州二里岗的考古发现》,《新史学通讯》1953 年第 6 期。按,1937 年抗战爆发后,河南古迹研究会解散,韩维周回到家乡巩县担任小学教师。新中国建立伊始,韩维周调到郑州市南学街小学任教,但课余时间仍醉心于考古。"1950 年秋,韩维周先生于郑州市建筑工程区发现类似于殷代的陶片和遗址",这一发现直接促生了日后郑州二里岗遗址的大规模发掘。

认识是非常难能可贵的。虽然韩维周对玉村下层文化在考古研究上的重要意义充满了憧憬，然而好景不长，1957 年他被划为"右派"分子，不但被冠以"冒牌考古学家"、"十足的伪学者"等称呼，同时也被清理出文物考古队伍。①

虽然韩维周从考古学界清除出去了，然而正如他 1953 年所预期的那样，类似于玉村下层的遗迹在郑州和洛阳地区陆续被发现，但当时的学术界不可能会有人重视一个"右派"分子的意见。以郑州洛达庙遗址的发掘为契机，学术研究将朝着另一方面发展。

洛达庙遗址位于郑州市西十五里的洛达庙村北，1956 年 5 月—12 月，河南省文化局文物工作队第一队配合基建工程发掘了这处遗址，其中"试掘商代文化遗址 470 平方米"，"除发现和郑州二里岗商代相同的遗址外，最值得重视的是 T14、T17、T18、T26 四个探方内商代文化层次的发现，它为研究郑州商代遗存层次问题增添了新的内容"。在陈嘉祥执笔的发掘简报中，他把此次发掘的最主要收获归纳为以下几点：

(1) 陶器……器形圜底为著。器物中以沙质罐类器最多，……这类罐在当时可能作为重要炊具之一。(2) 陶器种类，有鼎、豆、盆、罐、尊、瓮、钵、缸、大口器等，未发现陶鬲。从鼎、豆、罐的形制以及多数陶器器表的粗纹看，与郑州旭畜王所发现的龙山文化遗物接近，但仍属于商代文化范畴。

---

① 河南省文化局文物工作第一队通讯组、郑州商代古城发掘小组：《在反右派斗争战线上》，《文物参考资料》1957 年第 1 期。而 1959 年出版的《郑州二里冈》则这样描述该遗址的发现，"郑州市一位小学教员首先发现了二里冈一带的商代文化遗存，并采集了一部分陶片和石器"，这是在当时条件下对韩维周的贡献所能作出的最大肯定了（参看河南省文物局文物工作队编《郑州二里冈》，科学出版社，1959 年，第 1 页）。有关韩维周先生的材料极其匮乏，笔者所能见到的只有以下两种：一是百度百科中的"韩维周"条，提供了韩氏的部分生平，但其中语焉不详处甚多；另一种即是此处所引的反右派斗争材料，其中除了批斗韩维周的学术观点外，也涉及其个人生平，称"韩维周是巩县人，地主阶级出身，曾参加过国民党，干过甲长、巩县督学、伪县参议会议员和代秘书，伪党政军第四次会报会议决定的县情情报组员，并代表巩县官僚慰问过国民党反动派的军队"。但具有讽刺意义的是，当年致使他遭受批斗的若干言论如考古"不能光跟着基本建设跑"、"新社会给考古工作带来了不可克服的矛盾和困难"、"反对省文化局提出的'文物工作不能影响基本建设'的口号"等，在今天则已是考古工作者的普遍呼吁和共同心声了。

(3)卜骨发现极少,仅灼而无钻凿,灼痕较大。①

陈嘉祥在发掘简报中还指出,"根据出土陶器与郑州商代文化所分二里岗下层、上层和人民公园三个层次比较,认为洛达庙商代文化层,有其独立的特征,是一个新发现的商代文化层"。他并说,"虽然在这个地区内没有找出与郑州商代二里岗期的叠压关系,但通过最近董砦的发掘,初步判定洛达庙商代文化是早于郑州二里岗商代文化下层是没有多大问题的"。

登封玉村和郑州洛达庙两处遗址的发掘,固然谈不上确定夏商分界,但事实上是第一次把夏商文化的区分问题摆在了考古学者面前,而这正是日后夏商分界研究的基础所在。玉村下层以及在洛达庙新发现的这类遗存与二里岗期商文化究竟是属于同一个文化系统,还是分属于两个文化系统,顿时就成了一个最为根本和关键的问题。

现在回过头来对比韩维周和陈嘉祥二人当初的判断是一件非常有意思的事情——虽然韩、陈二人对两处遗址文化面貌的总体把握都很准确,但他们却得出了完全相反的结论——韩维周因为发现玉村遗址不出鬲、"将军盔"、大口尊等物,从而判断玉村下层和二里岗分属于两个文化系统;而陈嘉祥尽管也注意到洛达庙不见商文化最典型的器物陶鬲,代之以夹砂罐为主要炊具,且它的器物特征与郑州地区的龙山文化风格接近,但他却认为洛达庙只是一个具有"独立特征"的"新发现的商代文化层"。

在这里,我们不禁要假设:倘若1957年韩维周未被划为"右派",倘若学术界采纳了韩维周的直觉而非陈嘉祥的判断,此后数十年间的夏商考古或许就是另一个走向。但历史不能假设,学术史亦然——被打成"右派"的韩维周从此失去了学术话语权,他的"玉村与二里岗遗址,似属于两个文化系统"的观点也随着韩维周的离去而退

---

① 河南省文化局文物工作第一队:《郑州洛达庙商代遗址试掘简报》,《文物参考资料》1957年第10期。

出了学术界的视线。①

在洛达庙遗址第一次发掘之后，陈嘉祥只是给洛达庙层定性为"新发现的商代文化层"，至于其年代，则依据董砦遗址的地层关系判断它要早于二里岗下层，但它究竟属于商文化的哪一个阶段，陈嘉祥在发掘简报中并没有回答，但他的领导——河南省文化局文物工作队负责业务的副队长安金槐则给出了明确的答案。②

为了进一步了解洛达庙遗址的地层关系和分期，从1957年10月至1958年2月河南省文化局文物工作队第一队对洛达庙遗址进行了第二次发掘；次年8月至12月，为配合基建又进行了第三次发掘。主持这两次发掘工作的仍是陈嘉祥，但对其学术意义的阐述则是安金槐。1961年，安金槐在论述郑州商城为仲丁隞都时，对洛达庙遗址的性质和年代作了完整的申论，他说：

> 根据郑州商代文化遗址的发掘材料证明郑州的商代文化遗址，不论从文化层上下的叠压关系和出土遗物的发展演变，都清楚的可以分为早、中、晚三期。早期遗址以郑州洛达庙商代遗址为代表。这期遗址分布的范围不大，主要分布于郑州商代城址以西十余华里的洛达庙和董砦村一带。从这些遗址中出土的遗物看，特别是部分陶器的形状和纹饰，还保留有"龙山期"和相当于夏代器物的特征。（参考《郑州洛达庙遗址发掘报告》，待发表）我们知道商代是紧接着夏代发展而来的，因而在商代早期文化遗物中，包含有相当于夏代文化遗物的一些特征是必然的。③

---

① 但历史终究会给韩维周一个公正的评价，多年之后邹衡在其《我的考古生涯》（手稿）中就这样赞誉韩维周："我在郑州工作时，他已调来河南省文物工作队。后来他又发现洛达庙遗址和登封玉村遗址。当时他曾同我讨论过这两处遗址的年代和文化性质，他认为其年代应早于二里岗商文化，并公开提出可能是夏文化，……实际上韩维周先生是发现并认识二里冈早商文化和洛达庙、玉村遗址为夏文化的第一人，在中国考古学上是立下奇功的。"参看李维明《玉村遗址下层遗存与二里头文化》，收入《郑州青铜文化研究》，科学出版社，2013年，第3—4页。

② 有关安金槐在20世纪50年代至70年代对夏商文化的探索过程可参看本书第肆篇《考古学的春天——1977年"河南登封告成遗址发掘现场会"的学术史解读》。

③ 安金槐：《试论郑州商代城址——隞都》，《文物》1961年第4、5期。

安金槐之所以把洛达庙遗存定为早商遗存,关键是要说明郑州商城是商代中期的城址,而这是论证该城址为仲丁隞都的先决条件,所以他说:

> 从出土遗物的发展和演变来看,二里岗商代文化遗址的出土遗物,包含有上迄洛达庙、下接人民公园的商代遗物。因之说明郑州二里岗商代文化遗址是晚于洛达庙商代遗址,而早于人民公园商代遗址。所以把二里岗商代文化遗址定为商代中期是比较恰当的。……因而就确定郑州商代城址主要是属于商代中期的城市遗址。……就成汤居亳到盘庚迁殷的五次迁都中,如果也按商代的早、中、晚三期去划分的话,成汤居亳应属于商代早期,盘庚迁殷应属商代晚期,而仲丁迁隞,河亶甲迁相和祖乙迁耿,都应该是属于商代中期。结合郑州商代城址的试掘材料,城垣遗迹也是属于商代中期,因而文献记载和考古发掘的材料是正好吻合的。……又文献记载中"隞都"就在郑州附近。因之说郑州商代城市遗址,很可能就是商代的"隞都"。

既然把洛达庙遗存确定为早商遗存,安金槐自然只能从龙山文化中来探索夏文化了,于是将眼光转向豫西地区龙山文化中晚期遗存:

> 在河南豫西地区开展探索夏代文化遗存的工作之所以被提到文物考古界的议事日程上来,其缘由是 50 年代早、中期的郑州商代二里岗期遗址和郑州洛达庙文化遗址相继被发现。当时在发掘的进程中,曾认为郑州商代二里岗期遗址有可能是属于商代中期遗址,而郑州洛达庙文化遗址则有可能是属于商代早期遗址的认识前提下,于是就提出比郑州洛达庙文化遗址再早的河南豫西地区龙山文化中晚期遗存有可能是与探索夏代文化遗存有关的初步

看法。①

对洛达庙遗存性质与年代的判断是安金槐构建其学术体系的枢纽，所以在多年之后，未参加洛达庙遗址具体发掘工作的安金槐将该遗址 20 世纪 50 年代三次发掘的材料加以整合，并亲自执笔撰写了发掘报告，足见他对洛达庙的重视。在这份材料更为充实的发掘报告中，安金槐将洛达庙遗存分为了三期，并对各期遗存的文化属性及年代有了更明确的定性，即：

> 郑州洛达庙遗址是继登封玉村遗址之后，在河南省内发现的一处早于商代二里岗期下层，并与商代二里岗期下层有前后承袭关系的商代文化遗址，是最早发掘的一处二里头文化类型遗址。……洛达庙遗址一、二、三期是一脉相承的发展关系。……郑州洛达庙一期约与偃师二里头遗址二期大体相同。……郑州洛达庙二期与二里头遗址三期相近。……郑州洛达庙三期和偃师二里头四期相当或稍晚。……我们认为洛达庙三期的时代与郑州商代二里岗下层相接近，且略早于二里岗下层，两者有前后承袭关系。商代二里岗下层的时代，一般认为是属于商代中期，因此，略早于商代二里岗下层的洛达庙三期应属于商代中期偏早或商代早期阶段。洛达庙二期和洛达庙三期是前后相衔接的两期，文化特征比较接近，因而洛达庙二期的时代，应属于商代早期阶段。至于洛达庙一期，虽然它和洛达庙二期之间在不少陶器特征上表现出前后承袭的关系，但有些器形与洛达庙二期的差别较大，并且，器表除饰绳纹外，还有少量的篮纹。这些变化和差异可能与时代的变革有关，所以我们认为洛达庙一期的时代，可能属于夏代文化的晚期阶段。②

---

① 安金槐：《豫西颍河上游在探索夏文化遗存中的重要地位》，《考古与文物》1997 年第 3 期。

② 河南省文物研究所：《郑州洛达庙遗址发掘报告》，《华夏考古》1989 年第 4 期。

可以看出，虽然这份发掘报告的发表是在1989年，但其中的基本观点则与1957年第一次发掘简报中的基本相同，都是主张洛达庙遗址的主体遗存与二里岗同属商文化系统，且洛达庙商代文化层（也即报告中所说的二期和三期）在年代上要早于郑州二里岗下层，属于商代早期的遗存。

至此，从韩维周发掘登封玉村，到陈嘉祥发掘洛达庙，再经安金槐的系统论证，洛达庙商代文化层遗存是商代早期文化的观点得以确立，并成为当时相关研究的一个基点。如这一时期河南省文化局文物工作队和黄河水库考古队河南分队连续发掘了郑州上街、陕县七里铺、偃师灰嘴等遗址，在这些遗址均发现与洛达庙类似的遗存，发掘者对发掘材料的认识无一例外都以洛达庙为参照，并几乎是毫无保留地接受了陈嘉祥和安金槐的判断，而置韩维周的意见于不顾。

1958年和1959年，河南省文化局文物工作队发掘了郑州上街遗址，发掘者一方面发现"从上街遗址的包含物看，部分器形如陶罐、石刀、石铲和龙山文化极为接近"，但又看到"很多器形和郑州商代洛达庙期也有不少相同之处"，因此得出的结论是，"上街遗址应早于郑州商代洛达庙期文化而晚于龙山文化，如果说是属于商代也应属于商代的早期"。[①] 这显然是一个矛盾的判断——发掘者既然意识到上街遗址要"早于郑州商代洛达庙期文化"，而按照当时通行的观点，洛达庙期文化已然是商代早期的，那么合乎逻辑的结论应该是上街遗址当早于早商，而不能得出"也应属于商代的早期"这样的判断。

1958年夏，黄河水库考古队河南分队发掘了陕县七里铺遗址，在发掘简报中，发掘者也将这里出土的器物与洛达庙进行了对比，发现：

> 本遗址内所出的陶器，以绳纹泥质灰陶为主，虽然完整

---

① 刘胡兰小队：《郑州上街商代遗址的发掘》，《考古》1960年第6期；河南省文化局文物工作队：《河南郑州上街商代遗址发掘报告》，《考古》1966年第1期。

器物不多，但具备的时代性甚为明显，与郑州洛达庙和洛阳东干沟早期商代遗址出土的陶器，有很多相同之处。可是洛达庙、东干沟有泥质灰陶方格纹罐和陶豆之类的器形，而这里不见。另外，本遗址所出的鬲、甑、盆等，又与郑州商代早期的器物也有类似的地方，不过七里铺出现各种各样的鼎足和完整的鼎，在郑州商代早期遗址中，甚为少见。①

由于七里铺的发掘者注意到该遗址与洛达庙的异同，所以他们认为：

> 通过出土的遗迹、遗物，与其他遗址初步比较，暂且认为属于商代早期。至于与其他遗址的排列顺序，可能比郑州洛达庙、洛阳东干沟二处稍晚，但好像要早于郑州二里岗下层。

上述认识体现了七里铺遗址发掘者谨慎的态度，但他们对遗存性质判断的基础依然是洛达庙和东干沟为商代早期遗存。

1959年4月，河南省文化局文物工作队的"刘胡兰小队"发掘了偃师灰嘴遗址，在发掘简报中她们再一次重申了陈嘉祥和安金槐的判断：

> （灰嘴）遗址的地层堆积情况是：商代文化层直接叠压着新石器时代龙山期，而龙山期又直接叠压着仰韶期。……（商代层）以陶器最多，多为夹砂灰陶和泥质灰陶，黑陶数量极少，一般火候较高。陶器的制法有模制、轮制。器表有细绳纹、附加堆纹、弦纹和素面等，以绳纹最多。器形有鼎、罐、大口缸、尊、盆、壶、甑等，以砂质罐最多。罐多直口深腹，圜底或尖圜底。盆敞口折唇，器表饰绳纹，侧多有对称的握手。……就商代层出土遗物看，和郑州商代洛

---

① 黄河水库考古工作队河南分队：《河南陕县七里铺商代遗址的发掘》，《考古学报》1960年第1期。

达庙期出土的同类器物相近,具有商代早期遗址的特征。①

由于上述工作多由河南当地考古工作者承担,所以不可避免地在认识上带有深深的安金槐印记。但在当时,对于洛达庙这类遗存的文化属性,学术界也并非完全没有不同的声音,如李学勤早在1958年就认为郑州地区介于龙山和二里岗下层之间的洛达庙和南关外两类遗存"最可能是夏代的",他的理由是:

> 根据周代文献和铜鼎题铭,商代以前肯定有夏代存在,……汤伐夏后,商族就入居夏族的居地。因此,夏末或商初商族定居在郑州,是符合史实的。在郑州商族文化层与龙山文化层重叠时,其间每每夹有无文化遗物的土层,表明两者不相衔接。在洛达庙、南关外、旭甾王等地果然发现了介于两者之间的文化层,我们称之为"南关外期"或"洛达庙期"。它们更接近龙山文化,而有其特异点,如南关外期的棕色陶器、洛达庙期无鬲类空足器等。这两期都早于二里岗下期,最可能是夏代的。它们是商族迁来以前的郑州居民的遗迹,特别南关外期在时间上与二里岗下期是密接的。这对我们对龙山文化的认识也提供了新线索。常有人主张龙山文化是夏文化,现在证明龙山文化与商初的商族文化间还有中介和演变期,所以主要的龙山文化的时代必须提早,而安特生关于仰韶文化、龙山文化时代的谬说更彻底破产了。②

与韩维周相比,李学勤表现得更为敏感。他借由"南关外期的棕色陶器"和"洛达庙期无鬲类空足器"这两个显著特征,以及这两期遗存的地层关系,敏锐地感觉到它们有可能是夏代的遗存,这比韩维周此前的"玉村与二里岗遗址,似属于两个文化系统"的判断又向前推进了一大步。

---

① 河南省文化局文物工作队:《河南偃师灰嘴遗址发掘简报》,《文物》1959年第12期。
② 李学勤:《近年来考古发现与中国古代社会》,《新建设》1958年第8期。

到了20世纪50年代末期,夏文化探索已经成为学界的热点问题,更多的学者开始注意到郑州和洛阳地区的这些新发现。

1959年10月,《考古》杂志出版了庆祝建国十周年的一期专刊,篇首便是夏鼐亲自执笔的《十年来的中国考古新发现》。在谈到商代考古时,夏鼐说:

> 其中最重要的新发现,是河南郑州的遗址;在这里,平民住宅、骨器和铜器的作坊、陶窑、城墙的一部分,以及墓葬,都曾发掘出来。并且在二里岗和人民公园的重叠地层堆积中呈现早中晚三期的文化,晚期的和安阳小屯的时代相同。1956年在洛达庙又发掘到殷代文化遗存,它的陶器具有一些特点,时代可能比二里岗早期的还要早一些。从前在新石器龙山文化和以安阳为代表的晚期殷商文化(约公元前1300年—前1027年)二者之间是留有一大段空缺。郑州的发现使这缺口逐渐缩小了。①

很显然,在这里夏鼐也接受了安金槐的观点,将洛达庙遗址视为比二里岗早期"还要早一些"的"殷代"遗存,至于能早到商代的哪一个阶段,夏鼐则没有明说。但有意思的是,在同一期杂志上发表文章论述新石器时代考古学文化的安志敏和石兴邦却不约而同地把洛达庙层和"传说中的"夏文化联系起来。比如安志敏在其文章中就有专节探讨"龙山文化与殷代文化的关系"问题,其中说:

> 过去多主张龙山文化是殷代文化的先驱。我也曾经根据陶器上的一些特点,指出它们和龙山文化陶器缺少直接的联系。从目前的知识来看,我们不能否认殷代文化与龙山文化之间有密切联系,但以上的两种说法还都有一定的缺点。……值得我们注意的是在郑州还发现了所谓"洛达庙层",它压在二里岗下层的下面,它所代表的年代当稍早,

---

① 夏鼐:《十年来的中国考古新发现》,《考古》1959年第10期。

可惜发现的器物不多。同样类型的遗址在洛阳附近相当丰富，如孙旗屯、涧滨、东干沟都有发现。从器物的特征上看，具有从龙山向商代过渡的性质，特别是以方格纹的陶罐和扁平足的陶鼎最为突出。……关于所谓"洛达庙层"，在二里岗下层的下面，在文化性质上又比较相近，其年代较早当无疑问。但是否属于商代也还没有更明确的证据。目前只能暂收入商代早期文化中。①

安志敏的意思很清楚，虽然从地层学上看洛达庙层确实要早于二里岗下层，但并不能由此遽断洛达庙层就一定属于商文化，所以安志敏接着说：

> 至于传说中的"夏"文化，迄今尚未发现，在考古学上一直是一个谜。我们认为应该向龙山晚期文化及商代早期文化之间去探索。所谓的以"洛达庙层"为代表的遗存，便是值得今后注意的一个对象。

这实际上是暗示洛达庙层有可能就是"传说中"的夏文化。类似地，石兴邦在讨论黄河流域原始社会的文化时，也谈到了夏文化的问题，他说：

> 根据文献记载，夏代的存在是可信的。……探索这一时期的社会经济面貌，从考古文化方面来讲，是要弄清楚新石器时代末期向铜器时代过渡的问题，而且尽可能的与传说中夏代或夏部族的文献紧密地联系起来。……在传说中夏、商、周三部族（或三个朝代）活动的地区里面，在考古文化上，除了仰韶龙山和殷周三个文化阶段的遗存而外，还没有发现其他不同的文化遗迹，也许不可能再有别的分布广泛的文化遗迹存在。我们要探索夏代文化，就要从龙山和殷代文化的遗存中进行研究和分析。脱离这两种文化而另

---

① 安志敏：《试论黄河流域新石器时代文化》，《考古》1959 年第 10 期。

找一个夏文化,是困难的。夏部族可能是发展中的龙山文化的组成部族之一。……我们应该特别提出郑州洛达庙、洛阳东干沟等地所发现的介于龙山和殷代之间的文化遗存,是值得注意的。①

可以看出,石兴邦与安志敏的逻辑完全一样——既然洛达庙类遗存在年代介于龙山和二里岗之间,那么在判断这类遗存的性质时,商代早期文化就不是唯一选项,它也有可能是夏文化。

所以,在20世纪50年代,有关夏商文化的认识呈现出这样一种状况:一方面,已有学者如安志敏已经意识到"所谓的'洛达庙'层……是否属于商代也还没有更明确的证据",指出这是一个需要进一步求证的问题;但另一方面,却又因为种种因素的汇聚——如1957年的"反右"运动让韩维周及其观点早早地退出了学术舞台,陈嘉祥对洛达庙发掘材料的初步判断,安金槐对郑州商城隞都说的执着,郑州上街、偃师灰嘴和陕县七里铺等遗址发掘者对安金槐观点的"无条件服从"与"推波助澜",以及李学勤、安志敏和石兴邦等人"点到为止"的质疑——均促使"洛达庙层为早商文化"的观点广为流行。稍后,伴随着偃师二里头遗址的发现与发掘,这一观点遂发展成为学界共识,夏商文化分界问题也真正开始进入学者的视野。

二、纷争初起:二里头遗址与夏商分界

当陈嘉祥等人在郑州发掘洛达庙遗址时,赵芝荃领衔的中国科学院考古研究所洛阳发掘队在洛阳东干沟遗址也发现了类似的遗存。他们发现,如果"拿东干沟的与郑州的商代遗存比较",那么"这些器物显然与洛达庙所出的较为接近"。但赵芝荃非常谨慎,并没有马上对东干沟这类遗存的性质和年代作出明确判断,而是强调"从地层关系上来看,这一层压在龙山灰坑的上面,两者间在文化联系上亦

---

① 石兴邦:《黄河流域原始社会考古研究上的若干问题》,《考古》1959年第10期。

有不少线索可寻,值得进一步加以探讨"。①

但稍后,赵芝荃的同事——洛阳发掘队的方酉生等人于1959年夏天在豫西六县开展考古调查,②"调查目的是为进一步了解这个地区新石器时代和商代早期遗址的文化性质及其分布情况"。在1961年发表的调查简报中,方酉生明确指出他"所说的早商文化遗址,是指郑州洛达庙和洛阳东干沟类型的文化遗址",③这就表明洛阳发掘队,至少是参与此次调查的方酉生等人此时已经接受了安金槐和陈嘉祥对于洛达庙遗存性质和年代的判定。这一认识又直接决定了日后他们对二里头遗址性质的判断。

1959年夏,徐旭生率领方酉生等人在豫西调查"夏墟",随后发表了著名的《1959年夏豫西调查"夏墟"的初步报告》,其中对二里头遗址的认识是:"这一遗址的遗物与郑州洛达庙、洛阳东干沟的遗物性质相类似,大约属于商代早期"。④ 据赵芝荃后来透露,虽然这篇调查报告的署名是徐旭生,但实际上"文献那部分是徐老本人写的,考古资料是方酉生写的"。⑤ 据此似可认为,由于方酉生采信安金槐的观点,把洛达庙和东干沟一类遗存视为早商文化,然后以此种眼光审视二里头遗址,由此成为徐旭生得出二里头遗址"为商汤都城的可能性很不小"这一结论的重要诱因。

鉴于二里头遗址的重要性,中国科学院考古研究所洛阳发掘队即于当年秋天进行了试掘。仔细研读试掘报告,可以看出执笔者高天麟在措辞上颇为纠结。比如简报先说:

> 这次发掘的主要收获是:找到了从龙山晚期至商代早

---

① 考古研究所洛阳发掘队:《1958年洛阳东干沟遗址发掘简报》,《考古》1959年第10期。
② 关于此次调查的前因后果可参看本书第肆篇《考古学的春天——1977年"河南登封告成遗址发掘现场会"的学术史解读》。
③ 中国科学院考古研究所洛阳发掘队:《1959年豫西六县调查简报》,《考古》1961年第1期。
④ 徐旭生:《1959年夏豫西调查"夏墟"的初步报告》,《考古》1959年第11期。
⑤ 北京大学考古文博学院:《记忆:北大考古口述史(一)》,北京大学出版社,2012年,第184页。

期连续发展的三层文化堆积。根据遗物可分为早中晚期。早期当属河南龙山文化晚期,但与常见的河南龙山文化还不能衔接,尚有缺环;中期虽仅留有若干龙山文化因素,但基本上接近商文化;晚期则是洛达庙类型商文化。通过这一发现,对商文化与河南龙山文化的关系有了进一步的认识,可以进一步肯定河南龙山文化与商文化有承继关系。①

可以看出,高天麟此时对二里头遗址早期和中期文化面貌的把握还不十分清晰,但对晚期的文化属性则很肯定——属于"商文化"的"洛达庙类型"。但简报接下来又说:

> 有些考古工作者认为河南龙山文化之后,郑州二里岗商文化之前的这一阶段,时间上大致相当历史上的夏代,因而推测这一类型的文化遗址可能属于夏文化。根据文献记载,传说偃师是汤都西亳,而此遗址内以晚期(即洛达庙类型)文化层分布最广,这是值得注意的,或许这一时期相当于商汤建都的阶段。更早的文化遗存可能是商汤建都之前的,这仅是一种推测。

这就是说,高天麟等发掘者已经知道有学者推测洛达庙类型可能属于夏文化,但依然认为该遗址的晚期应当是"相当于商汤建都的阶段",理由则是——因为"根据文献记载,传说偃师是汤都西亳"。而最耐人寻味的是简报中"更早的文化遗存可能是商汤建都之前的"这一表述,真可谓是道尽了发掘者内心的纠结——发掘者这里所说的"更早的文化遗存"自然是指二里头遗址早、中期遗存,这两期遗存的性质又如何呢?权衡再三,发掘者用了"商汤建都之前"这一最为模糊,但又最为妥善的表述——"商汤建都之前"的文化既可以是夏文化,也可以是先商文化,甚至还可以是其他任何族属的文化,发掘者给自己留下充分的余地。

---

① 中国科学院考古研究所洛阳发掘队(高天麟执笔):《1959年河南偃师二里头试掘简报》,《考古》1961年第2期。

相比二里头遗址的发掘者,时任河南省文化局文物工作队队长的许顺湛则要果断得多。在二里头遗址首次试掘之后,他即对这里的新发现给予了极高的评价,把二里头遗址发掘者想说而又不敢说的话坦率地说了出来:

> 通过近几年来的考古发掘,龙山与商代之间越来越清楚了。在郑州发现了面积广大的商代遗址,而且还发现了商代城,根据多方面研究,郑州在商代应该是仲丁迁隞的地方。仲丁以前至商汤还有一段时间,在郑州洛达庙、荥阳上街、洛阳东干沟、渑池鹿寺等地,都发掘了比郑州仲丁迁隞为早的文化遗址,称之为商代早期文化,它与龙山文化更加接近。可喜的是在偃师二里头,发现了两层文化遗址,上层是商代早期文化,与郑州仲丁时期文化直接衔接,二里头下层文化,反映着龙山晚期文化的极大特点,同时也反映着商代早期文化的极大特点,把龙山文化与商代早期文化,衔接为一个整体。所以二里头文化遗址,基本上把龙山和商代衔接起来了。这是考古发掘上一项重大收获。二里头下层文化,引起了我们河南考古工作者极大的注意,一致认为它有可能是中国的夏代文化。①

在这里,许顺湛明确地把二里头遗址一分为二,"上层是商代早期文化",下层"有可能是中国的夏代文化",并说这是河南考古工作者们"一致"的意见。稍后,许顺湛作为劳模到北京出席"全国文教群英会",他在大会发言中更进一步宣称"在偃师县二里头发现了商朝第一个建都地方(汤居西亳);在郑州发现了商朝第二个建都的地方(仲丁迁隞)",并把这两项新发现作为"大跃进"期间河南考古的标志性成果。②

从1960年开始,中国科学院考古所洛阳发掘队开始连续对二里

---

① 许顺湛:《关于中原新石器时代文化的几个问题》,《文物》1960年第5期。
② 许顺湛:《大跃进中的河南省文物工作队——河南省文化局文物工作队代表许顺湛在全国文教群英会上的发言》,《文物》1960年第7期。有关他参加此次群英会的前因后果,可参看许顺湛先生的回忆录《脚印》,海燕出版社,2012年,第49—54页。

头遗址进行发掘,到 1964 年春,"共作了八次正式发掘,揭露的面积共达八千多平方米"。① 这一期间最重要的收获是 1960 年"在遗址的中部,钻探出一片面积约有一万平方米的夯土台基",并且"已经能够肯定它是一处宫殿的基址","宫殿建筑的年代,当在遗址的中、晚期之间"。有了这些新发现,发掘者最后指出:

> 总结以上诸点:① 遗址的范围广大,在遗址的中部有宫殿。② 遗址的位置与文献上的记载是相符合的。③ 遗址的文化性质与该段历史是相符合的。因此,我们认为,二里头遗址是商汤都城西亳的可能性是很大的。遗址中有早、中、晚三期之分,其早期的堆积,推测当早于商汤的建都时期。

不难看出,此时二里头遗址的发掘者与 1959 年首次试掘之后在认识上有两点不同:一是更加肯定二里头遗址为汤都西亳,二是原先认为二里头遗址的晚期相当于商汤都亳阶段,而现在则认为二里头遗址早期堆积"当早于商汤的建都时期",换言之,二里头遗址的中期约与汤都西亳相当。

1972 年秋,因为"文化大革命"而停顿了数年的二里头遗址发掘工作重新启动。经过三个季度的发掘,一号宫殿基址的西半部也被揭露出来,使其完整面貌得以展现。② 与此同时,由于在一号宫殿基址上面发现"压着晚于晚期和早于商代二里岗期的文化层",发掘者就把这些遗存"定为第四期",相应地,"以前的早、中、晚期改为一、二、三期"。二里头遗址四期的确定,不单纯是丰富了对其遗存的认识,更重要的是,"四期的陶器是把三期和二里岗期的陶器紧紧地连在一起了,好像是一个长链中三个毗邻的环节"。③ 这也就是说,通过

---

① 中国科学院考古研究所洛阳发掘队(方酉生执笔):《河南偃师二里头遗址发掘简报》,《考古》1965 年第 5 期。
② 中国科学院考古研究所二里头工作队(赵芝荃、高天麟执笔):《河南偃师二里头早商宫殿基址发掘简报》,《考古》1974 年第 4 期。
③ 中国科学院考古研究所二里头工作队(赵芝荃、高天麟执笔):《河南偃师二里头早商宫殿基址发掘简报》,《考古》1974 年第 4 期;中国社会科学院考古研究所:《偃师二里头——1959—1978 年考古发掘报告》,中国大百科全书出版社,1999 年,第 16 页。

对二里头四期遗存的确认,发掘者试图证明二里头文化与二里岗文化是同一文化的不同发展阶段。

接下来发掘者则是要论证二里头遗址与西亳的关系,他们的逻辑是:由于一号"宫殿台基上面有二里头遗址四期的灰坑和墓葬,下面有二里头遗址二期的灰坑,上下地层关系清楚",所以判定该基址"是二里头遗址三期的";又因为二里头遗址三期的"放射性碳素测定年代为距今3210±90年(公元前1245±90年),树轮校正年代范围是公元前1590—公元前1300年",这一年代是"相当于商代早期"的;另外,二里头三期"这一期的文化面貌,也完全是商代的特征,因此"这座宫殿遗址是商代早期的"。既然在二里头遗址发现了商代早期的宫殿遗址,所以就"为汤都西亳说提供了有力的实物证据","从而二里头遗址的性质问题也就清楚了"。

至此,考古所二里头工作队完成了对夏商分界的完整认识:即由文化面貌和宫殿基址的地层关系与建造年代判定夏商分界为二里头遗址的二、三期之间。但是,对于得出这一判断的几个先决条件,即:1. 为什么二里头三、四期,或者说洛达庙类型的文化属性一定是商代早期文化;2. 为什么二里头遗址三期"树轮校正年代范围是公元前1590—公元前1300年"就一定是"相当于商代早期";3. 为什么二里头遗址有了宫殿基址就一定是都邑所在——发掘者均未进行详细论证。但即便如此,就连向来谨慎的夏鼐也说,"1962—1964年继续清理这里的夯土。这些建筑遗存都是属于这里的晚期,显然是统治阶级的宫殿遗存。……根据文献上记载下来的传说,二里头可能为商灭夏后第一个帝王成汤的都城西亳"。①

所以,当1977年11月二里头工作队队长赵芝荃出席"登封告成遗址发掘现场会",谈到他个人对二里头遗址的认识时,他概括了三点:第一,"偃师二里头遗址是一处距今三千五六百年的都邑故址,估计问题不大";第二,二里头遗址"二、三期文化之间存在着较多的差

---

① 夏鼐:《我国近五年来的考古新收获》,《考古》1964年第10期。

异,其间似乎是包涵有较大的变革原因";第三,"证实二里头文化是从河南龙山文化发展而来的"。① 虽然赵芝荃很谨慎,在这里没有明白说出西亳与夏商分界,但包含的意思很清楚——二里头遗址二、三期为夏商的分界。

相比赵芝荃的谨慎,1960 年—1964 年间参加了二里头遗址发掘的殷玮璋则要旗帜鲜明得多。由于他有在二里头遗址工作的丰富经验,所以在"河南登封告成遗址发掘现场会"召开之前,《考古》编辑部邀请他"写一篇有关二里头文化方面的文章",并且"要在登封会议结束后一周内交稿",以配合会议报道。殷玮璋后来回忆说,"受益于在二里头的四年里对出土遗物的反复整理","曾反复触摸发掘的遗存,进行排比与分析",再加上 1964 年时已经"把这一过程中积累起来的收获作了总结,写了两篇文章",接到任务后就"把手头的十多本小本子找了出来,又进行整理,作再认识",所以"动起笔来就松快多了"。② 这篇应邀而作的文章就是《二里头文化探讨》一文,但殷玮璋绝对不会料到,这篇他自己要求"写短一些"的文章不仅成为他个人的代表作,也成为夏商分界于二里头文化二、三期之间这派意见的代表作,在此后的数十年间被研究者反复征引。③

殷玮璋在文章中首先强调对二里头文化的研究"尤以确定文化性质的工作为重要",并指出造成意见分歧的关键原因"在于对二里头文化的内涵认识很不一致"。殷玮璋认为,"反映二里头文化特征最显著的,是它有一组独特的器物群",具体来说就是,"作炊器的是鼎、折沿深腹罐、侈口圆腹罐等","作食器和容器的有深腹盆、三足盘、平底盆、豆、澄滤器、小口高领罐和大口缸等","另外还有觚、爵、盉等酒器"。同时,"在这里见不到河南龙山文化中常见的斝、带把

---

① 赵芝荃:《二里头考古队探索夏文化的回顾与展望——在登封告成遗址发掘现场会上的发言》,《河南文博通讯》1978 年第 3 期。
② 张立东、任飞主编《手铲释天书——与夏文化探索者的对话》中对殷玮璋的专访,大象出版社,2003 年,第 212—213 页。据殷玮璋先生自己介绍,因"文革"开始,他的这"两篇文稿也一直存放在《考古》编辑部"而未能发表。
③ 殷玮璋:《二里头文化探讨》,《考古》1978 年第 1 期。

鬲、带耳罐、杯、碗和双腹盆等形制的陶器,同样,它同以鬲、斝、甗、卷沿圜底盆、簋、大口尊、小口直领瓮等器物为代表的郑州商代文化有明显的差别",这"正说明二里头文化既不属于河南龙山文化,也不应简单地把它归入商文化范畴",而"是一种具有一定特征和作风的古代文化"。

他进而对二里头文化一至四期的特征进行描述,发现"二里头文化不仅给人以持续发展的概念,在文化面貌上还给人以经历着某种变革的印象",而"这种现象集中表现在第三期遗存中"。其中最显著的变化是,"这期遗存内不仅包含了一、二期中常见的那组陶器,还出现了鬲、斝、卷沿圜底盆、大口尊等一组新的陶器",而"郑州商代中期遗址发掘的成果证明,这后一组陶器是二里岗期商代文化中富有特征的器物"。据此,殷玮璋判断"二里头文化三期遗存中新出现的文化因素,其时代比商代二里岗期还早,如果是商文化,它是目前所知中原地区最早的商文化遗存"。

在作出二里头文化三期新出现的商文化因素是"目前所知中原地区最早的商文化遗存"这一判断之后,殷玮璋还需要进一步论证它究竟是哪一个阶段的商文化,或者说是要判断这一阶段商文化的绝对年代。但这显然不是考古学本身所能解决的,他必须要借助于其他手段,如文献记载。

而殷玮璋也正是这样做的。他首先指出,"就二里头遗址来说,它的面积大、堆积丰厚",而且"在第三期遗存中发现有规模很大的宫殿基址和手工作坊址",所以"证明它是一个古代都邑无疑";再"结合汉以后关于偃师系汤都西亳的记载",而"二里头遗址与西亳说的地望是一致的",所以"二里头三期遗存可能为汤都西亳的遗迹"。

从以上的分析来看,殷玮璋论证二里头文化三期为汤都西亳主要有三个方面的基础:其一,接受安金槐关于洛达庙为早商、二里岗为商代中期文化的观点;其二,采信汉代以来文献中有关汤都西亳的记载;其三,二里头遗址本身的规模和文化面貌。

在论定二里头三期为汤都西亳的遗存之后,殷玮璋很自然就得出了"在传说夏人活动地域内发展起来的具有一定特征的二里头下层文化,有可能就是我们探索中的夏代文化,或可说是夏代后期文化"的结论,由此将二里头文化一分为二。他作出上述判断的主要理由是,"二里头文化是在传说夏人活动的地域内发展起来的一种古代文化",但是它的发展"因另一种文化(商文化)的出现受到抑阻,并被融合",再"联系到汤伐桀、商灭夏的历史事件",则可以说明二里头遗址第三期遗存所发生变化应是夏商更替的结果。

需要指出的是,虽然早在1959年第一次试掘之后,二里头遗址的发掘者即形成了二里头遗址中晚期(也即二、三期)为夏商分界所在的认识,并得到学术界的广泛响应,①但直到殷玮璋此文的发表,才算是真正完成了对这一观点的完整论述,这也是该文成为二里头遗址二、三期分界说代表作的原因所在。

然而,殷玮璋此文未及发表,邹衡就在告成会议上提出了二里头文化不能分属为夏商两种文化,二里头文化一至四期均是夏文化的主张。②邹衡在告成会议上长达六小时的发言,则恍惚是打开了潘多拉魔盒,一时间有关夏商分界的各种观点纷陈,孙华的二里头文化三、四期分界说③以及郑光的二里头文化一、二期分界说④相继出台,夏商分界研究从此进入到一个更为纷争的局面。

---

① 代表性的文章如李民、文兵(张文彬)的《从偃师二里头文化遗址看中国古代国家的形成和发展》一文(载《郑州大学学报》[哲学社会科学版]1975年第4期),其中说:"二里头的文化层,大体上属于早于郑州二里岗晚于河南龙山文化的一种文化堆积。从考古学文化层次和遗物研究来看,二里头文化大致分为四期。二里头一期,器物有杯、盘、盆、壶、罐、瓮、鼎、盉,……从器物特征和纹饰以篮纹占一半以上来看,它保存了龙山文化的风格,是由龙山文化直接发展而来的。二期开始出现爵、觚等酒器,三期多陶鬲和大口尊,器下流行圈底,纹饰以绳纹为主,完全反映了商代文化的特征。四期同郑州二里岗文化很接近,但明显地可看出要比二里岗早,是二里岗文化的直接先驱。那末,二里头二期和三期,无疑是商代早期的一种文化堆积。……三期文化内涵丰富,而且发现了早商宫殿遗址,它是我国目前发现最早的一座宫殿遗址。因此成为我们研究商代国家形成和发展的重要资料。……从考古发掘和古文献相对照,充分证明偃师二里头遗址是商代早期的重要遗址,对研究我国古代国家的形成有重要意义。"
② 参看本书第肆篇《考古学的春天——1977年"河南登封告成遗址发掘现场会"》的学术史解读。
③ 孙华:《关于二里头文化》,《考古》1980年第6期。
④ 郑光:《试论二里头商代早期文化》,中国考古学会编《中国考古学会第四次年会论文集》,文物出版社,1985年,第18—24页。

为方便讨论,在这里我们先把各种观点的主要理由罗列如下:

(一)邹衡的二里头文化一至四期为夏文化说

夏文化问题,是邹衡在年轻时代即立志要解决的三大学术难题之一。① 从1960年到1977年,邹衡用了近二十年的时间完成了他的学术名篇《试论夏文化》。② 这篇文章的主旨是要解决"二里头文化究竟是商文化,还是夏文化"的问题,"为了区分夏文化与商文化,并进一步阐明两者间的关系,最后在考古学上确定夏文化",邹衡"从以下五个方面进行比较",即:

1. 年代的不同:邹衡指出,"根据郑州洛达庙、商城、巩县稍柴和偃师二里头等地的层位关系证明,早商文化(二里冈型)第二、三段晚于夏文化晚期第三、四段",其中"先商文化(漳河型)的第一段第Ⅰ组约相当于夏文化晚期第三、四段之间,而先商文化(辉卫型、南关外型)的第一段第Ⅱ组约相当于夏文化晚期第四段",这就说明"夏文化和商文化在相对年代顺序上便形成了相互交错的现象"。

他进而结合当时已公布的碳十四测年数据,发现"夏文化开始早,结束也早;商文化开始较晚,结束也晚,但先商文化和夏文化却曾经是同时并行发展的","由此可见,夏文化和商文化在年代上的这种相互交错而又相互衔接的现象,正好是历史文献记载夏商两族相互消长和夏商两朝相互交替的反映"。

2. 分布地域不同:依据当时的考古材料,邹衡将夏文化的分布

---

① 邹衡曾这样自述他的学术抱负:"我是带着一定的学术目标来读殷周考古研究生的。关于这一点,郭沫若的书对我起了决定性的作用。在郭沫若的著作中,我发现他在中国上古史研究中有三大难题没有解决,致使他终身遗憾。这三大难题是:一、殷商前期,他在研究中国青铜时代分期时,仅仅提到滥觞期大率相当于殷商时期,而未作任何解说。二、先周文化,他研究西周铜器铭文时,不只一次地说到,因周武王以前的铜器一件也没有而感到遗憾。三、夏文化问题,他认为夏代不会有多高的文化,有的只是一点口头传下来的史影。我当时存在一种幻想:这三大难题固然在古代文献和古代文字中都不可能得到解决,是不是能在考古学中求得解决呢? 从此,我便肩负这三大难题走上了考古的征途,并且决心以此奋斗一辈子!"参看邹衡《我和夏商周考古学》,原载《学林春秋》第二编下册,朝华出版社,1999年;收入《夏商周考古学论文集·再续集》,科学出版社,2011年,第260—270页。

② 邹衡:《试论夏文化》,《夏商周考古学论文集》,文物出版社,1980年,第95—182页。

区域归纳为三处，即豫西、晋西南和豫东；反观先商文化，它的"分布范围要小得多"，"比较集中在太行山东麓一线，也就是战国时期的黄河以北和黄河以西之地"，在这一区域内，"不仅没有发现典型的夏文化遗址，而且连文献上有关夏人的传说也很少"。

3. 文化特征的不同：为了证明夏文化与商文化"二者泾渭分明，断然是两种不同的文化"，邹衡依次把先商文化漳河型与夏文化二里头型、东下冯型，早商文化与夏文化进行比较，并得出若干关键性结论，如"用陶鬲作为最主要的炊器，乃是商文化的最突出的特点"，而"夏文化二里头型中，早期极少见鬲，在全部陶器中还占不到1%；晚期虽有所增加，但也还不是主要的炊器"；先商文化漳河型与夏文化东下冯型"两者的鬲、甗都较多"，"但先商文化漳河型乃以极细之绳纹、薄胎、灰陶居多，而厚胎、褐陶者较少；夏文化东下冯型则反是"；在陶器和铜器组合上，"觚、爵、盉与觚、爵、斝这两种不同的组合，应该是代表了夏、商两种文化不同的礼俗"；夏文化流行的封口盉"不应名盉"，而"应依其像鸡而名之为'鸡彝'"，是文献记载中夏人的灌器。

4. 文化来源不同：邹衡指出，先商文化漳河型主要有三个来源："一是河北省的河北龙山文化涧沟型；二是山西省的河北龙山文化许坦型；三是山西省的夏文化东下冯型。同时，还有两个次要来源：一是河南省的夏文化二里头型；二是山东省的山东龙山文化。"夏文化的主要来源则是河南龙山文化，但夏文化最重要的四种礼器——觚、爵、鸡彝和瓦足皿则"大都来自东方，或者同东方有着密切的关系"。概言之，"商文化主要来源于北方地区（河北、山西）的河北龙山文化；而夏文化则主要来源于黄河以南地区（伊、洛）的河南龙山文化。两者都同东方地区（山东、江苏）的山东龙山文化有过交往"。

5. 社会发展阶段不同：邹衡认为，二里头遗址一号宫殿基址的中部"没有发现柱洞和柱础，周围也都没有发现围墙的痕迹，大概是一种四面透光的过亭式建筑，应该就是比较原始的'明堂'，……夏人叫'世室'"；既然"二里头夏文化遗址中出现了宗庙遗迹"，这就"确凿地证明了当时国家政权已经产生"。反观先商文化和早商文化，"从现有考古材料来看,漳河型发展的水平并不是太高","还没有发现产生国家的任何迹象";"郑州商城所有南关外型文化层都压在城墙下面",证明在先商文化南关外型阶段"还没有修整城墙","因为尚未修整亳城,当时可能还处于成汤灭夏以前、商王朝尚未建立的历史时期"。

在上述五个方面中,最关键的无疑是第三点,即从文化面貌上区分出夏文化、早商文化与先商文化,而区分这三者的枢纽则是郑亳说的提出,它既在空间上解决了夏文化与先商文化的分野,又在时间上厘清了早商文化与先商文化、夏文化的区隔。① 对于这一点,邹衡可能比任何人都有更深的体会,所以他才会说,"直到郑州商城(亳都)的最后确定,我才豁然开朗"。②

(二)方酉生和殷玮璋重申二里头文化二、三期分界说

前文提到,自1959年随徐旭生先生调查夏墟以来,方酉生就是二里头遗址西亳说的坚持者;在二里头遗址一号宫殿基址发现之后,他更加坚定了这一观点,所以在他执笔的发掘简报中明确指出"二里头遗址是商汤都城西亳的可能性是很大的"。③ 因此,在登封告成会议之后,最早对邹衡观点进行回应的西亳说学者就是方酉生。④

相比以往在发掘简报中的保留态度,方酉生在论文中进一步明确了自己的观点,即"从(二里头)遗址的规模来看,在当时应该是一个都城,而决不是一般的村落","它就是商汤建都的西亳","二里头文化的第三期就是商汤建都西亳时期的早商文化,而第一、二期文化,则应该是早于早商的夏代晚期文化"。他列出的理由是,"二里头文化的第一、二期与第三、四期除分布的范围和堆积的厚薄有显著的

---

① 有关邹衡先生创立郑亳说的具体过程可参看李维明《邹衡先生与"郑亳说"创建历程》(《南方文物》2010年第1期)以及本书第肆篇《考古学的春天——1977"河南登封告成遗址发掘现场会"的学术史解读》两文。
② 张立东、任飞:《手铲释天书——与夏文化探索者的对话》,第50页。
③ 中国科学院考古研究所洛阳发掘队(方酉生执笔):《河南偃师二里头遗址发掘简报》,《考古》1965年第5期。
④ 方酉生:《论汤都西亳——兼论探索夏文化的问题》,《河南文博通讯》1979年第1期。

区别外，从陶器的种类、形制和纹饰等方面来看，也是有一定差别的"。具体来讲就是：

> 二里头文化第一、二期的陶器，纹饰以篮纹为主，并有细绳纹和少量方格纹，以及发达的附加堆纹。第三、四期的陶器纹饰以较粗的绳纹为主，陶器的内壁上开始出现麻点。第一、二期的炊器以鼎、夹砂深腹罐为主，……第三、四期的炊器以鬲和深腹圆底罐为主。……第一、二期无大口尊，第三期开始出现大口尊，其口径小于肩径。第一、二期未出现青铜器，第三期开始出现小件青铜器。……因此，可以看出二里头文化的第一、二期与第三、四期之间的分界线是很清楚的。

从以上表述来看，方酉生的立论根据与殷玮璋并无本质区别，即主要从二里头遗址二、三期的陶器特征来进行区分。而作为西亳说最有影响力论著的作者，殷玮璋此时自然不会坐视不管，稍后也著文回应邹衡的观点。① 文章先是着重强调了二里头文化三期新出现的文化因素，并根据"近年来公布的材料"加以充实，然后讨论"对于二里头文化第二、三期之间出现的变化，尤其对三、四期遗存中新出现的文化因素以作何种解释为合理"的问题。在这里，殷玮璋以武王克商以及秦统一六国之后的过渡期文化特征为例来分析王朝更替与考古学文化变迁之间的关系，指出：

> 尽管社会政治发生了变革，但文化面貌却并未由此马上改变，足证文化的承继性不会因政治事变的发生而突然中断，相反，政治事变的发生在物质文化面貌方面反映的变化过程是缓慢的。它是渐变的形式表现出来的。

然后，殷玮璋把这一认识用来解释二里头文化第三、四期中两种文化因素的并存现象，他说：

---

① 殷玮璋：《二里头文化再探讨》，《考古》1984 年第 4 期。

> 在二里头三、四期墓葬中,我们也看到有些墓的随葬品中既有一、二期中常见的鼎、侈口罐、三足盘、甗、爵、盉等(当然形制有所变化),但也使用卷沿圜底盆、小口高领瓮(罐)等新的、富于商文化特色的器物。……由于这里看到的情况与商周之际或周秦之间出现的情况极为相似,因而把这种变化同汤伐桀、商灭夏的历史事件联系起来可能是合理的。

殷玮璋进而解释道:

> 二里头三期地层中发现的规模巨大的宫殿遗址和其他重要遗存,表明这里曾是我国古代一个重要的都邑。……历代学者多认为汤都之西亳在偃师。……如今偃师二里头遗址的位置与西亳说的地望颇为接近;尤其在文化内涵方面,第三期遗存中确又出现了一组与郑州二里岗期商文化的特征一致的器物群,这种情况,可以证明偃师二里头三、四期遗存的时间已经进入商代。

不难看出,殷玮璋对二里头文化性质再探讨的基础并未改变,即由遗址规模和宫殿的存在来判定二里头遗址为都邑类遗存,再由文献记载推定此都邑地望与成汤西亳相符,再从文化面貌出发证明二里头三期之后即是早商文化。

(三) 孙华的二里头文化三、四期分界说①

孙华的论证也是从文献记载和考古材料两方面出发的,但他分析文献的结果却是否定了汤都西亳的可能。他说,"偃师地处伊洛,是传说中夏代统治的中心地区",《尚书·胤征》说'汤始居亳,从先王居'','从先王居'一语,道出了在成汤灭夏之前,商的先王就已在'亳'地建都了,此时夏尚未灭,汤的先王又怎能在夏王朝的统治中心居住并建都呢"? 所以"商都西亳之说是不足以为二里头文化系早商

---

① 孙华:《关于二里头文化》,《考古》1980 年第 6 期。

文化推断之据的"。

在对考古材料的观察上,孙华也有其独特的见解。他一方面认为,"以二里头前后四期均为夏文化,未免有点笼统",原因是"二里头文化也并不是单纯的,它有四期遗存的划分,而前后的文化面貌又有明显的差异",这显然是不同意邹衡的意见。那么差异究竟何在?孙华把二里头一、二期同三、四期作了对比,发现"二里头三期同二期有着紧密的联系,很难从中截然分开","看不出在二里头三期中,已有'新的一组文化因素的突然出现'",这无疑是不同意二里头文化二、三期分界说。而据他的观察,"二里头文化真正起了较大变化的是二里头四期","在这一期,文化面貌较之前三期迥然不同,那些在三期中仅偶然可见的个别二里岗期常见器物,在四期已大量出现",因此"似把二里头前三期归入夏文化,第四期归入早商文化的可能性为大",而"偃师位置正值伊洛之交,二里头遗址可能就是夏代后期的都邑,或许即夏都阳城"。

孙华还分析了为什么殷玮璋和方酉生主张二里头文化二、三期分界,原因是他们"虽然注意到了二里头前后期文化面貌的变化","然而其基点仍然建立在偃师汤都西亳说之上,以二里头遗址三期中的宫殿基址为成汤都亳以后留下的遗迹"。这其实就是说,殷玮璋和方酉生对二里头遗址二、三期文化面貌差异的分析其实完全是为了迎合二里头遗址三期宫殿这一具体遗存而已。但在孙华看来,将二里头三期的宫殿视为早商遗存不仅无助于二、三期分界说,它实际上是一个反证,因为如果"以二里头遗址三期中的宫殿基址为成汤都亳以后留下的遗迹",就会产生一个问题——"二里头文化晚期(三、四期)是早商文化,有宫殿基址等材料为证;而二里头文化早期(一、二期)却没有任何东西能够证明这就是进入阶级社会后夏人的遗存",如果"以此与龙山文化晚期相比,并看不出社会形态有怎样大的变化,因此能否说二里头文化早期(一、二期)就是夏文化"?反之,如果以三、四期分界,那么"根据二里头四期灰坑、墓葬叠压于三期宫殿台基上的现象",可以推断"这座宫殿应该是夏代后期的遗存,它的废弃也应与商灭夏的事件有关,压在宫殿台基上的四期遗存,可能就是商人灭夏以后的遗存"。孙华认为,只有对考古现象作上述理解,才更为顺理成章。

(四)郑光的二里头文化一、二期分界说①

早在1972年,郑光就加入到二里头工作队,并于1980年开始担任该队的队长。② 与二里头工作队的很多同事一样,郑光也是二里头遗址西亳说者。但具体到夏商分界,郑光的观点可谓是独树一帜,与二里头工作队诸同仁的认识截然不同,明确宣称"二里头一期属夏文化,二、三期属早商文化,四期(相当二里岗期下层)及新分出的五期(相当二里岗期上层)属中商文化"。在1983年发表的《试论二里头商代早期文化》一文中,郑光首次提出了上述观点,他说:

> 从上述二、三期的文化内涵、特点,特别是陶器的品类、形制特征看,两期是一脉相承、紧密相连的,是一个文化的不同发展阶段。二、三期的建筑遗址、灰坑、水井的形制、埋葬习俗都基本相同。日常生活用具之陶器,两期炊具皆以深腹罐、圆腹罐为主,盆类和尊类器皆较多。三期陶器的基本特征在二期晚已经孕育或者形成。……在二、三期之交,陶器呈现出过渡阶段的特点,有些陶器既似此,又似彼。这反映二、三期陶器渐进的演变,这两期文化没有质的差别。

他还对二、三期分界的原因进行了反思:

> 以前我们认为二、三期之间文化内涵、特点有较大差别,故认为这种差别反映了夏、商两个时代的差别。有许多同志还认为这是反映了商灭夏这一历史事件的一种变革。产生这种认识是因为当时二、三期之交的资料还很少,二期文化遗存远不如三期丰富,三期且有大宫殿,加以囿于这样的观点:

---

① 郑光:《试论二里头商代早期文化》,中国考古学会编《中国考古学会第四次年会论文集》,文物出版社,1985年,第18—24页。

② 有关郑光先生的学术经历见本书第伍篇《交锋——邹衡的夏商文化论争》。

夏、商是两个民族，文化也是不相同的。最近几年田野考古发掘证明，过去的观点并不能完全反映实际。二期文化遗存的大量发现，二、三期之交的遗存有较多的发现，已将二、三期文化紧密地联系上了。从二、三期的紧密联系及其文化的分布、内涵等情况看，三期有帝都的形势，二期也完全有帝都的形势。因此，此遗址作为西亳应从二期开始。

而最为引人注目的还不是郑光对考古材料本身的认识有所不同，而是他从二里头文化出发，强调夏商两族同源，文化同一，两者并无本质区别。他说：

（二里头）二、三期文化有密切联系，无本质区别，那么一、二期文化是否有本质区别？我们从最能反映文化特色的陶器来看，二期的绝大部分陶器（包括主要器物）都是渊源一期的，同二、三期之交的情况一样，处于一、二期之交的陶器亦有过渡色彩。这证明一、二期有密切的联系，证明夏与商的统治者同属古华夏族，文化是同一的。朝代或政权的更迭，王都的迁徙，不可能引起文化，特别是陶器种类、形制特征的巨大变化。……从^{14}C的年代看，其（引者按，指二里头一期）也超出了商代年代的任何一种说法的范围，因而它不属早商，而属夏代，即为夏文化。

对于二里头遗址的四期，郑光也有其独到的认识，那就是：

四期也不在早商的范围。从陶器看，它上与三期相接，下与五期即二里岗上层相接，而与二里岗下层同时。此期文化遗存的分布、内涵显然不如二、三期那么繁盛，尽管它并未废弃（此期二号宫殿还存在着，并有其他较大的夯土基址建筑），仍是一个都邑，然已呈现出衰落的景象，说明它已不是王都了。与此同时的郑州商城突兀而起，文化大大繁荣起来，说明商代王都已经迁徙。我们认为这符合仲丁迁隞的历史事实。

作为1980年以后二里头工作队的队长，郑光掌握了大量的第一手资料,他的意见无疑值得重视。但遗憾的是,由于二里头工作队多数学者早已持二、三期分界说,所以他明显属于少数派。但郑光也并非是孤军奋战,如在二里头遗址从事发掘和研究工作长达十四年之久(1982年—1995年)的杜金鹏也持类似的看法,认为二里头遗址"以陶器为主体的物质文化真正发生较大变化是在一、二期之间"。杜金鹏说:

> 持"二里头汤都西亳说"学者中,不少人以二里头文化在其二、三期之际发生突变,即三期文化中出现一组新器物,而这些器物在郑州二里冈期商文化中属于典型器物为由,主张夏商文化分界于二里头文化二、三期间。所说新器物,是指鬲、斝、卷沿圜底盆、大口尊等陶器。后来的考古实践证明,这些所谓的"新文化因素",实际上或者并非三期才出现的新因素,或者并非典型商文化因素。如大口尊、卷沿盆、鬲都源于二期,甚至可追溯到一期。其中大口尊的雏形在一期即见,二期时已经大量使用;卷沿盆是从折沿盆演化来的,二期晚段产生卷沿盆,二期晚、三期早的时候,折沿盆与卷沿盆共存,然后卷沿盆就取代了折沿盆;二里头三期常见鬲的形态也与典型的商系陶鬲(先商和早商文化)不同;斝在二里头遗址极其罕见,不属典型器物。且二里头文化陶斝,也不是二里冈文化流行陶斝的真正原型。还有把三期有大型夯土建筑(宫殿)也作为二、三期有别的证据,后来二期大型夯土建筑的发现,完全打破了这种说法。①

同属二里头遗址的发掘者,殷玮璋、方酉生与郑光、杜金鹏对二里头文化面貌的认识居然有如此巨大的差异,这不能不说是一件令人惊讶的事情。

为便于理解,我们再把上述有关说法的核心论点概括如下表:

---

① 杜金鹏:《夏商分界研究中"都城界定法"的理论与实践》,原载中国社会科学院考古研究所夏商周考古研究室编《三代考古(二)》,科学出版社,2006年;收入《夏商周考古学研究》,科学出版社,2007年,第262—299页。

学　者	核心观点	主　要　理　由
高天麟 (1959年)	二里头遗址晚期相当于商汤西亳阶段	因为文献记载汤都西亳在偃师,二里头遗址又以晚期遗存——洛达庙类型的遗存最丰富,而洛达庙类型是早商文化,所以这一阶段相当于商汤建都的阶段
许顺湛 (1960年)	二里头上层为早商文化,下层为夏代文化	郑州商城是隞都,故二里岗下层文化为中商文化,因此洛达庙类型是早商文化;二里头上层属于洛达庙类型,所以是早商文化,二里头下层文化连接了龙山文化和早商文化,自然是夏文化
方酉生 (1965年、1979年) 殷玮璋 (1977年、1984年)	二里头文化一、二期为夏代晚期文化,三、四期为早商文化	1. 从遗址内涵看,二里头遗址规模大、发现有宫殿基址,所以它是一处都邑;2. 从年代上看,二里头三、四期早于商代中期的二里岗下层文化,所以是早商文化;3. 从文献记载看,西亳在偃师,与二里头遗址位置相合。因此,二里头遗址三、四期为汤都西亳,一、二期为夏文化
邹衡 (1977年)	二里头文化一至四期为夏文化。郑州商城是成汤的亳都,二里头遗址是夏代的王都	二里头文化与先商文化和早商文化在年代、分布地域、文化特征、文化来源和社会发展阶段等五个方面均不同;二里头文化一至四期在文化特征上一脉相承,不能一分为二
孙华 (1980年)	二里头文化前三期为夏文化,第四期为早商文化;二里头遗址可能是夏都阳城	1. 文献记载商汤灭夏前即已居亳,而二里头遗址在传说中夏人的活动地域内,所以它不可能是汤都;2. 二里头三期看不出有新文化因素出现,至第四期文化面貌才发生了明显变化;3. 二里头遗址一号宫殿的废弃是在三期,应是夏商更替的结果
郑光 (1983年)	二里头一期属夏文化,二、三期属早商文化,四期和五期为中商文化;二里头遗址二、三期为汤都西亳,四期时迁都于郑州商城	1. 二里头遗址的规模和内涵表明这是一处都邑遗址;2. 随着二里头二期材料的丰富,证明二、三期文化没有本质区别,它们同属商代早期文化;3. 夏商两族同为华夏族,它们的文化同一,没有本质差别,二里头一期文化属于夏文化,二期以后为商文化

梳理上述有关二里头遗址与二里头文化的研究,就会发现几个很有趣的现象:

其一,对于同一处遗址、同一批考古材料甚至同一条文献记载,不同的学者会有截然不同的看法,如对二里头遗址有成汤西亳说(考古所二里头工作队诸同仁)、夏都斟鄩说(李民、张文彬)、夏都阳城说(孙华)以及夏代王都说(邹衡);在对待相关文献记载的态度上也依然如此,如徐旭生"未敢轻易抹杀"的汉代西亳旧说,在方酉生和殷玮璋那里就成了不易之论,但到了邹衡眼中,却又成了"汉以来的学者所附会,并没有什么过硬的证据,因此都是不可靠的";①对二里头遗址各期文化面貌的认识,则更是言人人殊,因此夏商文化的分界可以划定在二里头文化任意两期之间。据不完全统计,在过去数十年中有关夏文化探索和夏商分界研究的文章总数已多达四百余篇,②所以殷玮璋在回顾夏文化探索历程时意味深长地说,"在系统资料尚未发表的情况下能写出这么多文章,提出那么多观点,不能不说是个有趣的现象",③许宏则把这种现象称为"中国学术史上罕见的景观"。④一个如此重大的学术问题,结果却是歧义横生,很难说是"有趣",而简直是匪夷所思,着实容易"让圈外人莫名其妙,甚至对考古学的科学性产生怀疑"。⑤

其二,在区分夏商文化,论证夏商分界时,郑亳说和西亳说学者的文章篇幅极其悬殊。邹衡为了论证二里头文化为夏文化,仅《试论夏文化》一文即长达八万余言,除此之外,他的《夏商周考古学论文集》中的其他六篇文章无不与此问题相关,如计算在内则相关著述总数达数十万言。而反观西亳说,当年的单篇论述则几乎没有超过八千字的。为什么论述同一个问题,西亳说学者八千字可以"搞定",而

---

① 邹衡:《郑州商城即汤都亳说》,《文物》1978 年第 2 期。
② 许宏:《二里头遗址发掘和研究的回顾与思考》,《考古》2004 年第 11 期。
③ 张立东、任飞:《手铲释天书——与夏文化探索者的对话》,第 222 页。
④ 许宏:《方法论视角下的夏商分界研究》,中国社会科学院考古研究所夏商周考古研究室编《三代考古(三)》,科学出版社,2009 年,第 68—80 页。
⑤ 刘绪:《夏商文化分界探讨的思考》,载北京大学考古文博学院编《考古学研究(五)》,科学出版社,2003 年,第 181—200 页。

邹衡却要耗费十倍以上的笔墨？这其中当然不会是单纯的技术性问题，而是折射出的西亳说和郑亳说在研究思路与论证逻辑上的根本差异——因为凡持西亳说者几乎都是在二里头遗址为西亳这一前提下去审视考古材料，因此只需在二里头文化内部进行分析，以确定夏商分界于哪两期之间，这样所需篇幅自然就少；而郑亳说则无预设前提，需要对河南河北地区自龙山文化到二里岗期商文化作通盘考察，通过各文化间的异同来分辨出夏商文化，并最终通过论证郑州商城为成汤亳都来完全落实早商文化、先商文化与夏文化，这样所费的篇幅自然就多。不过，西亳说阵营中的郑光是个例外，因为他把夏商文化视为一体，主张全盘审视夏商文化，研究思路其实更接近邹衡，所以其论著的篇幅也大多很长。

上述两种论证方法，在后来两派观点的论争中时有提及。如郑光就曾经这样评价邹衡的郑亳说：

> "郑亳说"之由来，我们认为并不在于考古和文献史料有什么新的发现，而在于《亳说》（引者按，指邹衡《郑州商城即汤都亳说》一文）作者对夏商文化分期理论有新的变化，为保障那种变化的确立而产生此说，……这种变化主要在：将原来以偃师二里头三、四期作为商代早期改为以郑州二里岗期作为商代早期。……郑州二里岗期既由商代中期改为商代早期或前期，那么郑州商城就必须由商代第二个都城改为第一个都城亳了。否则就不能跟分期的变化相适应。就这样旧说被推翻了，证据也找出来了。[①]

如果抛开西亳说对郑亳说的成见，郑光的上述评论堪称中允——邹衡之所以会提出郑亳说，确实是因为他对夏商文化分期有了新的认识——而且是一种完全不同于西亳说传统认识的新体系。从这层意义上讲，且不论郑亳说成立与否，但它确确实实是完全建立在对考古材料分析的基础之上，是自然推导的结果，而非邹衡本人预

---

① 石加(郑光)：《"郑亳说"商榷》，《考古》1980年第3期。

设了郑州商城是商汤亳都的前提。也就是说,因为邹衡对夏商文化体系有了新认识,才促使他提出郑亳说来适应这一新体系;而西亳说正相反,是在二里头遗址是成汤西亳这个预设前提下去审视考古材料,其研究逻辑与郑亳说截然相反,所以这实际上也是郑亳说与西亳说的本质差别所在。

关于邹衡创建郑亳说的历程,他的学生李维明曾经概括为两个阶段:

> 1. 邹衡论证郑州殷商文化早、中期早于小屯殷商文化(1952年—1955年),……确认郑州殷商文化早、中期早于小屯殷商文化,晚于郑州的龙山文化,……这为他以后明确郑州早商文化、提出汤都亳的认识奠定了基础。2. 邹衡体系研究,校改认识,形成、创建"郑亳说"(1956年—1977年)。本时段,邹衡在河北、河南、山东、陕西、北京、湖北、江西、湖南、浙江等地考古调查、发掘、整理、参观,接触了与学界探讨夏商时期遗存有关的豫西仰韶文化、龙山文化,河北龙山文化,陕西龙山文化,山东龙山文化,二里头(类型)文化,先商文化,东下冯类型,夏家店下层文化,光社文化,湖北龙山文化,良渚文化,吴城文化等材料,丰富了考古阅历,开阔了考古视野。……通过体系性研究,邹衡对原先认识有所改变。至1964年,他建立了豫西地区仰韶文化、龙山文化编年序列,将殷墟文化进一步分为四期。他相信二里头西亳说,认为二里头类型文化为先商文化。1964年以后,他反复推敲相关考古材料和文献材料,郑州殷商文化比小屯殷商文化延续时期长,联系文献记载商年判断其上限可接近商代早期;郑州商城遗址成批出土东周"亳"字陶文表明此地至少东周时期名亳;排列文献时代等次,又相继否定了汉以来学者附会的"四亳"说。他因此改变了二里头类型文化为先商文化,二里头上层为西亳的认识,逐渐形成二里头文化为夏文化、郑州商城为汤都亳的体系性认识。在1977

年11月召开的"河南登封告成遗址发掘现场会"上,他推出经过20余年研究思考的"二里头文化早、晚期都是夏文化"、"郑州商城就是成汤的亳都"的观点。①

李维明的概括可谓精要,但邹衡在此漫长过程中的甘苦,外人恐怕难以真正体会。也正因为如此,邹衡特别反感论争对手误会他的研究方法,指责他创立郑亳说是基于古代文献立论,为此他还就此问题与杜金鹏进行过激烈的辩论,他说:

> 我创立"郑亳说"并非如杜先生所析,仅仅依据古代文献立论,尽管古代文献也是很重要的。众所周知,我是主要从郑州大量的考古材料着眼,再结合古代文献才提出来的。……在我之前,早有郑州商城隞都说,我曾为该说做过地望考证(《论文集》第壹篇),发现了隞都与郑州商城的地望不合。后来经过我对全部商文化年代与分期的研究(《论文集》第贰、叁篇),发现了隞都与郑州商城的年代又是矛盾的。……在以上基础上,我对历来汤都亳诸说都经过仔细地梳理,并一一予以否定,但无一不是在文献记载和考古发现相结合的情况下进行的。②

也正因为如此,邹衡的学生刘绪在与方酉生的论争中就有底气这样质问西亳说学者:

> 考古学文化性质的区分,族属的探讨不能仅局限于纵向单线条研究,还应有横向多线条的比较。先商文化与早商文化的区分,离不开夏文化与先商文化,夏文化与早商文化的区分。以往对夏商文化分界的研究,不少人(包括方先生)只注意了纵向单线条的研究,而忽略了横向的比较。二里头遗址西亳说本身之所以有分歧,把早商文化之始分别定在二里头文化二、三、四期,就是这个原因。笔者孤陋寡

---

① 李维明:《邹衡先生与"郑亳说"创建历程》,《南方文物》2010年第1期。
② 邹衡:《"郑亳说"立论前提辨析之再辨析》,《考古与文物》2007年第1期。

闻,还真没有看到哪位西亳说者对早商文化、先商文化与夏文化进行过系统、详细的论证。①

刘绪还说:

> 如果比较一下郑亳说和西亳说的研究途径和方法,就会发现二者有很大区别。郑亳说由邹衡先生提出,其研究方法在《夏商周考古学论文集》中有详细反映。该说结论的得出首先是基于对夏商时期考古学文化全面系统的研究,既有纵向的分期编年,又有横向的类型比较(迄今为止,西亳说还没有任何人从事过这样的系统研究),在此基础上确定早商文化、先商文化和夏文化,然后与文献记载及出土文字资料相结合,得出郑州商城为成汤亳都的结论。西亳说则不然,自从徐旭生先生依文献记载定下基调以后便成不移之论,西亳说大都是以文献记载和特殊遗迹为据,先确定亳都,然后再分析考古学文化其他方面以适应其说。当二里头遗址第三期发现大型夯土基址时,就定第三期为亳都,夏商分界就划在二、三期之交;当二里头遗址第二期也发现大型夯土基址时,就又有人主张第二期为亳都,夏商分界划在一、二期之交;当在偃师境内发现二里冈时期的城址时,就将亳都从二里头搬至该商城,夏商分界又随之更变。②

也正因为他注意到西亳说在研究方法上的不足,所以刘绪自己在研究夏商文化始终注意"横向观察",强调要"从空间分布上对二里头文化和二里岗文化时期诸考古学文化作横向分析",并认为这是"区分夏商文化"的"途径之一"。③

其三,学术界在对夏商分界研究史的描述中,存在着极其严重的

---

① 刘绪:《再论偃师商城是不准确的界标》,《东南文化》2003年第1期。
② 刘绪:《夏商文化分界探讨的思考》,载北京大学考古文博学院编《考古学研究(五)》,第181—200页。
③ 刘绪:《早商文化的考古学横向观察》,载陕西省考古研究所编《远望集——陕西省考古研究所华诞四十周年纪念文集》,陕西人民美术出版社,1998年,第189—192页。

按"提出观点的年代早晚论英雄"的现象,即重视那些最早提出某种分界观点的学者意见,而忽视那些论述虽更充分但提出年代较晚的观点。造成这一现象的原因固然是为了尊重研究者的发明权,但实际上则更可能是因为有关夏商分界的论述过多,那些晚出的著述就很难被"载入学术史"。这种做法的弊端很明显,那就是容易忽略了一部分虽晚出但很有价值的论述,其中最典型的例子就是刘绪和杨锡璋两位学者从墓葬陶器和墓葬制度出发对此问题的研究。

1986年,刘绪鉴于当时夏商文化研究中论战各方"多偏重于对遗址材料的分析",指出"对于墓葬材料的分析也是不可忽视的一个重要方面","尤其是随葬品中的陶器,更是进行文化分期和区分文化性质时必须重点研究的对象",因此着手"通过对墓葬陶器的分析,来探讨二里头文化的性质及其与二里岗期商文化的关系"。①

由于刘绪此文是针对当时学术界普遍遵从的二里头文化二、三期分界说而来的,所以他在文章中首先对二里头文化早(一、二期)晚(三、四期)期墓葬随葬陶器进行比较。据刘绪统计,当时各遗址发掘的二里头文化墓葬约一百六十余座,其中随葬陶器者五十九座,共出陶器一百三十二件。刘绪着重从两个方面进行比较:

1. 器类:分析表明二里头文化早晚期都存在圆腹罐、豆、盉、斜腹盆、爵、平底盆、小口瓮、瓦足皿和觚九类陶器,这就说明"二里头文化早、晚期的主要器种有一致性和延续性,并未发生太大的变化"。

2. 陶器特征:二里头文化"早、晚两期共同之处也很明显",主要表现为,陶器"质地都以灰陶为主,只是陶胎逐渐变厚","纹饰都以绳纹为主,只是逐渐变粗和逐渐变得不太整齐"。

据此刘绪认为,"各种器物特征从早到晚虽有所变化,但绝不是突变,有的器物甚至早晚难以区分,说明早、晚两期的联系是非常紧密的"。

随后他又把二里头文化晚期和二里岗下层墓葬的陶器进行了比

---

① 刘绪:《从墓葬陶器分析二里头文化的性质及其与二里冈期商文化的关系》,《文物》1986年第6期。

较,发现:

1. 在器物群体上:"二里头文化晚期比二里冈下层陶器种类多,且有多种器物彼此不见,显然,在器物群体上两者存在很大差异";就各自最常见的器类而言,"二里头文化晚期是圆腹罐和盉,各占晚期陶器总数的 23% 和 17%",而"二里冈期下层则是鬲和盆,各占下层陶器总数的 25% 以上"。

2. 在器物组合上:"在二里头文化晚期 23 座墓葬中,相伴出现的陶器是盉和爵",而"在二里冈文化下层陶器墓葬中,陶盉还未出现,陶爵只出一件,而经常相伴出现的器物是鬲和盆","与二里头文化晚期墓葬也很不同"。

3. 在器物特征上:"二里头文化晚期的器物,一般陶胎较厚,绳纹偏粗;二里冈下层的,一般陶胎较薄,绳纹较细","在器物制作上,前者没有后者精细"。

综合上述现象,刘绪判断"二里头文化早、晚两期墓葬的陶器,显属同一文化系统,不可能划分为两种文化。而二里头文化晚期和二里冈下层墓葬的陶器,无论在器物群体上、还是在器物组合及特征上,都有着明显的差异",而且"这种差异远比二里头文化本身早、晚两期之间的差异大得多,这绝不可能是同一文化本身不同发展阶段的自然演进所致,而应该是经过剧烈的文化变革的结果"。据此刘绪得出的结论是,夏商文化"最为明显的界限应在二里头文化晚期和二里冈期文化下层之间,而不在二里头文化本身各期之间"。

几乎在同一时间,杨锡璋也有感于"考古学文化是族的共同体的体现",它"绝不会仅仅反映在陶器的质料、器类、器形和纹饰上","在其他方面也一定会表现出来",所以决定"从二里头文化的墓葬制度上了解一下二里头文化的性质"。①

杨锡璋首先从墓葬形制上比较了两者的区别,发现"两者之间的不同是明显的",比如"二里头文化的墓穴较浅,其深度超过 1 米的墓

---

① 杨锡璋:《由墓葬制度看二里头文化的性质》,《殷都学刊》1987 年第 3 期。

不多,反之,商代墓葬的深度一般都在1米以上";"商代墓葬底部常有腰坑,二里头文化只在个别墓中发现";"商代墓中流行用狗殉葬,有的墓中用狗不止一条,二里头文化仅在大墓中有一例";"商代墓很少见合葬墓,二里头文化中已在三处(二里头、东马沟和东下冯)有发现"。

在随葬器物的组合上,两者也有明显的不同,杨锡璋概括为,"单爵或双爵的组合与以觚、爵为核心的组合反映了二里头文化和商文化在随葬铜器组合上的不同";在随葬陶器上,"二里头文化墓葬随葬陶器组合是以盉、爵为核心,商文化是以鬲为核心,两者的区别是明显的"。

通过对考古材料的具体分析,杨锡璋还发现这样一种现象——"在二里头文化四期时,在二里头遗址内,并未发现随葬以陶盉、爵为核心的墓葬(我们相信,将来会发现少量这类墓葬的),只在远离伊洛地区夏人活动中心的夏县东下冯和荥阳西史村发现个别的用陶盉、爵随葬的墓",杨锡璋相信这种现象"反映了二里头四期葬制方面的某些变化,有的人仍保持原有的组合,另一些人已放弃了旧的传统,接受了新的器物组合形式",他进而解释导致这种变化的原因乃是"夏商政权的更替",并由此推导出"二里头文化一至三期都是夏代的夏文化,但在第四期时,已经进入商代历史的纪年范畴了"的重要结论。

尽管刘绪和杨锡璋二人在具体结论上并不相同,①但他们的研究方法却有着明显的共性,即不预设任何前提,一切从分析考古材料出发,用材料本身来表达观点,因此在他们的文章中自然也就没有了遭人诟病的"当然只能"、"肯定"、"无疑"等"自信感较强的、排他性的措辞"。② 而

---

① 导致刘、杨二人观点不同的关键原因是:刘绪此文是针对二里头文化二、三期分界说的,所以在做相关统计是把二里头文化分为前后两段来进行的,而杨锡璋因无此针对性,所以是对二里头文化一至四期的材料分别统计,因此刘绪更强调二里头文化早期、晚期以及二里岗下层三者之间的异同,而杨锡璋则兼顾二里头各期以及与整个商文化之间的差别。

② 许宏:《方法论视角下的夏商分界研究》,中国社会科学院考古研究所夏商周考古研究室编《三代考古(三)》,第68—80页。

一切从材料出发,让材料自己说话,正是傅斯年当年为史语所设定的宗旨——"我们反对疏通,我们只是把材料整理好,则事实自然显明了"。①

二里头遗址的发掘极大地促进了夏商文化研究,夏商分界的讨论也由此拉开了序幕。在数十年的研究历程中,以下发现与研究具有关键性意义,它们是:1953年韩维周在登封玉村首次发现二里头文化遗存;1956年陈嘉祥发掘洛达庙遗址并判断它"是早于郑州二里岗商代文化下层"的"商代文化层";1959年徐旭生调查二里头遗址并推测它"为商汤都城的可能性很不小";1960年考古所发掘二里头遗址一号宫殿,进一步确认其为汤都西亳;1961年安金槐以洛达庙类型为早商文化并论证郑州商城为仲丁隞都;1972年确认二里头遗址四期遗存,进一步完善从二里头到二里岗期文化的过渡;1977年殷玮璋论证二里头文化一、二期为夏文化,三、四期为早商文化,而邹衡则提出二里头文化一至四期均为夏文化。从此过程可以看出,在1977年前的二十多年间,学术界基本上是西亳说一枝独秀,而1977年11月登封告成现场会之后,始有西亳说与郑亳说的对峙,但郑亳说几乎是邹衡"孤家寡人"的状态。然而仅仅数年之后,随着1983年春偃师商城石破天惊般地发现,二里头遗址西亳说与郑亳说都面临了重大挑战,夏商分界研究由此进入到一个新阶段。

三、高潮:偃师商城与夏商分界

1983年3月,中国社会科学院考古研究所洛阳汉魏故城工作队为配合首阳山电厂建设,在河南偃师县杏园、赫田寨和大槐树村一带开展大规模钻探,由此发现了一座大型商代城址。由于该城址紧靠偃师县城,遂按惯例命名为偃师商城。

同年4月,汉魏故城工作队即对偃师商城进行了试掘以进一步确

---

① 傅斯年:《历史语言研究所工作之旨趣》,《中研院史语所集刊》第1本第1分,1928年。

定城址的性质和年代。根据勘探和发掘情况，主持此项工作的段鹏琦认为：

> 偃师商城地据冲要，规模宏大，城内文化层厚，且不乏大型建筑基址。……像这样规模大、内涵丰富的商代城址或都邑，在迄今的考古发现中，只有郑州商城和安阳殷墟。这意味着，偃师商城绝非一般聚落，也非方国小城，而应是一代王都。①

对于最为关键的年代问题，段鹏琦认为：

> 根据现有勘察资料，我们认为，偃师商城始建年代的确定虽然有待于南部城区的全面考察和发掘，但我们有理由断定，商文化的二里岗期当是该城历史上的兴盛时期之一；在与二里岗上层相当的某段时间里，城墙曾作过修补；该城废弃的年代，约相当于二里岗上层晚期或更迟一些的时期。因此，可以说偃师商城是商代前期的城址。

段鹏琦作出上述判断的主要依据是偃师商城西、北城墙上两条探沟（83ychT1和T2）中的地层关系及包含物特征，如在T1中发现该探沟的第5层叠压着城墙的附属堆积，而该层出土陶器的年代"显然比二里岗上层要早"；此外，T1中还发现叠压着城墙附属堆积的路土L2，其中的包含物包括可复原的细绳纹鬲和泥质黑褐色豆盘各1件，而这两件器物的时代"约晚于二里头四期"。

把偃师商城推定为"商代前期的城址"是在当时条件下所能作出的最大限度的判断，但段鹏琦等人同时也认为：

> 鉴于偃师商城的规模、形制及城内建筑布局情况，说它是商代前期诸亳之一，大概不会有什么问题。如果考虑到

---

① 中国社会科学院考古研究所洛阳汉魏故城工作队（段鹏琦等执笔）：《偃师商城的初步勘探和发掘》，《考古》1984年第6期。有关钻探过程还可参看段鹏琦《偃师商城发现追记》，原载《河南文史资料》1998年第2辑；收入杜金鹏、王学荣主编《偃师商城遗址研究》，科学出版社，2003年，第625—629页。

它的地理位置，甚至可以径直称其为西亳。至于它是否为汤所都之西亳，现在尚无明确判断的足够依据，但这并不是说该城没有是汤都西亳的可能性。

偃师商城不仅是一座"商代前期的城址"，而且有可能是"汤都西亳"，所以即便不是专攻夏商考古的汉魏故城工作队诸位学者也意识到它的重要性，乐观地相信"偃师商城，大有可为"，它的发现"定会有助于二里头文化时代及性质问题的早日解决，加速夏商文化研究的深入发展"。

但对于二里头遗址西亳说和郑亳说学者而言，偃师商城的发现则是一个巨大的挑战，双方都必须重新审视和调整以往学术观点以适应此项新发现。由于双方的主张不同，所以在此后数年间形成了这样一种特殊景象，那就是西亳说学者一心要尽量提早偃师商城的始建年代，而郑亳说学者则竭力"打压"它的建造年代。形成此种现象的原因很简单：对于绝大多数西亳说学者而言，他们已经从"二里头遗址西亳说"转变为"偃师商城西亳说"（学术界一般称之为新西亳说），而他们又大多主张二里头文化二、三期分界，因此偃师商城必须始建于二里头三期，这样才可以与此前所主张的夏商分界观点相吻合；反之，郑亳说主张郑州商城是成汤的亳都，则郑州以西地区必不能有早过郑州商城的另一座商城出现，所以偃师商城的年代最多只能与郑州商城同时或略晚。

正是在这种学术背景下，双方对偃师商城的年代与夏商分界问题展开了激烈的论争，①这里只择其要者加以说明。

先看西亳说学者对偃师商城的认识。

在偃师商城发现之后，中国社会科学院考古研究所随即召集人员组建河南第二工作队（后来也称"偃师商城考古队"）专门负责该城的发掘研究工作，由原二里头工作队队长赵芝荃担任队长。在西亳说学者阵营中，赵芝荃可能是最为谨慎的一位，此前在对二里头遗址

---

① 参看本书第伍篇《交锋——邹衡的夏商文化论争》。

及二里头文化性质的判断上,他措辞相当地留有余地,如他说:

> 在1973年参加编写二里头遗址第一号宫殿简报时曾把这座建筑基址定为早商时期,1978年《登封告成遗址发掘现场会》介绍二里头考古队探索夏文化的回顾与展望时,没有涉及西亳或夏都的问题,只是把二里头遗址判断为距今三千五六百年的都邑遗址。①

当年的谨慎,让现在的赵芝荃显得很超脱,因为他无需背负"二里头遗址西亳说"的历史包袱,因而可以对偃师商城的性质进行全新的阐释。②偃师商城考古队成立后,即于1983年秋天对偃师商城进行了首次正式发掘,主要工作包括"发掘了商城的西城门一座;试掘一号夯土建筑基址和城南灰土遗址各一处;钻探勘察东、西城门各三座和城内主要大道若干条;复查城内一、二、三号大型夯土建筑基址"等。③

而与此前的谨慎截然不同的是,此次发掘材料尚未公布,黄石林和赵芝荃就对偃师商城的年代和性质给出了明确的判断,认为它是"一座商代最早的城址","这座城址应即汤都西亳",它的发现"为夏、商文化找到了一个新标志"。④

半年之后,发掘简报公布,赵芝荃重申了上述看法,主张偃师商城"应是商代早期兴建的","它是目前所知我国都城遗址中年代最早的一座",并"初步认为这座城址就是商汤所都的西亳"。⑤

以赵芝荃的谨慎,何以这次如此之快地就给偃师商城定了性。他自己的解释是:

---

① 赵芝荃:《论二里头遗址为夏代晚期都邑》,《华夏考古》1987年第2期。
② 虽然在有关论著中赵芝荃措辞谨慎,但实际上他是主张二里头文化二、三期分界的。参看本书第肆篇《考古学的春天——1977年"河南登封告成遗址发掘现场会"》的学术史解读。
③ 中国社会科学院考古研究所河南第二工作队(赵芝荃、徐殿魁执笔):《1983年秋季河南偃师商城发掘简报》,《考古》1984年第10期。
④ 黄石林、赵芝荃:《偃师商城的发现及其意义》,《光明日报》1984年4月4日。
⑤ 中国社会科学院考古研究所河南第二工作队(赵芝荃、徐殿魁执笔):《1983年秋季河南偃师商城发掘简报》,《考古》1984年第10期。

我们曾把二里头文化从中一分为二，推断其三、四期为商代早期，一、二期为夏代晚期，在我们深入研究二里头文化，发现此四期文化包括形成、发展、繁荣和尾末等过程，前后一脉相传，是一个考古学文化体，应当是一个历史阶段或王朝所遗留的物质文化，不能一分为二。如若全部归商，则商之纪年过久，其建国时期要延到公元前1900年，似为不妥。如若全部入夏，则"殷汤所都"没有着落，西亳说不能轻易抹杀，二里头文化是商是夏？一时难以推断，头脑中有了疑团。因此，在登封会议上只是介绍二里头遗址，是商是夏，未加可否。"山穷（引者按，应作"重"）水尽（引者按，应作"复"）疑无路，柳暗花明又一村"。正当我踌躇满腹，百思难解时，1983年春季在偃师尸乡沟一带发现一座商代早期城址，其地望、年代、形制与内容等均与汤都西亳相符。这一重大发现，犹如一缕清新的春风吹走了我们头脑中的疑云，汤都西亳的问题终于得到了圆满的解决，二里头遗址的主要发展阶段当然是夏都无疑了。①

赵芝荃所言确是实情，他当年正是因为觉得把二里头文化一分为二有所不妥，所以迟迟没有对二里头遗址和二里头文化的性质作明确的表态。现在偃师商城的发现则完全消除了他的疑虑，往日的困惑一扫而光，所以早早就认定该城址非商汤西亳莫属，而二里头遗址自然是夏代都邑。但此时的赵芝荃心里很清楚，要把偃师商城论定为汤都西亳，首先必须论定城址的年代是商代早期。他的判断依据是：

这座城址的年代，从考古试掘情况看，发现个别城门曾被封堵，封堵后附近变成一片墓地。这批墓葬，有的打破了城墙，有的打破了城门内的路土。随葬品有陶鬲、斝、鼎、尊、簋、敛口盆、带鋬罐、圆腹罐、高领罐等等。这些陶器，有的属于郑州二里岗文化（商代前期）上层，有的则属于二里

---

① 赵芝荃：《关于汤都西亳的争议》，《中原文物》1991年第1期。

岗文化下层的遗物；此外，还有铜斝、铜簋、铜戈、铜刀、铜镞及玉璜、玉饰（属二里岗上层）等遗物。从考古地层学判明，城址的年代早于二里岗下层，应该是商代早期营建的。①

赵芝荃所说的这组重要地层关系见于偃师商城的西二城门，因此发掘简报给予了重点介绍，其中说：

在城门附近第2层下面叠压着属于二里岗期上层的墓葬4座，……在第3层下面也叠压着属于二里岗期上层的墓葬4座，……在4A层下面叠压着属于二里岗期下层的墓葬共有13座。……M12出土的三件陶器相当于二里岗上层偏晚，M7和M18出土的六件陶器与二里岗下层大约相当，M18又似早于M7。……这批小墓虽开口于不同的层位，但都叠压或直接打破城内的路土，这就从地层上表明，城墙的建造年代早于这批小墓，城址应当是商代早期兴建的。……

历代西亳说者均明确指出西亳在偃师以西的尸乡一带，……现在发现的商城不但正在偃师县西，而且恰有一条名叫"尸乡"的长沟从城址中部横穿而过，如此相符，绝非偶然巧合。综合以上多方面的材料，我们初步认为这座商城就是商汤所都的西亳。

依据上述材料论证偃师商城是一座商代前期的城址自无疑义。但是，如果说偃师商城是成汤亳都、是最早的商代城址，那么最理想的结果就是在偃师商城内找到该城始建于二里头文化三期的证据，这样就可以与此前多数西亳说学者所主张的二里头文化二、三期分界的观点相呼应。② 应该说，如果这样的证据在偃师商城内一旦发现，那么郑亳说将被一举击溃；反之，如果找不到这样的证据，则有两种可能性：一是偃师商城的始建早不到二里头三期，二是夏商分界根

---

① 黄石林、赵芝荃：《偃师商城的发现及其意义》，《光明日报》1984年4月4日。
② 中国科学院考古研究所二里头工作队（赵芝荃、高天麟执笔）：《河南偃师二里头早商宫殿基址发掘简报》，《考古》1974年第4期。

本就不在二里头文化二、三期之间。很显然,这两种可能性对西亳说学者都不利,如果前者成立,则意味着偃师商城就不会是成汤的西亳;而如果后者成立,则说明他们此前对早商文化的判断有误。

在偃师商城发现伊始,夏商分界当在二里头文化二、三期之间的观点十分盛行,这自然也会影响到主持勘探工作的段鹏琦。比如他在勘探简报中就说,"从城墙内出土二里头文化遗物比较集中的现象来看,偃师商城范围内虽不敢说一定有属于二里头文化的城址,但存在二里头文化遗址的可能性似乎毋庸置疑"。这一表述的背后其实蕴含着这样的逻辑——既然夏商分界在二里头文化二、三期之间,偃师商城又是成汤的西亳,那么城址就应该是二里头三期的,退一步讲,即便当时没有筑城,那么至少也应该有这一时期的遗址。类似地,在偃师商城第一次正式发掘结束之后,赵芝荃和徐殿魁就提出偃师商城的始建"有可能属于二里头文化三期,也有可能属于二里头文化四期",他们的这一判断也并非是从发掘所见的地层关系出发的,而是在二里头文化二、三期分界这一前提下所作出的推测。而赵芝荃和徐殿魁之所以要两种可能性并提,也正是缘于缺乏始建于二里头三期的考古证据,所以他们又不得不表示,"偃师商城究竟何时而建?最后要由将来的考古发掘而定"。①

随后,徐殿魁又特别撰文解释为什么偃师商城的"始建年代至少相当于二里头四期,甚至可能早到二里头三期",他的切入点依然是西二城门的地层关系,主要理由是:

> 从上述路土 L2 出土的陶鬲和豆盘,M18(引者按,该墓为 X2 城门内侧十三座打破路土 L2 的墓葬之一)的斝、瓮和两件盆以及 M7 的陶鬲,与郑州二里岗下层的 H9、南关外中层的 H62 甚至和二里头四期出土的同类器相接近的情况来看,这些墓葬和路土的时代当不会晚于二里岗下层 H9 等单

---

① 赵芝荃、徐殿魁:《河南偃师商城西亳说》,载胡厚宣主编《全国商史学术讨论会论文集》,《殷都学刊》增刊,1985 年,第 403—410 页。

位,而二里岗下层偏早的一些单位,一般亦都认为它与二里头四期大致是平行或属同期的。邹衡先生就认为以H9等单位为代表的先商文化第一段第Ⅱ组与二里头四期大致是平行的。那么,相当于二里头四期的路土叠压城墙的附属堆积,接近二里头四期的墓葬打破城门内侧路土等现象,表明商城始建年代至少相当于二里头四期,甚至可能早到二里头三期。①

徐殿魁的意图是：先是通过陶器类型学研究,最大限度地提高西二城门路土以及打破路土诸墓葬的年代,判断它们可以早到或接近二里头文化四期,而被路土和墓葬打破的城墙及其附属堆积的年代自然就水涨船高,"至少"相当于二里头四期,"甚至可以早到二里头三期",这样就可以与二里头文化二、三期分界的观点相契合。

徐殿魁的上述判断要成立,需满足两个前提条件：一是西二城门路土和墓葬出土陶器确实能早到二里头四期,二是这批墓葬的形成与商城的始建有一个"时间差"。前者属于类型学研究,自然有可游移的空间；而后一个条件,偃师商城西亳说学者似乎普遍相信,如赵芝荃就说,"大量的田野迹象告诉人们,小墓的埋葬,距离建城初始,显然还隔着一个城门使用和封堵的阶段,因此建城的上限,也不言自明"。②

在新西亳说学者看来,偃师商城为汤都西亳是不容置疑的,所以只要偃师商城的始建年代确定了,那么夏商文化的分界自然也就确定了——"偃师商城若建于二里头文化三期,则它和二里头三、四期遗址同属于商代早期",而"偃师商城如若建于二里头文化四期,那么就应当把夏、商文化之分界放在二里头文化三、四期之间"。③

对于新西亳说学者的上述意图,郑亳说学者自然洞察,更不会坐视不管,所以邹衡就一针见血地指出：

---

① 愚勤(徐殿魁)：《关于偃师尸乡沟商城的年代和性质》,《考古》1986年第3期。
② 赵芝荃、徐殿魁：《偃师尸乡沟商代早期城址》,中国考古学会编《中国考古学会第五次年会论文集》,文物出版社,1988年,第8—16页。
③ 赵芝荃、徐殿魁：《河南偃师商城西亳说》,载胡厚宣主编《全国商史学术讨论会论文集》,《殷都学刊》增刊,第403—410页。

关于偃师商城的兴废情况，发掘者曾说："我们有理由断定，商文化的二里岗期当是该城历史上的兴盛时期之一；在与二里岗上层相当的某段时间里，城墙曾作过修补；该城废弃的年代，约相当于二里岗上层晚期或更迟一些的时期。"笔者认为，这个结论是基本符合尸乡沟商城的实际情况的。有的发掘者则另有说法："尸乡沟商城应建于二里岗期下层之前，有可能属于二里头文化四期，但也不能完全排除始建于二里头文化三期的可能性。"显然，这个结论是说不通的。……如果该作者真有关于二里头文化四期单位破（或压）城墙（或城门、宫殿）的地层，则应该说，"尸乡沟商城的始建年代不能晚于二里头文化四期"，而不应该说"有可能"。至于"二里头文化三期"的"可能性"则纯属一种推想而已。

诚然，在宫城四周的堆积中，"也发现有二里头文化四期的灰坑和陶器"，但发掘者并没有说明这些灰坑是破坏或者叠压着宫城，可见并没有明确的地层关系，因而只好说"可能"了。如果发掘者仅仅根据城内的商代文化层中也出有二里头文化遗物，尤其是城墙夯土中还包含有二里头文化一、二期的鸡冠鋬手之类的陶片，而能断定城墙的年代，则也可提出尸乡沟商城始建于二里头文化一、二期的"可能性"，为何只提出二里头文化三期？这种推想如能证实，那么郑州商城内同样发现有洛达庙期（多属二里头文化三期，也有二期的）文化层，城墙夯土中包含的陶片"大部分属于洛达庙期"，则更有理由推想郑州商城始建于二里头文化三期，甚至二期的"可能性"了。显然，这种推想并没有多少科学的成分，因而是没有必要的。[①]

---

① 邹衡：《西亳与桐宫考辨》，北京大学考古系编《纪念北京大学考古专业三十周年论文集》，文物出版社，1990年，第108—149页。

尽管邹衡的表述很复杂,但意思很明确,那就是:如果发掘者要证明偃师商城始建于二里头四期,甚至是二里头三期,那么"拿证据来",而如果仅仅是"推想",那只能说是发掘者的"一厢情愿",自然是"没有多少科学的成分","因而是没有必要的"。

而赵芝荃和徐殿魁又何尝不知道这个道理,但问题恰恰就在于他们没有可以一锤定音的证据,所以才会通过类型学研究来作出上述"推想",并寄希望于"将来的考古发掘"。而另一位新西亳说学者方酉生,虽然此前力主二里头遗址西亳说,现在则尝试着从另一个角度为偃师商城解围,他说:

> 因为商城作为王都的时间很长,城址本身的物质文化遗存也会有早晚的区分,而且根据考古地层学的规律,越是时间早的,叠压在最下面,越是时间晚的在最上面,并且按照一般事物发展的规律,早期的物质文化总比较不发达一些,再加上后期的破坏、扰乱等影响,能保存下来的就更为稀少了。在没有全面、彻底通过发掘了解以前,要把商城城址的年代上限、卡得十分准确,并不是一件轻而易举的事。还有一点应该考虑进去的,就是商汤建国以后,据说在位的时间只有13年,因此目前发现的商城城墙是否为商汤在位时修筑起来的也很难说,也有可能是商汤死了以后某个王在位时修筑起来的,如果我们把这些因素都考虑在内,只要遗址内出土的实物资料符合于早到汤至太戊这段在西亳建都的时间内就可以了,以后还可以不断根据发掘出的新材料来加以修正和补充,把上限年代推断得更为准确。①

方酉生所言或许是实情,但依然是一个无法确定的"推想"——因为谁也不能保证偃师商城"早期的物质文化"就一定"比较不发达一些",谁也不能保证早期的物质文化就一定保存得"更为稀少",而且也没有任何证据显示成汤在位时没有修筑西亳的城墙,而是"商汤

---

① 方酉生:《论偃师商城为汤都西亳》,《江汉考古》1987年第1期。

死了之后某个王在位时修筑起来的"。方酉生的种种假设，其实正反映了新西亳说学者面临的窘境——如果他们依然坚持夏商分界在二里头文化二、三期之间的话，那么在偃师商城内就缺乏可以证明其始建年代可以早到此时的考古学证据。所以说到底，方酉生还是与赵芝荃、徐殿魁一样，要把希望寄托在未来的考古发掘上，期盼能有新的考古材料"把上限年代推断得更为准确"。

于是，为了"把上限年代推断得更为准确"，或者说寻找更早的始建证据就成了此后十余年间偃师商城考古队的首要任务。为方便讨论，我们先将1984年—1994年间偃师商城有关发掘的概况罗列如下表：

发掘时间	发掘地点	主要收获与认识
1984年春	4号宫殿基址	确认该宫殿基址面积约1 600平方米，根据地层关系，"只能说D4基址的建筑，使用年代早于二里岗上层"①
1985年—1986年	5号宫殿基址	发掘出复杂的地层关系，其中"五号宫殿上层基址的建筑年代晚于二里岗下层，废弃年代为二里岗上层偏晚阶段。下层基址的废弃年代接近于南关外期中层，其建筑与使用的年代应早于南关外期中层"②
1991年—1994年	Ⅱ号建筑群	发掘了15座大型夯土基址和Ⅱ号建筑群的部分东围墙。其中Ⅱ号建筑群遗址包括上、中、下三层建筑遗迹，"然而直接与三个时期建筑关系密切的遗物出土甚少，绝大多数是些零星散碎的残陶片，极难判断其时代特征"，只能确定该建筑群遗址的废弃时间"应不晚于郑州二里岗上层文化时期"③

---

① 中国社会科学院考古研究所河南第二工作队（赵芝荃、刘忠伏执笔）：《1984年偃师尸乡沟商城宫殿基址发掘简报》，《考古》1985年第4期。
② 中国社会科学院考古研究所河南第二工作队（赵芝荃、刘忠伏执笔）：《河南偃师尸乡沟商城第五号宫殿基址发掘简报》，《考古》1988年第2期。
③ 中国社会科学院考古研究所河南第二工作队（王学荣执笔）：《偃师商城第Ⅱ号建筑群遗址发掘简报》，《考古》1995年第11期。

在上述几次发掘中,尤以 5 号宫殿基址的相关发现最为重要,最有利于判断偃师商城的始建年代。而赵芝荃判断该宫殿下层基址(后编为 6 号宫殿基址,下文均以 6 号宫殿遗址称之)的"建筑与使用的年代应早于南关外期中层",其中是包含有深意的,这是因为在夏商分界研究中"南关外中层"是一个非常特殊的标志性遗迹单位。关于此点,我们先前已有论述,这里只择要说明。①

南关外遗址是 1955 年发掘的,主持发掘的安金槐将这里的商代文化遗存分为三层,因下层出土的陶器"与郑州二里冈期和洛达庙期的同类器,都有着显著的不同",安金槐称之为"南关外期",时代为商代早期;而南关外"中层的遗物形制基本上属于郑州商代二里冈期下层",在安金槐的商文化分期体系中,属于商代中期。② 但赵芝荃对此却有不同的看法,他在对比了南关外和洛达庙等地出土的陶器特征后认为,"郑州南关外下层文化就是二里头四期文化",而南关外中层陶器的"质料、制法、纹饰与二里头四期的更趋一致,已找不到什么明显的区别了",所以"南关外中层也是二里头四期文化"。③

因此,赵芝荃强调偃师商城 6 号宫殿基址的废弃年代"接近南关外中层","建筑与使用的年代应早于南关外期中层",实际上还是要说明这座宫殿基址的建造和使用年代早于二里头四期,由此再来证明偃师商城的始建可以早到二里头三期,从而与他所主张的二里头文化二、三期分界相呼应。只不过赵芝荃也注意到"宫殿内发现有二里头四期的文化层",而且"城墙夯土中包含有二里头四期的鬲足",所以最终判定"偃师商城的始建年代当以二里头四期为是"。④

由于考古材料最多只能支持偃师商城始建于二里头文化四期,而无论如何找不到始建于三期的证据,新西亳说学者只能接受这个事实,并据此将夏商分界调整为二里头文化三、四期之际。如方酉生

---

① 参看本书第陆篇《商从哪里来——先商文化探索历程》。
② 河南省博物馆:《郑州南关外商代遗址的发掘》,《考古学报》1973 年第 1 期。
③ 罗彬柯(赵芝荃):《小议郑州南关外期商文化——兼评"南关外型"先商文化说》,《中原文化》1982 年第 2 期。
④ 赵芝荃:《关于汤都西亳的争议》,《中原文物》1991 年第 1 期。

就曾经这样表述西亳说学者学术观点的转变:

> 我们在《1959年河南偃师二里头试掘简报》(《考古》1961年第2期)的结语中说:"此遗址内以晚期(即洛达庙类型)文化层分布最广,这是值得注意的,或许这一时期相当于商汤建都的阶段。更早的文化遗存,可能是商汤建都以前的。"我们在《河南偃师二里头遗址发掘简报》(《考古》1965年第5期)的结语中说:"遗址中有早、中、晚三期之分,其早期的堆积,推测当早于商汤的建都时期。"到1983年偃师商城发现以后,我们只是将原来夏商二代的分界作了必要的调整,即从原来二里头遗址中期(即后来分为4期的第3期)作为早商文化(即商汤都西亳时期的文化),改成为第3期是夏桀的都斟鄩时期的物质文化,也即夏商二代的分界从二里头遗址的第2、3期之间,改为二里头遗址的第3、4期之间而已。①

虽然仅是一期的游移,但其中却蕴含着诸多西亳说学者二十余年的执着付出。新西亳说的这一次转变,将它与郑亳说之间的差距缩短了一期,但郑亳说学者似乎并不领情,如郑州大学的陈旭教授很快就撰文专门讨论偃师商城5号宫殿基址的年代问题。②

陈旭首先表示5号宫殿基址的发掘简报"根据地层确定五号宫殿基址和其他遗迹单位之间的年代早、晚顺序是正确的,而且对上层基址的建筑年代,及其废弃年代的推定,也是合理的",然后话锋一转,指出发掘者"对下层宫殿基址的建筑、使用和废弃年代的推定,则有不妥"。陈旭的理由主要有两点,其一是:

> 《简报》(引者按,指偃师商城5号宫殿基址发掘简报)推定五号下层宫殿基址的年代,是以下层基址H25和H26"水

---

① 方西生:《田野考古学与夏代文化探索》,《武汉大学学报》(人文科学版)2002年第5期。
② 陈旭:《偃师商城第五号宫殿基址的建筑年代及其相关问题》,《中原文物》1991年第1期。

井"堆积年代的推定为依据的,然而对"水井"堆积年代的推定,则并不切合实际。……偃师商城五号宫殿下层基址"水井"内出的陶器,与郑州二里岗下层偏早、和南关外中层和H62的陶器有显著的不同,并不属于同一时期的商文化遗存。井内所出的陶器群,其全貌应该是与二里岗下层偏晚阶段的陶器特征相同,因此"水井"文化堆积的年代,应属二里岗下层偏晚。

同一群陶器,在赵芝荃等发掘者看来,"应属二里岗下层偏早阶段",或"与郑州南关外H62的年代接近",但在陈旭眼里,则"其全貌应该是与二里岗下层偏晚阶段的陶器特征相同"。这种明显对立的看法,固然是由类型学本身的局限性所造成的,但也毋庸讳言,学者秉持的学术观点也是造成这种差异的幕后推手,西亳说极力要提早,而郑亳说则尽量拉后,真可谓是"仁者见仁,智者见智"。

陈旭所强调的第二条理由是:

《简报》推定五号宫殿下层基址"其建筑与使用年代应早于南关外中层",即认为:下层宫殿基址建筑与使用年代早于下层基址"水井"内文化堆积的年代。这一年代的推定,是缺乏根据的。……《简报》把H25和H26确定为水井,并特别强调井内的文化堆积是"废弃填实"的,其意无非是借此表明,井的堆积与"水井"本身年代的差别,即"水井"的开挖与使用,和"水井"废弃后又填实的井内堆积年代有一定的距离。并以此为依据,推定五号宫殿下层基址的建筑和使用年代,早于"水井"堆积年代,这是难以成立的。……在五号宫殿下层基址内,未见有早于水井堆积的任何遗物,这就证明没有比水井堆积年代更早的人使用水井。因此,水井及其堆积,当为五号宫殿下层基址建筑和使用时期的遗存,即五号宫殿下层基址建筑和使用年代,当与水井堆积的年代同时,属二里岗下层偏晚。

在这里,陈旭其实要表达两层意思:首先,H25 和 H26 一定是水井吗? 其次,即便它们都是水井,但 5 号宫殿下层基址建在生土之上,说明此前这里无人居住,因此,井内的包含物就只能是居住在 5 号宫殿下层基址的人所遗留,井内包含物的年代为二里岗下层偏晚,它们代表了该宫殿的年代,而这也就是偃师商城的始建年代。发掘者意欲证明水井的年代早于宫殿年代,从而"提早"偃师商城的始建时代,"是难以成立的"。

偃师商城始建于二里岗下层的偏晚阶段,这是自偃师商城发掘以来陈旭就一直坚持的观点。① 与陈旭相反的是,郑州商城的发掘者,但力主西亳说的安金槐和杨育彬等人则认为段鹏琦等人将偃师商城的始建年代定晚了。在偃师商城勘探报告和第一次发掘简报发表后,安金槐就发表了不同于发掘者的意见:

> 从《偃师商城勘探》所发表的西城墙 T1 地层资料可以看出,第 5 层是直接叠压在路土和城墙内外的附属堆积之上的,而附属堆积又是叠压着夯土城墙内外两侧根部的。因而弄清楚第 5 层路土和附属堆积层的年代,以及城墙夯土层内包含遗物的时代,这对于确定城墙的始建年代应是很重要的。
>
> 首先就第 5 层内出土的陶片看,……我认为第 5 层的时代最晚应属于二里岗下层或早可早到二里头四期。其下压着路土 L2,从路土 L2 内包含的遗物看,……应该是属于二里头四期为宜,不可能晚到二里岗期下层。再下为城墙的附属堆积,……从《偃师商城勘探》已发表的附属堆积下层内出土的鬲、尊和大口尊等陶器的形制看,都不可能晚到二里头四期,或者还可能早到二里头三期。另从城墙夯土层内包含的遗物看,……最晚是在二里头四期或可能早到二

---

① 陈旭:《关于偃师商城和郑州商城的年代问题》,《郑州大学学报》(哲学社会科学版)1985 年第 4 期。

里头三期，因而我们认为偃师商城夯土城墙的始建年代不可能晚于二里头四期或可能早到二里头三期。再从《偃师商城简报》发表的西城门 X2 的地层资料来看，……其中最早打破路土的墓葬，是属于二里岗期下层的墓葬，从而说明路土废弃的年代也应是略早于二里岗期下层。既然城门封堵墙的年代和路土废弃的年代都略早于商代二里岗期下层，那么又早于封堵墙和路土的城墙，其始建年代必然更早于二里岗期下层。所以就西城门 X2 的发掘材料也可以说明偃师商城夯土城墙的始建年代应该是在二里头四期或三期。①

杨育彬的意见类似，他说：

> 原报告 T1 夯土城墙内"出土的陶片，既少且碎。……据分析比较，这些陶片年代晚的稍晚于二里头四期，其中如鸡冠形錾则常见于一、二期器物"。学术界的多数人认为，商代二里岗期文化是由二里头文化发展而来。既然原报告提到"这些陶片年代晚的稍晚于二里头四期"，那么偃师商城的始建年代就稍晚于二里头四期，应当是商代二里岗期下层了。但进一步仔细分析，情况就不是这样。发现城墙夯土内的陶片共七块，从其器形、陶质、陶色、火候、纹饰等特征看，……偃师商城始建年代要早于商代二里岗期下层，至少是二里头四期，甚至有可能早到二里头三期。这与五号宫殿下层基址的始建年代是相吻合的。②

同样是利用类型学这个利器，安金槐和杨育彬将偃师商城始建年代的上限从二里岗下层提前到二里头四期，甚至是二里头三期。而安、杨两位学者之所以主张偃师商城始建年代早于郑州商城，自然

---

① 安金槐：《试论郑州商城和偃师商城的早晚关系》，原为 1987 年"中国殷商文化国际研讨会"所作论文，收入《安金槐考古文集》，第 188—193 页。
② 杨育彬：《从近年的考古新发现谈偃师商城和郑州商城的几个问题》，《中原文物》1992 年第 3 期。

是因为他们历来倡导郑州商城隞都说,而不得不支持西亳说的缘故。①

这就是在最初的几年间,西亳说与郑亳说就偃师商城始建年代所展开的拉锯战,一方说可以早到二里头四期,甚至三期,另一方则说最早只能早到二里岗下层偏晚阶段。由于可资讨论的地层关系有限,双方就只能在陶器类型学以及某些具体遗迹的形成过程上大做文章。这种争论固然彼此都难以说服对方,但新西亳说所面临的压力无疑更大——既然它主张偃师商城始建于二里头文化三期或四期,那么它就负有"举证"的责任,要拿出相应的考古学证据来。所以赵芝荃等发掘者意识到,要彻底解决偃师商城的年代和夏商分界问题,首先必须构建偃师商城商文化的年代序列,用完善的分期研究来增强说服力。因此,进入20世纪90年代后,赵芝荃、②刘忠伏和徐殿魁③等偃师商城的发掘者均把主要精力放到该城的分期研究上来,并于1995年中国商文化国际学术讨论会时推出了各自的分期结果。④

虽然赵芝荃与刘忠伏、徐殿魁的分期看法不同,但实际上是互为补充的两项研究——赵芝荃的文章只讲了关键地层关系、各期典型单位及分期结果,但并未介绍各期文化特征,而刘忠伏和徐殿魁的文章则着重介绍了各期陶器特征而未交代分期的依据。

---

① 需要说明的是,虽然安金槐和杨育彬两位学者都是坚定的郑州商城隞都说者,但对于西亳的认识,两人则有所差异。在偃师商城发现之前,二人均持二里头遗址西亳说,偃师商城发现之后,安金槐先生认为二里头遗址是早期西亳,偃师商城是"由偃师二里头迁来后建的晚期'西亳'都城遗址",而杨育彬先生则以二里头遗址为夏代晚期王都,偃师商城为成汤西亳。安金槐先生的意见可参看《王城岗、二里头、尸乡沟商城和郑州商城的文化分期与发展序列》,《安金槐考古文集》,第49—54页;杨育彬先生的意见则可参看《偃师二里头遗址的几点思考》,《杨育彬考古文集》,科学出版社,2011年,第123—128页。

② 赵芝荃:《论偃师商城始建年代的问题》,中国社会科学院考古研究所编《中国商文化国际学术讨论会论文集》,中国大百科全书出版社,1998年,第49—57页。

③ 刘忠伏、徐殿魁:《偃师商城的发掘与文化分期》,中国社会科学院考古研究所编《中国商文化国际学术讨论会论文集》,第58—68页。

④ 赵芝荃曾经解释为什么偃师商城发掘者会有各自的分期结果,他说,"1994年秋考古队要编写偃师商城文化分期的论文,参加1995年在偃师市举行的中国商文化国际学术讨论会",他"遂把整理资料全部交给考古队,由刘忠伏、徐殿魁写成《偃师商城的发掘与文化分期》一文,把偃师商城文化分为二期五段",而他本人"根据个人对偃师商城的理解,利用已经发表的资料,在北京写成《论偃师商城始建年代的问题》,提交中国商文化国际学术讨论会"。参看赵芝荃《再论偃师商城的始建年代》,《中原文物》1999年第3期。

赵芝荃把偃师商城分为三期六段,其中第一期第一段"约相当于二里头第四期文化",第三期第五、六段则"约相当于二里冈上层早、晚段",而"偃师商城始建于偃师商城一期之初,废弃于三期之末"。除了具体的分期结论,赵芝荃该文最重要的一个贡献是介绍了"宫城中灰土沟的文化层的叠压关系",他所界定的偃师商城商文化第一期第一段唯一一个典型单位ⅦT23的⑨B层即见于此沟。该地层与偃师商城的城墙和宫殿基址均无直接的地层学关系,而只是包含有商文化因素如卷沿细绳纹鬲(T23⑨B：42),但赵芝荃还是据此判断"偃师商城始建于偃师商城一期之初"。这一事关偃师商城始建年代的地层状况是：

> 宫城内北部有一条东西向的土沟,西近宫城西墙,东距宫城东墙不远,土沟北沿上面有一道与之平行的夯土墙,中有门道相通,沟内堆满灰土。ⅦT23、T24、T25横跨灰土沟上面,最下层为9A、9B层,出土相当数量的陶器和陶片,特点是商文化中包含有大量二里头文化晚期的陶器。9A、9B层上叠压有大片灰坑,编号为ⅦH51、H53—57等,出土的陶器基本不见二里头文化完整陶器,形态与河北磁县下七垣早商文化、河南杞县鹿台岗H9的陶器有些相似。再上叠压有属于二里岗下层的第8A层、第8B层和ⅦH25、H45、H50、H55等,从而为研究偃师商城文化的分期提供了重要的依据。

如何理解ⅦT23第⑨B层出土的"商文化中包含有大量二里头文化晚期的陶器"？按赵芝荃的解释,是指"包含有下七垣早商文化和二里头晚期文化的因素,属于二里头文化向二里岗文化的过渡形态"。但由此就会产生一个问题,即二里岗期商文化究竟是从"下七垣早商文化"演变而来,还是从"二里头晚期文化"过渡而成,抑或是二者融合而成？

刘忠伏和徐殿魁则把偃师商城的陶器分为二期五段,其中第一期Ⅰ段的年代"大致与郑州二里冈H9、南关外H62所代表的时代接近",而且"部分器物显然还有更早阶段特征"。一般而言,学术界把二里岗 H9 和南关外 H62 看作是与二里头四期基本同时的遗存,所以刘、徐二人的上述判断其实也是说偃师商城的始建年代最晚也当在二里头四期,这一结论与赵芝荃所言基本相同。

上述意见如果成立,除了能够确定偃师商城自身的始建年代外,也势必对商文化年代序列的重构产生决定性影响。这是因为在新西亳说学者看来,由于偃师商城是西亳,那么偃师商城一期一段ⅦT23第⑨B层,以及与此年代相当的诸遗存如郑州二里岗 H9、南关外 H62 所代表的这类遗存就应是最早的商文化,而非邹衡所主张的先商文化。也正鉴于此,偃师商城工作队的新生力量王学荣就这样设问,"郑州二里冈下层文化是否是中原地区最早的商文化?目前所谓的'先商文化'真正属于'先商'的成分到底有多少"?王学荣的意思其实是——通过偃师商城的发掘与研究,"应重新确认早商文化的特征,而早商文化的重新认定,又无疑是夏、商、周三代考古史上的再一次革命和认识、研究中的再一次飞越"。[①] 毫无疑问,此种再认识的结果必然要威胁到郑亳说,后者历来主张郑州商城始建于二里岗下层偏晚阶段(H17 阶段),既然其始建年代不是最早的早商阶段(H9 阶段),那么郑州商城就一定不会是商汤的亳都,郑亳说由此彻底瓦解。

但赵芝荃似乎不如王学荣乐观,因为他"深感资料不足,特别是一期一段只有宫城灰土沟为数不多的资料"。[②] 所谓的"为数不多",实际上仅ⅦT23 第⑨B 层这一个典型单位,所以赵芝荃"很希望今后再多一些"。[③] 而这不仅仅是赵芝荃一个人的看法,社科院考古所领导层也意识到现有材料的不足,也很想通过进一步的工作来完全落实偃师商城的始建年代问题。所以赵芝荃并没有等很久,偃师商城

---

① 王学荣:《偃师商城"宫城"之新认识》,中国社会科学院考古研究所编《中国商文化国际学术讨论会论文集》,第 69—78 页。
② 在刘忠伏和徐殿魁的分期研究中,他们还把ⅣH72、ⅥH17、ⅦH44 以及ⅣT32G2第⑥层等单位出土的部分器物也划为所分的第一期Ⅰ段,但这些单位是否属于这一阶段则未说明。
③ 赵芝荃:《再论偃师商城的始建年代》,《中原文物》1999 年第 3 期。

考古即有了一连串的重大发现，并由此将夏商分界研究推进到白热化状态。

四、白热化：偃师商城小城与夏商分界

1996年，在二里头遗址埋头苦干了十四年（1982年—1996年）的杜金鹏突然被社科院考古所安排去"主持偃师商城全面工作"。杜金鹏对此完全没有思想准备，所以自嘲是被"一阵突来的西风"把他"从二里头吹到了偃师商城"。看似偶然的工作调动，实际上是考古所领导要求偃师商城工作队"打破偃师商城几年来的沉寂，推出偃师商城考古工作的新高潮"。事后证明这是一次成功的人事安排，偃师商城考古队在新队长杜金鹏的领导下取得了令人瞩目的成绩，连老队长赵芝荃也不禁赞叹偃师商城考古焕发出第二春。① 伴随着偃师商城考古的第二春，夏商分界的论争也进入到白热化状态。

在接手偃师商城考古工作之前，杜金鹏就密切关注这里的发掘情况，并根据公布的材料把偃师商城的始建年代"定在二里头文化第四期、南关外期"。但对于偃师商城的具体属性，杜金鹏既不赞同成汤西亳说，也不同意太甲桐宫说，而推断它"很可能是太戊所建亳都之新城"。② 在担任队长之后，杜金鹏全盘审视各家意见，认为学术界之所以对偃师商城的始建年代众说纷纭，"除了大家在分析问题的方法和角度上有所区别之外"，同时也受制于材料的局限性，所以强调偃师商城考古队的当务之急还是要发掘出能够卡定城址始建年代的遗迹和遗物，并形成了一套缜密的思考：

> 偃师商城究竟始建于何时？这是人们苦苦探索的一个关系重大的课题。以往人们解决这个问题的重要途径之一，便是根据城墙的始建年代来推论。大家使用较多的是

---

① 杜金鹏：《偃师商城初探》自序"我与偃师商城"，中国社会科学出版社，2003年。
② 杜金鹏：《偃师商城始建年代与性质的初步推论》，原载田昌五主编《华夏文明》第三集，北京大学出版社，1992年；收入《偃师商城初探》，第26—44页。

> 西二城门的发掘材料，……严格地说，西二城门内侧的墓葬只能决定此处城墙始建和初始使用时间的下限，而不能说明其上限。若要真正搞清楚城墙的始建年代，一是要看城墙（包括与城墙同时建造的护城坡，下同）夯土内时代最晚的陶片的年代（城墙的始建时间不早于城墙夯土内所包含的时代最晚的陶片的年代）；二是要看被城墙所打破或叠压的时代最晚的遗存的年代（城墙的始建时间不早于被城墙所打破或叠压的时代最晚的遗存的年代）；三是要参看叠压或打破城墙及护城坡的时代最早的遗存的年代（城墙的始建时间不晚于叠压或打破城墙及护城坡的时代最早的遗存的年代，并由此可以较准确地判断城墙使用时间的上限）。……在以往的发掘中，虽然发现了叠压或打破城墙（或护城坡）的文化遗存，但是，被城墙或护城坡叠压或打破，且时代与商代初年接近的文化遗存，则没有发现过。因此，要准确地推断偃师商城城墙的始建年代，一直缺乏完整、可靠的地层依据。①

杜金鹏的思路无疑是正确的，要确定偃师商城的始建年代，既要看其下限，也要看其上限，两者结合起来，才能把始建年代卡在一个更加精确的范围之内。由于以往发掘材料多与年代下限有关，所以杜金鹏亟需找到有效的年代上限材料。正是在此背景下，1996年5月至1997年4月，杜金鹏主持了偃师商城东北隅的考古发掘，并找到了一组理想的地层关系，据此可以比较准确地卡住偃师商城的始建年代。这组地层的具体情况是：

> 此次发掘的一段城墙，在其内侧有附属堆积层，即"护城坡"，……我们在护城坡的下面发现了3个锅底状灰坑，即H8、H9和H10，……城墙的护城坡的始建年代不会早于3个灰坑的年代。根据灰坑中出土陶片推断，H8、H9的年代

---

① 杜金鹏等：《试论偃师商城东北隅考古新收获》，《考古》1998年第6期。

> 为偃师商城第一期晚段，时间大体相当于郑州二里冈 C1H9 和 H118 等单位见诸发表的几件器物所代表的时期，而 H10 虽然也开口于护城坡之下，但出土陶片极少，其中陶鬲之形态较 H8、H9 所出同类器物稍早。……根据这一地层关系，我们初步推断，本段城墙的始建年代，不会早于偃师商城第一期晚段。

上述判断无疑是正确的。与此同时，杜金鹏还注意到：

> 从城墙及其附属堆积中也出土了大量陶片，其中包括以花边圆腹罐为代表的二里头文化第二期和以抹缘盘口深腹罐为代表的二里头文化第三期陶片。年代最晚的陶片，其时代约与 H8、H9 相当，即属于偃师商城第一期晚段。值得注意的是，城墙夯土中出土的二里头文化陶片，绝大多数属二里头文化二、三期，而未见可确凿认定为第四期的陶片。以前在解剖南、西、东城墙时也曾发现这种情况，综合这些考古学现象，似可认为，偃师商城初始是建立在二里头文化二、三期遗址之上（遗址的规模不会大），建筑时间不可能早到二里头文化第三期。

这就等于是彻底否定了当初赵芝荃和徐殿魁关于偃师商城有可能始建于二里头三期的"推想"，也再次证明了其始建年代上限只能是偃师商城商文化的一期后段。

在偃师商城东北隅，杜金鹏及其同事还发掘了叠压在护城坡之上的路土和墓葬，"根据墓葬中的随葬品可以判明，这些墓葬的年代大体上属于偃师商城第二期晚段，约相当于商文化郑州二里冈 H17 所代表的时代"，这就等于卡住了城墙始建年代的下限。综合所有这些信息，杜金鹏对偃师商城始建年代的判断是：

> 我们可以断定，这段城墙的建造年代应在路土和墓葬之前，护城坡下的灰坑 H8、H9 等之后，即偃师商城第一期文化晚段和第二期文化晚段之间。具体地讲，我们倾向于

认为,本段城墙始建于偃师商城第二期文化早段。

换用商文化分期的通用术语,杜金鹏的上述结论可以表述为:偃师商城东北隅城墙的始建既不晚于郑州二里岗 H17 所代表的阶段,又不早于二里岗 H9 所代表的时期。

这是一个符合考古材料的结论,也是一个郑亳说学者可以接受的结论,但以杜金鹏为代表的偃师商城发掘者对此结论并不满意,原因是在发掘过程中,他们还"发现了一些与青铜冶铸有关的遗迹遗物",包括:

> 在护城坡内出土有铜渣;在护城坡所叠压的灰坑内,发现有铜渣、木炭或陶范;在城墙夯土里出土有铜渣、木炭以及陶范和坩埚的残片;在护城坡下的地面上发现有红烧土面和红烧土坑等。凡此遗迹遗物,都证明这里应有一处商代早期的青铜冶铸作坊遗址。

杜金鹏在此格外强调青铜冶铸作坊是有深意的,这是因为:

> 从现有的地层关系和遗迹现象来看,偃师商城东北隅的青铜冶铸遗存,是先于此处城墙而存在的早商文化遗存,……其年代为偃师商城第一期文化晚段。由此似可推断,此时偃师商城已是一处规模颇大的城邑。应该指出的是,护城坡下叠压的 3 座灰坑中出土的陶片,均属于典型的商文化遗存,而非当地的二里头文化遗存。换言之,此时的偃师商城遗址已是一座商代城邑。……偃师商城初始建造年代当不晚于郑州二里冈 C1H9 所代表的时代。

由护城坡下所压 H8、H9 和 H10 三座灰坑的年代来看,这处青铜冶铸遗存的年代可以早到偃师商城第一期文化晚段,比东北隅城墙建造时代早一段,这才是杜金鹏格外重视它的关键原因。杜金鹏的意图是:由于铸铜作坊遗址"是商周都城不可或缺的文化内涵之一",所以只要有了青铜冶铸作坊,就可以认为在偃师商城这片土地上已经出现了商代都邑;既然现在发现了偃师商城第一期后段的铸铜遗存，由此表明此时偃师商城（准确地说，应当是没有城墙的偃师商城）已经是西亳了。

那为什么杜金鹏非要改变判断偃师商城始建的标准，不以城墙的建造而以铸铜作坊的出现来作为判断的依据呢？答案只有一个，那就是要把城址的始建年代提早。根据上述发掘材料，如以城墙建造为标准，偃师商城的始建年代只能是"不早于"二里岗 H9 所代表的阶段，而如果依据铸铜作坊年代来判断，则是"不晚于"H9 所处阶段，其间大约有一段之差。而这一段之差对于夏商分界研究非同小可，杜金鹏对此是有清楚的认识的，他说：

> "郑亳说"的传统观点认为，以郑州二里冈 C1H9 为代表的一类文化遗存，是商汤灭夏之前的文化遗存，即"先商文化"，郑州商城是商汤灭夏之前开始修建、灭夏后都居的亳邑。偃师商城的始建时间晚于郑州商城，是商代早期的一座军事重镇或离宫。二里头文化彻头彻尾是夏文化，二里头遗址是夏代的都城遗址。如依"郑亳说"所言，那么现在考古事实表明，偃师商城的始建和使用年代，岂不都已进入所谓的"先商文化"时期？

这才是杜金鹏的杀手锏，只要证明偃师商城的始建不晚于 C1H9 阶段，郑亳说就会马上陷入双重危机——首先，因为偃师商城是西亳，而且始建不晚于 H9 这一阶段，这就表明 H9 所代表的并非先商文化，而是早商文化，邹衡原来排定的商文化序列有误；其次，既然 H9 是早商文化，那么郑亳说所主张的、始建于 H17 阶段的郑州商城自然就比偃师商城的年代要晚，当然也就不会是商汤的亳都了。

反之，如果采信杜金鹏依据最新考古成果提出的新认识，则一切矛盾涣然冰释。杜金鹏解释道：

> 我们推测，偃师商城本是建筑在零星的二里头文化二、三期遗址之上，修造城墙时，曾破坏了当地的二里头文化地层堆积。另外，城址东北隅的 H8、H9、H10 所出陶片均为

与二里头文化有鲜明差别的商文化遗物。因此,就目前的资料而言,偃师商城既不是夏人所筑城邑,也不是商人在夏代晚期所筑城邑。换言之,它并非先商文化城址,而应是早商文化城址。典型的商文化遗存,如以只出土纯粹的商文化陶片和陶范、铜渣等物的 H8 为代表的一类商文化的青铜冶铸遗存,其在二里头遗址近旁的出现与立脚,应该就是划分夏、商文化的一个重要界标。……那么,以此类推,郑州二里冈 C1H9 一类遗存,也就只能属于早商文化,而非先商文化了。由此可见偃师商城东北隅的考古新收获,对于早商文化上限的重新推定,进而对于夏文化与先商文化、商文化之界限的划定,都有重要意义。

这才是杜金鹏一定要把偃师商城始建年代从"不早于"H9 阶段提升为"不晚于"这一阶段的关键所在。毫无疑问,偃师商城东北隅的发掘,特别是 H8、H9 和 H10 等被城墙叠压灰坑的发现,对于更为准确地判断城址年代无疑是具有积极意义的,但发掘者以青铜冶铸遗存的出现,而非城墙的建造作为商城始建的标志终究是个瑕疵,虽然他们一再强调"青铜冶铸在夏商周三代是实力和技术含量很高的行业,在一般聚落中不可能存在",[①]但这毕竟只是一种推测之词,很难让郑亳说学者信服。要想彻底证明偃师商城的始建年代"不晚于"郑州二里岗 C1H9 所代表的阶段,还必须拿出更过硬的证据,而庆幸的是,偃师商城东北隅的发掘只是一系列新发现的开始,此后的数次发掘真可谓是好戏连台。

首先是偃师商城小城的确认。

1991 年,刚从北大考古系毕业不久的王学荣来到偃师商城考古队,在这里摸爬滚打数年后,迅速成长为考古队的"中坚栋梁","虽然年轻,却善动脑筋,田野功夫过硬"。[②] 1996 年,王学荣"对一些过去已

[①] 中国社会科学院考古研究所河南第二工作队:《河南偃师商城东北隅发掘简报》,《考古》1998 年第 6 期。

[②] 杜金鹏:《偃师商城初探》自序"我与偃师商城"。

成'定论'的解释或一些往往不被人们所注意和重视的零碎的遗迹现象重新加以思考和探讨,并结合 1996 年春季的勘探情况,通过综合研究,提出并论证在原有的偃师商城城圈(大城)之内,还有一个中等规模的城墙(小城),其时代早于我们以往所知的偃师商城(大城)"。①这无疑是一个大胆的假设,自然需要小心地求证。所幸的是,当年秋季偃师商城考古队即组织钻探对王学荣的设想进行验证,"结果表明小城确实存在"。该队随即组织力量同时在五个地点进行了发掘,以期迅速解决小城的年代、城墙结构以及小城与大城关系等重要问题。②

毫无疑问,发掘者的首要任务是要确定小城的建造年代。在五个地点的发掘中,共获得了两组具有关键意义的地层关系:一是小城北城墙下压的水沟 G2,另一是打破城墙、城墙附属堆积以及城外道路的二十二座商代早期墓葬。也就是说,G2 可以卡住小城年代上限,而这二十二座墓葬又可以确定小城的年代下限,确是理想的地层依据。

据发掘简报,G2 长度"原应在 57 米以上","沟的形状笔直、规整,绝非自然形成,而系人工挖掘所致"。"沟内灰土中出土的陶器以深暗色调为主,明显具有偃师商城商文化第一期的特征。其中Ⅰ式鬲具有一期文化早段特点,Ⅱ式鬲则系典型的一期文化晚段器物",而且"Ⅱ式鬲出土较多"。在二十二座墓葬中,"时代最早的是 M16,其所出土陶器中鬲的形制为折沿、双唇、薄胎,饰细绳纹,时代相当于偃师商城商文化第二期早段",此外,"M12 出土陶鬲时代为二期晚段(相当于郑州二里岗以 H17 为代表的下层晚段时期)","M6 出土陶鬲、陶簋的时代为三期中段(相当于郑州二里岗上层早段)"。

如果根据上述地层关系,那么偃师商城小城的年代就应当是"不早于"G2 包含物的年代,即偃师商城商文化一期晚段;同时"不晚于"二十二座墓葬中最早的 M16 之年代,也即偃师商城商文化的二期早段。但发掘者最终的结论却是"小城城墙的修筑与初始使用时间应

---

① 王学荣:《偃师商城布局的探索和思考》,《考古》1999 年第 2 期。
② 中国社会科学院考古研究所河南第二工作队(王学荣、杜金鹏、岳洪彬执笔):《河南偃师商城小城发掘简报》,《考古》1999 年第 2 期。

不晚于偃师商城商文化第一期晚段"。上文提到,杜金鹏担任队长伊始,明明指出判断偃师商城始建年代应遵循"城墙的始建时间不早于被城墙所打破或叠压的时代最晚的遗存的年代"之原则,那为什么话音未落就不按既定原则,反而会得出这种有违一般地层学原理的结论呢?王学荣和杜金鹏给出的解释是:

> 按照通常的理解,这条被城墙叠压着的水沟的年代就是城墙建造年代之上限,而水沟中出土的时代最晚的遗物属于偃师商城商文化第2段偏早阶段,它们基本上代表着城墙建造年代的上限。但是,在发掘过程中,我们发现这条沟内的堆积在不同的地段呈现出不同的状况,由此而怀疑水沟出土物与城墙的年代关系,恐较上述通常的理解要复杂些。①

可见发掘者清楚地知道,"按照通常的理解",小城的年代确实应该是"不早于"偃师商城商文化第2段(按,也即发掘简报中所说的"一期文化晚段")的偏早阶段,但问题在于G2堆积具有特殊性,即:

> 该水沟内的堆积情况是:在城墙基础和城外道路下,水沟的底部是淤土,上部是较纯净的赭红色夯土。在城外壕沟(G1)以北,水沟的底部是淤土,并伴出许多螺壳;其上层也是淤土,基本无文化遗物。在城墙以南,水沟的底部一般是淤土;而上部则是灰土,灰土中包含有不少的陶片,包括鬲、罐、盆、尊等的口沿,它们的形制特征较多地属于偃师商城商文化第2段,同时也有接近第1段的。因此说,这些灰土堆积的年代,应是当地商文化第1、2段之际或第2段偏早时。根据水沟内的上述堆积情况,似可这样推测,该水沟在城墙建造之前即已存在,修建城墙时,在城墙经过的地方用土填充了水沟并施夯;城墙以北地方的水沟,因城墙的阻截

---

① 杜金鹏等:《试论偃师商城小城的几个问题》,《考古》1999年第2期。

而形成"死沟"逐渐自然淤塞；而城内的水沟在城墙建成后，也变成了"死沟"，人们不断地将生活垃圾倾倒进沟内，很快将其填平。若情况果真如此，那么，城内水沟中的上层堆积，即灰土堆积，应该是晚于城墙建造时间的文化遗存，其年代可视为城墙建造的下限，也即城墙使用年代的上限。

这就是说，在一般情况下，压在城墙之下水沟内的遗物应是建城之前在此地居住的人们所遗留，所以城墙建造年代就"不早于"沟内器物的年代。但发掘者通过具体分析，认为这条水沟比较特殊，它是因建城墙而废弃，城墙建好之后，城内的居民把废弃物丢在沟内，所以城墙建筑年代就应该是"不晚于"沟内器物的年代，沟内包含物的年代也就从城墙建造年代的上限变成了年代下限。

因此，王学荣、杜金鹏等人对偃师商城小城年代的最终判断是：

> 根据现有的考古资料可以断言，偃师商城小城最晚建于其商文化的第2段。以之同郑州商城商文化遗存相对比，可以说偃师商城小城的建造年代不晚于郑州二里岗C1H9，或说在相当于C1H9的时候，偃师商城小城已经建成。

这等于是偃师商城东北隅发掘一幕的再次重演——"按照通常的理解"，偃师商城的始建年代只能是"不早于"C1H9，但发掘者通过对遗迹现象的特别解释，将始建年代推定为"不晚于"C1H9。而以此为基础，杜金鹏等发掘者再一次重申了偃师商城对于夏商分界的决定性意义：

> 我们也认为，偃师商城确为夏、商文化的界标，在此理论前提下，通过田野发掘和整理研究，确定出偃师商城的始建年代，便可依之比较准确地划分夏、商文化的界限。偃师商城作为一个完整城邑的出现，是在小城建成之时。因此，所谓偃师商城是夏、商文化的界标，实际上是指小城为夏、商文化的界标，而非指偃师商城的大城。但必需指出的一点是，说小城是夏、商文化的界标，并不是指小城出现的时

间恰好是夏王朝覆灭、商王朝诞生的时刻。实际上,商人在偃师建都未必始自小城,而极可能是从宫城入手的。所以,说小城是夏、商文化的界标,可以理解为小城的建造年代是商王朝诞生年代之下限,而夏、商王朝的更替当较此更早一点。……我们认为,至迟在小城开始建造的时候,先商文化已经完成了向早商文化的过渡。①

杜金鹏等人的观点很明确,"由于小城是成汤灭夏之后在夏王朝腹地所建立的一座具有都城性质的城。因此,它在夏都附近的出现,应当是商王朝已经建立的标志",所以偃师商城,特别是小城的始建就是夏商分界的界标。

但杜金鹏很清楚,依据上述两处发掘所作出的始建年代判断均是有瑕疵的——在大城东北隅,是以城墙附近青铜冶铸遗存的存在而非城墙本身的建造作为商城始建依据的,难以服众;对小城北城墙建造年代的认识,又是建立在对 G2 堆积状况特殊处理和特别解释的基础之上,也容易招人诟病。要获得无可争议的偃师商城始建年代,仍需另找出路,而宫城北部"大灰沟"的发掘,则让杜金鹏看到了新的希望。

上文提到,早在 20 世纪 80 年代赵芝荃主持偃师商城发掘的时候,他所确定的偃师商城内最早的商文化遗存见于宫城内北部一条东西向的土沟中,在赵芝荃本人的偃师商城商文化分期体系中,唯一一个第一期第一段的典型单位ⅦT23 第⑨B 层即见于此沟。为了寻找更确凿、更早的始建年代证据,杜金鹏决定再次发掘"大灰沟"。对于这一决策前后的缘由,杜金鹏有过详细的说明:

> 当初高炜、杨锡璋先生在《中国考古学》夏商卷写作组内提出"偃师商城界标说"时,写作组成员对于偃师商城确切的始建年代,并无一人有把握。因此,在调整偃师商城工作班子之后,我们首先确定的发掘目标中,就包括宫城北部

---

① 杜金鹏等:《试论偃师商城小城的几个问题》,《考古》1999 年第 2 期。

的"大灰沟"——赵芝荃先生主持发掘时曾在此发现较早特征的商文化遗存,根据赵芝荃先生建议,我们将其确定为主要发掘目标之一。①

发掘工作分别于 1996 年秋、1997 年春以及 1999 年秋冬季进行。② 通过多次工作,发掘者对"大灰沟"的性质有了认识,推测"'大灰沟'很可能是取土后形成的沟状遗迹,之后,又被用来作为专门储存宫殿区内生活垃圾的场所",但承认"其性质的最终确认有待于新的考古发掘结果来证实"。③ 虽然"大灰沟"的性质暂时不明,但发掘者认为其底部堆积,也即 T28 的第⑧、⑨、⑩层"在商文化年代学研究方面具有重要意义",原因是:

> 根据以往材料,二里岗期早商文化的最早遗存,以郑州二里岗 H9 为典型单位。根据我们对偃师商城和郑州商城有关考古材料的对比分析,认为郑州二里岗 H9 与偃师商城商文化以"大灰沟"T28⑧、大城东北隅 H8、H9 为代表的第 2 段的文化面貌基本相同,二者年代应基本相当。如此,则叠压在"大灰沟"T28⑧之下的 T28⑨、⑩层所代表的偃师商城商文化第 1 段,在年代上超出了传统认识上的二里岗期商文化,是目前所知最早的商文化遗存。

发掘者强调"大灰沟"T28⑧层与二里岗 H9 相当,T28⑨、⑩层是"目前所知最早的商文化遗存",那么它们在商文化年代学研究方面究竟具有哪些"重要意义"呢? 所谓"知己知彼,百战不殆",作为论争对手的刘绪在这一点上十分敏感,立即洞察了对方的意图,并意识到问题的严重性,原因是:

---

① 杜金鹏:《"偃师商城界标说"解析》,河南省文物考古研究所编《华夏文明的形成与发展——河南省文物考古研究所建所五十周年暨华夏文明的形成与发展学术研讨会论文集》,大象出版社,2003 年,第 252—264 页。
② 中国社会科学院考古研究所河南第二工作队(张良仁、杜金鹏、王学荣执笔):《河南偃师商城宫城北部"大灰沟"发掘简报》,《考古》2000 年第 7 期。
③ 1999 年第三次发掘之后,"大灰沟"被确认为"王室祭祀遗存",参看中国社会科学院考古研究所(王学荣执笔)《河南偃师商城商代早期王室祭祀遗址》,《考古》2002 年第 7 期。

> 新西亳说特意提到郑州二里岗 H9 是有特别用意的。二里岗 C1H9，南关外 H62，以及二里岗 C1H17 等单位是邹衡先生研究商文化分期时确定的几个典型单位，在此之前无人对这些单位高度重视。其中 H9 被邹先生定为先商文化最晚一组，与夏文化最晚阶段——二里头文化四期之末同时，是商人刚刚南下到郑州的遗存，即黄河以南最早的商文化。……你说二里岗 H9 与二里头四期晚段同时，对，我承认。商人刚到郑州，则郑州商城的始建年代再早也不能早过 H9 吧！那就好了，我偃师商城现知最早的堆积——大灰沟底层（引者按，指 T28⑨、⑩层）比你 H9 还早！这才是黄河以南最早的商文化，而偃师商城的宫殿在此时早已建成了，比大灰沟底层的出土物更早。你郑亳没办法再早了，投降吧！①

这才是问题关键所在。如果偃师商城的始建确如新西亳说学者所言，要早于 C1H9 所代表的阶段，那么郑亳说只能宣告失败。

除此之外，借由上述发现，发掘者对商文化的来源与形成也有了新的认识：

> 我们发现，偃师商城商文化第 1 段遗存的文化内涵，实为二里头文化与下七垣文化的复合体，……以偃师商城商文化第 1 段为代表的早商文化，是在将二里头文化和下七垣文化有机融合的基础上，发展产生的一种新文化。②

众所周知，旧西亳说主张二里头文化一、二期是夏文化，三、四期是早商文化，然后发展成为二里岗期商文化，这实际上就等于是说商文化是从夏文化发展而来的；而郑亳说则主张二里头文化一至四期均为夏文化，下七垣文化是先商文化，二里岗早商文化是从下七垣文

---

① 刘绪：《夏商文化分界探讨的思考》，载北京大学考古文博学院编《考古学研究（五）》，第 181—200 页。
② 中国社会科学院考古研究所河南第二工作队（张良仁、杜金鹏、王学荣执笔）：《河南偃师商城宫城北部"大灰沟"发掘简报》，《考古》2000 年第 7 期。

化发展而来的。如今通过"大灰沟"的发掘,则让发掘者相信早商文化其实是有两个源头——作为夏文化的二里头文化以及作为先商文化的下七垣文化,二者融合形成了早商文化。

通过"大灰沟"的发掘,新西亳说学者完全确立了夏商分界于二里头文化三、四期之间的主张。这是因为:

> 偃师商城商文化第1段文化遗存,与二里头遗址Ⅲ区H23、Ⅴ区H53所代表的二里头文化第四期文化遗存之间,共同拥有一组特征相同的器物,故而其年代应属同时。而二里头遗址Ⅲ区H23、Ⅴ区H53等地层单位中,除了一组以大口尊、圜底深腹罐和圆腹罐等为代表的二里头文化典型器物之外,还有一组以细绳纹卷沿鬲、橄榄形深腹罐和束颈盆为代表的体现下七垣文化特征的器物。根据偃师商城和二里头遗址的有关考古发现,我们认为商文化的上限,已进入二里头文化第四期。

这就是说,夏商分界应当在二里头文化第四期的某一阶段,究竟是哪一个阶段,杜金鹏等发掘者在这里没有明说,但赵芝荃很肯定,认为"夏代文化终止于二里头文化第三期之末","偃师商城始建于偃师商城文化第一期,即二里头文化第四期与二里头文化第三期之交,是夏商文化的分界",[①]而二里头"第四期文化是商代纪年内的夏文化"。[②]

至此,自1996年杜金鹏主持偃师商城发掘工作以来,在短短两三年内,凭借对大城东北隅、小城北城墙以及宫城内"大灰沟"的关键发掘,对偃师商城始建年代的认识取得了突破性进展。这一时期,正是夏商周断代工程实施期间,同时也是社科院考古所《中国考古学·夏商卷》编写的关键时刻。偃师商城的上述工作,原本是围绕这两项重大任务开展的,有了这些新收获,则直接催生了《偃师商城与夏商文

---

① 赵芝荃:《再论偃师商城的始建年代》,《中原文物》1999年第3期。
② 赵芝荃:《试论二里头夏文化前后两端的过渡期文化》,原载《安金槐先生纪念文集》,大象出版社,2005年;收入《赵芝荃考古文集》,科学出版社,2008年,第108—131页。

化分界》(以下简称《分界》)这篇新西亳说的代表作。① 领衔执笔的高炜曾经详细回顾了该文出台的前因后果:

> 从1983年郑州召开第四次年会到1995年偃师商文化讨论会之间12年,论战各方都在继续阐述自己的理由,焦点集中在夏商文化分界应卡在二里头的哪一期以及"郑亳"说与"西亳"说的论争中。如何走出这种胶着状态,取得突破呢?这也是我一直在思考的问题。……实际上在80年代中、后期,我已逐渐意识到偃师商城同二里头遗址文化性质的论定,将成为解决夏商分界,进而建构夏商文化科学体系的基点。……进而悟到偃师商城出现于夏王朝京畿腹地,应是夏商之际重大历史事变直接的具体反映。同年(引者按,指1995年)7月,当《中国考古学》编委会在京郊怀柔开会,要求拿出对夏、商文化的系统看法时,经同杨锡璋先生讨论,便明确提出"偃师商城之始建为夏、商王朝交替界标说",并以此为基点谋求解决早商文化同夏文化、早商文化同先商文化的分界。经过半年时间的等待、讨论和辩论,经过有关人士的审慎思考,至1996年春,"偃师商城界标说"得到编写组诸位同仁的接受和支持,遂成为《中国考古学·夏商卷》重要理论支点。……1996年至1998年间,《中国考古学·夏商卷》编写组先后组织过十多次不同规模、不同形式的学术研讨活动,中心内容是在"偃师商城界标说"的理论前提下,结合偃师商城考古勘探、发掘的进展,着重解决偃师商城的布局与年代,尤其是城址的始建年代问题。……为深入剖析二里头与偃师商城文化面貌的联系与区别,我们徘徊于两遗址的标本室,一遍又一遍,反复看,反复讨论。1997年11月,承河南省文物考古研究所诸位先生和本所郑光先生盛意,将郑州商城和二里头遗址相关典型单位的陶

---

① 高炜等:《偃师商城与夏商文化分界》,《考古》1998年第10期。

器标本运到偃师商城标本室,使大家能共同对3个遗址出土实物进行面对面的比较研究,对于澄清一些认识上的歧异,获益良多。……研究成果集中体现在编写组几位同仁合作,由敝人执笔的《偃师商城与夏商文化分界》一文中。①

作为一篇纲领性的著述,《分界》的核心论点包括以下内容:首先是对于二里头文化的属性判断,《分界》认为:

> 无论从陶器群所标识的物质文化面貌,还是从建筑朝向所反映的观念来看,都表明二里头遗址和偃师商城不是同一文化共同体早晚相承的两个发展阶段。换句话说,只能把它们看作两个不同族属的文化遗迹。昔伊、洛地带本为有夏所居,偃师尸乡的城址既与郑州商城、安阳殷墟同属商文化,那么,早于偃师商城并繁盛多年的二里头二、三期遗址,只能是夏代晚期至夏末的都址。二里头文化的创造者,只能是以夏族为主体的人群。

上述认识等于是彻底否定了旧西亳说所主张的二里头文化偏早阶段为夏文化、偏晚阶段为早商文化,二里岗期商文化为商代前期文化的传统认识。

其次是关于偃师商城出现在二里头遗址附近所蕴含的特殊意义,《分界》指出:

> 如果我们摆脱开郑、偃二城孰为汤之亳都、孰主孰从、孰早孰晚的争执与成见,转换一下思路,承认如发掘所揭示的偃师商城是一座规模宏大、长期使用的都城,就会对它的历史地位有深一层的认识:这座商代早期都址出现在夏王朝辅畿之内的事实本身,实际上成为发生于夏商之际的一次重大历史事变,即中国历史上的第一次王朝更迭——夏王朝灭亡和商王朝确立的标志。

---

① 参看张立东、任飞主编《手铲释天书——与夏文化探索者的对话》中对高炜的专访,第336—340页。

对偃师商城的始建年代，《分界》是这样分析的：

> 宫城北部原为建筑取土挖成的东西向大沟，沟内自下而上填埋着宫殿使用时期先后形成的、层次分明的堆积。其底层堆积在偃师商城陶器编年序列中位列第一期早段，是偃师商城中已知最早的商文化遗存。最初的宫殿应不晚于灰沟底层出土陶器所标识的年代。……偃师商城的发掘资料同样证明，大城（甚至包括小城）城墙的修筑年代，并不代表该城的始建年代。只有最初的宫殿和宫城，才是该城始建年代真正的标志性建筑物。因此，可断定灰沟底层堆积所代表的第一期早段，是该城出现于洛阳平原接近实际的年代。于是，城址始建年代这一关键性课题得到了解决。

据此，《分界》对夏商分界的界标作出了自己的判断：

> 夏、商王朝交替考古学年代座标的建立，使以偃师商城第一期为代表的最早的商文化得以认定，夏、商文化界定难题随之可望解决：二里头文化主体是夏文化，惟其第四期（至迟其晚段）已经进入商代早期，它的特征以继承二里头一至三期的传统为主流，同时部分吸收并融合了商文化（以及少量岳石文化）因素，应视为商代初年夏遗民的遗存。

不难看出，《分界》一文的关键就是"转换一下思路"，"悟到"并"承认"当"偃师商城出现于夏王朝京畿腹地，应是夏商之际重大历史事变直接的具体反映"，然后在此新思路下所展开的论述。具体到夏商分界上，在"大灰沟"发掘之后，杜金鹏等发掘者只是笼统地说"商文化的上限，已进入二里头文化第四期"。对于这一判断，刘绪认为二里头遗址四期的夏遗民文化与偃师商城一期的早商文化共存长达一期，未免过长，不合情理，所以《分界》就采纳了杜金鹏的意见，特别指出"至迟"在二里头四期的"晚段"已经进入商代早期，从而将夏商分界进一步明确在二里头文化四期早、晚段之间。①

以《分界》的上述主张而言,是西亳说与郑亳说论争二十年来双方观点最为接近的一次,《分界》确认"二里头文化的创造者,只能是以夏族为主体的人群","二里头文化主体是夏文化",只是其"第四期(至迟其晚段)已经进入商代早期","应视为商代初年夏遗民的遗存",这与郑亳说所主张的二里头文化一至四期为夏文化,双方的差距仅仅只有半期。但令《分界》作者们始料未及的是,逐渐趋同的认识不仅没有引起郑亳说学者的共鸣,反而是激起了他们更加强烈的反应。

最先作出反应的是郑杰祥和董琦。从邹衡1977年在登封告成现场会提出郑亳说以来,郑杰祥就是坚定的郑亳说支持者;而董琦则是邹衡的学生,对邹衡的郑亳说也十分笃信。在《分界》一文发表后,郑杰祥立即著文表达了自己的看法,除了对《分界》所说的"二里头文化的创造者,只能是以夏族为主体的人群"这一判断表示赞同外,对《分界》所持的其他观点基本否定;②而董琦则从分析《分界》的研究脉络着手,对该文的研究方法给予彻底的质疑。③

郑杰祥的质疑主要来自两个方面。首先,郑杰祥对偃师商城东北隅城墙下压的H8、H9、H10三个灰坑的年代有不同看法。发掘者认为这些灰坑中出土的陶器接近郑州二里岗H9阶段,但郑杰祥则觉得很多陶器特征"都是以C1H9为代表的二里岗文化一期遗存中见不到的,它初现了以C1H17为代表的二里岗二期文化特征的端倪"。其次,发掘者最为看重的"大灰沟"底层资料,当时尚未公布,所以郑杰祥对于他们的"论断确当与否,只能有待公布资料之后加以判明了"。鉴于偃师商城出土的商代初期材料极其有限,所以郑杰祥认为:

> 商汤灭夏之后虽然在今偃师尸乡一带建起了城堡,但

---

① 刘绪:《夏商文化分界与偃师西亳的若干问题》,载北京大学考古文博学院编《考古学研究(八)》,科学出版社,2011年,第194—209页。
② 郑杰祥:《郑州商城和偃师商城的性质与夏商分界》,《中原文物》1999年第1期。
③ 董琦:《析〈偃师商城与夏商文化分界〉的研究脉络》,《中国历史博物馆馆刊》1999年第1期。

是,它未必就是一座"具一国政治中心性质的都城遗址"。正如现已公布的发掘资料所说,初时的偃师商城规模甚小,只有几座大型住房,或者已经建造了"宫城",但也只是一座约4万平方米的城堡,不可能容纳得下庞大的商王朝统治集团。

由此郑杰祥得出的结论是:郑州商城是商初王都亳邑,偃师商城与垣曲商城、沁阳商城、焦作商城和辉县孟庄商城一样,"它们都是环绕商初边疆建造的一系列军事重镇,用以防御西逃的夏遗民及其他敌对部族的侵袭";"偃师商城建于商初,应当是一座夏商王朝分界的界标点,但它不是唯一的一个界标点,而且不是一个主要的界标点,主要的界标点应是郑州商城"。

郑杰祥的质疑相当平和,主要是就考古材料,尤其是对H8、H9和H10出土陶器的器物特征表达了不同的理解,属于类型学范畴,对新西亳说学者而言,"杀伤力"并不强。但董琦的文章则不同,他的着眼点是《分界》一文的研究方法,因此颇具攻击性。

董琦在文章开首即强调"《分界》的研究脉络是模糊不清的",主要表现在《分界》如今的主张与几位作者过往的学术观点相比"实在是矛盾重重,难以自圆其说"。那么,如何能够避免陷于此种困境呢?董琦认为必须要"认同考古学文化的研究在夏商文化研究中的指导作用",而在这个方面,邹衡是个好榜样,因为事实证明邹衡运用考古学文化的研究方法在夏商文化研究中已经取得了重大成就。董琦说:

> 早在七十年代末期,邹衡先生就用划分考古学文化的原则,科学而又明确地划分出:二里头文化1—4期都是夏文化,二里岗文化是最早的早商文化,以漳河类型为代表的考古学文化是先商文化。在偃师商城发现与发掘之前,邹衡先生就对夏商文化的分界作出了科学的考古学研究,这是非常难能可贵的。在偃师商城发现与发掘之后,邹衡先生的研究成果,已成为"大多数学者的共识"。可以这样讲,偃师商城年代分期的建立,偃师商城文化性质的确定,都与

邹衡先生的研究成果密切相关。偃师商城研究成果的重要意义之一,在于它使大多数学者认同了邹衡先生的研究成果,进一步印证了"考古学文化"研究的科学性,从而将夏商文化的探索向前迈进了一大步。

所以,董琦此文与其说是要与《分界》作者们商榷具体学术观点,倒不如说是要《分界》作者们承认偃师商城最主要的贡献在于证实了邹衡的夏商文化研究体系,也即"偃师商城研究成果的重要意义之一,在于它使大多数学者认同了邹衡先生的研究成果"。所以,董琦不仅不认为《分界》本身有何贡献可言,而且建议《分界》的作者们应该发扬"坦白认错"的治学精神。

这自然是《分界》的作者们难以接受的商榷,他们必须有所反应,而出面作答的自然是领衔执笔《分界》的高炜。① 针对董琦的质疑,他主要从两个方面进行解释:其一,为什么把偃师商城的始建年代定在二里头文化四期;其二,详细解释了他本人以及其他三位《分界》作者改变个人研究观点的经过。然后,高炜反问董琦:

> 从标题来看,《析》文(引者按,指董琦《析〈偃师商城与夏商文化分界〉的研究脉络》一文)应着重分析《分界》本文的研究思路,却转而翻出《分界》作者已放弃的观点,做起文章。这样做,对于推动夏商文化研究和相关的学术讨论,会有益处吗?

但高炜的解释不但没有说服董琦,反而招来了董琦更为激烈的反驳。如果说他第一次分析《分界》研究脉络时尚留有余地,而这一次他则丝毫不留情面,径直追问《分界》的作者们:

> 《分界》在洋洋数千言的评述中,却未谈清楚二里头文化为夏文化、二里岗文化为早商文化、漳河型文化为先商文化是哪位学者如何以考古学方法为基础研究出来的,是如

---

① 高炜:《〈析《偃师商城与夏商文化分界》的研究脉络〉一文方法之商榷》,《中国历史博物馆馆刊》1999年第2期。

何逐步获得学术界大多数学者(包括《分界》的作者们)认同的。《分界》是作为夏商文化研究的"最新成果"隆重推出的,却连夏商文化研究最重要的研究成果都谈不清楚,其"研究脉络模糊不清"是显而易见的。笔者在这里冒昧地请教高炜先生,《分界》的"新观点"的基础是什么?①

在董琦看来,《分界》所谓的"新观点"和"新成果"其实都是邹衡此前二十多年的研究工作,具体来说就是:

> 早在偃师商城发现与发掘之前,邹衡先生就根据河南、山西、河北、山东、陕西、湖北、安徽等省数百个遗址的考古资料,用划分考古学文化的原则,科学而又明确地划分出:二里头文化1—4期都是夏文化,二里岗文化是最早的早商文化,以漳河类型为代表的考古学文化是先商文化。

这其实就是董琦所强调的"考古学文化"的研究方法,他并追问:

> 请问高炜先生,以一座城址的发现与发掘来决定一个考古学文化的文化属性,难道还是考古学研究吗?如果没有发现偃师商城,二里岗文化就不是早商文化了吗?如果没有偃师商城的发掘资料,二里头文化与二里岗文化就无法区分,夏商文化就无法分界了吗?答案是否定的。夏商文化界定的学术研究成果,在70年代末就已经问世,根本不是《分界》的"最新成果"、"新观点"。《分界》立论的基础就不是考古学研究的基础。

至此可以明白,让董琦震怒的原因有二:一是能说得出口的研究方法之争——他认为邹衡在夏商文化研究中秉持的是"考古学文化"研究方法,而《分界》则依据一座城址的出现来决定考古学文化属性,这难道"还是考古学研究吗"? 二是不太容易说得出口的学术贡献之

---

① 董琦:《再析〈偃师商城与夏商文化分界〉的研究脉络》,《中国历史博物馆馆刊》1999年第2期。

争——那就是夏商文化如果能够分界的话,端赖邹衡的夏商文化体系研究,是邹衡早在20世纪70年代末期就已解决的老问题,《分界》将其视为自己的"新成果"和"新观点",实有掠人之美的嫌疑。所以,董琦前后两文说《分界》"研究脉络模糊不清"是虚,指责对方忽视邹衡研究成果是实。而董琦所言其实代表了很多郑亳说学者的心声,特别是随着论争的白热化,学术贡献之争这一层意思就愈发清晰、直率,比如刘绪就很直接地质问方酉生:

> 在偃师商城发现之前,二里岗文化为早商文化就被提出,但遭到当时西亳说的一致反对,其中方先生是最坚决的一位。二里岗文化为早商文化是如何提出的?西亳说并没有从研究方法上认真推敲,他们以为在单线条上指定一处大型遗迹为成汤所建就可以了。过去指定二里头遗址某大型建筑为汤所建,现在又指定偃师商城为成汤所建。好象二里岗文化为早商文化是偃师商城发现之后才提出来的。明知二里岗文化为早商文化早已提出而佯作不知,有意回避、淡化,甚至移植他人研究成果。把这一结论说成是经过自己"认真分析,对比和研究"后得出的。倘若偃师商城还没有发现,方先生等二里头遗址西亳说者会承认二里岗文化是早商文化吗?肯定不会!西亳说真应该从研究方法上进行深刻的思考。①

刘绪并指出,西亳说学者过于强调偃师商城始建年代的根本原因就在于他们不愿意承认错误,他说:

> 对于把二里头西亳改为偃师商城西亳的学者来说,承认二里岗文化为早商文化已是一件痛苦的事情,若再舍弃西亳之说,岂不是对自己以往研究的全面否定。因此,西亳之说是决不能放弃的。自偃师商城发现以来,对于它的始

---

① 刘绪:《再论偃师商城是不准确的界标——兼答方酉生先生》,《东南文化》2003年第1期。

建年代就成为各方关注的焦点。偃师商城西亳说为确保该城为亳都,使之早于郑州商城,努力提早其始建年代。无论对考古现象的解释,还是文化遗物的分期,都进行了周密的推测和编排。本来段鹏琦先生对该城大城始建年代的最初认识是正确的,即晚于二里头文化第四期,可后来一度被推翻了,非要把其始建年代定为二里头文化第三或四期。直到1997年在大城东北隅发掘之后才纠正过来。再后又强调宫城和宫城内部分建筑的始建年代早于郑州商城,是最早的早商文化。近年来又将其确定为夏商分界的唯一准确的界标,似乎其他地点不可能有最早的早商文化了。凡此都是以往认识的继续,是由西亳必在偃师决定的。

刘绪的意思是,新西亳说学者死守偃师商城为汤都西亳这条底线的根本原因是他们不能再退,否则"就是对自己以往研究的全面否定",也就等于是承认自己对夏商文化研究毫无成果、毫无贡献,因此必须想尽一切办法"确保"偃师商城为亳都。

由此就不难理解为什么明明《分界》所持观点与郑亳说前所未有地接近,但结果却惹得董琦和刘绪"怒气冲冲",原来他们都是在替老师邹衡打抱不平,已经由单纯的学术之争演变为名分之争——究竟是邹衡,还是《分界》的作者们对夏商分界作出了区分?

面对董琦和刘绪的责难,《分界》的作者们也倍感委屈——邹衡固然在夏商文化研究中创见尤多,但学术研究又何尝是某一个人可以完成的?社科院考古所和河南省文物考古所的多位同仁为夏商文化研究贡献了毕生精力,难道二里头遗址、郑州商城、偃师商城的发现、发掘与研究就不是贡献?难道偃师商城发现之后,新西亳说学者将C1H9阶段定为早商,而非邹衡所定的先商文化,并据此将夏商分界确定在二里头四期前后段之间,而非邹衡所主张的二里头四期与二里岗下层之间,就不能算是"新成果"?邹衡早年不也曾考虑过郑州商城隞都说,不也曾把二里头文化视为先商文化吗?邹衡能够修正自己的学术观点,西亳说学者难道就不能吗?旧西亳说学者当中的多位都已坦承放弃以往所主张的二里头遗址西亳说,何以对方还要"不依不饶"?

所幸论争双方很快就冷静下来,都淡化与回避敏感的贡献之争,而更多地试图从学理上说服对方,因此总体而言,《分界》一文的发表极大地推进了夏商分界研究,促使双方更加深入全面地思考夏商分界问题,这其中又以刘绪与杜金鹏的对话最具代表性。

在《分界》发表后不久,刘绪即针锋相对地写了一篇《偃师商城——不准确的界标》给予回应。[①] 他首先质疑《分界》所提出的夏商王朝更替标准:

> 偃师商城之所以被新西亳说指定为夏、商王朝交替的界标,是因它"出现在夏王朝辅畿之内",这一现象本身就使它成为"中国历史上的第一次王朝更迭——夏王朝灭亡和商王朝确立的标志"。为使这一结论更完满可信,该说还大胆地认定了夏王朝灭亡的考古证据——二里头一号宫殿的毁坏,认为二里头一号宫殿和偃师商城"一废一兴",恰到好处地说明了夏、商王朝的更替。且不说二里头一号宫殿的毁坏是否一定是成汤所为,决不是其他原因;也不说在旧王朝辅畿之地出现新王朝的城邑就一定非首都不可,决不会是其他性质的城邑。仅就新王朝首都的建立一定在旧王朝被灭之后这一点就站不住脚。

他进而对《分界》所主张的灭夏与亳都兴建的先后关系提出强烈质疑:

> 笔者不明白凭什么说亳都兴建一定在桀都被毁之后。到现在为止,新西亳说在这个问题上没有举出一条文献记载作为证据,而是想当然地排列了灭夏与建亳的先后顺序。……奇怪的是他们反而就都亳与灭夏前后关系编造出另外一套与

[①] 刘绪:《偃师商城——不准确的界标》,《中国文物报》2001年8月15日。

文献记载完全相反的说法来。大胆地对一些考古现象进行逼真的解说,而且这种说法竟然迷惑了不少人,并在继续蔓延和扩展。

在刘绪看来,"文献记载已很清楚地说明,成汤在灭夏之前已都于亳。不是如新西亳说者所编排的那样,先灭夏再建亳",这样"汤亳最早的遗存应属灭夏前的先商文化,而非早商文化","因此,以亳都始建之年为早商的结论压根就是错误的,把它视为夏、商王朝交替之界标也只能是错上加错",所以刘绪断言,"无论偃师商城性质如何,其始建的时间都不是夏、商王朝交替的准确界标"。

相比于"准确界标",刘绪更反对偃师商城是夏商分界"惟一界标"的提法,原因是:

> 即使按照新西亳说的"一废一兴"的编排,偃师商城的"兴"也并非是"惟一",因为二里头一号宫殿的"废",也具备界标的条件。偃师商城充其量是半个"惟一"。

据说刘绪"此言一出,学界愕然",因为在杜金鹏等新西亳说学者看来,"事情并非刘绪先生所言"。① 关于商汤都亳与灭夏的前后关系问题,杜金鹏这样解释:

> 商汤都亳,史载甚明,然汤亳非一。其一是商汤灭夏前所都居之亳——此为先商方国之亳;其二是商汤灭夏后新建之亳——此为早商王国之亳。……刘绪先生所举文献指的是先商之亳,而"偃师商城为汤都"指的是早商亳都,"新西亳说"学者从来没有认为偃师商城是商汤灭夏之前所建造的都城。

杜金鹏并反问刘绪,对于"那些说明商汤灭夏之后在偃师新建都邑的文献记载",而且"其中的一些关键条目"是郑亳说和西亳说学者

---

① 杜金鹏:《"偃师商城界标说"解析》,载河南省文物考古研究所编《华夏文明的形成与发展——河南省文物考古研究所建所五十周年暨华夏文明的形成与发展学术研讨会论文集》,第252—264页。

都引用过的,究竟"该当如何处置"? 杜金鹏认为,"如果在回避或者不预先否定这些文献的前提下,就宣布说商汤灭夏以后在偃师营建新都是他人对于历史的随意'编排',似有以偏概全之嫌"。

杜金鹏进而解释为什么"在充当'界标'方面,偃师商城具有排他性",这是因为:

> 偃师商城的这一特殊学术地位,来自它特定的地理位置和特定的文化内涵与性质。偃师商城与偃师二里头遗址相距仅有6公里,……偃师商城自建造的时候起,其陶器群就与二里头文化陶器群迥然有别——尽管刚开始的时候包含着相当浓厚的二里头文化因素;偃师商城的宫殿建筑的布局、朝向,也与二里头遗址宫殿建筑有明显不同;偃师商城宫城内连片的宫殿建筑、大型的祭祀场所、庞大的水池,宫城外大型府库和铸铜遗址的存在,均说明偃师商城具有都城的主要文化内涵。无论它是首都还是陪都,认定其为早商时期的城址,则是学术界的共识。因此,偃师商城的始建,即标志着夏、商王朝的更替,偃师商城的始建年代,就是夏、商王朝更替年代的下限。

杜金鹏还分析了为什么郑州商城"难以作为'夏商界标'使用"的原因,"理由很简单",这是因为"在郑州无法根据商汤伐夏桀这一军事行动来准确划分先商文化与早商文化",更"无法确指郑州商城内的哪些建筑遗存是灭夏的直接证据"。他并反问那些"把郑州北大街发现的一些夯土基址(郑州北大街Ⅵ号、Ⅶ号夯土基址),作为夏商界标"的学者,"根据什么标准判定这些夯土基址为早商的而非先商的建筑遗存? 依据什么标准认定那些夯土基址是宫殿基址——郑州商城早商时期城市建设的主体"? 一句话,"如果不能辨明郑州北大街夯土建筑基址等究竟是属于先商抑或早商的话,以郑州商城作为夏、商'界标',岂不失去了意义"?

杜金鹏认为,郑亳说诸学者之所以对偃师商城界标说抱有强烈的质疑,原因在于他们"采取以'不变应万变'的策略来看待偃师商城考古新成果",如董琦"终不肯对偃师商城考古新材料,做一番认真、客观的分析研究",而邹衡对于偃师商城的考古新资料,"或是视而不见,或是弃置不用,或是有意贬低其学术意义",这样做的结果只能是"不管偃师商城的考古工作有多少新成果、新进展,都始终坚持认为偃师商城的始建年代为'早商文化第Ⅲ组'即二里冈下层二期"。而对于刘绪提出的"大灰沟"最下层遗物是新西亳说学者"错定为早于二里岗 H9"的说法,杜金鹏表示很无奈,"也许当事者迷,局外者清,究竟如何由大家去判断吧"。①

针对刘绪提出的既然偃师商城的"兴"可以是夏商分界的界标,那么二里头遗址的"废"也可以是界标,杜金鹏也意识到如果过分强调偃师商城是夏商分界唯一的界标并不妥当,所以他也承认:

> 就考古学上的夏商界标而言,可以是多方面、多层次的。都城界标只是界标之一,商汤都城则只是都城界标之一(桀都的毁灭和汤都的兴建,均可以为都城界标)。目前可以确认的属于商汤灭夏之后方才建造的都邑级城址,只有偃师商城,因而唯偃师商城具有汤都界标资格。说偃师商城是唯一界标,强调的是它属于商汤灭夏之后兴建的都城,因而,既不排斥商汤灭夏前另有都城,也不排斥商汤灭夏之后曾回归旧都;推而论之,偃师商城界标说,并不一定要建立在否定郑州商城为汤都的基础之上。

杜金鹏的上述认识实际上是再一次拉近了西亳说与郑亳说的距离。无独有偶,刘绪也对文献中有关商汤灭夏与都亳的先后问题再次作了解释:

> 力主成汤先都南亳,灭夏后又迁都西亳,说"这在文献上记得清清楚楚"。若说西晋以来的文献记载是这样,还可以说得过去。若说汉代以前的文献,则根本没有先南亳后西亳的

---

① 杜金鹏:《夏商分界研究中"都城界定法"的理论与实践》,载《夏商周考古学研究》,第 262—299 页。

记载,这也是清清楚楚的。汉代以前文献所显示的是成汤灭夏后归亳,并没有迁都之说。……成汤灭夏之后是否迁都,目前尚在探讨之中,任何一说都不成定论,不足为凭。①

在这里,最值得关注的是刘绪所谓"成汤灭夏之后是否迁都,目前尚在探讨之中,任何一说都不成定论,不足为凭"的表述——言外之意,刘绪也认为以现有的考古学证据尚不足彻底否定南亳说或北亳说,既如此,那么西亳说也有成立的可能,而郑亳说自然也就不会是"定论",或许可以借用郑光当年所言,"'郑亳说'仅是一说"。②

而实际上,对于偃师商城的界标作用,刘绪并非全盘否定,而是有保留接受的:

> 偃师商城的发现确是夏商文化研究中的大事,偃师商城的发掘确实取得了辉煌成绩,其最重要的学术意义之一是证明了二里岗文化是早商文化,使争论多年的夏商文化分界的讨论趋于一致。……笔者并不完全否定以亳都做为夏、商王朝交替界标的意见,只是觉得新西亳说在确立这个界标时仅强调灭夏与迁亳,模糊了始建之亳与后迁之亳的关系,也模糊了建亳与灭夏的先后顺序,没有把界标的尺度把握准确。我以为这个界标是相对的,因为最后用以表示和说明它的是考古学文化,时间再短也需用一期或一段来衡量。再说,不论建亳还是灭夏乃至迁亳,他的完成者都是成汤,能把考古学文化的某一期段确定在这一时期就可以了。目前,郑亳说和新西亳说在这方面比较接近,即都认为二里冈下层早段是郑州和偃师一带最早的商文化,约当成汤之时,以此为商代初年的标志是双方都能接受的,大可不必再为谁早谁晚争论不休,并衍生出诸多错误推论来。③

---

① 刘绪:《再论偃师商城是不准确的界标》,《东南文化》2003年第1期。
② 张立东、任飞:《手铲释天书——与夏文化探索者的对话》,第435页。
③ 刘绪:《夏商文化分界探讨的思考》,载北京大学考古文博学院编《考古学研究(五)》,第181—200页。

所以，刘绪所反对的其实是：

> 商人灭夏之后在夏人腹地兴建一些城邑乃情理中事，史料把他们与成汤联系起来也很正常，属此类者并非偃师一地。即使成汤果真将亳都迁到偃师，那也不能在论亳都时笼而统之言称灭夏在前，建亳在后，将灭夏前亳都的存在一笔勾销，依此来强调灭夏后所建亳都的唯一。新西亳说所以这样做，是有意回避和淡化早由郑亳说提出的二里头文化一至四期为夏文化，二里岗文化是早商文化的结论，以便突出新西亳说才是认定和解决早商文化及夏商分界的唯一正确代表，好象在偃师商城发现之前，学术界有关早商文化与夏商分界的讨论毫无成就，唯偃师商城的发现和新西亳说才使这一重大学术问题迎刃而解。而且唯有如此，别无其他。

当然，刘绪始终坚持偃师商城作为界标的"不准确性"，这是因为：

> 借用新西亳说的说法，因为灭夏，毁其建筑和择地建城有一个过程，更何况文献明确记载成汤灭夏后先回到了已存在的亳都，显然最早的早商文化应该在此，而不在尚未建成的偃师商城。由灭夏到从故亳都迁至偃师新亳都，尽管期间所历时日也许短到数年，甚至数月，难以用考古学方法来判断，但新都的始建和最初的使用毕竟不是准确的商代起始。

而相应地，杜金鹏对刘绪所说的"不准确"性表示理解：

> 说偃师商城的始建是夏、商"界标"，准确地讲系指偃师商城是从考古学上运用"早商都城界定法"划分夏、商文化以及先商文化与早商文化的界标，从历史学角度讲，也可作为夏、商王朝更替的考古学界标。这个"界标"并非确指某年某月某日夏、商王朝完成了更替，而只是指夏、商王朝更替的时间下限，即夏、商王朝的更替不会晚于偃师商城开始

建造的时候。偃师商城的始建与夏、商王朝的更替之间,应该有个时间差。只是,这个时间差到底有多长,我们现在无法准确判定——不但考古学目前解决不了这个问题,其他任何学科目前也都解决不了这个问题。若从这个意义上讲,刘绪先生指斥偃师商城是"不确切界标",所言近是。……刘绪先生要求的那种"准确界标",现在没有,将来也不会找到。①

所以,在偃师商城作为"界标"是否"准确"这一点上,刘绪与杜金鹏其实并无分歧,双方都知道考古学上的界标具有相对性。所以,杜金鹏也客观地看待郑州商城的重要性,他说:

> 若偃师商城是早商王国之亳,则先商方国之亳自当另有归宿。就目前考古发现并结合相关文献记载来看,不能排除先商晚期之亳在郑州的可能性。商族对于郑州地区的经营,可能始于先商时期,而郑州商城在早商时期也不失为某种形式的统治中心地位。这大概是我们必须直面的现实。

杜金鹏承认"不能排除先商晚期之亳在郑州的可能性",这无疑是郑亳说学者所乐意见到的。至此,当刘绪坦承"偃师商城的发现确是夏商文化研究中的大事,偃师商城的发掘确实取得了辉煌成绩",而杜金鹏也认为"郑州商城在早商时期也不失为某种形式的统治中心地位"是"必须直面的现实",双方在两座商城的认识上其实已经非常接近。

当然,作为新西亳说的主力,杜金鹏绝对不能接受刘绪有关"新西亳说……有意回避和淡化早由郑亳说提出的二里头文化一至四期为夏文化,二里岗文化是早商文化的结论"的"指控",所以他对"偃师商城界标说"的产生经过进行了详细解说,并对夏商分界研究中"都

---

① 杜金鹏:《"偃师商城界标说"解析》,载河南省文物考古研究所编《华夏文明的形成与发展——河南省文物考古研究所建所五十周年暨华夏文明的形成与发展学术研讨会论文集》,第252—264页。

城界定法"的理论与实践进行了详尽的回顾,以此证明西亳说学者在夏商分界研究中所作出的巨大贡献。① 杜金鹏还就他个人学术观点的转变过程作了详细剖析:

> 1995年夏、秋之交,我们讨论《中国考古学》夏商卷纲要时,写作组成员之间在如何划分夏商文化这个问题上,意见有分歧。主编高炜、杨锡璋两先生指出,在目前的学术状况下,不妨用偃师商城的始建作为划分夏、商文化的标尺。……当时,我持夏商文化分界于二里头文化二、三期之间说,虽然认可偃师商城是商代早期城址,但并不认为它是汤都亳邑(根据当时公布的材料,我推测偃师商城当约建于太戊时期……),因而对于这个提议是有保留的,故曾在内部声明:在以个人名义发表文章时,还将坚持夏商文化分界在二里头文化二、三期之间说,除非有过硬的考古新材料来促使我改变观点,否则"不投降"。及至1996年我接手偃师商城的工作,在一系列考古发掘实践中,在有明确可靠地层关系的基础上,把偃师商城始建年代步步前推,尤其是小城的发现和"大灰沟"内1段遗存的反复确认,证明偃师商城的始建比许多学者所认可的年代要早。经研究对比,我认为偃师商城1段与二里头四期晚段年代相当,结合二里头四期晚段时大量涌现下七垣文化因素之考古现象的存在,我不仅接受了以偃师商城的出现作为夏商文化界标的观点,而且在《中国考古学》夏商卷中还将二里头四期晚段时突然大量涌现下七垣文化因素,作为夏、商更替的标志之一。……可以说,我的这个转变,是在田野考古实践中,根据新发现新材料,经过反复探讨、慎重思考,本着实事求是原则做出

---

① 杜金鹏:《夏商分界研究中"都城界定法"的理论与实践》,载《夏商周考古学研究》,第262—299页。

的尊重考古实际的选择。①

所以,杜金鹏也委婉地批评论争对手:

> 考古发现日新月异,考古材料日益丰富,这是当今中国考古学的突出特点。尊重事实,实事求是,根据新发现、新材料,随时审视和修正自己的观点,是学科发展的要求。诚盼考古同仁加强交流与沟通,互相学习,拓宽视野,平等讨论,共同推动学科发展。

杜金鹏甚至这样建议董琦:

> 我愿与董琦先生商量,是否可以把他说的笔者等人"只不过是用偃师商城的发掘资料,再次印证了邹衡先生的研究成果"一语,改为"用偃师商城的发掘资料,修正了邹衡先生的研究成果"? 其实,如果用客观公正的眼光看问题,就会发现我们与邹衡先生学术之间的种种区别,也会理解我们在偃师商城的考古实践中,去苦苦摸索、反复认定的用心。②

杜金鹏之所以强调是"修正",而非"印证",是因为郑亳说主张"二里头一至四期都是夏文化,夏文化就是二里头文化",而"偃师商城界标说"引申出的结论则是,"二里头文化一至四期并非都是夏文化,至少二里头文化第四期的晚段属于商代文化",两者之间至少还存在"半期"之差。

"平等讨论"成了新西亳说学者此时的一大诉求。因为在他们看来,由于偃师商城的发现证明了二里岗文化是早商文化,二里头文化主体是夏文化,所以郑亳说学者便有些"得理不饶人",既全盘否定了

---

① 杜金鹏:《"偃师商城界标说"解析》,载河南省文物考古研究所编《华夏文明的形成与发展——河南省文物考古研究所建所五十周年暨华夏文明的形成与发展学术研讨会论文集》,第252—264页。
② 杜金鹏:《关于夏商界标研究几个问题的讨论》,《三代考古(二)》,科学出版社,2006年,第221—242页。

西亳说学者以往的贡献，更不能正视他们现在所提出的新观点。

客观地说，在这场论争中，刘绪、董琦等邹门弟子或多或少地带有一些为老师"伸张正义"、"打抱不平"的情绪在内，但毫无疑问，他们对偃师商城界标说的质疑更多地还是从考古材料本身出发。比如在杜金鹏等新西亳说学者眼中，偃师商城"确系一座具有王都内涵的早商城址"，理由是它"宫城内宫殿排列有序，规模宏大；祭祀遗存丰富；还有给、排水设施完善的大型池苑"，"显然非王都莫属"。但刘绪对此判断颇感困惑——在偃师商城的始建阶段，也即偃师商城商文化第一期第1段，究竟有多少考古材料可以支持或证明这里已经是都邑性遗址？因为根据他对偃师商城和二里头遗址发掘材料的梳理与对比，发现情况并非新西亳说学者所说的那样：

第一，若成汤都亳属偃师商城第一段，则本段考古遗存仅见于"大灰沟"——祭祀设施底部堆积，其它地段尚未发现。所谓此时建有宫城、宫殿等说法，均为推断，缺少直接证据。依此为前提，偃师商城第一段的考古遗存和二里头遗址第四期遗存便失去了比较的基础，因为二者的丰简程度相差太过悬殊。考古学研究最重实证，即使"大灰沟"底部堆积与二里头遗址第四期同时，那也不敢说其它建筑等遗迹也与二里头遗址第四期同时。我以为，仅依靠"大灰沟"底部的一点遗存，就断定此时汤亳建成，实在太过大胆。

第二，放宽成汤在位的时限，把偃师商城第一期，即包括第二段在内均视作成汤时期，那么将偃师商城此期遗存与同时的二里头遗址第四期遗存比较，结果是，除府库和池苑为汤亳特殊设施，不见于夏旧都外，其它诸多方面，如遗址面积、宫城和宫殿建筑规模、墓葬数量和随葬品的丰简程度、手工业作坊的规格等等，汤亳均较夏旧都逊色。凡承认偃师商城第一期是汤亳，并与二里头遗址第四期同时者，就得承认这一客观现象。为什么成汤的亳都会比夏旧都逊色？为什么相隔六公里，夏文化和商文化还能同时并存一期之长？所有研究二里头遗址和偃师商城的学者，对这些客观现象和问题都应该有清醒的认识和深层的思考，作出更合乎情理的解释。①

所以刘绪认为"偃师商城第一期与二里头第四期不当同时，即使二者同时一段时间（半期）也有点偏长"，特别是"该商城第一段遗存太少"，所以目前并"不支持汤都之说"。换言之，刘绪认为新西亳说学者对偃师商城年代与性质的判断均可能有误，他们把偃师商城第一期第一段描述为繁荣的王都，就当前的考古材料而言，实际上是一种假设或假象。

偃师商城第1段考古材料的稀少，确实是新西亳说的软肋与命门所在，这一点连杜金鹏自己也承认：

> 1996—1997年对宫城北部灰沟的发掘，在灰沟的底部发现了目前所知偃师商城最早的商文化遗存——偃师商城商文化第1段，它一方面具有鲜明的商文化特点，另一方面表现出浓厚的二里头文化因素。这类文化遗存的发现，使我们有理由把商文化的上限推进至二里头文化第四期的时候。而偃师商城的创建应该与商文化在此地的出现，是同时的。将来的考古发掘若完全证实该灰沟为宫城设施的组成部分，上述推论将更加可靠。②

既然杜金鹏在这段表述中使用了"应该"、"若"以及"推论"等词汇，这反过来正说明刘绪的质疑自有其合理性。除此之外，刘绪还发现：

> 依"大灰沟"发掘简报言，其最下两层的遗存（第一段）"一方面包含有大量二里头文化因素，……另一方面，又包含一组具有鲜明特征下七垣文化特征的器物"。有西亳说

---

① 刘绪：《夏末商初都邑分析之一——二里头遗址与偃师商城比较》，《中国国家博物馆刊》2013年第9期。

② 杜金鹏：《偃师商城与"夏商周断代工程"》，见《偃师商城初探》，第137页。

者又概括云,第一段遗存"多数呈现二里头文化特征,少量属于典型的早商文化遗物"。两种概括大同小异,都认为以二里头文化因素为主,商文化因素为次。……按照通常判断考古学文化性质的标准,文化属性应由主要文化因素来确定。如此,"大灰沟"最下两层遗存,即第一段遗存应属二里头文化,可偃师商城西亳说的多数先生认为属商文化。这实际等于说"大灰沟"最下两层遗存,是一种以夏文化因素为主的商文化。那么,考古学文化的性质究竟如何确定?如何把握?即使承认第一段遗存属成汤亳都遗存,那么以这样的一类文化遗存作为夏商文化分界的界标,这个界标典型吗?如果典型,能适用于其它遗址吗?如果不典型,那还能充当界标吗?①

而事实上在刘绪之前,陈旭就已经提醒杜金鹏,既然"大灰沟"底部出土大量二里头文化的遗物,那么"大灰沟未必是商人灭夏以后才形成的,也许在夏代晚期就已经存在,商人不过是利用了它而已"。②对此,杜金鹏的解释是:

> 在后来的发掘中,我们发现宫城在商文化第 2 段的时候已经初具规模,东、西两区宫殿、"大灰沟"和水池等的布局已规划确定,联系到"大灰沟"内自第 1 段开始即有大量商文化陶片和祭祀遗存,因而推断偃师商城宫城的始建应在其商文化第 1 段的时候。

这一解释事实上等于是承认偃师商城宫城的始建在其商文化第 1 段并非"定论",而是一种"推论"。所以刘绪信心满满地"恳请"西亳说学者对他的种种困惑"予以回答",因为他知道自己"所提问题切中

---

① 刘绪:《困惑八问——向偃师商城西亳说求解》,"夏商都邑考古暨纪念偃师商城发现 30 周年国际学术讨论会"递交论文,河南偃师,2013 年 10 月 28 日—29 日。
② 杜金鹏:《"偃师商城界标说"解析》注 53,载河南省文物考古研究所编《华夏文明的形成与发展——河南省文物考古研究所所建所五十周年暨华夏文明的形成与发展学术研讨会论文集》。

要害难以回答"。更关键的是,刘绪认为自己所提的并非"难以认识的问题",可新西亳说学者为什么"硬是没认识到"呢?他认为症结就在于这些学者"过分关注偃师商城与郑州商城的主次有关",舍此,"还有其它原因吗"?

毫无疑问,三十年来偃师商城一系列的发现极大地推进了夏商考古研究。三十年来,围绕着城址的性质与年代、夏—先商—早商文化的认证以及夏商分界等重大学术问题,西亳说、郑亳说以及持其他观点的学者展开了充分的论争,使得学术界对上述问题有了越来越多的共识,从而把研究不断地推向深入。但另一方面,只要刘绪的"困惑八问"尚在,西亳说与郑亳说的论争就没有结束,夏商分界问题就不能说得到圆满解决。但可以相信,探寻一个被广泛接受的结论,是西亳说和郑亳说学者的共同愿望。

五、遭遇尴尬:郑州商城与夏商分界

在半个多世纪的夏商考古研究中,郑州商城始终是关键所在,无论是西亳说还是郑亳说,其根本点均在于对郑州二里岗期商文化年代的认识以及对郑州商城性质的判断。但在偃师商城发现之后,特别是在偃师商城掀起的新一轮夏商分界研究中,郑州商城却遭遇了前所未有的尴尬:首先,郑州商城始建年代如何,它能与偃师商城基本同时甚至略早吗?其次,即便与偃师商城基本同时,它能作为夏商分界的界标吗?因此就形成了这样一种状况:一方面,新西亳说学者自然不会承认郑州商城的界标作用,而另一方面,郑亳说学者似乎也没有什么好办法来解释郑州商城如何扮演夏商分界的界标。

先说郑州商城的始建年代。

早在发掘伊始,主持发掘工作的安金槐就依据地层关系确定了郑州商城的年代下限:

> 第一,商代墓葬压在夯土城墙的上面;……第二,商代房基压在夯土城墙上面;……第三,商代的窖穴挖破了夯土

城墙；……第四，商代文化层叠压在夯土城墙的上面，……从上面所列举的材料，说明在夯土城墙上面所发掘出来的墓葬、房基、窖穴、文化层和狗坑，都是属于商代的，那么被压在下面的夯土城墙，自然就不会晚于商代。①

安金槐又依据城墙夯土的包含物确定了城址的年代上限：

> 同时在(城墙)夯土层中包含有商代文化遗址的灰土和商代的遗物，还有原始社会"龙山期"的一些方格纹和条纹陶片以及相当于夏代的一些灰色绳纹陶片。既然在夯土层内所包含的最晚的文化遗物是商代的，那么夯土城墙的时代，就绝不会早于商代。所以上述的夯土城墙的相对年代是属于商代的一个时期无疑。

在20世纪50年代，能够把郑州新发现的这座城址确定为商代古城无疑是有重要意义的，但在讨论夏商分界时，把城址的年代仅仅判断为"属于商代的一个时期"自然是远远不够的。所幸从1956年—1974年，郑州商城的发掘者在城址的四面城墙上开挖了二十二条探沟，获得了一系列确凿的地层关系，其中最关键的有以下数条。

其一：

> 在5条探沟内，发现有夯土城墙叠压着龙山文化层、洛达庙期文化层和商代南关外期文化层，就证明夯土城墙的年代晚于商代洛达庙期和商代南关外期。

其二：

> 在已发掘的22条探沟中的12条探沟内有商代二里岗下层的房基，3条探沟内有9个商代二里岗期下层窖穴（或灰坑），4条探沟内有5座商代二里岗期下层的墓葬，直接或间接叠压或破坏了夯土城墙，这就证明夯土城墙的建筑年代不晚于商代前期的二里岗期下层。

---

① 安金槐：《试论郑州商代城址——隞都》，《文物》1961年第4、5期。

其三：

在22条探沟内的夯土层里出土了不少碎陶片，包含有少量龙山文化陶片，较多的洛达庙期陶片，以及一些商代二里岗期下层的陶片。但是没有发现比这些陶片更晚的陶片。从而证明夯土城墙的建筑年代不能早于商代二里岗期下层。

据此，安金槐对于郑州商城始建年代形成了更加准确的判断，即"郑州夯土城墙属于商代是确凿无疑，它建造于商代二里岗期下层，其使用时间从商代二里岗期下层开始，一直延用到二里岗期上层"。①

邹衡在讨论郑州商城的年代时，对上述地层关系有过更加简练的概括：

在多数探沟中都发现有二里岗期下层的文化层或灰坑、房子和墓葬直接叠压或破坏城墙；也有少数探沟中发现城墙压着龙山文化、洛达庙期文化或南关外期文化的文化层、灰坑或灰沟；只有西墙一条探沟内城墙压着二里岗下层一小沟。同时，这些探沟内城墙夯土的土质、结构和包含物基本相同，其陶片大部分属于洛达庙期，也有少量属于二里岗期下层者。②

不难看出，卡住郑州商城年代上限的关键性证据有二：一是西城墙下压的"二里头下层一小沟"，二是城墙夯土内"少量属于二里头下层"的陶片。根据这两条证据，安金槐对郑州商城建造年代的判断当无疑义，因此也被学术界广泛接受，包括邹衡。

但这些在一般人看来确凿无疑的证据与结论，却遭到陈旭的质疑。她从地层关系以及城墙周边堆积和建造的具体情况出发，认为

---

① 河南省博物馆、郑州市博物馆：《郑州商代城遗址发掘报告》，《文物资料丛刊（一）》，文物出版社，1977年，第1—47页。
② 邹衡：《西亳与桐宫考辨》，北京大学考古系编《纪念北京大学考古专业三十周年论文集》，文物出版社，1990年，第108—149页。

郑州商城的始建年代应是在南关外期,而非二里岗下层时期。① 在偃师商城发现之前,陈旭的这一看法和者甚寡,可谓是一家之言。但在偃师商城发现之后,邹衡主动放弃了自己原有主张,转而采信了陈旭的观点,认为:

> 笔者以前根据郑州商城的初步发掘报告资料,曾认为南关外期,即"第Ⅱ组还没有筑起商城",甚至以为当时还没有筑城。现在看来,这种观点需要有所修正,根据新公布的城内宫殿遗址有关材料和陈旭、郑杰祥两位先生的意见,对郑州商城的始建年代可以重新加以说明,那就是:"南关外期(即第Ⅱ组)已开始筑城,而且可能已初具规模,不过还没有达到郑州商城遗址的最繁盛期。"②

邹衡这里所谓的南关外期(第Ⅱ组)也即通常所说的C1H9阶段。简单来讲,原先邹衡主张郑州商城的始建约在二里岗下层的偏晚阶段,也即C1H17阶段,③而现在,他接受陈旭的意见,认为郑州商城的始建可以早到二里岗下层的偏早阶段,也即C1H9阶段。不过,邹衡虽然把郑州商城的始建年代提前了,但他对先商和早商文化的分界依然坚持旧说,主张南关外期"绝对年代约当汤灭夏以前的先商时期,故称之为'先商文化'晚期",并明确表示"这个看法未变"。④ 这实际上就是把郑州商城既看成是先商之亳,也看作成汤灭夏之后的亳都。

在以往的研究中,我们曾对邹衡的这一转变过程进行过详细分

---

① 陈旭:《郑州商文化的发现与研究——为"世界第31届人类学与人种学学术研讨会"所作》,《中原文物》1983年第3期。她对此问题的具体论证过程也可参看本书第伍篇《交锋——邹衡的夏商文化论争》。

② 邹衡:《西亳与桐宫考辨》注110,北京大学考古系编《纪念北京大学考古专业三十周年论文集》。

③ 邹衡先生的此一看法见于他的多篇论文中,杜金鹏先生对此有过详细收集。参看杜金鹏《夏商分界研究中"都城界定法"的理论与实践》注75。

④ 邹衡:《西亳与桐宫考辨》注110,北京大学考古系编《纪念北京大学考古专业三十周年论文集》。

析。① 简单来说，要证明郑州商城的始建可以早到C1H9阶段，邹衡必须要化解安金槐所举的两条证据，即如何处理郑州商城西城墙下压的二里岗下层小沟以及城墙夯土内所包含的二里岗下层时期的陶片。

对于前者，邹衡主要是通过类型学研究来达到的。他认为西城墙下压小沟的陶片均似H9阶段，而他又很早就主张H9是可以与南关外下层合并，这样，此小沟的年代就从安金槐所主张的"二里岗下层"转化为"南关外期"了，邹衡据此也就可以把商城始建年代的上限推进到南关外期，而非原先的二里岗下层。多年以后，袁广阔沿用了邹衡的思路，也认为发掘者对这条小沟的年代判断有误，主张小沟时代应为洛达庙期，从而也把郑州商城的始建年代提前。②

相比西城墙下的小沟，郑州商城城墙夯土内所包含的二里岗下层陶片更是难以被否定。邹衡对此也束手无策，只好采纳了陈旭和郑杰祥的解释，指出：

> 至于郑州商城夯土内包含少量二里岗期下层陶片，也有可能属于第Ⅱ组。然而这种情况是比较复杂的。正如陈、郑二位先生在上文所解释的那样：郑州商城并不是在一个短时间内修筑的，其中应包括了"续建"和"修补"在内。由于报告作者并未注明这些陶片的确切地层，因此，即使这些陶片中有属于第Ⅲ组的也并不奇怪，但不能据以断定城墙的始建期。③

这段话其实指出了两种可能：（1）陶片本身就有可能属于第Ⅱ组，也即南关外期；（2）即便它们是第Ⅲ组（也即H17阶段的），也可能是续建或修补的遗物。

前一种假设无疑是利用了类型学研究的模糊性，而后者则更是

---

① 参看本书第伍篇《交锋——邹衡的夏商文化论争》。
② 袁广阔：《郑州商城始建年代研究》，《中原文物》2003年第5期。
③ 邹衡：《西亳与桐宫考辨》，北京大学考古系编《纪念北京大学考古专业三十周年论文集》，第108—149页。

陷入了"死无对证"的境地，这样解释固然可以把郑州商城的始建从H17阶段提前到H9阶段，但由于它对城墙包含物的认识归结为"续建"或"修补"这样的特例，有违地层学的一般原理，先天不足，所以很难让论争对手信服。

上述论争尚未有结果，安金槐又进一步细化了二里岗期商文化的分期，从而以更翔实的材料来论证郑州商城的始建年代。

在20世纪50年代出版的《郑州二里冈》发掘报告中，二里岗期商文化只是被分为二里岗下层和二里岗上层两大阶段，但实际上，早在1957年安金槐就已经完成了《郑州商代陶器初论》，对二里岗上下层陶器进行了更细致的分期。三十多年后，以此项研究为基础，结合郑州地区新的考古材料，安金槐对二里岗期陶器进行了再分期，将二里岗上下层又分别分为两期，其中二里岗下层一期以H9为代表，二里岗下层二期则以H17为代表。①

既然二里岗下层又可细分为两期，那么，郑州商城的建造年代究竟是二里岗下层一期还是二期？在这篇文章中，安金槐的表述较为含蓄：

> 从郑州商代二里岗期遗址前后四个小期的分布和堆积情况来看，二里岗下层一期和二里岗上层二期在郑州商代遗址中不仅分布范围不大，而且各种遗迹和遗物也比较少。其中最多的则是属于二里岗下层二期和二里岗上层一期。就是在郑州商代遗址已发掘的商代城垣和各种手工业作坊遗址，以及大量的商代灰坑与墓葬等遗迹，也多是属于这两个小期的。从而说明二里岗下层二期和二里岗上层一期是郑州商代二里岗期发展的鼎盛时期。而二里岗下层一期应是属于郑州商代二里岗期的开始阶段，二里岗上层二期则是属于郑州商代二里岗期的没落阶段。

虽然安金槐没有明说，但从以上的表述可以看出他是主张郑州

---

① 安金槐：《关于商代二里岗期陶器分期问题的再探讨》，《华夏考古》1988年第4期。

商城始建于二里岗下层二期,也即 H17 阶段的。稍后,他的这一观点就非常明确了,比如他在《再论郑州商代城址——隞都》一文中就说:

> 笔者认为郑州商代二里岗期遗址,应在原来区分为商代二里岗期下层和二里岗期上层前后两大期的基础上,可以进一步区分为商代二里岗期下层一期、二期和商代二里岗期上层一期、二期等前后四个小期。……综合新的地层分期看,郑州商代夯土城垣是兴建于商代二里岗期下层二期,并延续使用到商代二里岗期上层一期。到了商代二里岗期上层二期时郑州商代夯土城垣已被废弃。这就为进一步证明郑州商代夯土城垣的修筑和使用时代提供了新的重要证据。①

随后,伴随着夏商周断代工程的开展,夏商分界之争趋于白热化。为了重申郑州商城始建于二里岗下层二期,它是仲丁的"隞都"而非成汤的亳都等观点,安金槐又对郑州商城分期研究的历史进行了详细回顾:

> 郑州商城二里岗期遗址最早区分为"商代二里岗期下层"和"商代二里岗期上层"前后两大期,是根据 1952 年至 1954 年在郑州二里岗一带发掘的探沟 51(编号为 C1T51)的地层叠压关系为依据的,它是在该探沟内揭去农耕土之后,其下就土色、土质与层内包含陶器特征的明显不同,区分为上下两大文化堆积层。……
>
> 嗣后,随着调查出的郑州二里岗期遗址分布面积的不断扩大和发掘数量的日渐增多,初步看出在二里岗一带已发掘出的所谓"商代二里岗期下层"的灰坑 9(即 C1H9)和灰坑 17(即 C1H17)两个灰坑内出土的同类陶器之间,似乎还有一些小的区分,……依此说明,过去看作为商代二里岗期

---

① 安金槐:《再论郑州商代城址——隞都》,《中原文物》1993 年第 3 期。

下层的 C1H9 和 C1H17 之间,似乎还可以进一步区分出小期。根据这些迹象又发现在发掘的所谓"商代二里岗期下层"中似乎也有一些明显的地层关系。如在郑州铭功路商代制陶遗址的商代二里岗期下层遗址中,曾发现一个相当于商代二里岗期下层偏晚的灰坑 C11H137 打破了一个相当于商代二里岗期下层偏早的灰坑 C11H138。其中灰坑 C11H138 内出土的主要陶器,如鬲、罍、爵、大口尊等陶器,基本和前面所说的 C1H9 内出土的陶器相同;而灰坑 C11H137 内出土的主要陶器,则和前面所说的 C1H17 内出土的主要陶器器类同。依此即进一步证明,原定的郑州商代二里岗期下层本身,就地层叠压关系和主要陶器特征的部分变化,还可以进一步区分为商代二里岗期下层偏早一期和商代二里岗期下层偏晚的二期。①

在把二里岗下层细分为下层一期和下层二期的同时,安金槐意识到二里岗上层也同样可以进一步分期,这是因为:

> 1954 年春,在郑州商代遗址东北部的白家庄村西侧的发掘中,曾发现该地的一部分所谓"商代二里岗期上层"的遗址中,出土了一些为郑州商代遗址其它地区的商代二里岗期上层遗址中很少见的一些陶器,……并有稍晚于郑州商代二里岗期上层的特征,说明在白家庄一带发掘出土的已确定为郑州商代二里岗期上层遗址中的出土陶器,也是可以进一步再行分期的。

安金槐指出,在当时为了"便于把白家庄一带新发现的所谓'商代二里岗期上层'和郑州其它地区已发现的所谓'商代二里岗期上

---

① 安金槐:《对于郑州商代城修建与使用时期的再探讨》,该文原是安金槐先生在 1997 年 11 月参加夏商周断代工程办公室在郑州与偃师主办的"夏、商前期考古年代学研讨会"上的发言,后收入《安金槐考古文集》,第 271—283 页。有关郑州二里岗期遗存的分期经过还可参看河南省文物考古研究所编著《郑州商城——一九五三至一九八五年考古发掘报告》上册,文物出版社,2001 年,第 139—145 页。

层'有所区别,曾把在白家庄一带新发现的所谓'商代二里岗期上层'一度命名为'郑州商代白家庄期'"。但随着材料的增加,特别是:

> 1988年在郑州白家庄一带的商代二里岗期遗址的考古发掘中,又发现了相当于商代二里岗期上层偏晚的文化堆积层(即商代白家庄期)叠压着商代二里岗上层偏早的文化层(即原定的商代二里岗期上层)。……依此,证明郑州商代二里岗期上层本身,就地层叠压关系和主要陶器形制变化特征的一些变化,也可以进一步区分为"商代二里岗期上层中偏早的一期"和"商代二里岗期上层中偏晚的"商代二里岗上层二期(即原称的"郑州商代白家庄期")。

以上就是把二里岗期商文化从二里岗上、下层两大阶段细分为二里岗下层一期、下层二期、二里岗上层一期和上层二期的整个过程。在厘清了郑州商文化分期研究的过程之后,安金槐再来分析论证郑州商城夯土城垣的修筑与使用时间问题。

首先,安金槐指出:

> 对于郑州夯土城垣时代的确定,主要采用在钻探基础上,再用开挖探沟解剖城墙的方法获得的。……通过对商代城墙的考古钻探,已初步获知:郑州商城夯土城垣的修建与使用时期可能不会晚于商代二里岗期。

那么,"郑州商城夯土城垣是修建于商代二里岗期中哪一期?并使用到商代二里岗期中的哪一期"?安金槐认为,这是要"通过对郑州商城四面夯土城墙发掘的22条探沟(探方)中发掘出的地层与包含的实物资料来确定的"。

这二十二条探沟(探方)在前文中已经提到,但关键是,现在安金槐已经把二里岗期商文化进一步细分为四期,因此赋予了这些遗迹遗物以新的内涵,他特别列举了以下数项:

> 第一是郑州商城夯土城垣中的中下部夯土层内包含的碎陶片中,时代最晚的应是属于郑州商代二里岗下层二期

的。如在郑州商城东城墙北段解剖发掘探沟CET7内的商城夯土墙时,在城墙中下部的夯土层中,曾出土了较多的碎陶片。经鉴定其中时代最晚的陶片,是属于郑州商代二里岗下层二期的(即和《郑州二里冈》已发表的灰坑C1H17内出土的主要陶器类同)。

第二项是在解剖发掘郑州商城夯土城垣部分城墙时,发现在商城的城墙内侧近底根处,有直接或间接叠压着靠城墙处高而向外斜低的商代二里岗下层二期文化层(或叫护城坡)。……这些商代二里岗下层二期的斜面堆积层,有的可能是属于护城坡,而有的则可能是属于在开始修建商城夯土城墙时,为了加高城墙夯土层而用城内附近商代二里岗二期灰土铺垫起来的向城墙上运土的路土层。……依此说明,郑州商城夯土城垣的开始修建时期,不会晚于商代二里岗下层二期。

第三是在解剖发掘郑州商城夯土城垣的22条探沟(或探方)中,曾在北城墙东段的探沟C8T24和西城墙北段的探沟CWT52内的城墙内侧近底根处堆积的所谓商代二里岗下层的护城坡与堆积层上,分别发现有两个相当于商代二里岗下层二期的圆形小灰坑(CWH6、CWH1)打破了护城坡与堆积层,……因而也间接证明郑州商城的最早修建时期也不会晚于商代二里岗下层二期。

第四是在解剖发掘郑州商城夯土城垣的22条探沟(或探方)中,曾在北城墙东段的探沟C8T25和西城墙北段的探方CWT1内的商城夯土城墙内侧近根底处的所谓商代二里岗下层二期堆积的护城坡或路土层内侧边沿上,还分别发掘出两座商代二里岗下层二期的残房基。……从房基内填土中包含的碎陶片看,多数应是属于商代二里岗下层二期的,……证明郑州商城的开始修筑时期也不会晚于商代二里岗下层二期。

第五是在对郑州商城夯土城垣解剖发掘的22条探沟（或探方）中，曾在北城墙东段探沟C8T24、CNT1和西城墙北段的探沟CWT2等三条探沟（或探方）中，分别发掘出了商代二里岗下层二期的5座长方形竖穴土坑墓，都打破了该探沟内的郑州商城夯土城墙内侧近底根处的所谓商代二里岗下层二期的护城坡式堆积层。这5座商代墓内，分别都随葬有数量不等的陶器。……从这些陶器的形制特征看，都是属于郑州商代二里岗下层二期的。……因而也可证明郑州商城夯土城垣的开始修建时间也不会晚于商代二里岗期下层二期。

不难看出，以上五项材料中，第一项确定了郑州商城始建年代的上限不能早于二里岗期下层二期，其他四项则都可以证明其始建年代的下限是不会晚于二里岗下层二期，因此，安金槐的结论就是，"我初步认为郑州商城的修建时间大体应是在商代二里岗下层二期"。

稍后，随着夏商周断代工程的启动，杨育彬又全面梳理了郑州商城历年来的发掘材料，对该城始建年代的判断是，"介于二里岗下层一期和二期之间，亦即不能早于二里岗下层一期，也不会晚于二里岗下层二期"，"约在二里岗下层一期偏晚阶段"，与安金槐的看法几乎完全一致。[①] 而值得注意的是，杨育彬还特别强调了断代工程实施过程中所获得的一个碳十四测年数据，即位于郑州商城中部偏东的郑州电力高等专科学校院内发现的，编号为T1J3大型商代水井的测年结果。出土陶器表明"水井T1J3确为二里岗上层一期无误"，经对井内系列样品的测试，井的年代为公元前1408年—前1392年之间。杨育彬认为，"由于该样品自身的条件特点，使它成为夏商周[14]C年代框架中难以挪动的一个支点"，这就使"我们知道了二里岗上层一期为公元前1400年左右"，"由此我们可以推断郑州商城的始建年代最早

---

① 杨育彬、曾晓敏：《郑州商城的考古学研究》，《夏商周断代工程·商前期年代学研究课题·郑州商城专题结题报告》；收入《杨育彬考古文集》，第127—191页。

为公元前1500年左右",而这"也就从年代上否定了郑州商城是商初之亳都"。①

可以说,作为郑州商城发掘工作的主持者,安金槐和杨育彬所列的上述材料以及认识无疑是具有极高权威性的,这自然令郑亳说学者倍感压力。此时对郑亳说学者而言,要摆脱困境,似乎只有两条路可以走。

其一是质疑安金槐和杨育彬的有关判断,如邹衡就对T1J3乃至整个夏商周断代工程的碳十四测年数据表示了极大的怀疑,他说:

> 用碳十四测年,一般只能测出相对年代,即年代范围,而不能测出准确的绝对年代。以往出版的那本碳十四书是可取的,不能废除,因为当时测年的态度是基本正确的,其所测出的年代基本上可以参考,而断代工程以来,因其目标已对准不可靠的绝对年代,且采用系列样品和拟合方法,问题还很多(包括工作作风),其所公布的年代数据好像还无什么参考价值。因此,杨先生提出的偃师商城最早可到公元前1600年,郑州商城最早只能到公元前1500年,其根据是完全靠不住的。②

由于碳十四测年并非考古学家的专长,不便随意发表评论,所以更多的郑亳说学者是依据类型学研究的可游移性,对安金槐所列上述五项关键性证据提出不同看法,如李伯谦就指出:

> 《郑州商城》考古报告在叙述城墙和大型夯土基址层位时,都是被二里岗下层二期遗存叠压、打破,显然与事实不符。造成这一误判的原因,固然是因为当时发掘资料少而且十分零碎,但也与对叠压、打破城墙及夯土建筑基址的某些单位的年代推断不确有关。……事实说明,过去定为二

---

① 杨育彬:《再论郑州商城的年代、性质及相关问题》,《华夏考古》2004年第3期。
② 邹衡:《对〈再论郑州商城的年代、性质及相关问题〉的商榷》,《华夏考古》2005年第4期。

里岗下层二期的一些单位如同 C8T62③层一样，其实都应是二里岗下层一期的遗存，即便比二里岗下层一期略晚一些，也不会晚到二里岗下层二期。①

李伯谦之外，袁广阔也持类似看法，并有更为详细的分析：

> 从东西南北四面城墙的发掘资料中可知，二里岗期下层文化层普遍直接叠压城墙内侧，其厚度在 80 厘米左右，叠压城墙内侧的地层又被二里岗期下层的灰坑、墓葬打破，如西墙 CWH1、北墙 C8H24、C8M8。这些灰坑墓葬出土的陶器为二里冈下层二期 H17 阶段，而它的下面的地层自然早于 H17 阶段。更为重要的是叠压西墙内侧的墓葬 CWM8 出土的鬲、爵、豆、深腹盆的年代接近二里冈下层一期的特征，而 CWM8 下面还有一个早于它的地层，最后下面叠压的才是城墙夯土。从这里我们可知，直接叠压城墙内侧的地层不是一次性和短时间的，当地层形成之后，二里岗下层的人们仍然在这里活动了一定时间。这表明夯土城墙筑成后形成的叠压它的二里冈下层的堆积时代比较长。②

很显然，对于郑亳说学者而言，只要在打破或叠压郑州商城夯土城垣的遗迹单位中找到一个二里岗下层一期的遗存，就可以将郑州商城的始建年代从安金槐所说的二里岗下层二期提前到二里岗下层一期，李伯谦和袁广阔的上述解释均体现了这种意图。

除此之外，对于郑州商城夯土城垣内包含物的年代，部分郑亳说学者也有不同看法。如袁广阔和曾晓敏等人就认为城垣夯土内就根本没有二里岗期的陶片，出土的"这些陶片一部分是属于龙山文化时期的，另一部分是属于洛达庙文化期的。其中的细绳纹鬲因纹饰与二里冈期的同类器接近，故同城墙下面压的小沟一样都被误认为是

---

① 李伯谦：《对郑州商城的再认识》，原载《古都郑州》2005 年第 4 期；收入《文明探源与三代考古论集》，文物出版社，2011 年，第 125—135 页。

② 袁广阔：《郑州商城始建年代研究》，《中原文物》2003 年第 5 期。

二里冈期"。①

如果郑亳说学者的上述解释能够成立,那么,郑州商城的始建年代就必须重新考虑。但这种质疑发掘者类型学研究结果的做法显然难以说服对方,所以杨育彬就这样委婉地批评论争对手:

> 近些年来,在夏商考古研究中有一种争论现象,田野考古发掘者与一些考古研究者往往看法不同,这在郑州商城和偃师商城遗址都曾发生过。研究者与发掘者的争论是正常现象,可能因为所站的角度不同,思考的方法也不一样,学术上的争论,既能相互启发,又能相互促进。只不过是发掘者天天在工地,接触实际更多一些,应该多听听他们的意见。②

而杜金鹏则向郑亳说学者提出:

> 否定偃师商城的始建年代早于郑州商城始建年代,或肯定郑州商城始建年代早于偃师商城始建年代,要有充分而可靠的考古学证据,希望"郑亳说"者从正面回答这个问题。③

虽然不能说类型学研究就不是"考古学证据",但它难免带有主观性,在学术论争中它的弱点就更为突出,所以郑亳说学者的第二条出路就是要积极寻找更为"充分而可靠的考古学证据"。而20世纪90年代后期郑州商城的几次新发现则让部分郑亳说学者看见了曙光,这些发现分别是:

(1) 在郑州北大街的郑州商城宫殿区内发现了这样一组地层关系:④

---

① 袁广阔、曾晓敏:《论郑州商城内城和外郭城的关系》,《考古》2004年第3期。
② 杨育彬:《再论郑州商城的年代、性质及相关问题》,《华夏考古》2004年第3期。
③ 杜金鹏:《夏商分界研究中"都城界定法"的理论与实践》,《夏商周考古学研究》,第262—299页。
④ 河南省文物考古研究所:《郑州商城北大街郑州商城宫殿遗址的发掘与研究》,《文物》2002年第3期。

灰坑 H112(二里岗下层二期)、H153、H154
↓
宫殿基址夯土Ⅲ
↓
宫殿基址夯土Ⅴ和夯土Ⅵ
↓
宫殿基址夯土Ⅶ及其垫土层
↓
(洛达庙晚期,也即二里头文化四期)的灰坑 H230、H231 和 H232
↓
生土层

引起郑亳说学者注意的夯土Ⅵ和夯土Ⅶ,原因是它们垫土中的包含物,"除有一部分属于郑州洛达庙晚期遗物外,另有少量二里岗下层一期偏早的因素",因此,主持发掘的曾晓敏和宋国定判断夯土Ⅵ和夯土Ⅶ的年代应不早于洛达庙晚期,即二里头文化四期;再考虑到"夯土中出土的各类遗物具有鲜明的早商文化特征",发掘者认为它们当"与这一时期商族势力到达郑州地区有关","所以,以这组夯土建筑基址的营建便可作为夏商分界的界标"。

(2) 与此同时,曾晓敏在郑州市黄委会住宅区的基建工地上发掘出一段夯土墙(W22),其地层关系也十分重要:①

灰坑 H56、H114
↓
夯土墙基 W22
↓
Y2、H46、H78、H85、H86、H87 和 H110 等陶窑和灰坑
↓
生土

---

① 河南省文物考古研究所:《河南郑州商城宫殿区夯土墙 1998 年的发掘》,《考古》2000 年第 2 期。

曾晓敏指出，由于"打破夯土墙的两个灰坑 H56、H114 的出土物可能要早于二里岗下层，最晚可至二里岗下层偏早阶段 H9 的时期"，所以这段夯土墙的年代下限当不晚于 H9 阶段。而夯土墙所叠压或打破的数座灰坑中出土陶器包括三种文化因素，分别是：二里头文化四期晚段遗存、先商文化漳河型以及岳石文化。因此，曾晓敏判断这段"夯土墙基的始建年代不早于二里头文化第四期晚段，亦不晚于郑州二里岗下层一期，其建筑及使用时间应大体相当于二里岗下层的 H9 阶段"。

他结合相关考古现象，进而分析道：

> 关于这段夯土墙基的性质，我们认为它不大可能是宫城的围护墙。该段夯土墙基础宽 8 米余，似更接近一道城墙的特征。近年来郑州商城特别是宫殿区内发现了不少稍早于或相当于二里岗下层 H9 时期的夯土建筑基址，而这些遗迹同夯土墙基下面的灰坑和陶窑一样，出土物文化面貌比较复杂，即在器物种类和形态方面包含有大量的二里头文化因素，同时又有一组如薄胎细绳纹卷沿鬲、橄榄形深腹罐等特征鲜明的商族文化典型器物，并有少量的岳石文化因素存在。这种具有典型特征的考古学文化的创造者应在郑州地区存在了较长的时期，这个人们共同体具有较强大的生命力，这是否与商族势力在郑州的立足、与土著文化的融合和发展有关呢？这段残长 100 余米、基槽宽度近 8 米的夯土墙是否预示着郑州商城也像偃师商城那样在大城之前还存在一座小城呢？

发掘者的逻辑是：由北大街的夯土基址和这段夯土墙，进而推测郑州商城也有"小城"存在——基址为宫殿，夯土墙为"小城"城墙，郑州商城的始建当以这个可能存在的"小城"而非大城为依据，由此把郑州商城的始建年代至少前推至二里岗下层偏早阶段，也即 H9 阶段。

（3）令部分郑亳说学者兴奋的第三项发现是郑州商城内新发掘

的几座商墓,特别是编号为T166M6的一座墓葬,被认为是郑州商城迄今所见年代最早的一座商墓,年代约在二里头四期的偏晚阶段。墓主为男性,左右各有一具殉人,并随葬有铜鬲、铜盉和铜戈各1件,表明墓主是身份较高的贵族。① 这座墓葬的意义在于,既然早在二里头四期晚段郑州商城就有商人的贵族墓,这不就意味着此时郑州商城很有可能即已建城了吗?

所以,李伯谦对上述三项发现极为重视,指出:

> 从分布地域来看,以上三项发现均集中于宫殿区同一地带。从年代来看,属于洛达庙晚期,早于郑州内城和外廓城;从规格上看,均属于与高等级的统治者有关的遗迹;从文化传承关系来看,均与早商文化有明显的承袭。因此我认为,它们连同在郑州地区有广泛分布的洛达庙类型其他遗存,应该就是"汤始居亳"时留下的遗迹。如果说以郑州商城内城、外廓城为代表是汤灭夏后又复亳时兴建的亳都,那么,以这三项为代表的则是汤灭夏之前始居亳时兴建的亳邑。②

李伯谦在此等于是作了一个非常大胆的判断,即把学术界普遍视为二里头文化的洛达庙类型看成了成汤灭夏前夕在郑州地区形成的先商文化。李伯谦作出上述判断固然有文化面貌上的依据,但更迫切的原因还是在于要证明郑州商城的始建可以更早,至少不能晚于偃师商城。而此种迫切心理在这一时期郑亳说学者当中颇具代表性,如徐昭峰就本此思路对郑州商城的营建过程有了更为具体的描述:

> 在相当于二里头文化四期偏晚阶段的郑州南关外期,郑州商城即已开始营建,主要建有夯土基址Ⅶ、Ⅸ、Ⅻ,宫城

---

① 河南省文物考古研究所:《郑州商城新发现的几座商墓》,《文物》2003年第4期。
② 李伯谦:《对郑州商城的再认识》,《古都郑州》2005年第4期;收入《文明探源与三代考古论集》,第125—135页。

城墙 W22 等,这是郑州商城始建阶段的规模,也即我们上面所说的先商时期"汤始居亳"时期所建的亳都遗存。

在早商文化第一期即郑州二里岗下层一期,郑州商城已开始修建商城内城、第一组夯土建筑基址……,南关外铸铜基址也投入使用。郑州商城的规模已初步形成。在二里岗下层一期偏晚阶段,修筑了外郭城。此时,郑州商城的最终规模已经形成。郑州商城在二里岗下层一期已进入它的鼎盛时期,不仅遗迹众多,而且遗物也极为丰富。①

从实质上讲,上述意见其实都是沿用了偃师商城发现之后邹衡关于郑州商城始建年代的新看法,因为邹衡曾经说,"在南关外类型文化时期,郑州商城内的宫殿区已经存在夯土基址;如果当时还没有开始筑城是不可想象的。据此,我们有理由推断:郑州商城遗址的兴起,既不能早于南关外期,也不能晚于南关外期,因而可以直接追溯到南关外期,亦即相当于二里头文化第四期"。②

但实际上,南关外期郑州商城究竟有无城垣,仅凭现在的考古材料并不能确定。所以,李伯谦、袁广阔和徐昭峰等学者在把郑州商城的始建年代上推至洛达庙期或南关外期时,他们所依据的都是郑州商城宫殿区内的夯土基址以及 M6 这类最早的商墓,而非以往讨论所用的夯土城垣。郑亳说学者以宫殿基址、夯土墙和墓葬作为郑州商城始建的标志物,这与新西亳说学者以偃师商城大城东北隅铸铜作坊、宫城内"大灰沟"为该城始建依据在本质上完全一致,这也是论争双方竭力要把各自城址始建年代尽量提前的必然结果。

但事实上,郑亳说学者的上述思路对于解决郑州商城的界标问题其实并无多大的裨益,如杜金鹏就有一连串的反问:

"夏商周断代工程"启动以来,偃师商城的考古发掘相继取得一系列重要成果,……与此同时,郑州商城也有新的

---

① 徐昭峰:《试论郑州商城的建造过程及其性质》,《中国历史文物》2006 年第 6 期。
② 邹衡:《西亳与桐宫考辨》,北京大学考古系编《纪念北京大学考古专业三十周年论文集》,第 108—149 页。

进展,如发掘者认为新近发现的郑州北大街夯土建筑基址的年代可以早到二里冈下层早段。李伯谦先生据以倡导以在这里发现的第Ⅵ、Ⅶ号夯土基址作为早商最早的基址,进而作为夏商界标,在学术界影响颇大,《夏商周断代工程1996—2000年阶段性成果报告(简本)》"确认郑州商城和偃师商城的始建为夏商分界的界标",所说郑州商城的"界标"就是北大街的上述夯土基址。……只是,郑州北大街第Ⅵ、Ⅶ号夯土基址能够认为早商最早的宫殿基址吗? 如果作出这个推论的前提是"凡是夯土建筑基址就是宫殿基址"、"郑州商城范围内的夯土建筑都是早商宫殿建筑"、"第Ⅵ、Ⅶ号夯土基址属于郑州商城范围内年代最早的宫殿基址"或类似观点,是否妥当? 答案应该不是肯定的。①

而更为关键的是:

如何排除它们属于商汤灭夏前的"先商文化"遗存? 难道只要是郑州商城范围以内的建筑基址,就都是早商建筑基址? 人所共知,"郑亳说"学者一贯主张商汤灭夏前即来到郑州地区,并经营为灭夏根据地,"西亳说"学者也鲜有异议者,因此,郑州应是先商文化与早商文化共存一地。那么,把晚于二里头文化的郑州北大街第Ⅵ、Ⅶ号夯土基址定为早商,根据何在? 如果没有一把尺子(界标)衡量这里的夯土基址究竟是属于先商抑或早商,就把郑州北大街第Ⅵ、Ⅶ号夯土基址确定为早商文化遗迹,岂不缺乏说服力?

杜金鹏的意思很明确:无论是把北大街第Ⅵ、Ⅶ号夯土基址等遗存视为早商还是先商遗存,它们其实都无法胜任界标的使命。理由很简单:

郑州地区既有早商文化,也有先商文化,即商汤灭夏之

---

① 杜金鹏:《夏商分界研究中"都城界定法"的理论与实践》,《夏商周考古学研究》,第262—299页。

前就盘踞在郑州商城一带,灭夏之后又回到郑州商城。同是成汤时期的商族文化,在灭夏前和灭夏后,会有质的飞跃吗?用什么标准去划分先商与早商的界限?既然商汤灭夏前、后都在郑州营建宫殿、城垣,用城墙、宫殿的建造作界标划分先商与早商,显然不合适。那么,到底如何在郑州商城科学区分先商遗存、早商遗存?恐怕还是得用偃师商城的始建作为标尺了,年代上早于偃师商城的是先商文化,年代上同于偃师商城的是早商文化。难道不是这样吗?

这显然是任何一位主张郑州商城界标说的学者都很难回答的问题。要摆脱这种尴尬,郑亳说学者必须另寻出路。

六、症结:什么可以成为夏商分界的证据

细审半个多世纪以来夏商分界研究的历史,其根源仍在于夏文化探索,夏商分界的根本仍在于确定何种考古学文化是夏文化。而透过纷繁复杂的论争过程,我们可以看到新、旧西亳说与郑亳说的对峙与其说是观点之争,倒不如说是研究方法之争,即以何种方法探索夏文化。

新、旧西亳说采用"都城界定法"来探索夏文化。所谓的"都城界定法",按照杜金鹏的定义,是"先认定商汤亳都之所在,也即确认哪个遗址(主要是二里头、郑州商城、偃师商城)是商代第一个都城,依此划定商文化的上限,然后由此向前推导,把处于夏王朝版图内、早于商文化且与商文化首尾相连的考古学文化推定为夏文化"。[①] 此种方法的优点在于如果能真正确定某座商代城址确是商汤的亳都,那么就可以一举确定早商文化,进而区分出先商文化和夏文化;而其缺点也很显著,那就是一旦对汤都的指认有误,则可以导致满盘皆输,

---

① 杜金鹏:《试论夏文化探索》,山东大学考古系编《刘敦愿先生纪念文集》,山东大学出版社,1998年,第199—215页。

如旧西亳说以二里头遗址为汤都,遂把夏商分界确定在一、二期之间(郑光)或二、三期之间(殷玮璋、赵芝荃、方酉生等),在偃师商城被确认为西亳之后,旧西亳说就显得异常被动。

按照杜金鹏的理解,邹衡的郑亳说也是采用此种方法探索夏文化的,如他说:

> 从邹先生整个夏、商考古学说中,我们可以清楚地看出,其夏文化内涵特征论,实际上并不是基于从古代文献的可靠记载中找到了"夏礼"之真谛,也不是出于从考古学的分析研究上发现了夏、商文化之根本不同,而完全是以"郑州商城即汤都亳邑"为根本前提和基本出发点所推阐出来的观点。①

但邹衡却认为杜金鹏"完全扭曲了"他的诸篇论文的原意,所以不得不重新申述他论证夏文化的方法。② 而实际上,早在20世纪70年代邹衡就已经详细解释过他探索夏文化的缘起与途径:

> 到了50年代初期,我国的考古工作蓬勃地开展起来了,在殷墟以外地区的商遗址也不断有所发现,特别是辉县琉璃阁和郑州二里岗等地新发现的商遗址和墓葬更引人注目。……这样,早商文化终于找到了。随着早商文化的发现,自然又会进一步提出问题,即早商文化又从何而来,它的前身是什么?……值得注意的是,在郑州商城之下,压有三种不同的文化:河南龙山文化、二里头文化(即"洛达庙期")和南关外类型文化(即"南关外期")。毫无疑问,这三种文化都是早于以二里岗为代表的早商文化(或称"二里岗型早商文化")的。这三种文化之中,从其年代和文化性质而言,应该包括了早商文化的直接前身——先商文化,或是早商文化的早期阶段,也有可能包括早于早商文化的夏文

---

① 肖冰(杜金鹏):《夏文化内涵特征疑问》,《华夏考古》1994年第4期。
② 邹衡:《与肖冰先生商谈夏文化的内涵问题》,《华夏考古》1994年第4期。

化，或是夏商文化以外的其他文化。总之，考古学上的夏文化就在这样复杂的情况中提出来了。①

那么，如何"在以上各层文化中都没有发现纪年的文字资料的情况下"来确定郑州商城以及它下面压着的三种文化的年代与性质呢？邹衡认为，关键是要确定郑州商城为何王所都，这样"就会给商城上下诸文化层提出了绝对年代标准"。

但年代问题只是邹衡夏文化探索过程中的一个关键，而非全部，所以邹衡指出：

> 肖先生认为我是根据汤都郑亳"先确认了二里头文化是夏文化，然后再就古代文献和考古发现两方面的某些材料，从文化内涵方面去寻找二里头文化是夏文化的证据"，这是一种误解。其实，我在论定汤都郑亳之后，只确认二里头文化是夏代的文化，南关外型也是夏代的文化，二里岗下层偏晚是商代偏早的商文化，并未确认二里头文化就是夏文化。②

邹衡的理由其实很简单，那就是"在夏代年代范围内，并不一定就是夏文化。因为在夏代，不同地区应该存在各种文化；即使在中原地区的河南和山西，也未必只有夏文化，至少还应该考虑与夏文化平行发展的先商文化问题"。鉴于此，邹衡"又专门论证了先商文化"，而"论证先商文化的目的，就是为了排除二里头文化是先商文化"。他并反问杜金鹏，"如果我在论证汤都郑亳时就已确认二里头文化是夏文化，那么论证先商文化就成为可有可无之事了"，而事实并非如此，所以他"哪里是从'郑亳说'直接证明夏文化呢"？

所以，虽然郑州商城亳都说在邹衡夏商文化研究体系中占据至关重要的位置，但它的核心意义在于它能区分夏年和商年，而不是据

---

① 邹衡：《夏文化的研究及其有关问题》，《夏商周考古学论文集·续集》，科学出版社，1998年，第3—10页。
② 邹衡：《与肖冰先生商谈夏文化的内涵问题》，《华夏考古》1994年第4期。

此分别出夏文化、早商文化与先商文化,这三者的差别是必须通过对考古学文化内涵的研究才能获得的。邹衡认为,"要确证二里头文化就是夏文化,则还要在二里头文化本身的诸特征中去寻找直接的证据,特别是要在古籍中去寻找印证的材料",因此,邹衡探索夏文化的方法确实不是一般意义上的"都城界定法",而更属于"文化面貌分析法"。①

那么,仅仅依靠考古学文化面貌的分析是否能够区分出夏、先商和早商文化呢?邹衡认为是可以的,他在晚年回顾自己先商文化研究过程时事实上即回答了这个问题:

> 关于郑州商城的性质问题,长期以来,学术界曾出现过多种说法。……笔者认为,要寻求商都的确证,首先要对整个商文化进行比较科学的年代与分期的研究,而要对整个商文化作出比较准确的年代与分期,首先又必须把重点放在殷墟文化的分期上。因为在殷墟曾经发现大批甲骨文,而甲骨文的分期工作已达到比较准确的程度,甚至可以确定每期所包含的商王。所以要对整个商文化进行比较准确的分期,当然要以殷墟文化的分期作为基础。②

所以,邹衡的殷墟分期并非单纯为了解决殷墟文化的年代问题,而是着眼于整个商文化的年代序列。在殷墟文化分期结束之后,邹衡果然对商文化年代序列有了新的认识,他说:

> 在20世纪50年代初,为了研究郑州二里岗商代遗址在中国古代文化发展中的地位问题,笔者曾把殷墟文化划分为早、中、晚三期。这三期的划分,当然是粗略的。到了60年代,笔者重新对殷墟做了通盘研究,把殷墟文化分成了四期7组,并推断出每期所包含的商王。这样,便为商代前期

---

① 也有学者称之为"文化特征比较方法",参看李维明《邹衡先生与"郑亳说"创建历程》,《南方文物》2010年第1期。
② 邹衡:《先商文化之研究》,原载《宿白先生八秩华诞纪念文集》,文物出版社,2002年;收入《夏商周考古学论文集·再续集》,第44—57页。

的绝对年代的推定奠定了坚实可靠的基础。70年代中后期，笔者即着手对整个商文化进行了全面、系统的研究，把商文化分为三大期7段14组。第五—七段（Ⅸ—ⅩⅣ）即殷墟文化第二至四期（2—7组），约相当于甲骨文第一至五期，包括的商王是武丁、祖庚、祖甲、廪辛、康丁、武乙、文丁、帝乙、帝辛共7代9个王。如果从商文化第四段第Ⅷ组（即殷墟文化第一期第1组）上推至商文化第二段第Ⅲ组，则应该至少相当于商代七代。自小乙上推7代，则至少可到太庚及太甲之时，即远远超过安金槐所定中商阶段了。又因为考古学文化晚期的进展往往比早期要快些，则第二段第Ⅲ组的年代甚至可以早到成汤之时。可见郑州二里岗遗址的年代决非仅至于商王仲丁。

这才是邹衡把郑州商城定为亳都的重要契机，表面上看这似乎只是一个年代问题，但实际上郑亳说的基础是对文化面貌的认识与分期。确立郑亳说之后，邹衡对早商与先商文化的区分依然是以文化面貌来作出判断的：

> 郑州商文化第一、二段第Ⅱ、Ⅲ组之间在文化面貌上已发生显著的变化：第Ⅱ组所受夏文化的影响远不如第Ⅲ组的强烈；同时，第Ⅱ组又受到岳石文化比较强烈的影响，第Ⅲ组及其以后，这种影响则显著减弱。此外，第Ⅱ组曾出现大量的红陶或灰陶厚胎大口缸，第Ⅲ组及其以后已不太多见。更重要的是，从郑州以外其他商文化遗址而言，很少发现第Ⅱ组遗物，而第Ⅲ组则是极为常见的。这些变化，很有可能是反映了商人在灭掉夏王朝、建立商王朝后所产生的巨变。根据这个巨变，第Ⅲ组应该是早商文化之始，而第Ⅱ组则是在商王朝建立之前，即在夏王朝灭亡之际，亦即先商文化发展之末。

这就等于是从文化面貌上找到了先商与早商的界限，也就等于在考古学上确立了夏商分界的界标,那么何种考古学文化是夏文化也就呼之欲出了。以此种方法来探索夏文化当然也自有优劣。优点是它从考古材料出发,全面审视文化面貌,因此所得结论较为稳固,而不会以单个考古发现为立论根据并轻易更改自身观点,这就是为什么无论是把汤都定在二里头、郑州商城还是偃师商城,邹衡始终坚持他所划分的商文化第一期第Ⅱ组为先商文化之末,而第二期第Ⅲ组为早商文化之始,始终坚持夏商分界当在二里头下层偏晚阶段,也即C1H17阶段;即便后来他将郑州商城的始建提前到C1H9阶段,但他宁可将C1H9阶段的郑州商城视为成汤灭夏之前的先商之亳,而不愿把H9划为早商,而仍以H17为早商文化之代表,这是他坚持从考古学文化出发来分辨夏商文化的必然结果——换句话说,成汤建亳的时间可由早商提前到先商阶段,但早商与先商文化的界限决不能变。而此种方法的缺点则是,如果没有文字一类的"铁证",则其结论很难坐实,换言之,如果没有偃师商城这座地理位置特殊的城址出现,邹衡就很难说服西亳说学者接受二里岗期商文化是早商文化的观点,而这也正是新西亳说学者强调只有偃师商城才能作为夏商分界界标的关键所在。

所以,有关夏商分界的种种争论其实可以归结为一句话,即:究竟是以考古学文化,还是以商汤的亳都来作为夏商分界的证据。当前的现实是:郑亳说从考古学文化出发,最早提出了夏商文化的分界,而新西亳说学者则以其论定的汤都西亳——偃师商城证明了或一定程度上"修正"了这种意见。但郑亳说与新西亳说这种日益趋同的共识,究竟是历史的真相,还是一种认识上的幻象,还有待于考古材料的进一步验证。

捌　著史与分期
——李济与邹衡的殷墟文化研究比较

- 一、李济的主旨：建筑"殷商新史"与"新中国上古史"
- 二、李济的途径：科学主义至上
- 三、从郑州到安阳：邹衡对殷商文化的初步分期
- 四、范式的确立：邹衡对殷墟文化的再分期

1984年的圣诞节前夕,张光直在哈佛大学为即将在中国大陆出版的《李济考古学论文选集》写了一篇编后记,从四个方面概述了李济的学术贡献,分别是:1. 中国古代史研究的一个人类学的途径;2. 现代科学考古学在中国的建立与初期发展方向;3. 殷墟发掘与中国古史;4. 中国古器物学的新基础。[①] 张光直还强调,李济的学术贡献固然是多方面的,但是1928年担任史语所考古组的主任并主持安阳殷墟发掘是李济一生事业的转折点,殷墟研究是李济一生事业的核心。

　　2011年,张忠培在一篇追忆邹衡的文章中指出,邹衡的一百余万言的论著是以《试论郑州新发现的殷商文化遗址》(以下简称《论郑州》)、《试论殷墟文化分期》(以下简称《论殷墟》)和《试论夏文化》这三篇论文为基础的,此三文构建了以论商文化为核心的崭新的夏、商、周三代考古学体系。[②] 邹衡自己在晚年也曾经回忆,《论殷墟》一文发表后,在国际学术界反响强烈。[③]

　　李济是当之无愧的"中国考古学之父",而邹衡则被誉为新中国"商周考古第一人"。虽然他们分属两代学者,政治上的区隔也使得

---

　　① 张光直:《李济考古学论文选集》编后记,文物出版社,1990年。后以《对李济之先生考古学研究的一些看法》为题在1995年纪念李济先生百岁诞辰纪念活动上刊印,此后又作为《李济文集》的序言收入该文集(上海人民出版社,2006年),本文即据此征引。此外,查晓英所著的《中国现代考古学的思想谱系》(四川大学出版社,2014年)一书对李济的学术思想和学术贡献有详细分析,可供参考。
　　② 张忠培:《还是要向邹衡学习》,《中国文物报》2011年1月14日。
　　③ 邹衡:《我和夏商周考古学》,原载《学林春秋》第二编下册,朝华出版社,1999年;收入《夏商周考古学论文集·再续集》,科学出版社,2011年,第260—270页。

他们从未有机会谋面,但他们的学问事业均与殷墟密切相关。对比李、邹二人在此问题上的取向与贡献,不仅有助于了解两位学者的治学旨趣,也可以借此考察中国考古学在1949年政权变革之际所发生的巨大转变。

一、李济的主旨:建筑"殷商新史"与"新中国上古史"

如果说史语所是"无中生有的志业",①那么1928年冬李济就更是在毫无思想准备的情况下接受傅斯年的邀请出任该所考古组主任的。②李济加入史语所后的第一项工作即是赶赴安阳,与已经主持了殷墟第一次发掘的董作宾会面。③ 在安阳,李、董二人初次见面即商定此后由董作宾负责研究殷墟出土的甲骨文,李济则负责所有其他遗物。作为新任考古组主任,李济之所以愿意与董作宾达成此项协议,不仅仅因为董作宾"作为考察这个遗址的第一位先锋",他"应该有机会研究这批最重要的科学发现物";④更在于李济与傅斯年都知道,"经海宁王国维先生手中",甲骨文虽然已经"成极重大之发明","但古学知识,不仅在于文字;无文字之器物,亦是研究要件"。⑤ 这也

---

① 杜正胜:《无中生有的志业——傅斯年的史学革命与史语所的创立》,载《新学术之路——"中央研究院"历史语言研究所七十周年纪念文集》(上),中研院史语所,1998年,第1—40页。

② 有关1928年冬傅、李二人的初次会面以及李济受邀加入史语所的经过可参看李济所撰的《傅所长创办史语所与支持安阳考古工作的贡献》一文,原载《传记文学》第28卷第1期,1975年;此据《李济文集》卷五,第234—237页。

③ 有关董作宾第一次殷墟发掘的有关情况可参看他所著的《民国十七年十月试掘安阳小屯报告书》,《安阳发掘报告》第1期,1929年。

④ 李济:《安阳》,该书1977年由美国华盛顿大学出版了英文版,1990年中国社会科学出版社出版了苏秀菊等翻译的中文版;收入《李济文集》卷二,第319—481页。

⑤ 中研院:《"国立中央研究院"十七年度总报告》,转引自《傅孟真先生领导的历史语言研究所——几个基本观念及几件重要工作的回顾》,原载《感旧录》,台北传记文学出版社,1985年;此据《李济文集》卷五,第164—170页。从这份报告可以看出,李、傅二人都深知"地下情形之知识,乃是近代考古学所最要求者。若仅为取得文字而从事发掘,所得者一,所损者千矣"的道理,所以他们认为董作宾初次发掘的意义主要在于"指示吾人向何处工作,及地下所含无限知识",而"实不在文字也"。

就是为什么当董作宾因发现甲骨甚少而感到悲观时,傅斯年却回信董氏称他自己"快愉无极",因为在傅斯年的眼里,"得一骨骼,得一骨场,此实宝贝",而"若所得仅一尺有字大龟,乃未必是新知识也"。傅斯年并向董作宾反复强调,"我等此次工作目的,求文字其次,求得地下知识其上也。盖文字固极可贵,然文字未必包含新知识"。① 傅氏后来又向反对殷墟发掘的河南士绅们解释道,"近代的考古学更有其他重大之问题,不专注意于文字、彝器之端",皆是出于同一理念。② 至于李济本人,在经历了西阴村遗址的发掘之后,他早已洞悉"中国地下的材料,真是遍地黄金,一扒总可扒出些来"的美好前景,③所以对董作宾"惟检有字甲骨,其余皆视为副品"的做法颇有微词,并视董氏发掘所得的约四百片甲骨为"无科学价值"之物,原因在于这些甲骨"地层紊乱"。④

李济在接手殷墟发掘之前就非常清楚对于任何一项考古工作而言,"最重要的要先有问题、有目的去发掘"。⑤ 那么,面对即将来到的殷墟发掘,李济的问题和目的又是什么?他给出的答案是——寻求一个"全体"的知识,或者说,是要获得对殷墟遗址的完整了解。如李济在1929年即写道:

> 现代考古家,对于一切挖掘,都是求一个全体的知识。不是找零零碎碎的宝贝。……殷墟的挖掘,本是很难的一个题目。考古组同人谁也不敢说全具现代考古家的一切资格。但是各人对于所研究的问题,都有若干年的预备,并有

---

① 傅斯年:《历史语言研究所报告书》第一期,该所《公文档案》元字第198号,转引自王汎森《什么可以成为历史证据——近代中国新旧史料观点的冲突》,载《中国近代思想与学术的系谱》,河北教育出版社,2001年,第344—384页。
② 傅斯年:《本所发掘殷墟之经过》,《安阳发掘报告》第2期,1930年。
③ 李济:《中国最近发现之新史料》,此文为1928年11月8日李济在中山大学所作的演讲,由余永梁记录并载于《中山大学语言历史研究所周刊》第5卷第57、58期合刊;收入《李济文集》卷一,第322—324页。
④ 李济1928年12月20日在给蔡元培、杨铨以及傅斯年的信中均表达了这一意见。该信收录于李光谟编著的《从清华园到史语所——李济治学生涯琐记》,清华大学出版社,2004年,第299—300页。
⑤ 李济:《中国最近发现之新史料》,《李济文集》卷一,第322—324页。

相当的经验；所以小心翼翼的合作起来，对于现代考古研究所需的知识，尚称齐备。……

"整个"这个观念，本来各人有各人的说法。我们在这地方就是要把小屯村地面下一切物件先作一个类族辨物的工夫，看它们空间性是否混乱，时间性是否复杂。做这件事，我们先要解决所谓地层问题；我们理论上的出发点是假定着：要是地层没翻动过的话，我们可以认定凡与甲骨文同层出土的物件，都可定为与之同时。要是地层经过翻动，我们应该区别那种物件是原在的，那种是后加的。所以我们拟定的工作秩序，有下列的重要题目：(1) 殷商以来小屯村附近地形之变迁及其原因；(2) 小屯村地面下文化层堆积状况；(3) 殷墟范围；(4) 殷商遗物。①

从以上的表述很容易看出，李济对未来的殷墟发掘有着缜密的规划：先了解小屯附近的地形，再弄清楚小屯的地层，由地层来看殷墟范围，然后才是对殷商遗物的整理研究。这种理念显然远远超出了单纯对甲骨的寻求。

更难能可贵的是，并非考古中人的中研院院长蔡元培对李济的这种理念也甚表赞同。1929年，蔡元培应邀为《安阳发掘报告》撰写序言，他这样评价李济和董作宾等人的研究：

> 立足点是整个的。古来研究文字者每每注意在一字一字上，而少留意其系统性，考定器物者尤其是这样，实在尤其不应该是这样。现在李君最先要解决小屯地层一问题，以为解决其他一切问题之张本；董君于试探之始即注意在此文字层之如何来，并设定其为冲积而成。这样的把问题整个抓住，不但做一件一件的捉摸，以前尚无如此从基本下手者。……比如李君之初论陶器，董君之统论龟卜，一语一

---

① 李济：《现代考古学与殷墟发掘》，原载《安阳发掘报告》第2期，1930年；此据《李济文集》卷五，第3—6页。

说皆取实物为证。有材料乃生问题,因问题而求旁证参考,资此旁证参考而置此问题于其正当之视线上,不以设定为决论,不为阙漏作补苴。这样的处置问题,乃真是求客观知识的态度。①

蔡元培将李济等人的工作视为从地层出发来求客观知识,可谓真知灼见。上有蔡元培、傅斯年的理解与支持,下有董作宾的齐心协力,李济上任伊始可谓是如鱼得水。于是他很快就设定了1929年春殷墟第二次发掘的几项具体工作和制度,分别是:

(1) 聘用一个称职的测量员对遗址进行测绘,以便准确绘出以小屯为中心的详细地形图。

(2) 继续在遗址内若干地点以挖探沟的方法进行试掘,主要目的是清楚了解地表下地层情况,以便找到包含未触动过的甲骨的堆积特征。

(3) 系统地记录和登记发掘出的每件遗物的确切出土地点、时间、周围堆积情况和层次等。

(4) 每个参加发掘的工作人员坚持写关于个人观察到的及田野工作中发生的情况的日记。②

以上四项工作完全是紧密围绕他所设定的四项任务而展开的,所以很快就显示了功效。1929年秋,在殷墟第三次发掘结束之后,李济就指出,除了刻字甲骨、刻花骨片和白陶这些精美器物之外,殷墟的"基本材料仍是那极多极平常的陶片、兽骨等",但他信心满满地展望,"在这种材料上我们希望能渐渐地建筑一部可靠的殷商末年小小的新史"。③

殷墟出土的那些"极多极平常的陶片、兽骨"正是"动手动脚"找

---

① 蔡元培:《〈安阳发掘报告〉序》,原载《安阳发掘报告》第1期,1929年;此据《李济文集》卷五,第117—118页。
② 李济:《安阳》,《李济文集》卷二,第357页。
③ 李济:《民国十八年秋季发掘殷墟之经过及其重要发现》,原载《安阳发掘报告》第2期,1930年;此据《李济文集》卷二,第225—248页。

来的新史料,而"建筑一部可靠的殷商末年小小的新史"无疑可以看作史语所致力于建设"科学的东方学正统"的一个具体践行。① 李济主持下的殷墟发掘,无论是方法、材料还是目标,均与傅斯年设定的史语所工作旨趣无不契合,而这自然也是他们二人在广州初次见面即能一拍即合的关键所在。②

1933年,当李济总结殷墟前六次发掘的成绩时,他就很自然地以对殷墟文化的了解程度而非甲骨发现的数量来衡量的,他说:

> 由这些发现及甲骨文字研究,我们现在对于殷墟文化可以作以下的推断:(1)殷墟文化层是一个长期的堆积,代表一个长期的占据。……(2)殷墟文化是多元的。……(3)殷墟文化是进步的。③

次年,在殷墟第七次发掘结束之后,李济再一次表达了类似看法:

> 自民国十七年秋天史语所试掘殷墟起,现在已经快到五年了;发掘虽有七次,……我们对于殷墟所代表的殷商文化,已经可以形成一个具体的概念。几个基本问题——如建筑,青铜,文字系统,与早期文化之关系等,均由此得了一个大致不错的解决的方向。④

而对于殷墟全部十五次发掘的收获,李济则是这样评价的:

> "七七事变"一年的春天,是我们在安阳的第十五工作季。这不是一个以猎取甲骨文字为唯一目的的工作团体;假如我们把历年发掘的实物分类列举,所得的重要项目为:

---

① 傅斯年:《历史语言研究所工作之旨趣》,《中研院史语所集刊》第1本第1分,1928年。
② 有关傅、李二人在学术理念上的诸多近似之处可参看王汎森《什么可以成为历史证据——近代中国新旧史料观点的冲突》,载《中国近代思想与学术的系谱》,第344—384页。
③ 李济:《安阳最近发掘报告及六次工作之总估计》,原载《安阳发掘报告》第4期,1933年;此据《李济文集》卷二,第280—292页。
④ 李济:《〈安阳发掘报告〉编后语》,原载《安阳发掘报告》第4期,1933年;此据《李济文集》卷五,第120—123页。

陶器、骨器、石器、蚌器、青铜器、玉器、腐朽了的木器痕迹，附于铜器上的编织品，在原料状态中的锡、水银及其他矿质，作装饰用的象牙、牛骨、鹿角，占卜用的龟版、兽骨，铸铜器用的铜范，镶嵌用的襄阳甸子，当货币用的贝，残留的或作牺牲用的各种兽类骸骨，保存完全的人骨，等等。①

李济所列的种种遗物，无疑都是新史学急需的史料，是建设殷商新史的基本素材。但是，借由锄头考古学发掘出的新史料来构建"殷商末年小小的新史"还不是李济的终极目标，因为他深切地知道：

> 现代中国新史学最大的公案就是中国文化的原始问题。要研究这个问题，我们当然择一个若明若昧的时期作一个起发点；这个时期，大部分的学者都承认在秦汉以前的夏商周三个朝代。因为我们中国文化的基础是在这"三代"打定的。要能把这将近两千年长的文化找出一个原委，中国文化的原始问题，大部就可解决。……要是我们能够如此一步一步的追寻出来，中国早期文化的递嬗的痕迹，当然也就可以看出来了。

由此可见，寻找中国文化的源头才是李济的根本目标，而殷墟则是实现这个目标的起点。以殷墟为起点去追溯更早时期的中国文化，同样是史语所掌门人傅斯年的期望，如傅氏在殷墟发掘之初就指出：

> 考古学上最难定的是绝对的时期。而殷墟是考古学上最好的标准时期，便于研究的人去比较：因为这个时期，是史前的一个最后时期，以这个时期的人骨做标准，去比较其他地方所发现的人骨，来定他们的时代先后，可以知道人类的演进是怎样；同时以殷墟发掘的陶器做标准，推出其他地方的陶器变更情形，及其时代关系，可以断定其时文化是怎

---

① 李济：《中国古器物学的新基础》，原载《台湾大学文史哲学报》第 1 期，1950 年；此据《李济文集》卷一，第 334—344 页。

么样。又用比较的方法,并可以证明安特生所考据的,是否有误;中国向来所传说的,何处是误。①

傅斯年还说:

> 就殷墟论,吾等已确知其年代,同时并知其地铜器、石器兼出。年来国内发掘古代地方,每不能确定时代,如安特生、李济诸君所作,虽生绝大之学术问题,而标年之基本工作,仍不免于猜度。如将此年代确知之墟中所出器物,为之审定,则其他陶片、杂器,可以比较而得其先后,是殷墟知识不啻为其他古墟知识作度量也。②

以殷墟作为判断其他古墟及其遗物年代的"度量",这是傅斯年和李济共同的愿望。而李济之所以关注中国文化的原始问题,他自己的解释乃是因为"近数年来,那沉默了三十年的'中国文化原始于西方'的学说,差不多又复活起来",③而他1926年对西阴村遗址的发掘也正是为了破除安特生"中国文化西来说"的迷雾。④ 事实上,在相当长的时间内,对"中国文化西来说"进行回应是史语所同仁的重要任务,李济对史语所在此重大问题的贡献曾有扼要的描述:

> 1928年,历史语言研究所的考古组在蔡院长的领导下成立,所选择的第一个发掘遗址,就是出甲骨文字的安阳小屯。在开始这一工作时,参加的人员就怀抱着一个希望,希望能把中国有文字记录历史的最早一段与那国际间甚注意的中国史前文化联贯起来,作一次河道工程师所称的"合龙"工作。……这一希望,在第三次安阳发掘时,由于在有文字的甲骨层中一块仰韶式彩陶的发现,大加增高。……

---

① 傅斯年:《考古学的新方法》,原载《史学》第1期,1930年12月;收入《傅斯年全集》卷三,湖南教育出版社,2000年,第92页。
② 傅斯年:《本所发掘殷墟之经过》,《安阳发掘报告》第2期,1930年。
③ 李济:《发掘龙山城子崖的理由及成绩》,原载《山东省立图书馆季刊》第1集第1期,1931年;此据《李济文集》卷二,第203—205页。
④ 有关李济发掘西阴村遗址的动机可参看本书第叁篇《有心还是无意——李济汾河流域调查与夏文化探索》。

有了这一发现,我们就大胆地开始比较仰韶文化与殷商文化,并讨论它们的相对的年代。……1930年,考古组田野工作的第三年,我们在山东济南附近的城子崖发掘了一个小的遗址,却得了极重要的收获,开始了黑陶文化研究的一幕。……小屯与仰韶的关系问题,渐次扩大为小屯、仰韶与龙山(城子崖)的关系问题;这一复杂问题的解决,一时成了田野考古工作人员所追求的中心对象,占了他们不少的时间。城子崖发掘一年以后,我们在安阳境内,小屯附近的一个新遗址——后冈,发现了三种文化重叠堆积的现象。领导这一工作的梁思永先生,是第一个断定彩陶文化、黑陶文化与殷商文化继承秩序的人。[①]

作为史语所考古组的领头人,李济个人的研究就更是围绕这一问题展开的,这从他20世纪30年代发表的相关著述中就可以清楚地看出。如他考察殷墟青铜器形制时,并不停留在对形制的简单描述,而是十分关注铜器的形制来源,同时将殷墟铜器与域外青铜文化进行比较,如:

> 青铜物形制的来源却很复杂。有的大约完全为西方式,如空头斧与矛之类,但句兵却是中国的产品,大部分礼器的形制都是中国的发明。殷商时代中国与西方的关系正如仰韶时代中国与西方的关系——中国接受了西方一部分的文化,但加了浓厚的地方彩色。[②]

再如1934年,当李济总结近十年来中国考古学界所获成绩时则说:

> 近十年来考古学在中国的成绩,有两件值得称述。一

[①] 李济:《中国古器物学的新基础》,原载《台湾大学文史哲学报》第1期,1950年;此据《李济文集》卷一,第334—344页。

[②] 李济:《殷墟铜器五种及其相关之问题》,原载"国立中央研究院"历史语言研究所集刊·外编第一种·庆祝蔡元培先生六十五岁论文集》,1933年;此据《李济文集》卷三,第441—466页。

为发现中国北部的石器时代文化,一为确定中国的青铜时代文化。……殷墟附近有好些满布陶片的遗址,只因不出甲骨文,就没有引人的注意。自从研究院开始发掘殷墟以来,我们就感觉到有发掘附近遗址的必要。所选择的第一个是殷墟东南靠平汉路的一个鼓出的地方,土名叫后岗。发掘是梁思永君一人经手的。作了两次,他就得到了我们天天梦想而实在意想不到的发现。……无疑的,这是一个极重要的发现。第二次后岗发掘以后,我们又在后岗西北的侯家庄与河南浚县大赉店发现堆积情形与后岗相同的遗址。这更可证明这三组文化相互的关系了。当然这里边没解决的问题还多得很。这只算替中国建筑"新中国上古史"的同志辟开了一个比较可靠的出发点,由此往前就可以渐渐地到那平坦大路。①

殷墟的发掘不仅是为了建筑可靠的殷商新史,更要为构建"新中国上古史"确立了一个可靠的"起发点"——这才是以李济为代表的史语所同仁们所勾画的宏伟蓝图。因此,在1930年城子崖遗址发掘之后,李济就很自然地把城子崖与殷墟联系起来考虑:

以殷墟出土物为基本材料而研究中国上古史的人至少有两件必须作的初步工作:(1)以文字材料比古文传说,藉定古传说之真伪。(2)分析无文字之实物,寻其原始及沿革,探求中国古史家向不十分注意的那时的生活状态。第一件工作所需的比较材料如古史传说之类多少总是现存的。第二件初步工作所需的材料必须在地下寻找出来的才能用。故处置殷墟出土品之必然的下文,为寻求可与殷墟相比之实物。

所以在李济的眼里,发掘城子崖遗址的意义是,"能由此渐渐地

---

① 李济:《中国考古学之过去与将来》,原载《东方杂志》第31卷第7号,1934年;此据《李济文集》卷一,第325—331页。

上溯中国文化的原始,下释商周历史的形成"。①

正如罗志田所说,民国新史学的总体倾向是向往"科学",而它的一个基本预设就是对地下材料寄予厚望——即先确立一个较为可靠的定点,再依据考古材料慢慢地"拉长"中国古史。② 这确实是那个时代诸多学者的共识,如早在殷墟发掘之前,胡适就有一个广为人知的说法,主张"现在先把古史缩短二三千年,从《诗》三百篇做起。将来等到金石学,考古学发达上了科学轨道以后,然后用地底下掘出的史料,慢慢地拉长东周以前的古史"。③ 数年之后,当目睹了殷墟发掘所取得的显著成绩,胡适不但及时地纠正了他以往"根据渑池发掘的报告"将商代定为新石器时代的错误判断,④甚至设想如果重写《中国哲学史大纲》上卷,他一定要补入殷墟的发掘材料。⑤

进入20世纪50年代,李济开始全盘思考中国上古史的重建问题,殷墟作为"支点"的意义也就愈发显现出来。此时的李济坚信,"安阳的发现,一方面把地上与地下的材料联系起来,一方面把历史和史前史联系了起来"。⑥

重建古史,又该从何着手呢? 这取决于学者对于中国上古史的不同理解,李济的观点是:

> 就中国上古史说,亟待解决的问题,虽说是多方面的,但是,据我个人看来,有两个基本课题,比其他题目更为重要。这两个课题的一个,是构成中国民族的人种问

---

① 李济:《〈城子崖发掘报告〉序》,原载《东方杂志》第32卷第1号,1934年;此据《李济文集》卷二,第206—208页。

② 罗志田:《史料的尽量扩充与不看二十四史——民国新史学的一个诡论现象》,原载《历史研究》2000年第4期;收入《近代中国史学十论》,复旦大学出版社,2003年,第83—125页。

③ 胡适:《自述古史观书》,载顾颉刚编著《古史辨》第一册,上海古籍出版社,1982年,第22—23页。

④ 参看王汎森《傅斯年对胡适文史观点的影响》,载《中国近代思想与学术的系谱》,第283—310页。

⑤ 据夏鼐1948年4月2日日记,载《夏鼐日记》卷四,华东师范大学出版社,2011年,第180页。

⑥ 李济:《中国上古史之重建工作及其问题》,原载《民主评论》第5卷第4期,1954年;此据《李济文集》卷一,第353—360页。

题。……我们基本课题的第二个——中国文化的开始。①

他认为这两个问题实际上就是中国考古学的核心使命:

> 现代考古学家的工作,不能仅限于找寻证据以重现中国过去的光辉,其更重要的责任,毋宁说是回答那些以前历史家所含混解释的,却在近代科学影响下酝酿出的一些问题。这样产生的问题属于两类,但两者却息息相关。其一是有关中华民族的原始及其形成,其二为有关中国文明的性质及其成长。②

在李济看来,殷墟发掘对于解决这两个基本课题均有至关重要的意义。他说:

> 我们有殷墟的发掘,可以说我们得到了一批承上启下,具有连锁性的考古资料;它把史前的文化与历史的文化作了一个强有力的联系。……史学家研究这一阶段文化,所面临的最要紧的问题,一部分是要如何把殷商的考古材料与史前的考古材料比较贯穿;同时要把若干不能解释的成分,找出它们可能的来源。③

具体来说就是:

> 首先我要说,安阳发掘的结果,使这一代的中国史学家对大量早期文献,特别是对司马迁《史记》中资料的高度可靠性恢复了信心。……同样重要甚至更加重要的是:这些发现提供了最充分的实物依据,可用来解释周代文明为什么好像突然一下发达起来;……安阳的历次发掘提供了大量证据,说明殷代的中国文明已具备了一些最基本的东方

---

① 李济:《再谈中国上古史的重建问题》,原载《中研院史语所集刊》第33本,1962年;此据《李济文集》卷一,第406—416页。

② 李济:《中国文明的开始》,1957年由美国华盛顿大学出版英文版,1970年万家保翻译成中文版,由台北商务印书馆出版;此据《李济文集》卷一,第361—400页。

③ 李济:《再谈中国上古史的重建问题》,原载《中研院史语所集刊》第33本,1962年;此据《李济文集》卷一,第406—416页。

特征。经过安阳的几次发掘,有一点已经愈渐清楚了:中国早期历史文化基本上是中国北部的产物;由于创造这一文化的人们的才干,这一文化通过与境外国际的交往而吸收了一切有用的文化因素,同时对新石器时代末期已在世界各地传布开来的新思想采取了接纳的态度。这些发掘还提供了实物证据,把历史文献跟早期历史时期和史前时期的考古遗存紧紧地联系在一起。最后但并非最不重要的一点就是:安阳遗址出土的人骨所显示的体质特征,只在有限范围内偏离于金石并用期华北人的体质特征。①

所以李济晚年对殷墟发掘的总体评估是:

> 不过总论起来,安阳十五次发掘所累集的史料,在中国史学史中可以说是空前的了。这批资料最大的价值为:(1)肯定了甲骨文的真实性及其在中国文字学上的地位。(2)将史前史的资料与中国古史的资料联系起来。(3)对于殷商时代中国文化的发展阶段,作了一种很丰富而具体的说明。(4)把中国文化与同时的其他文化中心,作了初步的联系,证明中国最早的历史文化不是孤立的发展,实在承袭了若干来自不同方向的不同传统,表现了一种综合性的创造能力。②

因此,李济是这样解释《中国上古史》的编撰缘起的:

> 五十余年来,地下发掘出来的考古资料已经累积到一个颇为可观的数量,发表的报告不断地透露了在远古的时代,中国民族与文化形成的消息。……如何把这批史前的史料与中国文明的黎明期衔接起来,实为治中国上古史的

---

① 李济:《安阳的发现对谱写中国可考历史新的首章的重要性》,该文原为1953年秋李济在菲律宾举行的第八届太平洋科学会议上的报告,载 Annals of Academia Sinica, 1955, No. 11 Part 1;李光谟翻译,《李济文集》卷四,第503—509页。
② 李济:《安阳发掘与中国古史问题》,原载《中研院史语所集刊》第40本,1968年;此据《李济文集》卷四,第538—567页。

同志们当前面临的一个紧要课题。……如何整理？我们想尝试这一件工作。我们的目的是想编辑一部比较可信的中国上古史。我们无意再写一部偏重政治方面的专史，褒贬过去的帝王卿相，评论每一朝代的兴替。我们想把它的重心放置在民族的发展与文化的演进两组主题上。

基于上述目标，李济手定的《中国上古史》编辑大旨的第一条即是：

> 撰稿人请依照"缘起"阐明之宗旨为起稿原则；以文化的形成及演变和民族的成长与教养为撰述的重点。①

正因为李济将上古史的重点放在文化的形成与民族的成长两方面上，所以他始终强调有关这两个基本问题的种种答案和解释，需要"我们从人类学、古生物学、史前考古学以及民族学的资料"中去获得。②

而如果追溯起来，追寻中国民族和中国文化之原始，则是早已蛰伏在李济心中的理想。早在学生时代，李济就曾经在一份《自撰简历》中表述了如下的志向：

> 他的志向是想把中国人的脑袋量清楚，来与世界人类的脑袋比较一下，寻出他所属的人种在天演路上的阶级出来。要是有机（会），他还想去新疆、青海、西藏、印度、波斯去刨坟掘墓、断碑寻古迹，找些人家不要的古董来寻绎中国人的原始出来。③

李济又是幸运的，他能够在一种不功利的、"爱读什么就读什么"的留学风气下选择了自己所喜爱的学科——人类学；待到学成归国

---

① 李济：《〈中国上古史〉编辑计划的缘起及其进行的过程》，原载《中国上古史（待定稿）·第一本》，1972年；此据《李济文集》卷五，第151—153页。
② 李济：《再谈中国上古史的重建问题》，原载《中研院史语所集刊》第33本，1962年；此据《李济文集》卷一，第406—416页。
③ 李济手稿，据李光谟估计，当写于1920年李济离开克拉克大学去哈佛研究院前后，《李济文集》卷五，第412页。

选择职业时,"也没有人考虑到赚多少钱和养家糊口的问题",自然而然地选择了考古学作为职业。①

如果进一步追问李济选择人类学的动机,或者说剖析他上述志向的根源,我们会发现这实际上来自他对中国文化的爱。

1950年12月20日傅斯年遽逝,25日晨,秉性"刚毅木讷"的李济罕有地写了一篇非常感性的悼念文章,②其中写道:

> 他在"中央研究院",创办历史语言研究所的中心目的,固然是由求纯知识的观点出发,但是潜在他的下意识内,所以帮助他推动这一学术事业的真正的力量,还是一个"爱"字。因为他爱中国及中国的文化,他就先从研究中国的历史开始;他想彻底地明了中国文化的本体,原来的长处及短处。……他所以以毕生的精力用功史学,并提倡语言学、考古学、民族学,都是要找这一类知识。③

李济的这些肺腑之言,固然是对老友傅斯年的评价,但其实也可以看作是他的自我描述。比如他说自己"初入中学读书","知道自己生于一个有五千年悠久历史的国度里时",便"常觉欢欣莫似"。④ 又如他在给张光直的一封信中,李济也流露出了类似的情感:

> 中国学术在世界落后的程度,只有几个从事学术工作的人,方才真正地知道。我们这一民族,现在是既穷且愚,而又染了一种不可救药的,破落户的习惯,成天的在那里排[摆]架子,谈文化,向方块字"拜拜",……但是,每一个中国

---

① 李济:《我与中国考古工作》,原载台北《新时代》创刊号,1961年;此据《李济文集》代序一,《李济文集》卷一,第1—5页。
② "刚毅木讷"是李济好友徐志摩给他下的考语,徐氏1920年在给李济的一封信中写道,"老兄刚毅木讷,强力努行;凡学者所需之品德,兄皆有之……"。参看李光谟《从清华园到史语所——李济治学生涯琐记》,第298页。
③ 李济:《值得青年们效法的傅孟真先生》,原载《自由中国》第4卷第1期;此据《李济文集》卷五,第162—163页。
④ 李济:《中国文明的开始》,《李济文集》卷一,第366页。

人——我常如此想——对于纠正这一风气,都有一份责任;所以每一个中国人,若是批评他所寄托的这一社会,必须连带地想到他自己的责任。据我个人的看法,中国民族以及中国文化的将来,要看我们能否培植一群努力作现代学术工作的人——真正求知识,求整理的人们,不仅工程师或医师。①

这便是因爱而产生了责任感,李济对张光直的期望,其实也正是他表达责任感的方式与途径——研究清楚中国文化的来源与特征。而此点则缘于李济深信任何学术均有其社会功用,考古学亦然,他说:

真正的专门学术,没有与社会完全脱节的;试看考古学如何影响了历史,历史家的意见如何影响了现在国际的关系!民族学如何影响社会以及政治!这些影响都可以放射到我们的日常生活上去。②

而最关键的是,李济相信考古学对于树立民族自信具有至关重要的意义,他说:

我们相信,健全的民族意识,必须建立在真实可靠的历史上。要建设一部信史,发展考古学是一种必要的初步工作。③

他甚至还说:

我们若要发扬民族主义,对于民族的历史绝对的不能漠视。我国的革命,以民族主义为主要立场,这个立场在自然历史中有雄厚的根基,在最近的将来也绝不会有什么

---

① 李济1954年9月22日致张光直信件,收入李卉、陈星灿编《传薪有斯人——李济、凌纯声、高去寻、夏鼐与张光直通信集》,生活·读书·新知三联书店,2005年,第3页。
② 李济:《〈台湾大学考古人类学刊〉发刊词》,原载《台湾大学考古人类学刊》第1期,1953年;此据《李济文集》卷五,第135—136页。
③ 李济:《〈田野考古报告〉编辑大旨》,原载《田野考古报告》第1册,1936年;此据《李济文集》卷一,第332—333页。

变更的。要发扬这个主义,除了历史的训练,又有什么别的方法?①

因此我们不妨可以说,李济建筑真实可靠的"殷商新史"和"新中国上古史"的企图其实是他文化救国、科学救国思想的具体实践。从这一层意义上讲,我们其实很难再用"考古学家"来定义李济,所以有学者这样评价李济的学术成就:

> 李济一生的学术,可以用民族史三字概括,"体质人类学"不过是治民族史的工具。李济的学术宗旨既然是民族史,而体质人类学不过是"工具",他日后领导安阳殷墟发掘、研究,成为中外知名的考古学家,当然说不上什么"改行"。因为考古学对李济而言,也不过是一种方法罢了。②

在李济逝世之后,张光直则这样评价自己的老师:

> 他既是一个认真守护中国的文化珍品、防范外国盗窃者侵犯的爱国者,又是一个热心的国际主义者——他渴望接受西方所可能提供的技术和观念,力求在世界背景下观察和思考中国。……他对在中国建立科学的事业怀有一种纯挚的热忱,并用自己的言行树立了一个令他的后继者渴望达到而又难以企及的榜样。③

这些评价都是知人之论。

二、李济的途径:科学主义至上

如果说傅斯年一方面极力反对"疏通",但自身的史学研究中却

---

① 李济:《中国考古学之过去与将来》,原载《东方杂志》第31卷第7号,1934年;此据《李济文集》卷一,第325—331页。
② 王道还:《史语所的体质人类学家》,载《新学术之路——"中央研究院"历史语言研究所七十周年纪念文集》(上),第163—188页。
③ 张光直著,李光谟译:《怀念李济(1896—1979)》,收入《从清华园到史语所——李济治学生涯琐记》,第1—5页。

明显存在"证与疏"两个面相的话,①那么,李济的学术研究——无论是在考古学还是人类学领域,是真正做到了"证而不疏",完美地体现了科学主义至上的取向。李济的科学态度,源于他的秉性和学术训练。

许倬云在一篇回忆李济的文章中讲述了一个在"一片草地上如何寻找一颗小球"的故事,他说:

> 台大历史系规定考古人类学导论是必修课,我在大二时,选了这门功课,上学期是考古学,由济之师主讲,下学期是人类学,由凌纯声师主讲。第一堂课,济之师就提出一个问题:"在一片草坪上,如何寻找一颗小球?"同学们谁也不敢出声。他老人家慢条斯理地自己回答:"在草坪上,画上一条一条的平行直线,沿线一条一条的走过,低头仔细看,走完整个草坪,一定会找到这颗小球。"②

而另一个更极端的例子是:1961年,李济被确诊患有糖尿病,医生交代他要按比例进食米饭、肉类和蔬菜。为遵医嘱,李济竟把天平带到宴会上去,吃什么东西前都要将各类食物称一下。③

这两个故事足以反映李济治学处事的科学态度,而此种态度萌芽甚早,如他解释自己当初在美国由心理学转为社会学的原因就是:

> 我学心理学的成绩,大致地说还算不错。读了一年,我就得到一张文凭。不过很奇怪的,我并不想继续读下去。我在这一年之中,把心理学的各派都尝试领略了一下。我的感觉是:好像这门学问所用的研究方法,还不够我所想像的科学标准;因此我也就推论到,有这些不够标准的科学方法,所得到的心理学知识不一定靠得住。……所以第二年

---

① 罗志田:《证与疏:傅斯年史学的两个面相》,载《经典淡出之后:20世纪中国史学的转变与延续》,生活·读书·新知三联书店,2013年,第191—226页。
② 许倬云:《长忆济之师:一位学术巨人》,收入《家事、国事、天下事——许倬云先生一生回顾》,南京大学出版社,2012年,第349—353页。
③ 施雨华:《李济:失踪的大师》,《南方人物周刊》2012年第41期。

我就决定向社会科学中去找一点新途径。①

李济的科学态度也决定了他日后对殷墟文化的研究方向。1928年12月,李济在安阳与董作宾初次见面之后,即致信蔡元培、杨铨和傅斯年等人表示不仅"拟以小屯为中心,辐射四出,尽三五年之力作一番彻底工作",从而使得"极可靠之三代史料可以重现人间",而且"藉此训练少数后进,使中国科学的考古可以循序发展"。② 因此,李济对殷墟文化的研究实际上可以一言以蔽之,即以科学的手段来建设科学的古史。这里我们可以从材料的获取、材料的处理以及材料的运用等三个方面来加以分析。

(一) 材料的获取

史料是著史的基础,而"动手动脚"寻找新史料正是史语所的核心使命,如何获取真实可信的史料是李济的第一要务。早在他发掘西阴村遗址时,李济就十分强调材料的可靠性,并对安特生的某些做法有所微词。李济说:

> 安特生在发掘上,我个人觉得他是功过参半;他的方法还不精密,非科学者最成功的方法。……我在西阴村所掘得的东西,现存在清华,若随意拣出一片来,可以知它原来在哪一地层,在什么位置,次序都可一一明了的。……我们考从前的历史,材料之可珍贵,那考古的方法就不能忽视,以与中国全体民族有关。……地下古物,最重要的要先有问题、有目的去发掘,才能注意到各方面细微的物事。若鲁莽从事,一定毁残了固有的材料,不如不动,将来还有发掘的机会。③

---

① 李济:《我在美国的大学生活》,原载《传记文学》第1卷第5、6合期,1962年;此据《李济文集》卷五,第193—204页。
② 此信可参看李光谟编著的《从清华园到史语所——李济治学生涯琐记》,第299—300页。
③ 李济:《中国最近发现之新史料》,原载《中山大学语言历史研究所周刊》第5卷第57、58期合刊;此据《李济文集》卷一,第322—324页。

在李济看来，未经科学方法取得的考古材料，不但没有科学价值，反而是对珍贵史料的损毁。1928年12月，当李济赶到安阳与董作宾会面时，董作宾已经结束了殷墟的第一次发掘。在了解了董氏的发掘方法之后，李济在给蔡元培、杨铨和傅斯年的信中就直言：

> 此次董君挖掘，仍袭古董商陈法，就地掘坑，直贯而下，惟检有字甲骨，其余皆视为副品。虽绘地图，亦太简略，且地层紊乱，一无记载。故就全体论之，虽略得甲骨文（约四百片），并无科学价值。①

所以在1929年春李济自己主持殷墟第二次发掘时，很自然地把弄清殷墟的地层关系作为首要任务。他说：

> 地面下的情形，扰乱的居多；原因是很复杂的。我们的工作最紧要的一部分就是把这原因分析出来，使我们对于地下储积层次得一个准确的观念。②

为此，李济在发掘之初就与董作宾商定了更为科学的发掘方案和制度，因为他深知如果"挖掘的时候观察疏忽一点，那掘出的实物的意义就完全失了"。③ 也正是由于李济对科学发掘方法的高度重视，再加上深谙田野考古的梁思永的加入，殷墟的田野考古工作取得了显著的改善，并达到了当时国际先进水平。④ 这里择要加以说明。

石璋如曾经把殷墟发掘历程归纳为"探坑法（殷墟第一至九）—现象法（殷墟第十至十二）—坑象法（殷墟十三至十五）"三个阶段。

---

① 此信在史语所"公文档"元字第25号卷，收入李光谟编著的《从清华园到史语所——李济治学生涯琐记》，第299—300页。
② 李济：《小屯地面下情形分析初步》，原载《安阳发掘报告》第1期，1929年；此据《李济文集》卷二，第213—224页。
③ 李济：《小屯地面下情形分析初步》，原载《安阳发掘报告》第1期，1929年；此据《李济文集》卷二，第213—224页。
④ 张海：《中国考古学的殷墟传统——早年安阳殷墟的发掘与研究》，北京大学中国考古学研究中心编《古代文明（四）》，文物出版社，2005年，第372—379页；张敏：《夏商周考古学史（1928—1949）》，北京大学考古文博学院博士学位论文，2014年。

所谓的"探坑法","即以探坑为标准","在探坑内注意现象",其优点是"很清楚的可以了解某坑中有某种现象和某种遗物,作报告时也就以此为基石了";而"现象法"则是"以现象为标准,探坑成为找现象的工具",此种方法在侯家庄王陵区极为适用,使用的结果是"西北冈所见的都是大小墓葬而没有探坑了";第十三次发掘又回到小屯,则改进为"坑象法",即"仍以现象为主",但"把探坑扩大,视作如地图上的经纬线了"。此三种方法因地制宜、交替使用,因此收获颇丰。①

石璋如所讲的只是较为宏观的一面,实际上,要获得真实可靠的田野资料尚需要更为精细的方案。有研究者将殷墟十五次发掘的关键要点总结为这样几点:一是始终坚持自然层发掘,并逐渐形成完备的记录系统。董作宾主持第一次发掘时,是按每层 30 厘米往下清理的,而从李济接手之后,则采取了自然层发掘法对出土遗物进行记录和采集,并制定了一套完善的记录方式,包括发掘日记(含个人日记、探方日记和由领队负责的工地总日记)、绘图记录和照相记录等;二是在发掘过程中注重对地层及各种遗迹现象的观察,对田野发掘中失误或未观察到的迹象则依据文字及绘图记录尝试复原;三是对各遗迹单位早晚的判断,主要依据地层上的叠压关系、"上口的深度"以及包含物。②

科学的发掘很快就显现出成效,比如在 1929 年春殷墟第二次发掘之后,李济就获得了对殷墟地层的基本认识,即:

> 根据我们这一季的观察,我们可以把小屯村地面下的遗存分为三期:(1)殷商文化层。(2)隋唐的墟墓,有的也许早些。(3)现代的堆积。

对于殷墟甲骨,李济更关心甲骨出土的层位而非甲骨本身,比如

---

① 石璋如:《我在史语所》,载《新学术之路——"中央研究院"历史语言研究所七十周年纪念文集》,第 639—654 页。
② 张敏:《夏商周考古学史(1928—1949)》,北京大学考古文博学院博士学位论文,2014 年,第 120—123 页。

殷墟第二次发掘之后，他就说：

> 假如要问"这甲骨文字储藏的地方找着了没有"？这问题就难回答了。三十年来，甲骨出土的不下十万片，除了我们这次所得的外，它们的出土地点及在土中的情形，我们一点也不知道。……但是这次的观察，很给了我们好些线索。它们是一堆一堆的出来；甲骨如此，别的实物也是如此。那零碎出来的，都是经过翻动的缘故。这次的字骨都出在斜二及斜二北支；这次的箭簇都出在村北发掘。这总可以证明实物出土的地点都有一定的集中的地方。①

科学的发掘方法很快就显现出良好的效果。在殷墟第三次发掘结束之后，李济就判断出"殷墟的范围实在超出小屯村境界之外"，原因是"出字骨的小屯只是商都一个特别的区域"，"要定商都的范围，只可用陶片定"，而"若以陶片为标准，我们至少可以说商都的面积远超过现在小屯的领土之外"。②

由于李济极其重视材料获取的方法，所以他对有着八百年历史的传统金石学就颇不以为然。他解释自宋代以来金石学停滞不前的原因乃是：

> 为何在十一世纪已有的一门光芒四射的金石学，经过了八百年以上的时间，两朝皇家的提倡，仍停滞在不进步的状态中？……我们可以说，自然科学在中国落后的原因，也就是古器物学在这一悠长的时间没有进步的原因。……自然科学是纯理智的产物；古器物学，八百年来，在中国所以未能前进，就是因为没有走上纯理智的这条路。随着半艺术的治学态度，"古器物"就化为"古玩"；"题跋"代替了"考订"，"欣赏"掩蔽了"了解"。

---

① 李济：《小屯地面下情形分析初步》，原载《安阳发掘报告》第1期，1929年；此据《李济文集》卷二，第213—224页。

② 李济：《民国十八年秋季发掘殷墟之经过及其重要发现》，原载《安阳发掘报告》第2期，1930年；此据《李济文集》卷二，第225—248页。

所以，他认为改进传统古器物学方法的途径是："古器物学的原始材料，也同其他自然科学的原始材料一样，必须经过有计划地搜求、采集及发掘，最详细地记录及可能地校勘，广泛地比较，方能显出它们的真正的学术价值。"①

基于上述理念，李济对田野考古工作的定位是：

> 这是一种真正的学术，有它必需的哲学的基础，历史的根据，科学的训练，实际的设备。

而他为田野考古工作者确立的责任则是：

> 用自然科学的手段，搜集人类历史材料，整理出来，供史学家采用。②

这些无疑都是李济对于考古学如何获取材料的基本看法，而这些看法与傅斯年所主张的史语所"欲以'扩充材料、扩充工具'为方术，而致中国历史语言之学于自然科学之境界中"的观念是完全一致的。③ 在此种理念的支配下，以李济为代表的殷墟发掘者为获取科学史料作出了不懈的努力，不断地完善中国考古学田野考古方法。有学者曾经这样评价殷墟田野考古的巨大贡献：

> 回顾殷墟发掘的历程，无论是发掘方法上由水平层发掘法到自然层发掘法的进步，还是发掘技术上由点到线，由线到面，由面到体的变化；无论是遗物采集由个别、特殊到普遍、全面，还是对遗迹现象的认识从无到有，再联系到时间的单位；无论是由田野发掘的制度化，还是发掘记录的规范化，这一系列的变化均是在殷墟1928年到1937年这九年十五次的发掘过程中逐步完成的。此间，以李济、梁思永为

---

① 李济：《中国古器物学的新基础》，原载《台湾大学文史哲学报》第1期，1950年；此据《李济文集》卷一，第334—344页。
② 李济：《〈田野考古报告〉编辑大旨》，原载《田野考古报告》第1册，1936年；此据《李济文集》卷一，第332—333页。
③ 傅斯年1930年9月13日致王献唐信，转引自罗志田《证与疏：傅斯年史学的两个面相》，《经典淡出之后：20世纪中国史学的转变与延续》，第192页。

代表的中国考古学家将西方考古地层学原理与殷墟的田野实践相结合,从而在中国产生了具有考古学自身特点的考古地层学。这种地层学已经摆脱了地质学的束缚,它的核心是对人类行为的密切关注。殷墟发掘所创立的一系列发掘和记录的技术、方法、制度、规范等为此后大陆和台湾的考古工作者所继承发展,并一直延续到今天。可以说,早年殷墟的发掘形成了中国田野考古学技术和方法的传统。西方考古学的"地层学革命"(The Stratigraphic Revolution)直到 20 世纪 40—50 年代才得以完成,在这方面,后起的中国田野考古学反而走在了世界的前列。①

毫无疑问,在这一过程中,李济无疑起到了关键性的领导作用,而这也是他赢得"中国考古学之父"美誉的主要原因。

(二)材料的处理

李济既然以建设科学可靠的古史为目标,那么获取材料只是第一步,他还必须将考古材料转化为可以用来著史的史料。在李济眼中,殷墟发掘所见的陶器、骨器、石器、蚌器、青铜器、玉器,乃至腐朽了的木器痕迹,附于铜器上的编织品等一切出土材料"都是头等的、最可靠的古器物学的原始资料"。但另一方面,李济也深知如果"不加任何解释,赤裸裸地把原始材料公布出来——如气象局、人口局经常所作的——虽是一种有效率的处理办法,却不是古器物学家应该效法的",②更不是科学的考古学家应有的态度。所以,李济强调"资料是要人整理的;没有采集人的说明,这些资料的价值就不能全部表达出来"。③ 这就是说,如果要达到建设殷商新史之目标,李济就必须找到对殷墟发掘材料进行"有效"而不仅仅是"有效率"的处理

---

① 张海:《中国考古学的殷墟传统——早年安阳殷墟的发掘与研究》,北京大学中国考古学研究中心编《古代文明(四)》,第 380 页。
② 李济:《中国古器物学的新基础》,原载《台湾大学文史哲学报》第 1 期,1950 年;此据《李济文集》卷一,第 334—344 页。
③ 李济:《〈中国考古学报〉前言》,原载《中国考古学报》第二册,商务印书馆,1947 年;此据《李济文集》卷五,第 126—127 页。

方式。

然而，正如张光直所评价的那样，李济"在中国史学需要新材料的时候，不但大声疾呼地去找材料，而且坚持着要第一等的材料"，但"另一方面，得到了材料之后，应该如何去整理材料，我们却在他的著作中找不到有系统性的理论性的指导"。① 诚然李济在如何处理史料上没有专门的撰述，但是他在进行相关研究时，或多或少地谈到了处理材料的方法。比如他说：

> 我们的目的是想把各种古器物本身的历史——它的制造方法，它的形制及装饰的演变，它的功能等等——根据第一手的地下知识，能作一系统的陈述。这一研究所需要的比较材料及预备工作都是多方面的；除了田野的原始记录和文献上的记载外，更要依赖对若干自然科学和实验科学的发现与发明的认识作参考，方能得到我们所希望的成绩。②

这一表述其实可以视为李济处理材料的总原则。但是，与其载之空言，倒不如见之于行事，我们不妨从李济的具体研究中来分析他处理材料的思路与理念。

1968年，李济发表了《安阳发掘与中国古史问题》一文，大体阐述了如何利用殷墟发掘资料来构建殷商新史的问题，其中"史料的新分类"一节罗列了以下内容：(1) 建筑基址；(2) 墓葬(包括殉葬坑)；(3) 甲骨刻辞及在器物上刻划书写之文字；(4) 遗物，包括：A. 石器及玉器，B. 骨角器、齿牙器及蚌器，C. 陶器，D. 青铜器及其他金属品；(5) 骨骸，包括：A. 动物骨骸，B. 人类骨骸。③ 在这些材料中，除甲骨卜辞和建筑基址之外，李济几乎都做过专门和具体的研究，其工

---

① 张光直：《对李济之先生考古学研究的一些看法》，《李济文集》代序二。
② 李济：《〈中国考古报告集·古器物研究专刊〉发刊辞》，《李济文集》卷五，第146页。
③ 李济：《安阳发掘与中国古史问题》，原载《中研院史语所集刊》第40本，1968年；此据《李济文集》卷四，第538—567页。

作量是十分惊人的,以致勤勉的李济也禁不住抱怨编写安阳发掘报告成了他"一件精神上的负担",但他还是抱定了"愚公移山的人生观"来完成这项极其艰巨的任务。① 在所有的出土物中,李济首先着手研究的是殷墟陶器,下面我们即以此例来说明李济处理考古材料的方法。

殷墟十五次发掘共出土将近二十五万块陶片以及一千五百余件可复原的器物,《殷虚器物·甲编·陶器·上辑》则堪称是李济对殷墟陶器研究的集大成之著作。李济首先指出,陶器之所以具有重要的史料价值乃是因为它具有以下三项特征:(1)数量多;(2)在地下保存可以历久不变;(3)形制质料随时变化,变的部分均足以反映时代精神。所以李济认为:

> 这批材料不是"古董";其中虽也有若干件可以供人"清赏"或"雅玩"并可以刺激人的美感,但这只是极少数的例外。若正视它们的实际性质,它们只是一组道地可靠的学术"材料";傅孟真先生鼓励人寻找的"材料"。……根据这些实物与记录,我们可以看出殷商时代与史前文化的若干关系;我们并可以看出不见于文字记录的,殷商文化中的若干新成分。

按照李济最初的设想,他的这部著作包括上下两辑,其中"上辑是一种分析性的描写,报告材料本身的性质",而"下辑报告陶器在地面下之分布情形及其历史意义"。② 虽然李济后来只完成了上辑,但从中仍可以部分地看出他对陶器材料的处理方法。

该书共分为七章,分别为导论、陶器质料之初步鉴定、序数的编制及图录说明、颜色与形制、制造痕迹、文饰、符号与文字,附录陶文考释(由李孝定作)。从上述章节的设置上即可看出李济对陶器的关

---

① 参看李济 1956 年 6 月 19 日致张光直的信件,收入李卉、陈星灿编《传薪有斯人——李济、凌纯声、高去寻、夏鼐与张光直通信集》,第 12—13 页。
② 李济:《中国考古报告集之二·小屯·第三本·殷虚器物·甲编·陶器·上辑》序,1956 年;此据《李济文集》卷三,第 50—55 页。

注点主要集中在质料、形制、制作工艺以及纹饰等四个方面。以下分别说明：

1. 质料

李济之所以关心陶器的质料，是因为他"最初的计划，原想作一种大规模的分析，找出殷商时代陶器原料的化学成分"。但是自殷墟发掘以来，经过中研院地质所专家分析的殷墟陶片仅有七片，虽然"要紧的种类固然是都有了"，但李济深知要"拿来代表将近二十五万片陶片的原质，没有疑问地是不十分够"，这些分析数据最多只能算是为"讨论殷墟陶器的原料建了一个重要的基础"。所幸的是，用来检测的这七片陶片是经过精心挑选的，包括白陶两片、黑陶、灰陶、硬陶、釉陶和彩陶各一片，基本涵盖了殷墟出土的各类陶器。除了分析化学成分，李济还对部分殷墟陶器进行了"比重、吸水率"、"硬度"和"颜色"等方面的测定，所得的主要结论则包括：

> 殷墟出土的陶片，除了一片彩陶为当时的一种蜕存不计外，可以说有五个系统可分。这五个系统在外表上都有很鲜明的颜色标帜，极易加以辨别。每一色陶器，并多少具有些物理的及化学的特质：如白陶的铝量比较的高，黑陶所含的炭素，釉陶与硬陶的细微的吸水率，均是不能与别色陶所能混的。灰陶与红陶的物理化学性质虽似乎要混沌一点，但灰陶的高度的吸水率（平均百分之二十一以上）及视比重的极大的差异系数，在殷墟陶器中是灰色陶器的特点。①

李济还设计了专门的数学公式来计算各类陶器化学成分的具体差别，并获得了一系列差异系数。那么，李济关注陶器化学成分的目的又何在呢？他的解释是，"要是我们能肯定地说明各类陶器质料相互分别的大小，这当然要增进我们对于那时的陶业，技术上及经济上

---

① 李济：《中国考古报告集之二·小屯·第三本·殷虚器物·甲编·陶器·上辑》，《李济文集》卷三，第74—96页。

的若干了解"。而事实上,通过上述研究,李济也确实获得了对于殷墟陶业的若干重要认识,如"殷商陶业已表现高度的选料与配料的技术了。这技术在彩陶时期似尚没有发展的证据。若专据相差指数说,彩陶时代所用制陶之原料,皆系就地取材而来。至殷商时代,这情形已改变了"。他由此指出,"同一遗址所出的陶器,外表虽有显著不同处,然而因内在的需要,并无不同,它们质料因来自同一之产地,可无甚大之差别";反之,"同一遗址所出之陶器,外表既显然有差别,内在的需要亦各异;选料配料之技术又能适应此项需要,故虽出自同一遗址,质料的来源不必相同"。李济相信,诸如这些认识,"肯定的,可给考古推论上无限的具体的启示"。①

2. 形制

在分析李济是如何对殷墟陶器形制进行研究之前,我们首先要了解他为什么会关心陶器的形制演变——研究的方法总是由研究的目的所决定的。在前引的《中国古器物学的新基础》一文中,我们可以找到关于这个问题的答案。李济在这篇文章中说:

> 吕大临八百多年前为古器物学所悬的三个目标——探制作之原始,补经传的阙亡,正诸儒的谬误——每一项均代表对于古器物了解的一面,均是现代的古器物学家应该继续追求的。但是,"探制作的原始",单就这一目标说,真是谈何容易!对于一件器物或一种制度,能把它的原始说出来,照现代的观念发挥,就是对于这一器物或制度有了全面的了解。

李济肯定了金石学家所倡导的"探制作之原始",但他对金石学家的研究方法不能苟同。李济所确立的途径是,"在器物本身上寻找它的时间性"。理由是,"大体说来,一种器物的形态表现,也同一种生物一样,有它的'生命史';形态的演变是随各器物存在的年岁依次

---

① 李济:《中国考古报告集之二·小屯·第三本·殷虚器物·甲编·陶器·上辑》,《李济文集》卷三,第86页。

显露出来的",因此"把时代展进的秩序与形态演变的阶段——两者相依的关联,有系统地说明出来,实在是现代古器物学家的中心课题"。

如果我们继续追问,找出器物演变规律的目的又是什么?李济在接手殷墟发掘之初就回答了这个问题,他曾经这样写道:

> 埃及学者的办法是就那陶器形制,按着次序,重编名目。凡是同样形制的,都编成一个目;分成时代,互相比较,由此定那形制的演化。再由形制的演化,转过去定那时代。依这种方法,尤其是应用在史前的研究,得的结果,异常圆满。所以到了现在,埃及学者看了几块陶片,就可以定那全体遗址的年代。假如我们照着次序作去,我们当然也可以作到那种地步。假如现在我们要将这组陶器(引者按,指殷墟前3次发掘所获的陶器标本)与安特生所发现的仰韶及甘肃的陶器比,我们在形制花纹上就可以看得出许多巨大的变化。我们这次最紧要的工作,就是在订这形制的变迁。①

这段话清晰地表明,李济研究陶器形制演变的根本目的是要确定器物年代,并由此来回答他的终极命题——中国文化的原始问题。

然而,要确定器物的形制演变,又是以对器物形制特征的客观描述为基础的。这种客观描述,实际上就是对器物的分类研究,对此李济自然有他的考虑,他在《中国古器物学的新基础》中继续写道:

> 有了大量的、可靠的资料,方能谈到"类别"工作。"类别"绝不是单单的一种秩序的排列。按器物形态的差别,排出一种行列,固是分类工作的必要节目,但在开始这一节目以前,一个分类学家,对于器物形态发展的秩序应有充足的认识:有些几微的差异,可能象征重要演变的开始;若干显著的、离奇的、庞大的形变,或只代表一种暂时的病态。若

---

① 李济:《殷墟陶器初论》,原载《安阳发掘报告》第1期,1929年;此据《李济文集》卷三,第3—13页。

把分类工作完全限在外形测量上,那就真是皮相之谈了。郑重从事这一工作的人们,对于器物的形态——无论是集团的、个别的或部分的——发生的起点,可能的演进方向,消灭的原因,都是他们所要细心追求的。有了这种经验,才能选出一种合理的健全的类别标准;经了这种标准的类别,器物演变的原委,也就可以看出一个头绪了。

这段话实际上是李济进行器物形制划分的指导思想,他对殷墟陶器的类型学研究正是在这一指导思想下开展的。对于研究的具体过程,李济在《安阳》一书中有详细的描述,其间颇多曲折,不妨择要照录如下,以窥李济当日研究之艰辛。

首先是在殷墟发掘阶段:

> 登记的陶片总数近 25 万片。这么大的数目中,几乎 80% 是最后三次在小屯出土的。此时通过田野工作的经验,全体队员都熟悉了最新的分类标准。安阳发掘一开始,王湘先生就负责收集陶器的特殊任务,他在离开这一工作去参加抗日战争之前,已经把包括田野收集的全部陶器分类表的报告完成了。

然后是史语所迁居昆明期间:

> 战争初期,研究所定居昆明时,恢复了一些研究工作。……三位资深的考古学者领导着对安阳发现物的研究:梁思永初步审核侯家庄的发掘记录;董作宾在胡厚宣的协助下继续潜心研究甲骨文;我对安阳陶器的形制和文饰进行详细研究,并在吴金鼎博士的全力协助下,对全部典型标本进行了审查。……我指导下的对陶器的研究是根据具体分析的原则进行的,即按问题逐一研究审核整体的不同方面。在昆明,由于吴金鼎熟练的帮助,我首先对携带来的各种标本的样品进行全面考察,并仔细研究它们的质地、外观和纹饰构图。参照梅尔兹(Aloys John-Maerz)的彩色字

典,对全部单个标本的不同外观重新分类,并对按色度表分类的典型标本,如灰、红、黑、白、硬陶和釉陶的不同吸水力进行试验。

李济选择吴金鼎作为自己整理殷墟陶器的助手自然不是偶然的,这是因为吴氏不但在伦敦大学完成了博士论文《中国史前陶器》,而且1933年还随彼特里在巴勒斯坦做过发掘工作,对彼氏的类型学研究有相当的了解。①

1940年,史语所又徙居四川李庄,李济继续整理殷墟陶器:

到李庄后,我又一次专心研究安阳大量陶器的重要典型标本和整套田野记录。

在这个新所址里,我觉得完成一本陶器收集品的汇集。我在这方面的兴趣决不是偶然的。早在1924年,我读安特生的《中华远古之文化》一书——他的关于华北第一个史前遗址仰韶村的发掘报告;他强调的在仰韶村发现的鬲和鼎的重要性深深印入了我的心中。我也熟悉法兰克复关于近东远古铜器的研究。在李庄,身边有全部的田野记录和准备好供详细审核的标本样品。我决定先研究陶器的器形,因当时进行其他技术研究几乎不可能,学术研究也是如此。

在研究所图书馆和我自己有限的书籍中,仅能找到彼特里(W. M. Flinders Petries)的一本《史前埃及》作为参考资料。我的目的是写一本关于研究我们发掘出土的小屯和侯家庄陶器的完整著作。对我来说,彼特里的书自然是重要的。但当我发现彼特里的分类标准与我的目的很不相适时,我便与考古组的同事商讨在全书体例安排方面应坚持什么原则。这个问题的讨论持续了很长时间,并与董作宾的甲骨文一起成为当时在李庄进行专业谈话的主要内容之一。

---

① 夏鼐:《吴禹铭先生传略》,《中国考古学报》第四册,商务印书馆,1949年。

这时，我决定在潘悫和李连春的专门帮助下，用统一的比例将所有标本绘图，并为完整的标本拍照。这件工作用了几年的时间。潘和李二人用原件的四分之一的比例完成全部标本的绘图，每件标本图的一侧为剖面，一侧为外形。拍照工作也用了几年时间才得以完成。

正是在李庄，李济确立了"关于全部陶器安排上的两个基本思想"，即：

第一，我决定把在小屯和侯家庄发掘的所有殷商及前殷商的陶器都计算在内。……实际上我们发掘时出土的全部陶片和完整的容器，只可能是以下三个时期中某一个时期制造的：(1)史前时期；(2)早商期；(3)殷商。……同时，我清楚地知道，把这些时期分割开是不可能的，因为它们是连续发展的，在地层上是无法细分的，所以最好的解决办法是把全部收集品作为一个整体进行分析研究。

第二，我决心放弃参考埃及古物学者文集编写架构的基本思想；其简单过程是把最敞口的(和浅的)放在前面，一直推展到把最小口的放在最后。我设计出了安排安阳陶器器形的新方法，并发现这方法不仅可操作，而且适合于手中1000多件已复原的安阳陶器的完整标本。

李济所说的新方法就是他发明的序数法。在《殷虚器物·甲编·陶器·上辑》中，李济详细说明了编制此方法的几项基本原则，包括：

(1)收编的陶器，全以殷墟出土的容器为限，非容器门的陶制器物如：陶弹、陶俑、纺轮等，均另为编制，但属于容器的盖等仍编入这一门。

(2)容器门内陶器的排列，以最下部的形态作第一数的标准；尖底及圜底的排在000至099的序数内，平底的排在100至199序数内；圈底的排在200至299序数内；三足的在300至399序数内；四足的在400至499序数内。……

（3）每目内再按最上部的形态定那1—99的标记，排列的秩序大致依口径的大小及全器的浅深为准，大的浅的在前，小的深的在后；中间又以周壁与底部的角度，唇缘的结构，作详细划分的准则：向外撇的在前，向内拱的居后。

（4）他种形制上的变化，如周壁的曲线，最大横截面的所在，耳、把、鼻、柄、嘴、流等附着器的有无，往往构成一器的个性——这些变化是最无秩序的，皆随着各器一般的形制排列，中间再加英文字母表示这些个性。

（5）除极少数外，文饰与形制均表现在剖面图上；各色陶器不另分排；但每一种器的颜色均在图的右上角注明；左上角写图录序数，右下角写出土地点，左下角备他种说明。

（6）排列的数目字及号码字并不紧接着，依形制变化的大小，中间均留出地位预备将来安插新形制。这只是承袭编制图录序数相沿的一个习用的办法。

依据序数法，李济成功地将一千七百余件殷墟陶器分为6目、143式、359型，这样每一件殷墟陶器都能够得到一个表示其形制特征的编号，而不必再像传统古器物学家那样纠缠于器物名称。李济之所以能够编制出序数法，其中很关键一点在于他对以往相关研究批判地吸收，如他就这样评价梅原末治的铜器类型学研究：

梅原末治教授在1940年出版的《古铜器形态的考古学研究》，专就题目说，总算极新颖可喜；但看那分类的标准，就令人颇为失望。他根据形制，把中国古铜器分为十三类，……但分类既是一件逻辑的工作，不合逻辑的名称，可以转过来把思想弄混乱，自不应该由它随便渗入，甚至用作标题。这本研究最令人失解的为那分类的标准；这些标准的选择虽似完全在器物的形态上着眼，但所采用的，忽为全身,忽在口部,忽在底部,前后甚不一律;把那分类应有的效用,互相消失了。第一分类标准,既无固定性,又乏客观性,又如此繁多,故他所说的'类',也就各具不同的含意,没有一种严整的界线。①

正因为看到以往分类标准的随意性,所以李济在制定分类原则时特别强调标准的一致性。如上文所列六条原则所示,在对陶容器进行分类时,都是以最下部形态作为第一标准,然后以最上部形态为第二标准。毫无疑问,就客观性和严谨性而言,李济的这套分类方法无疑是超越前人的。但是,对于这套方法的局限性,李济也十分清楚:

> 解剖陶器的形态,完全从分类学的眼光看去,全器的形制究竟以哪一部分比其余的更为重要,可以用为分式的标准,不是一个容易决定的问题。譬如周壁与底部的交界:有方角、有圆角、有锐角,把它们画在剖面图上也许并不能引起一般的注意;但实际上它们就可以代表几个不同的作风。编图录序数是不能太偏执一个区域或一个时代所流行的式样的。最应该认识清楚的一点就是:人造品与自然界的物件不能对比。人类的幻想,常常把似乎很小的分别,推演得格外地显著;也可以把那好像很大的距离,轻轻的合拢。这一点在陶器形制上尤其表现得分明。我们现在只能把那已经创造出来的形制安排起来。编制图录序数最大的目的,是便于检查,这是不能与生物学分类同样地看待的。

即便序数法存在着上述不足,但这毕竟是一项前所未有的开创之功,李济自己也颇感自豪。他说:

> 这样的陶器分类一经绘成 16 张图纸印出后,就清楚地

---

① 李济:《记小屯出土之青铜器(上篇)·容器的形制》,原载《中国考古学报》第三册,商务印书馆,1948年;此据《李济文集》卷三,第 467—546 页。

显示出自然顺序，使考古组的全体成员感到惊异。在李庄患病的梁思永首先祝贺我完成了这项任务，他和我一样高兴。①

李济在这里特别强调梁思永对他的祝贺，不仅因为梁氏是史语所考古组的骨干力量，更在于他是中国考古学界类型学研究的先驱。早在1930年，梁思永即对李济发掘的西阴村遗址出土的仰韶陶器进行过系统研究，其中"口缘型式的分类"一节堪称中国考古类型学的最早实践。②

李济自己对序数法非常看重，所以他就十分在意他人对这项开创性工作的评价。在该书出版之后，他即给得意门生张光直一信，其中写道：

  史语所今年出版了两部大书：一为我的安阳陶器，一为劳榦先生的居延汉简。陶器印了五百部；我可以送你一部，并希望你从头到底读一遍，替系刊作一书评。宋文薰向我抱怨，说不好读。我并不希望有半打以上的中国读者，把你已经算在半打以内；希望的是，就是感觉头痛，你也要读一遍。要是你不肯，我就有点失望了！③

李济信中所说的"安阳陶器"，就是指《殷虚器物·甲编·陶器·上辑》。张光直自然遵嘱写了书评，他在对该书内容作了介绍之后，不无感慨地说：

  研究陶片，本是考古学家的拿手好戏，而本书作者，业师李济之先生的研究，更不但是"提炼"，简直是"压榨"了——小屯陶片本身所有的"品德"（attributes；济之师常用的译名），都在本书中一一被揭发出来，详细描写，很难找得

---

① 李济：《安阳》，《李济文集》卷二，第398页。
② 梁思永：《山西西阴村史前遗址的新石器时代的陶器》，《梁思永考古论文集》，科学出版社，1959年，第1—49页。
③ 1957年5月11日李济致张光直信件，参看李卉、陈星灿编《传薪有斯人——李济、凌纯声、高去寻、夏鼐与张光直通信集》，第19页。

出来遗漏。……使读者感到特别敬佩的,是作者以最严密的组织,最简洁的词句,将这一大堆"压榨"出来的精华,写在短短的128页之内。①

张光直将该书的优点概括为"简洁、精确、严密",这自然反映了李济一贯的科学主义作风。但张光直笔锋一转,直言这些优点也正是该书的缺点,因为这使得"绝大多数读者(包括考古学的同仁)"都"愁其难读"。张光直说:

> 本书的作者,像作自然科学的研究,自然科学的描写一样,把陶片当作科学标本,定量、定性,特点在谨严,立意不多说一份,也不少说一分。这种态度的优点是给了所发表之材料以充分的可信性(dependability),但另一方面,则限制了"想象"的活动能力,忽略了制造及使用这批"科学标本"的主人翁,他们以制造陶器手段以求达到各种目的,他们的生活,他们的科学与客观处,以及他们的不科学不客观之处。

因此,张光直给该书最后的断语是"过于科学",并建议作者在下辑中,"如将序数与出土情况做一联系,则历史的一方面,层位、形制顺序、文化亲缘的关系,便被显露出来;在文化生活的一方面,各种序数陶器之使用方式,及在文化环境中所扮演的功能,也能部分被揭发出来"。言外之意,张光直认为该书的最大缺陷在于"见物不见人"。

李济在读到张光直的书评后,很快给他写了一封回信,对张氏的疑问进行了细心的解答,并进一步阐述了自己编撰该书的学术思想。李济在信中说:

> 你所批评的几点,好些在下辑是有交代的,上辑的编辑,原是以形态的描写为主旨,[而]是对中国的读众作的;与其说是 Historical Approach,不如说是 Morphological

---

① 参看《台湾大学考古人类学刊》第9、10期,1957年,"图书论文评介"专栏张光直对该书的书评。

Approach。在这一点上,我确实用了一番心思。中国传统各词之意涵笼统,是令人最头痛的一件事;这就要牵涉到全部中国思想问题上去,这也是我发愤如此写这一大报告的一个动力,至于功能一方面的问题咧?当然根据形态方面了解的,是可以谈的。但在中国的学术界,把功能悬空地谈,——而古器物学自北宋以来,没有不谈功能的呀——这并不需要我来特别地提倡。像生理学家那样谈功能,我却十分地有意。①

李济很干脆地承认该书之作本来就是形态取向(Morphological Approach),而非历史取向的(Historical Approach)。在李济看来,如果不彻底廓清传统器物学在器物名称上的种种迷雾,或者说如果不以科学的分类取代传统的名物考订,那么对于器物功能的讨论势必成为无根之谈。因此,在张光直书评发表的同时,李济又亲自写了一段"编者附记",其中说:

这篇书评是张光直先生应我(本书作者)的要求写的。他在这本报告尚未出版时就写信要我送他一本;我就请他写一篇书评作赠书的条件。他很守信,在百忙中不但读了这本"难懂"的报告,并且写了这篇细心的评论。最表现他细心的地方是他在最后一段所提出的意见,大部分都是我乐于接受的:因为这些意见也就是我在下辑里预备讨论的,他也猜出来了。不过我很感惭愧,上辑出版了将近一年,下辑尚没开始写;材料早已齐备了,但是始终找不出所需要的三个月的功夫来完成这一件事。……评者所说的"过于科学"一句话想是从英文译过来的;不过这句话的意思有点浑沌;我的了解,"科学"一词若把它当作形容词用,只能肯定地说,或否定地说;总而言之,我们只能说"科学的",或"不

---

① 1957 年 7 月 27 日李济致张光直信件,参看李卉、陈星灿编《传薪有斯人——李济、凌纯声、高去寻、夏鼐与张光直通信集》,第 21—22 页。

科学的"，犹之乎我们只能说"是的"或"不是的"，但却不能说"太是的"，或"过于是的"。①

所以，李济并非没有意识到"历史取向"（Historical Approach）的重要性，他只是缺少"三个月的功夫"来完成他的下辑。

而相比之下，倒是李济的另一高足许倬云似乎更能欣赏李济这种"从大处着眼、小处着手"的治学方法，许倬云说：

> 研究的问题本身不是孤立的，研究的问题是另一系列大问题的指标。资质差点的学者也许不易挑选到这种可以作指标的题目，而天资过高的学者也很少能有耐心把这种题目势必牵涉到的机械工作做好。只有天资最高的学者，能找到大问题的指标；只有对学问执着而认真的学者，能不惮烦地细细算，细细点。李先生正是这两个类型的配合。因此，他可以一件一件地描述铜器和陶器，更可以编制一个科学的"样本"，用来处理多少万片面目形制各异的碎片，把每一片有条不紊地归入某一种类别。上面所说的这一种"样本"，到今天已成为中国考古学普遍使用的工具了。②

上文提到，序数法的最大功用是以统一的标准对器物形态进行客观描述和分类，但是，这种描述并不能反映出器物形制演变的过程，或者说，不能反映器物之间的早晚关系。对于这一点，李济当然是心知肚明的，所以他反复强调，"这样分目排列的办法只具有一个极简单的目的：便于检查。至于由这个排列的秩序是否可以看出形态上的关系，却是另外的问题；不过这个排列的秩序，显然可以供给讨论这一问题不少的方便"。③

---

① 《台湾大学考古人类学刊》编者附记，原载《台湾大学考古人类学刊》第9、10期，1957年；此据《李济文集》卷三，第217页。
② 许倬云：《寻真理的李济之先生》，原载《心路历程》，台北文星书店，1964年；此据李光谟编《李济与清华》，清华大学出版社，1994年，第178—180页。
③ 李济：《记小屯出土之青铜器（上篇）·容器的形制》，原载《中国考古学报》第三册；此据《李济文集》卷三，第472页。

然而真正的类型学研究是必须解决器物之间的早晚关系的,而序数法又无法完成这一任务,那么,李济又有什么补救措施呢?答案是,将序数法与地层学相结合。关于这一点,李济早在编制序数法之初即有清醒的意识,他说:

> 这一组将近二十五万的陶片以及一千五百余件可复原形的陶器所具的历史意义,靠着下列的三种记录与研究:(甲)出土时的记录及它们在地下的原在情形,以及所在地的地层与其他地层的相对位置。(乙)与同时同地层或墓葬出土的他种器物的关系。以上两项记录包括发掘时的记载,照相及图录:——这些都是断定它们历史价值之原始证据。(丙)它们的质料、作法、形制以及文饰的研究,为出土后的几种基本工作。①

虽然李济后来未能完成这部著作的下辑,但他的上述思想在对殷墟白陶的研究上表现得淋漓尽致。

1957年,李济发表《殷墟白陶发展之程序》一文,从标题即可看出李济此文的目标是探寻白陶这类特殊陶器的演变规律。② 在1947年编定的《殷虚陶器图录》中,李济已经把白陶标本分为器7型和盖1型,在撰写此文时又补充了其他材料,所以共得4目、22式、27型。型式的划分可谓庞杂,但且看李济是如何利用地层关系来确定这些白陶的早晚关系。

由于殷墟白陶多出于西北岗西区的八座大墓,所以李济首先要确定这些大墓的早晚关系,他说:

> (1)侯家庄西北岗西区八大墓之封埋秩序,虽不能完全排出,亦有若干可定者。其东段四墓之地下情形为:M1001西墓道为M1004南墓道所破坏,M1001南墓道为M1550西

---

① 李济:《中国考古报告集之二·小屯·第三本·殷虚器物·甲编·陶器·上辑》序,1956年;此据《李济文集》卷三,第50—55页。
② 李济:《殷墟白陶发展之程序》,原载《中研院史语所集刊》第28本,1957年;此据《李济文集》卷三,第25—48页。

墓道所破坏，M1004南墓道为M1002北墓道所破坏；所以这四大墓的埋葬秩序是：M1001最早；M1004次早；M1002最晚；M1550的时代晚于M1001，但与M1004及M1002比，就难确定其先后。

（2）西段的南北两墓，北墓M1500的南墓道，为南墓M1217的北墓道所破坏，故M1500早于M1217。

（3）中段的两墓M1003偏西北，M1567偏东南，各与其他六墓无地层上之关系。M1003尚有墓道，M1567则并未建筑墓道；疑其为最后之一建筑；……

所以，确定这八座王陵的早晚顺序，对李济来说可谓是易如反掌。但是李济认为事情远非如此简单，因为西北岗王陵区"乃不幸而经大规模之破坏，且不只一次"，"各墓同时被劫，劫后填坑已非原来之土"，以至于"田野工作人员常有发掘数墓出土之破片可以拼成一大片或一物之经验"。换句话说，即便能够确定这些大墓之间的相互早晚关系，但墓内填土及包含物因盗掘、回填而成了次生堆积，所以"并不能照各墓的建筑次序断定翻葬坑物品的时代"。但不幸的是，白陶却又偏偏"大半在翻葬坑内出现"，李济面对的是更高难度的地层学研究，但他还是找到了破解的办法，这就是，"上项的错乱可能有一限度，若是一种实物大量地在一个翻葬坑出现，它们原来就在这一墓葬内的可能性是很大的"。李济深知"这自然是带有危险性的一种假定"，但他更知道这是"惟一可设想的并可用的一个假定"。

依据上述假定并参考地层关系，李济确立了解决殷墟白陶演变历程的三个据点，即：

A. 圜底喇叭筒形的白陶集中出土于HPKM1001。这一器型的白陶原在地，可认为HPKM1001，故它的时代可定为与HPKM1001同时。

B. 压入纹白陶出土地点为HPKM1500、HPKM1217，压刻纹白陶出土地点为HPKM1500，篆划纹白陶出土地点为HPKM1002。这三类刻划纹的白陶，就施工的技术说，有较亲切之联系，似乎可以把东段最晚的一墓与西段的两墓在时间上连络起来。

C. 打磨光滑的白陶，出于 HPKM1567 的，在 50％以上，可以复原者有三器。故这种精致的白陶发展的最高峰在 HPKM1567 的时期。

李济"再从此据点出发校勘其他有关资料"，经过大量细致的分析，他获得了以下认识：

> 集中于 HPKM1001 的圜底的喇叭筒形器——第 23 式，属于早期；集中于 HPKM1002、HPKM1500、HPKM1217 三墓的压纹陶、刻压纹陶以及篆刻纹陶，属于中期；集中于 HPKM1567 之光润细薄白陶，属于晚期。根据上三据点，雕刻纹的白陶，出现在早期，但亦继续到晚期。

虽然李济并没有排出殷墟白陶形制演变的完整序列，但很显然他已经能够非常娴熟地把地层学和类型学相结合了。事实上，李济对于地层学的理解远超出我们一般的想象，这一点从他与董作宾讨论殷墟 E16 坑的年代上即可看出。该坑是殷墟第四次发掘清理的一座圆井，董作宾根据其中出土的卜辞认为该坑在祖甲时期废弃，但李济有不同的看法。李济一方面承认甲骨在年代判断上的重要作用：

> 彦堂说："井中只有一、二期的卜辞……"这自然是一个经过长期研究且非常重要的结论，给我们介绍 E16 坑文化堆积一个最可靠的凭藉。

但他又指出，要确定一座灰坑的年代，并不能仅凭其中出土的甲骨卜辞，原因是：

> 照董先生的推断，凡是 E16 坑出土的器物，都属于祖甲或祖甲以前的时代；……假设我们确能证实 E16 坑是在祖甲时封闭或塌陷的，上列的推论自然不会引起什么疑问。

若说照断代的研究,这一坑所出的甲骨文字,没有比祖甲时代更晚的,因此也就可以连带断定,与甲骨同出的器物,也必然与它们同时——这个"必然"却需要另外的证明。……他只说:甲骨文字"是可以确证遗址遗物的年代"的。在原则上,我们自然可以承认这话的正确性;但它的正确性也应该是有条件的。……我们不能因为某一坑内出有某一时代的甲骨,也就断代其他的实物与甲骨同时;甲骨的存在,若运用得适当,只能给同坑出土的实物一个最早时代的限制;至于最晚时代的限制,但单靠甲骨文的联系是不够的。E16坑出过带釉的陶、白陶,若干不同样子的铜矢——有些,我以为是较晚的形制,……假如这些实物分类的与个别的研究所得的结论,能与甲骨文字研究所得的结论扣合起来,我们对于E16坑全坑的堆积时代,自然可以接受董先生的意见;要是所得的结论证明,有若干实物不能早到祖甲时代,我们也就不能单靠一方面证据,把E16坑的最后堆积强为提早。①

从以上的论述我们可以看出,早在20世纪30年代初李济就已经兼顾到与地层学相关的多种年代关系问题——遗迹(E16圆井)的使用与废弃年代、遗迹内不同包含物(甲骨、陶器和铜器等)的年代、遗迹年代与包含物年代的相互关系、年代上限与年代下限等。概言之,李济当时对地层学与年代相互关系的理解已与我们当前的做法并无二致。至于有研究者认为"在李济的陶器类型学中,似乎对于地层关系并没有给予足够重视,没有将陶器之间的地层关系作为排列顺序的考虑因素以及最终依据",那实在是屈杀了李济。② 因为早在殷墟发掘之初,李济就已懂得"实物的同层也许是偶然的","'并着'并不

---

① 李济:《〈殷虚文字甲编〉跋董彦堂自序》,原载《中国考古报告集之二·小屯·第二本·殷虚文字·甲编》,1948年;此据《李济文集》卷五,第128—130页。
② 陈洪波:《中国科学考古学的兴起——1928—1949年历史语言研究所考古史》,广西师范大学出版社,2011年,第281页。

能算'同时'的证据",以及"地层并不是证实实物的唯一的线索;实物的形象,差不多是一样重要"等诸多地层学和类型学原理。① 所以,我们不妨看看李济自己是如何判断 E16 坑及其包含物的年代的:

> E16 所出的带文字的甲骨共 299 片,……照董作宾先生的研究,这些卜辞都属于一、二两期。……坑中所出的各种锋刃器,……皆不见于西周时浚县的墓葬群,……这是 E16 坑堆积的终止期可能在西周以前的一种间接的证明。……同时 E16 也不出作法及形制比较原始的青铜器,如 YH250(锋刃[16])及 YH379(锋刃[17])之一面平的小刀子;……这一点并可由它们所出两灰坑的地层作证:YH250 在 B29 夯土下,又为若干似乎属于殷商时代的小墓所破坏;YH379 在一石础下,亦显然是那一区版筑以前的建筑。根据这两种不同的观察,我们可以说,YH250 与 YH379 两灰坑,在小屯出现的年月,属于早期的。假如我们把 YH250、YH379 两坑放在小屯的青铜早期;E16 坑中储藏的器物可以说是小屯的盛殷时代产品,这一时代也许延续了很久。……以上所举各例,综合在一起看,证实了:E16 坑的堆积确经过了较久的时间,故所出的实物,在形态上有早于 YM232 随葬器的可能,也可以与 YM238 的出土物发生联系。同时上举各例也证实了青铜容器、青铜锋刃器及甲骨文字之密切的联带关系,把小屯地面下不少的墓葬及很多的灰坑打成了一片。②

在这里,李济不但借助地层关系和器物形态比较确定了 E16 的年代上限和下限,而且能够将没有直接地层关系的"不少的墓葬及很多的灰坑打成了一片",证明了他已经把地层学和类型学运用得炉火纯青了。

---

① 李济:《小屯地面下情形分析初步》,原载《安阳发掘报告》第 1 期,1929 年;此据《李济文集》卷二,第 213—224 页。

② 李济:《记小屯出土之青铜器(中篇)·锋刃器》,原载《台湾大学文史哲学报》第 4 期,1952 年;此据《李济文集》卷三,第 547—610 页。

因此，李济对殷墟陶器的整理仅停留在序数法阶段，没有完成我们现在一般意义上的殷墟陶器分期，绝不会是因为他不重视或不懂地层学，而只能从其他方面来寻找原因。在我们看来，导致这一结果，主要是有四方面的因素：第一，以李济对地层学的谨严要求，地层关系紊乱（因盗掘和早期发掘水平所致）的殷墟陶器让他感到不足以完成可靠的陶器演变序列；第二，1949年史语所迁台后，李济将主要精力放在殷墟铜器和上古史重建之上，再也找不出他所谓的"三个月的功夫"来完成他的《殷虚器物·甲编·陶器》之下辑；第三，李济是把殷墟作为一个整体来看待的，他关注的重点是殷商文化的来源及其总体面貌，而不在于这二百余年间的文化演变，因此殷墟陶器的分期对他来说并非必要之工作；第四，也是最根本的一点，李济研究殷墟的目的是"著史"，殷墟陶器对于李济而言是构建殷商新史的史料，他希望从陶器中攫取的是诸如制陶工业及其来源等历史信息，而非形制演变等外在表象。

3. 制作工艺

李济是根据陶器上残留的痕迹来推测其制作方法的，他知道这种方法"虽不一定完全可靠"，但"也没有比这更准确的材料可以用着研究这个问题"了。在《殷虚器物·甲编·陶器·上辑》中，李济主要关注了这样几个制作工艺方面的内容：（1）拍制痕迹及拍制法的运用；（2）圈泥法，也即现在通常所说的泥条盘筑法；（3）转盘问题，也即轮盘的运用；（4）曲底器的作法；（5）模压和辊压；（6）轮制器，也即快轮制陶问题；（7）所谓"手制"陶，即既不利用轮盘拉坯，也不采用模制法的"纯"手工制作陶器；（8）修饰法如陶衣、加釉等。

4. 纹饰研究

在李济的行文中，"文饰"和"纹饰"是有严格界限的。他说：

> 在现代考古学论文中，讲花纹的部分，"文"与"纹"往往不分。……仅以描写工作为限的报告，或可不理会这一分别；但是要对文饰问题作点详尽的分析，我们却有把这两方面分开来的必要。……凡是指制造程序的，如刻划、彩绘、

堆塑、雕等，均用"文"字结尾，即刻文、划文、堆文、塑文等；凡是指花纹的形态、成分者，如三角形、方格形、交索形、鱼形、龙形等，都用"纹"字结尾。同样地，凡是讲装饰的、艺术的一般情形，我们以"文饰"代表这些意思；凡指具体的、构成装饰的图案，我们称之为"花纹"。①

他在《殷虚器物·甲编·陶器·上辑》中专列"文饰"一章，着重分析了以下内容：(1) 如何区分制作痕迹与文饰；(2) 文饰的种类，如压印文饰、雕刻文饰、附加文饰、捏塑文饰等；(3) 白陶文饰的构成与细部特征如线条之间的宽度测量等；(4) 硬陶和釉陶上的文饰种类。

所以，李济关注的其实是纹饰的制作工艺，而非纹饰本身，因此，在这部书里我们只能看到各类纹饰的拓片，而读不到李济对于纹饰种类的划分，更看不到他对纹饰演变的关注。

以上即是李济处理殷墟出土的最重要史料——陶器的基本状况。正如张光直评价的那样，读《殷虚器物·甲编·陶器·上辑》这部书最直观的映象就是——李济是在用自然科学的手段来尽可能地"压榨"殷墟陶器的各项特征，而读者最大的感受，就像宋文薰所抱怨的那样，"不好读"。

（三）材料的运用

获取材料和处理材料最终都是为了使用材料。如何运用已有史料来研究古史，同样是一件至关重要的工作，值得每一位著史者深思。如苏秉琦在探索如何重建中国史前史时，就反复强调史料与历史的区别，如"素材不等于历史，依考古文化序列编排出的年表也不等于历史"，"史前史不是田野发掘报告的堆砌，也不是田野考古资料的总合"，以及"从史前考古学到史前史要有个升华过程，即概括和抽象的过程，科学思维的过程"等。② 正是基于这种思想，有学者甚至提

---

① 李济：《殷墟出土青铜觚形器之研究：花纹的比较》，原载《中国考古报告集新编·古器物研究专刊》第一本之下篇，1964 年；此据《李济文集》卷四，第 3 页。
② 苏秉琦：《关于重建中国史前史的思考》，原载《考古》1991 年第 12 期；收入《华人、龙的传人、中国人》，辽宁大学出版社，1994 年，第 105 页。

出在地层学和类型学之外，考古学还应有第三种基本方法，即"透过实物来了解历史原貌"的方法，这实际上就是运用史料的方法。①

如何运用史料，起决定作用的是著史者对于历史本身的理解，也即著史者希望通过考古学来书写一部怎样的新古史。对于这一点，李济早有明确的答案——即"无意再写一部偏重政治方面的专史，褒贬过去的帝王卿相，评论每一朝代的兴替"，而是要"把它的重心放置在民族的发展与文化的演进两组主题上"。②

那么，我们不禁要问，这种注重民族发展与文化演进的殷商新史究竟是何种模样。尽管李济对此没有明确说明，但从他最后一本专著《安阳》中却大体可以窥探出来。③

该书凡十五章，按其内容，大致可以分为三部分：第一至第三章，讲述殷墟发掘之前中国考古学的状况，主要包括甲骨文的发现与研究、西方学者在华的考古工作以及他本人的学术经历，可以看作是著史的背景；第四至第八章，主要讲述殷墟十五次发掘的收获以及抗战前后的研究成果，大体属于介绍史料的范畴；第九至第十五章则是李济从殷墟出土物出发对晚商历史的研究，所占篇幅最大，是真正意义上的著史。这里将这些章节的目录转录如下：

  第九章 史前遗物和有关古代中国的传说
  第十章 建筑风格：建筑遗迹和地上建筑物复原之设想
  第十一章 经济：农业和制造业——殷商王朝的农业和其他自然资源
  第十二章 殷商的装饰艺术

---

① 俞伟超：《关于"考古地层学"问题》，原载苏秉琦主编《考古学文化论集（一）》，文物出版社，1987年；收入《考古学是什么——俞伟超考古学理论文选》，中国社会科学出版社，1996年，第1—47页。
② 李济：《〈中国上古史〉编辑计划的缘起及其进行的过程》，原载《中国上古史（待定稿）·第一本》，1972年；此据《李济文集》卷五，第151—153页。
③ 李济：《安阳》，该书1977年由美国华盛顿大学出版了英文版，1990年中国社会科学出版社出版了苏秀菊等翻译的中文版；收入《李济文集》卷二，第319—481页。

第十三章　谱系、贞人和亲属关系
第十四章　祖先及神灵的祭祀仪式
第十五章　关于殷商人的体质人类学的评述

由上述篇章即可看出,李济的殷商新史《安阳》确实不是对帝王卿相的褒贬,而是书写了一部内容丰富的殷商社会生活史。但李济并不止步于此,他对殷商文化的研究决不仅仅局限在殷商时期本身,而是从时空两个方面尽量地扩展开去,回归到他所关注的民族发展与文化演进这两个主题上来。比如他说:

> 安阳的历次发掘提供了大量证据,说明殷代的中国文明已具备了一些最基本的东方特征。经过安阳的几次发掘,有一点已经愈渐清楚了:中国早期历史文化基本上是中国北部的产物;由于创造这一文化的人们的才干,这一文化通过与境外国际的交往而吸收了一切有用的文化因素,同时对新石器时代末期已在世界各地传布开来的新思想采取了接纳的态度。这些发掘还提供了实物证据,把历史文献跟早期历史时期和史前时期的考古遗存紧紧地联系在一起。最后但并非最不重要的一点就是:安阳遗址出土的人骨所显示的体质特征,只在有限范围内偏离于金石并用期华北人的体质特征。①

他进而又论及殷商文化所体现出来的民族精神:

> 研究人类全部文化历史的学者,已有一个共同的感觉,即:凡是一种伟大文明的产生,都具有两种基本条件:(1)富有创造性;(2)富有收容性。……我个人对殷商时代文化的认识是:(1)富有创造性的文化;(2)富有弹性,有吸收外来文化成分化为己有的能力;(3)殷商时代的中国民族

---

① 李济:《安阳的发现对谱写中国可考历史新的首章的重要性》,该文原为1953年秋李济在菲律宾举行的第八届太平洋科学会议上的报告,载 Annals of Academia Sinica, 1955, No. 11 Part 1;李光谟翻译,《李济文集》卷四,第503—509页。

为勇敢的,自信心甚强的民族;(4)他们具有丰富的好奇心,并具有锲而不舍的实验精神。这些精神,这些品德,是我们做子孙的中国人,应该加倍的努力,作更进一步发扬光大的。①

同样的著史精神也贯穿于李济主编的《中国上古史》,比如他提出中国史前史至少需要从如下十个方面进行考察,包括:(1)史前史包括的范围。(2)自然环境对于现代人类(荷谟有辨类)及其祖先的影响。(3)地方性化的人类生活是否有时代和地形的限制。(4)中国大陆自上新统到全新统的演变,地质学家已经知道多少?(5)全新统时代中国大陆的气候和地理。(6)新石器时代大陆的文化所分化的区域。(7)民族衍变与生活方式的改革是否有因果关系。(8)传统的史料价值。(9)黑陶文化与殷商文化的异同。(10)由最早的中国文字看中国文字的沿革及其可能的起源。②

这是李济晚年所勾画出的中国上古史概况。三十多年后,当张光直在对中国先秦史架构进行构思时,他依然推崇李济有关"古史材料的范围和'中国'的定义",并承认自己的看法"受李济先生的启示很多"。③ 张光直认为,"在把新的考古学和传统的历史学及其古器物学的分支结合这一点上,殷墟的发掘扮演了一个十分重要的角色",而李济则是将这些方面有机地综合在一起的关键人物。在张光直看来,李济在史料的获取、史料的分析以及史料的运用上均具有重大的示范作用,比如李济始终"坚持以使用第一手的科学取得的经验材料(而非过去写在书上的教条)为信仰和立论的依据;他主张考古遗物的分类应以可定量的有形的东西为基础;他从文化人类学的观点出发,对考古资料所作的解释;他不把对中国问题研究的视野局限于中国的范围"。因此张光直感叹,"就中国考古学说来,我们仍旧生活在

---

① 李济:《殷商时代的历史研究——并由此窥测中国文化的渊源及其所代表之精神》,原载《"中央"月刊》第 1 卷第 4 期,1969 年;此据《李济文集》卷四,第 568—576 页。
② 李济:《踏入文明的过程——中国史前文化鸟瞰》,该文原是李济为《中国上古史(待定稿)·第一本·史前部分》所写的一章;此据《李济文集》卷一,第 434—456 页。
③ 张光直:《对中国先秦史新结构的一个建议》,《中国考古学论文集》,生活·读书·新知三联书店,1999 年,第 31—43 页。

李济的时代"。①

毫无疑问,对殷墟的发掘与研究奠定了李济"中国考古学之父"的崇高地位,但张光直曾经不无遗憾地假设道,"如果中国考古学家在周口店或仰韶或其他史前遗址最早进行大规模、长期的发掘的话,以后考古学在中国的发展很可能会走相当不同的道路,它可能会从历史学的范围中走出来,而与自然科学做比较密切的结合"。但历史选择了殷墟,而"殷墟发掘在中国建立了一个新的考古学的传统"——一个"沿着中国传统史学的精神一贯下来的"史学传统。②

三、从郑州到安阳:邹衡对殷商文化的初步分期

1949年,当李济随史语所迁台时,邹衡则刚刚从北大法律系转到史学系,并在张政烺的课上第一次接触到殷商考古。③ 1952年,当李济发表《小屯陶器质料之化学分析》这篇旧作时,④邹衡则从北大史学系毕业,开始在新建立的北大考古专业攻读副博士研究生,他的主要导师正是当年殷墟发掘的主力郭宝钧,此外,张政烺、苏秉琦也是他的指导教师,并由苏秉琦具体辅导。⑤

1950年秋,郑州二里岗遗址发现。⑥ 两年后的秋天,文化部文物局、中国科学院和北京大学联合举办的第一届考古人员培训班选择在此进行田野实习,邹衡也随队前往郑州,二里岗成为他田野考古的第一站,在这里他确定了研究生论文选题——《试论郑州新发现的殷商文化遗址》。⑦

---

① 张光直:《考古学和中国历史学》,《中国考古学论文集》,第26—27页。
② 张光直:《考古学与"如何建设具有中国特色的人类学"》,《中国考古学论文集》,第6—7页。有关商代考古与中国考古学的"证史倾向"问题也可参看唐际根《考古学·民族主义·证史倾向》,《考古与文化遗产论集》,科学出版社,2009年,第9—16页。
③ 邹衡:《我和夏商周考古》,原载《学林春秋》第二编下册,朝华出版社,1999年;收入《夏商周考古学论文集·再续集》,科学出版社,2011年,第260—270页。
④ 李光谟:《李济先生学行纪略》,《李济文集》卷五,第463页。
⑤ 李维明:《考古学家邹衡》,科学出版社,2010年,第12页。
⑥ 河南省文物局文物工作队:《郑州二里冈》,科学出版社,1959年。
⑦ 邹衡:《试论郑州新发现的殷商文化遗址》,原载《考古学报》1956年第3期;收入《夏商周考古学论文集》,第1—29页,文物出版社,1980年。下引该文内容不再一一注出。

郑州是新中国考古工作的中心,郑州新发现的殷商遗存更是当时的学术热点问题。在邹衡之前,已经有赵全嘏[①]、安志敏[②]和安金槐[③]等人对郑州的商文化遗存进行了不同程度的研究,获得了若干重要认识。比如赵全嘏就把郑州与小屯的商文化进行了初步比较,发现"郑州二里岗的器物与小屯的殷代器物是大致相同,而也有小异的地方",安志敏和安金槐则分别对这些遗存进行了分期研究。特别是安志敏依据殷商文化层的叠压打破关系及其包含物的异同对郑州地区殷商文化进行了细致的分期,这在中国考古学上尚属首次。毫无疑问,这种对同一种考古学文化的细致分期,"相比于1949年以前城子崖遗址的龙山、东周上下两大层、后冈的仰韶、龙山、小屯三叠层来说,可谓是一大进步"。[④]

但实际上早在殷墟发掘的初期,李济就已意识到在黄河流域一定会找到商代前期的文化遗存,如他说:

  殷商以前仰韶以后黄河流域一定尚有一种青铜文化,等于欧洲青铜文化的早、中二期,及中国传统历史的夏及商的前期。这个文化埋藏在什么地方,固然尚待将来考古家的发现;但对于它的存在,根据我们考虑各方事实的结果,却可以抱十分的信仰心。[⑤]

而诸如此类的问题经常萦绕在李济的脑海中,比如他曾经设问道:

  商文化发生之基本问题,与至今仍未明了的原商时代中国文字的演变有密切的关系。……如果别的重要地区也

---

① 赵全嘏:《郑州二里岗的考古发现》,《新史学通讯》1953年6月号。
② 安志敏:《一九五二年秋季郑州二里冈发掘记》,《考古学报》1954年第2期;安志敏:《郑州市人民公园附近的殷代遗存》,《文物参考资料》1954年第6期。
③ 安金槐:《郑州市殷商遗址地层关系介绍》,《文物参考资料》1954年第12期。
④ 张敏:《夏商周考古学史(1928—1949)》,北京大学考古文博学院博士学位论文,2014年,第279—280页。
⑤ 李济:《殷墟铜器五种及其相关之问题》,原载《"国立中央研究院"历史语言研究所集刊·外编第一种·庆祝蔡元培先生六十五岁论文集》,1933年;此据《李济文集》卷三,第441—466页。

像洹河流域一样经过系统的彻底发掘与研究,那么获致这一基本问题之最后答案,只不过是时间早晚而已。……在盘庚时期商王朝奠都于殷(小屯附近),早为古物学者及历史学者所熟稔。传统的历书以其发生于盘庚统治后的第十五年,约相当于公元前1384年。现代考古学关心的是,当盘庚放眼于这片土地并决定以其作为王朝统治中心时,到底小屯是一个荒废的村落呢,还是一个人烟稠密的都市?①

根据殷墟的地层关系,特别是石璋如对殷墟宫殿基址的研究,李济早已知道,"小屯的考古遗物可分为四个阶段:(1)前金属的黑陶文化时期;(2)王朝前文化时期;(3)商代文化时期;(4)商以后文化时期"。李济并将四个阶段列表如下:

时期	文化特征	地层	时间
(1)前金属	黑陶	底土(在生土之上)	新石器晚期
(2)王朝前	青铜早期	黑陶之上夯土之下	至约公元前1384年
(3)商代	青铜中期Ⅰ	夯土期	约公元前1384年—前1111年
(4)商以后	青铜中期Ⅱ	后夯土期	公元前1111年

很显然,李济这里所说的"王朝前文化时期"实际上包括我们现在所说的早商文化甚至先商文化,如他在给张光直的信中就这样解释这一名称:

> 我所说的:Pre-Dynastic是专指小屯的遗存说,即盘庚迁殷以前的时代;即是,包括盘庚以前的商朝的前半代以及更早时〈的〉殷文化,但是,那时小屯尚没成首都。……我没有更多的材料将这一期再分,但将来把形制与花纹详细分析后,这一工作是有可能的。②

---

① 李济:《中国文明的开始》,《李济文集》卷一,第383—385页。
② 李济1955年12月21日致张光直信,参看李卉、陈星灿编《传薪有斯人——李济、凌纯声、高去寻、夏鼐与张光直通信集》,第7—8页。

他后来在《安阳》中就更是明确地提到了早商遗存的问题：

> 通过考察田野工作者从1928年到1937年整个时期（最后几次达到了顶点）所收集积累的证据，确立小屯地下堆积的文化发展顺序。这确立的考古顺序可扼要摘录如次：（1）最下层的堆积遗迹表明，小屯遗址最早的居民是住在地下居所，并已创造了龙山或黑陶文化的史前人。（2）继龙山文化之后的是数目众多的在盘庚迁都到此以前的早商时期的地下坑、窖和地下居所。（3）以安阳为都城的殷商时期，夯土建筑方法已被采用，地面建筑广为发展。（4）商灭亡后，遗迹主要是墓葬。①

现在来看，李济把殷墟夯土以下的商代遗存笼统视为早商时期遗存当然是不对的，但这至少可以表明李济对于商文化发展历程的清楚认识。然而，由于时局的动荡，李济再也没有机会在"别的重要地区也像洹河流域一样经过系统的彻底发掘与研究"了，早商时期的文化面貌对他而言只能停留在想象阶段。这就难怪当李济获悉郑州新发现殷商遗址后，立即表现出极大的关切，并作出了初步的判断。对郑州商代遗存的认识，彰显了他一如既往的严谨学风和良好的学术眼光，李济说：

> 当郑州商代遗址的发现最初为人所注意时，有不少的考古家，把那些相传在郑州出土的平底爵形器当作早于安阳时代的殷商青铜器看待。把郑州商代遗物认作早于安阳的商代遗物，理论根据是：郑州的商代遗址，为早于安阳殷墟的商代遗址，所以郑州出土的商代器物也是早于安阳出土的殷商时代的器物。如此简单明了的一种假设，固然可以帮助我们解决若干烦杂的问题，并且省去很多的枝节；不过，就田野考古的经验说，这一假设，却不可能如此简单。

---

① 李济：《安阳》，《李济文集》卷二，第378页。

李济接着分析道：

> 例如郑州铭功路西侧的两座商代墓葬出土的随葬品中，不但大部分的铜器见于小屯丙区殷墓；其他如玉制的、石制的以及骨制的若干器物，也是小屯的墓葬中常见的。惟一不见于小屯的，是一件宽肩的釉陶罐子；但带釉的他种形制的陶器，也是小屯出土很多的。至于就它们所在地的地层来说，照原报告所绘的地层图（见：墓葬平面图，《考古》1965年第10期，第504页），这一墓葬打破了两个商代的灰坑，证明至少这是郑州商代文化晚期的墓葬。但是晚到什么时候呢？在原报告中却是没有答案的一个问题。……我们可以承认，郑州所出的"商代"的遗址及遗物可能有很多是早于安阳殷墟时代；但我们不能同意，所有郑州出土的"商代"器物都是早于安阳殷墟时代的。郑州的青铜时代墓葬，可能有若干早于安阳青铜时代的墓葬；但我们并不能同意，所谓郑州青铜时代墓葬都是早于安阳青铜时代的墓葬。①

李济的这些认识，一方面体现了他对殷商文化的良好把握，但另一方面也暗含了他对新中国考古工作者天然的不信任。② 不过，在当时两岸的隔绝状态下，邹衡自然无法知晓李济对郑州殷商遗址的看

---

① 李济：《殷墟出土青铜爵形器之研究：青铜爵形器的形制、花纹与铭文》序，原载《中国考古报告集新编·古器物研究专刊》第二本之下篇；此据《李济文集》卷四，第72—73页。

② 总体而言，李济对新中国的考古工作是持有成见的，这其中除了学术理念不同之外，也有政治因素的影响，这在他给张光直的信件中常有流露，兹举数例：1956年12月6日，李济在信中写道："劳延煊写信说你有夏鼐在巴黎会议发言的抄本，还说你可能乐意寄我一份。我怀疑它是否真的值得你打印一份给我"；1957年2月19日信中则严厉地写道，"我收到你一月的信已经有一段时间了。我不太理解你对夏鼐文章的评论！我不懂你这样的话：'夏是当代的圣人。'我很难找到任何一段话、一句话的内容或这篇科学报告的风格和作者人格的丝毫关联。就写作而言，一位圣人也可能会写得和罪犯一样坏，或者一样好。我希望你能在下一封信里花点时间把上面那句话解释清楚"；又如1959年4月17日信中建议张光直在博士论文中"把证据不足的说法，暂加保留，不必急于与那些大跃进的人们比赛"（参看李卉、陈星灿编《传薪有斯人——李济、凌纯声、高去寻、夏鼐与张光直通信集》，第16、17、32页）。

法,但他对自己的研究充满了使命感:

> 解放以来,在山东、山西、陕西、河南等省,曾经陆续发现相当于殷商时代的文化遗址;其中尤以河南郑州的遗址为最大,遗存也很丰富。关于它的堆积过程及其在整个古代文化发展中的地位等问题,虽然早已提出,但还很少有系统性的研究。……我们知道,小屯村遗址所代表的是殷代后期的文化,它是殷商文化发展到高度的一种形态。那末,小屯殷商文化的前身是什么?小屯殷商文化本身的发展过程如何?这是多年以来学者们所关心的问题。郑州遗址的发掘,正在不断地对此问题的研究提供了一些线索。

从以上的表述来看,邹衡给自己定的任务就是要对郑州新发现的殷商遗存进行更系统、更具说服力的分期研究,从而更好地理解殷商文化发展历程。上文提到,在此之前安志敏和安金槐等人已经对郑州地区新发现的商文化进行了分期研究,虽然只是初步结论,但却是具有开创性意义的。邹衡如果要超越前人,他就必须设计出切实可行的分期方法,对此邹衡的想法是:

> 根据最近四年来在郑州发掘的一些具有可靠地层关系的材料,尤其是一些灰土坑,先将其中各个单位的出土物分类比较,研究它们的器物形制的演化情况,再和层位关系相结合,以探讨郑州遗址的文化面貌与分期问题。并用同样方法探讨小屯殷商文化遗存的分期问题,然后再比较小屯与郑州两地殷商文化的关系。

显然,邹衡也是采取地层学与类型学相结合的原则,但在具体实施上,邹衡则与以往研究者有所不同,以下试作分析。

首先,邹衡所依据的地层关系主要来自三处,分别是"二里冈5区"(引者按,指发掘区,下同)、"二里冈1区"和"人民公园7区",共有五组打破关系。邹衡将这五组地层关系又进一步归纳为四大层,具体是:

表一　郑州各层文化比较表

层别	地区	地层的分布	典型坑	同层的其他坑	主要出土物	文化
4	二里冈 5区	下压或打破黄褐土（生土）；上接第3或第2层（如 C5H26），或被第3、第2层打破（如 C5H28），也有上接表土层	C5H26,C5H28		平底碗、平底钵、平底罐、扁足鼎、鬶、平底瓮、石刀、红烧土、蛋壳陶	龙山
3	二里冈 1区	下压或打破黄褐土，也有压着或打破第4层（如 C1T14 第［二］下层）；上接地表层（如 C1H17），也有被压在第2或第1层下（如 C7T18 第3层、C1T15 第3层），或被第1、第2层打破（如 C1H2 东）	C1H2 东，C1T51 第3层，C1T14 第（二）下层	C1H17	卷缘鬲、卷缘甗、短颈大口尊、敞口斝、细绳纹罐、浅盘豆、带钻的卜骨、锥状骨簪	殷商
	人民公园 7区		C7T18 第三层			
2	二里冈 1区	下压或打破黄褐土（如 C1H1），也有下压或打破第4、第3层（如 C1T51 第2层、C1H2 西、C1T14 第［二］上层）；上面一般接表土层，也有被压在第1层之下（如 C7T18 第2层）	C1H2 西，C1T51 第2层，C1T14 第（二）上层	C1H1	翻缘鬲、翻缘甗、长脖大口尊、敛口斝、假腹豆、粗细绳纹罐、带钻的卜骨、锥状骨簪	殷商
	人民公园 7区		C7T18 第2层，C7T5 第3层			

续　表

层别	地区	地层的分布	典型坑	同层的其他坑	主要出土物	文化
1	二里冈1区	上接地表层，下压或打破第2、第3层（如C7T18第1层、C7M8），也有直接打破或下压黄褐土层（如C7H2）		C1H26	厚胎矮足鬲、厚胎罐、假腹豆、瓿、罍、盂、卣、带钻凿的卜骨	殷商
	人民公园7区		C7T18第1层，C7M8	C7H2		

邹衡所列的这张文化层比较表是对原有地层关系的一个升华，或者说这其实就是他的分期结果。这张表的关键点有两处：其一，是把没有叠压打破关系的遗迹单位如C5H26和H28、C1H2东和C1T51第3层等归到了同一层（或者说同一期）；其二，是把有叠压打破关系的两个遗迹单位如C1H2东和C1H2西、C1T14第（二）下层与（二）上层分为两期。

那么，邹衡是如何证明可以对这些遗迹单位作上述划分的呢？他给出的解决方案是，"依其几种主要的出土物的异同"来对上述遗迹单位进行"归并"。具体到表中所列的殷商时代的三组地层，邹衡依据的主要出土物是鬲、甗、斝、鼎、罐、大口尊、瓮、瓿、簋、盂、豆、壶、卣、甑14种陶器，即先把每类陶器分为若干型，再来分析各类及各型陶器在典型坑中的分布状况（表二）。

邹衡指出，表二显示"各类器物不仅在形制上各有其早晚的演化顺序，而且各种类型在各坑的分布也形成了一定的规律"，由此将这些遗迹单位分为三组：第1组包括C1H2东、C1H17，第2组包括C1H2西、C1H1和C7T5第3层，第3组坑包括C7H2和C7M8。又"由于这3组坑中的C1H2东、C1H2西、C7H5第3层和C7M8彼此之间是有着直接或间接的地层叠压关系的"，"因此，这3组坑所包含的文化内容很明显地是代表了早、中、晚3个不同的文化时期"。

表二 郑州常见的几种器物类型分布统计表

坑别	陶鬲					陶甑		陶斝		陶鼎			陶罐			陶大口尊		陶瓮瓿	陶簋			陶盂	陶豆			陶壶	陶盉	陶甗		骨簪	
	A	AB	B	B1	D	A	B	A	B	A	B	C	A	A1	B	A	B		A	A1	B		A	B	B2			A	B	A	B
C1H2(东)	○							○		○			○					○												○	
C1H2(西)	×	×	×	V	×	○			○		○			×	×	○	○	○		V	×	○	×	V		○				○	
C1H1	×	×	V	×	×		○		○		×	×	×		×			○	V	V	×		×	V			○			○	
C1H17	V	×	V								○		○			○		○	V				○							○	
C7T5第3层		×	V																												
C7M8					○																	○			○			○		×	
C7H2					○									×	V			××			×								○	×	V

备注：○代表100%；×代表少；V代表多

在把上述七个单位分别划定为早中晚三期之后，邹衡归纳了三期的期别特征，然后指出"据此我们还可以推出郑州遗址其他单位的分期"，具体结果就是：把C1H3等十四个单位归入早期，把C1H5等十个单位归入中期，另将C7H7等七个单位归入晚期。

上面提到，邹衡这种分期方法的关键点有两处，一是要证明没有叠压打破关系的两个遗迹单位属于同一期，二是要证明有打破关系的两个遗迹在时代上分属于两期。如何证明这两点，其实李济也曾经遇到并尝试着解决。

1944年，李济发表了《小屯地面下的先殷文化层》一文，重点讨论殷墟的地层关系及年代判断问题。① 李济首先指出：

> 小屯地面下所保留的早期遗迹，最显著的可分三种：(1)灰坑；(2)版筑；(3)墓葬。这三种遗迹在殷商末年，已经遭过了无数次的破坏与重建；……单就那堆积的层次说，要算是灰坑显露的现象最清楚，它构成研究小屯地面下文化层蜕变的基本材料。

李济分析了殷墟第十三至第十五次发掘中所清理的四百六十九座灰坑，发现"从包含的内容及构造上说，这些灰坑显然不是一个时代建造的"，理由是：

> 469个灰坑中，有将近60个，可以说是被另外的一个灰坑破坏过；有50个以上的灰坑，破坏了另一个或一个以上的灰坑。还有几组表现着三层的秩序。这些上下成层的灰坑，可以说是没有同时建造的可能。但那上下层相差时间的长短，却是每对每参各不一样。有的可以近得几乎同时，有的可以相差几十年，甚至几百年。

李济的这段话至少包含了两层意思：第一，既然灰坑之间存在打破关系，那么它们在年代上必然有早晚差别；第二，每一组打破关系

---

① 李济：《小屯地面下的先殷文化层》，原载"中央研究院"学术汇刊》第1卷第2期，1944年；此据《李济文集》卷二，第293—306页。

所代表的年代差距是不等的,既可以是基本同时,也可以相差数十乃至几百年。那么,如何判断这种年代差距呢?李济认为,"比较上下灰坑自身的构造与包含的内容,似乎是可以用作断定它们时间相距长短的唯一标准",并强调"这是一项很重要的工作"。

比较的第一步,"就是比较各灰坑所出陶片的种类及式样",而要实现这个目标,李济首先对各灰坑的陶片进行了分类,他说:

> 在殷墟发掘的最后三次(十三、十四、十五次),陶片的种类样式已经有一图谱可供参考(引者按,李济此时将陶器分为9式);每一式有它的一个固定的号码。这些号码的制定大致是按照器物的形制为次序的:以底部的形状为第一个考查的部分:圆底最先,次为平底,再次为圈足、三足、四足等。其次再以色泽分判,灰色、红色在前,随之以釉与釉胎,白色、黑色等。……最近三次(十三、十四、十五次)所发掘的灰坑都有这一张陶片的统计。

在获得各灰坑陶片的统计数据后,李济还必须解决如何比较的问题。李济的方法是通过一个数学公式来计算两坑所含陶片的类似量,这个公式具体是:

> 假定:A. B. 为相比之两灰坑;
> As. Bs. 为两坑所同有的陶式的数量;
> Ad. Bd. 为两坑各独有的陶式的数量;
> 故:As+Ad 为 A 坑具有的陶式的全数;
> Bs+Bd 为 B 坑具有的陶式的全数。
> 若以 S 为两坑所含陶片的类似量;
> 类似量之计算如下:$S = \dfrac{(As+Bs) \times 100}{(As+Ad)+(Bs+Bd)}$

李济统计了四十二对有打破关系的灰坑在陶器上的类似量,认为"各坑相互比较所得的类似程度,虽不能即用作相比坑同时的绝对的证据,但确是不可以忽视的一种有力的证据"。换句话说,"那类似量愈大,就愈可用作相比灰坑时代相近的证据";但是,"要是小或没有,则不一定就是所比灰坑时代相距很远的证据。但是这个可能,却是相当的大"。

不难看出,邹、李二人在研究方法上既有相同之处,也有显著的差异。两人的共同点在于都企图通过以类型学与地层学的结合来解决遗迹单位的早晚问题;而不同点在于具体操作方法上,邹衡采取抓"典型",从主要器类入手,以器物组合为核心,从文化面貌的总体特征来进行分期;而李济则秉持其一贯的自然科学精神,对各类器物网罗无疑,以统计数据为支撑,并兼顾到历史本身的复杂性和地层堆积形成的偶然性。因此,邹衡的分期显得"毅然决然",而李济在分期时则表现得"优柔寡断"。

比如在器物分类上,以陶鬲为例,邹衡将郑州的殷商陶鬲分为 5 型,但他却没有交待分类标准。不过,从他对各类陶鬲特征的描述来看,分类的依据正是李济所质疑的"忽为全身,忽在口部,忽在底部,前后甚不一律"。① 而李济的分类方法自然是他的"序数法",此法固然不能揭示器物的演变规律,但分类标准无疑更为客观规范。

相比分类方法,更加重要的是如何理解和利用所获得的统计数据,在这一方面,二人的差别主要表现在两点上:首先,以何标准来说明两个灰坑的陶器面貌相近或相同。邹衡在"郑州常见的几种器物类型分布统计表"中,对各型陶器的统计是以"多"或"少"来衡量,而李济则是通过数学公式计算"类似量",用具体数据来进行比较的。其次,在邹衡看来,只要两坑的器类和器型有部分相同或相近,它们就可以划入同一期,这也是他把没有打破关系的灰坑归入同期的主要依据,至于多大程度算是相同或相近,邹衡是没有具体数据来衡量的;而李济则一切以数据说话,他计算了每一组灰坑在陶器上的类似量,类似量越大说明两坑时代相近的可能性就越大,但是,不能反过来说类似量小就一定说明两者在年代上差距大,这也是李、邹二人的一个显著差别。

邹衡之所以要对郑州的殷商文化进行分期,固然是为了看这一

---

① 李济:《记小屯出土之青铜器(上篇)·容器的形制》,原载《中国考古学报》第三册;此据《李济文集》卷三,第 467—546 页。

文化的演变，但更重要的是要确定郑州殷商文化的年代，而要达到这一目的，就有必要将郑州与小屯两地的殷商文化层进行比较研究，由此揭开了邹衡对殷墟文化分期的序幕。

有意思的是，终其一生，邹衡也没有机会到殷墟发掘。而在当时，他更是只能在史语所发掘材料的基础上进行分期研究。因为已经有了对郑州殷商文化分期的经验，所以邹衡深知分期的关键是要有可靠的地层关系。鉴于殷墟地层关系复杂，邹衡意识到"要划分小屯殷商文化层本身的层次，首先必须要确立一个标准的地层"。邹衡确立这个标准层的依据是：

> 在小屯前六次发掘的总结中，关于小屯殷商文化层的地层关系，认为殷商文化是继续的、不断的变化的，而其中变化最大的关节就是版筑。这显然是把版筑当作了划分地层的标准（参见《安阳发掘报告》1933：4，页575—576）。在后几次的发掘中又提出了水沟的问题；认为水沟的使用时间较短，情形简单，可作断代标准。同时，水沟和版筑是有密切关系的，因而我们可以把水沟和与水沟有关系的部分版筑结合起来，定为划分小屯殷商文化的标准层（第二层）。把早于第二层的现象归为第三层；把晚于第二层的现象归入第一层。

这其实正是李济和石璋如等人在20世纪30年代就拟采取的方法。如李济在1933年总结殷墟前六次发掘收获时就指出：

> 殷墟文化层虽是继续的，却于继续中又表现接连不断的变迁。变迁最大的关节就是版筑；版筑以前为一期，版筑以后又为一期。版筑期前之方圆坑中常有填满又作的痕迹。殷商时代在此开始版筑时，此地固已有若干方圆坑之旧建筑。单据此类遗迹说，殷商文化层可分为：A. 方圆坑时期；B. 版筑时期。①

---

① 李济：《安阳最近发掘报告及六次工作之总估计》，原载《安阳发掘报告》第4期，1933年；此据《李济文集》卷二，第280—292页。

李济指出，"这种分期办法，亦可就出土的物品中证实之"，比如"上文已讲到陶片的数量及种类，并各种类之与他方文化的关系"。李济还说，由于"董作宾君近有《甲骨文断代研究例》之作，就殷墟文字字体的演变，亦认为有分期的必要，并分得很详细"，所以李济憧憬，"这种细的分期，是否可以施之于别种实物，自是将来一个有趣的研究"，并断言"从现在所知道的各种实物演变的本身说，两期的区分是再也不能少的了"。

而石璋如在介绍殷墟第七次发掘中 E 区的有关情况时也有类似的认识，他说：

注重在殷墟中找遗址，从遗址中觅遗物，远窥址与址的联络，近察物与物的关系，并详记物址个体所占的精确处所，作探讨他们彼此相互的深刻意义。①

为此石璋如专门研究了殷墟的地层，将殷墟的殷商时期地层概括为三层，即：第三层为窖穴，第二层为版筑水沟，而第一层为墓葬。②所以，在对小屯地层关系的认识上，邹衡基本沿袭了李、石二人的思路。

在把版筑和水沟确立为标准层后，邹衡再根据当时已公布的殷墟发掘材料将能够确定层位关系的遗迹单位挑选出来，其中属于第三层的有 YH336、YH225，另有 YH358 作为参考；属于第二层的有 YH171、YH036 和 YM184；属于第一层的则有 YH018、YH07、YH051、YH154、YH60 以及用作参考的 Y19 坑等。以上共计代表坑十二座。

选定了每一层（实际上即每一期）的典型单位后，邹衡再来分析各单位陶器的特征，但是，由于这些代表坑中的大部分出土物都未公布，所以邹衡所能依据的只有小部分陶器，主要是鬲、盂、簋、豆、盆、瓿和罍七种陶器，但数量均极为有限。其中陶盂共 4 件，邹衡分为 3

---

① 石璋如：《第七次殷墟发掘：E 区工作报告》，《安阳发掘报告》第 4 期，1933 年。
② 石璋如：《殷墟最近之重要发现附论小屯地层》，《中国考古学报》第二册。

型；陶簋在代表坑中一件未见，邹衡从《殷虚陶器图录》中选了3件，分作3型；陶鬲在代表坑中仅1件，邹衡也从《殷虚陶器图录》中选了3件，每件各作1型；陶罍也只为3件，每件1型，另有罍形器2件；陶瓿2件，分2型，另从《殷虚陶器图录》中选了2件；陶尊，仅1件，另从《殷虚陶器图录》中选了2件，又从大司空村的发掘品中选了1件；陶盆2件，分作2型。所以，邹衡能够从殷墟代表坑中选出的陶器标本其实仅有盂4、鬲1、罍3、瓿2、尊1和盆2件，共计6种器类13件标本，另有作为参考之用的陶器13件，总计26件。

排定了殷墟的地层关系并挑选了典型陶器标本之后，邹衡面临的难题是如何把安阳与郑州的殷商文化遗存联系起来，特别是如何把郑州的三期与安阳的三期排定序列。此时邹衡选择了从陶鬲着手，相信从陶鬲的"器形方面的变化，还可进一步看出各期之间的早晚关系"。邹衡对两地出土的7件陶鬲进行了排序，结果是：

A型（郑州）→B型（郑州）→C型（小屯）→D型（郑州、小屯）→E型（小屯）→F型（小屯）

因为这7件陶器分别来自郑州与安阳殷商文化三层中的每一层（其中属于小屯晚期的有两件），每一件陶鬲实际上代表了各自所在地层的年代，所以邹衡将两地的殷商文化序列排列为：

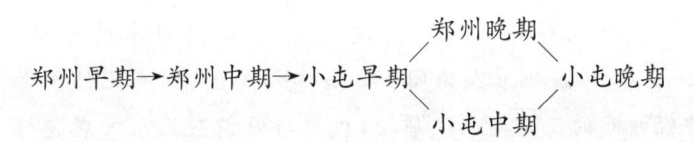

```
                              郑州晚期
郑州早期→郑州中期→小屯早期           小屯晚期
                              小屯中期
```

以上就是邹衡对郑州和安阳殷商文化分期的大致经过。从中可以看出，邹衡之所以能够作出上述分期，一个最主要的原因在于他是通过典型单位、典型器物乃至典型器型来开展研究的。① 我们虽然没

---

① 比如邹衡晚年就回忆道："经过一年多的艰苦搜集和反复排比，我发现有地层证明殷墟的陶鬲和陶簋都能排列出早、中、晚的系列，当时辅导我的苏秉琦先生得知后特别高兴，并鼓励我继续研究下去。"参看《我和夏商周考古学》，《夏商周考古学论文集·再续集》，第263页。

有看到李济对邹衡分期的具体评价,但可以想象,这种分期方法在李济眼里必然被视作"简单粗暴"。一个旁证是,邹衡在郑州二里岗小试牛刀之后,又于 1957 年带领北大考古专业学生到邯郸实习,期间进一步推广了这种分期方法,①但深得李济真传的夏鼐在读到实习报告后便指出其中的主要问题是,"不管地层而讲器物分组,或依照小地层而作器物分组分期",在夏鼐看来,以这种方法所得的分期结果"实则不能成为一文化期或一文化中的一期",质疑之意十分明显。② 但这似乎并没有影响到邹衡,他后来反而"变本加厉"地使用了这种方法,并完成了具有里程碑意义的论文《论殷墟》。

四、范式的确立:邹衡对殷墟文化的再分期

据邹衡自己的回忆,《论郑州》发表之后在学术界引起了巨大的反响,他说:

> 这篇文章的发表,可说是破天荒的,曾经在国内引起强烈的反响。在国内,大体上都是赞同的,在国外则有不同的反应。英国牛津大学著名的汉学家曾把我的殷墟文化分期同董作宾的甲骨文分期看成是同等重要的。这对一个青年学者来说,当然是莫大的鼓舞。可是,在国际学术界也有人存在怀疑的态度,这主要来自日本的学者。1956 年,以原田淑人为团长的日本访华团中,有几位学者曾经对我的论文提出了质疑,我曾与他们在北京饭店进行了激烈的争执。③

邹衡与日本学者争执的详情我们不得而知。但对于邹衡而言,《论郑州》中所完成的殷墟文化分期只是个初步尝试,这主要表现

---

① 有关北大考古专业 1957 年邯郸实习的有关情况可参看张敏《夏商周考古学史(1928—1949)》,第 275—278 页。
② 据夏鼐 1958 年 4 月 8 日的日记,《夏鼐日记》卷五,第 363 页。
③ 邹衡:《我和夏商周考古学》,《夏商周考古学论文集·再续集》,第 263 页。

在：首先，他赖以分期的典型单位与典型陶器的数量均有限，证据显得薄弱；其次，殷墟墓葬和殷墟青铜器几乎都未纳入分期体系中，而这两者是殷墟文化的重要组成部分；最后，《论郑州》虽然把殷墟文化分为早、中、晚三期，但对各期的绝对年代均未作出判断。因此，从1961年开始，邹衡感到有必要对殷墟文化进行更为全面的分期研究，经过三年多的不懈努力，终于完成了《试论殷墟文化分期》这一鸿篇巨著。[①]

邹衡写作《论殷墟》的目标很清楚，就是要"通过对陶器和铜器的研究，以探讨殷墟遗址和墓葬的分期和年代"。与《论郑州》一样，在《论殷墟》中，邹衡同样是从分析典型层位关系开始的。但与《论郑州》将小屯的水沟和部分版筑基址共同作为标准层不同的是，邹衡在《论殷墟》中强调了水沟和版筑基址这两种遗迹的差异性，他说：

> 水沟是小屯文化层中的一种特殊的文化遗迹。它们的分布集中在C区内，有干沟和支沟两种；除一、二条支沟与干沟有打破关系（如K23打破K22、K24）外，其余都是彼此相通的。因此，它们很可能是在同一时期被有计划地建造的。从划分文化层的角度来看，水沟自然不失为一个比较可靠的层位标准。也就是说，凡在水沟之下或被水沟破坏的单位必然早于在水沟之上或破坏水沟的单位。
>
> 至于版筑基址，其情况就复杂多了。根据发掘者的研究，已把小屯的版筑基址分为甲、乙、丙三组，共达56座。这些基址与水沟不同，不可能是同时建造的，从而不能把它们作为划分文化层的统一标准。

这实际上就是只以水沟为标准层，将小屯版筑基址的地层关系进一步细化，找出更多层级的打破关系。邹衡将这些地层关系总结为：

[①] 邹衡：《试论殷墟文化分期》，原载《北京大学学报》（人文科学版）1964年第4、5期；收入《夏商周考古学论文集》，第31—92页。

```
YH128→YH110 ⎫
YH336→YH337 ⎬→水沟→YM108
YH086、156、225 ⎭
          水沟→乙七→(YM149、186)→YH051、073、084
                    ↑
                  YH059
          水沟→乙十一北(YM222)→YH158→乙十二
                                    ↑
                                  乙十三
```

（箭头指向上层）

在小屯的材料之外，邹衡又补充了侯家庄西北冈和大司空村 20 世纪 50 年代的发掘材料，而后者提供了多组重要的地层关系。

接下来邹衡依然是对陶器形制进行分析，但与《论郑州》相比，《论殷墟》在这一点上也发生了两个重大变化。

首先，在《论郑州》中，邹衡只是把 20 余件标本分为不同的型，型与型之间是早晚关系，所以这里的"型"实际上相当于我们今天类型学研究中的"式"。但在《论殷墟》中，邹衡对这种划分方法做了重大调整，他先是将每一器类分为不同的型，每一型再划分出若干式，型是并列关系，式是纵向发展关系。如陶鬲分为 Aa 和 Ab 两型，每一型又分别分作 7 式。

其次，在《论郑州》中，邹衡对同类器物排序的依据是遗迹单位的层位，其遵循的原则是早期遗迹单位出土的器物要早于晚期地层所出者，基本没有考虑晚期地层出土早期遗物的可能性。由于只涉及 13 件典型标本及 13 件参考器物，所以即便有出在晚期地层中的早期陶器，数量必然很小，当在可接受的范围之内。到了《论殷墟》中，由于有了明确的式的概念，器物发展序列自然更为清晰，式的序列实际上等同于年代序列，因此如何确定各式的顺序就变得更加关键了。理论上讲，要确定某两件器物分属Ⅰ式和Ⅱ式，不仅仅要看它们是否出于早晚两个地层中，而且还要证明晚期地层单位所出的这件器物不是早期遗留物，甚至还要证明器物使用年代与遗迹单位形成或废弃年代是一致的。要对上述各点一一论证，难度无疑很大，然而李济

捌　著史与分期　459

在讨论 E16 坑的年代时就是这样来进行的。但邹衡对殷墟陶器式别的确定似乎并不如此，他不但没有考虑晚期地层出土早期遗物的问题，而且各件标本所在地层单位之间也缺乏必要的联系。这里以最为典型的 Aa 型陶鬲为例加以说明。

邹衡把 Aa 型陶鬲分作 7 式，每式各举了一件标本，分别是：Ⅰ式，YH226：349E；Ⅱ式，司一〇：3；Ⅲ式，Y横 12 乙南支：348A；Ⅳ式，YNH1：41；Ⅴ式，YIX4：362K；Ⅵ式，司一一：5；Ⅶ式，司一一：4。从器物编号上即可看出上述 7 件器物的出土地点不同，因此它们相互之间不可能发生打破关系，而实际上，在邹衡梳理出来的各组地层关系中并不包括这些遗迹单位，这也说明确定 Aa 型陶鬲序列的地层依据是相当薄弱的。更重要的是，司一〇：3、司一一：4 和司一一：5 这三件器物引自 1958 年—1959 年殷墟发掘简报，原报告并未公布它们的具体出土单位，仅说明图一〇中的器物为发掘者所划分的大司空Ⅰ期，而图一一所列各器则是大司空Ⅱ期的典型标本，所以邹衡这里所列三件器物的器物号实际上是原发掘简报的插图图号。① 由于原简报没有提供这三件器物详细的出土信息，所以严格上讲，邹衡最多只能得出司一〇：3 早于司一一：4 和司一一：5 的结论，而无法将这三件陶鬲分列为Ⅱ、Ⅵ、Ⅶ三式。因此，邹衡排定 Aa 型陶鬲式别序列的主要依据并非地层关系，而是器物特征，也就是他所说的"依其外形的方扁、足跟和裆部的高矮，以及陶胎的厚薄和绳纹的粗细等"。相应地，在《论殷墟》所附的"分裆矮领陶鬲典型标本统计表"中，我们正可以读到相关内容，比如：在该表"外貌"一栏中，Aa 型陶鬲Ⅰ—Ⅶ式的演变规律是从长方到方形，再到扁方，最后发展为扁形；在"通高/器宽"比例一栏，这 7 件器物则呈现出完全一致的递减态势；在"足跟外貌"一栏，则表现出由尖锥到肥胖、再到粗矮、小尖直至消失的趋势；在"裆部"一栏，则是经历了较高、中、低、最低四个阶段。

上文提到，李济编制序数法的依据也是器物特征，但是，李济的

---

① 中国科学院考古研究所安阳发掘队：《1958—1959 年殷墟发掘简报》，《考古》1961 年第 2 期。

序数法与邹衡的型式划分是有本质区别的——前者的序列没有年代意义,而只是给每件器物一个形制代码,而后者实际上就是年代序列。那么,仅凭器物形态就能确定其年代序列吗?或者说,器物的演变就一定按照某种规律始终直线向前吗?李济的回答是有所保留。一方面李济相信"形态的演变是随各器物存在的年岁依次显露出来的",并承认"把时代展进的秩序与形态演变的阶段——两者相依的关联,有系统地说明出来,实在是现代古器物学家的中心课题",但同时他又强调"对于器物形态发展的秩序应有充足的认识:有些几微的差异,可能象征重要演变的开始",而"若干显著的、离奇的、庞大的形变,或只代表一种暂时的病态"。① 李济认为,之所以会如此,是因为"人造品与自然界的物件不能对比","人类的幻想,常常把似乎很小的分别,推演得格外地显著;也可以把那好像很大的距离,轻轻的合拢"。② 反观邹衡,从他归纳的 Aa 型陶鬲特征来看,他是深信器物的演变是遵循着某种规律直线向前的,他依据某一组地层关系来观察其中典型器物的形制差别,归纳出某种演变规律:如 Aa 型陶鬲器体由长方到方形,再到扁方;足跟由尖锥到肥胖、到粗矮、直至消失;裆部由高渐低等。然后把没有地层打破关系的其他器物纳入这个规律当中去,并为它们在这个演变规律中确定一个位置——这就是该件器物的具体式别。

对比李、邹二人的研究方法,可以看出他们在理念上的显著差别。但最可遗憾的是,李济始终未能抽出"三个月的功夫"来完成他的《殷虚器物·甲编·陶器(下辑)》,使我们无法完整了解他是如何排定器物形制演变序列的,但可以想见这必然是一个不同于邹氏序列的序列。我们甚至可以想象,以李济"过于科学"的性格,即使他有更多的"三个月的功夫",也可能永远都无法排出这样的序列。这是因为:

---

① 李济:《中国古器物学的新基础》,原载《台湾大学文史哲学报》第 1 期,1950 年;此据《李济文集》卷一,第 334—344 页。

② 李济:《中国考古报告集之二·小屯·第三本·殷虚器物·甲编·陶器·上辑》,1956 年;此据《李济文集》卷三,第 98 页。

首先，在李济看来，能够得到充分地层依据的类型学研究是"可遇不可求"的。比如20世纪50年代李济在研究殷墟鸟形式平顶鸟型骨笄时，他按照骨笄形制特征把它们划分为五级，而"难得的是，每级标本，就其原在地点的地层说，时代的先后，恰与形态演变的秩序吻合"。但李济却认为，"田野考古的经验可以证明，这确是可遇而不可求的一种发现"。这也就是说，李济认为如果没有充分的地层学依据，研究者对器物形制演变的研究永远都是一种假设，而在考古实践中，能与器物演变相匹配的地层依据又是如此难得。

其次，李济并不相信时代差异是导致器物形态差别的唯一依据。比如他在研究骨笄时就曾经有这样的认识：

> 各个标本形制的差别显然包含若干不同的意义：有的只是个别的作风，每一个雕刻骨笄的匠人有他自己的花样，或者家传的样本加上自己的手法，由此构成一种与众不同的式样。有的可能象征阶级制度的存在，贵族与平民、富人与穷人、统治者与被统治者、得位者与无位者这些阶级与地位的分别，表示在衣服与装饰上是人类历史上很早就有的，由此而发展了中国的特有的"礼"教。但是与考古研究更有关系的为那由时代演变而发生的差别，此种差别若能确定其时代的意义，则是在考古学与史学上一种最富启发性的工作。①

这等于是说，时代风格固然是导致器物形态差别的主要原因，但它也可能是由拥有者的社会地位、使用习俗乃至制作者的个人创作风格所引起的。陶器当然有别于骨笄，但它们同为殷商时代的遗物，李济的上述担心便不能完全说是多余。

最后，李济对遗迹和遗物的年代判断总是要最大限度地具体问题具体分析，避免使用单一标准来获取结论，比如他在分析殷墟铜器

---

① 李济：《笄形八类及其文饰之演变》，原载《中研院史语所集刊》第30本，1959年；此据《李济文集》卷三，第376—438页。

墓的年代时就说：

　　小屯出青铜器的十座墓葬与殷墟他种遗址及遗物之关系可分为四种叙述：(1) 有四座墓葬为殷商时代的灰坑所破坏；破坏它们的灰坑都出有殷商时代的遗物。……上层灰坑所包含的实物既没有晚于殷商时代的遗存，被压在下层的葬坑显然应该更早了。(2) 随葬器的形制可证明与甲骨坑同出的器物类似或确有属于殷商时代的内在证据；……(3) 在位置之排列上与他墓之关系，可以认为属于殷商时代者，如M18·4之与M066对称地相排，与邻近版筑之关系类似；M066既有属于殷商时代之证明，M18·4自可归入此期。(4) 所余的M188、M238两墓，均与殷代的版筑有很复杂的关系，甚难作一简括的叙述；专据随葬器看，它们与其他八墓所出随葬器一样，显然都是殷商期的产品。①

　　但邹衡对此似乎并不认同。按照分析Aa型陶鬲的同样方法，邹衡又排出了甑、簋和盂、豆、盘、圜底钵、釜、深腹平底盆、深腹缸、大口尊、圆腹罐、瓮、罍、瓿、器盖、爵、觚16类陶器的型式，以及鼎、甗、簋和盂、斝、盂、爵、觚、卣、方肩尊、戈和矛11类铜器的型式。排出了这些器物的形制演变序列后，邹衡得以将其它39个地层单位串联了起来，并分成了7组。串联和分组的方法是，"先用殷墟最常见、形制变化最显著的分裆矮领鬲(A型)、大口簋(C型盂)、深腹平底盆、平底罍(A型)四种陶器为主要标准，再用其共生的甑、直腹簋(A型)、豆、盘、浅腹圜底钵、釜、厚胎缸、大口尊、圜腹罐、瓮、瓿以及器盖等陶器为次要标准"。比如他划分的第1组共有4个遗迹单位，分别是YH335、YH103、YH027和YB45及方坑，从《论殷墟》"窖穴与探沟(方)分组统计表"来看，这4个单位串联在一起的依据是：YH103和YH027都出土有A型I式大口尊，同时YH103和YB45及方坑又都出土有A型I式圜腹罐，所以将它

---

　　① 李济：《记小屯出土之青铜器（上篇）·容器的形制》，原载《中国考古学报》第三册；此据《李济文集》卷三，第467—546页。

们串联在一起,并都归入第 1 组;该组的另一个单位 YH335 仅列了两件陶器(夹砂中口罐和 B 型圜腹罐各 1 件),虽然它们与其他三个遗迹单位出土的陶器无任何交集,但因为这件 B 型圜腹罐属于I式(夹砂中口罐的型式未定),所以也被列入第 1 组。

邹衡当然知道仅依靠器物形制来排定年代序列是有很大风险的,因此又列举了这 39 个地层单位中的几组打破关系,希望据此来证明"在层位关系上规定了上述 7 组单位的先后顺序只能是:第 1→7 组,而绝对不可能相反"。但因为可以利用的地层打破关系有限,并不能涵盖全部这些遗迹单位,所以他分组的核心依据实际上还是器物分型分式,地层关系只是作为佐证与参考。

分组之后是合并,邹衡将 7 组地层合为 4 期,合并的依据是"各组陶器的组合关系和形制、花纹的特征",合并的结果则是"第 1 组 4 个单位为第一期;第 2、3 组合并,共 15 个单位,为第二期;第 4、5 组合并,共 8 个单位,为第三期;第 6、7 组合并,共 11 个单位,为第四期"。

在将殷墟的窖穴、探沟等遗迹遗物分为 4 期 7 组之后,邹衡等于有了一把陶器演变的标尺,可以用来继续对殷墟陶器墓和铜器墓进行分期。由于这些墓葬之间几乎没有打破关系,所以它们的分期几乎完全仰仗出土器物的型式划分。

确定了陶器墓和铜器墓的期别之后,邹衡等于又多了一把标尺,他再用来对小屯和大司空村的建筑遗迹及其所属的葬坑进行分期,并发现"殷人在殷墟的大兴土木,大概是从第二期开始的,而更广泛地建造,似乎是在第三、四期",有学者认为这一结论"至今仍是最有权威性的见解之一"。[①]

经过这样步步为营、循序渐进的研究,邹衡获得了对殷墟文化分期的总体认识,包括各期的主要遗存、陶器特征以及铜器风格等。邹衡最后要做的工作是对各期年代的判断,这时可以利用的依据是各期灰坑中甲骨的年代,他的最终结论是:

---

① 杜金鹏:《殷墟宫殿区建筑基址研究》,科学出版社,2010 年,第 26 页。该书是迄今为止对殷墟建筑基址最为全面的研究。

殷墟文化第一期　约相当于甲骨第一期以前，或属盘庚、小辛、小乙时代。

殷墟文化第二期　约相当于甲骨第一、二期，即武丁、祖庚、祖甲时代。

殷墟文化第三期　约相当于甲骨第三、四期，即廪辛、康丁、武乙、文丁时代。

殷墟文化第四期　约相当于甲骨第五期，即帝乙、帝辛时代。

这就是邹衡对殷墟文化分期的大致经过，概括而言其基本逻辑是：先确定典型陶器的型式演变，建立基本年代序列，再通过陶器形制的比对，系连更多的遗迹单位；对这些遗迹单位进行分组，然后根据各组内典型陶器的型式分布状况和器物组合情况，将组归并为期；确立了陶器的分期之后，以此为标尺再对墓葬和基址分期，由此又可建立殷墟铜器和居址的分期；最后根据各期有关遗迹单位出土卜辞的年代来确定该期的绝对年代。所以，邹衡殷墟分期的核心是对典型陶器的分期。

正如邹衡在《论殷墟》后记中所说，殷墟多年来的发掘材料数量惊人，但未经系统整理，使得研究者难以有效地利用。邹衡从文化分期的角度切入，通过对典型材料的梳理，第一次在学术界确立了殷墟文化发展的基本框架，贡献卓越。而由邹衡殷墟分期所确立的这种研究模式在大陆考古界迅速推广，并在很长的时间里代替了李济的"著史"传统。

我们无法想象当李济读到邹衡的《论殷墟》时是何种感受，但下面两则材料或许可以给我们些许的提示。

其中一则与夏鼐有关。1965 年 1 月 24 日，这是一个星期天，邹衡亲自到夏鼐家中送上了在《北京大学学报》上发表的《论殷墟》一文。①邹衡的登门造访不仅仅因为夏是师长，更在于他的《论郑州》"就是夏

---

① 夏鼐：《夏鼐日记》卷七，第 86 页。

先生排除了某些障碍推荐发表的",而《论殷墟》则"因为阻力太大未能在考古专刊上发表,但夏先生已尽了最大的努力"。夏鼐对此文的具体评价我们不得而知,但据邹衡讲,夏鼐曾专门写信给他表示祝贺之意,这自然说明了夏鼐对此文的欣赏。但一个值得玩味的细节是,邹衡"曾经把殷墟西北岗大墓的主人都订出了具体的王名",但在夏鼐的建议下,将其"全部删去",邹衡后来很庆幸"依了他的意见"而"避免了不少错误",并由此学习到"夏先生严谨的治学态度"。① 由此我们似乎可以想象,夏鼐一方面欣赏邹衡系统梳理殷墟材料的勇气与成绩,但对墓主考证、器物型式划分乃至陶器分期等细节方面则未必赞同。一个旁证是,终其一生,夏鼐本人几乎没有对哪一种陶器进行过类型学研究,也没有对哪一支考古学文化进行过分期研究。

另一条材料则与张光直和夏鼐二人相关。1978年3月13日张光直在读到《考古》1977年第6期发表的《河北磁山新石器遗址试掘》一文后,对该文将每件陶器标本均进行了分式的做法表示了质疑,遂写信给《考古》编辑部并抄送夏鼐。虽然我们不知道张光直信中的具体意见,②但夏鼐却于4月5日回了一封长信给张,着重谈了"分类、分式的标准"、"器物分类的标准和目的"以及"类型系统"等三个重要问题。夏鼐在信中指出,"每一类器物下的分式问题,现下报告编写者常常偏于分得过细","一式中应该包括好几种相近似的器物,……不必每个器形都叫做一个式",陶器分类"要统一化,以便比较",并说他"正计划编辑一些'集成图谱',如'殷墟陶器图谱'之类,以便统一编号",并希望"这种'集成图谱'出版后,报告编写者可以根据图谱中的序列的编号加以列举,只要插入新发现的新类型便可以了"。③ 凡

---

① 邹衡:《永远怀念向达先生和夏鼐先生》,原为北京大学考古系编《考古学研究(一)》的代后记,文物出版社,1992年;收入《夏商周考古学论文集·续集》,科学出版社,1998年,第355—358页。

② 有关张光直的类型学思想可参看其所著的《考古学:关于其若干基本概念和理论的再思考》一书的第五章"类型学与比较方法",辽宁教育出版社,2002年。

③ 李卉、陈星灿:《传薪有斯人——李济、凌纯声、高去寻、夏鼐与张光直通信集》,第175—177页。可惜我们未能读到张光直给《考古》编辑部的来信,否则能看出张氏对于类型学的理念。

此种种，无不证明夏鼐在类型学方面的理念更近于李济，而大异于邹衡。

当然，夏鼐和张光直并不是李济，但夏、张二人都是深得李济真传的杰出学生。而若以严谨上讲，李济只会比他们二人有过之而无不及，因此，如果换作是李济对邹衡面授机宜，他又会建议后者"删去"什么内容呢？这无疑是一个有趣的问题。

而更为有趣的是，在邹衡晚年主持编写的巨型田野发掘报告《天马—曲村》中，邹衡居然放弃了他使用多年的型式划分方式，另创了一套新的型式表述规则，从容器的"底或裆"、"足"、"领、口或沿"、"肩"、"腹"五个部分对器物进行观察，并将每一类特征赋予一个指定代码，用大写英文字母或阿拉伯数字表示，如"RFB02"型铜鼎，即表示此鼎为人字裆（R）、柱足（F）、侈领（B）、无肩（0）、下胀圜腹（2）。① 毫无疑问，邹衡的这套方法必然是受李济序数法的启发。② 然而，邹衡《论殷墟》所确立类型学的研究模式和语言范式影响深远，被后来的中国考古学界奉为圭臬，即便邹衡自己愿意回归到李济当年的类型学研究道路上去，但其他人则未必能够感同身受，③ 其结果必然是李济所倡导的人本主义考古学研究的式微。④ 从这层意义上讲，虽然李济被尊为"中国考古学之父"，但随着史语所的迁台，李济在大陆渐渐地成为"失踪的大师"，中国考古学的"著史"使命也日益淡薄。⑤

1979年7月14日，八十三岁的李济对学生宋文薰说，他正计划写一本与当年博士论文同名的著作——《中国民族的形成》。但半个月之后，也即1979年8月1日，李济突发心脏病离开了这个世界。⑥ 李济虽然未能实现重写《中国民族的形成》这一美好愿望，但他的遗

---

① 邹衡：《天马—曲村(1980—1989)》第一册，科学出版社，2000年，第12—13页。
② 据参与了《天马—曲村(1980—1989)》编写工作的刘绪先生见告，邹衡先生曾明确表示他的这套方法来自李济的序数法。
③ 一个最典型的例子就是《天马—曲村(1980—1989)》发掘报告中，由邹衡诸位弟子执笔的章节并未采用邹衡拟定的新方法。
④ 陈畅：《三位中国考古学家类型学研究之比较》，《四川文物》2005年第6期。
⑤ 施雨华：《李济：失踪的大师》，《南方人物周刊》2012年第41期。
⑥ 李光谟：《李济先生学行纪略》，《李济文集》卷五，第487页。

言为他的"著史"使命作了最好的注脚。

2005年10月21日,七十八岁的邹衡在郑州参加了他人生中的最后一场学术活动——"纪念郑州商城发现50周年座谈会"。两个多月后,也即2005年12月27日,邹衡因病在北京逝世。邹衡在最后的日子里依然关注郑州商城亳都说,他以毕生的精力无悔诠释了考古学文化"分期"的意义。①

中国考古学的使命究竟是"著史",还是"分期",抑或是通过"分期"来"著史",这自然是一个仍在探讨的话题。但有一点现在就可以肯定,李济的"著史"和邹衡的"分期"都已铸成丰碑,永远矗立在中国考古学史上,让后来者景仰、攀登、超越。

---

① 有关邹衡先生最后日子里的学术活动,可参看李维明《考古学家邹衡》一书,科学出版社,2010年。

玖 有心栽花与无心插柳
——先周文化探索的早期阶段

- 一、徐旭生的陕西古迹调查
- 二、苏秉琦的斗鸡台发掘与瓦鬲研究
- 三、石璋如的关中考古调查与周都考察
- 四、"有心栽花"与"无心插柳"的反思

如果说当前的先周文化研究有一个共识的话，①那就是学者们普遍将20世纪30年代和40年代前北平研究院史学研究会（所）徐旭生、苏秉琦以及前中研院史语所石璋如等人在陕西地区开展的考古调查和发掘视为先周文化探索的肇始。②现在重新回顾徐、苏、石三人当年的心路历程，不仅是学术史研究的需要，更可以通过梳理与审视三位前辈在此问题上的得失，给予当前先周文化研究有益的启示。

一、徐旭生的陕西古迹调查

1933年春，国立北平研究院史学研究会参与的易县燕下都遗址考古发掘刚刚告一段落，该所考古组组长徐旭生随即开始筹划在陕西开展考古工作。③北平研究院的这一决定在很大程度上是受中研院殷墟发掘的影响，徐旭生说：

---

① 从事先周文化研究多年的雷兴山先生即对笔者说："在当前先周文化研究领域，如果有一种意见得到两个人认可的话，那就是多数派。"可见在具体学术观点上，当前的先周文化研究几乎是没有共识。
② 邹衡：《论先周文化》，《夏商周考古学论文集》，文物出版社，1980年，第297—356页；宗礼（田仁孝）、刘栋（刘军社）：《先周文化研究六十年（1933—1993）》，《周秦文化研究》，陕西人民出版社，1998年，第268—285页；刘军社：《先周文化研究》，三秦出版社，2003年；雷兴山：《先周文化探索》，科学出版社，2010年。
③ 1929年9月国立北平研究院成立之初，即在人地部之下设立了史学研究会。1931年在史学研究会下设立考古和调查编辑组（1935年改称历史组），分别由徐旭生和顾颉刚出任组长，至1937年史学研究会改为史学研究所。参看刁娅君《北平研究院史学研究所初探》，华东师范大学历史系硕士学位论文，2008年。

> 近三十余年，当代学者对于殷虚史料的搜集和研究，已由断片的进于有系统的。对于商代后期文化的认识，已有长足的进步，而周秦初期的文化，尚委之于乡人及古董商人偶然的发现。……所以对于周秦两民族初期文化的探讨，实属今日学术界中急切万不容再缓的一件工作。①

而北平研究院之所以只专注于陕西的周秦遗迹，也有其学术上的考虑，徐旭生对此解释道：

> 陕西为周秦汉唐故都所在。史迹遗留，极为丰富。而本会研究之目的，却止限于周民族与秦民族之初期文化，及与之有直接关系之各问题。其所以如此限制者，因汉唐史迹，虽亦亟待研究，而此二代因距离现代较近，古书存者尚多，吾人对于其文化及社会组织等各重要问题，尚能从古书中得知大略。至周秦二民族初期之文化，则古书中所载与之有关之史料，数量极少，无参证比较之余地，真伪正纰，无法核定。且意义暗昧，颇多难索解处。实为学术界之最大缺憾。②

文献不足征，这是徐旭生决定先就陕西地区周秦文化开展研究的主要原因。除此之外，徐旭生也有抢救古迹古物方面的考虑，他说：

> 河南洛阳附近古物古迹，几全被盗掘者毁坏净尽，是其明证。陕西前因交通不便，尚无大损毁。近潼关西安，不久通车，如不急为调查，搜集，研究，则吾人本国历史，将有无从补救的巨大损失。所以对于周秦两民族初期文化的探讨，实属今日学术界中急切万不容再缓的一件工作。③

此后数年间，该院在陕西的主要考古工作是：

---

① 徐炳昶、常惠：《陕西调查古迹报告》，《国立北平研究院院务汇报》第4卷第6期。此节引徐旭生的有关表述，未经注明者均据此报告。
② 国立北平研究院：《国立北平研究院五周年工作报告》，北平，1934年。
③ 徐炳昶、常惠：《陕西调查古迹报告》，《国立北平研究院院务汇报》第4卷第6期。

自民国二十二年春开始,至民国二十六年夏因中日战起而中止,先后历时约四年半。在此四年半之中:第一年的工作重心,是在渭河两岸的古迹调查;后三年半的工作重心,是在斗鸡台的发掘。①

这里所说的渭河两岸古迹调查是指 1933 年春考古组组长徐旭生与助理员常惠在关中地区开展的考古调查。尽管这次调查因战乱、持续数年的旱灾以及地方治安不靖等原因而只能"走马观花",留有"极多遗憾",以致徐旭生自己也发出"无可奈何"、"听天由命"的感叹,后来学者对它的描述更是一笔带过,但如果仔细分析当年一波三折的调查经过,仍不免为前贤的艰辛、无奈而痛惜,同时也能更好地体会其中所蕴含的学术意义。

在调查开始之前,徐旭生即已设定此次"所考查的范围,预先限定为周民族与秦民族初期的文化",因此他的原计划是:"计以二十日工夫与陕西省政府交涉,及议与陕西士绅合作事宜",然后"出外考查,廿余日",如此"则暑假前尚可有一至两个月发掘工夫"。但正可谓人算不如天算,日后的实际情形远远出于他的意料之外。

1933 年 2 月 24 日,徐旭生与常惠抵达西安,虽然陕西省的"杨邵二主席(引者按,指杨虎城和邵力子),省政府秘书长及各厅长均招待殷勤",且"士绅间并未见阻力",但直到 3 月 30 日他们才获得陕西省政府拨付的办公用房。有了办公场所之后,徐旭生随即开始"赶办与陕西士绅合作事宜",但又因"拟与合作之古迹保管委员会,正在报告中央"而只得继续等待,孰料陕西古迹保管委员会的申报公文被国民政府行政院退回,眼看双方合作一时无望,徐旭生"不得已,乃拟先出发考查"。但此时已是四月,天气多雨,因此"直至二十三日,始得出发",却又因"热河沦陷,北平人心惶惶",常惠被迫返回北平,徐旭生只好在北平研究院植物研究所助理员夏纬瑛的陪同下前往丰镐一带考察。

---

① 苏秉琦:《斗鸡台沟东区墓葬》自序,北平,1948 年;此据《苏秉琦文集》卷一,文物出版社,2009 年。

在丰镐附近调查四日后，徐旭生感到"一人考查，实无法进行，而夏君自有职守，未能分身"，所以只好致电北平研究院"请令惠速往西安"。5月15日，常惠再次抵达西安，而此时日军已经入侵至密云，"平津岌岌"，徐旭生和常惠的"西行考查出发日期，又不得不暂缓"。5月30日，徐、常二人终于"始行出发"，并初步"预定考查期限，为二十日内外"，但调查途中发现二十天的时间太短，"至少须延长至一个月，始能将原定计划中所要考查的事件，大体考查清楚"，而最终却是"因种种原因，考查刚十五天，即已回省城"。

所以算起来，从这年的2月底由北平来西安，到6月中旬结束调查回到西安，徐旭生在陕西待了将近整整四个月，但实际调查时间仅为十五天左右，这就难怪徐旭生有"无可奈何"、"听天由命"的感叹了。

徐旭生原拟的调查路线为：

> 先考察丰镐，后顺大道西行，经咸阳、兴平、武功、扶风、岐山、凤翔，南转至宝鸡，或自渭水南郿县、盩厔、鄠县东返，考察丰镐、咸阳、犬邱、岐下、平阳、雍，及汧渭之会。至他地则或因过远，或因地方未靖，拟俟异日考查，不在此行计划中。

按照这个计划，则关中地区周秦时期的重要都邑均在其考察之列了，所涉及的范围甚至要超过近年来"大周原"考古的地理范畴。①然而，徐旭生此次调查的实际经过却是：

> 除丰镐一带略照原计划进行外，至西路则因灾情奇重，道路未安，骡车均不愿西行，不得已，直乘汽车至凤翔，乘骡车转宝鸡，复返凤翔，由大路渐渐东行。不惟郿县盩厔未往考查，即扶风亦因灾重，难离城考查，未停；咸阳因急于返西

---

① "大周原"考古是1999年周原考古队重启周原遗址发掘之后提出的新概念，其主要宗旨是将考古工作从狭义的周原范围延伸到广义的周原，并提出以"大周原"代替此前史念海先生所说的"广义的周原"。"大周原"涉及的地理范围大致是：其东界包括漆水东岸的部分区域，西边可达宝鸡市附近，北抵岐山，南至渭河南岸邻近区域。有关"大周原"考古的内涵及收获可看种建荣《周公庙遗址商周时期聚落与社会》，西北大学文博学院博士学位论文，2010年，第7—12页。

安,亦未停。最令人不快者,岐山虽停,而古公亶父所居之岐阳(在今岐山县东北四五十里),亦因地方颇不靖,县长未敢负责,未得往!数月工作,所得成绩仅如此,可为简陋,然亦无可奈何!

所以,徐旭生和常惠此次调查过的"周之古迹"实际上仅有以下数处:西安附近的所谓"周穆王陵"及灵沼、丰镐村的镐京旧址、南佐村的"犬邱"遗址、十里铺村以及岐山周公庙等。而令徐旭生最感遗憾的是未能前往岐山县的岐阳,这是因为:

> 考旧志,知太王避狄迁居之岐下,实即今岐山县东北四五十里之岐阳。在凤翔时,中学校书记巨君,为岐阳附近人。与之谈,据言岐阳有周三王庙。岐阳东数里齐村,附近有沟。沟东断崖内常出古器物。乃决定往调查。六月九日至岐山,与田子平县长谈,据言岐阳从前为岐山精华,现灾情极重,人民逃余,不过十分之一二!虽近来尚未大出乱子,如欲前往,未敢负责云云。听毕,为之废然。岐阳之行,止好中止。

但可以想象,以当时的情形,即便徐、常二人能够前往岐阳和齐村等地考察,也无法彻底改变调查结果"可为简陋"的局面。徐旭生秉持探寻"周秦两民族初期文化"的满腔热情而来,却带着深深的遗憾而去,但这是乱世之错,后人又岂能苛责于他?而事实是,随着先周文化研究的深入,徐旭生此次考察的学术意义也就愈发地凸显出来,被誉为"先周文化探索之肇始"。①

二、苏秉琦的斗鸡台发掘与瓦鬲研究

徐旭生带着满腔的无奈与遗憾离开了陕西,接踵而来的是他的学生兼同事苏秉琦。1934年2月1日,在徐旭生的大力斡旋下,北平

---

① 雷兴山:《先周文化探索》,科学出版社,2010年,第1页。

研究院与陕西省政府合组的陕西考古会在西安成立,徐旭生出任发掘主任,而发掘的第一站即选择在宝鸡的斗鸡台遗址。①

早在发掘之前,斗鸡台遗址就因军阀党玉琨的盗掘而声名远扬,所以徐旭生和常惠于上一年六月专程前往该遗址调查。在调查中,徐旭生曾经"细察其二三断崖,每一断崖均有灰土陶片及石器等物",所以判断"此地古代居民颇为稠密"。他联想到"秦穆公之羽阳宫,后倚高原,前临渭川",所以怀疑"此其羽阳宫之遗址耶"? 但徐旭生很理智,知道"此等问题,必待科学发掘,始能解决矣"。

当时可供发掘的遗址有数处,而徐旭生最终选择了斗鸡台遗址作为陕西考古的第一站,关键还是在于它"地处汧渭二水之间,为秦民族发祥之地",而斗鸡台又传为秦人"陈宝祠"之旧址,且他本人又曾实地考察过。② 于是,从1934年4月至1937年6月,以北平研究院为主导在斗鸡台遗址进行了三次发掘,该院先后参与发掘工作的有何士骥、张嘉懿、孙文青、白万玉等多人。③ 而这一年,苏秉琦在北平师范大学历史系毕业后,进入北平研究院史学研究所,副院长李书华把他分配到考古组。9月,苏秉琦即"随所长徐炳昶(旭生)老师去陕西宝鸡发掘斗鸡台遗址",此时斗鸡台遗址的第二次发掘刚刚开始,工作重点是陈宝祠之后的"废堡区"以及戴家沟以东的"沟东区"。④

虽然徐旭生将北平研究院史学研究会在陕西考古工作的重心确定为探寻"周秦两民族初期文化",但在苏秉琦的内心,发掘斗鸡台并

---

① 刁娅君:《北平研究院史学研究所初探》,第45页;罗宏才:《民国时期陕西考古会成立之缘起与大致经过》,《考古与文物》1998年第3期。

② 据苏秉琦先生的介绍,当时可供选择的遗址共有三处,"一、大袁村一带之所谓丰京遗址;二、姜城堡东门外之遗址;三、斗鸡台之所谓陈宝祠遗址"。而最终决定在斗鸡台发掘的理由除其"地处汧渭二水之间,为秦民族发祥之地"外,另有两点:其一是"此祠在秦汉两朝,至为煊赫,天子尝遣使致祭,必不似今日之局局于十数间瓦屋,然此神止于此地有祠宇,如此断绝,在异地恐无兴复之理"。其二则是"陕西地上,如仰韶期之红陶、灰陶,虽不少概见,而带陶片,在考察范围之内,尚不多有,而斗鸡台则因前数年党玉琨之发掘毁弃,地面上石器碎块、带色陶片,却时时可遇"。参看苏秉琦《斗鸡台沟东区墓葬》,第10页。

③ 据苏秉琦《斗鸡台沟东区墓葬》,斗鸡台遗址的三次发掘分别是:第一次,自民国二十三年四月二十六日起至同年六月二十一日止;第二次,自民国二十三年十一月二十三日起至翌年五月七日止;第三次,自民国二十六年四月二十五起至同年六月二十三日止。

④ 苏秉琦:《中国文明起源新探》,生活·读书·新知三联书店,1998年,第10页。

不是直接冲着陈宝祠或陈仓城而来的,他说:

> 我们之所以发掘斗鸡台,自然不是特为寻找古陈宝祠或古陈仓城的遗址遗迹。同时,现在我们亦无意借一部分地下材料来考订此类故事的真实性或其确实遗址的所在地。我们之所以要将此两故事在此提出者,其目的有二:一、我们想借此故事来说明遗址的一部分历史背景。此点对我们发掘材料的理解甚为重要。二、古陈宝祠或古陈仓城的遗址,虽非发掘寻找的唯一对象,但在发掘计划尚未决定之前,类此历两千余年、尚保存不坠的古迹,与其动人的特征,对于此一遗址中选,其间自有若干影响。借此亦可说明我们何以最先发掘此遗址的一部分动机。①

这就是说,虽然苏秉琦也关注与遗址相关的陈宝祠与陈仓城的文献记载,但他只是借此了解遗址所处的历史背景,而并不奢望真就在斗鸡台发掘出它们的"遗址遗迹",甚至"亦无意借一部分地下材料来考订此类故事的真实性或其确实遗址的所在地"。事后证明,这是一个极其关键、极其重要的认识。

发掘结束后,按照徐旭生的安排,苏秉琦负责整理沟东区的发掘材料。② 这对于年轻的苏秉琦来说无疑是一项艰巨的任务,苏秉琦直到晚年还坦承,"要消化这批材料,对于像我这样一位初学者,无疑是有困难的"。在"没有基础,周围没有人可以请教讨论"的情况下,苏秉琦只好"一切从零开始,只有蹲下来,边摸瓦片边思考"。③ 1948年,苏秉琦将斗鸡台沟东区两次发掘、总计八十二座有随葬品的墓葬(另

---

① 苏秉琦:《斗鸡台沟东区墓葬》,第3—4页。
② 斗鸡台发掘区共分三处,即戴家沟东(沟东区)、废堡和戴家沟西(沟西区),第一、二次同时在沟东和废堡区进行,第三次则在沟西区。根据徐旭生的安排,沟东区两次发掘材料由苏秉琦整理,废堡区材料由何士骥整理,而沟西区则由孙文青整理,但实际上最后仅苏秉琦完成了沟东区墓葬部分的发掘报告,其"人居"部分也因战乱等原因"仅完成一小部分"。参看《陕西省宝鸡县斗鸡台发掘所得瓦鬲的研究》徐旭生序,《苏秉琦文集》卷二,文物出版社,2009年,第5—7页;苏秉琦《斗鸡台沟东区墓葬编后记》,原载《史学集刊》第5期,此据《苏秉琦文集》卷一,第494—500页。
③ 苏秉琦:《中国文明起源新探》,第10页。

有二十二座墓葬未出随葬品）材料整理出版，这就是著名的《斗鸡台沟东区墓葬》。

在编写报告的过程中，苏秉琦意识到"一本发掘报告的编辑，自以材料的处理及发表为主"，而对于斗鸡台沟东区墓葬而言，处理材料的关键则当以"此八十余个'发现单位'的年代问题为其中心目的"，具体来说就是：

> 所谓各"发现单位"的年代问题者，自非全部器物的年代，亦非每个单位的绝对年代，不过是哪几个单位应属于同一个文化时期？此若干个文化时期的秩序如何？及其约略年代为何？等问题的尝试讨论而已。①

一句话，苏秉琦认定他的首要任务是必须对这八十二座墓葬进行分期，看看哪些墓葬属于同期遗存，各期遗存的相对年代顺序以及绝对年代又大致如何。但如何分期则是一件颇费思量的事情。苏秉琦说：

> 欲解决此问题，最直截了当的办法，自无过于借助各发现单位的层位关系或其中所含之若干易于考订年代的殉葬器物。可惜此类材料或事例为数有限，不足以解决全部的问题。其次，我们也曾用简单的统计，想从种种发现的事实，来试探解决此问题的可能性。……此外，唯一可以普遍使用，而且可望获得一种"近似值"的结论的办法，只有形制学的方法。②

于是这就有了苏秉琦对斗鸡台出土瓦鬲的"形制学"研究，从某种意义上讲，他的这一研究是被逼出来的。③ 那么，苏秉琦又为何选

---

① 苏秉琦：《斗鸡台沟东区墓葬编后记》。
② 苏秉琦：《斗鸡台沟东区墓葬编后记》。
③ 在整理斗鸡台发掘材料过程中，苏秉琦先是于1940年完成了《陕西省宝鸡县斗鸡台发掘所得瓦鬲的研究》专著的初稿，并送呈徐旭生、李济和梁思永等人阅看。该稿于1941年6月交香港商务印书馆付印，但因太平洋战争爆发，香港沦陷而下落不明。为补救起见，苏秉琦又根据此稿写成摘要，题为《瓦鬲的研究》作为1948年出版的《斗鸡台沟东区墓葬》的附录。参看《陕西省宝鸡县斗鸡台发掘所得瓦鬲的研究》苏秉琦补序，收入《苏秉琦文集》卷二，第8—9页。

择从瓦鬲着手来进行分期研究呢？原因很简单：

> 此项瓦鬲之所以引起我们的注意，其原因有三：一、发现的件数多；二、发现的次数多，每墓一件，在同时期墓葬中似极少例外；三、形制的变化多。①

数十年后，苏秉琦对当年进行瓦鬲研究的动机有更简洁直白的解释，他说：

> 沟东区墓葬材料是1934—1935年间发掘收获的一部分。……直到1938年，北平研究院迁到昆明，才又重新考虑这批材料的编写问题。当时，对于我这样一个初学者来说，使我感到困惑难解的是：这批墓葬材料如何分期断代？它们每个不同发展阶段的文化特征如何？在这些遗迹遗物现象背后的史实如何？查阅有关考古资料、历史文献进行对照，也得不到多少有用的线索或启发。……最后，我意识到，从这批墓葬的三个类型——直肢仰身竖穴、屈肢竖穴、洞室和随葬品中的三种——鬲、斝、灶这样两个方面进行比较分析研究，或许能够取得某些突破。这个尝试的结果就是《陕西宝鸡斗鸡台所得瓦鬲的研究》的初稿。②

通过对瓦鬲的研究，苏秉琦成功地将八十二座墓葬分为了三期：瓦鬲墓时期、屈肢葬时期和洞室墓时期，并且发现"以上三个时期之间，界限厘然，说是三个时期固可，说是三个文化亦未尝不可"。而对于第一阶段的瓦鬲墓时期，苏秉琦又"按照此期内文化上的主要变迁，可以划分为三期"，即以锥脚形袋足鬲为代表的瓦鬲墓初期（九墓），以折足鬲为代表的瓦鬲墓中期（二十九墓）和以矮脚鬲为代表的瓦鬲墓晚期（七墓）。

仅凭瓦鬲这类器物的形制演变，苏秉琦成功地对斗鸡台墓地进行了分期，这实在是一个创举。正如后来有学者所评价的那样，《斗

---

① 苏秉琦：《斗鸡台沟东区墓葬编后记》。
② 参看《陕西省宝鸡县斗鸡台发掘所得瓦鬲的研究》苏秉琦补序。

鸡台沟东区墓葬》以及苏秉琦瓦鬲研究的关键意义就在于——"首次为分析一类器物的谱系提供了范例,开创出谱系分析器物的方法,为中国考古类型学奠定了基础"。① 或者说,"这实际是第一次系统运用现已日益广泛采用的将器物按其形态差别而划分为型、亚型和式别的分型分式法",第一次"根据遗迹、遗物(包括不同型、式)的共存关系来判断各单位的相对年代"——虽然《斗鸡台》运用的这种方法,因属初次表达,读来未免有细碎之感"。②

由于苏秉琦所强调的"年代问题"主要是指这些墓葬的相对年代,而不是"每个单位的绝对年代",所以《斗鸡台沟东区墓葬》发掘报告遂以墓葬分期为宗旨,而未追求对各期墓葬绝对年代的判断。但是,通过对瓦鬲的研究,苏秉琦事实上已经找到了探寻先周文化的重要线索,所以有学者这样评价他的成绩:

> 30年代时,前北平研究院史学研究所是为探索周文化而到陕西考古的。当在宝鸡斗鸡台发掘到37座瓦鬲墓后,苏秉琦先生根据传世西周铜鬲等器的形态,推断出其中的折足鬲墓同周文化的渊源关系。对于那种锥脚袋足鬲,则因为制法和折足鬲不同,看出了二者所属文化性质的差别,因而在《斗鸡台》的《结语》中,清醒地指出在时间上锥脚袋足鬲按形态而言是前一阶段的,使它转化为折足鬲那种形态的原动力,"大概是受外来的影响"。这实际是说锥脚袋足鬲的形态,不是源自周文化的。……在这种意见发表后的30多年中,许多人显然因为对这一推断的方法论根据的深刻性认识不足,纷纷想从锥脚袋足鬲的发展系统来寻找周文化渊源,但总是没有成功。不久前,宝鸡市文管会的同

---

① 张忠培:《中国考古学的重要奠基人与中国考古学新时代的开拓者》,原载《北方文物》1998年第4期;收入《中国考古学——走近历史真实之道》,科学出版社,1999年,第54—59页。

② 俞伟超、张忠培:《苏秉琦考古学论述选集》编后记,文物出版社,1984年,第306—319页。

志在武功尚家坡①开始找到了折足类鬲从联裆到瘪裆的中间阶段典型标本,终于看到其前身的确不同于锥脚袋足鬲的前身;而他们在扶风刘家发掘的一处墓地,又说明那种锥脚袋足鬲,原来是源自陕甘邻境地区另一支属于姜戎系统的青铜文化的。……当最近我们看到这些新的发现而理解了这两大支、若干小支鬲的发展系统后,不能不对出现于40多年前的这种观察、分析方法的生命力以及苏秉琦先生的敏锐眼力,有很深的感受。②

这无疑是对苏秉琦当年区分出袋足鬲与联裆鬲的极高评价。1980年,当邹衡在学术界第一次全面论述先周文化时,他也毫不犹豫地把苏秉琦当年的工作视为先周文化探索的先声。邹衡说:

1933—1937年,前国立北平研究院史学研究所在陕西宝鸡斗鸡台发掘了一批瓦鬲墓。……关于各期的绝对年代,苏先生并未明确推断,惟在其报告附录《瓦鬲的研究》一文的结论及其图六中,却大致估计了各类形式瓦鬲的产生与消失的相应年代。若以此为标准,则可推知瓦鬲墓初期的年代最晚亦当在商代早期,而瓦鬲墓中期最晚约在商周之际。苏先生又认为"折足瓦鬲……至此期(衡按:指瓦鬲墓中期)末叶已发展成为颇近周式铜鬲的形态"。不言而喻,瓦鬲墓初、中期自然属于先周文化的范畴了。苏先生在该报告中虽然没有如此明说,实际上却给了我们留下了这样的暗示。我们认为,苏先生的这个暗示是很重要的,它为我们继续探索先周文化开辟了一条可寻的途径。③

---

① 尚家坡与郑家坡紧邻,现在学术界一般称之为郑家坡遗址。有关该遗址的发现经过可参看尹盛平《关于先周文化的几个问题》附记"郑家坡先周遗址与刘家姜戎墓地发现经过",《周秦文化研究》,第257—267页。
② 俞伟超、张忠培:《苏秉琦考古学论述选集》编后记。
③ 邹衡:《论先周文化》,《夏商周考古学论文集》,文物出版社,1980年,第297—356页。

这真可谓是"无心插柳柳成荫",而这也正是考古类型学的神奇之处——苏秉琦发掘斗鸡台并不是冲着陈宝祠或陈仓城而去的,他当时也绝对不会有先周文化、姜戎文化的一类观念,然而苏秉琦却能够慧眼独具,从众多出土物中选出瓦鬲作为突破口,自觉地运用类型学方法,成功地区分出袋足鬲和联裆鬲,对其进行分期并且意识到它们各有文化渊源,这确实是难能可贵,无怪乎有学者将其列为中国考古学史上六大标志性事件之一。① 当然这个研究过程是极其艰辛的,用苏秉琦自己的话说,他当时是"硬着头皮啃'天书',寻找解释'天书'的密码",而解码的唯一方法就是"面对这批'哑吧'材料,如痴似呆地摸呀摸,花费了多少个日日夜夜"。②

苏秉琦的瓦鬲研究在客观上无疑可以视为先周文化探索的先声,但实际上它的意义早已超出了先周文化研究的范畴。

上文提到,苏秉琦对瓦鬲进行研究的"最初目的"其实相当质朴,"仅为说明和解决我们在斗鸡台所见瓦鬲的分类及先后问题而已","但结果,却对于此在我国古代人民生活中,应用极普遍,形制极特殊,而又变化甚大之一种陶器的谱系问题,提出一个尝试性的假说"——这就是《陕西省宝鸡县斗鸡台发掘所得瓦鬲的研究》这部专著。③ 我们不禁要问,这一结果又是如何产生的?

如果分析苏秉琦这一时期的学术思想,就不难发现导致这一结果的原因除了他创造性地运用类型学研究方法之外,还有更深层次的东西,即他已经意识到瓦鬲是"中华古文化的一种代表化石",希望通过瓦鬲的研究来探讨中国的古文化问题,进而回应阿尔纳(T. J. Arne)"根据特洛伊的发现物认为中国的三足器也许来自西方"的观

---

① 张忠培:《中国考古学史的几点认识》,《中国考古学——走近历史真实之道》,第60—72页。张忠培先生所列的六大标志性事件是:一、1921年安特生主持的仰韶村发掘;二、1931年,梁思永揭示的后冈三叠层;三、1948年,苏秉琦发表的《瓦鬲的研究》;四、1959年,夏鼐发表《关于考古学上文化的定名问题》;五、1975年,苏秉琦《关于考古学文化的区系类型问题》学术讲演;六、1985年,苏秉琦发表《辽西古文化古城古国——试论当前考古工作重点和大课题》讲演。
② 苏秉琦:《给青年人的话》,《文物天地》1987年第4期;收入《苏秉琦文集》卷三,文物出版社,2009年,第104—114页。
③ 苏秉琦:《斗鸡台沟东区墓葬编后记》。

点。这也就是为什么在《陕西省宝鸡县斗鸡台发掘所得瓦鬲的研究》中,苏秉琦所获的最终结论其实是:

> 鬲的形制尤其特异,在西方似乎从来没有过与它类似的器物。所以它似乎确是中国文化的一种特别产物。同时,在中国的古文化中,它的存在又特别普遍而长久,所以竟可目为中华古文化的一种代表化石。……瓦鬲不但可以目为中华古文化的代表化石,对于追溯中华古文化的始源与流变问题更具有特别的意义。因此,瓦鬲的研究可以成为中国考古学上的单独课题。①

而纵观苏秉琦的学术生涯,他一生的学术成就其实正是当年瓦鬲研究的"放大版"——从陶器出发来研究中国的史前文化。这也就解释了为什么在将近半个世纪之后他仍将自己当年的瓦鬲研究视为"近代中国考古学的一块'铺路石'",并进一步肯定地指出:

> 对这种中国古文化的"代表性化石"所做的系统研究,将有助于探索中华民族统一多民族国家的形成等重大学术问题,这是没有疑问的。②

所以,苏秉琦瓦鬲的研究又岂止是先周文化探索的先声,把它视为中国考古学界对中国古代文明研究的肇始,不也宜乎?③

三、石璋如的关中考古调查与周都考察

1937 年 12 月 13 日,南京沦陷,此前已从南京撤离到长沙的中研院史语所顿感危殆。鉴于长沙朝夕不保,史语所制定了进一步疏散

---

① 苏秉琦:《陕西省宝鸡县斗鸡台发掘所得瓦鬲的研究》,《苏秉琦文集》卷二,第 17—19 页。
② 参看《陕西省宝鸡县斗鸡台发掘所得瓦鬲的研究》苏秉琦补序。
③ 陶鬲研究可谓是方兴未艾,如张忠培先生近年来即大力提倡对陶鬲进行系统研究,故宫博物院则专门编撰了《中国陶鬲谱系研究》(故宫出版社,2014 年)作为张忠培先生八十寿诞的贺礼。

方案。接到疏散通知后,史语所考古组诸同仁在长沙"清溪阁"吃完了"最后的晚餐",被迫解散,"考古组十弟兄"各奔前程,"石老二"石璋如决定返回河南偃师老家。①

回到家乡的石璋如并不能忘情于考古。1938年春节刚过,他便"想到几件事情",其一就是前一年的7月,"到了北平研究院看到宝鸡发掘的东西,他们在宝鸡发现了一辆车,把车上一部分东西挖下来带走,但车的整体因为天热未完工,又重新埋好,预备下次开工再做",于是石璋如"便惦念着调查宝鸡遗址的事"。

石璋如之所以如此惦记着斗鸡台遗址发掘到的车,是因为"经手宝鸡发掘是手很巧的白万玉(职员),跟北平研究院的重要人物苏秉琦",但"他们只将一点小铜泡带回北京,没有别的东西,看不出宝鸡的车究竟与安阳有何不同",所以石璋如决定"去宝鸡看看"。

石璋如在兵荒马乱之际不辞辛苦地赶到宝鸡,并在发掘工人的引领下来到斗鸡台遗址,他"先看沟西部分,坑虽然有填平,但还有土印,可以看坑的外形",第二天去看"出车的沟东","也只能看外头的情形、遗址形式",结果是"没有什么发现,只顺道观察当地地理形势、彼此关系"而已。

石璋如在斗鸡台"只看了两天,然后就没有事情"可做了,但他"从宝鸡回到西安后",依然"写了篇在宝鸡作的调查报告寄给李济先生"。虽然这篇报告的具体内容不得而知,但可以肯定的是,这一次因车而起、为时仅仅两天的考察活动在石璋如漫长的考古生涯中实在是微不足道。② 然而,这一篇不起眼的调查报告实际上关系甚大,因为它让石璋如与已疏散至昆明的李济重新取得了联系。1938年3月底,滞留在西安的石璋如接到李济让他到昆明归队的电报,4月,石璋如抵达史语所在昆明青云街靛花巷的办公处,重新开始了史语所

---

① 陈存恭等:《石璋如先生口述历史》,九州出版社,2013年,第161页。下文有关征引多据此书,不必要处不再一一注出。

② 如《石璋如先生口述历史》附录一"石璋如先生调查诸遗址之位置"详细罗列了石氏一生所调查的一百九十五处遗址,其中就没有包括此次斗鸡台之行,可见石先生本人也并不认为这次考察具有学术意义。

的研究生活。因此，如果说石璋如这次宝鸡之行的学术意义十分有限，但对其个人命运而言则堪称一转折点，毕竟长沙"清溪阁"一别，"考古组十弟兄"能够终老史语所者只是少数①。

转眼便到了1942年春天，中研院史语所、"中央博物院"筹备处以及"中华教育基金会"下属的地理研究所三机构合组"西北史地考察团"，石璋如和劳榦作为史语所代表参加该团的考察活动。

1943年1月29日，石璋如结束了在敦煌千佛洞的考察，离开兰州，准备继续"到河南巩县、洛阳的石窟去考察"。坐在东去的车上，石璋如突然想到"平凉是陇东要地"，"便想以平凉为中心做史前遗址调查"，这样"一来可与宁夏、陕西遗址做些比较，二来又可与陇南洮河、湟水流域的遗址做比较"。未料车到平凉时，"正在下大雪"，调查无法开展，他"只得继续前行"。2月2日车抵陕西邠县，车站中国旅行社的工作人员热情地建议他去拜访当地的专员，并"顺道参观当地的风景区"。

石璋如听从了旅行社工作人员的建议，"拿着西北史地考察团的名片去拜访赵专员"，未料这位赵专员居然是他在河南大学预科时的同班同学赵寓心。这位官员同学热情地邀请石璋如在邠县开展调查，并为他派来了助手和勤务人员，面对如此盛情，石璋如只好开始在泾水流域进行考古调查与试掘。

从2月7日到3月1日，石璋如一共调查了邠县、长武、栒邑三县的二十四处遗址，采集到彩陶、黑陶和绳纹陶等物。②但由于此项调查实在是事发突然，所涉及的内容又非他"专长的殷代文化"，所以当赵专员邀他给区政会议就调查情况做演讲时，石璋如只好在邠县的旧书店里"找了部《诗经》"，就着其中与邠县有关的《豳风》、《公刘》等篇章"临时恶补了一下"。

虽然调查的缘起颇具戏剧性，但却让石璋如开始认真思考周代

---

① 1949年，"考古组十弟兄"随史语所迁台的仅石璋如、高去寻、李光宇和潘悫四人，其中李光宇主管资料，潘悫专司绘图，全力从事研究者其实仅石璋如和高去寻二人而已。

② 按，此三县名称现作彬县、长武和旬邑，这里转述石璋如先生的口述史，故暂用其原文。

的都邑问题。3月20日,石璋如抵达西安,即写信给李济,在信中:

> 一方面报告邠县发现经过,原先陕西不在预定调查范围内,可是意外发现周代的都城,就希望征求他的同意,调查完龙门以后,先行调查与寻找其他周代都城,像邠、岐、丰、镐等的位置,再回到甘肃洮南继续调查,约定以西安为联络处。

石璋如之所以会有这样的想法,是因为:

> 我们以前在安阳就从事殷代都城的发掘,如果能够将商、周都城一并考察,应该可以对此时期的历史有所解释。以前因为北平研究院在陕西进行调查,虽然没有调查周代都城,但是我们不便越区工作,现在终于有机会研究了。①

李济同意了石璋如的计划,于是从1943年5月起,石璋如"就前往渭水流域一带进行周代都城的考察"了。调查活动一直持续到当年9月,共考察遗址三十八处。正当石璋如"预备再做第二次调查"时,史语所通知他"停止在陕西的工作"返回李庄,石璋如的关中考古调查遂告结束。

1956年,石璋如发表《关中考古调查报告》,详细介绍了泾、渭、雍流域六十六处遗址的情况,并将它们分为龙马、邠县、丰镐、浒西、斗门、张家和鸣玉等七期。② 由于这六十六处遗址的遗物,"多为由地面调查与采集",而"真正经开坑试掘者只有老虎煞、岐阳堡、夹咀、丰镐村等四处",所以石璋如设计了十三项标准对这些遗址进行分期,但据其描述,不难看出最主要的手段是根据陶片的色泽来判断相对年代的早晚,具体来说就是遵循"红色较早、黑色次之,灰色又次之"的标准。石璋如自然明白如此分期的局限性,所以特别说明"以上十三个标准,是根据过去的经验和器物的演变而划分,没有真正而直接的层位作根基"。

---

① 陈存恭等:《石璋如先生口述历史》,第240页。
② 石璋如:《关中考古调查报告》,《中研院史语所集刊》第27本,1956年。

在石璋如所分的七期中,居于最后两期的张家和鸣玉期颇值得注意,其中张家期的陶器"以鬲占绝大多数,绳纹罐次之,亦有少数之盆片。……此期之遗物使人有完全为鬲完全为绳纹陶片之感",而鸣玉期的陶器"以灰色陶为主,其特征在鬲,有大多数纹饰直通口部,颈部每有指窝纹带"。以现在的眼光审视,这两期明显具有周文化和先周文化特征。

在《关中考古调查报告》刊布之前,石璋如已根据调查所得完成并发表了专文《传说中周都的实地考察》。[①] 他说,"现在对于殷代的文化,能够有一个相当的了解,不能不说是发掘安阳的结果",殷墟发掘"成功了一根最准确的中国考古学上的标尺",所以"历史上早期的都城,是从事考古工作的最理想出发点",而石璋如正是希望通过对周都的考察,"在中国的西部,找出另一根考古标尺来"。

石璋如所谓的"传说中周都"是指文献所记的斄、豳、岐、丰、镐等五处都邑,而他的研究方法是"把籍载中所记的位置,汇为一处",然后"在可能的范围内,亲自去寻找,看看那里是否真有遗存"。经过甄选,石璋如把周人的五都与以下九处遗址联系起来,具体是:

斄:紫江头(又名漆村,武功县)、姜嫄咀(武功县)

豳:栒邑(指旬邑县城)、龙马(邠县)、邠县(指邠县县城老虎煞遗址)

岐:岐阳堡(岐山县)

丰:灵台(长安县)

镐:丰镐村(长安县)

结合在上述遗址采集到的遗物,石璋如获得以下几点重要认识:

1. 粗绳纹鬲,不是每个遗址都有的,这种器物在河南是殷代及其以后产品,那么它可能与早期的周代文化无关。

2. 拍纹陶,几个重要遗址内,差不多都有,它与周代的

---

① 石璋如:《传说中周都的实地考察》,《中研院史语所集刊》第20本下册,1949年。

文化也许有相当的关系。

3. 彩陶,每个遗址皆有,而且最重要的邰县遗址也只有彩陶遗存,很显然的彩陶与周代文化可能有关系。

石璋如对上述见解颇为自信,并希望以此为依据重新审视其他地区彩陶的年代,他说:

邰县出土的彩陶,纹饰有与仰韶及秦王寨、西阴村相同的,则它们可能是同时,如果邰县的彩陶真是周初的文化,则仰韶、秦王寨等遗址彩陶的绝对年代,也比较容易看出。

以当时的情况,石璋如无法分辨出西周文化与先周文化,这自在情理之中。但问题是,在学术界已经对仰韶彩陶有较充分认识的情况下,石璋如为何会基于邰县彩陶为周初文化这一假设,进而把仰韶、秦王寨等遗址出土的彩陶也判定为同一时期的遗物呢?石璋如应该知道他的这一新认识是具有颠覆性的,那他又何以敢于下此大胆的断言?细读他的原作,不难发现这是研究方法使然,具体来讲有三个方面的原因:

其一,如何确定某处遗址为周人的某都。

文献记载中的周人都邑有五都或六都的说法,至于这些都邑的具体所在就更是众说纷纭,如何取舍,是摆在石璋如面前的首要问题。而石璋如的态度是:

我是赞同五都说的,所以本文所讨论的周都,即以漆、豳、岐、丰、镐为限。但是这些都城,已经是不易察考的遗迹,仅凭籍载所记,有时感觉有名无实,到何处去找,有时感觉一名数实,那一个是真的呢?我的办法是把籍载中所记的位置,汇为一处,在可能的范围内,亲自去寻找,看看那里是否真有遗存。

这也就是说,石璋如是相信文献所载的五都均是确实存在的,他所要做的工作只是通过考古调查去具体落实这些都邑的具体位置。而在石璋如看来,这一问题通过他的关中考古调查已经得到了比较圆满的解答。

如后稷的邰地，石璋如首先根据文献考定应在武功的漆村或姜嫄咀一带，而在调查中他发现"籍载上所记的这两个地方，都有古代的遗存，也同是彩陶遗址，可见这两个地方也有它的渊源的"，据此判断它们皆有为邰地的可能。让石璋如感到困惑的是，"不过邰只有一个，那一个是真的呢"？换言之，对石璋如而言，邰地只需在漆村和姜嫄咀遗址中选择一个即可。

又如豳地，石璋如从《诗经・大雅・公刘》的有关描述出发，认为豳地的地势应当是"两边两条涧，并且面临着一条河"，而"这个地形正是现在邠县的形势"，"这首诗好像为邠县城的地形而说明"，所以就论定豳地当在邠县的县城。

至于太王所迁之岐就更为明了。石璋如说，"岐是太王迁徙的地方，在岐山之阳，大家一致认为是现在的岐阳堡，大概没有什么错误，因为北面的岐山和南面的周原，确定了它的位置"。

再如文王之丰，他说，"我曾沿着丰水调查，自开瑞庄而北，便入渭河的领域，自开瑞庄而南，目前只获得灵台遗址，此处有轮廓清楚的高地，又有籍载上所记的灵台为樽记，且靠丰水西岸，所谓丰京，大概没有什么问题"。

最后是武王之镐，石璋如也是以传说中的灵台等遗存为参照物的，他说，"现在丰镐村是在丰水的东岸，在灵台北约二十五里。这个遗址大概是不会错的"。

由此不难看出，石璋如对于周人五都的认定既不是从考古材料出发，也不是严格意义上的历史地理考证，而是通过考古材料与文献记载的简单对应来获得的。

其二，如何使用"殷墟标杆"。

作为殷墟的发掘者，石璋如对殷商文化积累了丰富的认识，树立了明确的"殷墟标杆"，这对于他进行周文化研究无疑具有重要的参考价值。但问题是，如果"殷墟标杆"意识过于强烈或使用不当，反过来也会严重束缚他对新材料的研判，而这正是导致他得出彩陶为周文化遗存的关键原因。

石璋如在姜嫄咀遗址进行调查时,把这里的遗存分为早晚两类,早期以彩陶为主,晚期则以鬲为代表。对于这些陶鬲的年代,石璋如是这样判断的:

> 这种鬲与殷墟出土的鬲完全两样,它有两个奇异的特征:一个是绳纹直达口部,颈也纹饰;一个是另外加泥,使其唇部更厚,在殷墟的出土物中,有加高跟的鬲脚,有加厚内腹的"将军盔",这种情形还没有见过,那么这种"厚唇纹颈"的办法,恐怕要算"姜嫄鬲"的特征了。鬲是较晚的遗物,假设认为这个地方有鬲的可能的话,则鬲决不是当时的遗存,那么只有那彩陶可能是当时的遗存了。

这里所说的"姜嫄鬲"无疑就是现在所习称的高领袋足鬲,石璋如通过与殷墟陶鬲的比较,意识到"姜嫄鬲"属于不同类型的器物,这无疑是有积极意义的。但殷墟的发掘,也让他形成了"鬲是较晚的遗物"的观念,认为鬲的流行年代绝不可能早到后稷时代,于是就得出"只有那彩陶可能是当时的遗存了"的推论。

其三,如何将考古材料与文献记载相结合。

石璋如关中调查的目的是要落实周人的都邑问题,所以最终要回归到古史问题上。在《传说中周都的实地考察》初稿写成之后,石璋如将它送呈李济、徐中舒、郭宝钧、劳榦、夏鼐和高去寻等史语所同仁征求意见。李济等人的看法如何,我们现在不得而知,在该文的后记中,石璋如只着重强调了徐中舒的意见,因为后者帮助他很好地解决了两大困惑。

首先是周人为何用彩陶的疑惑,徐中舒的看法是:

> 彩陶是羌人的文化,周人是白狄,原居地在东北,陕西是羌人的原居地,彩陶文化当是羌人的,后来周人到羌人家里入赘,于是被羌同化了。

然后是如何看待调查过程中所采集到的拍纹陶。因为在石璋如看来,拍纹陶的老家"大概是在豫东及淮河流域",既如此,那它又何以会大量见于镐京遗址呢?徐中舒又替石璋如解了围,他根据《左传》襄公二十五年"昔虞阏父为周陶正"的一段记载,作出了令石璋如信服的解释:

> 虞即现在豫东的虞城县,传为商均的封地,陈即现在的开封以东,安徽亳县以北一带,都宛邱即淮阳,正是拍纹陶系统的大本营,他作周代的陶正,当然用他本地的技术工人,作着他们素日所作的陶器以服事武王。镐京是武王所都,他那里有这样大量的拍纹陶系统的产品,也许是因为当时的陶正的关系。

石璋如对"徐先生宝贵的意见"表示"很赞同",因为后者"把这两种文化找到了来龙去脉,真是把考古与历史打成一片了"。在此基础上,石璋如就有信心对周人克商前后的文化面貌得出如下认识:

> 周人以破落的部族入赘于羌,他本身没有什么文化,吃的用的都是由老岳家供给,甚至风俗习惯,也就入乡随俗了。当他们的军政势力威镇西土的时候,而生活方式恐怕仍然的被支配在彩陶文化的势力之下,所以每个周都的遗址内,皆有彩陶文化的遗存。我们可以这样推测:周人虽然不是彩陶文化的创造者,很可能是彩陶文化的使用者。
>
> 丰镐村遗址内,有如此大量的拍纹陶遗存,这可能是西周文化的突变期。从此可以推想在武王没有伐纣之前,东西的交通并不发达,故陕西可能仍在彩陶文化势力下支配着,到了武王伐纣之后,东西的交通大开,武王又选择了胡公为陶正,于是东方形式的拍纹陶系的作品,向西畅流,陕西变作了拍纹陶产品的市场,而且代替了彩陶作品而兴起。

诚然,石璋如最后强调了他的上述认识是"据文献的记载和实地的调查以窥察彩陶及拍纹陶与周都的关系"所作出的"推想",并指出"真正可靠的结论,当然是在藆、邠、岐、丰、镐等处大规模而精细的发掘之后",但他以周人为彩陶的使用者,以拍纹陶为周人陶正的孑遗,认为"姜嫄鬲"(高领袋足鬲)决不会是先周时期的遗存,毕竟距离事实太远了。特别是就他"在中国的西部,找出另一根考古标尺来"的初衷而言,上述结论堪称是"有心栽花花不开"。

四、"有心栽花"与"无心插柳"的反思

20世纪30年代到40年代,徐旭生、苏秉琦和石璋如三位学者于国家危难之际,先后踵接,前往关中开展考古活动,他们的开拓性工作永远值得尊敬。但三位学者在此期间所获成绩及其影响则相差甚远,个中的缘由无疑更值得我们反思。这其中徐旭生先生开风气之先,于陕西考古有开创之功,但受限于客观条件,无法多做具体工作,暂不论。

苏秉琦继承徐旭生余绪,发掘斗鸡台并整理沟东区墓葬材料,他不预设任何前提,不为寻找周秦都邑而来,更没有萌生过探寻先周文化的念头,甚至不关注所发掘的斗鸡台遗址是否就是秦人的陈宝祠或陈仓城,但他最终却能在发掘报告中既"把宝鸡地区早于西周的、与周文化有密切关系的锥脚袋足瓦鬲墓这种独特的遗存,分辨了出来,成为若干年中探索周文化渊源的线索之一",又能"首次对当时已发现的周墓作了合理分期","并把战国时期的秦墓从周代遗存中分析了出来,还第一次对西汉墓作了分期研究",这一现象不能不发人深思。①

石璋如供职于当时中国考古学界最高研究机构——中研院史语所考古组,具有深厚的殷墟考古底蕴,虽然他对泾水流域的调查事出偶然,但随后对渭水、雍水流域的考察则带有明确的学术目的,力求通过对周代都邑的追寻,建立起殷墟之外的另一个考古学标尺,其初衷不可谓不良好。但石璋如最终舍陶鬲而以彩陶为周人文化遗存的

---

① 俞伟超、张忠培:《苏秉琦考古学论述选集》编后记。

判断也着实令人惊讶——毕竟早在 1932 年—1933 年中研院史语所就已经对浚县辛村进行过四次发掘,①而石璋如本人也参与了 1933 年春季的第三次发掘工作,对周文化的基本面貌已有相当的认识。②在此背景下,他得出上述判断的缘由同样值得深思。

但苛求前贤不是我们的目的,探究苏秉琦"无心插柳柳成荫"而石璋如"有心栽花花不开"的原因才是今天的要务。在当前的先周文化研究中,反思研究方法已成为其中至为关键的一环,如雷兴山就将以往先周文化研究的基本方法概括为"都邑法"和"追溯法"两种,石璋如当年的工作堪为"都邑法"的代表。雷兴山认为这两种研究方法本该殊途同归,但结果却是大相径庭,因此颇感困惑。③

在考古学上无论以何种方法开展研究,在本质上都是相同的,关键都是要解决好互为关联的两个问题:一是如何处理具体的考古材料,二是如何利用考古材料来解决历史问题。

先说第一点。在苏秉琦着手编撰斗鸡台报告伊始,他并无成例可循,所以"此一报告,即'沟东区墓葬',究应如何编辑?此一问题我们曾经过长时间的考虑"。而考虑的结果是:

> 欲解决此问题,应从两方面来讨论:一、报告的体裁应该如何?二、工作的重心为何或应该为何?此所谓体裁,实即处理材料的方法问题。此所谓的工作的重心,即编辑报告的目的问题。

那么,报告的体裁和编辑报告的目的又是由什么决定的?苏秉

---

① 郭宝钧:《浚县辛村》,科学出版社,1964 年,第 3—5 页。
② 限于当时政治形势,郭宝钧《浚县辛村》在列举辛村遗址发掘者名单时,凡随史语所去台湾者一律不列。但在《石璋如先生口述历史》中,石先生有专节介绍他本人 1933 年参加辛村第三次发掘的经过。另外,该书附录二"石璋如先生所参加之考古发掘",将他参加此次发掘的时间误作民国二十一年四月一日至五月二十四日,实际当为民国二十二年四月一日至五月二十四日。
③ 雷兴山:《先周文化探索》,第 14—24 页。他所界定的"都邑法",是指"把周人都邑内、年代相当于周人在此居住时间的考古学文化作为先周文化";而"追溯法",则是"把年代与西周早期相衔接、占主导地位的文化因素与典型西周文化中存在内在承继关系的商时期考古学文化,作为先周文化"。

琦的答案是,这要由考古材料本身的"性质和特征"来决定。具体到他所面对的斗鸡台沟东区墓葬材料,苏秉琦认为具有以下四个特点:1. 单位多,2. 规模小,3. 多重复,4. 年代久。针对这样四个特点,苏秉琦将报告内容与编辑步骤确定为相应的四点:1. 田野记录的分墓整理,2. 材料的分类,3. 形制的分析分组与排列,4. 分期与年代。①

《斗鸡台沟东区墓葬》就是在此逻辑下完成的一部经典考古学报告,当我们在感佩苏秉琦创造性地运用类型学手段进行瓦鬲研究时,尤其应该意识到他事实上是给后来者确立了一条基本原则,即每一批考古材料都应该有其适合可用的整理方法,整理者唯有找到恰当可用的方法,才能真正理解和使用面前的考古材料。换言之,对斗鸡台遗址发掘材料的整理方法就未必适用于石璋如关中调查的资料,这也就是为什么日后苏秉琦总是要结合每一处遗址的具体情况提出报告编撰建议。②

第二点,即如何利用考古材料来研究具体的历史问题,这事实上是苏秉琦一生都在思考和探索的大问题。但值得注意的是,在编撰斗鸡台发掘报告的前后,他对此问题已有深入的认识,他说:

> 现在这类材料虽已可应用到古史研究。但当用的时候,需要特别谨慎。引用考古材料的结论(多半是粗枝大叶的,暂时的,或可能的),或再据此结论引申推论,更当小心。现在关于古代的文化系统和民族活动,我们已经由这类材料获得不少的知识和线索。但其与我们由传说材料所早已知道的许多早期的历史故事,两者间纵有或然的关系,亦只是可能而已。互相比附考证,尚非其时。例如,我们可以引用已发表的考古材料,叙述我们的史前文化系统。但我们假如说"北京人"即是"防风氏"之后自是笑话。

---

① 苏秉琦:《斗鸡台沟东区墓葬编后记》。
② 可参看《苏秉琦文集》卷二的《关于大南沟发掘报告编写及有关问题》、《关于大甸子发掘报告编写及有关问题》等篇。

说"黑陶"、"彩陶"即是"夏文化"、"虞文化",亦嫌牵强。总而言之,考古材料在古史研究中,虽已可用,但这一部门的工作方才开始,基础未立,辗转征引,须特别谨慎。如步步引申,步步推论,走的愈深愈远,不免错误的机会愈多。①

尽管文中没有指明,但这段话显然是针对徐中舒将仰韶文化视为夏文化这一类研究而来的。② 而相比论证仰韶文化为夏文化,上文所引的徐中舒解释周人何以用彩陶、丰镐遗址何以多拍纹陶的方法就更为牵强、草率了,真可谓是"走的愈深愈远,不免错误的机会愈多"。无独有偶,夏鼐在读到石璋如《关中考古调查报告》的稿本时,即指出多条修改意见,其中最关键一点即是认为该文方法论存在问题,他说:

> 各遗址无地层上之证据,不可强分为二个时期,又每节末段之"考证",殊多未能证实之假设,且有许多不可靠推论,须加删改(或可以提出另写一篇,如石君原拟写之《太王居邠及彩陶文化》)。③

相比之下,苏秉琦在发掘阶段就不奢望把斗鸡台遗址与陈宝祠或陈仓城联系起来,编撰发掘报告时则坚持从分析考古材料本身出发,杜绝"互相比附考证",不但避免了犯类似的错误,而且还有了意料之外的收获。

这就是说,考古学研究一定要坚持和发展自身的学科方法,而最基础的方法就是我们通常所说的类型学与地层学。如果说瓦鬲研究仰仗类型学,那么仅仅数年之后苏秉琦对瓦鬲的认识就得到了地层学上的证据。

1951年春,苏秉琦带队来到沣河两岸调查,而了解"早周和西周文化的分期和发展"正是其学术目的之一。既然他把"早周"与"西

---

① 徐旭生、苏秉琦:《试论传说材料的整理与传说时代的研究》,原载北平研究院史学研究所《史学集刊》第5期,1947年;此据《苏秉琦文集》卷二,第54—69页。
② 徐中舒:《再论小屯与仰韶》,《安阳发掘报告》第3期,1931年。
③ 夏鼐:《夏鼐日记》卷四,华东师范大学出版社,2011年,第120—121页。

周"对举,那么他这里所说的早周文化无疑就是后来习称的先周文化。调查中,在开瑞庄(客省庄)"发现了彩陶灰坑、粗绳篮纹陶灰坑和早期周代瓦鬲墓三者叠错的例证"①。他后来回忆当初对调查材料的判断是:

> 记得50年代前期,我们在西安附近调查时,把所见遗存分别称为文化一、文化二和文化三,当时有人不理解,说这不就是梁思永的后岗三叠层吗?不就是仰韶、龙山和小屯吗?为此我同梁先生进行过切磋,我说这"文化一"是关中的仰韶文化,与后岗下层的仰韶文化不是一回事;这"文化二"(相当于龙山文化,后称陕西龙山文化,或客省庄二期文化)与后岗中层的龙山文化也不是一回事,缺乏漆黑光亮、快轮制的典型黑陶;这"文化三"相当于商代,但与小屯不是一回事,不是殷的而是关中的,包括了先周文化,梁先生同意这一观点。②

当然上述认识的意义早已超出了先周文化探索的范畴,当如苏秉琦自己所言,这一发现实际上是考古学区系类型理论的最早萌芽。③ 但毫无疑问,这从一个方面证明了地层学方法在考古学研究中的核心作用。

斗鸡台发掘与瓦鬲的研究只是苏秉琦学术生涯的起步,但用他自己的话来说,却是"好的课题,好的导师,好的切入点"。④ 斗鸡台发

---

① 考古研究所陕西省调查发掘团通讯组:《1951年春季陕西考古调查工作简报》,原载《科学通报》第2卷第9期,1951年;收入《苏秉琦文集》卷二,第96—102页。

② 苏秉琦:《中国文明起源新探》,第37页。另据张忠培先生回忆,直到20世纪70年代苏秉琦先生依然十分重视当年梁思永先生支持他有关三种文化的认识,参见张忠培《再谈梁思永先生与中国考古学——"纪念梁思永先生发掘昂昂溪遗址80周年暨昂昂溪文化学术研讨会"上的发言》,《文物》2013年第7期。

③ 苏秉琦:《中国文明起源新探》,第37页;赵辉在阅读了苏秉琦西安调查的手稿后,甚至认为"早在20世纪50年代,苏先生的区系类型思想已经很成熟了",参看赵辉《苏秉琦学术笔记的整理》,苏秉琦《战国秦汉考古》代序,上海古籍出版社,2014年。

④ 陕西省考古研究院:《追寻八十年前巨人的足迹——"纪念宝鸡斗鸡台考古80周年座谈会"纪要》,《中国文物报》2014年5月23日第6版。据苏秉琦哲嗣苏恺之先生回忆,苏秉琦先生分别在20世纪60年代和1994年两次向他表述了此一层含义。

掘更奠定了他一生治学的总基调,即始终重视研究方法,强调方法论在学科发展中的意义,所以他说:

> 对于考古工作者来说,为了发掘古代遗址、打开面前的往往是无字可查而价值很高的"地书",揭示古代历史的面貌,必须运用一套独特的科学的发掘和整理加工的方法。许多事例已经说明,只要方法对头,即使发掘的只是一个遗址或它的局部,也犹如打开了一扇历史的窗户,从中可以窥见古代社会的真实一角,甚至能揭示某些规律性的东西;但若方法不对,工作做得再多,给人看到的如果不是歪曲的,也将是若明若暗的图像。①

而他的学生严文明则以仰韶文化研究为例再次证明了方法论在苏秉琦学术生涯中所占的分量,严文明说:

> 四十多年过去了,仰韶文化的研究又有了巨大的进展。在这个过程中,许多关于仰韶文化的论述经不起时间的考验而被淘汰或遗忘,苏先生的观点却为越来越多的考古发现所证实。我想从这件事情中首先应该学习的是先生观察和分析考古资料的方法,而不仅仅是对王湾二期文化的具体看法。任何研究问题都要有正确的方法,只有方法对头才可能得出正确的结论。如果方法不对,研究问题就会南辕北辙,越离越远。先生治学特别讲求方法论,这差不多是学术界所公认的,也是留给我们后学的最宝贵的财富。②

处理具体的考古材料需要讲究方法,那么,将考古材料运用到历史研究上就更需要方法论的指导了。在这一点上,苏秉琦以他毕生

---

① 苏秉琦、殷玮璋:《地层学与器物形态学》,《文物》1982年第4期;收入《苏秉琦文集》卷二,第303—310页。
② 严文明:《重温苏秉琦关于王湾二期文化的谈话》,《苏秉琦文集》卷二,第170—172页。

的愿望①——重建中国史前史为例阐述了方法论在考古学上升为历史学研究中的关键作用:

> 史前史的史源主要来自史前考古学,但史前史不等于史前考古学。考古学研究的对象是具体的遗址、具体的遗迹、遗物,这些古代物质遗存无疑具有珍贵的史料价值,但素材不等于历史,依考古文化序列编排出的年表也不等于历史。史前史不是田野发掘报告的堆砌,也不是田野考古资料的总合。从史前考古学到中国史前史要有个升华过程,即概括和抽象的过程,科学思维的过程。……这就是说,从研究史前考古学到研究史前史,考古学家在思想观念上、工作上要有个转变。……只有依靠正确的观点、方法,才能驾驭浩如烟海、纷繁复杂的史料,对中国史前史做出科学的总结。②

所以,苏秉琦在晚年特别强调他本人最重要的学术成果其实是方法论。如1987年,苏秉琦曾对自己的"主要学术观点"作了这样的概括:

> (一)方法论是学科的核心,反映学科发展的阶段性,近代中国考古初期沿袭西方半个多世纪走过的道路(方法论),建立起自己的学科体系。从一种器物(瓦鬲)谱系的研究探索中国远古史。(二)从一种考古学文化(仰韶)谱系的研究探索中国从原始社会向阶级社会的转变过程。(三)考古学文化区系类型的研究,探索中华文化、民族的结构。(四)探索中国文明起源的辩证法及其在世界史中的地位,构成现实课题,构成认识中华、振兴中华大业的有机组成部分。③

---

① 参看俞伟超为苏秉琦《中国文明起源新探》一书所写的卷首语《本世纪中国考古学的一个里程碑》。
② 苏秉琦:《关于重建中国史前史的思考》,原载《考古》1991年第12期;收入《苏秉琦文集》卷三,第175—180页。
③ 据苏秉琦先生家属交由北京大学考古文博学院整理的《苏秉琦学术笔记》第86本,苏先生在笔记中自注上述内容是"填写人才库重要内容摘抄"。此条材料由这批学术笔记的整理者刘绪先生提供,特致谢意。

科学的考古学方法永远都处在探索和发展之中,①但苏秉琦提倡方法的精神、他的身体力行以及取得的成就早已载入史册,为后来者所铭记,这正是他被誉为"当代考古学思想家"的关键原因。②

所以,苏秉琦的成功其实是正确的考古学方法的成功。

---

① 比如苏先生晚年就对考古学界的类型学研究状况表现出担忧,他说:"辩证地看,它促进了中国考古学的发展,有积极意义,而且也代表了中国考古学的水平。但如果僵化地、一成不变地采用形而上学的方法看待它,无疑会束缚中国考古学的进步。一个学科本身是个多面体,仅从一个方面着手势必要有尽头。繁琐到终极必然导致简单,这也是否定之否定。现在人们对类型学的看法各执己见,理解上可谓差异大矣。甚至从中导致了对考古学持一种简单化的不良倾向:不就是'分型分式'吗?以上为不良后果。"参看李水城《春风化雨的智者——忆苏公二三事》,中国考古学会、朝阳市人民政府编《苏秉琦先生百年诞辰纪念文集》,科学出版社,2012年,第98—107页。

② 张忠培:《中国考古学的重要奠基人与中国考古学新时代的开拓者——沉痛悼念恩师苏秉琦教授》,原载《北方文物》1998年第4期;收入《中国考古学——走近历史真实之道》,第54—59页。

拾　联裆鬲还是袋足鬲
——先周文化探索的困境

- 一、丰镐考古的新时代与先周文化的初识
- 二、1979：先周文化探索的里程碑
- 三、1984：先周文化探索的大转折
- 四、邹衡的先周文化再研究
- 五、新生代的崛起——以刘军社、张天恩和雷兴山为例

一、丰镐考古的新时代与先周文化的初识

1951年4月15日,中国科学院考古研究所陕西省调查发掘团一行六人在苏秉琦的带领下从北京出发前往陕西。调查团的学术目的非常明确,"是想要对于关中(指陕西境内的渭河两岸地带)史前文化的分期、分布和发展的问题,与早周和西周文化的分期和发展的问题获得进一步的了解"。①

苏秉琦无疑是陕西调查发掘团领队的最佳人选。早在1934年9月,苏秉琦就在北平研究院史学研究所所长徐旭生的带领下前往宝鸡斗鸡台遗址进行发掘,次年发掘结束后又沿着渭河一路调查回到西安。② 后来苏秉琦据此写成了专著《陕西省宝鸡县斗鸡台发掘所得瓦鬲的研究》,③并编辑出版了发掘报告《斗鸡台沟东区墓葬》,从而奠

---

① 考古研究所陕西省调查发掘团通讯组(苏秉琦执笔):《1951年春季陕西考古调查工作简报》,原载《科学通报》第2卷第9期,1951年;收入《苏秉琦文集》卷二,文物出版社,2009年,第96—102页。参加此次工作的除苏秉琦之外,尚有石兴邦、王伯洪、白万玉、钟少林和魏聚元等人。与这次调查与发掘相关的逸事也可参看石兴邦口述、关中牛编著《叩访远古的村庄——石兴邦口述考古》,陕西师范大学出版总社有限公司,2013年,第103—109页。
② 有关苏秉琦斗鸡台遗址发掘与先周文化探索之关系可参看本书第玖篇《有心栽花与无心插柳——先周文化探索的早期阶段》。
③ 该书1941年春脱稿后交付香港商务印书馆出版,但是年终太平洋战争爆发,香港沦陷而此书稿下落不明。2009年,文物出版社据作者保存的手稿重新出版该书,收入《苏秉琦文集》卷二。苏秉琦先生曾经说:"六十年前,商务印书馆慧眼识珠,出版《瓦鬲》这部书。当时在'中央研究院'传看,予以肯定,对我这个年轻人也另眼相看。但傅斯年不同意把我从徐老(旭生)身边挖走(天木主张挖)。傅先生了解北平研究院势单力孤,因此需(转下页)

定了他在中国考古学界的地位。① 因此,在20世纪50年代初期,无人比苏秉琦更熟悉陕西的考古情况了。

为了圆满完成上述目标,领队苏秉琦制定了有针对性的计划,"打算采取重点调查和小规模发掘的采掘相结合的方式,就沣河两岸,浐水西岸,和武功、扶风、岐山、郿县等四县连接地带的渭河两岸,在每个重要地区停留一至三周的时间"。但"没想到,工作一开始,首先就被沣西区几个重要地点暴露在坡崖断面的灰坑灰层和墓葬给吸引住了",以至于"仅仅在这一带的工作就拖延到六月初旬",随后到沣东区又调查到六月下旬,再到浐水西岸做了一天的调查,"就匆匆结束了这季的调查工作"。

虽然这次调查没有完全按照既定计划实施,但它却达到甚至是超出了预期的目标。鉴于在沣河两岸找到了史前、早周和周、战国秦等三个时段的遗迹遗物。苏秉琦当时即已意识到这批材料的重要意义,因此又再次撰文加以介绍。② 上述三个时期文化层的相互叠压,则让苏秉琦将它们与梁思永的"后岗三叠层"联系起来。③ 但对苏秉琦乃至整个中国考古学而言,苏秉琦领衔的这次调查与发掘最为重要的意义当如他自己所言:是注意到关中与河南在仰韶、龙山和殷墟三个阶段文化面貌上的差异,并颇感困惑,由此促使他认真思考这种形象何以形成及其背后的意义,并以此为契机提出了区系类型理论。④

(接上页)要他办的事都很照顾。只要有事找他,总是客客气气地安排人去办。"参看李水城《春风化雨的智者——忆苏公二三事》,中国考古学会、朝阳市人民政府编《苏秉琦先生百年诞辰纪念文集》,科学出版社,2012年,第98—107页。

① 苏秉琦:《斗鸡台沟东区墓葬》,北平,1948年。
② 苏秉琦、吴汝祚:《西安附近古文化遗存的类型和分布》,《考古通讯》1956年第2期。
③ 苏秉琦:《中国文明起源新探》,第31页。苏先生说:"记得50年代前期,我们在西安附近调查时,把所见遗存分别称为文化一、文化二和文化三,当时有人不理解,说这不就是梁思永的后岗三叠层吗? 不就是仰韶、龙山和小屯吗? 为此我同梁先生进行过切磋,我说这'文化一'是关中的仰韶文化,与后岗下层的仰韶文化不是一回事;这'文化二'(相当于龙山文化,后称陕西龙山文化,或客省庄二期文化)与后岗中层的龙山文化也不是一回事,缺乏漆黑光亮、快轮制的典型黑陶;这'文化三'相当于商代,但与小屯不是一回事,不是殷商的而是关中的,包括了先周文化,梁先生同意这一观点。"
④ 苏秉琦说:"其实,三四十年代整理斗鸡台资料时产生的不同地区各有自己文化发展脉络、商周不同源的想法,就应是这区系类型理论的萌芽。而认真思考确是解脱50年代的困惑才开始的。1965年《关于仰韶文化的若干问题》发表之后的这几年时间,包括文化大革命和去河南五七干校期间,这一解悟过程仍在继续。"参看《中国文明起源新探》,第37页。

然而就先周文化探索来讲，这次调查也同样具有里程碑性的意义。因为苏秉琦明确指出这次调查的学术目的之一就是要对"早周和西周文化的分期和发展的问题获得进一步的了解"，毋庸置疑，这里的"早周"文化也就是后来学术界所说的先周文化。而调查的结果证明在沣河两岸这一时期的"灰坑灰层的分布极广"，其代表性器物为"矮足瓦鬲"，另有壶、圈足皿（或簋）、豆等物。虽然采集和发掘所得的"这一部分材料，总起来说，是很平凡的"，但正如苏秉琦所言，在"对于有关周文化的知识还是极端贫困的时候"，这些新发现"还不失为一项有用的材料"。

以今天的眼光审视，苏秉琦在两文中所列举的相关器物都是再普通不过的西周陶器，不足为奇。但如果联系到稍些时候，也在同一地区开展过调查工作的前中研院史语所考古组石璋如的若干判断，如"粗绳纹鬲……与早期的周代文化无关"，"很显然的彩陶与周代文化可能有关系"，[①]则不能不佩服苏秉琦独到的眼光。实际上，苏秉琦领衔的这一次考古调查不仅第一次明确提出了探索先周（早周）文化的学术目标，而且首次确立了关中地区史前到商周时期的文化序列。特别是他在客省庄确认的三种文化的叠压关系意义重大，影响深远，以至于后来夏鼐以此为依据推测客省庄二期文化可能是西周文化的祖型。[②] 所以，有学者对苏秉琦此项工作的重要意义给予了很高的评价：

> 1951年在客省庄村北发掘最重要的收获，是在掘点内发现仰韶文化、客省庄二期文化和周文化三种不同时代、不同性质文化遗存的叠压地层，即（西周长方形竖穴墓葬）M2挖破（客省庄二期文化口小底大袋状灰坑）H8；而H8又挖破（仰韶文化锅底形灰坑）H7。……上述地层叠压现象表明仰韶文化早于客省庄二期文化，而客省庄二期文化又早于

[①] 石璋如：《传说中周都的实地考察》，《中研院史语所集刊》第20本下册，1949年。
[②] 张长寿、梁星彭：《关中先周青铜文化的类型与周文化的渊源》，《考古学报》1989年第1期。

周文化，从而为渭河流域地区的考古文化编年提供了一把可靠的标尺。上述研究成果与20世纪30年代梁思永先生在河南省安阳县后冈遗址中发现仰韶文化、龙山文化和商代文化三种不同时代遗存的叠压地层，为中原地区考古文化编年树立了一把可靠的年代标尺，其作用及其学术意义是相同的。此点过去似乎未引起重视以及给予科学的评价。①

这次调查与试掘工作也开启了丰镐考古的新时代，中国科学院考古研究所专门组建了沣西发掘队（在不同时代另有丰镐考古队、丰镐工作队等称呼）对该遗址进行了持续多年的发掘工作，取得了丰硕成果。② 1962年，由王伯洪主编的《沣西发掘报告》出版，虽然该报告仅涉及1955年—1957年客省庄和张家坡两处遗址的发掘材料，但却是学术界第一次对丰镐地区的西周遗存进行了分期，为西周文化的考古编年树立了标尺。③

《沣西发掘报告》对张家坡遗址（兼及少量客省庄遗址出土的周文化遗存）的具体分期是：

1. 早期居址；2. 第一期墓葬和车马坑；3. 第二期墓葬；
4. 第三期墓葬；5. 晚期居址和第四期墓葬；6. 第五期墓葬。

发掘者判断"第一期墓葬大约是成康时代的"，并认为"早期居址的年代应该更早一些"，"是从文王作邑于丰的时候就开始的吧"。这就是说，从年代上讲，张家坡遗址早期居址的年代就有可能已经进入先周时期了。

而值得注意的是，发掘者归入到早期居址的典型陶鬲（Ⅰ式鬲）

---

① 胡谦盈：《三代都址考古纪实——丰、镐周都的发掘与研究》，中国社会科学出版社，2009年，第26—27页。
② 可参看胡谦盈《三代都址考古纪实——丰、镐周都的发掘与研究》，第25—55页；胡谦盈《丰、镐周都的发掘与研究——陕西省考古史史稿之一》，收入《周文化及相关遗存的发掘与研究》，科学出版社，2010年，第1—50页。
③ 中国科学院考古研究所：《沣西发掘报告——1955—1957年陕西长安县沣西乡考古发掘资料》，文物出版社，1962年。

为袋足鬲,并指出在张家坡遗址"这一式鬲只发现很少残片,未能复原",所以只好以客省庄西周居址中 T32∶2B 这件完整的袋足鬲作为这类器物的代表。与此同时,发掘者又将第一期墓葬出土的三件陶鬲(302∶2、448∶1 以及 K113∶1)定为 II 式鬲,而它们的特点也是"高领、袋足"。但发掘者所定的 III 式鬲的特征则是"三足之间的腹部都向内深陷",这显然就是人们所习称的"瘪裆鬲";《沣西发掘报告》所定的 IV 鬲"与 III 式鬲不同处在于鬲足之间的腹部不向内陷,腹微鼓",那么该式鬲无疑就是普通的联裆鬲了。①

虽然《沣西发掘报告》没有专门论述先周文化及其特征,但根据以上的表述可以看出该报告是把客省庄 T32∶2B 这一类高领袋足鬲看作是先周文化典型器物的,而且从排定的陶鬲发展序列上看,发掘者相信袋足鬲普遍要早于联裆鬲。这一认识将对此后的先周文化研究产生深远的影响。

1967 年,中国科学院考古研究所沣西发掘队在张家坡附近又发掘了西周墓葬一百二十四座,发掘者将其分为六期,并明确指出"第一期墓葬和张家坡的西周早期遗址同时,相当于灭殷前作邑于丰的时期",也即先周晚期阶段。② 从发掘简报来看,发掘者定为第一期的墓葬只有 M89 这一座,而该墓出土的陶器正是一件高领袋足鬲(89∶2)和一件圆肩罐(89∶1)。发掘简报还指出,"这种陶鬲在张家坡西周墓葬还是第一次发现,也是唯一的一件"。由此可以看出,此时沣西队的学者延续了《沣西发掘报告》的认识,也把高领袋足鬲视为先周文化的标志性器物。

此后若干年内,带有类似迹象的遗址在泾渭地区陆续被发现,但学术界还没有人对先周文化进行系统研究,然而距离这一天越来越

---

① 中国科学院考古研究所:《沣西发掘报告——1955—1957 年陕西长安县沣西乡考古发掘资料》,第 97 页。就现在学术界通行的观点而言,这句话的表述是存在矛盾的,发掘者一方面说第一期墓葬与张家坡的"西周早期"遗址同时,但又说这期墓葬的年代是在"灭殷之前"。"西周早期"属于西周时期,而"灭殷之前"自当归入先周阶段。

② 中国社会科学院考古研究所沣西发掘队(张长寿执笔):《1967 年长安张家坡西周墓葬的发掘》,《考古学报》1980 年第 4 期。

近了。

二、1979：先周文化探索的里程碑

对于先周文化探索而言，1979年绝对是至关重要的一年。在这一年，发生了三件决定先周文化研究走向的事情，分别是：

这年4月，北京大学考古专业教员邹衡在西安召开的全国考古学会成立大会上宣读了《论先周文化》的初稿本，而该文的核心内容则在这年1月出版的《商周考古》教材中已经有所揭示；①同年10月，邹衡校毕了他的《论先周文化》，并作为《夏商周考古学论文集》重要组成部分交付出版社。②

同在10月，陕西省考古研究所徐锡台发表了《早周文化的特点及其渊源的探索》，明确指出"西周早期陶器和早周（即武王灭殷前）陶器是有区别的"，并着重介绍了长安马王村灰坑十一、岐山贺家早周墓和长武下孟村南台地出土的早周陶器。③

11月，中国科学院考古研究所泾渭工作队的胡谦盈复查了长武碾子坡遗址，"发现它是周人迁岐以前的一处重要的先周文化居住址和葬地"，并决定以此为据点开展先周文化探索工作。④

随着这三项工作的开展，先周文化研究终于引起了学术界的广泛关注。这一切看似偶然，实则必然。

（一）邹衡的《论先周文化》

邹衡对先周文化的探索源自他年轻时代的志向，即寻找连郭沫若都未曾辨别出的武王之前的青铜器。但是，"研究了十来年，也没有找到一件先周青铜器"，这让邹衡意识到欲解决先周铜器问题，必

---

① 北京大学历史系考古教研室商周组：《商周考古》，文物出版社，1979年，第144—146页。
② 参看邹衡《论先周文化》后记，《夏商周考古学论文集》，文物出版社，1980年，第356页。
③ 徐锡台：《早周文化的特点及其渊源的探索》，《文物》1979年第10期。
④ 胡谦盈：《陕西长武碾子坡先周文化遗址发掘记略》，《胡谦盈周文化考古研究选集》，四川大学出版社，2000年，第106—123页。

先从陶器着手。①

所谓从陶器着手,其实就是从已知的西周早期文化来追溯先周文化,因为只有在考古学上辨析出先周文化,才能确定何为先周铜器。而在当时,确凿的西周早期文化主要是中国科学院考古研究所在沣西的发掘所得,所以在 20 世纪 50 年代到 60 年代,邹衡就是依据沣西张家坡的发掘材料来辨析先周文化的:

> 值得注意的是张家坡的 178 号墓出的和康王时代的大盂鼎相似的铜鼎,和出与成王时代禽簋相近的铜簋;另外一些墓葬的出土遗物和出长甶盉的穆王时代墓葬相同。可见张家坡西周早期文化遗存的绝对年代是成王至穆王时期,即西周前期。既然斗鸡台"瓦鬲墓中期"文化遗存与此相当,则"瓦鬲墓初期"的文化遗存早于西周前期是可以肯定的。同时,根据"瓦鬲墓初期"和西周前期文化遗存的比较研究,大致可以肯定前者属于周文化。因此,这种早于西周前期的周文化,自然只能属于先周文化的范畴了。②

上述认识主要是从器物特征上推测瓦鬲墓初期应当属于先周文化,在本质上与苏秉琦当年的瓦鬲研究大体相同,但要证实这一点还需要更加坚实的证据——地层学依据。而功夫不负有心人,邹衡在诸多材料中居然找到了一条关键证据,这就是后来先周文化研究者屡屡提及的沣西马王村 H10 和 H11,他说:

> 值得注意的是,1959—1960 年在沣西马王村发现的两个灰坑,其中灰坑 10 压在灰坑 11 之上。灰坑 10 出土了大量西周早期的"瘪裆"陶鬲和 1 件西周早期花纹作风的陶范;

---

① 邹衡:《我和夏商周考古学》,原载《学林春秋》第二编下册,朝华出版社,1999 年;收入《夏商周考古学论文集·再续集》,科学出版社,2011 年,第 260—270 页。

② 北京大学历史系考古专业中国考古学编写组:《中国考古学·商周·青铜时代》,1960 年铅印本,第 41 页。需要指出的是,根据 1979 年正式出版的《商周考古》教材,1960 年铅印本中的"西周前期、边区青铜时代文化部分由当时专业研究生张忠培同志执笔",而张忠培先生在《客省庄文化及其相关诸问题》(《考古与文物》1980 年第 4 期)注 28 中也提到这部分内容出自于他手。邹衡作为讲义的主编,应该也是接受此种观点的。

而灰坑11则出土与"瓦鬲墓"初期相似的陶鬲与陶罐。这样,便从层位关系上证明了以斗鸡台"瓦鬲墓"初期为代表的周文化早于西周早期文化;那末,前者是后者的直接前身似乎是无可置疑的了。①

事实上,马王村的这两座灰坑早在20世纪60年代初就已经见诸报道,其中H10出土陶范二十六块,发掘者根据陶范纹饰判断该灰坑"可能是西周早期的";H11则是一座房址,出土陶器很多,发掘者认为"这里出现的鬲,一般属西周早期"。② 自20世纪50年代中后期沣西大规模发掘之后,这里的西周早期遗存比较常见,因此这两座灰坑并未引起特别的注意。③ 现在邹衡把两座灰坑作为区分西周早期及先周时期的关键地层证据,无疑是赋予了它们崭新的意义。

有了马王村这组地层关系,邹衡一发不可收拾,他先是将苏秉琦当初所划分的四类陶鬲整合成分裆鬲和联裆鬲两大类,然后对关中和陇东地区的瓦鬲墓进行了重新分期。邹衡重新分期的标准一方面是"根据器物形制、花纹的早晚演化顺序","同时也根据各式器物的组合情况,尤其是其共生关系"。据此,邹衡将瓦鬲墓重新划分为四期六组,其中的第一期和第二期属先周时期,三、四期则为西周早期和中期偏早阶段。④

这无疑是一项开创性的研究。借由马王村的一组地层关系和对器物形制演变规律的准确把握,邹衡不仅辨别出了大量的先周时期

---

① 北京大学历史系考古教研室商周组:《商周考古》,第145页。
② 中国科学院考古研究所沣西发掘队(徐锡台执笔):《陕西长安鄠县调查与试掘简报》,《考古》1962年第6期。
③ 胡谦盈先生后来在多篇文章提到马王村H10和H11的地层关系,认为这是"考古工作者初次把西周和先周两种不同时代的文化遗存区分开来,为探索和研究先周文化提供了依据和线索,这在考古学上是个突破"(《三代都址考古纪实——丰、镐周都的发掘与研究》,第37页)。但从前引的调查与试掘简报看,执笔者徐锡台先生当时明确是把H10和H11都看作西周早期遗存的,而胡先生本人倒是在1964年完稿的《姬周陶鬲研究——周族起源探索之一》一文中指出"客省庄南H11(引者按,即马王村H11)出土若干残片"的这类袋足鬲的"流行时代在周人迁岐前后",也即先周时期。该文原载《考古与文物》1982年第1期;收入《胡谦盈周文化考古研究选集》,第85—94页。
④ 邹衡:《论先周文化》,《夏商周考古学论文集》,第297—356页。

遗迹单位，而且完成了先周文化的分期，从而将原先零散的考古材料有机地统一在一起，比如那座无人喝彩的马王村 H11 就被邹衡确定为先周文化第二期的典型单位之一。① 以马王村一组地层关系为支点，进而串联起整个关中和陇东地区的相关考古材料，邹衡对先周文化分期堪称是地层学与类型学相结合的典范。因此，如果说苏秉琦斗鸡台瓦鬲研究是先周文化探索历程中第一次突破的话，那么邹衡的《论先周文化》无疑是紧随其后的又一次突破与提升。

既然能够分期，那么邹衡必然对先周文化的面貌与特征有准确的把握。在这一点上，他与沣西发掘者的最大不同是：邹衡认为先周文化既有分裆鬲（以袋足鬲为主），也有联裆鬲；而后者则认为只有袋足鬲属先周文化，联裆鬲则是西周时期的遗存。

在对先周文化分期之后，邹衡并没有结束自己的研究，他进而考察了先周文化的来源问题。根据他的分期结果，邹衡认为先周文化第一期的绝对年代"最早似乎不能超过商代廪辛之时，但也不会晚于乙辛时代的早期"。但同时邹衡又注意到，从甲骨文的相关记载来看，"商周关系最迟从武丁时已经开始"，两者之间有明显的年代缺环。这就很自然地引出一个问题——"更早的先周文化又是从何而来"？或者说，"在泾渭地区，先周文化以前又是被何种文化所占据"？一句话，邹衡必须找到从武丁到廪辛之间的先周文化，以消除甲骨文记载与泾渭地区考古材料之间的矛盾。

最简单的解决方法当然是在泾渭地区找到相当于武丁至廪辛这一时期的先周文化，但结果却出乎意料。因为在此区域内邹衡并未发现比他划定的先周文化第一期更早的先周遗存，反而是辨认出"早于先周文化第一期的商代青铜器"。实际上，在此之前邹衡曾对关中地区的商代文化进行过系统研究，并把以扶风白家窑水库陶器群和岐山京当铜器墓为代表的关中西部商代遗存定名为早商文化京当

---

① 邹衡所定的先周文化第一期典型单位包括斗鸡台的九座墓葬、耀县丁家沟墓以及岐山贺家村 M1 等。

型。① 现在，他对关中商代铜器作了进一步的研究，将其分为三期，即陕西商代第一、二、三期，年代分别相当于二里岗上层、殷墟一期和殷墟二期。面对这种状况，邹衡得出了以下判断：

> 由于以上商文化遗址和墓葬的发现，至少说明先周文化并不是从来就在泾渭地区居于统治地位的，很有可能，商周（或先周文化第一期以前的其他文化）两种文化在此区域内，经过较长时期的相互争夺，最后，先周文化才完全代替了商文化的地位。这一争夺的时期应该相当于上述陕西商代铜器第三期或其以后，即约在武丁至廪辛、康丁之时。

这就是说，邹衡认为关中地区最早的先周文化不会早过殷墟二期，在此之前该地区广泛分布的是商文化京当型，而先周文化与京当型"陶器作风有很大的不同，它们之间一般不存在承授关系"，"先周文化第一期也决不是从陕西的商文化第一、二、三期直接发展来的"，因此邹衡必须另寻出路。

邹衡的出发点依然是陶器。根据他的分析，"先周文化陶器最突出的特征，就是同时存在两种不同类型的陶鬲"，而"这两种陶鬲是有不同的来源的"，其中"联裆鬲是来自东方的山西地区，而分裆鬲反而来自西方的甘肃地区"。以此认识为基础，再结合文献记载和金文族徽的研究，邹衡对先周文化的来源有了以下判断：

> 先周文化的形成是由多种文化因素相互融合的过程。这些文化因素的主要组成部分有三：（一）来自殷墟为代表的商文化；（二）从光社文化中分化出来的姬周文化；（三）来自辛店、寺洼文化的姜炎文化。

邹衡还指出，就人群而言，先周文化当包括三大集团，即来自东北方的"姬周集团"、来自西方的"羌姜集团"以及包括原住居民、夏族遗民、商王朝的有关族氏、先秦族以及一些难以辨认的小族在内的

---

① 邹衡：《试论夏文化》，《夏商周考古学论文集》，第128—129页。

"其他居民集团"。

至此,邹衡形成了对先周文化的完整认识,其全面性和学术意义早已超出了他当年要超越郭沫若、辨别出先周铜器的企图。这与其说是邹衡对郭沫若的个人超越,倒不如说是考古学研究方法对《两周金文辞大系》研究方法的超越。

(二)徐锡台《早周文化的特点及其渊源的探索》

1956年—1957年,作为中国科学院考古所沣西发掘队的成员,徐锡台参加了张家坡遗址的发掘工作,因此对沣西地区的西周文化具有相当的了解。① 20世纪60年代,徐锡台调到陕西省考古所工作,继续从事西周文化研究。

1979年,徐锡台以陕西省文物普查的材料为基础,完成并发表了《早周文化的特点及其渊源的探索》一文。据他在文中的界定,该文所说的"早周"是指"武王灭殷前",实际上就等同于现在一般所说的先周。而徐锡台之所以用"早周"而不用"先周"一词,应该是受苏秉琦1951年在沣河两岸调查的影响,因为当时苏秉琦就是把"早周"与"西周"对举,苏秉琦的"早周"无疑就是先周之意。

徐锡台首先指出解放以来在泾渭地区的多个县市境内"都发现了早周遗址",然后介绍了几处有代表性的遗址,包括扶风柿坡、长武下孟村、宝鸡戴家湾、周原范围内的多处遗址,以及丰镐地区的客省庄、马王村和张家坡等。与邹衡一样,徐锡台判断早周遗存的出发点也是沣西的陶器分期,即把那些形制早于沣西第一期的遗存归入早周时期。

随后徐锡台又从马王村H11、岐山早周墓以及下孟村南台地的先周陶器出发,归纳出先周陶器的典型特征,包括:流行高领袋足鬲和瘪裆鬲、方格纹盆和罐、素面磨光的泥质灰(红)陶盆和罐、不见豆和盂;在埋葬习俗上则无腰坑和殉狗,与商文化差别显著。

不难看出,在对先周文化面貌的把握上,徐锡台与邹衡并无大的出入,都把高领袋足鬲和瘪裆鬲同时视为先周文化的标志性器物。

---

① 参看《沣西发掘报告》编后记。

但是,徐锡台对于先周文化来源的认识则与邹衡大相径庭,他说:

> 通过对渭水和泾水流域的调查发掘,使我们得知叠压在仰韶文化层上边为客省庄第二期文化(又称陕西龙山文化),叠压在客省庄第二期文化之上的是周文化,在周文化与客省庄第二期文化之间,再没有文化遗存。……客省庄第二期文化中出现一些陶罐,肩部有磨光和腹部饰有方格纹特征,上述早周陶器中也有这些特征。贺家村早周墓中随葬的Ⅰ式罐与客省庄第二期文化中的无耳夹砂绳纹罐的特征很近似,再从贺家村周墓中出土Ⅰ式至Ⅴ式鬲,看出它们的演变规律,无论贺家、下孟村出现的乳形空心袋足鬲上附把手或附加锯齿纹的泥条双横耳作风,都由客省庄第二期文化中带把手高足鬲演变来的。……因此,我们认为早周文化可能是在客省庄第二期文化的基础上接受了齐家文化的一些因素发展起来的,换言之,早周文化起源于客省庄第二期文化,在它发展的后期,受了殷商文化的影响而形成西周时期的社会经济形态。

因为先周文化地层直接叠压在客省庄二期遗存之上,再加上两者在陶器上的某些相似之处,于是判定先周文化源于客省庄二期文化,以现在的眼光审视,徐锡台的上述逻辑未免失之于简单。但他能够从陶器形制上分辨出"早周"与"西周早期"的不同,从而开始探索周人灭商之前的文化遗存,这无疑是有积极意义的。暂且抛开先周文化是否来源于客省庄二期文化不论,[①]相比邹衡同时期的研究,徐锡台对先周文化的认识存在一个明显缺陷,那就是他只是辨识出一些先周遗存,但没有对这些遗存进行分期,更未对它们的绝对年代作出必要的判断,而只是笼统地归入"早周"阶段中。这种处理方式就

---

① 如张忠培先生就不同意先周文化渊源于客省庄文化的观点,张先生认为先周文化的高领袋足鬲和客省庄文化的单把鬲并非一个系统,而且两者之间还间隔有二里头和二里岗这两个漫长的时期,很难直接将其联系。参看张忠培《客省庄文化及其相关诸问题》,《考古与文物》1980年第4期。

势必会影响到他对这些先周遗存与客省庄二期遗存之间年代差距的判断,也会影响到他对先周遗存与陕西商文化之间年代差距的判断。而当对一类考古学遗存丧失了年代标尺时,再要就其他相关问题作出准确判断无疑是很困难的。①

(三)胡谦盈的长武碾子坡遗址复查②

1953年夏天,刚从中山大学历史系毕业的胡谦盈被分配到中国科学院近代史研究所任研究实习员,获知这一消息后,胡谦盈满心喜悦,因为他早就有追随该所研究员罗尔纲研究太平天国史的意愿。未料到了北京之后,他却被调整到考古所工作,年轻的胡谦盈虽然"表态服从组织分配","但思想不通"。后经夏鼐的悉心开导,胡谦盈终于释怀,下决心投身考古事业。

第二年3月,胡谦盈迎来了自己的首次田野考古工作,在考古所陕西考古队队长石兴邦的带领下前往丰镐地区进行调查与发掘,由此与丰镐遗址和周文化结缘。在随后的几年间,他先后主持了1955年夏季斗门镇南地客省庄二期文化遗址和1957年秋冬季张家坡村东的发掘,并于1959年—1964年间担任丰镐考古队队长。"文化大革命"期间,胡谦盈被迫离开了沣西,直到1975年才重新回到关中,并随即与张长寿一道在丰镐地区开展考古调查。

长时期的田野工作不仅让胡谦盈对关中地区的西周文化有了深刻的认识,更取得了丰硕的研究成果。当年的老队长石兴邦就这样评价胡谦盈在丰镐考古上的突出贡献:

> 首先,在前人踏察的基础上,作了深层次的勘察和试掘工作。他利用地层探查方法,弄清了与两京有关的古代水

---

① 直到十余年后,徐锡台先生才对部分先周遗存的具体年代进行了判断,在一定程度上弥补了上述缺陷。参看《早周文化的特征及渊源的再探索——兼论文、武时期青铜器的特征》,载《考古学研究——纪念陕西省考古研究所成立三十周年》,三秦出版社,1993年,第280—320页;《周原贺家村周墓分期断代研究》,《周秦文化研究》,陕西人民出版社,1998年,第229—239页。

② 此节的有关内容多据胡谦盈先生的《我的考古生涯、科学精神及学术贡献》一文,收入《周文化及相关遗存的发掘与研究》,第317—330页。

道——丰水、镐水、镐池、彪池和昆明池的具体流向、位置和范围等水文地理方面的问题。然后，根据文献记载并结合实地踏查，考证出丰京的具体位置是在以沣西客省庄为中心的附近，面积约6平方公里；镐京在沣东的洛水村和白家庄一带，面积约4平方公里。在此基础上，更深入地探查出丰京的中心地区在马王村村北一带。而且还在客省庄南地发现西周和先周两种不同遗存的叠压地层，首次把西周和先周两周文化区分开来，为探索先周文化提出了依据和线索，这在考古学上是个重大突破。最后，他从普查与试掘的资料中，确定了镐京的范围和中心位置，并根据文化层与内涵，提出了周文化发展三期说，为丰、镐地区西周文化的研究揭开了序幕。①

丰镐地区的工作经历让胡谦盈萌发了探索周文化来源的强烈愿望。1978年，胡谦盈主动请缨，上书时任中国社会科学院院长的胡乔木，提出"先周文化探索与研究"的科研计划，获得批准并负责组建考古所泾渭考古队。

长武碾子坡遗址最早是考古所渭水考古队赵学谦等人于1959年调查时发现的，后来又经过多次调查。② 1979年11月9日，胡谦盈对该遗址进行了复查，发现不少因修梯田而被破坏的墓葬，"见到很多零乱的人骨和碎陶片，并采集到陶鬲"，从而判断它是周人迁都岐邑以前的一处重要居住址和葬地。③

胡谦盈将碾子坡遗址判断为先周时期遗存的依据主要有两点：一是对丰镐遗址先周遗存的掌握，二是对文献所载周人早期活动地域和豳都地望的判断。

---

① 《胡谦盈周文化考古研究选集》石兴邦序。
② 胡谦盈：《试谈先周文化及相关问题》，原载《中国考古学研究——夏鼐先生考古五十年纪念文集》二，科学出版社，1986年；收入《胡谦盈周文化考古研究选集》，第124—138页。
③ 胡谦盈：《陕西长武碾子坡先周文化遗址发掘记略》，原载《考古学集刊》第6集，科学出版社，1989年；收入《胡谦盈周文化考古研究选集》，第106—123页。

经过在丰镐地区多年的考古工作,胡谦盈对该遗址的西周文化面貌了若指掌,并意识到从陶鬲出发来鉴别先周文化遗存是切实可行的道路,这一研究思路最终促使他完成了重要论文《姬周陶鬲研究——周族起源探索之一》。① 虽然该文初稿早在 1964 年即已完成,但其核心观点在此后数十年间从未改变。在文章中,胡谦盈将姬周陶鬲区分为袋足鬲、瘪裆鬲和仿铜鬲三大类,并对三类陶鬲的流行时间进行了判断,指出袋足鬲和瘪裆鬲的早期类型均可早到先周时期。胡谦盈作出这一判断的主要地层依据也正是马王村 H10 和 H11 的打破关系,即主张 H10 为西周早期,而被 H10 打破、出土有横绳纹瘪裆鬲和高领袋足鬲的 H11 则属于先周时期。

对于周人早期活动区域,胡谦盈依据文献记载判断当在泾水上游地区,具体到豳都,他说:

> 关于豳都地望,史有明文记载。但近人由于从不同角度出发去理解和引用文献,结果却出现以下两种不同的主张:(1) 说豳在陕西省旬邑、彬县一带,如已故的著名历史学家范文澜同志,再如石璋如;(2) 说豳在山西省中部,如钱穆。我们认为钱说不可取(按:1958 年我任黄河水库考古队山西分队队长时,恩师陈梦家先生要我注意,从考古角度验证钱穆的说法。当时我队在工作中包括其他单位的发现,在该地区常发现商文化遗址,西周遗址少见且遗存年代最早者属西周初期)。……所以,我们认为豳都在山西的可能性是不存在的。豳都地望应在陕西省长武、旬邑和彬县一带。②

---

① 胡谦盈:《姬周陶鬲研究——周族起源探索之一》,原载《考古与文物》1982 年第 1 期;收入《胡谦盈周文化考古研究选集》,第 85—94 页。

② 胡谦盈:《试论寺洼文化》,原载《文物集刊(二)》,文物出版社,1980 年;收入《胡谦盈周文化考古研究选集》,第 222—229 页。按,此处颇可注意的是陈梦家先生特意提醒胡谦盈从考古学上验证钱穆所主张的周人起源晋南说,说明陈先生颇为重视钱说。而追溯起来,陈先生此举自有其渊源。早在 20 世纪 30 年代钱穆在燕京大学任教时,陈梦家即选修了钱穆的课程,后来二人同在西南联大任教,陈梦家夫妇均与钱穆相善。据钱穆先生回忆,他当时之所以下决心撰写《国史大纲》,完全是因为陈梦家的提议。参看钱穆《八十忆双亲　师友杂忆》,生活·读书·新知三联书店,2005 年,第 207—208 页。

长武碾子坡遗址既地处泾水上游地区，又出土先周文化典型陶器高领袋足鬲，所以胡谦盈立即认定这是一处重要的先周时期遗址，并决定以此为据点来探索先周文化与先周历史。

这就是1979年先周文化探索的状况，三位学者处在三种不同的境况之下——邹衡系统地论证了他所理解的先周文化，徐锡台提出了先周文化的辨别标准，而胡谦盈则刚刚找到了他的研究据点——碾子坡遗址。

但最为关键的还不是他们在研究进度上的差异，而是三位学者各自对先周文化内涵的界定。从邹衡所列的先周文化人群构成来看，既有姬周集团，又有羌姜集团，还有包括夏遗民、先秦族等诸多小族在内的其他集团，所以邹衡所说的先周文化事实上可以视为关中地区的非商族文化的大融合，[①]在某种程度上甚至可以称之为"先周时期文化"。[②] 尽管徐锡台没有对先周文化进行明确界定，但从行文上看，他所理解的先周文化仅指灭殷之前的周族文化，而不包括这一地区同时期其他族属的文化。胡谦盈的观点与徐锡台类似，也主张先周文化是"姬周"族灭商之前的文化，只不过他相信文献中"关于姬周族属是戎狄种姓或分支的传说应该是姬姓周人族源的真实记录"，所以主张先周文化应该从关中西部的戎狄文化中去寻找。[③] 但令人惊讶的是，虽然他们三人对先周文化人群构成的认识上大相径庭，但他们对先周文化典型陶器的判断上却又惊人地一致，都是把高领袋足鬲和某些类型的瘪裆鬲同时看作先周遗物。

三位学者的上述认识，为此后先周文化研究的种种纷扰埋下了伏笔，但更重要的是，他们的开拓性研究彻底引爆了学术界探索先周文化的热情。进入20世纪80年代，随着碾子坡、郑家坡和刘家三处重要遗址的发掘，先周文化探索成为三代考古的焦点。然而，随着考

[①] 在邹衡所说的"其他集团"中其实也包括了"商王朝的有关族氏"，所以这里所说的非商族文化仅就殷商主流文化而言。

[②] 刘军社：《先周文化研究》，三秦出版社，2003年，第29页。

[③] 胡谦盈：《姬周族属及其文化探源——周族起源探索之二》，原载《亚洲文明》第一集，四川人民出版社，1986年；收入《胡谦盈周文化考古研究选集》，第96—105页。

古材料的增加,各家观点不但没有趋同,反而是形成了一种"乱局",先周文化研究由此进入一个新的阶段。

三、1984:先周文化探索的大转折

如果说1979年是先周文化探索的关键之年,那么,1984年则堪称是转折之年。引爆先周文化研究"乱局"的导火索则是《文物》月刊1984年第7期上所刊的《陕西武功郑家坡先周遗址发掘简报》、《扶风刘家姜戎墓葬发掘简报》和《先周文化的初步研究》等三篇文章,而它们都与时任宝鸡市文化局副局长的尹盛平密切相关。

1976年,陕西省文物管理委员会、北京大学历史系考古专业和西北大学历史系考古专业等多家单位联合组成"陕西周原考古队",在周原遗址展开了大规模的考古工作。自这年3月起,尹盛平就参加了周原考古队在召陈村的发掘,经过几年考古调查和发掘的实践,尹盛平"感到要在周原地区解决先周文化问题是有困难的",原因是"在周原遗址找不到最早的先周文化遗存,看不出先周文化的来龙去脉",因此他觉得"应该根据文献关于周族最早的邰地和邠地活动的记载所提供的线索,到武功县和彬县、长武县一带去寻找先周文化的早期遗存",认为只有"这样才能辨识先周文化的面貌和解决先周文化的源流"。

而很快,尹盛平就有了这样的机会。1979年,尹盛平率队在宝鸡地区进行文物普查工作,他确立的指导思想是,"根据每个区县特点确定普查重点,文物普查的同时,要为解决一些学术问题提供线索"。具体到武功县,尹盛平确定的工作重点是"调查先周文化遗存"。

1981年2月,尹盛平带领文物普查队在武功县文化馆看到一批征集到的铜器,并判断其中的一件铜瓠形器和鼎"应是先周文化遗存"。经询问,尹盛平获知这批铜器是从武功镇尚家坡一带出土的,于是叮嘱参加文物普查的宝鸡市考古工作队的任周方带队前往尚家坡调查,而任周方等人果然在尚家坡村西的断崖上采集到陶豆和陶

罐各1件。尹盛平判断这两件陶器的时代也早于西周,随即向陕西省文物局申请试掘尚家坡遗址。虽然后来的发掘工作几经波折,但终于在当年12月在尚家坡村南的郑家坡村发现了丰富的先周文化遗存。

正所谓是"好事成双"。正当尹盛平对任周方等人在尚家坡遗址的发掘充满憧憬之际,1981年11月,他来到周原扶风文管所负责宝鸡市文物干部的培训,期间刘家村村民送来了取土所获的两件高领袋足鬲和一件双耳罐,尹盛平一见之下大喜过望,马上到取土现场调查,发现在断崖上还挂着几座残墓,对先周文化探索具有重要意义的扶风刘家墓地因此被发现。① 次年春天,尹盛平主持了刘家墓地的发掘工作。

对这两处遗址的发掘及相关认识彻底改变了先周文化探索的方向。

1981年10月至1983年8月,宝鸡市考古工作队对郑家坡遗址进行了持续发掘,揭露面积达2 000平方米。在发掘简报中,发掘者将该遗址分为三期,早期的年代相当于二里头文化晚期至二里岗下层,中期年代约在太王迁岐前后,晚期的年代约在文王作丰时。② 由此可见,郑家坡遗址的总体年代均在先周时期。

与此同时,陕西周原考古队在刘家墓地共清理了战国墓葬十二座、西周墓葬和姜戎墓葬各二十座,并发现了西周早期和中期墓葬打破姜戎墓葬的现象。毫无疑问,对先周文化探索最具意义的自然是

---

① 有关郑家坡和刘家遗址的发现多据尹盛平《关于先周文化的几个问题》一文的附记,载《周秦文化研究》,第257—267页。另外,时任扶风县文化(博物)馆馆长的刘连山先生对刘家墓地的发现也有详细回忆,他说:"1981年11月21日得到刘家生产队队长原周原考古短训班学员刘乃兴同志的通报,该队在扩建砖瓦窑场中发现了与以往周原考古中相异的陶容器,并送交文管所。后经现场调查,文物出自一偏洞式墓,随后,一面向省文化局请示发掘清理,一面对该队扩建的砖瓦窑场及其周围农田进行钻探调查,先后发现偏洞式、西周和战国多类型墓葬126座。经上级批准后,我们于同年12月2日至1983年4月28日先后四次对筛选的49座墓进行挖掘清理。……刘家偏洞式墓在周原属首现,被考古专家俞伟超、尹盛平等称为'先周墓',对这一时期的文化称'刘家文化'。"参看刘连山《忆周原考古》,载宝鸡市周原博物馆编《周原》第1辑,三秦出版社,2013年,第199—204页。

② 宝鸡市考古工作队(任周方、刘军社执笔):《陕西武功郑家坡先周遗址发掘简报》,《文物》1984年第7期。

这二十座所谓的姜戎墓,尹盛平将其中有随葬品的十八座墓葬分为六期,其中第一期相当于二里头文化晚期,第二到五期"为商代前期至周人迁岐",而第六期约在西周的文武之际,其主体部分也在先周范畴之内。①

依据郑家坡遗址和刘家墓地的发掘材料,尹盛平得出了对先周文化的全新认识,这就是:

> 通过对郑家坡和刘家两种考古学文化的对比,我们可以清楚地看出宝鸡地区曾经存在着两种完全不同的青铜文化。一种是以联裆鬲为代表的先周文化,一种是以高领乳状袋足分裆鬲为代表的姜戎文化。②

上文提到,在郑家坡和刘家遗址发掘之前,学术界关于先周文化典型器物的认识可以归纳为三大类:一类是把高领袋足鬲看作姜戎族的遗存,联裆鬲则是姬周族的遗存,但两者均是先周文化的重要组成部分,邹衡即持此说;另一类是把袋足鬲和瘪裆鬲(联裆鬲)均看作先周时期姬周族的遗存,如徐锡台和胡谦盈都持这种看法;第三种意见则仅把袋足鬲看作先周文化的标志性器物,联裆鬲则归入西周时期,王伯洪和张长寿是其中的代表。所以,尹盛平提出的新观点在本质上与邹衡的主张最为接近,即把联裆鬲和袋足鬲分别与姬周族和姜戎族对应起来,但与邹衡不同的是,尹盛平所说的先周文化仅指姬周族的文化,而不包括姜戎以及其他族属在内。

在《先周文化的初步研究》一文中,尹盛平主要是从两个方面来论证郑家坡文化是先周文化。首先是郑家坡遗址的文化面貌,尹盛平指出:

> 郑家坡遗址三期文化有着密切的关系,虽然早、中期间缺环较大,但文化的基本面貌是一致的。鬲是人们使用的

---

① 陕西周原考古队(尹盛平执笔):《陕西刘家姜戎墓地发掘简报》,《文物》1984年第7期。

② 尹盛平、任周方:《先周文化的初步研究》,《文物》1984年第7期。

主要炊器，郑家坡遗址出土鬲的数量较大，型式也很多。简报中初步将鬲分为四型十五式。四型鬲的共同特点是联裆，裆以上内瘪。但从早到晚，各自发展变化的脉络还是比较清楚的。……郑家坡遗址晚期文化与西周早期相比，承袭连续性是十分清楚的。除陶器形制上 A 型鬲可以延续到西周早期，B 型、C 型、D 型鬲一直延续到西周晚期外，其它方面也可以看出这一点。郑家坡常见的长方形双孔石刀、双孔曲刃石刀在张家坡多次发现。……郑家坡遗址出土的骨铲，……取料与制作方法与沣西完全相同。……郑家坡遗址出土的卜骨，……选料、加工和占卜方法上与西周有明显的一致性。郑家坡遗址已发掘房屋基址十五座，全属半地穴式，与沣西早期的房屋构造相同。以上对比分析，说明西周文化主要是由郑家坡遗址文化发展而来的。

其次是对文献所载邰地的考证，他说：

关于邰地，《史记·周本纪》正义云："邰，……亦作斄，同。"又引《括地志》云："故斄城一名武功城，在雍州武功县西南二十二里，古斄国，后稷所封也。"……郑家坡发掘的先周遗址以及在漆水河下游调查发现的先周遗址，与文献所记载的邰地，即周人先公的活动地区相吻合，时代也没有矛盾。郑家坡遗址的文化遗存无疑是西周以前周族的早期文化，应属于先周文化。

可以看出，尹盛平的论证逻辑与胡谦盈其实并无二致，即既从文化面貌上论证郑家坡文化与西周早期文化的相似性，又从文献上论证郑家坡遗址正处于周族的早期活动地域之内。在论证郑家坡遗存为先周文化的同时，尹盛平自然也注意到刘家墓地在文化面貌上的特殊性，这首先表现在陶器器类上：

刘家文化器种较少，主要有鬲、双耳罐、单耳罐、双大耳罐、腹耳罐等。……刘家文化的鬲是先模制三个乳状袋足，然后将三足拼接粘合,裆部用泥条加固,上面压印麻点纹。这种制法形成了分裆明显的特点。……这种拼接三足的作法,与周式桶状鬲的作法迥然不同。

其次是埋葬习俗:

> 偏洞室墓是刘家文化一个显著的特点。这种偏洞室墓不仅带竖穴墓道,而且墓道有台阶。木棺作长方框形,无底无盖。葬式分仰身直肢葬、屈肢葬和侧身直肢葬三种。随葬陶器口部都用石块压盖,更特殊的是墓室内普遍随葬大石块。

既然刘家墓地与郑家坡和丰镐遗址的文化面貌大相径庭,而且"宝鸡地区是古代姜戎的起源地",所以尹盛平很自然地就得出刘家文化是姜戎文化的结论,而此前被学术界普遍视为先周文化典型器物的高领袋足鬲随即成为姜戎文化的标志性器物。

虽然此前邹衡已经指出高领袋足鬲是姜戎族遗存,但尹盛平此论一出,还是引起了学术界的极大关注。特别是在郑家坡遗址和刘家墓地的发掘简报发表之后,不但几位先周文化探索的先驱发表了不同意见,一些原本未涉及先周文化研究的学者也加入了论争。①

最先作出反应的是胡谦盈,他连续在多篇文章中对郑家坡遗址和刘家墓地的年代与属性发表了不同看法。如胡谦盈对于刘家墓地的看法是:

> 首先,作者根据陶器的形制演变分为六期,陶器的组合是鬲和罐两种。鬲形均属高领乳状袋足鬲;陶罐分无耳、单耳、双耳和腹耳等四种。……过去在宝鸡晁峪墓葬中也曾发现乳状袋足鬲、高直领单耳罐和直口腹耳罐等器共存一墓的现象,这说明刘家村墓葬并非初见。其次,刘家村墓葬出土各式陶鬲在长武县碾子坡先周晚期墓葬中多有出土,

---

① 有关这一时期的相关论著可参看宗礼(田仁孝)、刘栋(刘军社)《先周文化研究六十年(1933—1993)》,《周秦文化研究》,第268—285页。

所谓偏洞室墓也有发现,这就说明两地墓葬不仅在年代上是接近的,而且在文化性质和族属上也会属于同一谱系。①

胡谦盈所说的同一谱系,具体来讲就是"刘家村墓葬和晁峪墓葬是迁岐后的先周文化墓葬",而非尹盛平所说的姜戎文化,碾子坡遗址则是迁岐之前的先周文化。对于刘家墓地的文化属性,胡谦盈后来又有更明确的表述:

> 有同志依据刘家墓葬多为洞室墓以及少数随葬陶器与辛店文化同类陶器近似,说它是一种新文化遗存。其实:(一)所谓偏洞室在常山下层文化、半山类型、马厂类型、火烧沟类型、卡约文化以及先周和西周墓葬中都有发现。其中与刘家洞室墓穴形相同的是先周和西周两周洞室墓。(二)刘家出土的 62 件陶器,(1) 大家公认属于周式器皿的泥质折肩罐和圆肩陶罐有 24 件,常见于先周出土的高领袋足陶鬲有 26 件,由此可见,周文化因素无疑是刘家墓葬的主要成分。(2) 尤为重要的现象,刘家有些墓随葬陶器无特殊器皿,而全部都属于周式器皿,如 M23 出 3 件袋足鬲和 6 件折肩陶罐;再如 M46 只出一件袋足鬲。据上所述,刘家墓葬应属先周遗存,而不是什么新的文化遗存。②

从以上的表述可以看出胡谦盈的逻辑是:长武一带是古公亶父迁岐之前周人活动的主要区域,碾子坡遗址与丰镐遗址在文化面貌上有连续性,因此碾子坡遗址当属先周文化无疑,碾子坡遗址代表性器物高领袋足鬲自然就是先周文化的典型器物;既然扶风刘家墓地也以高领袋足鬲最为常见,那么它只能是先周文化,而不可能是姜戎族的遗存。

---

① 胡谦盈:《试谈先周文化及相关问题》,《胡谦盈周文化考古研究选集》,第 124—138 页。
② 胡谦盈:《论碾子坡、岐邑、丰邑先周文化遗址(墓葬)的年代分期》注 13,原载《考古学研究——纪念陕西省考古研究所成立三十周年》;收入《胡谦盈周文化考古研究选集》,第 184—199 页。

对于郑家坡遗址的性质与年代,胡谦盈也有不同的看法,他说:

> 据《简报》(引者按,指郑家坡遗址的发掘简报)已公布的陶器看,多属西周常见之器皿。……与 A 形陶鬲类似即着竖绳纹的长颈"瘪裆"陶鬲,在岐邑贺家村、凤翔西村和扶风北吕村等地的西周墓中屡见。论及灰坑 H14 出土的陶器,乳状袋足陶鬲当属先周器皿,饰方格乳钉纹带的折肩罐,与宝鸡斗鸡台先周晚期墓葬出土的折肩罐相似。郑家坡出土的有钻、有灼而无凿的卜骨已去白角,此点也是器物年代偏晚的一种现象,因为去白角的卜骨迄今似未见于年代较早的先周遗址出土。总之,郑家坡(或称尚家坡)遗址内涵以西周遗存为主,先周遗存与斗鸡台沟东区先周墓葬年代大致同期。

郑家坡遗址的发掘者将该遗址第一期遗存的年代定为二里头晚期至二里岗下层阶段,最晚的第六期也约在文武之际,而胡谦盈则认为其主体当属于西周时期,最早也只能与先周晚期相当,两者的差距何止以道里计。

更为尖锐的不同意见则来自张长寿和梁星彭。1989 年,他们二人共同发表文章,对关中地区先周文化进行研究,其中对郑家坡遗址的分期断代表示出极大的质疑:

> (郑家坡遗址)发掘简报的资料整理工作实在是太粗疏了。例如,陶窑(Y1)被认为是早期的遗迹,但是所出的石刀(Y1:4)则被列入中期;同是壕沟所出的,陶鬲(T4G②:1)被列为早期,而陶人头像(T2G②:1)则被列为中期;同一灰坑出土的器物,陶盆(H19:5)、陶钵(H19:9)、陶盘(H19:10)、石凿(H19:11)被列入中期,而陶鬲(H19:19)、陶罐(H19:18)则被列入晚期;变形重菱形纹陶片(H16:20)被认为是中期,而同坑出土的陶盆(H16:13)则被认为晚期的。更有甚者,同一件石刀(H16:5)既见于中

期,又见于晚期。像这样的分期,究竟有什么意义呢?①

对于郑家坡遗址发掘者对各期的年代判断,张、梁两人也持完全不同的看法,他们说:

> 郑家坡遗址的发掘简报把这类遗存的年代上限定在二里头文化晚期至二里冈下层,也许是为了要证明周人早期活动在漆水下游一带,也即后稷居邰。但是,在比较了沣西张家坡、客省庄、武功浒西庄的西周陶器之后,我们认为郑家坡的这类遗存作为一个整体更接近于张家坡西周早期遗存,其年代上限大约在文王作邑于丰之时。

这事实上是说郑家坡遗址的发掘者为了附会文献中有关后稷居邰的记载,人为地把遗址的年代提早到二里头文化晚期阶段,而实际上郑家坡的年代上限只与文王居丰相当。

对于刘家墓地的族属,张长寿和梁星彭的看法也与发掘者不同:

> 如若按刘家简报的意见,凡是宝鸡斗鸡台所出的那种高领袋足鬲均属刘家文化,那么,所谓刘家文化的分布范围就几乎包括了整个关中地区,换言之,在先周时期,在关中地区占优势的文化遗存乃是代表姜戎的刘家文化,而不是代表周人的先周文化,而这个结论与文献中所说的周人势力的发展情形显然是不相符的。

在此基础上,张、梁二人也随之提出了自己的见解:

> 扶风刘家文化遗存和宝鸡斗鸡台瓦鬲墓初期文化遗存两者都是以高领袋足鬲为主要特征,但是,如细加比较,不同之处还是很明显的。由于刘家文化遗存只发现墓葬,所以比较也只能限于墓葬。刘家文化遗存的墓葬多是洞室墓,随葬陶器有鬲和罐,口上都盖一块扁平石块,斗鸡台瓦

---

① 张长寿、梁星彭:《关中先周青铜文化的类型与周文化的渊源》,《考古学报》1989年第1期。

鬲墓初期的墓葬多为竖穴墓,有的设置壁龛,个别的有腰坑,随葬陶器大都是一件陶鬲,少数的还有罐。两者的高领袋足鬲也有差别,前者多有双耳,多扁锥形足跟;后者多作双鋬,多圆锥形足跟。罐的形式区别更为明显,前者多双耳罐,罐底有圜底和尖底的;后者多圆肩或折肩,罐底均作平底。刘家墓葬随葬的小铜器与瓦鬲墓初期所出的青铜器风格迥异。以上的不同表明它们不是同一类文化遗存。

所以张、梁二位主张"以斗鸡台瓦鬲墓初期为代表的文化遗存最有可能是先周文化,这是因为它和西周文化的面貌最为相似,两者之间的承袭连续性也最为清晰"。至于刘家文化的族属,他们认为"姬家店、石嘴头、晁峪、刘家这类遗存作为辛店文化的一个新的类型也许是合适的",并指出此时"迫切的任务是选择一个比较典型的这类遗址进行发掘,以求对这种遗存有一个比较全面的了解"。

可以看出,张长寿与梁星彭进行论争的基础有二:首先是分辨出斗鸡台与刘家墓地所出高领袋足鬲在形制上的差别,认为它们名同而实异,不能笼统言之;然后是强调了斗鸡台与丰镐遗址所出高领袋足鬲的一脉相承,既然丰镐为西周都邑无疑,则斗鸡台只能是先周文化,而刘家一类使用不同形制高领袋足鬲的遗存自然就属于其他考古学文化,如辛店文化。

所以一时间有关先周文化的纷争几乎演变成了两种陶鬲的定性问题,正如胡谦盈所说,"联裆(瘪裆)陶鬲代表姬周文化,乳状袋足陶鬲代表姜戎文化",究竟是"人头脑里的一种设想"还是历史事实,就成了"一个十分原则性的问题"了。①

四、邹衡的先周文化再研究

相比胡谦盈、张长寿和梁星彭等学者的竭力反对,邹衡则对郑家

---

① 中国社会科学院考古研究所(胡谦盈执笔):《南邠州·碾子坡》,世界图书出版公司,2007年,第356页。

坡与刘家的新材料与新解读甚为欢迎,认为这两处遗址的发掘材料是对他原有观点的有力支持。他说:

> 我在《论先周文化》一文中,曾把周文化中常见的陶鬲分为联裆与分裆两大类,通过分别溯源,最后推断:联裆类尤其是其中的长方体瘪裆鬲可能是姬周文化所固有的特点;分裆类尤其是其中的高领袋足鬲则可能是姜炎文化的独特作风。联裆鬲与分裆鬲在一个遗址或墓地同时并存,也就意味着姬周文化与姜炎文化的混合,直到最后融合为一体,从而构成泾渭地区的先周文化。文章发表后仅4年,武功郑家坡和扶风北吕、刘家墓地的材料公布了。郑家坡、北吕两地所出陶鬲基本都是联裆;刘家则全为分裆。这些新发现应该是对上述论点的有力支持。①

依据这批新材料,邹衡进而把泾渭地区的有关遗址和墓葬分为三类,分别是:

第一类:绝大多数都是长方体瘪裆鬲,极少见高领袋足鬲。此类遗存只分布于周原和周原以东,扶风北吕墓地和武功郑家坡遗址可以为代表,而在周原以西,目前尚未发现。

第二类:只见高领袋足鬲,不见长方体瘪裆鬲。此类遗存只分布于周原和周原以西,扶风刘家墓地和宝鸡纸坊头遗址可以为代表,而在周原以东,目前尚未发现。

第三类:长方体瘪裆鬲和高领袋足鬲共同常见。此类遗存在泾渭地区普遍分布,陕西宝鸡斗鸡台、凤翔西村、岐山贺家、长安马王村、张家坡以及甘肃崇信于家湾等遗址和墓地即其例。

在以上三类遗存中,第一、三两类同丰镐西周遗址年代既

---

① 邹衡:《再论先周文化》,原载《周秦汉唐考古与文化国际学术会议论文集》,《西北大学学报》(哲学社会版)增刊,1988年;收入《夏商周考古学论文集·续集》,科学出版社,1998年,第261—270页。此节所引邹衡的有关论述,如未注明均据此文。

相衔接，关系又很密切，可以看出，后者是从前二者直接发展而来的。后者为典型的西周文化，前二者自然都是先周文化了。……但是，第二类遗存则不然，其同丰镐西周遗址相比，年代一般不能直接衔接，文化面貌也有差别，……高领袋足鬲并非姬周陶鬲固有特点，只能是周原特别是周原以西地区的特产；从而第二类遗存不仅不是先周文化的主体，而可能是另外一种地方文化类型。……作为一种考古文化类型，第二类遗存不仅有如上述的分布范围，也有明显的文化特征，……既然其最主要的文化特征是"姜戎式陶鬲"，自然可以命名为"姜戎文化"，也就是我所命名的"姜炎文化"。

所以，邹衡与尹盛平的观点在实质上已经非常接近，两人所不同的是：邹衡所谓的先周文化，是包括了姬姓周人、姜戎以及其他小族在内的广义的先周文化，所以其内涵可以兼容姬周的联裆鬲和姜戎的高领袋足鬲；而尹盛平所说的先周文化只针对姬姓周人而言，是狭义上的先周文化，所以他以联裆鬲为先周文化典型器物，以高领袋足鬲为姜戎文化的特色之物。

20世纪80年代，邹衡的主要精力放在夏商文化论争以及西周晋文化研究之上，无暇到关中地区考古第一线探索先周文化，但他丝毫未放松此项工作，而是积极布局，有计划地安排了数位研究生围绕此课题积极开展研究。

邹衡选择的第一站是陇东。1983年夏秋，"为探讨先周文化和陇东青铜文化的序列等学术问题和安排研究生毕业论文选题实习"，邹衡带队对甘肃东部的平凉、庆阳等地的周代和寺洼文化遗址进行了详细调查，并选定合水县的九站遗址作为发掘地点。次年5月—6月，邹衡的两位研究生王占奎和徐天进联合当地考古工作者对九站遗址进行了发掘，邹衡则亲自参加了对发掘材料的整理工作。[①] 邹衡之所以要选择

---

① 王占奎、水涛：《甘肃合水九站遗址发掘报告》，北京大学考古系编《考古学研究（三）》，科学出版社，1997年，第300—460页。后王占奎以九站发掘材料完成学位论文《试论九站寺洼遗址——兼论甘肃东部的寺洼文化》，北京大学考古系硕士学位论文，1985年。

在陇东地区进一步探讨先周文化,目的自然是要厘清高领袋足鬲的渊源和谱系,从而夯实他所主张的高领袋足鬲为姜戎民族遗物的论点,此外,还可以根据调查和发掘材料来检验文献中有关不窋故城在此地区的记载。①

发掘表明,陇东地区在这一时期是寺洼文化分布区,而且寺洼文化的年代下限并非先前所认为的西周早期,而是可以一直延续至西周晚期,这也就是说,当地的寺洼文化与周文化是共存的。九站遗址的发掘,让邹衡更加坚信了先周文化兼具东西两个源头的观点,认为"先周文化的部分因素(引者按,指他所划分的以高领袋足鬲为代表的第二类因素)西来说应该可以定论了"。至于先周文化中的第一类遗存,也即联裆鬲一类因素,他认为:

> (姬周文化)同辛店文化、寺洼文化关系并不甚密切,当然就不会是同一古族文化了。例如辛店文化中并未发现联裆陶鬲。陇东庄浪县徐家碾,尤其是合水县九站等寺洼文化遗址中确曾出过联裆鬲,但并不太多,且其年代一般偏晚,最早者约当商末或商周之际,最晚者可到西周,显然都是受到关中地区先周文化或西周文化的影响。因此,"姬周'瘪裆'"鬲不可能"渊(源)于寺洼文化";"先周文化中的'瘪裆'鬲"并非"因袭寺洼文化"而来;"瘪裆陶鬲其祖型"更非"承袭寺洼文化"。

在否定瘪裆陶鬲源自寺洼文化的同时,实际上也就从侧面重申了他此前主张的联裆鬲源自光社文化的观点。

九站遗址的发掘仅仅是邹衡先周文化再研究的开始。1984年6月—7月,邹衡又安排研究生徐天进在陕北绥德薛家渠遗址进行发掘,原因是"陕北地区曾陆续出土过不少时间在商代晚期的青铜器,而与之相应的遗址却发现不多"。表面上看,薛家渠遗址的发掘是针

---

① 《史记·周本纪》正义引《括地志》:"不窋故城,在庆州弘化县南三里,即不窋在戎狄所居之城也。"

对晚商青铜器,但邹衡此举的真正目的仍在于探索先周文化,即寻找光社文化向关中挺进的路线,并借此来落实他在《论先周文化》中的重要论点——联裆鬲来自山西的光社文化。徐天进在薛家渠遗址的发掘表明,"商代晚期该地区不属于殷墟商文化的分布范围"。① 但这一判断显然不足以解决邹衡的问题,于是在同年 9 月,邹衡又让徐天进转战陕西耀县北村遗址进行新的发掘,目的很明确,就是要"以北村商文化遗址的新材料为主要根据,结合关中地区其它有关遗址的调查和发掘材料"来"对关中地区商文化的年代分期、文化特征和分布等问题试作进一步的探讨"。② 如前文所论,邹衡《论先周文化》一文最显著的特点就是以关中地区商文化的年代分期为标尺来对先周文化进行分期断代,但他当时可依据的商文化京当型材料毕竟有限,所以现在邹衡安排徐天进以耀县北村为据点,再次对关中地区商文化进行分期,通过此举来进一步完善这把标尺,从而更好地对先周文化进行研究。因此,在邹衡的《再论先周文化》中,我们可以读到以下内容:

> 关于陕西省境内的商文化遗址,以前我们知道很少,只有华县南沙村和扶风白家窑两处。这些年来,在蓝田怀珍坊、西安老牛坡、耀县北村、岐山贺家、王家嘴和扶风壹家堡等地都有发现,其中大半经过科学发掘,使我们对关中地区的商文化有了新的认识。以耀县北村为例,可分为 3 期 6 段:第一期前后两段,约相当于二里岗下层偏早、偏晚时期;第二期前后两段,约相当于二里岗上层和河北藁城台西遗址;第三期前后两段,约相当于"殷墟文化早期"。……到目前为止,在西安以西,尚未发现相当于"殷墟文化晚期"商文化遗址;在周原发现最早的商文化遗址只是相当于北村遗

---

① 北京大学考古系商周考古实习组等(徐天进执笔):《陕西绥德薛家渠遗址的试掘》,《文物》1988 年第 6 期。
② 徐天进:《试论关中地区的商文化》,北京大学考古系硕士学位论文,1985 年;后收入北京大学考古编《纪念北京大学考古专业三十周年论文集(1952—1982)》,文物出版社,1990 年,第 211—242 页。

址的第二期偏晚阶段;周原以西的宝鸡地区尚未发现任何商文化遗址。这些现象说明:商文化势力似从未到达周原以西的宝鸡地区,该地区在商代始终为他种文化所占据,其中应该包括姜戎文化在内。在早商早期,西安和耀县一线也许是商文化势力的最西边缘;早商晚期至晚商早期,商文化势力继续西进,直达周原;而到晚商晚期,大约在祖甲以后,商文化在西安以西地区却陡然销声匿迹,代替商文化的自然就是先周文化了。

通过文化间的相互进退来考察某一区域考古学文化的属性与变迁正是邹衡三代考古的一个重要特点。① 发掘表明,耀县北村是一处较为单纯的商文化遗址,用其构建关中地区商文化分期标尺是理想的选择,但如果要进一步考察各文化间的互动关系则难免不足,因此邹衡迫切需要一处文化内涵更为复杂的遗址,而扶风壹家堡正合乎他的要求。

1986年春夏之际,邹衡又安排他的研究生孙华发掘了壹家堡遗址。② 孙华对选择该遗址的原因有清楚的认识:

> 在关中的商代遗址中,尽管大多数遗址的遗存内涵比较单纯,但也有一些遗址的遗存内涵比较复杂。遗存内涵复杂的遗址通过分期研究除了可以解决关中地区商时期不同文化间的相互关系(即相对年代)外,对于同一种或同一期遗存的文化结构分析还有助于我们利用已知的文化因素来推定其中的未知文化因素的绝对年代。扶风县壹家堡遗址就是这样一个遗存内涵较为复杂的遗址。③

---

① 这一点在邹衡先生夏文化和先商文化研究中表现得尤其突出,具体可参看本书第柒篇《什么可以成为夏商分界的证据——夏商分界研究综述》。
② 1987年7月孙华以壹家堡遗址发掘为基础完成硕士论文《陕西扶风县壹家堡遗址分析——兼论晚商时期关中地区诸考古学文化的关系》。该遗址的发掘简报见北京大学考古系(孙华、刘绪执笔)《陕西扶风县壹家堡遗址发掘简报》,《考古》1993年第1期。
③ 孙华:《关中商代诸遗址的新认识——壹家堡遗址发掘的意义》,《考古》1993年第5期。

而壹家堡遗址的发掘结果也正是邹衡所希望的,孙华将其概括为:

> 壹家堡殷商时期的四期遗存,却显然不属于同一考古学文化的四个发展时期,……第一期以折裆鬲占大多数,第二期以弧裆鬲数量最多,第三期以尖裆鬲为其特征,第四期以弧裆鬲最具特色。……这一简单的事实就可以说明,在壹家堡先周时期的四期遗存中,除了第二期和第四期间共性较强,可以视为同一考古学文化外,其余两期分别属于不同的考古学文化。壹家堡遗址实际上包括了三种不同文化属性的殷商时期遗存。
>
> 壹家堡第一期遗存……应当属于商文化范畴,是商文化因素占主导地位而关中地方文化因素占次要地位的商文化的一个类型。……壹家堡第二期遗存,……在其文化族属尚未最后确定以前,暂且以这种遗存的典型遗址郑家坡遗址命名,称为"郑家坡类型"。……壹家堡第三期遗存与前两期比较发生了很大变化。……本期以尖裆鬲为代表的遗存应当为戎狄文化系统的一部分。……我们暂按考古学以典型遗址的地名作为考古学文化命名的惯例,称之为"刘家村遗存"。……壹家堡第四期遗存陶器的总特点与第二期的陶器相似,……本期的文化属性应为周文化是毫无问题的。

正因为壹家堡遗址具有上述特点,所以这次发掘的意义就非常重要:

> 扶风壹家堡遗址的意义在于,首先,它的重要地层关系对解决关中地区殷商时期诸考古学遗存彼此间的关系提供了有力的证据,对于了解扶风县一带商文化、"郑家坡遗存"和"刘家村遗存"的更替及各自的发展过程是有益的;其次,它的年代及分期为关中地区商时期诸遗址的分期提供了可

供参照的标尺;其三,它把关中地区弧裆鬲的出现年代提早到了殷墟第一期,即盘庚至小乙时期,从而为探索周文化的渊源提供了重要线索;其四,它使我们了解了关中西部殷墟一期前后商文化的面貌,丰富了我们对关中地区商文化的认识。①

也正因为有了壹家堡这把标尺,邹衡对关中地区三类遗存的年代与变迁有了更加明晰的认识,因此他在《再论先周文化》中写道:

> 最近,通过扶风壹(益)家堡遗址的发掘,对上述三类遗存的年代断定又提供了更直接的地层根据。壹家堡遗址可分为三大层:最下层为商文化层,属于我以前所定的早商文化"京当型"。……壹家堡的中层属于第二类遗存,大约相当于刘家中期(扁足根高领袋足鬲)。上层属于联裆鬲与分裆鬲(圆锥足根高领袋足鬲)共存的第三类遗存偏晚阶段。
>
> 据此,在周原及其以东的武功等地,无论第一、二、三类遗存,其上限年代都不会超过商王祖甲之时。以往有的先生把第一和第二类遗存的早期定在二里头文化晚期至二里岗下层或商代前期,应该都是错误的。不过,周原以西的宝鸡地区目前尚未发现商文化遗址,所以姬家店、石嘴头和晁峪早期等第二类遗存应该不受壹家堡遗址地层的限制,即其上限可以超过商王祖甲时代。长武碾子坡早出的带鋬高领袋足鬲同宝鸡石嘴头出的同类器形制相似,时代也应相近。

邹衡的以上表述自有深意在焉——他之所以要着重强调"在周原及其以东的武功等地"的三类遗存,特别是第一类遗存的上限年代不会超过祖甲之时无疑是为了说明:既然这类以联裆鬲为代表的遗存在周原以东地区的年代上限不超过商王祖甲,那么它的渊源就不

---

① 北京大学考古系(孙华、刘绪执笔):《陕西扶风县壹家堡遗址发掘简报》,《考古》1993年第1期。

会在当地——也即郑家坡文化的分布区内寻找,因此他在《论先周文化》中所持的联裆鬲来源于山西光社文化的观点就依然有成立的可能;同样,他主张在周原以西的宝鸡地区第二类遗存的年代不受此限制,则是为了说明袋足鬲是西方姜戎民族的特有之物,而这也是他在《论先周文化》一文中所持的另一个核心观点。所以,依据耀县北村和扶风壹家堡两处遗址的发掘,邹衡《再论先周文化》一文利用新的考古材料强化了他在《论先周文化》一文中所持的观点。而这也是他终生信守的观点,因为他晚年回顾自己治学生涯时曾经这样说:

> 周代考古我是从先周文化开始的。……在我之前,苏秉琦先生曾在40年代专门研究过周代的陶器。可是苏先生对陶鬲的划分有了偏差,终究不能分辨出先周文化来,因此他始终也没有明确地提出先周文化的命名。我最初提出先周文化,考古界也并不十分理解,有的学者最多也只能承认我论证的一半,另一半并不承认。这是因为我把苏先生划分的陶鬲型式合并为分裆鬲和联裆鬲两类,两者共同构成先周文化。有的学者只承认分裆鬲是先周文化,而联裆鬲并非先周文化。……我划分的这两类陶鬲不仅是确立先周文化而已,更可由此推断出使用这两类陶鬲的人群是两种不同的族群:使用分裆鬲者是姜姓族;使用联裆鬲者是姬姓族。这两种陶鬲的共存,就意味着姬姜两族的联合,从而形成先周文化的主体;由此更可进一步追寻先周文化的来源。我曾把姜姓族的来源追溯到甘肃省的辛店文化和寺洼文化,把姬姓族的来源追溯到山西省的光社文化。关于前者,考古学界已基本认同;关于后者,目前尚在讨论之中。①

由已知推未知,这是邹衡在进行考古学研究时所坚持的一个原则。他以关中地区商文化为标尺来衡量先周文化,是一种由已知推

---

① 邹衡:《我和夏商周考古学》,原载《学林春秋》第二编下册,朝华出版社,1999年;收入《夏商周考古学论文集·再续集》,科学出版社,2011年,第260—270页。

未知;除此之外,探索先周文化还可以通过已知的西周文化来追溯,这是另一种形式的由已知推未知。因此,几乎在安排徐天进、孙华发掘北村和壹家堡遗址的同时,邹衡又让另一位研究生蒋祖棣参加了丰镐遗址 1985 年的发掘,并以此为基础对丰镐地区的西周文化进行了重新分期。①

在他的硕士论文中,蒋祖棣开宗明义地指出他之所以要对丰镐陶器进行再分期,就是因为以往的分期"都没有把遗址中早于西周的周文化遗存与西周早期遗存分开",换言之,他要弥补对该地区先周文化认识的不足。

随后,蒋祖棣以他 1985 年在沣东斗门镇、白家庄、花园村、普渡村、上泉北村以及沣西张家坡等地的调查和发掘所获,将丰镐地区周文化陶器分为七期,其中第一期的年代为先周时期,第二期为西周初年,但"上限可能超出西周",第三至七期则相当于西周早期偏晚到西周末年。

蒋祖棣定为先周期的典型单位是沣西 H3。根据他的描述,这座灰坑中既出土有联裆鬲的口沿,也有高领袋足鬲的足根、裆部和耳部的残片,因此他在归纳该期陶器特征时称,"这一期有绳纹到外唇的侈沿鬲(引者按,指联裆鬲),有若干乳状袋足鬲的残片和短颈素面磨光陶等"。显然,蒋祖棣的这一表述正是对邹衡所主张的先周文化兼具联裆鬲和袋足鬲观点的有力支持。

1986 年,正当邹衡师生探索先周文化热情高涨之际,日本驹泽大学教员饭岛武次作为外聘研究员来北大考古系进修,而他在北大的指导教员正是邹衡。根据饭岛的研究经历和兴趣,邹衡让他以《先周文化的考古学研究》作为进修期间的研究课题,两年后,饭岛武次以一篇《先周文化陶器研究——试论周原出土陶器的性质》结束了自己在北大的进修。②

---

① 蒋祖棣:《论丰镐遗址西周陶器分期》,北京大学考古系硕士学位论文,1986 年;收入北京大学考古系编《考古学研究(一)》,文物出版社,1992 年,第 256—286 页。
② 饭岛武次著,徐天进、苏哲译:《先周文化陶器研究——试论周原出土陶器的性质》,北京大学考古系编《考古学研究(一)》,第 229—255 页。

这也是一篇充满邹衡印记的先周文化研究论文。饭岛首先把周原地区的先周陶器分为三类，即高领袋足鬲陶器群、联裆鬲陶器群和商式鬲陶器群，这三类陶器所对应的人群无疑就是邹衡所说的姜戎、姬姓周人和商人。在对先周陶器的具体认知上，饭岛也与邹衡相当接近，如他认为"渭水流域相当于二里头期的文化面貌尚不清楚。相当于二里冈上层期的遗址，其（引者按，指商式陶器）分布范围似乎局限于关中东部地区。进入殷墟文化期以后，其陶器才传入周原地域。……进入殷墟一期后，从西安至周原的地域内也可见到商式陶器。及至殷墟二期，周原地区逐渐脱离商文化的影响。到了殷墟三、四期的时代，周文化在周原得以确立"。上述认识几乎是邹衡诸多观点的翻版，而饭岛与邹衡在此问题上的最大不同是，前者认为：

> 以郑家坡遗址的联裆鬲为特征的陶器群和以刘家墓地的高领乳状袋足分裆鬲为特征的陶器群有着显而易见的差别，但是尚无合理的证据来把这种差别和特定的族属联系起来。在目前的情况下，无论是郑家坡陶器群，还是刘家陶器群，暂时均作为早于西周的先周遗物来看待为妥。

这就是说，饭岛武次相信联裆鬲和袋足鬲当有不同的来源，但不认为它们就一定分别与姬周族和姜戎两族相对应，所以主张把它们笼统视为先周文化遗物。

从以上分析来看，虽然20世纪80年代邹衡很少置身于关中地区，但他既未淡忘了先周文化，也不是一个人在探索，而是精心布局，有条不紊、扎扎实实地从多个角度来论证先周文化，从而补强了他的原有观点。如果说邹衡是凭一己之力完成了《论先周文化》，那么在先周文化再研究的过程中，他则是组织了一个团队在奋斗，上述五位学生发掘地点和论文题目的选定，均体现了邹衡对于先周文化研究的思考，而他的《再论先周文化》一文也可以看作是集体智慧的结晶。

五、新生代的崛起
——以刘军社、张天恩和雷兴山为例

如果说邹衡、徐锡台、胡谦盈、张长寿和尹盛平等人是先周文化探索的先驱,那么刘军社、张天恩和雷兴山等学者则堪称先周文化研究的新生代。

(一)刘军社

1982年7月,刚从西北大学考古专业毕业的刘军社分配到宝鸡市考古工作队工作,他田野考古的第一站就是前一年刚刚开始发掘的武功郑家坡遗址。随后五年时间,刘军社几乎都是在郑家坡度过的。他自己总结这五年的收获是,"一是提供了理论与实践相结合的机会,二是对所学的有关先周文化的知识进行了梳理,初步接受并认可了以高领袋足鬲为代表的姜戎文化和以联裆鬲为代表的先周文化这样的概念"。[①] 这些认识也正是他参与执笔的郑家坡遗址发掘简报中的核心观点。

1987年10月,刘军社重新回到西北大学跟随刘士莪教授攻读硕士学位,三年后完成了硕士论文《先周文化的序列及其相邻诸文化的关系》。研究生毕业后,刘军社先后在陕西省考古研究所和宝鸡市考古工作队工作,服务单位虽有变动,但他的研究方向却始终如一,即主要围绕先周文化开展工作。

刘军社的先周文化研究是从郑家坡遗址起步的。上文提到,在1984年该遗址的发掘简报发表之后,即遭到胡谦盈、张长寿和梁星彭等学者的强烈质疑,而主持该遗址发掘工作的尹盛平也承认:

> 当时简报的作者都是刚从大学考古专业毕业不久的年轻同志,简报中有几处小的疏误,责任在我审稿、改稿时粗心大意,或者说水平不够,没能加以纠正。我应提高工作责

---

① 参看刘军社《先周文化研究》后记。

任心和水平。①

尹盛平所说的"刚从大学考古专业毕业不久的年轻同志"自然是指刘军社,不过尹盛平也强调,如果"抓住小的疏误全盘否定分期,甚至对整个工作都加以否定恐怕是不妥当的,也是不能令人信服的",这自然也是刘军社的心声。因此,对刘军社而言,当务之急是要有更充分的证据证明郑家坡文化的分期是可信的,这也正是他硕士论文的核心任务。②

在论文中,刘军社以郑家坡和尚家坡两处遗址发掘材料为基础,同时结合碾子坡、下孟村、西村、贺家、北吕、马王村等遗址或墓葬的出土资料,以联裆鬲和深腹盆的演变为主要标准,以敛口罐(瓮)和折肩罐的形制演变为次要标准,再参照陶色与纹饰,尤其是印纹图案,将郑家坡文化重新分为六期,其中一、二期可合并为早期,三、四期合并为中期,五、六期则可合并为晚期。早中晚三期的分法与1984年发掘简报是一致的,但对于各期年代的判断,刘军社有了更为详尽的论证。

刘军社首先确定了郑家坡遗址第六期的年代。他的判断依据是:

> 郑家坡文化第六期的陶器与沣西张家坡居址早期有很多相似之处,特别是印纹陶相互间的演变关系,更表明二者文化面貌的接近。……张家坡居址中的印纹陶片,属于早期遗物,大致相当于文王作丰时期。……所以,我们认为郑家坡文化第六期第8组的时代当为文王作丰时期,那么第7组时代或略早之,或与之接近。如此的话,第六期的时代定于文王时期,想必是没有多大问题。又因为郑家坡文化属于商王国边远地区的一个地方文化,为了论述的方便,将其与商文化分期对应起来,即相当于殷墟文化四期。

---

① 尹盛平:《关于先周文化的几个问题》,《周秦文化研究》,第257—267页。
② 该论文的主体部分后以《郑家坡文化与刘家文化的分期及其性质》为题发表在《考古学报》1994年第1期上。

刘军社以张家坡的材料来推定郑家坡文化第六期的年代自然是有其考虑的：首先当然是因为张家坡和郑家坡两处遗址在文化面貌上确实存在相似之处，前者可以作为判断后者年代的重要参考；其次，将它们进行比对也可以更好地回应张长寿和梁星彭的质疑——我用丰镐遗址的年代标尺来定郑家坡的年代，你们总不该再有疑问了吧？

刘军社又从邹衡、胡谦盈等学者的有关论述中寻找证据，将郑家坡文化其他各期的年代判断为：第五期"大致相当于殷墟文化三期"，第四期"当在殷墟二期，其上限或可再早一些"，第三期"大致可到殷墟一期，其上限或可至二里冈上层的后段"，第二期"大致相当于二里冈上层或上层的前段"，而第一期"可推至二里冈下层时期"。这些意见也正是郑家坡遗址发掘简报中的观点，换言之，经过重新审视材料，刘军社坚持了以往的判断。

刘军社对刘家文化进行分期的主要依据是高领袋足鬲、腹耳罐、双耳罐、单耳罐四类器物的演变规律，其中最关键的是高领袋足鬲。相比以往研究，刘军社此时的一大优势是宝鸡纸坊头遗址 T2 西壁 4A 和 4B 层的地层关系已经证明了高领袋足鬲的演变规律是"袋足断面呈椭圆形者要早于呈圆乳形者；足尖为扁锥形者要早于足尖为圆锥形者"。据此刘军社指出：

> 刘家墓地既有圆锥形足根鬲，又有扁锥形足根鬲，这样一来，就把纸坊头遗址和刘家墓地联系了起来。扁锥形足根鬲与鸭嘴形足根鬲的共存（刘家 M37）关系，又把刘家与石嘴头、晁峪、金河等遗址联系了起来。同理，扁锥形足根鬲与圆锥形足根鬲的共存关系，又把刘家与西村、北吕、斗鸡台、沣西等地联系了起来。它们间的这种内在关系，就使得我们能够将它们作为同一个文化体系加以研究，并有可能对刘家文化有一个较全面的了解。

据此，刘军社把刘家文化也分为六期，各期的年代分别是：第六期"相当于殷墟文化四期"，第五期"大致相当于殷墟三期"，第四

"相当于殷墟文化二期,上限或可再早一点",第三期"约相当于殷墟文化一期",第二期"大致相当于二里冈上层时期",而第一期则"大致相当于二里冈下层时期"。

在分期断代的基础上,刘军社又对两种文化的特征及分布地域进行了对比,得出的最终结论是:

(一)郑家坡文化是武王灭商以前的姬姓周族文化,即先周文化,……郑家坡文化是继承双庵类型文化发展起来的。因为相当于夏王朝时期的先周文化尚在探讨之中,所以二者之间尚有缺环。(二)刘家文化是与先周文化并存于关中西部的一支土著文化,可能代表了姜姓羌族的文化,也就是所谓的"姜戎文化"。……姜羌文化来源于齐家文化,不过,二者之间尚有缺环。……起源于漆水流域的姬周族和发源于宝鸡市区周围的姜羌族,一直友好相处,并世代通婚,尤其是古公亶父以后,姬姜族在政治、军事、文化方面同盟关系的形成,对于姬周族势力的壮大起到了很重要的作用。也许正因为如此,古公亶父以后,姜羌族文化完全融合于姬周族文化之中,自己本身所固有的文化特点,已很难从考古学角度反映出来。

至此,刘军社完成了他对关中地区最重要的两支考古学文化——郑家坡文化和刘家文化的基本认识。

1990年夏,刘军社从西北大学研究生毕业,被分配到陕西省考古研究所工作。次年,他发掘了武功岸底遗址,这一次发掘进一步丰富并坚定了他对郑家坡文化的认识。

在岸底遗址发掘简报中,刘军社将这里的先周遗址分为早中晚三期,并特别强调了岸底遗址对于先周文化研究的关键意义:

岸底遗址早、中、晚期是连续发展的,中间没有大的缺环,在已经发掘过的先周遗址中是不多见的,郑家坡遗址早期相当于二里冈下层,中期相当于殷墟文化三期前后,而岸底遗址早期相当于殷墟一期,上限可能还要早些,中期相当于殷墟二、三期,正好填补了郑家坡遗址早、中期之间的缺环。对先周文化的分期是有积极意义的。

此外,在该遗址 H7 出土的一件陶罐上还发现了一个刻划符号,刘军社指出:

> 一般认为周原的这一类刻划符号为"周"字,那么岸底遗址的"由"字是不是也可以释为周字。岸底 H7 的时代约当殷墟文化二期,如果 H7 陶罐上的刻划符号确是"周"字,当是目前发现最早的"周"字,这既为确定岸底遗址文化性质提供了一个依据,又为确定"周"的地望、解决周族起源地等问题提供了新的重要的线索。①

鉴于岸底遗址的重要性,刘军社后来又把该遗址的先周遗存重新分为了五期,第一到五期的年代大致分别与二里岗上层以及殷墟一至四期对应。在对岸底遗址重新分期之后,该遗址的重要意义也就愈发突显出来,即:

> 这些共同因素的存在,说明岸底与郑家坡属同一类型的文化遗存,即郑家坡遗存。……从我们的比较中可以看出,岸底一期要晚于郑家坡一期,岸底二期晚于或与郑家坡二期的时代相当,而岸底四期与郑家坡三期的时代相当,岸底五期与郑家坡四期的时代相当,而郑家坡二、三期之间的缺环,则可以由岸底二、三期衔接起来。②

在完成上述研究之后,刘军社对他的郑家坡文化分期断代有了充分的自信,于是对来自胡谦盈、张长寿、孙华以及饭岛武次等各位学者的不同质疑一一给予了正面的回应,强调:

---

① 陕西省考古研究所(刘军社、宋远茹执笔):《陕西武功岸底先周遗址发掘简报》,《考古与文物》1993 年第 3 期。
② 刘军社:《试论岸底遗址的分期及相关问题》,《周秦文化研究》,第 174—187 页。

> 我们认为郑家坡遗址西周说,是没有根据的,站不住脚的。郑家坡遗址上限殷墟二期或不超过殷墟二期说,论据不足,说服力不强。郑家坡遗址殷墟一期左右说,只是说它的上限至少可到殷墟一期,但并不等于殷墟一期。所以,我们仍认为郑家坡遗址早期相当于二里冈时期。①

而对于张长寿和梁星彭指责郑家坡遗址发掘与整理工作"太粗疏",刘军社则回应道:

> 我们反复查对了先生所指出的简报中的有关错误,发现多属于同一单位内有不同时期遗物的问题,只有H6:5石刀既见于中期,又见于晚期的情况例外,是一个极其明显的错误。这一件石刀编号一样,但器物图及描述均不一致,当是二件器物,把编号弄错了。科学的态度应该是容许有失误,但要正视失误,分析其原因所在,不可以偏概全,以点代面。至于同一单位内能不能拥有不同时期的遗物,这牵涉到考古学的基本理论和常识问题。……如果一个遗址的分期,到头来连早期混入晚期的遗物都无法加以区别的话,那么,这样的分期还有什么意义可言呢?

刘军社之所以始终坚持自己的观点,从容地对各家质疑一一作答,不仅仅是因为他对相关考古材料熟稔,也在于他这一时期系统地梳理了先周文化研究史,完成了《先周文化研究六十年(1933—1993)》这一研究综述。② 这种学术史梳理一方面可以造福于学界,但受益最大的自然是刘军社本人,他可以借此机会熟悉材料,了解论争对手,厘清自己的思路,确定问题的症结所在。

正如《先周文化研究六十年(1933—1993)》一文所示,先周文化研究中的几乎所有关键问题都是众说纷纭,歧见迭出,甚至诸如"先

---

① 刘军社:《再论郑家坡遗址的分期与年代》,《考古与文物》1996年第2期。
② 宗礼(田仁孝)、刘栋(刘军社):《先周文化研究六十年(1933—1993)》,《周秦文化研究》,第268—285页。

周文化的面貌"和"先周文化分期与断代"这样最基本的问题居然各有十六种说法,而关于"先周文化来源"也有十四种说法之多。刘军社意识到,造成这种现象的一个关键原因无疑是关中地区商时期考古学文化的多样性,而这种多样性又是源于这一地区众多的古国与古族,所以刘军社很早就打算把有关考古学文化与相应的古族对应起来,如他就曾经提出碾子坡文化的族属"很有可能是阮国或阮人"、"园子坪遗存的代表者,有可能是古密须人",而壹家堡类型文化则可能是早期秦文化等重要论点。①

带着对此问题的思考,刘军社意识到渭河流域文化的多样性、古国古族的复杂性必须与这一地区特定的地理环境联系起来考虑。1996年,刘军社发表《水系·古文化·古族·古国论——渭水流域商代考古学文化遗存分析》一文,从全新而且更高的角度来审视先周文化,顿有豁然开朗之感。②

刘军社的灵感来自苏秉琦的考古学文化"区系类型"理论。根据他对此理论的理解,刘军社认为任何文化都是由若干子系统构成的,"而当文化区域划分到一定程度时,就可以与古族、古国联系,达到恢复历史本来面貌的目的"。

具体到渭水流域,刘军社认为这一地区特定的地理环境使得这里的古文化分布往往与水系密切相关。他进而把渭水流域按水系划分为十个文化区及若干个亚区,然后结合相关文献记载与出土铜器铭文对有关文化区的族属或国别进行判断,如他主张:金陵河文化区"应为先周文化势力中姜姓部族的文化遗留",而"散国就在这一文化区内,其中心可能在清姜河流域";汧河文化区或是矢人活动区域;在漆水河下游地区大量分布有郑家坡文化的遗址,显然属于

---

① 刘军社:《试论岸底遗址的分期及相关问题》注 18、29、30,《周秦文化研究》,第174—187 页。详细论证则参看他的相关论文如《壹家堡类型文化与早期秦文化》,《秦文化论丛》第三辑,西北大学出版社,1994 年,第 495—508 页;《论碾子坡文化》,《远望集——陕西省考古研究所华诞四十周年纪念文集》,陕西人民美术出版社,1998 年,第 221—232 页。

② 刘军社:《水系·古文化·古族·古国论——渭水流域商代考古学文化遗存分析》,《华夏考古》1996 年第 1 期。

先周文化的分布区,但漆水河的二级支流的文化面貌则有不同,如七星河流域的以扶风壹家堡为代表的一类遗存就可能是早期秦文化,而达溪河流域的园子坪文化则可能是古密须国遗存;泾水上游地区则包括多个文化圈,共国就有可能在这一区域之内;冶峪河中游的泾阳高家堡遗址,出土了较多的青铜器,铭文中多有"戈"字,当是夏遗民"戈"族的遗存;石川河流域的耀县、铜川一带有可能是商人酉族的活动区;沣河文化区则可能先是商王朝与国——崇国的势力范围,后来则成为文王的丰邑;而沈河文化区则最有可能是骊山氏的遗存。

即便抛开刘军社的具体结论,这毫无疑问是先周文化研究史上一篇非常重要的论文。

首先,要论定何种考古学文化是先周文化,仅凭对某一处遗址、某一类遗存甚至是某一区域的文化遗存进行研究是不够的,而需要从纵横两个方面同时着手。纵是指对某一种假定为先周文化的考古学文化的源流进行考察,横则是将此种考古学文化与邻近地区的同时期文化进行横向比较,只有通过这种纵横的观察,才有可能辨认出先周文化。如果说刘军社对郑家坡、岸底和刘家等遗址的分期研究是纵向研究的话,那么这篇论文则是一个宏观的横向考察。而他的这一思路其实萌芽甚早,如从他的硕士论文题目《先周文化的序列及其与相邻诸文化的关系》来看,刘军社在学生时代就已经开始注意纵横两个方面的研究了——"序列"是纵,而"关系"为横。只不过现在他将单纯的横向考察与特定的地理环境联系起来,完成了一篇"因地制宜"式的典范研究。

其次,虽然苏秉琦的"区系类型"理论被考古学界奉为圭臬,但具体到每一个考古工作者或每一个地区,究竟该如何操作,其实还要看研究者个人的悟性——各个地区文化面貌的复杂性不同,文化分布的规律也不同,如何将理论与实践联系起来,需要研究者从实际出发,深入思考并找到适合的切入点。从这层意义上讲,刘军社此文的价值并不局限于先周文化,或许当如他自己所说,复原古族和古国是

"考古学的重要使命之一",而该文"提出的'水系·古文化·古族·古国论',就是朝这个方向努力的一种尝试"。刘军社并希望这种方法"适合于其它水系文化遗存分布的分析",由此成为"区系类型"理论应用于考古实践的一个示范。

长期的田野实践与深入的理论思考,终于换来了丰硕的成果。2003年,刘军社将自己多年来的研究心得进一步系统化,出版了专著《先周文化研究》。这是有关先周文化探索的第一部专著,它一举奠定了刘军社在此领域的学术地位。①

如刘军社自己所概括,该书主要包括了六个方面的内容:1.回顾了先周文化的研究历程;2.讨论了先周文化的涵义及先周世系与积年;3.讨论了郑家坡文化与刘家文化的分期及其性质;4.对渭水流域商代考古学文化遗存进行区域划分,进而讨论先周文化与相邻文化的关系;5.分析了先周文化赖以生存与发展的地理环境因素;6.在上述研究的基础上,对渭水流域及邻近地区古代部族(民族)历史面貌的理解。

这无疑是一部非常有系统的论著。体例之完整,材料之翔实,分析之深入,都达到了当时的最高水准,某些方面甚至迄今也没有被超越。纵观全书,这本论著的最大特点还在于它的立意、取向和历史感,对此刘军社自己有一段很详细的表述:

> "考古学文化"是考古学的特别术语,……一般来说,运用考古学文化命名,是对其遗存的文化性质、族属等历史问题研究不甚清楚的情况下使用的,它只是一种手段,而不是目的,人们借助于它搞清其性质、面貌以至族属,上升到历史学高度,这才是考古学文化研究的终极目的。

因此,刘军社这部著作的核心任务其实是要把关中地区诸考古学文化类型与历史上特定的部族对应起来,特别是要将先周族文化与非周族文化区分开来,然后通过比较各部族文化的融合与消长,复

---

① 据该书后记,此书于1994年完成初稿,2001年10月定稿并交付出版社。

原出关中地区商时期的历史面貌。

这无疑是一项具有重大学术意义的工作,邹衡对此深有体会:

> 陕西关中在中国古代历史上所占有的特殊地位,几乎是其他任何地区都无法替代的。周、秦、汉、唐几个辉煌王朝先后在这里演绎了他们的光辉历史,将中国古代文明推向了一个又一个新的高度,留给后人的是无尽的称道和赞叹。但由于史乘不详,对于西周以前关中的历史记载几近空白,这里何以成为古代中国的政治、文化和经济中心,一直是人们关心、思考但费解的历史难题。现代考古学在中国的传播和发展,使过去许多无法认识的问题有了显著的突破,同时也为解决这一难题带来了希望。①

虽然这段话见诸邹衡为张天恩《关中商代文化研究》一书所作的序言,但同样适用于刘军社的《先周文化研究》,而这也暗示了刘、张二人在研究上存在交集。

(二)张天恩

和刘军社相比,张天恩的考古生涯开始得略早一些。早在1976年春,张天恩就参加了在周原遗址举办的考古短训班,从而接触到了周文化。1982年,当刘军社从西北大学毕业分配到宝鸡市考古工作队时,张天恩也从宝鸡师范学院中文系毕业来到同一单位,随后二人又同时被派到郑家坡遗址参加发掘。在先周文化研究方面,他们二人真可谓是站在同一起跑线上。

郑家坡遗址发掘结束之后,因为工作需要,张天恩将主要精力放在宝鸡地区的新石器时代考古上,但他"关注的主要还是商周考古方面资料的搜集、发现和研究",并被"丰富多彩的关中商代考古学文化"所"深深吸引"。②

1985年宝鸡纸坊头遗址的发掘让张天恩再次投身于先周文化研

---

① 张天恩:《关中商代文化研究》邹衡序,文物出版社,2004年。
② 据《关中商代文化研究》作者简历以及后记。

究。为配合基建项目,张天恩在纸坊头遗址发掘了三十六平方米,虽然揭露面积有限,但收获颇丰。① 其中最重要的发现是T2西壁的4A和4B层,其中"4A层所出的陶器有高领袋足鬲、瘪裆鬲、折肩罐、圆肩罐、单耳罐、尊、盂等","4B层有高领袋足鬲、袋足瓿、双耳罐、单耳圜底罐、折肩罐等陶器",但两层中所出陶片都以高领袋足鬲为最大宗。

在纸坊头遗址发掘之前,高领袋足鬲早已成为探索先周文化最重要的器类,许多学者都对其演变规律进行过分析,但因为缺乏确凿的地层依据,所以意见纷陈。而纸坊头4A和4B层的发现,第一次从地层学上证明了高领袋足鬲的演变规律是——"扁锥形足尖的年代要早于圆锥形足尖"。② 不仅如此,张天恩又通过陶器特征的比较,认为纸坊头4A层的年代与马王村H11相当,而被4A层所叠压的4B层自然就属于更早的先周文化了。

以纸坊头发掘为契机,张天恩于1989年发表了《高领袋足鬲的研究》一文,这是当时最为详尽的高领袋足鬲谱系研究。③ 该文收集了出土和采集的约160件高领袋足鬲的材料,先细分为斗鸡台组、纸坊头A组、B组、刘家组、宝鸡市博物馆甲组、乙组等,再将它们分为五期,年代从二里岗上层一直延续到殷墟四期或略晚。

在分期的基础上,张天恩又把以高领袋足鬲为代表的刘家文化与郑家坡文化进行比较,断言"两者不可能为同一文化,现已知西周文化主要是承郑家坡一类先周文化而发展的,高领袋足鬲所代表的当然不应是先周文化","以高领袋足鬲为代表的文化,自然也应是羌族文化的一支"。而对于这支羌族文化的来源,张天恩也有他自己的看法,即:

> 齐家文化后期,东西形成了两支新文化:西部以山家头

---

① 宝鸡市考古队(张天恩执笔):《宝鸡市纸坊头遗址试掘简报》,《文物》1989年第5期。

② 此前卢连成在分析刘家墓地袋足鬲时曾提出过这种假设,但当时没有地层关系支持他的观点。参看卢连成《扶风刘家先周墓地剖析》,《考古与文物》1985年第2期。

③ 张天恩:《高领袋足鬲的研究》,《文物》1989年第6期。

类型为代表,其后形成卡约、辛店等文化;东部发展成为刘家文化一期。但西、东部过渡形态目前尚未出现,期待于以后的考古发现能弥补这个缺环。高领袋足鬲第一期已和先周文化早期有所接触,然后继续发展,并不断吸收周文化的因素。约在第四、五期之交,由于周太王迁岐,先周文化大量渗入刘家文化之中,第五期便日益被先周文化所改造。商灭后,姬周文化以压倒优势居于主导地位,有功的姜姓人被分封迁向东方,使刘家文化在宝鸡一带的势力迅速衰落下来。

以郑家坡遗存为先周文化,以刘家文化为姜戎文化,共同发掘过郑家坡遗址的张天恩和刘军社在此核心论点上保持了相当的一致性。

进入20世纪90年代,学术界探索先周文化的热情丝毫未减,而此时张天恩又先后发掘了多处与先周文化密切相关的遗址。

1990年8月,宝鸡市高家村砖厂在取土时发现陶鬲等物,张天恩和同事田仁孝前往调查,结果发现这是一处文化面貌极其丰富的遗址。在随后的发掘中,一共清理了十九座刘家文化的墓葬,这是继扶风刘家遗址之后同类墓地最重要的发现。依据这里出土的高领袋足鬲的特征,张天恩判断高家村墓地中的十九座墓葬年代均晚于刘家墓地的大多数墓葬,而与纸坊头遗址4B层的年代相当或稍晚,也即相当于殷墟三期偏晚至四期偏早阶段。[①]

1991年—1992年,张天恩、田仁孝以及北大考古系硕士研究生雷兴山共同发掘了麟游蔡家河、史家塬和园子坪等遗址。[②] 发掘简报将蔡家河的商代遗存分为三期四段,其中第一期和第二期分别相当

[①] 宝鸡市考古工作队(张天恩等执笔):《陕西宝鸡市高家村遗址发掘简报》,《考古》1998年第4期。

[②] 田仁孝、雷兴山:《先周文化研究中的又一重要收获——麟游县发现碾子坡文化遗存》,《宝鸡文博》1992年第1期;北京大学考古文博院、宝鸡市考古工作队(田仁孝、雷兴山、张天恩执笔):《陕西麟游蔡家河遗址商代遗存发掘报告》,《华夏考古》2000年第1期;北京大学考古文博学院、宝鸡市考古工作队(雷兴山、张天恩、田仁孝执笔):《陕西麟游县史家塬遗址发掘报告》,《华夏考古》2004年第4期。

于殷墟三期偏早和偏晚阶段,第三期约相当于殷墟四期至商周之际。在文化面貌上,张天恩等发掘者认为蔡家河遗址的商代遗存与碾子坡文化极为相似,遂称之为"碾子坡类遗存"。

利用蔡家河等遗址的发掘材料,张天恩等人构建了更为完整的碾子坡类型年代序列,即:

第一期,包括园子坪遗址,碾子坡早期居址和早期墓葬。
第二期,包括蔡家河早期居址和 M1。
第三期,包括蔡家河晚期居址,下孟村若干灰坑,碾子坡晚期墓葬。①

有意思的是,该文一方面认为"碾子坡类型可能是豳人的文化遗存",但同时也指出,"现知碾子坡类型的分布范围已包括了甘肃省的灵台县,为古密须国故地","依地望和年代求之,碾子坡类型则可能是密须国的文化遗存"。而数年之后,张天恩又专门著文来论述碾子坡文化当为密须国文化。②

既发掘和调查了郑家坡、史家塬这样以联裆鬲为主的遗址,又发掘了纸坊头、高家村、蔡家河、园子坪等以高领袋足鬲为特色的遗址,此时的张天恩等于是同时掌握了联裆鬲和袋足鬲两把断代标尺,而利用这两把标尺来审视关中地区商代的遗存自然是游刃有余。他1993 年发表的《先周文化早期相关问题浅议》一文就是在此背景下完成的。③

张天恩此文先将关中西部商时期的考古学文化分为商文化、郑家坡文化、刘家文化和碾子坡文化四类,并认为刘家文化是氐羌文化,碾子坡文化是豳人的遗存,而只有郑家坡文化才是先周文化。该文的主要目的是要证明郑家坡文化早期可以早到古公亶父迁岐之

---

① 田仁孝、张天恩、雷兴山:《碾子坡类型刍论》,《周秦文化研究》,第 163—173 页。
② 张天恩:《古密须国文化的初步认识》,《远望集——陕西省考古研究所华诞四十周年纪念文集》,第 214—220 页。
③ 张天恩:《先周文化早期相关问题浅议》,陕西历史博物馆编《西周史论文集》上册,陕西人民教育出版社,1993 年,第 360—375 页。

前,以此来证明郑家坡早期遗存就是早期先周文化。在论证方法上,张天恩颇接近于邹衡,即根据关中地区商文化的年代序列来对郑家坡遗存进行断代,他的主要证据有二:一是麟游史家塬遗址曾经出土过殷墟一期或略早的商文化铜器,而他本人"在史家塬遗址进行过多次调查,并在铜器发现者的指引下,找到具体出土点。发现此处是一处以郑家坡早期堆积和龙山文化为主的遗址","出土点的周围,能采到的全是郑家坡早期的标本",由此推断这些商代铜器"必是郑家坡先周早期人使用之物"。既然"相当于殷墟一期的铜器,出在郑家坡早期一类遗址中",说明郑家坡早期遗存的年代不会晚于殷墟一期。张天恩的第二个证据是扶风壹家堡遗址的T23,由于在"此方中也发现与郑家坡早期相似的关中地方因素",表明郑家坡早期遗存的年代"当不晚于壹家堡一期商文化的年代上限,即殷墟一期或略早"。正是根据这两条材料,张天恩最终将郑家坡早期遗存的年代定为殷墟一期左右,这相比刘军社所定的二里岗下层阶段,足足相差了几乎整个商代前期。

缘于上述工作和研究背景,所以当张天恩 1994 年进入北京大学考古系随邹衡攻读博士学位时,他很自然地选择了《关中西部商文化研究》作为博士论文的选题。① 张天恩认为,学术界之所以会对关中地区几类考古学文化的年代和属性长期争论不休,根本原因"是由于这几类文化基本上均是独立发现于一些典型遗址中,缺少一个明确可靠的考古学文化的年代标尺",因此"在关中西部建立一个相对可靠的考古学文化的年序标准"就显得极为紧迫。而相比其他各类考古学文化,张天恩认为在关中西部建立一个商文化年代标尺最为可行,原因是"中原及关中东部的商文化年代序列及文化特征都已清楚"了。

这其实也是他的导师邹衡一直所期望的。上文提到,早在 20 世纪 80 年代邹衡就已经安排研究生徐天进和孙华先后发掘了耀县北村

---

① 张天恩:《关中西部商文化研究》,北京大学考古文博院博士学位论文,1997 年;其摘要以同名发表于《考古学报》2004 年第 1 期。

和扶风壹家堡遗址，目的正是要构建关中西部商文化年代序列，并以此为标尺来判断其他几类文化的年代。而要达到这个目的，就要求所发掘的遗址既要有连续的商文化遗存，也要有多种文化因素共存，但北村和壹家堡遗址在这一点上均有不足——北村的商文化遗存很丰富，但过于单纯，罕见其他几类文化遗存；壹家堡的文化因素固然丰富，但这里的商文化遗存又失之过少，仅在该遗址第一期中可以见到，所以两处遗址都难称完美。

张天恩则要幸运得多，因为他在1995年发掘了礼泉朱马嘴遗址——一处既有连续的商文化遗存，又有多种文化因素共存的遗址。[①]

在发掘简报中，张天恩把朱马嘴的商代遗存分为三期：第一期相当于二里岗上层或稍晚，第二期相当于殷墟一期或稍晚，第三期则相当于殷墟二期或稍晚。分期之后，张天恩将朱马嘴与北村遗址的商代遗存进行了比较，发现两者差别显著：

> 北村遗址出土的遗物表明，它除花边罐类有地方特征外，其余与郑州、安阳等地典型商文化遗址的器物组合相近，区别甚小，大体可归于典型商文化分布区的范围。但朱马嘴遗址则不同，从一开始就有瘪裆鬲（或称联裆鬲）、折肩罐、腰饰附加堆纹的甗、真腹豆等器物与商文化的方唇分裆鬲、假腹豆、簋等典型商文化遗物并存。商代的典型器物鼎、爵、觚、斝、夹砂中口罐等器物根本不见，簋、壶、大口尊等亦极为罕见。显然与中原地区典型的商文化遗址有明显的差异，即使与北村相比其差别也是显而易见的。

这样朱马嘴遗址的意义也就突显出来了，这是因为：

> 朱马嘴遗址内所能见到的瘪裆鬲、折肩罐等文化因素，并非商文化的原性因素，从不见于郑州二里岗、安阳殷墟等典型商文化遗址，亦不见于关中以外其它年代相当的文化

---

① 北京大学考古系商周组、陕西省考古研究所（张天恩、王占奎执笔）：《陕西礼泉朱马嘴商代遗址试掘简报》，《考古与文物》2000年第5期。

遗存之中,但却是分布在关中漆水河流域及相邻地区,以武功县郑家坡遗址为代表的先周文化中最基本的文化因素。朱马嘴遗址从一开始就蕴含有这类因素,无疑为认识两者的联系,提供了迄今为止的最为重要的新资料,并将对诸如郑家坡遗址的年代等有关问题的研究,产生一些新的启示。……朱马嘴遗址的文化遗存,从二里岗上层连续发展到殷墟二期或更晚,文化序列清楚,年代明确,这就为判定关中西部相关的文化遗存的年代奠定了比较坚实的基础,并将对学术界颇为关注的先周文化的研究起到推动作用。

为了深入讨论,张天恩又把朱马嘴遗址的商代遗存区分为六类文化因素,其中C、D、E、F等四类因素的数量始终极低,从未占据遗存的主导地位,而A类商文化因素和B类先周文化则是"一对相伴始终,稳定发展演变的核心因素"。纵观朱马嘴遗址的三期遗存,第一、二期时商文化因素明显占据主体地位,第三期时所占比例虽有所下降,但依然多于B类的先周文化因素,因此张天恩认为关中西部以朱马嘴遗址为代表的这类文化遗存的性质应当属于商文化范畴,并且"只能将其视为商文化在关中西部的一个地方类型"。对于该类型的归属,他认为以往的"北村类型"或"老牛坡类型"均难以涵盖其特点,而归入商文化"京当型"则更为妥当,可以"以其代表泾河下游至西安以西、周原地区以东的商文化遗存"。

有了朱马嘴遗址京当型商文化的分期标准,再回头审视以郑家坡遗存为代表的先周文化的年代上限就非常清楚了——既然在朱马嘴第一期遗存中就已经出现了B类(先周文化)因素,那么表明郑家坡遗存的年代上限至少可以上推到二里岗上层时期。而如上文所述,在发掘朱马嘴遗址之前,张天恩曾将郑家坡遗址早期遗存的年代定为殷墟一期,由此也可见朱马嘴遗址对于先周文化年代上限的判断可谓意义重大。

2004年,张天恩在博士论文的基础上,又增补了"关中东部商文化研究"、"先周文化研究"和"羌系文化研究"三部分内容,完成了专

著《关中商代文化研究》。这是迄今为止对关中地区商代文化最为全面的论述,邹衡在序中写道:

> 书中涉及了许多比较重要和新颖的研究课题,有些虽可能还不是最终的结论,尚需进一步的检验和证实。但《关中商代文化研究》仍然可以让我们对商、先周、刘家以及碾子坡等文化活动于关中的时间、空间范围,相互关系和商代的周、密须及羌等西土的方国、部族等有一个基本的了解,必能开阔有关研究领域的视野。

这个看似平实的评价其实正衬托出该书的核心价值——这是一部研究关中商代文化的必读书。

该书的第三部分为"先周文化研究",这对于此时的张天恩而言,可谓是驾轻就熟。张天恩首先指出,先周文化研究之所以分歧重重,原因有两点:

> 这首先是由于缺少对有关资料的全面和系统掌握,许多研究者都是以自己所拥有的材料作为先周文化研究的出发点,既没有看到其他方面的资料并进行对比,又未能对尽可能多的资料作全面的分析,论证结果的局限当然无法避免,所以就出现了面貌迥异的先周文化。
>
> 其次,是对不同面貌特征的考古学文化共存于同一区域的事实,缺乏足够的认识,不了解各有不同的来源,有试图将关中西部的商代文化遗存全部安排在一个文化系统之内的倾向。又对不同文化类型的遗物缺少认真细致的观察,没有掌握其形制特征,以致不能准确、科学地运用考古类型学,造成在先周文化研究中陶器谱系发展变化的主观随意性,以致把有明显差异的文化遗存均看作先周文化,将不同面貌的文化遗存进行对接。①

---

① 张天恩:《关中商代文化研究》,第182页。

以他的研究经历来说，张天恩无疑有资格发表上述意见。鉴于这种状况，他给自己确定的任务是：在对京当型商文化、刘家文化和碾子坡文化等进行系统研究的基础上，结合郑家坡遗址 1997 年的新发掘以及岸底、黄家河等遗址的地层关系，对先周文化作出新的诠释。

张天恩指出，在泾渭地区商时期的四类文化遗存——京当型商文化、郑家坡文化、刘家文化和碾子坡文化中，只有郑家坡文化与沣西的西周文化一脉相承，所以它是先周文化。通过对具体材料的分析，张天恩把郑家坡文化的早期阶段又进一步细分为郑家坡型和孙家型，前者主要分布于漆水中下游地区，后者则主要分布在泾水中游的彬县和旬邑地区。① 他又把郑家坡型分为五期，年代从二里岗上层一直延续到殷墟四期；而孙家型则分为前后两段，前段应相当于殷墟一期或略早，后段则相当于殷墟二期。殷墟三期时，梁山以北地区被其他族属占据，孙家型被迫南迁并与郑家坡型融为一体。

确定了早期先周文化，便可以进一步追溯先周文化的来源。由于他历来持郑家坡文化为先周文化说，而郑家坡文化早期阶段又可以早到二里岗上层阶段，那么，先周文化的渊源自然就应该在关中西部夏代和商代初期文化中去寻找。张天恩通过对相关考古材料的梳理，指出关中西部的夏代遗存至少有两类：

> 第一类，以蔡家河 H29、望鲁台残灰坑及石嘴头 M2 为代表，整体属于客省庄二期文化双庵类型，但年代已相当于夏代早期，新出现了少量客省庄二期文化所未见的因素。

> 第二类，望鲁台——乔家堡类型，年代较晚，约相当于夏代中晚期，甚至晚到商代初期。文化面貌不同于第一类，而是一种新的文化遗存，但有迹象表明受到第一类的部分影响。

---

① 1994 年陕西省考古研究所王占奎对旬邑孙家遗址进行了小规模发掘，资料未刊。类似遗存则可参看北京大学考古文博院（张天恩执笔）：《陕西彬县、淳化等县商时期遗址调查》，《考古》2001 年第 9 期。

由于在后一类遗存中发现了成熟的联裆鬲,所以张天恩推测望鲁台类型可能是先周文化的最早渊源。① 在《关中商代文化研究》中,张天恩不但重申了这一看法,而且更加坚信,认为现有的材料"不但能肯定望鲁台类文化遗存与先周文化有联系,甚至可以认为后者是前者的主要来源",或者说,"先周文化是在关中西部望鲁台类型为主的文化遗存基础上发展起来,并曾受到商人青铜文化等强烈影响的考古学文化"。②

研究先周文化自然不能回避刘家文化和碾子坡文化的性质,总体而言,张天恩认为它们"应该就是商时期与羌人有关的考古学文化"。具体来说,约在二里岗上层时期刘家文化出现在陕甘相邻地区,它的来源则可能是葫芦河流域的刘堡坪类型、渭河上游至兰州附近的董家台类型以及青海东部的山家头类型。刘家文化与商文化京当型长期对峙,在殷墟二期的晚段曾一度占据了周原,但在殷墟三期以后逐步与先周文化融合,到了殷墟四期,真正意义上的刘家文化已经不复存在了,而演变为先周文化的一部分。

张天恩认为碾子坡文化的形成可能与刘家文化东进有关。即刘家文化第二期时(约相当于殷墟一期或略早),刘家文化进入到达溪河流域,在与当地及邻近地区文化接触和融合之后,产生了一类新的地域文化——碾子坡文化,而这也正是碾子坡文化含有浓厚的刘家文化因素,甚至被部分研究者看作是刘家文化一个类型的原因所在。至于碾子坡文化的族属,张天恩主张它应是密须国的遗存。③

在 20 世纪 90 年代,刘军社从陕西省考古所调回到宝鸡市考古工作队,而张天恩则正好相反,离开了宝鸡而任职于省考古所。虽然他们二人的工作轨迹是一个背离,但在治学上却都聚焦于先周文化,在前后两年间(2003 年—2004 年),刘军社《先周文化研究》和张天恩《关中商代文化研究》两部著作相继问世,标志着先周文化研究取得

---

① 张天恩:《关中西部夏代文化遗存的探索》,《考古与文物》2000 年第 3 期。
② 张天恩:《关中商代文化研究》,第 273—274 页。
③ 有关刘家文化与碾子坡文化的论述,参看《关中商代文化研究》第四章"羌系文化研究"。

了突破性进展。虽然刘、张二人在某些具体问题的看法上依然有分歧,但就他们掌握材料之详尽,论述之谨严,留给其他学者继续拓展的空间委实不多。换言之,在当时条件下,要想在先周文化研究领域取得突破并超越刘、张二人,几乎没有可能。

但有一个人却试图超越,依然坚持要探索先周文化,这个人就是雷兴山。

(三) 雷兴山

相比刘军社和张天恩,雷兴山接触到先周文化要晚很多。1990年夏,他进入北京大学考古系随李伯谦教授攻读硕士学位。而此时,李伯谦也对先周文化产生了浓厚兴趣,于是在1991年将他的两名研究生同时派往关中进行调查与发掘——其中牛世山跟随刘军社发掘武功岸底遗址,[①]而雷兴山则随田仁孝、张天恩发掘蔡家河、园子坪和史家塬。[②] 李伯谦的意图很明确,那就是要同时从联裆鬲和高领袋足鬲出发来审视先周文化。虽然他很谦虚地表示自己只是"对先周文化研究有兴趣","始终未涉足此领域",[③]但此时他安排雷兴山、牛世山围绕先周文化撰写硕士论文,让逐渐趋冷的先周文化探索保持了必要的"热度"。[④]

而雷兴山十分幸运,在上述三处遗址他各有收获:

在园子坪和蔡家河,雷兴山发现它们都以高领袋足鬲、尖裆甗、盆、折肩罐、瓮类器和豆为常见器物,而联裆鬲、联裆甗所占比例甚小。通过与郑家坡文化和刘家文化的对比,雷兴山认为"园—蔡遗存

---

① 牛世山:《武功岸底遗址发掘与先周文化研究》,北京大学考古系硕士学位论文,1993年。该文主要内容见于以下两文:《陕西武功县岸底商代遗存分析》,《考古求知集——'96考古所中青年学术讨论会文集》,中国社会科学出版社,1997年,第308—333页;《先周文化探索》,《文物季刊》1998年第2期。

② 雷兴山:《蔡家河、园子坪等遗址发掘与碾子坡类型遗存分析》,北京大学考古系硕士学位论文,1993年;后收入北京大学考古系编《考古学研究(四)》,科学出版社,2000年,第210—237页。

③ 雷兴山:《先周文化探索》李伯谦序。

④ 李伯谦虽然没有对先周文化发表过具体意见,但他始终关注此一课题。特别是在他的积极筹划下,北京大学考古文博学院、陕西省考古研究院和中国社会科学院考古研究所三家单位于1999年重组周原考古队,为新世纪先周文化研究取得重大突破提供了契机。

与碾子坡遗存两者的主体因素完全相同,和刘家文化既有差异,又有相同之处,比较而言,和郑家坡类遗存的差异最大,所以,园—蔡遗存当属碾子坡遗存"。与张天恩一样,雷兴山也把碾子坡、园子坪和蔡家河等性质相同的一类遗存命名为"碾子坡类遗存"。

虽然在史家塬遗址仅试掘了一个探方,但雷兴山却在这里找到了"判断碾子坡类遗存与郑家坡类遗存的关系"的"一把钥匙"。据他的统计分析,史家塬遗址中"属郑家坡类遗存的因素约占全部陶器的90%以上,而刘家文化和碾子坡类遗存的因素以及混合因素不足10%",所以"史家塬遗存应属郑家坡类遗存,而不能归属为碾子坡遗存"。既然史家塬遗址中同时包含有郑家坡类和碾子坡类遗存的文化因素,自然就为判断郑、碾两类遗存的年代关系提供了可能性。通过对比分析,雷兴山的判断是:碾子坡类遗存一期和郑家坡类遗存早期的年代大体相当,但文化面貌迥然不同。

再通过与刘家文化在葬俗上的比较,雷兴山对碾子坡类遗存的最终判断是:

> 碾子坡类遗存与郑家坡类遗存是性质有别、并行发展的两支考古学文化,而与刘家文化则应属同一考古学文化的不同类型。

如果说雷兴山对碾子坡类遗存的考古学属性判断十分肯定的话,那么在对其族属的判断上就显得十分谨慎,经过反复推论,最终认为"可将其族别定为姜戎之一支"。

与这一时期其他先周文化的论述相比,不难发现雷兴山的这篇论文具有两个明显的特点:一是对当时普遍遵循的研究途径表示了质疑,如他说,

> 一般而言,以已知的西周早期文化为基点,由此上溯,在传说周人活动范围内的诸考古学文化中辨别先周文化,这是探索先周文化的有效途径。但是,事实上并非如此简单。先周文化晚期,关中地区包括碾子坡遗存在内的诸考

古学文化因发生了同化、融合等文化变迁,致使原本不同体系的诸考古学文化多深受其他文化的影响而包含大量外来因素,有时呈现出文化面貌相似的现象。在这种情况下,如果不建立各考古学文化的文化序列,搞清楚不同体系的考古学文化的变迁过程及不同时期与周邻诸文化的关系,一味以上述融合或同化后的特征为立足点向上溯源,就会因视角的不同或方法的差异,对各类遗存的差异究竟是同一文化不同期别的变化,还是不同体系间文化的差异等问题仁者见仁、智者见智。

二是他却花费了大量笔墨来讨论如何将考古学文化与族属进行对应。他先是采信导师李伯谦的有关论述,即:

> 一个考古学文化可以是一个部族创造和使用的文化,也可以是两个或两个以上部族创造和使用的文化,甚至不排除在一定条件下,一个部族也可以使用两种不同的考古学文化。

然后据此指出,"郑家坡类遗存和碾子坡类遗存属于两个不同考古学文化的结论还不能简单地否定两者均为灭商前周族遗存的可能"。虽然他最终承认"碾子坡类遗存的族属不是灭商前的周人,而可能是姜戎之一支",但也不忘强调"这要比将其归于先周文化更近情理",态度保留之意,溢于笔端。

正是上述两点,为他日后的研究埋下了伏笔。

1998年,雷兴山继续跟随李伯谦攻读博士学位,选定的论文题目则是《先周文化探索》。而此时正值北大等单位重启周原考古之际,从1999年秋季开始,雷兴山就与刘绪、徐天进等同事带领学生在周原遗址进行了数个季度的发掘。① 周原发掘,对刘、徐、雷三人学术观点

---

① 周原考古队:《1999年度周原遗址ⅠA1区及ⅣA1区发掘简报》、《2001年代周原遗址调查报告》、《2001年度周原遗址(王家嘴、贺家地点)发掘简报》,北京大学中国考古学研究中心、北京大学震旦古代文明研究中心编《古代文明(二)》,2003年,文物出版社。

的影响均十分深远,甚至可以说在很大程度上改变了先周文化探索的方向。

刘绪曾经把1999年以后周原遗址数次发掘的关键收获概括为:

> 1999年以来,我们重点对周原遗址的居址进行了发掘,以弥补以往居址材料之不足。主要目的之一是在建立周原遗址商周时期考古学文化分期的基础上,确认先周文化。1999年齐家的发掘,建立了周原遗址西周时期考古学文化分期;2001年王家嘴的发掘建立了周原遗址晚商时期考古学文化分期。两者相合,构成了周原遗址晚商、西周时期完整的编年系统,太王以来的先周文化必在其中。

发掘表明,周原遗址晚商时期的考古学文化面貌是:

> 晚商时期的考古学文化共分为2期5段。
>
> 第1期包括第1、2段,商文化因素明显,如商式鬲、商式甗、假腹豆、方唇盆等,属通常所谓商文化京当型,时代相当于殷墟二期或略早。
>
> 第2期包括第3、4、5段,商文化因素陡然减少甚或消失,以袋足鬲、袋足甗为代表的器物群占据主导地位,还有少量联裆鬲,给人以全新之感,显然不属商文化。是何种文化,应当与商人势力的退出,一支或数支新势力的涌入有关。本期3至5段约相当于殷墟第三、四期,亦即相当于太王以来至周初。

上述现象让刘绪颇感困惑,这是因为:

> 王家嘴与殷墟第三、四期同时的遗存——第2期3至5段遗存应即太王以来的先周文化。
>
> 然而,此先周文化是以袋足鬲、袋足甗为代表的器物群,而非以联裆鬲为代表的器物群。这就与传统的按照相同文化因素由晚及早推求该文化源头的认识模式相矛盾。

按照以往的认识模式,至少太王以来的先周文化应该由西周早期文化上溯,凡与西周早期相衔,且主要文化因素相同者就是先周文化。众所周知,西周早期文化是以联档鬲为代表的器物群,而不是以袋足鬲为代表的器物群。可现在在周原找到的与太王以来相当的考古学文化却与传统认识模式的设想相悖。是何原因?是太王所迁之地不在周原?还是传统认识模式于此无效?二者必居其一。①

感到困惑的还有徐天进,他说:

1999年始,我们(北京大学考古文博学院、陕西省考古研究所、中国社会科学院考古研究所联合组成周原考古队)怀着进一步探究周原遗址的结构和布局的目的来到这块考古的圣地。经过近5年新的田野工作之后,逐渐对周原遗址的有了一些新的了解,并随之对这里是否就是太王迁岐之"岐"的所在问题产生了怀疑。

徐天进接着解释了产生怀疑的缘由:

要确认周原遗址是否为太王所建之"岐邑",首先要解决的是遗址的年代问题。当年代的问题解决之后,遗址的规模和内涵就成为判断遗址性质的关键。虽然我们在周原遗址范围内的贺家、王家嘴、董家、岐阳堡、流龙嘴、朱家、凤雏和刘家等地均发现了年代上相当于太王迁岐之后、文王徙丰之前的文化遗存,在此范围内,以朱家至刘家南北一线分布相对比较集中。……仅就先周文化遗存分布的范围而言,其面积远远小于现在所界定的周原遗址的规模。而且,在此范围内,各遗址点是否相连成片也未确定。所以,就先周遗址的规模和分布状况来看,这里更像是若干普通居民

---

① 刘绪:《周原考古札记四则》,北京大学考古文博学院、中国国家博物馆编《俞伟超先生纪念文集》(学术卷),文物出版社,2009年,第254—262页。

的聚居点。①

所谓穷则生变。面对困惑,刘绪开始质疑传统的以西周推先周的研究模式,他说:

> 太王由豳至岐,本来豳地晚商时期的考古学文化就属袋足鬲系统,如碾子坡类遗存。迁岐前后文化特征无大变化,均属袋足鬲系统亦合情理。……那么,为什么武王灭商后周文化又发生一次突变,袋足鬲器物群骤然减少,联裆鬲器物群突然成为主体,且有商文化因素存在呢?

> 商文化因素在周初出现容易理解,因周灭商,占有商人疆域,承袭商人部分因素是很自然的事。何况文献记载,周灭商后还有迁殷遗民之事。

> 联裆鬲器物群突然为主的原因需依文献记载并结合考古发现来解释。

> 在周原之东,相当于商代晚期的考古学文化是郑家坡文化,它与周原先周文化东西同时并存。……在周人不断向东扩张的过程中,郑家坡联裆鬲集团所在地武功是必经之路。尤其是文王东迁,亦属重大事件。郑家坡位居周原与丰京之间,属周人控制无疑,周人袭用郑家坡文化也完全可能。从制陶工艺来看,郑家坡联裆鬲的制作要比袋足鬲的制作容易得多,去繁就简也是一种改革或进步。

概言之,刘绪认为古公迁岐前后周人原本都是使用高领袋足鬲的,只是在迁岐之后并向东扩张的过程中,逐步舍弃了高领袋足鬲而转而采用了郑家坡文化的联裆鬲。这实际上是说,在商末周初之际,姬周族的文化面貌由碾子坡文化变成了郑家坡文化。

而徐天进解惑的方法是跳出周原看周原,开始在"大周原"区域组织了一系列田野调查,以期"寻找'岐邑'的新线索"。徐天进此举

---

① 徐天进:《周公庙遗址考古调查的缘起及其学术意义》,《中国文物报》2004年7月2日。

很快就有了收获，以2013年12月在岐山周公庙遗址发现两片带字甲骨为契机，随后在这里发现了大面积的夯土基址、铸铜作坊、先周时期墓地以及迄今所见最高等级的西周贵族墓地，从而"为从考古学上寻找周人早期都邑提供了新的而且也可能是至关重要的线索"。①

作为周原遗址这几次发掘的主要参与者，雷兴山自然也会有同样的困惑。如在他领衔执笔的周原遗址王家嘴和贺家地点的发掘简报中，雷兴山就这样写道：

> 根据层位关系和典型器物的形制分析及组合关系，可将（周原）商时期遗存分为两期5段。第一期遗存包括第1段和第2段，……年代约相当于殷墟文化二期，……可将该类遗存归入"商文化京当型"。第二期遗存包括第3、4、5段，……根据地层关系，知其上限不早于殷墟二期（或殷墟二期偏早阶段），……下限应不晚于商周之际。本期常见器类与第一期相比发生了较大变化。……本期以高领袋足鬲为主要器类，与以商式鬲为典型器类的第一期遗存特征相比，两者特征差异甚大，显非同一支考古学文化。第二期遗存文化特征与长武碾子坡、麟游蔡家河、宝鸡纸坊头等遗址商时期文化面貌相同，应属同一支考古学文化，或可称之为"碾子坡文化"。②

这里的"碾子坡文化"其实就是他此前所说的"碾子坡类遗存"。但如上文所述，在数年前的硕士论文中，雷兴山刚刚论证了"碾子坡类遗存的族属不是灭商前的周人，而可能是姜戎之一支"，而如今在岐邑范围内所发现的、年代上与古公迁岐相当的考古学文化居然也是这类遗存，这就不能不让雷兴山深感踌躇，摆在他面前的似乎只有

---

① 徐天进：《周公庙遗址考古调查的缘起及其学术意义》，《中国文物报》2004年7月2日。

② 周原考古队（雷兴山等执笔）：《2001年度周原遗址（王家嘴、贺家地点）发掘简报》，北京大学中国考古学研究中心、北京大学震旦古代文明研究中心编《古代文明（二）》，第488—489页。

两个选择：一是怀疑周原非岐邑（徐天进的选择），二是改变初衷，重新认识先周文化面貌，将以高领袋足鬲为主的碾子坡文化视为先周文化（刘绪的选择）。① 雷兴山选择了后者。

而此时，雷兴山博士论文《先周文化探索》的写作也到了关键时刻。该论文完成于 2002 年，经过数年的修改与增补于 2010 年出版。② 至此，先周文化探索形成了刘军社、张天恩和雷兴山三足鼎立之势。

对于任何一位读者而言，对雷兴山《先周文化探索》一书最直观的印象是它设立了专门的章节对 20 世纪先周文化探索的方法进行反思。反思的重点有二：一是分析以往先周文化研究中广泛使用的"都邑法"和"追溯法"的种种不足，二是如何把考古学文化与古代族属进行对应。促使雷兴山对上述问题进行深入反思的原因也有两点：其一，兴趣使然，如在他撰写硕士论文时对这两个问题就已经有所思考，后来更有专文讨论如何根据文化因素来判断文化属性；③其二，在硕士论文中，雷兴山主张碾子坡文化是姜戎文化，到了博士论文，他来了个 180 度大转弯，转而相信使用碾子坡文化的族属当包括姬周族在内，这一巨大改变自然需要有相应的理论来支撑。

既然早在硕士阶段他就对传统的"都邑法"和"追溯法"表示出不

---

① 事实上也还可以有第三条道路，即周原依然是岐邑，碾子坡文化依然是姜戎的文化，而寄希望于在周原地区发掘出在年代上相当于殷墟三、四期（也即古公迁岐之后），在文化面貌上以联裆鬲为主的一类遗存，而这类遗存在周原遗址也并非无线索可寻，如周原考古队 2002 年发掘的礼村 H8，其文化面貌就以联裆鬲为主。此外，从文献记载来看，在古公迁岐之后，岐邑并非只有姬姓周人独居，如《史记·周本纪》所载，这一时期先是"豳人举国扶老攜弱，尽复归古公于岐下"，后有"他旁国闻古公仁，亦多归之"，对于这些来归的豳人和他旁国，古公则"邑别居之"，所以当时的岐邑本就应该呈现出文化因素多元的景象。这也就是说，令刘、徐、雷三人颇感困惑的王家嘴、贺家所见的碾子坡类遗存，或许就是随古公迁岐的某支豳人的遗存。除此之外，周原还应当有为数不少的"他旁国"遗存，以当时的态势而言，这些"他旁国"必然有不少为姜戎族所建，高领袋足鬲正是其标志性器物。事实上，早在 20 世纪 90 年代初，王占奎先生就已经指出刘家墓地的族属很可能"与古公迁岐或稍后归附的所谓他旁国异族有关"，并认为"此他旁国当与夷人关系极为密切"。参看王占奎《论郑家坡先周遗存与刘家遗存》，载《考古学研究——纪念陕西省考古研究所成立三十周年》，第 321—331 页。

② 雷兴山：《先周文化探索》，科学出版社，2010 年。

③ 如雷兴山在《壹家堡一期文化性质辨析——关于混合文化因素分析方法的讨论》（《文物季刊》1999 年第 1 期）一文中专门探讨如何判断某支具有混合文化因素的考古学文化的属性。

满,现在就更需要一种真正能够解决问题的新方法,雷兴山认为"考古背景"分析法可以满足这个需求。雷兴山所说的"考古背景",主要是指:

> 相关考古学遗存所处的聚落特征,包括区域聚落形态、单个聚落的聚落结构与聚落性质、聚落内各功能区的特征与性质、单个堆积单位的属性等。①

在此理论指导下,雷兴山用了两章的篇幅对所有相关居址和墓葬进行了分析。将居址和墓葬分别讨论,这是雷兴山与其他研究者的一个显著差别,这种处理材料的方式无疑是因为居址和墓葬具有不同的"考古背景"。

该书第四章"先周文化辨析"是全书的核心,雷兴山需要运用他的上述理论来解释为什么他的转变是必须的,同时也是正确的。

他的研究思路是:先"重点辨析丰镐遗址和周原地区各类相关遗存的族属是否包括姬姓周人,从而确定古公亶父迁岐后的先周文化","在此基础上,再讨论其他聚落内以往先周文化研究所涉及的各类遗存的族属"。从这段表述可以清晰地看出,雷兴山完全摒弃了以往那种将某支考古学文化与姬周族简单对应的做法,转而考察使用某支考古学文化或某类遗存的人群中是否包括了姬姓周人,其潜台词或者说理论依据无疑是——不同的族属可以使用同一种物质文化,具体到先周文化,姜戎和姬姓周人都有可能使用以高领袋足鬲为代表的某类遗存如碾子坡类遗存。所以,从表面上看,雷兴山也是"追溯法"和"都邑法"并用,但仔细分析,他采用的方法确实与众不同。

1. 丰镐遗址遗存与先周文化探索

如雷兴山所列举,许多研究者都对丰镐遗址的先周文化发表过意见,但众说纷纭。归纳起来,以往研究者对丰镐遗址先周遗存的判断标准有三项,即:(1)有无高领袋足鬲;(2)典型陶器的形制;(3)铜器形制及其组合。

---

① 雷兴山:《先周文化探索》,第33页。

但雷兴山认为,"这些标准或非绝对,或难把握"。为此,他提出了辨析丰镐遗址西周早期遗存的两条新标准:

其一,凡丰镐遗址内,随葬殷墟文化最晚期器类如商式簋、粗把豆、直领小口罐之墓的年代,肯定进入西周纪年。

其二,凡丰镐遗址有殉人、有腰坑、有殉牲墓葬,其年代也可能进入西周纪年。

运用这两条标准自然可以把那些误判为先周,但实际上属于西周早期的遗存辨别出来,但还是解决不了如何判断丰镐遗址先周遗存的问题,对此雷兴山也无良策,只是表示"基本同意"以沣西 H18①为代表的"沣西类"②遗存"应是先周文化"。更准确地说,他认为"丰镐遗址'沣西类'遗存的族属应包括姬姓周人"。换言之,雷兴山认为沣西类遗存与姬姓周人并非简单的一一对应关系,在丰镐遗址内这

---

① 沣西 H18 是夏商周断代工程实施期间中国社会科学院考古研究所丰镐考古队在长安县马王镇马王乳品厂发掘的一座灰坑。H18 的最大特点是兼有较多的联裆鬲和袋足鬲,据发掘者的统计,"陶片中能复原和可看出器形的陶器种类有:圆唇侈口联裆鬲 29 件、方唇侈口联裆鬲 32 件、卷沿联裆鬲 65 件、乳状袋足鬲 26 件";在年代上,H18 则属于发掘者所定的第一期,即相当于"文王迁丰至武王伐纣之间的先周文化晚期阶段"。参看中国社会科学院考古研究所丰镐考古队(徐良高执笔)《1997 年沣西发掘报告》,《考古学报》2000 年第 2 期。由于发掘者将 H18 的年代定为先周文化晚期,叠压在其上的 97SCMT1 的第四层则属于西周初年,并据此认为这是确定武王克商年代的重要考古学依据,并被视为夏商周断代工程的标志性成果之一。这一认识后来受到蒋祖棣和林沄先生的强烈质疑,并成为夏商周断代工程饱受非议的一个标志性事件。相关过程与论争可参看林沄《商—周考古界标"平议》,原载《吉林大学社会科学学报》2004 年第 5 期;收入《林沄学术文集(二)》,科学出版社,2008 年,第 94—105 页。

② 在沣西 H18 发掘之后,王巍和徐良高先生共同撰文论述先周文化,提出了"沣西—斗鸡台类遗存"的概念。据描述,"属于本类遗存的主要遗址有沣西先周遗址和墓葬、岐邑先周晚期遗存、北吕先周墓、郑家坡、岸底中晚期遗址、西村先周墓、斗鸡台先周墓、旭光先周墓、纸坊头 4A 层、长武碾子坡先周晚期墓葬、邰县下孟村、彬县断泾先周晚期居址、淳化赵官庄、耀县丁家沟先周墓、旬邑崔家湾、甘肃崇信于家湾等处遗址和墓葬,其分布范围已经覆盖整个关中中西部,并扩展至陇东一带,显示出周人势力强盛的时代特征",而此类遗存的最大特点是"联裆鬲占多数,虽然袋足鬲呈下降趋势,但仍占一定比例"。而雷兴山所说的"沣西类"遗存则仅包括"以周原遗址第 6b 段、沣西居址、周公庙居址第 2 段、孔头沟遗址第 2 段等为代表的一类遗存",所涉及的范围远远小于王、徐二位的定义,其特点则是"虽以联裆鬲与联裆甗为主要器类,但高领袋足鬲与袋足分裆甗所占比例亦不少",这又与王巍和徐良高所说的近似。而有意思的是,虽然他们各自对"沣西类"遗存的定义不同,但都把以沣西 H18 为代表的这类遗存看作先周晚期遗存,而碾子坡文化或碾子坡类遗存则是早期先周文化。分别参看王巍、徐良高《先周文化的考古学探索》,《考古学报》2000 年第 3 期;雷兴山《先周文化探索》,第 164 页。

类遗存的使用者也可能包括其他族属,反之,丰镐遗址之外"其他聚落内的'沣西类'居址遗存的族属"就"未必一定就是姬姓周人"。

虽然同属一类遗存——沣西类遗存,但因为分处丰镐遗址或其他遗址,那么它们的族属就有可能不同。雷兴山的这些认识比以往任何先周文化研究者都要更加细微具体,这正是雷兴山所强调的"考古背景"的应用结果——"背景"不同,结论自然不同。

因此,雷兴山认为以沣西 H18 为代表的沣西类遗存是比丰镐遗址西周早期遗存更好的追溯先周文化的基点——道理很简单,既然"丰镐遗址西周初期聚落内的族群,除姬姓周人外,还包括了数量众多的殷遗民,另外还有商时期就居住在关中西部地区的非姬姓的族群",那么,"如果笼统地以西周早期遗存面貌为探索基点,也难以保证用来做对比的西周早期遗存的族属就一定是姬姓周人"。①

2. 周原遗址商时期遗存与先周文化辨析

前面提到,通过周原遗址 1999 年以来的发掘,雷兴山等发掘者已经把周原商时期的考古学文化分为前后两大期,第一期属于商文化"京当型",自然与先周文化无涉,所以雷兴山的研究重点是周原遗址晚商时期第二期考古学文化。②

根据雷兴山的分析,周原第二期第 3—5 段居址遗存"仅见于王家嘴遗址,均以高领袋足鬲与袋足分裆甗为主要器类",他称之为"王家嘴类"遗存。

第二期的第 6 段则又可分为 6a 和 6b 两小段,6a 段以贺家 ⅡC2H5、H6、H7 和 H9 等单位为代表,器类也以高领袋足鬲和袋足分裆甗为主,而联裆鬲偶见,这类遗存他称为"蔡家河类";6b 段则是以礼村 H8 为代表的一类遗存,文化面貌与 6a 段诸单位迥异,其特点是"以联裆鬲与联裆甗为主要器类",而"高领袋足鬲、袋足分裆甗、高领

---

① 雷兴山:《先周文化探索》,第 238 页。
② 如前引周原遗址王家嘴和贺家地点发掘简报,雷兴山等人最初是把该遗址商时期遗存分为两期 5 段,但在他撰写和修改博士论文期间,他对分期进一步细化为两期 6 段,即在第 2 段之后增加以 H94 和 H147 为代表的第 3 段,原第 3、4、5 段则顺延为 4、5、6 段。参看雷兴山《先周文化探索》,第 52—62 页。

球腹罐、球腹钵四类器物所占比例不足20％"，雷兴山认为这类遗存与沣西H18属于同类，故称之为"沣西类"遗存。

属于周原遗址第二期的墓地共有三处，即王家嘴墓地、刘家墓地和贺家墓地。根据雷兴山的分析，从文化面貌上看，这三处墓地其实包括了三类墓葬：①

王家嘴类：墓葬形制为竖穴土坑墓，不见头龛现象；除个别墓葬外，墓地随葬品面貌一致，仅随葬一件高领袋足鬲，不见高领球腹罐。

刘家类：墓葬形制主要为偏洞室墓和长方形竖穴土坑带头龛墓；随葬多件陶器，主要为高领袋足鬲和各型高领球腹罐，高领袋足鬲也往往不是单件；墓葬填土内多见小石块，随葬品口部也多压有小石块；墓地不见随葬联裆鬲之墓。

西村类：随葬联裆鬲和高领袋足鬲之墓混杂在同一墓地，且以前者数量较多；墓葬形制基本为长方形竖穴土圹，偶见带壁龛者，不见偏洞室墓；随葬品除联裆鬲和高领袋足鬲之外，尚有圆肩罐和折肩罐。

在第二期的第3—5段内，周原遗址主要是王家嘴类和刘家类墓葬，前者在王家嘴和贺家墓地均可见到，而后者则仅见于刘家墓地；到了第二期第6段时，则是西村类和刘家类墓葬共存的局面，前者见于贺家墓地，后者依然见于刘家。

根据雷兴山的描述，周原遗址晚商第二期的文化面貌可以概括为：

居址：王家嘴类（袋足鬲）、蔡家河类（袋足鬲）和以礼村H8为代表的沣西类（联裆鬲）；

墓葬：王家嘴类（袋足鬲）、刘家类（袋足鬲）和西村类（联裆鬲为主、高领袋足鬲为辅）。

总体而言，此时的周原依然是联裆鬲和袋足鬲共存的局面，所以雷兴山必须从上述遗存中辨析出何者遗存为先周文化。

如果按照雷兴山硕士阶段的理解，王家嘴类和蔡家河类居址，以

---

① 雷兴山：《先周文化探索》，第219—220页。

及王家嘴类墓葬都应属于碾子坡文化系统,那么它们就应该是姜戎文化,而以礼村 H8 为代表的沣西类遗存的前身就应该是更早的先周文化。但正所谓此一时彼一时,面对周原考古的新材料,雷兴山逐渐形成了新的认识,他说:

> 2001 年王家嘴遗址发掘后,笔者意识到,以高领袋足鬲为代表的"王家嘴类"遗存的族属很可能就包括姬姓周人,换言之,"王家嘴类"遗存可能是先周文化,而郑家坡文化不是先周文化。①

为此雷兴山"开始了痛苦的思考与探索",而思考的结果是"决计抛弃过去的成见",主张"可以将周原地区的碾子坡文化称为'先周文化'"。但与以往所有学者不同的是,雷兴山又强调使用这类"先周文化"的族属,"既有姬姓周人,如居丰镐、周原、周公庙和杨家村等聚落中的姬姓周人","也有非姬姓之人,如孔头沟聚落中的非姬姓之族,当然还可以包括'豳人'、'他旁国'之族,甚至也不排除姜戎之族"。②

雷兴山还一一分析了有关先周文化其他各种可能的选项。他当然知道,如果把礼村 H8 这类以联裆鬲为主的沣西类遗存看作先周文化是最简便的做法——这既符合他自己以往的主张,也符合张天恩、刘军社等学者的意见,但他最终还是决定要"抛弃过去的成见"。既然如此,雷兴山就必须给出一个改弦易辙的理由,或者说他必须给周原遗址以礼村 H8 为代表的 6b 段遗存的出现及其属性给出一个合理的解释。

所以他在书中写道:

> 前文在辨析周原遗址商时期遗存与先周文化关系时,不能确定先周晚期考古学文化的变迁现象,是否与该聚落主体人群的变更有关。即:(1)周原遗址第 6b 段礼村居址(或曰"沣西类"居址遗存),究竟是原使用第 6a 段遗存(或曰

---

① 雷兴山:《先周文化探索》,第 245 页。
② 雷兴山:《先周文化探索》,第 293 页。

"蔡家河类"居址遗存)的族群吸收了外来文化因素,使6a段特征变为第6b段特征,还是外来人群吸收了周原遗址商时期第6a段居址遗存的因素而形成的?(2)周原遗址"贺家类"墓葬遗存,究竟是原使用"王家嘴类"墓葬的族群,吸收了外来文化因素形成的,还是外来族群迁居周原遗址后,吸收当地"王家嘴类"墓葬特征而形成的?

一句话,周原遗址6a和6b段文化面貌的不同,究竟是因为人群的变动,还是源于外来因素的影响。要解决这个问题,雷兴山觉得不能仅仅局限于周原遗址,而需要通过"区域聚落形态"的研究来加以回答。他指出:

> 其实类似周原遗址这种先周晚期考古学文化的变迁现象普遍存在于整个周原地区,如周公庙聚落第1段和第2段的差异,孔头沟遗址第1段和第2段的差异,皆是这种文化变迁现象。这种变迁现象是由聚落主体居民变更所引起的吗?前文在讨论周公庙和孔头沟聚落文化与族属关系时,已进行过讨论。但前文的相关讨论仅是基于单个聚落结构的分析,现可从周原地区商周时期聚落形态的形成与发展的角度,进一步讨论这一问题。

也就是说在整个大周原地区,在商代末期都存在类似的文化变迁现象,即从以袋足鬲为主向以联裆鬲为主转变,这种现象给了雷兴山以下启示:

> 在周原地区中心区域内,在灭商前后这么短的时间内,这么多的采邑不可能全部在刚刚形成之时,就都更换了主人与其族人。商末周初之时,周原地区一直被周邦牢固掌控,这些聚落的第1段遗存,不可能是外族入侵并在此居住的遗存。由此可证这些聚落商末周初时的"主人"及聚落居民的主体并未发生变化,周原地区先周晚期的考古学文化变迁现象,并非族群变更所致。

既然周原遗址 6a 段与 6b 段的文化变迁"并非族群变更所致",那么就只能是当地居民改变了他们的文化传统。也就是说,在周原遗址第 3—6a 段姬周族一直生活在周原地区,因此碾子坡类遗存的使用者就必然包括姬姓周人,它自然可以被称作先周文化。但到了周原遗址第 6b 段,姬周族的文化面貌发生了改变,形成了以联裆鬲为主并兼具一定数量袋足鬲的特征,沣西类遗存取代了碾子坡类遗存而成为先周文化。

这就是让雷兴山"抛弃过去的成见"的关键理由,也是他"痛苦的思考与探索"后得出的最核心结论。

应该说,相比刘军社和张天恩的论著,雷兴山的这部《先周文化探索》是一本更难阅读的著作。说其难,并不仅仅在于它使用了更多的新材料,对器物和考古学文化类型的分析更为细致,而是在于作者研究的取向与刘、张二位有所不同。因为说到底,雷兴山并不相信考古学文化与某一族属是简单的一一对应关系,所以他必须从理论上解决考古学文化的族属问题,即:

> 关键应该就在于,在相关考古学遗存的分期、分类体系确立之后,在考古学文化反映的聚落形态、聚落结构、聚落性质等所谓"考古背景"研究取得一定成果之后,如何将这些考古学研究成果与文献有关该族的记载进行科学整合了。①

也正是为了完成这样的整合,雷兴山的这部论著充满了对种种"考古背景"的细致分析,因此它的研究逻辑与多数论著相比就有明显的不同,这是因为雷兴山相信:

(1) 在周原地区,商周时期同期段同特征的考古学遗存,其族属未必一定相同;不同期段、文化特征有所差异的两个遗存,其族属有可能相同。因此,不能仅用考古学文化

---

① 雷兴山:《先周文化探索》李伯谦序。

特征(主要是陶器特征)的异同,来判定两个遗存的族属是否相同。

(2) 不同地区、不同聚落内西周早期遗存的族属,未必相同,因此不能将不同地区、不同聚落的西周早期遗存不加区别地均视为探索先周文化的基点。①

因此,在阅读雷兴山这部著作时,读者再也不会看到诸如"郑家坡文化是先周文化"、"刘家文化是姜戎文化"等粗线条的判断,而是既要熟悉相关考古材料,还要亦步亦趋地紧跟他的思路,一类一类遗存地理解,一处一处遗址地分析,阅读之难也就在所难免了。

雷兴山很谦虚地表示他的新观点也只是先周文化辨析中诸多选项之一。也许就观点而言,确实如此,至少在目前而言,刘军社和张天恩的观点不仅一以贯之,而且更有市场。但是,比结论更重要的是方法——究竟是传统的"都邑法"和"追溯法"靠谱,还是雷兴山所提倡的"考古背景"分析法管用,值得每一位研究者深思。

客观地说,我们目前还无法判定上述观点孰优孰劣。但我们却可以断言,在此研究领域,刘、张、雷三位学者的成绩在短时间内是无法超越的,而除非有重大发现,否则有关先周文化的种种争论势必会继续存在。②

先周文化的探索之路,"其修远兮"!

---

① 雷兴山:《先周文化探索》,第284页。
② 如学术界普遍相信2012年宝鸡石鼓山墓地的发现将极大地促进先周文化研究,参看刘军社等《陕西宝鸡石鼓山发现西周早期贵族墓葬》,《中国文物报》2013年1月18日;石鼓山考古队《陕西省宝鸡市石鼓山西周墓》,《考古与文物》2013年第1期。

后　记

顾颉刚先生曾经说,他是因为在中山大学和燕京大学开设"中国古代地理沿革史"课,"借了教书来逼自己读书",由此才涉足古代地理研究的。说到这本小书的缘起,也完完全全是"借了教书来逼自己读书"的结果。

2010年9月,在暂别北大四年后,我返回北大考古文博学院任教。在我离开学校的四年间,北大正倡导本科生的通识教育,考古文博学院也相应地对原有课程体系作了很大的调整,我原来教了十年的"历史文献"课已经取消。我正惶恐不知接下来该讲什么课,刚刚卸任而此前主管教学的副院长赵化成老师对我说,让我准备接手面向全校非考古专业本科生的大类平台课"考古学通论"的前半段——从史前一直讲到秦统一。赵老师并鼓励我说:"你还在国外时,就想到你回来后让你接这门课,我相信你是讲这门课的合适人选。"我深知这门课的难度与分量,既感压力,但更感谢赵老师的信任。

考虑到听课同学的专业背景和有限的课时数(平均每周两个课时),我确定课程的主旨应以重大学术问题为切入点来讲述近一百年来中国考古学的贡献,而不宜——实际上也不可能——纠缠于过多的细节和具体材料。虽然我的专业是夏商周考古,之前对一些重大学术问题也有过关注,但从未系统地梳理过。现在要讲课,不仅要"借了教书来逼自己读书",而且还必须把读书心得加以整理,理出一个头绪来才能上得讲台。这本小书虽然不是讲义的原貌与全部,但却是讲课的基础与核心。因此,借着这本小书的出版之际,我首先要向赵化成老师表示我最衷心的感谢——没有他的信任与鼓励,绝对不会有此书的产生。

当然,写这本书并不完全是出于被动,其中也有主观意愿在内。2003年,我写完博士论文《周代墓葬所见用玉制度研究》之后,就在考虑新的研究题目。其间结合晋侯墓地、周原和周公庙遗址的发掘材料,写过几篇文章,但不成系统。2006年赴美国工作,一去四年,不但离开了学校,更离开了考古,学业上没有任何成绩可言。

2008年,我的博士论文出版时,请导师李伯谦先生写了一篇序言。相比李老师的褒奖之词,我更在意他对我的期望。李老师说:"作为一名考古工作者,研究领域宽广得很,比较起来,玉器仅是一个很小的范围。……当我怀着和孙庆伟同样的心情为本书的出版感到高兴的同时,也希望他进一步放宽视野,驰骋于更为广阔的学术研究领域,不断有新追求,不断有新成果问世。"

对我而言,李老师的希冀就是一种鞭策。所以2010年我回到学校后,很有紧迫感,极力想找一个题目,做一项略成系统的研究。我当时考虑,作为一名在北大任教的夏商周考古方向的教员,如果不能对这一领域重大学术问题有起码的发言权,那就是失职。所以与其在小题目上周旋,不如直奔主题,回归到夏商周考古的主旋律上去。但如何回归也是一件颇费思量的事情,虽然我对某些具体学术问题也有一些不很成熟的看法,但径直就发表意见显然是不慎重的,应该要有一个酝酿准备的过程,要对相关学术问题的来龙去脉有清楚的了解,对相关论争的症结要有清晰的体会。一句话,要对夏商周考古有一个整体上的把握之后才谈得上对具体问题进行专门而深入的研究。这大致就是我当时的思想状况,恰在此时有了讲课的需要,于是一切就变得顺理成章了——先从全面梳理夏商周考古的学术史着手,总结成果,发现问题,然后再做具体研究,这就如李零先生所说,学术史就好比GPS,做具体研究的人都应该有所了解,以免在研究中"找不着北"。我深知这项工作难度很大,任务繁重,但看清方向、确定目标后,却感到前所未有的轻松。2010年,真可谓是我的"四十不惑"。

有了目标之后,接下来就是一个问题一个问题去梳理。由于有讲课的现实需求,而且面对的是没有考古知识背景的同学,我设定的目标是——在每一个重大问题上,讲清楚每一位代表性学者为什么会持某种观点,为什么他的观点会发生某种改变。也就是说,我试图以学者和问题为主线来厘清夏商周考古的发展脉络,对此我曾戏称是要用"纪传体"或"纪事本末体"的方法来解读学术史,或者说,是写一部"夏商周考古学案"。相比通常所见的"编年体"研究综述,这样做的好处是显而易见的,听课的同学不仅知道了有什么,也能大致了解为什么;不仅能够把握这些重大学术问题的核心所在,也能对各家观点的优劣作出初步的判断。

章实斋曾谓,"文人之文,惟患其不己出;史家之文,惟患其己出",梁启超则说,"史家第一件道德,莫过于忠实"。在梳理和写作过程中,我秉持的原则是不对各家观点进行评骘,不发表自己对具体学术问题的看法,以保证学术史叙述必须秉持的客观性。我自忖这种客观的描述并非是对前贤的苛责,反而是对前辈学者具"了解之同情"、表达"温情与敬意"的必由之路。对于我的这一做法,张忠培先生曾精要地概括为,"述而不论,点到为止"。

由于写作之初就计划要对夏商周考古所有重大学术问题作一全盘梳理,所以这本小书在形式上虽与论文集类似,各篇可以独立成章,但同时又是一个有机的整体,带有一定的系统性。除了现在所谈的这些问题,原本还设想把早期秦文化和早期楚文化也囊括在内,但后来考虑到这二者的涉及面不如前述问题广泛,争论的激烈程度也稍逊于书中所谈的那些问题,所以就舍弃了。

在本书的写作过程中,得到北大考古文博学院商周组各位师长和同学的种种帮助。李伯谦老师不仅时时关注我的写作进度,审读每一篇论文的初稿,提出修改意见,更早早地安排了出版计划,让我倍感鼓励与温暖;尤其是他率先垂范,笔耕不辍,真有"不知老之将至"之感,堪为师表。刘绪老师可谓是夏商周考古学史的"活字典",我们的办公桌近在咫尺,几年来朝夕相处,随时请教,获益尤多;特别是他耗费大量宝贵的时间,为我审阅了全部书稿,提出的修改意见及纠正的谬误不知凡几，在此向刘老师致以衷心的谢意。徐天进老师对学术史有着深刻的理解，对邹衡先生创建的夏商周考古学体系抱有深厚的情感与敬意，不仅常常与我分享他的观点与理念，更在第一时间为我创造条件，设立课题，使我的写作得到了充分的经费支持，在此也向徐老师表达深深的谢意。孙华老师多年来一直关心我的成长，在我的研究生阶段，他即告诫我，治学的最佳方式是在一个阶段内集中精力从事某一项研究，孙老师的建议我一直铭记在心并努力践行，本书的写作实得益于孙老师当年的教诲。雷兴山兄与我师出同门，多年来时时对我谦让和关照，我一直铭记在心；他对考古的热爱，对工作的投入，都是我学习的榜样。董珊兄醉心学术，学问精湛，数年来相互砥砺，受教良多。此外，几年来与商周组冯峰、常怀颖、曹斌、张莉、郭明、张敏、罗汝鹏、路国权、侯卫东、李宏飞、黎海超、冉宏林、陈燕茹、王冬冬、卢一、吴正龙、曹芳芳、刘亦方、胡文怡、张天宇、李楠和李可言等研究生相互问学，谈论论文，其乐融融，真正体会到"教学相长"的妙处。特别是我在写作本书时，张敏同学也在刘绪教授的指导下撰写博士论文《夏商周考古学史（1928—1949）》，感谢她无私地与我分享了很多宝贵的资料。

北大赛克勒博物馆209室是商周组的办公室，组里的全体师生无不与之发生联系，并有着各自的收获。于我而言，每天走进办公室，望着墙上邹衡先生略带威严的遗像，责任感便油然而生，让我须臾不敢懈怠——这也是这本小书能够顺利完成的一个重要原因。

过去的几年中，本书部分章节的初稿曾经公开发表，引起了很多师友的关注。其中杨育彬、邓淑蘋、杜金鹏、许宏、陈星灿、朱乃诚、李维明、王占奎、田建文、吉琨璋、张渭莲、周广明、蒋卫东、张昌平、方勤、韩建业、顾万发、梁云、严志斌等先生给予的鼓励和帮助尤多，特致谢意。特别是张忠培先生在读了几篇初稿后，多次给我电话赐教，并颇多褒奖与鼓励，让我有了更多的自信完成本书的写作，在此向张先生表达由衷的谢意。

震旦集团陈永泰董事长醉心于中国传统文化，多年来一直资助北大震旦古代文明中心开展各项学术活动，自2014年以来更在中心学术丛书之外，再度设立"震旦博雅书系"。这本小书有幸厕身其中，在此向震旦集团陈董事长及吴棠海董事致以衷心的谢意。上海古籍出版社的吴长青君本是北大商周组的高材生，作为这套丛书的策划者和出版者，他不仅出谋划策，积极推动，更不计成本，在装帧设计上也力求完美，这番情谊令我感动。责任编辑宋佳女士有着良好的考古学素养，工作上耐心细致，精益求精，她的辛勤付出是本书顺利出版的重要保障。

多年以来，曾反复多次阅读顾颉刚先生的《古史辨》第一册自序，其中最打动我的是下面这段话，顾先生说：

> 我的大女儿住在校里，屡屡写信归来，说："请爹爹给我一封信罢！"我虽是心中很不忍，但到底没有依她的请求。二女儿写好一张字帖，要我加上几圈，我连忙摇手道："送给你的母亲去罢！"我的忙甚至使我对于子女的疼爱之心也丢了，这真太可怜了！

我并非不知天高地厚要自比于顾先生，而是深知几年来，因为读书写作，亏欠家人甚多。我衷心感谢我的妻子冯颖和女儿斯皇，她们母女都视我的写作为家中的头等大事，她们的理解与支持是我安心写作的最重要保障。这本小书的出版，算是我对她们的一个小小回报。

冯友兰先生在《三松堂自序》中谈及他的两部代表作《中国哲学史》和《贞元六书》时曾说，"研究哲学史和哲学创作是不能截然分开的"。前者的重点是"要说明以前的人对于某一哲学问题是怎样说的"，属于"照着讲"；而后者是"要说明自己对于某一哲学问题是怎么想的"，则是要"接着讲"。这样一本不很成系统的小书当然不能与体大精深的《中国哲学史》相提并论，但道理却是相通的。这里的十篇文章基本上都是"照着讲"前贤的成就，照理我还应该有一本我的考古学《贞元六书》，写一部阐述自己学术观点的书，才算得上是一项完整的研究。"接着讲"无疑比"照着讲"更为艰难，但还是愿意立此存照，以敦促自己黾勉前行。

孙庆伟

2014 年 12 月 23 日于陕西岐山周原遗址

图书在版编目(CIP)数据

追迹三代 / 孙庆伟著. —上海: 上海古籍出版社, 2015.6(2024.3重印)
(震旦博雅书系)
ISBN 978-7-5325-7586-2

Ⅰ.①追… Ⅱ.①孙… Ⅲ.①文物—考古—中国—三代时期 Ⅳ.①K871.34

中国版本图书馆 CIP 数据核字(2015)第 066532 号

震旦博雅书系之三

追 迹 三 代

孙庆伟 著

上海古籍出版社出版发行

(上海市闵行区号景路 159 弄 1-5 号 A 座 5F 邮政编码 201101)
(1) 网址:www.guji.com.cn
(2) E-mail:guji1@guji.com.cn
(3) 易文网网址:www.ewen.co

苏州市越洋印刷有限公司印刷

开本 635×965 1/16 印张 36.75 插页 5 字数 495,000
2015 年 6 月第 1 版 2024 年 3 月第 5 次印刷
印数:4,501—5,300
ISBN 978-7-5325-7586-2
K·2015 定价:128.00 元
如有质量问题,请与承印公司联系